게임이론가, 제인 오스틴

JANE AUSTEN, GAME THEORIST
Copyright © 2013 by Princeton University Press
All rights reserved.

Korean translation Copyright © 2025 by Humanitas Publishing Company
Korean translation rights arranged with Princeton University Press through EYA(Eric Yang Agency)

이 책의 한국어판 저작권은 EYA(Eric Yang Agency)를 통해 Princeton University Press와 독점 계약한 후마니타스 주식회사에 있습니다. 저작권법에 의해 한국 내에서 보호를 받는 저작물이므로 어떠한 형태로든 무단 전재와 복제를 금합니다.

게임이론가, 제인 오스틴

전략적
여주인공의
탄생

마이클 S. 최 지음
이경희 옮김

후마니타스

나의 누이 라나에게

차례

서문 9

| 01 | 게임이론가 제인 오스틴 12
| 02 | 게임이론의 기초 26
| 03 | 설화와 민권운동 72
| 04 | 플로시와 여우 88
| 05 | 오스틴의 소설 100
| 06 | 오스틴의 핵심 개념 198
| 07 | 경쟁 모델들 232
| 08 | 전략적 사고가 아닌 것들 266
| 09 | 오스틴의 혁신 282
| 10 | 전략적 사고의 단점 344
| 11 | 오스틴의 의도 360
| 12 | 무개념 380
| 13 | 무개념의 실제 사례 424
| 14 | 결론을 대신하여 458
| 부록 | 제인 오스틴 작품의 주요 인물 관계도 469

참고문헌 477

일러두기

- 대괄호([ ])와 각주는 모두 한국어판에 추가된 옮긴이의 첨언이다.
- 게임 나무와 통주저음 악보를 제외하고 본문에 실린 도판은 모두 한국어판에서 추가된 것이다. 「부록」의 인물 관계도는 이 책의 일본어판 『ジェイン・オースティンに学ぶゲーム理論: 恋愛と結婚をめぐる戦略的思考』(川越敏司譯, NTT出版, 2017)의 도움을 받았다.
- 저자가 인용한 자료 가운데 국역본이 존재할 경우 국역본의 쪽수를 화살표(→) 뒤에 병기하고 참고문헌에 해당 국역본의 서지 사항을 추가했다. 다만, 기존의 번역을 그대로 따르지 않은 경우 '참조'를 덧붙였다.
- 본문에 인용된 제인 오스틴의 소설은 모두 민음사의 세계문학전집 판본을 참조했고, 괄호주에는 저자 이름과 출간 연도 대신 한글 작품명만을 표기했다. 또 제인 오스틴의 소설을 영상화한 작품들의 제목 역시 이의 표기법을 따랐다.
- 단행본, 정기간행물에는 겹낫표(『 』)를, 소제목, 논문 제목 등의 한국어 표기에는 홑낫표(「 」)를, 영화·연극·뮤지컬 등에는 홑화살괄호(〈 〉)를 사용했다.

서문

이 책에 대한 구상은 필자가 시카고의 한 동네에서 열린 차고 세일에서 아이들에게 읽어 줄 『플로시와 여우』(McKissack 1986)*를 발견하면서 시작되었다. 수년간 나는 대학원 게임이론 수업에서 플로시 이야기를 예시로 사용했지만 논문에서 직접 다룬 적은 없었다. 그러던 중 기회가 찾아왔다. "합리적 선택이론과 인문학"이라는 주제의 학술회의에 발표할 논문을 준비해 달라는 요청을 받은 것이다. 나는 플로시 이야기와 비슷한 민간설화folktales들을 찾아보면서, 아이들과 함께 보는 영화들 속에도 '민간 게임이론'folk game theory이 숨어 있음을 깨닫기 시작했다. 제인 오스틴의 작품을 각색한 영화를 보고 나서는 그녀의 소설을 읽게 되었다. 따라서 이 책은 내 아이들인 한유, 한아와 함께한 경험에서 나왔다 해도 과언이 아니다. 둘은 이제 다 컸지만, 나는 여전히 아이들이 함께 책을 읽고 영화를 보고 싶어 해주길 바라는 아빠일 뿐이다.

"합리적 선택이론과 인문학" 학술회의는 2005년 4월 스탠퍼드대학교에서 열렸다. 주최자인 데이비드 팔룸보-류를 비롯해 회의에 참

---

* 미국의 아동문학가 퍼트리샤 맥키색은 어린 시절 할아버지가 들려준 이야기에서 영감을 얻어 이 책을 쓰게 되었다고 한다. 이 책은 특히 작가의 할아버지가 구사한 특유의 사투리뿐만 아니라 그 이야기에 묻어나는 문화적 뉘앙스를 풍부하게 살린 아동 문학으로 주목받는 작품이다. 국내에는 『빨간 모자』 등으로 번역되었고, 영어권에서는 대체로 *Little Red Riding Hood*로 출판된 유럽 구전 동화의 또 다른 버전이라는 평가도 있다.

석한 분들께 이 자리를 빌려 감사를 표한다. 학술회의를 위해 썼던 논문(Chwe 2009) 가운데 일부 내용이 이 책에 실렸다. 이후에도, 나는 2005년 12월 국립타이완대학교에서, 2010년 4월 후안 마치 사회과학연구소(마드리드)와 마샥 콜로키움(UCLA)에서, 2011년 5월 예일대학교에서, 2011년 6월 옥스퍼드대학교와 스톡홀름경제대학교에서 같은 주제로 발표했다. 학술회의 참석자들에게 감사를 표한다.

책을 쓰다 보면 언제나 과분한 아량과 마주하게 된다. 내가 너무나도 독창적인 문구를 고안해 냈다고 생각했는데, 예전에 지인으로부터 받은 이메일에서 해당 문구를 발견한 적도 여러 번이었다. "민간 게임 이론"이라는 용어 역시 빈스 크로퍼드가 강의에서 독자적으로 처음 사용하기 시작한 말로, 공저자들과 함께 쓴 그의 최근 논문(Crawford, Costa-Gomes and Iriberri 2010)에서도 언급된 바 있다. 친구와 동료들의 기여를 제대로 인정하는 것은 거의 불가능하지만, 한번 노력해 보겠다. 구체적으로 나열해 보자면 (알파벳 역순으로) 귄터 트라이텔, 로라 로즌솔, 딕 로즈크랜스, 앤 멜러, 애비너시 딕시트, 빈스 크로퍼드, 타일러 카우언, 스티븐 브람스, 피파 앱스턴은 초고 전체를 읽고 매우 유용한 의견을 주었다. 페이턴 영, 줄리아 시사, 이그나시오 산체스-쿠엔카, 발레리아 피치니-감베타, 로힛 파리크, 러스 마던, 닐 벡 등도 내게 훌륭한 제안을 해주었다. 익명의 심사 위원들이 제시한 의견은 책을 쓰는 데, 특히 전반적인 구성을 개선하는 데 큰 도움이 되었다. 이 책이 나오기까지 이 모든 사람들에게 진 빚이 크다. 프린스턴대학교 출판사의 척 마이어스와 피터 도허티에게 감사하고, 교열 편집자 린다 트루일로의 세심한 관심에 깊은 감사를 표한다.

이 책은 나와 내 아내가 공히 몸담고 있는 캘리포니아주립대학교 로스앤젤레스 캠퍼스UCLA에서 썼다. 우리 부부가 같은 지역에서 다닐 수 있는 직장을 찾아 세 번을 이사한 끝에 도착한 곳이었다. UCLA는 고맙게도 훌륭한 연구 환경을 제공해 주었을 뿐만 아니라 우리 가족이 함께 모여 살 수 있게 해주었다. 아이들이 샌타모니카에서 여러 가족들의 사랑 가운데 클 수 있었던 이 시기를 나는 언제나 애틋한 마음으로 되돌아볼 것이다.

    마지막으로 가족에게 고마움을 전한다. 아내와 아이들, 부모님, 그리고 형제들과 누이에게 감사하다. 할 수만 있다면, 내가 쓴 책뿐만 아니라 내가 하는 모든 걸 그들에게 바치고 싶다.

    이 책의 독자들께도 감사드린다. 지금 여러분이 이 책을 어떤 전자기기 화면을 통해 읽고 있다 하더라도 말이다. 내가 어느 차고 세일에서 그랬듯 책은 아주 우연찮게 우리 삶 속으로 찾아들 수 있다. 그렇게 우리는 책을 읽고 쓰고 사랑하게 되는 것이다.

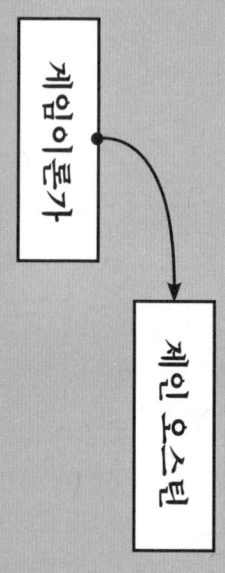

01

타인에 대한 궁금증보다 더 인간적인 것은 없다. 사람들은 누구나 다른 사람들은 "왜 그렇게 행동했을까?" 궁금해한다. 사회과학은 이 질문에 대해 점점 더 이론적이고 전문화된 방식으로 답변해 왔다. 그중에서 지난 50여 년 동안 ― 적어도 경제학과 정치학에서 ― 가장 큰 인기와 영향력을 누린 것은 게임이론이다. 그러나 제인 오스틴은 이미 200여 년 전에 여섯 편의 소설을 통해 게임이론의 핵심 아이디어를 체계적으로 탐구했다. 이것이 내가 이 책에서 주장하는 바다.

오스틴의 소설은 독보적인 통찰력을 보여 줄 뿐만 아니라 집요할 정도로 이론적이다. 출발점은 선택(행동은 선택의 결과다)과 선호(선택은 선호에 따라 이루어진다)라는 기본 개념이다. 오스틴이 "통찰"penetration이라고 부르는 전략적 사고는 게임이론의 핵심 개념이다. 즉, 어떤 행동을 할 때 사람들은 다른 사람들이 어떤 행동을 할지 고려한다는 것이다. 오스틴은 우연으로 간주하기에는 너무나도 자주 등장하는 사례들을 통해 또 체계적으로, 게임이론의 근간을 이루는 이 두 개념, 선택과 선호를 분석한다. 그런 다음 감정, 습관, 규칙, 사회적 요인, 이데올로기 등과 같이 인간의 행동을 설명하는 다양한 개념들과 전략적 사고 사이에 어떤 관계가 있는지 살핀다. 또한 이기심이나 경제주의와 같이 사람들이 흔히 전략적 사고와 동일한 것이라고 혼동하는 것과 전략적 사고를 신중하게 구별하고, 심지어 전략적 사고의 단점까지도 논한다. 마지막으로 게임이론을 새롭게 적용한 여러 응용 사례를 통해 자신의 주장 ― 예를 들어, 동반자 관계[파트너십] 속에서 함께 전략을 짜는 것이 친밀한 관계의 가장 견고한 토대라는 등의 ― 을 제시한다.

논의의 폭과 그 야심에 비추어 볼 때, 전략적 사고에 대한 오스틴의 탐구는 단순히 실천적인 이득을 위한 것만이 아니라 이론적인 것이었으며 명백히 의도적인 것이었다는 게 내 주장이다. 스스로를 "상상꾼"imaginist이라 불렀던 오스틴은 전략적 사고에 대한 이론가다. 오스틴의 소설들은 단순히 게임이론가들이 분석해 볼 만한 "사례들"을 제공하는 데 그치지 않는, 그 자체로 하나의 원대한 이론적 프로젝트이며, 현대 사회과학은 아직 그녀의 통찰력을 따라잡지 못하고 있다.

그 야심의 측면에서 오스틴이 독보적이기는 하지만 유일한 것은 아니다. 예를 들어, 미국의 흑인 설화에는 주인공이 꾀를 써서 상대방을 영리하게 조종하는 이야기가 많은데, 이 같은 전략적 사고의 유산은 미국 민권운동의 전술에서도 볼 수 있다. 과학적 학문으로 의학이 등장하기 훨씬 이전부터 민간요법이 인류를 치료해 왔듯이, "민간 게임이론"은 게임이론이 학문의 한 분야로 특화되기 훨씬 이전부터 전략적 상황들을 능숙하게 분석해 왔다. 예를 들어, 미국의 흑인 설화『플로시와 여우』를 보면, 주인공 플로시가 순진한 척하며 여우의 공격을 저지하는데, 이 논리는 오늘날 사회과학에서 찾아볼 수 있는 그 어느 억제[억지]deterrence 이론과 비교해 봐도 뒤떨어지지 않을 만큼 정교하다. 현대 의학이 민간요법을 연구하듯이, 민간 게임이론 역시 사회과학이 연구할 만한 훌륭한 지혜를 담고 있다. 따라서 게임이론은 오스틴의 소설, 미국의 흑인 설화, 그리고 세계 곳곳의 민간 게임이론 전통들을 자신의 진정한 과학적 전신으로 받아들여야 한다.

영어권에서 가장 널리 사랑받는 작가 가운데 하나인 제인 오스틴의 소설과 다분히 수학적인 게임이론 사이에는 아무런 연관이 없어 보일 수 있다. 오스틴의 소설은 통찰력 있고 세심한 반면, 냉전 시대 군산복합체의 싱크 탱크[랜드연구소]에서 잉태된 게임이론은 보통 환원주의적이고 기술적인 것처럼 비춰져 왔다. 그러나 양자 모두 전략적 사고를 기반으로 인간 행동에 관한 이론을 발전시켰다는 점에서, 적용 분야는 다를지라도 동일한 개념을 발전시킨 것은 전혀 놀랄 일이 아니다. 전략적 사고는 놀라운 수준에까지 이를 수 있지만 사람들은 실제로 이를 일상적으로 실천하고 있다(예를 들어, 과자를 숨겨 놓는 건, 그렇지 않으면 누군가 다 먹어 치울 것을 알기 때문이다). 물론 전략적 사고에 기반을 둔 이론은 인간 행동을 설명하는 유일한 이론도 아니고 언제나 가장 적절한 이론이라고도 말할 수 없지만, 꽤 다른 역사적 맥락에서도 각기 독자적으로 발전해 왔을 만큼 유용하며 '보편적'이다.

우리는 왜 게임이론의 역사에서 오스틴이 차지하는 위치에 주목해야 할까? 지난 50여 년 동안 사회과학 연구 동향과 관련해 가장 두드러진 특징은 수학의 사용이 급증했다는 점이다. 이는 상당 부분 게임이론과 그 지적 전신인 합리적 선택이론의 성장에서 비롯된 것이다. 이 두 이론의 성장은 지난 50년 동안 사회과학 분야에서 가장 폭넓게 이루어진 발전 가운데 하나로 학문적으로뿐만 아니라 사회적으로도 중요한 영향을 미쳤다. 예를 들어, 일부 학자들은 2008년에 발생한 글로벌 금융 위기가 부분적으로 경제학과 금융 업계에 만연한 합리성 가정 때문이었다고 주장한다(예를 들어 Stiglitz 2010; MacKenzie 2006 참조).

오스틴을 게임이론가로 인정할 때 우리는 게임이론이 가지고 있는 좀 더 다양하고 체제 전복적인 역사적 뿌리를 볼 수 있다. 오스틴과 미국의 흑인 설화 주인공들은 아웃사이더의 위치, 곧 남성에 의존하는 여성, 자유를 위해 투쟁하는 노예의 위치에서 말한다. 그들은 소련의 잠수함을 더 잘 추적하기 위해서가 아니라 생존을 위해 전략적 사고 이론을 구축한다. 물론 권력자들도 게임이론을 사용할 수 있다. 그러나 게임이론은 특히 종속 집단, 피억압 집단들 사이에서 발전한다. 이들의 삶은 특정 상황에 정확히 맞아떨어지는 전략적 선택에 의해 크게 좌우되기 때문이다. 예를 들어, 여성의 경우 남편을 구할 수 있고, 노예의 경우 자유를 얻을 수도 있는 것이다. 지배층은 이들만큼 게임이론을 필요로 하지 않는다. 왜냐하면 그들이 보기엔, 자신들이 해야 할 일들을 다른 사람들이 이미 다 해주고 있기 때문이다. 게임이론을 냉전 시대의 패권적 담론으로만 볼 필요는 없다. 게임이론이야말로 "약자들의 무기"(Scott 1985)의 원조 가운데 하나다. 하워드 진이 미국의 민중사를 복원했듯이(Zinn 2003) 우리는 "게임이론의 민중사"를 복원함으로써 게임이론의 잠재적 미래를 확장할 수 있다.

01 게임이론가 제인 오스틴

여섯 편의 오스틴 소설을 하나의 체계적인 연구 프로젝트로 이해할 경우, 우리는 저자의 작품에서 그동안 별로 주목받지 못했던 수많은 세부적인 내용들을 해석할 수 있을 것이다. 예를 들어, 제인 페어팩스와 존 나이틀리가 우체국 직원들의 성실함이 이해관계[즉, 봉급을 받기] 때문인지, 습관 때문인지 논하는 이유는 무엇일까? 에마 우드하우스가 해리엇 스미스의 초상화를 다 완성한 후, 엘튼 씨가 그 그림을 보며 무척 좋아할 때, 에마는 왜 엘튼 씨가 그 그림을 그린 화가가 아닌 그림 속 주인공을 사랑한다고 생각했을까? 패니 프라이스는 에드먼드 버트럼이 선물한 금줄과 메리 크로퍼드가 선물한 목걸이 가운데 어느 하나를 선택하지 않아도 된다는 것에 기뻐했다[메리가 선물한 목걸이는 너무 두꺼워 십자가를 끼울 수 없었기 때문에 선택에서 자연스럽게 제외되었다]. 하지만 패니가 두 개를 다 착용한 건 왜일까? 크로프트 부인과 앤 엘리엇이 처음 만날 때 크로프트 부인은 왜 앤 엘리엇에게, 구체적으로 자신의 두 남자 동생 가운데 누구라고 말하지 않고, 자기 동생의 결혼 소식을 들었느냐고 물었을까? 물론, 오스틴에 대한 방대한 연구 문헌들 속에서 오스틴에 대한 내 해석이 더 옳다고 주장할 순 없을 것이다. 그럼에도 불구하고 전략적 사고에 대한 감수성은 이런 질문을 던지고 또 답하는 데 도움이 될 것이다.

오스틴을 게임이론가로 인정하는 일의 가치는 지적 계보를 따지는 데 국한되지 않는다. 인간의 행동에 관심이 있는 사람이라면 오스틴의 작품을 꼭 읽어 볼 필요가 있다. 그 이유는 그녀의 연구 프로그램이 실질적인 성과를 거두고 있기 때문이다.

오스틴의 연구는 현대 게임이론이 아직 다루지 못한 주제, 즉 전략적 사고의 도드라진 부재 — 나는 이를 "무개념"[개념 없음, 분별력 없음]cluelessness이라 부른다 — 에 대한 연구에서 특히 진전을 보여 준다. 전략적 사고는 인간이면 누구나 기본적으로 가지고 있는 능력 가운데 하나지만, 사람들 중에는 이런 능력을 사용하지 않거나 심지어 적극적으로 거부하는 경우도 종종 있다. 예를 들어, 에마는 이렇게 말한다. "남자들은 여자가 결혼 신청을 거절하면 언제나 이해를 못 하죠. 여자는 누가 청혼만 하면 금방 받아들인다고 언제나 생각하니까요"(『에마』 64→91쪽). 에마에 따르면, 남자들은 개념이 없다. 여자들에게도 자기만의 선호가 있다고, 여자들도 스스로 선택을 내린다고 생각하지 않는다. 무개념인 사람들은 신분 구별에 집착한다. 예를 들어, 미국 흑인 설화 말리티스 이야기에서, 노예들과 주인인 자신의 신분 차이에 집착하는 주인공은 노예들이 전략적 행위자라는 것을 이해하지 못하고, 결과적으로 쉽게 속아 넘어간다. 전략적 사고의 부재, 즉 '무개념'은 우리가 일반적으로 말하는 '우둔함'과 구별되며, 그것만의 고유한 특성이 있다.

오스틴은 무개념에 대한 여러 가지 설명을 제시한다. 예를 들어, 소설에서 개념 없는 주인공들은 수치, 시각적 디테일, 맥락에서 벗어난 문자적 의미, 사회적 지위 등에 집착한다. 이런 특성은 일반적으로 자폐스펙트럼상에 있는 사람들 사이에서 공통적으로 나타나는 것으로 오스틴은 무개념을 개개인의 성격적 특성에 기반을 둔 것으로 설명한다. 무개념에 대한 오스틴의 또 다른 설명은, 상대의 관점을 고려하지 않는 것은 그 사람의 사회적 신분이 다른 사람들보다 상대적으로 높음을 보여 주는 증거라는 것이다. 따라서 상급자는 자신의 무개념으로 말미암아 하급자의 속임수를 깨닫지 못하더라도, 신분 차이를 유지하기 위해 하급자에 대한 무개념 상태를 유지한다. 무개념에 대한 오스틴의 이 같은 설명은 베트남과 이라크에서 미국이 벌인 군사행동과 같은 현실 상황에도 적용해 볼 수 있다.

이 책에서 게임이론에 대한 사전 지식은 필요 없다. 다음 장에서 나는 게임이론의 기초부터 설명한다. 게임이론은 매우 복잡한 상황에 적용될 수 있지만, 그 기초가 되는 생각들은 상식 수준에서 크게 벗어나지 않는다. 그 출발점은 선택과 선호 개념이다. 나는 전략적 사고를 몇

01 게임이론가 제인 오스틴

가지 능력의 결합체로 설명한다. 역지사지를 할 수 있는 능력, 다른 사람의 동기를 추론할 수 있는 능력, 창의적 조작을 고안해 낼 수 있는 능력 같은 것들이 여기에 포함된다. 또 2장에서는 게임이론의 유용성을 설명하기 위해 간단한 게임이론 모델을 사용한다. 이를 통해, 예컨대 셰익스피어가 쓴 『헛소동』(Shakespeare 1600/2004)의 비어트리스와 베네딕, 리처드 라이트가 쓴 『깜둥이 소년』(Wright 1945/1993)의 리처드와 해리슨, 억압적인 정부 당국에 항거하는 민중, 이 세 가지 상황이 각각 게임이론적으로 동일한 상황임을 설명한다. 게임이론은 그동안 자본주의 이데올로기의 순수 결정체라고 비난받아 왔다. 탈맥락적이고 기술관료적이며 이기심을 정당화한다는 것이다. 그러나 오스틴은 이 같은 비난을 다시 생각해 보게 한다. 예를 들어, 오스틴은 여성이 다른 사람들이 그녀를 이기적이라고 생각하든 말든 스스로 선택할 수 있어야 한다고 주장한다. 2장 후반부에서는 '마음 이론'처럼 게임이론과 연관된 개념을 비롯해 게임이론과 문학을 연결하고자 했던 선행 연구들을 간략하게 살펴본다.

오스틴의 작업을 본격적으로 다루기에 앞서 3장에서는 타르 베이비와 같이 잘 알려진 이야기를 비롯해 미국 흑인 설화들에 나타난 전략적 지혜를 살펴본다. 『플로시와 여우』에서 소녀 플로시는 자신에게 접근한 여우에게 네가 여우인지 모르겠다고 말함으로써 여우의 공격을 억제하는데, 이는 권력과 저항에 대한 명쾌한 분석이라 할 수 있다. 4장에서는 이 이야기를 수학적으로 표현해 본다. 이 설화들은 하급자들이 어떻게 신분에 집착하는 상급자들의 무개념을 이용할 수 있는지, 그것이 얼마나 유용한 전략이 될 수 있는지 알려 준다. 1963년 앨라배마주 버밍햄에서 반인종주의 캠페인을 벌이던 민권운동가들은 당시 인종주의자로 명성을 날리던 유진 "불" 코너 Eugene "Bull" Conor 버밍햄 시 경찰청장이 언론이 주목할 만한 강경한 조치를 취할 것이라고 예측했다. 아니나 다를까 코너는 경찰견과 소방 호스를 동원함으로써 이들을 실망시키지 않았다.

이 책에서는 오스틴에 대한 사전 지식 역시 필요 없다. 5장에서 나는 각 소설의 줄거리를 요약하고, 이 작품들이 전략적 사고를 터득해 가는 여주인공들의 연대기임을 주장한다. 예를 들어, 『노생거 사원』에서 주인공 캐서린 몰런드는 점점 더 중요해지는 일련의 상황들 속에서 스스로 선택하는 법을 배워야만 한다. 또 『에마』에서 주인공 에마 우드하우스는, 전략적 능력에 대한 자만심은 무개념의 또 다른 형태에 지나지 않는다는 것을 깨닫는다. 오스틴은 인간이 유아기부터 독립된 성인으로 성장하기까지 전략적 사고를 어떻게 배워 가는지를 이론화하고 있다.

6장부터 12장까지는 오스틴의 여섯 작품을 하나의 작품집처럼 다루며 그녀의 소설과 게임이론 사이의 연관성을 상세히 추적한다. 이 책의 핵심적인 분석 역시 이 과정에서 제시된다. 오스틴은 개인의 선택을 중시하고, 개인의 선택 능력을 부정하거나 방해하려는 시도를 규탄한다. 선택은 '권력'을 의미한다. 오스틴이 일관되게 묘사하기 좋아하는 것이 있다. 예를 들어, 실연의 고통과 따뜻한 장작불 앞에서 느끼는 충만함은 전혀 다른 감정이지만, 이 두 감정은 서로를 상쇄할 수 있다는 것이다. 각기 다른 감정의 강도는 동일 단위로 계량화할 수 있기 때문에 여러 감정은 하나의 '순'net 감정으로 환원될 수 있다는 오스틴의 이 통약 가능성commensurability 개념은, 게임이론에서 선호를 '보수'payoffs 수치로 나타내는 방식의 핵심 가정이다. 실제로 오스틴은 이 따금씩 감정도 수치화해서 나타낼 수 있다고 농담을 던진다. 어떤 사람의 선호는, 경제학에서 다루는 "현시 선호"revealed preference 이론에서와 같이, 선택을 통해 가장 잘 드러난다. 예를 들어, 『오만과 편견』에서 엘리자베스 베넷은 다아시가 자신을 얼마나 사랑하는지를 측정하는 척도로 그가 자신을 사랑하기까지 얼마나 많은 반대를 넘어서야 했는지 이야기한다.

01 게임이론가 제인 오스틴

오스틴은 "통찰"과 "선견지명"[예지력]처럼 전략적 사고를 의미하는 용어들을 사용하고 있고, 여섯 편의 소설에서 그 자신이 명확하게 "계획"schemes이라고 부르는, 다시 말해 전략적으로 꾸며 낸 일도 오십 건이 넘는다. 오스틴에게 "계산"은 조금도 기술 관료적이거나 기계적인 것이 아니다. 오스틴은 전략적으로 어리숙한 사람들을 놀리기도 한다. 예를 들어, 제닝스 부인이 꾸며 낸 일들은 제대로 실현될 가망성이 없는 것들인데, 이는 전략적 능력이(또는 그것의 부재가) 무엇인지 잘 보여 준다. 전략적으로 능숙한 사람들은 다른 사람들의 눈을 세심하게 관찰한다. 사람의 눈은 그 사람의 선호를 드러내기 때문이다.

오스틴이 게임이론적 설명에 심취해 있기는 하지만 교조적이지는 않다. 그녀는 감정, 본능, 습관 등에 기반한 대안적 설명의 중요성을 인정한다. 하지만 일관되게 선택, 선호, 전략에 기반을 둔 설명을 선호한다. 오스틴의 여주인공들은 감정에 압도된 상황에서도 좋은 선택을 한다. 부끄러워 얼굴이 붉어지는 것은 순전히 감정적인 반응으로 보이지만, 오스틴은 그조차 일정 정도 선택의 문제라고 말한다. 오스틴은 본능과 습관이 미치는 영향을 인정하지만, 그것을 좋아하지는 않는다. 본능적인 행동은 결과가 좋지 않은데, 예를 들어 패니 프라이스의 고분고분함과 윌러비의 게으름 같은 습관은 대부분 고통스럽거나 파괴적이다. 오스틴은 자신의 작품을 통해 두 번이나 습관에 기반을 둔 설명과 선호에 기반을 둔 설명 사이의 차이를 명시적으로 비교한다. 결론은 선호가 더 중요하다는 것이다. 오스틴은 사람들이 보통 의식적으로 행동을 선택하는 대신 관행이나 원칙에 따른다는 것을 인정하지만, 규칙을 따르는 것 자체가 선택의 문제라고 지적한다.

오스틴은 선망 의무 자존심 명예 등과 같은 사회적 요인의 중요성을 인정하면서도 대체로 이를 비난한다. 오스틴의 여주인공들은 사회적 요인들 때문이 아니라 그런 요인들에도 불구하고 성공한다. 예를 들어, 패니 프라이스가 헨리 크로퍼드로부터 청혼을 받자 가족들은 그의 높은 사회적 신분, 가족에 대한 그녀의 의무, 보은 등을 강조하며 청혼을 받아들이라고 종용한다. 그러나 패니는 이 상황에서 용감하게도 자신이 원하는 것을 선택한다. 오스틴은 사회적 요인이 어쩔 수 없이 개인에게 영향을 미친다 해도 그것은 어디까지나 행동에만 미쳐야지, 사고의 과정에까지 영향을 미치게 해서는 안 된다고 주장한다[이에 대해서는 이 책 258-261쪽 참조]. 사회적 제약이 제아무리 극심하다 해도 인간은 전략적으로 움직일 수 있다. 오히려 사회적 제약은 전략적 사고를 더 빨리 습득하도록 만들 수도 있다.

오스틴은 또 전략적 사고와 전략적 사고로 혼동하기 쉬운 개념들을 주의 깊게 구별한다. 전략적 사고와 이기심은 같은 것이 아니다. 예를 들어, 패니 대시우드는 이기적이지만 전략적으로는 형편없다. 전략적 사고는 누군가가 도덕적으로 마땅히 "해야만 하는" 일들과도 다르다. 메리 베넷은 올바른 처신에 관한 격언을 수시로 인용하지만, 정작 자신은 전략적으로 맹탕이다. 전략적 사고는 근검절약 같은 경제적 가치들과 같은 것도 아니다. 노리스 부인은 근검절약과 같은 경제적 가치와 전략적 아둔함이 공존할 수 있음을 보여 준다. 전략적 사고는 카드 게임처럼 인위적으로 만들어진 게임을 잘하는 것과 무관하다. 헨리 크로퍼드는 카드 게임을 좋아하지만, 실제 삶에서는 패니 프라이스와 기혼녀 마리아 러시워스 사이에서 오락가락하다 어처구니없는 파멸로 치닫는다.

연구 성과의 측면에서도, 오스틴은 현대의 게임이론이 도달하지 못한 다양한 통찰들을 보여 준다. 무개념에 대한 분석 외에도 오스틴은 네 가지 부분에서 앞서 있다. 첫째, 오스틴은 전략적 동반자 관계(두 사람이 협력해 제3자를 전략적으로 조종하는 것)가 친구나 부부 사이 같은 친밀한 관계의 가장 확실한 토대라고 주장한다. 오스틴의 소설에 등장하는 연인들은 모두, 예컨대 엉뚱한 소리로 언제 어디서 망신살이 뻗칠지 모를 모친과 같은 제3자를 함께 조종하거나 감시하면서 가까워진다. 연인들은 상대방에게 과거에 자신이 왜 그런 선택을 했는지 설명하고 함께 전략을 짤 때 가장 깊은 친밀감을 느낀다. 둘째, 오스틴은 개인은 다양한 자아들로 구성돼 있으며, 이 자아들은 위계적인 명령 체계가 아닌 다양한 방식으로 서로 협상한다고 주장한다. 사람들은 타인의 행동을 예측하듯 자기 자신의 행동과 편향 또한 예측할 수 있으며, 어떤 사람의 자기 관리 전략은 그 사람의 목적이 무엇인지에 따라 달라진다. 셋째, 오스틴은 사람들의 선호가 어떻게 변화하는지 탐구한다. 선호가 바뀌는 이유는 어떤 일에 대한 감사 때문일 수도 있고, 어떤 행동이 새로운 사회적 의미를 갖게 되었기 때문일 수도 있다. 넷째, 오스틴은 불변성, 즉 상대를 향한 변치 않는 사랑은 수동적 기다림이 아니라, 상대방의 마음을 읽고 그 동기가 무엇인지 이해하려는 적극적이고 전략적 과정이라고 설명한다.

오스틴은 전략적 사고의 단점들조차 포괄적으로 검토한다. 전략적 사고는 정신적 노력을 필요로 하고, 나의 도덕적 삶을 복잡하게 하며, 다른 사람의 잘못된 행동에 대해 쉽게 용서하게 하고, 후회할 일들을 많이 만든다. 사람들은 전략적 사고에 능한 사람에게 자신의 마음을 털어놓지 않으려 한다. 전략적 사고는 매력적이지 않고, 성실성의 징표도 아니다. 다른 사람들의 계략을 예상하는 일에는 고통이 따를 수 있다. 경우에 따라서는 다른 사람이 어떻게 대응할지 신경 쓰지 말고 행동에 나서는 게 더 좋을 수도 있다. 마지막으로, 전략적 사고에 능숙하다 보면 유아론을 초래할 수 있다. 즉, 전략이 없는 곳에 전략이 있다고 보는 것이다. 또 전략적 사고 능력에 대한 자부심은 자신이 누구라도 완벽하게 꿰뚫어 볼 수 있다고 착각하게 한다.

오스틴은 자신의 소설에서 의식적으로 전략적 사고를 이론화하려 했다는 것이 내 주장이다. 전략적 사고에 흠뻑 빠져 있는 사람은 나뿐만이 아니다. 오스틴 역시 그랬다. 나는 이 주장에 대해 직접적 증거(예를 들어, 자신의 목적을 피력하는 오스틴의 편지 같은 증거)를 제시하지는 못하지만 간접적으로 우월한 증거preponderance of evidence˙를 제시한다. 오스틴의 작업과 게임이론 사이에는 연관성이 너무나 많다. 유사한 점 역시 많다. 예를 들어, 오스틴의 소설에서 아이가 등장할 경우, 그 아이는 거의 예외 없이 전략적 사고를 학습하고 있거나(세 살배기 아이는 어른들의 관심과 사랑을 받으려면 울음을 멈추지 않아야 한다는 것을 배운다), 어른들의 전략적 행동에 들러리를 서고 있다(에마는 나이틀리 씨와 다툰 후, 혹시 남아 있을 좋지 않은 감정을 아기의 사랑스런 매력으로 쫓아 버리기 위해 8개월 된 조카를 안고 나타난다). 또 헨리 크로퍼드가 패니 프라이스에게 청혼한 후, 오스틴은 "준거점 의존성"reference dependence[자세한 내용은 이 책의 9장 참고] — 어떤 결과의 바람직함은 그 결과와 비교되는 현재의 상태를 어떻게 보느냐에 달려 있다 — 의 사례를 한두 개도 아니고 무려 일곱 개나 제시한다. 소설 속에서 이런 일이 반복되는 것은 단순한 우연으로 보기 어렵다. 결국 결론은 오스틴이 소설을 통해 전략적 사고를 탐구하려는 의도가 명백히 있었다는 것이다.

　게임이론에 대한 오스틴의 가장 큰 기여는 아마도 무개념에 대한 분석일 것이다. 전략적 사고가 부재한 상태인 무개념에 대해 오스틴은 다섯 가지 설명을 제시한다. 첫째, 무개념이 타고난 능력의 부재일 수 있음을 시사한다. 오스틴의 소설에서 무개념 상태에 있는 인물들은 몇 가지 특징적인 성격(특히 수치, 시각적 디테일, 맥락에서 벗어난 문자적 의미, 사회적 지위 등에 대한 집착)을 가지고 있다. 이런 성격적 특성은 대체로 자폐스펙트럼과 연관이 있다. 둘째, 오스틴에 따르면 상대방을 잘 모르면 역지사지가 어렵다. 따라서 무개념은 여성과 남성, 기혼자와 미혼자, 청년과 노인의 차이처럼 사회적 거리˙˙에서 비롯된 결과일 수도 있다. 셋

˙ '증거의 우월'이라고도 한다. 대체로 민사 사건에서 상대방의 주장보다 우월한 증거를 제시함으로써 자신의 주장이 옳음을 입증하는 것을 말한다.

째, 무개념은 과도한 자기 준거의 결과일 수 있다. 예를 들어, 내가 싫어하는 것이라면 온 세상 사람이 다 싫어할 것이라는 생각이다. 넷째, 지위의 차이가 무개념을 낳을 수 있다. 상급자는 하급자의 마음을 헤아릴 필요가 없는데, 이것이 바로 상급자의 징표이자 특권이다. 다섯째, 때로는 다른 사람의 마음을 내가 이미 알고 있다고 추정할 때, 실제로 내가 추정한 대로 되기도 한다. 예를 들어, 내가 누군가로 하여금 나를 원하게 할 수 있다면, 그 사람이 이전에 어떤 동기를 가졌는지는 결코 중요하지 않다. 마지막으로, 나는 이 책에서 오스틴의 이 같은 설명을 적용해 그녀의 소설 속에 나오는 상급자들의 결정적 실수 사례들을 짚어 본다.

그런 다음 나는 무개념 사례들을 실제 세계에서 찾아보고, 오스틴의 다섯 가지 설명을 바탕으로 나의 설명 다섯 가지를 추가해 볼 것이다. 첫째, 무개념은 단순한 지적 게으름의 결과다. 둘째, 역지사지한다는 것은 신체적으로 상대방이 되어 보는 것이다. 즉, 그 사람의 몸속으로 들어가 그의 신발을 신어 보고, 그 눈으로 세상을 바라보는 것을 의미한다. 이런 육체적 체험은 스스로를 우월하다고 생각하는 인종차별주의자나 상류층에게 혐오스럽게 느껴질 수 있다. 셋째, 사회적 지위는 복잡한 상황을 단순화하고 문자 그대로 해석하게 만들기 때문에 전략적 사고가 부족한 사람은 신분 차이에 집착하고, 위계질서와 같이 신분 위주로 인간관계를 규정하는 환경을 선호한다. 넷째, 특정 상황에서는 무개념이 협상에서 나의 지위를 유리하게 해줄 수 있다. 즉, 상대방의 대응을 생각하지 않음으로써 나는 무대응으로 일관할 수 있다. 다섯째, 전략적 사고 능력과 공감 능력이 같은 것은 아니지만 — 상대방의 목적을 이해하는 것과 거기에 공감하는 것은 별개의 문제다 —

▪▪ 계급, 인종, 성별 등이 다른 집단 사이의 거리감.

어느 하나가 다른 하나로 발전할 수는 있다. 예를 들어, 노예 주인은 노예들에게 쉽게 속아 넘어갈 수 있지만 노예의 입장을 충분히 받아들여서 전략적 사고까지 하게 된다면 더 이상 노예제도에 찬성하지 않게 될 수도 있을 것이다. 마지막으로, 이 책에서는 무개념에 대한 이런 설명들을 2004년 4월 (참패로 끝난) 미국의 팔루자 공습에 적용해 본다.

사람들은 왜 그런 행동을 했을까? 이 질문은 소설이나 수학모델, 인문학이나 사회과학, 과거나 현재, 어느 하나만의 문제로 가두어 두기에는 너무 흥미진진한 질문이다. 인간의 행동에 지대한 관심을 가졌던 오스틴이 게임이론의 창시에 기여한 것은 전혀 놀라운 일이 아니다. 이 책이 독자들에게 이를 잘 보여 주면 좋겠다.

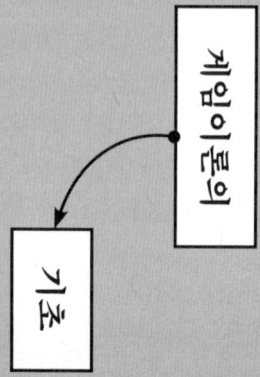

게임이론의 기초

게임이론은 둘 이상의 사람들 사이에서 이루어지는 상호작용을 연구한다. 그 근간을 이루는 것은 개인의 단독적 의사 결정을 연구하는 합리적 선택이론이다. 이 장에서는 오스틴의 『맨스필드 파크』에 나오는 간단한 사례를 통해 합리적 선택이론과 게임이론을 설명한 후 게임이론의 핵심 개념인 전략적 사고에 대해 자세히 설명해 볼 것이다. 그리고 윌리엄 셰익스피어의 『헛소동』과 리처드 라이트의 『깜둥이 소년』에 나오는 내용을 사례로 들어, 게임이론이 반체제 민중 반란 같은 것을 이해하는 데 어떤 식으로 이용될 수 있는지 알아볼 것이다.

사회과학 분야에서 게임이론과 합리적 선택이론은 상당한 비판을 받아 왔다. 하지만 오스틴을 게임이론가로 이해했을 때 이런 비판은 다른 관점에서 바라볼 수 있다. 예를 들어, 일부 비평가들은 합리적 선택이론이 이기심과 비사회성을 예찬하며 이는 사회적 규범을 통해 억제돼야 한다고 주장한다. 그러나 오스틴의 관점에서 보면, 자신의 선호에 따라 선택할 권리를 고집하는 것은(예를 들어, 배우자를 선택할 때) 이기적인 게 아니라 전복적인 것이다. 오스틴 소설의 여주인공들은 이미 사회적 의무와 기대에 얽매여 있기 때문에 이들에게 필요한 것은 더 많은 사회적 규범이 아니다.

게임이론과 문학 사이에 교류가 없었던 것은 아니다. 예를 들어, 몇몇 게임이론가들이 문학작품을 분석한 바 있다. 이 점에서 내가 좀 더 강조하고자 하는 바는 오스틴 스스로가 게임이론가였으며, 소설을 통해 체계적이고 이론적으로 의사 결정과 전략적 사고에 대해 탐구했다는 것이다. 따라서 이 장의 마지막에서는 인문학자들이 합리성과 인지이론들을 문학 분석에 어떻게 활용해 왔는지, 그리고 오스틴을 게임이론가로 이해하는 것이 이런 논의들과 어떻게 연관돼 있는지 살펴본다.

합리적 선택이론

오스틴의 『맨스필드 파크』에서 다섯 살 벳시와 열네 살 수전은 죽은 언니 메리가 수전에게 선물로 주고 간 은제 나이프를 두고 싸운다. 벳시가 이 나이프를 수전으로부터 빼앗아 갔기 때문이다. 맏딸인 언니 패니는 벳시에게 새로운 나이프를 사주기로 결정한다. 벳시에게 새로운 나이프가 생기면 순순히 수전의 나이프를 돌려줄 거라 생각한 것이다. [패니의 예상대로] 벳시에게 새로운 나이프가 생기자 집안에 다시 평화가 찾아온다.

이제 패니가 개입하기 전의 상황을 살펴보자. 벳시에게는 두 가지 선택지가 있다. 수전의 나이프를 계속 가지고 있거나 포기하는 것이다. 합리적 선택이론은 이 상황을 〈그림 1〉과 같이 이해한다.

〈그림 1〉에서 벳시의 선택은 하나의 [의사 결정] "마디"에서 뻗어 나온 두 개의 "가지"로 표현된다. 만약 벳시가 수전의 나이프를 계속 가지고 있는 가지를 선택한다면, 벳시는 그 결과를 좋다고 평가하기에, 우리는 가지 끝에 '좋음'이라고 표시한다. 반대로, 벳시가 수전의 나이프를 포기하는 가지를 선택한다면, 아무것도 갖지 못하게 되며, 벳시는 이것

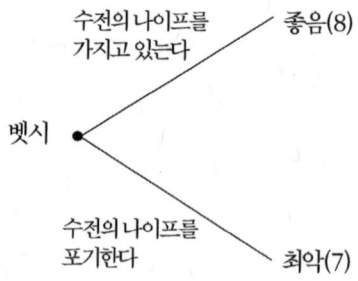

그림 1. 벳시의 결정

을 '최악'의 선택으로 간주한다. 이 "나무"는 이렇게 벳시의 의사 결정을 단순화해 표현하는 한 가지 방법이다.

벳시의 선호를 나타내는 편리한 방법 가운데 하나는 숫자를 사용하는 것이다. "좋음"에는 8을, "최악"에는 7을 지정할 수 있는데, 수치가 높을수록 벳시의 선호도가 높다는 뜻이다. 이런 수치는 "[기대] 보수" 또는 "효용"이라 부른다.

그러나 패니가 벳시에게 새로운 나이프를 주자 상황은 달라진다. 벳시의 선택은 여전히 수전의 나이프를 계속 가지고 있을 것인가, 포기할 것인가 이지만, 이에 대한 선호는 달라진다. 수전의 나이프를 계속 가지고 있는 것은 여전히 좋은 선택지지만, 이제 수전의 나이프를 포기할 경우 새로운 나이프가 생기게 되므로 벳시에겐 그것이 최선이다. 따라서 나무는 〈그림 2〉와 같이 바뀌고, "최선"에 대한 기대 보수는 9다.

합리적 선택이론은 대부분 이런 나무 구조로 귀결된다. 합리적 선택이론의 핵심은 보수 극대화다. 각각의 선택에는 그에 상응하는 보수가 있고, 사람들은 가장 높은 수치의 보수를 선택한다고 가정한다.

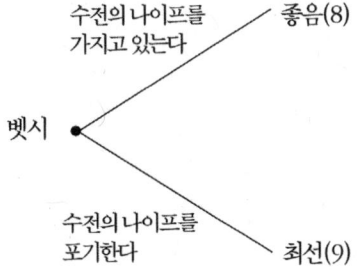

그림 2. 패니가 벳시를 위해 새로운 나이프를 구입한 이후 벳시의 결정

선택의 결과에 수치를 부여하는 것이 인위적이고 조잡해 보일 수 있겠지만 이는 의사 결정자가 편의를 위해 최선에서 최악에 이르는 선호의 순서를 표기하는 기법에 지나지 않는다. 보수 극대화의 의미는 다음의 사례를 통해 가장 잘 이해할 수 있다. 바이올렛이라는 여성이 모두 몇 명의 아이를 낳아 기를 것인지 결정하는 상황을 생각해 보자. 현실적으로 그녀의 선택은 0~5명의 아이를 갖는 것이다. 고심 끝에 그녀는 아이를 갖지 않는 게, 즉 0을 선택하는 게 제일 좋겠다고 결정한다. 그 후 그녀는 의사로부터 자신은 많아야 1명의 아이밖에 가질 수 없다는 소식을 듣는다. 이제 그녀의 선택지는 0~5명까지가 아니라 0명과 1명이 되었다. 그녀는 자신이 아이를 하나밖에 낳을 수 없다는 소식을 듣고, 마음을 바꾸어 0이 아닌 1을 선택해 아이를 낳기로 한다. 바이올렛의 이 선택은 이해는 가지만 보수 극대화를 위반하는 것이다(보수 수치에서 "동점"은 없는 것으로 간주하고, 바이올렛이 의사로부터 소식을 들은 이후에도 각 선택에 대한 기대 보수 수치가 변하지 않는 것으로 가정한다). 0과 1 사이에서 1을 선택했다는 것은, 1명의 자녀가 0명보다 높은 보수 수치를 가지고 있었다는 뜻이다. 이것은 결국 첫 번째 결정 상황에서 0이 최대의 보수 수치가 될 수 없었음을 의미한다.

또 다른 예로, 커피·맥주·담배 이 세 물품만 사는 데 돈을 쓰는 월터 이야기를 해보자. 어느 날 그의 수입이 두 배로 늘었다. 소득이 늘어나면서 그는 이제 세 물품 모두를 더 소비하거나, 그중 일부의 소비를 줄이고 일부의 소비를 늘리거나, 세 물품 모두의 소비를 예전과 똑같은 수준으로 유지할 수 있다. 그러나 보수 극대화 모델을 가정한다면, 세 품목 전체에 대한 소비가 줄어들 수는 없다. 왜냐하면 그런 선택은 소득이 늘어나기 이전에도 할 수 있는 선택이었으나 월터는 그렇게 하지 않았기 때문이다. 만약 세 품목 모두에 대한 그의 소비가 줄어든다면, 그것은 보수 극대화에 위배된다.

혹자는 합리적 선택이론에서 중요한 문제는 "합리성"이 무엇을 의미하는가라고 생각할 수 있지만, 그렇지 않다. 사람들은 대체로 "합리적"이라는 용어를 도구적인, 계산적인, 차분한, 신중한, 유식한, 그리고 개인주의적인 행동과 관련지어 생각한다. 동시에 충동, 감정, 무지, 이데올로기적 편견, 감상벽, 사회적 관심 등과는 대비되는 것으로 생각한다. 그러나 합리적 선택이론의 핵심은 이런 것들과는 무관하다. 합리적 선택이론에서 누군가의 "합리적 선택"은 보수 극대화를 충족시키는 선택이다. 예를 들어, 앞의 사례에서 월터가 자신의 소득이 두 배로 늘어났음에도 세 물품 모두에 대한 소비를 줄인다면, 그는 합리적 선택을 한 것이 아니다. 보수 극대화는 우리가 직관적으로 혹은 일상적으로 떠올리는 "합리성" 개념으로 직접 번역되지 않는다. 예를 들어, 이타적인 사람이 이기적인 사람보다 보수 극대화 원리를 위반할 가능성이 더 높지도 않고 더 낮지도 않다. 합리적 선택이론은 또한 선택지의 실제 내용이 무엇인지에도 관심이 없다. 합리적 선택이론에서 중요한 것은 오로지 하나, 어떤 이의 선택이 그 사람의 보수[이익]를 극대화하고 있느냐뿐이다. 예를 들어, 100달러를 가진 사람이 그 돈을 가지고 선택할 수 있는 것들을 생각해 보자. 그 돈으로 고급 미용실에 가서 머리를 자를 수도 있고, 지역 푸드 뱅크에 익명으로 기부를 할 수도 있고, 일자리 없이 떠도는 형제에게 돈을 줄 수도 있고, 권총을 사서 자살할 수도 있을 것이다. 그 사람이 허영심 많은 사람이든, 인심 좋은 사람이든, 가족을 중시하는 사람이든, 자살을 생각하는 사람이든 모두 자신의 이익을 극대화한 선택으로 설명될 수 있는 것이다.

보수 극대화는, 예를 들어 의사 결정에 관한 심리학 연구와 비교해, 사람들의 선택 과정을 의도적으로 단순화해 설명한다. 앞의 월터 사례에서, 만약 월터가 소득이 두 배가 되었음에도 모든 항목에서 소비를 줄인다면, 그가 아무리 냉정하게, 심사숙고해서, 도구적으로, 개인주의적으로, 계산적으로 그 결정을 내렸다 할지라도, 아니면 이와 반대로 그가 아무리 습관적으로, 직관적으로, 미신을 믿어서, 주먹구구

식으로, 미칠 듯이 화가 나서, 주변의 압력에 의해 그런 결정을 내렸다 할지라도, 그의 결정은 여전히 보수 극대화를 위반한 것이다. 몇 명의 아이를 낳을 것인가에 대한 바이올렛의 결정은 충동과 신중한 계산이 결합해 이루어질 수 있다. 그녀의 결정에는 재정적인 제약, 아이를 가지게 될 때 생길 생활 방식의 변화, 죄책감이나 기쁨, 그 가치를 새롭게 인식하게 된 자신의 가임성에 대한 축하, 가족들에 대한 배려, 여성과 엄마로서의 자신의 정체성 등과 같은 여러 가지 복잡한 고려 사항들이 섞여 있을 수 있다. 외부 관찰자라고 누군가의 출산 선택을 설명하는 게 쉬울 리는 없다. 당사자인 바이올렛조차 자신의 이 결정 하나를 이해하기까지 몇 년이 걸릴 수도 있다.

그러나 사람들이 선택하는 방식에 대한 이 같은 단순한 모델도 꽤 복잡해질 수 있는데, 특히 두 사람 이상의 선택이 관련돼 있을 때 그렇다.

게임이론

『맨스필드 파크』사례에서 의사 결정자는 벳시뿐만이 아니다. 패니 역시 나이프를 새로 살지 말지 고민하고, 벳시가 이에 대해 어떻게 대응할지 예측한다. 이처럼 한 사람 이상의 의사 결정을 고려할 때 게임이론이 필요하다.

이미 소개한 두 개의 나무는 두 개의 상황을 묘사한다. 〈그림 1〉은 패니가 아무것도 하지 않을 때 벳시가 내리는 결정이다. 〈그림 2〉는 패니가 새로운 나이프를 샀을 때 벳시가 내리는 결정이다. 그런데 이 두 상황 가운데 어느 상황이 벌어지게 할 것인가는 패니에게 달려 있다. 이제 우리는 〈그림 3〉에서 두 개의 그림을 하나로 통합한 좀 더 큰 그림을 볼 수 있다.

〈그림 3〉에서 첫 번째 결정을 내리는 사람은 패니이며, 그래서 패니의 마디가 제일 왼쪽에 있다. 그녀는 아무것도 하지 않는 선택이나 새

로운 나이프를 구입하는 선택을 할 수 있다. 패니가 아무것도 하지 않는다면, 패니가 개입하기 전, 벳시의 의사 결정을 나타내는 〈그림 1〉과 같은 상황이 된다. 패니가 새로운 나이프를 사면, 〈그림 2〉의 상황이 된다(분명히 구분하기 위해 이하의 그림에서 패니의 행위는 볼드체로 표기한다).

이제 남은 것은 패니의 선호를 표시하는 것이다. 패니의 입장에서 벳시가 수전의 나이프를 계속 가지고 있는 현재 상황은 "나쁘"다(우리는 여기에 기대 보수 2를 매긴다). 그러나 패니에게 "최악"은 자신이 새로운 나이프를 구입했는데도 벳시가 수전의 나이프를 계속 가지고 있는 경우다(기대 보수 1). 이 경우는 패니가 새 나이프를 구입한 것이 헛수고로 돌아가기 때문이다. 벳시가 새 나이프를 받은 후 수전의 나이프를 포기한다면 그것은 "좋은" 결과다(기대 보수 3). 패니에게 "최선"은 패니가 아무것도 사지 않고서도 벳시가 수전의 나이프를 포기하는 것이다(기대

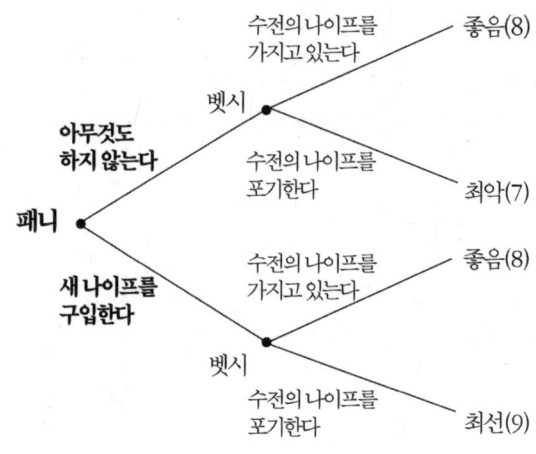

그림 3. 두 개의 나무가 더 큰 나무를 만든다

보수 4).

"게임 나무" 또는 "전개형 게임"이라 불리는 〈그림 4〉는, 패니가 새 나이프를 구입할지 말지 결정한 뒤 벳시가 수전의 나이프를 계속 가지고 있을지 말지를 결정하는 상황을 포착하고 있다. 즉, 이 게임 나무는 패니가 새 나이프의 구입 여부를 결정하기 전에, 자신의 선택에 대해 벳시가 어떻게 반응할지 생각해 봐야 한다는 것을 보여 준다.

게임이론이 하는 일은 바로 이런 도식을 그리고 분석하는 일이다. 더욱 복잡한 상황 역시 ― 이를 테면, 일련의 동작과 반동작이 연속해서 일어나는 경우 ― 같은 방식으로 그려 볼 수 있다. 다만 나무가 좀 더 커질 뿐이다. 예를 들어, 체스 게임을 하는 컴퓨터 프로그램이 만들어 내는 게임 나무는 그 규모가 엄청나게 크다. 게임이론이 "요구"하는 것은 그렇게 많지 않다. 예를 들어, 패니가 벳시를 다루는 상황을 나타내기 위해 최소 필요한 것은 관련된 사람들이 누구인지, 그들의 선택지는 무엇이며, 각각의 결과에 대해 그들이 어떻게 생각하는지 명시해 주는 것이다. 이런 의미에서 게임 나무는 음의 높낮이와 길이를 정해 주지만 프레이징*이라든지 기타 여러 가지 표현력에 대해서는 상술하지 않는 악보의 음표와 같은, 일종의 최소 표기다.

〈그림 4〉는 패니의 선택이 어떻게 벳시의 선택과 "상호작용"하는지 보여 준다. 즉, 패니는 자신의 선택을 결정할 때, 벳시가 어떤 선택을 할지 고려해야만 한다. 게임이론은 이 같은 상호작용에 초점을 맞추는 이론이며, 따라서 심리적으로 좀 더 현실적인 선택 모델을 고려하지 않는다. 예를 들어, 패니가 벳시를 위해 새로운 나이프를 살까 말까 고민할 때, 패니는 벳시가 수전에 대한 죽은 메리의 사랑에 질투를 느껴 나이

---

* 음악적 표현력의 핵심 요소로 연주자가 악곡을 자연스러운 의미 단위, 즉 프레이즈phrase로 나누어 표현하는 기법을 말한다.

프를 탐내는 것인지, 아니면 나이프를 권력과 자립의 상징이라고 생각해서 탐내는 것인지, 아니면 오로지 반짝이며 빛나는 금속 오브제를 좋아하는 것인지 깊이 고민할 필요가 없다. 벳시를 조종하기 위해 패니가 필요로 하는 것은 단순한 모델로 표기하기에 충분하다. 즉, 패니는 벳시가 나이프가 아예 없는 것보다는 수전의 나이프를 계속 갖고 있는 것을 선호하고, 수전의 나이프보다는 새 나이프를 갖는 것을 더 선호한다는 것을 알면 되는 것이다. 마찬가지로 패니가 왜 새 나이프를 구입했는지 이해하기 위해 우리는 패니의 영혼까지 들여다볼 필요는 없다. 우리가 알아야 할 것은 오로지 벳시가 수전의 나이프를 포기한다면 패니는 새 나이프를 구입할 용의가 있다는 것이다. 다시 말해, 사람들의 선택은 각자 그 이유가 매우 복잡할 수 있으나 게임이론은 이를 단순하게 모델화한다. 이는 선택의 상호작용, 즉 어떻게 각 개인의 선택이 타인의 선택에 의존하는지에 초점을 맞추기 위해서다.

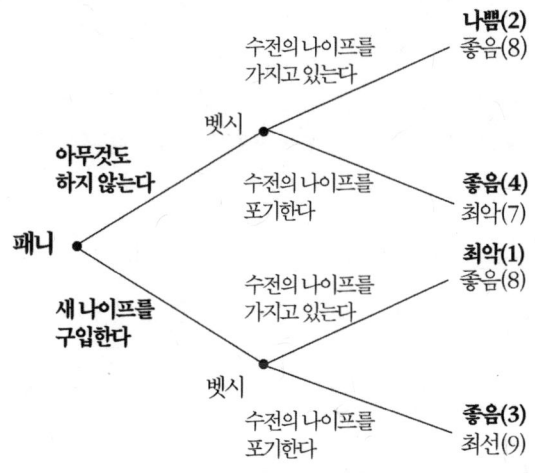

그림 4. 패니의 선호가 추가로 표시된 큰 나무

02 게임이론의 기초

전략적 사고

벳시를 조종하기 위해 패니는, 벳시에게 새 나이프를 줬을 때 벳시가 어떤 선택을 할지 고려해야 한다. 패니는 전략적 사고를 해야 하는 것인데, 이는 몇 가지 상호 연관된 능력을 필요로 한다.

첫째, 패니는 선택을 하는 사람은 자신이 아니라 벳시라는 사실을 알아야 한다. 이는 당연해 보이지만, 꼭 그렇지만은 않다. 타인의 마음이 내 마음과 다르다는 것을 이해하기 위해서는 "마음 이론"theory of mind ▪ 이 필요한데, 대부분의 사람들은 이 같은 능력을 유아기에 습득한다. 이와 관련해, "틀린 믿음"[허위 신념]false belief 테스트라는 것이 있다. 실험 대상 아동에게 두 인형이 연기하는 장면을 보여 준다. 인형들의 이름은 각각 샐리와 앤이다. 샐리가 자신의 바구니에 공을 넣어 두고 방에서 나간다. 샐리가 방을 나간 동안 앤이 바구니에서 공을 꺼내 자신의 상자에 숨긴다. 샐리가 다시 등장하고, 실험자는 실험 대상 아동들에게 샐리가 어디서 공을 찾을 것인지 묻는다. 이때 네 살 이상은 대부분 바구니를 가리키는 반면, 네 살 이하는 대부분 상자를 가리킨다(Wimmer and Perner 1983; Baron-Cohen, Leslie, and Frith 1985; Bloom and German 2000). 다른 사람의 믿음이 자신의 믿음과 다를 수 있다는 것을 알 수 있는 능력이 아주 어린 아이들에게서는 아직 충분히 발달하지 못한 것이다.

한 개인의 마음 이론은 나이뿐만 아니라 환경에 따라 다르게 형성

▪ 타인이 나와는 다른 신념, 의도, 욕구, 감정, 지식 등 고유한 정신 상태를 가지고 있으며, 이런 마음이 행동에 영향을 미친다는 사실을 이해하는 능력을 의미한다. 이는 아동의 사회적·정서적 발달에서 특히 중요한 역할을 하는데, 발달심리학에서는 일반적으로 3~5세 무렵 '틀린 믿음 테스트'를 통과하며, 타인의 마음이 자신과 다를 수 있음을 이해하기 시작한다고 본다. 최근에는 이 이론이 자폐인의 특성을 단순화하거나 차별적으로 해석하는 데 쓰일 수 있다는 점을 지적하며 이중 공감 이론 등이 대안으로 제시되고 있다.

된다. 예를 들어, 나와는 다르게 생각하는 사람들에 노출되는 것은 마음 이론을 발달시키는 데 도움이 된다. 이와 관련한 조사에 따르면, 3~5세 사이의 어린이 가운데, 쌍둥이가 아닌 형제자매가 있는 경우, 특히 한 명 이상의 이성 동기가 있는 경우, 혼자이거나 쌍둥이 동기만 있는 경우에 비해 일반적으로 틀린 믿음 테스트 성적이 좋다(Cassidy, Fineberg, Brown, and Perkins 2005). 또 마음 이론은 문화권에 따라 달라질 수 있다. 예를 들어, 현대 유럽과 미국에서는 사람의 행동을 그 사람의 정신 상태에서 비롯된 것으로 설명하지 정령이나 신, 어떤 생명력에서 비롯된 것이라고는 설명하지 않는다. 반면, 사모아제도에서는 어린이들이 잘못을 저질렀을 때 "그럴 의도는 없었어요"라는 변명은 하지 않는다 (Lillard 1998). 터키어와 같은 일부 언어에는 진실이 아닌 것을 믿을 때 사용하는 단어가 별도로 존재한다. 하지만 영어에서는 진실인 것을 믿을 때나 진실이 아닌 것을 믿을 때나 모두 "생각"think이라는 단어를 사용한다.＊ 틀린 믿음 테스트를 할 때, 아이들에게 이 단어를 구체적으로 구별해 질문할 경우 정답률이 향상된다(Shatz, Diesendruck, Martinez-Beck and Akar 2003). 전지전능한 유일신을 믿는 사람들은, 다신교(복수의 신들이 서로 어울려 지내며 상호작용한다)를 믿는 사람들에 비해, 타인의 마음 상태를 이해하는 능력이 떨어질 수 있다고 추측해 볼 수 있다(Chrissochoidis and Huck 2011). 마음 이론은 사람에게만 있는 것으로 알려져 있다. 예를 들어, 침팬지에게는 마음 이론이 없는 것으로 알려져 있다. 원숭이는 실험자가 눈가리개를 하고 있는데도 음식을 달라는 몸짓을 한다(Povinelli and Vonk 2003).

일부 연구자들은 자폐스펙트럼상에 있는 사람들은 마음 이론이 취

＊ 터키어에서는 진실인 믿음의 경우 san, 거짓 믿음인 경우 zannet을 사용한다. 이에 대해서는 Shatz, Diesendruck, Martinez-Beck and Akar 2003, 718 참조.

약하고, 한 발 더 나아가 이 취약함이 바로 그들의 핵심 특징이라고 주장한다(Baron-Cohen 1997). 반면에, 자폐스펙트럼상에 있는 아이들의 경우 틀린 믿음 테스트가 시각적인 방법으로 실시될 경우 좋은 성적을 거둔다는 증거도 있다. 한 실험에서 아이들에게 녹색 펜으로 빨간 사과를 그리게 한 후, 두 가지 질문을 했다. 무슨 색 사과를 그리려고 했는가? 지금 막 누군가 [실험실에] 들어왔다면, 그 사람은 어린이들이 어떤 색 사과를 그렸다고 생각할까? 자폐스펙트럼상에 있는 아이들은 자신들은 빨간 사과를 그렸지만, 자신들이 그리는 모습만 본 사람은 녹색 사과를 그렸다고 생각할 것이라고 답했다(Peterson 2002; Gernsbacher and Frymiare 2005도 참조). 동물 행동학자 템플 그랜딘은 자신의 마음 이론이 시각적으로 작동한다고 말한다(Grandin 2008).■ 자폐스펙트럼상에 있는 사람들이 시각적 디테일에 열렬한 관심을 보이는 것은 흔한 일인데, 그랜딘은 자신의 이런 마음 이론이 동물들이 주변 환경을 어떻게 인식하는지 이해하는 데 도움이 된다고 말한다(Grandin and Johnson 2004).

자폐스펙트럼상에 있는 사람들 사이에서 찾아볼 수 있는 또 다른 특성은 의미를 문자 그대로 해석하려는 성향이 강하다는 것이다. 이들은 "텔레비전 프로그램에서 본 사실적 정보 혹은 어떤 문구를 기억해 두었다가 [뜬금없이] 이야기한다. 듣는 사람이 무슨 말을 하든, 무엇을 하고 있든 반응하지 않는다. ... 이들은 '가방에서 고양이 안 나오게 조심해!'[비밀이 새나가지 않도록 조심해]라는 속담을 들으면 주변에 고양이와 가방이 있는지 찾아볼 것이다"(Baker 2001, xi). 마찬가지로 풍자를 이해한다는 것은 화자가 한 말의 문자적 의미와 그것의 의도 사이의 차이를 구별한다는 뜻이다. 마음 이론에 문제가 있는 사람은 풍자를 잘 이해하지

■ 자폐스펙트럼장애가 있는 그녀는 자신과 마찬가지로 동물들도 이미지로 생각하는 경향이 있다는 점에 입각해 동물 복지를 고려한 곡선형 사육장과 도축장 시스템을 설계했다.

못한다(Shany-Ur, Porzand, Grossman, Growdon, Jang, Ketelle, Miller, and Rankin 2012).

패니가 마음 이론을 통해 벳시가 스스로 [자신의 선호에 따라] 선택할 것임을 이해하고 있다면, 이제는 벳시가 어떤 선택을 할지 고려해야 한다. 패니는 벳시가 원하는 것(선호)이 무엇인지 생각해야 한다. 패니는 벳시가 나이프가 아예 없는 것보다는 수전의 나이프를 계속 가지고 있는 것을 선호하지만, 수전의 나이프보다는 새 나이프를 더 선호한다고 정확하게 추측한다. 타인의 마음이 내 마음과 다르다는 것을 배워야 하는 것과 마찬가지로 타인의 선호가 나의 선호와 다를 수 있다는 것도 배워야 한다. 이는 매우 자명해 보이지만, 현실에서 사람들은 실수를 많이 한다. 예를 들어, 내가 어떤 책을 너무 재미있게 읽어서 친구도 과연 그 책을 좋아할까 생각해 보지도 않고 책을 사주는 것이 그런 경우라고 할 수 있다. 사실, 다른 사람의 선호를 이해하는 것은 의외로 어려울 수 있다. 예를 들어, 흡연이나 사슴 사냥, 드라마 시청을 몹시 싫어하는 사람은 친구가 이런 활동을 즐길 수 있다는 것을 상상하기 어려울 수 있다.

타인의 선호와 선택을 좀 더 잘 이해하기 위한 기술 가운데 하나는 "관점 수용"[관점 전환]perspective taking이다. 이는 의식적으로 내가 다른 사람의 마음속에 들어가 보는 것이다. 보통은 "입장 바꿔 생각해 봐" 또는 "그 사람의 시각에서 바라봐" 등과 같은 신체적·시각적 비유를 많이 쓴다. 주식회사 닛산 자동차는 자사의 젊은 디자이너들이 나이 든 구매자들의 선호를 좀 더 잘 이해할 수 있도록 "노화 복장"을 개발했다. 여기에는 눈을 침침하게 하는 고글, 몸을 무겁게 하는 중량 벨트, 움직임을 제한하는 고무 밴드 등이 포함되었다. 이런 복장을 착용함으로써 젊은 디자이너들은 나이 든 구매자들의 시력 저하, 무거운 복부, 유연성 부족을 체험해 볼 수 있었다. 다른 사람의 관점을 취해 보는 것은 공감에 도움이 되지만, 관점 수용과 공감은 엄밀히 말해 같지 않다.

02 게임이론의 기초

공감은 감정을 공유하는 것에 더 가깝다. 예를 들어, 적군의 입장이 되어 그들의 목적을 이해하고 그 선택을 예측해 본다고 해서 꼭 적군 사상자들에 대한 애통함까지 공감하게 되는 것은 아닌 것처럼 말이다.

우리는 다른 사람의 동기를 추측하기 위해 그들의 행동과 말뿐만 아니라 표정과 몸짓을 관찰한다. 상대방을 잘 아는 경우라도 그 사람의 선호를 파악하는 건 쉬운 일이 아니다. 예를 들어, 어머니가 전화 통화에서 명절날 못 와도 괜찮으니 신경 쓰지 말라고 한다. 이때 부분적으로나마 어머니의 진심을 파악하려면 말투를 유심히 살피며 거기에 덧붙인 말들을 해석하는 등 상당한 노력을 기울여야 한다. 한국에서는 이런 능력을 '눈치'라고 한다. 눈치가 빠른 사람은 명시적으로 표현된 것이 아닐지라도 다른 사람이 원하는 것을 잘 이해하고, 상황 판단이 빠를 수 있다. 또 이런 능력을 활용해 남들보다 성공할 수도 있다. 예를 들어, 눈치 빠른 부하 직원은 상사의 선호를 신속히 파악해 빠른 승진이 가능할 수 있다(Shim, Kim, and Martin 2008, 94).

'눈치'의 문자적 의미는 눈을 읽는 것인데, 실제로 타인의 마음을 이해하는 것에 대한 많은 연구는 사람들이 상대방의 눈을 어떻게 보는지에 초점을 맞추고 있다. 예를 들어, 사진에 나온 사람들의 눈을 보고, 그들이 행복한지, 슬픈지, 화가 났는지, 겁이 났는지 등 마음 상태를 알아 맞히는 실험에서 남성은 여성에 비해 마음 상태를 잘 읽지 못하는 것으로 나타났다. 같은 실험에서 자폐스펙트럼상에 있는 사람은 그렇지 않은 사람에 비해 타인의 마음을 잘 읽지 못하는 것으로 나타났다. 이 같은 실험 결과로 말미암아 자폐증은 남성적 뇌의 극단적 형태로 해석돼 왔다(Baron-Cohen, Jolliffe, Mortimore, and Robertson 1997; Baron-Cohen 2002). 또한 우리는 누군가의 눈을 봄으로써 그가 무엇을 보고[알고] 있는지 볼[알] 수 있다. 예를 들어, 누군가와 대화할 때 서로 눈이 마주치면, 나는 그가 내게 집중하고 있음을 알게 된다. 또한 그는 내가 자신을 보고 있다는 것을 봄으로써, 자신이 내게 집중하고 있다는 것을 내가 안다는 것을 알게 되며, 이와 같은 과정은 계속 이어진다(Chwe 2001). 80여 종의 영장류와 비교해 인간은 유일하게 색소가 없는 흰색 공막(안구의 '흰자위')을 가진 종이며 공막의 노출 면적 또한 가장 넓다. 이에 대해서는 인간이 서로의 시선이 향하는 방향을 더 잘 인식할 수 있도록 진화한 결과라는 해석이 존재한다(Kobayashi and Kohshima 2001). 유인원은 사람의 눈이 아니라 사람의 머리 방향을 보고 시선을 쫓는다고 한다. 예를 들어, 사람이 눈을 감고 있어도 머리가 움직이는 방향에 따라 시선을 쫓는 것이다. 그러나 사람의 경우, 한 살밖에 안 된 영아도 상대의 눈이 바라보는 쪽을 따라간다(Tomasello, Hare, Lehmann, and Call 2007).

타인의 마음을 이해할 수 있는 능력을 가졌다고 해서 늘 타인을 이해하는 것은 아니다. 예를 들어, 한 실험에서 "감독"은 벽 뒤에 있고, "참가자"들에게는 접착테이프 한 개를 큰 종이봉투에 넣으라는 과제가 주어진다. 이때 감독은 벽 뒤에 있기 때문에 누가 봐도 참가자들이 무엇을 하는지 알 수 없다. 이후 벽이 제거되고, 접착테이프가 들어 있는 종이봉투와 카세트테이프를 비롯한 다른 물건들이 감독과 참가자 사이에 놓인다. 이때 감독이 참가자에게 "테이프를 옮기시오"라고 지시한다. 참가자들은 마음 이론이 있으니 종이봉투 속에 접착테이프가 있다는 사실을 감독이 알 리 없다는 것을 알 것이고, 따라서 감독이 말하는 '테이프'는 종이봉투 옆에 놓여 있는 카세트테이프라는 것을 알 것이다. 그러나 대부분의 참가자들은 자신이 잘못했다는 것을 깨닫기 전까지 순간적으로 종이봉투 방향으로 손을 뻗었다. 또 거의 모든 참가자들이 종이봉투를 쳐다봤다. 즉, 참가자들은 감독이 말한 것이 종이봉투 속의 접착테이프를 의미할 리 없음을 알면서도, 그것을 쳐다보거나 손을 뻗는 것이다. 따라서 마음 이론이란 선물 받은 에스프레소 머신과 같다. 실제로 필요한 상황이 오기 전까지 사람들은 그 기계를 상자 속에 그대로 둔다(Keysar, Lin, and Barr 2003).

한 사람이 전략적 사고 능력을 발휘할 수 있는지는 그런 능력이 있는지와 그런 능력을 훈련했는지에 따라 다르겠지만, 그 능력을 "상자에서 꺼내 쓰게 하는" 상황이 어떤지 역시 중요하다. 예를 들어, 내게는 칵테일파티가 목표 지향적인 전략적 사고를 발휘하기 가장 어려운 장소일 수 있지만, 어떤 사람에게는 가장 이상적인 장소일 수 있다. 즉, 나는 칵테일파티와 같이 명백한 행동 "규칙"이 전혀 없는 "개방형" 상황에서는 전략적으로 사고하는 데 서투른 반면, 체스 게임과 같이 규칙이 명백히 규정된 상황에서는 매우 탁월하게 전략적으로 사고할 수 있다. 하지만 다른 사람은 나와 정반대일 수 있다. 한 실험에서, 자폐스펙트럼상에 있는 참가자들은 "테이프를 옮기시오"라는 요청에 대조군 못지않게 제대로 반응을 잘하거나 심지어 더 잘 했다. 그러나 어떤 이야기를 들려주고 그것을 되풀이해 보라는 지시를 받았을 때는, 등장 인물들의 마음 상태를 언급하는 용어들을 상대적으로 적게 사용했다 (Beeger, Malle, Nieuwland, and Keysar 2010). 어쩌면 자폐스펙트럼상에 있는 사람들은 들은 이야기를 재구성해야 할 때 마음 이론 능력을 "상자에서" 꺼내지 않는 반면, 구체적인 행동이 필요할 때는 마음 이론을 손쉽게 사용하는 것일 수도 있다(Sally and Hill 2006 참조). 또 다른 실험에서 중국 학생들은 미국의 비아시아계 학생들에 비해 "테이프를 옮기시오"라는 지시에 더 잘 반응했다. 이에 대해 우리는 중국 학생들의 마음 이론 능력이 더 뛰어난 것이라기보다는 "상호 의존적 자아"를 강조하는 문화에서 살았기 때문에 마음 이론을 사용하는 데 더 익숙하다고 해석해 볼 수 있다(Wu and Keysar 2007).

전략적으로 사고하기 위해서는 타인의 전략적 사고 능력 역시 감안해야 한다. 『이성과 감성』에서 대시우드 부인은 온 가족이 레이디 미들턴을 방문하는 행사에 딸 메리앤이 빠지는 것을 허락한다. 식구들이 없는 사이에 구혼자 윌러비가 방문하도록 그녀가 계획을 세웠을 것이라 생각했기 때문이다. 대시우드 부인은 메리앤이 전략적 사고에 서툴다고 생각했다면 함께 가자고 했을 것이다. 일반적으로 우리는 다른 사람의 행동을 예상하고 어떤 행동을 취하는데, 다른 사람은 또 다른 세 번째 사람의 행동을 예측해서 그런 행동을 취하는 것이며, 이 세 번째 사람은 네 번째 사람의 행동을 예측해서 그런 것이다. 이런 과정은 계속 이어진다. 이처럼 전략적 사고는 다른 사람들의 전략성에 대한 예측과 (체스 게임과 같이) 일련의 작용과 반작용을 계산하는 과정이다. [미국의 희극 배우] 아니타 렌프로는 자신은 남편과 말싸움을 하기에 앞서 다음과 같이 준비한다고 말한다. "나는 내가 그에게 꼭 해야 할 말과 이에 대해 그가 내놓을 수 있는 반응을 세 가지 정도 생각한다. 그런 다음 그의 각 반응에 대해 내가 말할 수 있는 세 가지 반응을 생각한다. 몇 분 지나지 않아 나는 이미 이 대화의 27번째 수를 계산하고 있는데, 남편은 우리 사이에 대화가 필요하다는 생각조차 못 하고 있다"(Renfroe 2009, 157).

전략적 사고와 관련된 가장 높은 수준의 능력은 어떤 일을 꾸미고 계획해서 내가 원하는 결과가 발생하게 사람들이 행동하도록 만드는 능력일 것이다. 패니가 벳시를 위해 새 나이프를 구입하겠다는 생각은 특별히 창조적인 것은 아니다. 그러나 모든 사람이 그런 생각을 할 수 있는 것은 아니다. 어떤 전략적 조종[조작]들은 기막히게 영리하다. 예를 들어, 랍비 하비Rabbi Harvey■는 친구의 소중한 촛대를 옮기던 중 강도에게 붙잡힌다. 랍비는 강도에게 자신의 재킷과 모자에 총탄 구멍을 내달라고 부탁하며 오는 길에 강도를 만났음을 친구에게 증명하기 위한 것이라고 말한다. 강도에게 총탄 구멍을 만들어 달라고 거듭 요구함으로써 랍비는 강도가 총알을 다 쓰게 한다(Sheinkin 2008). 또 다른 예로, [고대 아랍의 지혜와 기지를 담은 설화 모음집에 나오는 이야기로] 남편의 유산을 독차지하고 싶어 자신의 아들을 부정하는 여성에게 아부-탈리브의

■ 스티브 셰인킨이 쓴 동명의 그래픽노블에 나오는 주인공으로 미국 서부 개척 시대의 가상 마을인 콜로라도주 엘크 스프링에서 랍비이자 보안관으로 일하며 폭력 대신 지혜와 대화로 마을의 갈등을 풀어 간다.

아들 알리*는 그 소년이 정말 자신의 아들이 아니라면 그 아이와 결혼하라고 명령한다. 그제야 그녀는 그 아이가 자신의 아들이라고 인정한다(Khawam 1980, 143). 효과적인 계획을 세우기 위해서는 창의력과 재간이 필요하다. 그런 능력은 쉽게 가르칠 수 있는 것이 아니다. 가장 좋은 방법은 사례연구, 즉 조종[조작] 사례들 가운데 특히 예상치 못했던 기발한 성공 사례들을 연구하는 것이다.

게임이론의 유용성

게임이론은 사회과학 분야에서 다양하게 활용돼 왔다. 예를 들어, 다음과 같은 질문들을 이해하는 데 활용되었다. 사람들 사이에서 협력은 어떻게 이루어지는가? 노동자, 경영자, 입법자는 어떻게 협상하는가? 국가들 사이에서 전쟁은 왜 일어나는가? 사회운동은 어떻게 일어나는가, 즉 사람들은 왜 사회운동에 참여하는가? 기업들은 어떻게 서로 경쟁하는가? 슈퍼볼 텔레비전 광고는 왜 그렇게 비싼가?(이 마지막 질문에 대한 전반적 입문을 위해서는 Dixit and Nalebuff 2008 참조. 슈퍼볼 광고와 사회운동에 관해서는 Chwe 2001 참조) 이 절에서 살펴볼 문제는 게임이론에서 "조정 문제"coordination problems라고 부르는 것이다. 게임이론은 겉으로는 상이해 보이는 상황들 사이에서 연관 관계[유사성]를 파악하는 데 가장 유용하다. 이와 관련해 여기서는 셰익스피어의 『헛소동』의 두 주인공 비어트리스와 베네딕, 리처드 라이트의 자서전 『깜둥이 소년』에 등장하는 리처드와 해리슨, 그리고 정권에 항거하는 시민들의 예를 들어 볼 것이다.

---

* 알리 이븐 아비 탈리브Alī ibn Abī Ṭālib를 말한다. 선지자 무함마드를 입양해 키운 아부 탈리브의 아들로서 무함마드의 가르침에 응답해 가장 빨리 귀의한, 첫 번째 남자 무슬림으로 유명하다.

셰익스피어의 『헛소동』에서 주인공 비어트리스와 베네딕은 만나기만 하면 서로를 깎아내리고 망신 주기 바쁘다. 그러나 비어트리스의 가족(삼촌 레오나토, 사촌 히로, 히로의 시중을 드는 우르슐라)과 베네딕의 친구들(돈 페드로와 클라우디오)은 두 주인공으로 하여금 내심 서로를 좋아하고 있다고 믿게 조작한다. 이로 인해 두 주인공은 마침내 사랑에 빠지고, 가족과 친구들이 꾸며 낸 일은 결국 현실이 된다. 두 주인공은 각자의 자존심 때문에 사랑에 빠지기 위해서는 외부의 도움을 필요로 한다. 예를 들어, 비어트리스는 자기가 왜 베네딕을 자기 밑에 눌러 놔야 하는지 돈 페드로에게 다음과 같이 설명한다. 거꾸로 "그가 저를 밑에 눌러 놓게 되지 않길 바라요. 그럼 전 분명 바보들의 엄마가 되고 말 거예요."(Shakespeare 1600/2004, 231).■ 친구들로부터 자신들이 조종당한 것을 알게 된 두 주인공의 사랑은 잠시 삐걱거리지만 히로와 클라우디오가 둘의 주머니에서 훔친 사랑 시가 증거가 되어 결국은 서로의 사랑을 확인한다.

비어트리스와 베네딕은 각자 사랑을 해야 할지 말아야 할지를 선택해야 한다. 그러나 자신의 마음을 정하기 전까지는 상대의 선택을 모른다(이에 비해 오스틴의 벳시는 패니가 새로운 나이프를 샀는지 안 샀는지 아는 상태에서 결정을 한다). 이 경우 네 가지 결과가 가능하다. 둘 다 서로를 사랑한다. 비어트리스 혼자만 사랑한다. 베네딕 혼자만 사랑한다. 둘 다 사랑하지 않는다. 우리는 이 결과를 다음과 같이 표로 나타낼 수 있다(볼드체는 베네딕의 결정이다).

■ 이하에서 셰익스피어 『헛소동』의 번역은 『헛소동』(이미영 옮김, 건국대학교 출판부, 2005)과 『헛소동』(김종환 옮김, 지식을만드는지식, 2017)을 참조해 본문 맥락에 맞춰 수정했다.

02 게임이론의 기초

	베네딕은 사랑한다	베네딕은 사랑하지 않는다
비어트리스는 사랑한다	"베네딕, 계속 사랑하세요, 당신의 사랑에 보답하겠어요."(①)	"그럼 전 바보들의 엄마가 되고 말 거예요."(②)
비어트리스는 사랑하지 않는다	"사람들이 내 자존심과 거절을 이토록 비난하고 있단 말인가?"(③)	"아니요, 삼촌, 전 누구와도 결혼하지 않겠어요."(④)

표 1.

극 중 비어트리스의 대사는 네 개의 결과에 대한 그녀의 의견이 각각 무엇인지 보여 준다(Shakespeare 1600/2004, 229, 231, 237, 229). 만약 서로 사랑에 빠진다면, 비어트리스는 기쁜 마음으로 사랑에 보답한다(①). 만약 비어트리스 혼자만 사랑에 빠진다면, 비어트리스는 자신만 바보가 되고 망신을 당한다고 생각한다(②). 만약 베네딕 혼자만 사랑에 빠진다면, 비어트리스는 행복하지만 상대를 거절한 것이 마음에 걸린다(③). 만약 둘 중 아무도 사랑에 빠지지 않는다면, 비어트리스는 누구하고도 결혼하지 않을 것이다(④).

〈표 1〉에 나타난 비어트리스의 생각을 요약하면 다음과 같다.

	베네딕은 사랑한다	베네딕은 사랑하지 않는다
비어트리스는 사랑한다	최선	최악
비어트리스는 사랑하지 않는다	괜찮음	나쁨

표 2.

비어트리스에게 최선은 서로 사랑하는 것이고, 최악은 보답 없는 사랑을 하는 것이다. 사랑하지 않지만 사랑을 받는 것은 그럭저럭 괜찮고, 서로 사랑하지 않는 것은 나쁘지만 바보가 되는 것보다는 낫다. 주의해서 볼 것은, 만약 베네딕이 사랑하지 않는다면 비어트리스 역시 사랑하고 싶지 않다는 것이고(②④), 만약 베네딕이 사랑한다면 비어트리스 역시 사랑하고 싶어 한다는 것이다(①③).

베네딕의 생각 역시 비슷하다. 최선은 서로 사랑하는 것이며, 최악은 자신의 사랑이 보답받지 못하는 것이고, 둘 다 사랑하지 않는 경우 나쁘지만 최악은 아니다. 베네딕의 생각을 요약하면 다음과 같다.

	베네딕은 사랑한다	베네딕은 사랑하지 않는다
비어트리스는 사랑한다	**최선**	**괜찮음**
비어트리스는 사랑하지 않는다	**최악**	**나쁨**

표 3.

〈표 2〉와 〈표 3〉을 비교해 보면 비어트리스와 베네딕의 차이는 '최악'과 '괜찮음'의 경우다. 비어트리스에게 최악은 자신의 사랑이 보상 받지 못할 때이고, 베네딕에게 최악은 자신의 사랑이 보상받지 못할 때인 것이다. 이 상황을 압축해서 우리는 〈표 4〉와 같이 하나의 표 안에 통합해 볼 수 있다.

	베네딕은 사랑한다	베네딕은 사랑하지 않는다
비어트리스는 사랑한다	최선, **최선**	최악, **괜찮음**
비어트리스는 사랑하지 않는다	괜찮음, **최악**	나쁨, **나쁨**

표 4.

앞서 언급했듯이, 두 사람 다 최선(서로 사랑함)과 나쁨(서로 무관심함)의 경우는 일치한다. 다만 비어트리스에게 최악인 것(바보처럼 혼자만 베네딕을 사랑하는 것)이 베네딕에게는 차선이고, 베네딕에게 최악인 것은 비어트리스에게는 차선이다.

이 표는 "전략형 게임"strategic form game이라 불리는 것으로, 비어트리스와 베네딕이 처한 상황에서 본질적 요소들만 추출한 것이다. 처음엔 다소 복잡해 보일 수 있으나 이보다 더 단순화할 순 없다. 두 주인공에게 사랑은 열병이나 도취감으로 다가오지 않는다. 각자 의식적으로 사랑을 선택한다. 각자 사랑을 선택함으로써 바보가 될 위험이 있다는 것을 안다. 또 그들은 네 개의 결론이 모두 가능하다는 것도 알고, 최선의 결과를 위한 노력이 최악의 결과를 가져올 수 있는 위험을 수반한다는 것도 알고 있다. 우리는 이 두 사람이 서로를 원한다고 단순히 말할 수 없다. 여기서 가장 중요한 것은, 상대방이 나를 사랑해야만 나 역시 상대방을 사랑하고 싶어 한다는 것이다. 또 두 주인공이 친구들의 도움으로 "사랑을 찾고" 그렇게 둘이 함께 "나쁨"에서 "최선"으로 이동한 것이라고 단순화할 수도 없다. 두 주인공은 각자 선택을 하는 독립적인 개인이며, 이들이 친구들이 꾸며 낸 일을 깨달았을 때는 사랑이 거의 파탄 직전에 이른다.

『깜둥이 소년』에서 리처드 라이트는 안경 공장에서 안경 닦는 일을 한다. 이때 백인 현장 주임 올린 씨가 그에게 다가와 경쟁사에서 일하는 노동자 해리슨이 리처드에게 앙심을 품고 있다고 전해 준다.

> "너 그 깜둥이 해리슨을 예의 주시하는 게 좋을 거야." 올린 씨가 낮고 확신에 찬 목소리로 속삭였다. "좀 전에 콜라를 사러 내려갔었는데, 그 자식이 문 앞에서 칼을 들고 널 기다리고 있었어. … 네게 볼일이 있다고 하던데." … "제가 그를 만나서 이야기해 보겠습니다." 나는 내 생각을 말했다. … "아니, 그러지 않는 게 좋아. 우리 백인 청년들이 그와 얘기해 보는 게 좋겠어." 올린 씨가 말했다
> (Wright 1945, 235-237 → 348-351쪽).

리처드는 아무튼 해리슨을 찾아갔다.

> "이봐, 해리슨, 이게 다 무슨 말이지?" 나는 그에게서 네 발자국 정도 떨어져 서서 신중하게 물었다. … "나는 네게 아무 짓도 안 했잖

아." 내가 말했다. "나도 너에게 아무 짓도 하지 않았어." 그 역시 여전히 경계하며 말했다. … "하지만 올린 씨가 네가 오늘 아침 우리 공장에 찾아와 칼을 들고 나를 기다렸다던데." "아, 아니냐." 그는 전보다 더 마음 편히 말했다. "나는 오늘 내내 네가 다니는 공장에 간 적이 없어." … "그런데 왜 올린 씨는 내게 그런 말을 했지?" 내가 물었다. 해리슨이 고개를 떨구고는 자기의 샌드위치를 옆에 내려놓았다. "나는… 나는…" 그가 말을 더듬으며 자기 주머니에서 길고 번뜩이는 칼을 꺼냈다. 그 칼은 이미 칼집에서 나와 있었다. "방금 나는 네가 나한테 어떻게 하려는지 보려고 기다리고 있었던 거야." 날카로운 강철 칼날이 눈에 들어왔다. 나는 구역질을 느끼며 힘없이 벽에 기댔다. "나를 찌를 거니?" 내가 물었다. "네가 나를 찌르려 하면, 내가 먼저 너를 찌르려고 했어." 그가 말했다.

해리슨이 칼을 가지고 다닌 것은 어리석은 게 아니었다. 그가 말했듯, 상대방이 칼을 가져올 거라 생각하면, 나도 가져오고 싶은 것이다. 이 상황에서 리처드와 해리슨은 각각 칼을 가져올지 말지 선택한다. 이 경우도 앞에서처럼 표로 만들어 볼 수 있다(볼드체는 해리슨의 생각이다).

	해리슨은 칼을 안 가져온다	**해리슨은 칼을 가져온다**
리처드는 칼을 안 가져온다	최선, **최선**	최악, **괜찮음**
리처드는 칼을 가져온다	괜찮음, **최악**	나쁨, **나쁨**

표 5.

리처드와 해리슨 모두에게 최선의 결과는 아무도 칼을 가져오지 않아 풍파 없이 일상이 유지되는 것이다. 나는 칼을 가져왔는데 상대방은 안 가져왔다면, 그건 괜찮은 결과이지만 최선은 아니다. 상대방에 대한 나의 불신이 탄로 나 창피하기 때문이다. 만약 둘 다 칼을 가져온다면, 이 상황은 두 사람 모두에게 나쁘다. 그러나 최악의 상태는 내게 칼이 없는데 상대방에게는 칼이 있는 경우다. 따라서 상대방이 칼을 안 가져오면, 나 역시 칼을 안 가져가면 된다. 그러나 상대가 칼을 가져왔는데 나만 안 가져갔다면, 그건 내가 어리석은 것이다.

리처드와 해리슨은 서로에 대한 신의를 지키기로 맹세하며 백인 상급자들의 충동질을 무시한다. 하지만 둘이 복싱 경기를 벌이면 각각 5달러를 주겠다는 제안을 받자 해리슨은 망설이는 리처드를 설득한다. 그냥 운동일 뿐이고, 서로를 정말 두들겨 패고 있다고 백인들을 감쪽같이 속이면 된다고. 그러나 상황은 이렇게 흘러갔다.

> 우리는 권투 자세를 취했다. 그리고 동시에 나는 내가 섣불리 생각했음을 깨달았다. … 백인들은 담배를 피우며 음탕한 말로 우리에게 소리를 질렀다. "저 깜둥이 거시기를 박살내 버려, 깜둥아!" … 나는 미처 의식하기도 전에 해리슨의 입에 강한 라이트를 먹였고, 그의 입에서 피가 흘렀다. 해리슨은 내 코를 때렸다. 경기는 우리 의도와는 정반대로 진행되었다. 나는 함정에 빠졌다는 걸 느끼고 부끄러웠다. 나는 더 강력한 주먹을 날렸다. 내가 격렬하게 싸울수록 해리슨도 격렬하게 싸웠다. 이제 우리의 계획과 약속은 무의미했다. … 우리가 속이려고 했던 놈들에 대한 증오는 이제 서로를 강타하는 주먹이 되었다. … 우리는 각자 상대방의 주먹을 맞고 기절할까 봐 두려웠다. 그래서 주먹질을 멈추고 시간을 물어보지도 못했다. 우리가 기진맥진해 쓰러지기 직전에야 그들은 우리를 떼어놓았다. 나는 해리슨을 쳐다볼 수 없었다. 나는 그를 증오했고 내 자신을 증오했다(Wright 1945, 242-243→359-360쪽).

그들의 행동은 어떻게 자신들의 "의지와는 정반대로" 전개되었을까? 두 사람은 서로 싸우는 시늉만 하기로 했다. 하지만 싸움이 본격적으로 시작되고 한쪽이 강하게 나오자, 비록 실수였지만, 다른 쪽도 강하게 나설 수밖에 없었다. 결국 두 사람 모두에게 나쁜 결과가 초래됐다.

비어트리스-베네딕 상황과 리처드-해리슨 상황은 언뜻 보기에 매우 다른 상황처럼 보인다. 전자는 유쾌한 반면, 후자는 참혹하다. 전자는 뜻하지 않은 성공이고, 후자는 수치스런 패배다. 전자는 사랑에 관한 것이고, 후자는 증오에 관한 것이다.

그러나 위에서와 같이 표를 이용해 각 상황의 핵심을 추출해 보면, 우리는 두 상황이 동일함을 알 수 있다. 비어트리스-베네딕의 상황을 종합한 〈표 4〉와 리처드-해리슨 상황을 종합한 〈표 5〉는 주인공들의 이름과 행위 내용이 다른 것을 제외하고 정확하게 일치한다. 두 상황 모두에서 주인공들에게는 "좋지만 위험한"(사랑하거나 칼을 안 가져오는) 행동과 "나쁘지만 안전한"(사랑하지 않고, 칼을 가져오는) 행동이 있다. 주인공들에게 최선의 결과를 가져오는 것은 좋지만 위험한 행동을 취하는 것이다. 그러나 내가 좋지만 위험한 행동을 취했는데, 상대방 역시 그렇게 하지 않으면, 나는 최악의 결과를 맞게 된다. 좋지만 위험한 행동을 하는 것은 상대방이 나와 똑같은 선택을 할 것이라는 보장을 필요로 한다(Sen 1967).

우리는 이 모든 장치 없이도 두 상황의 유사성을 알아차릴 수 있을지 모른다. 하지만 표를 사용하면 훨씬 더 쉽게 알 수 있다. 일단 표를 꼼꼼히 작성하고 나면, 유사성을 발견하는 일이란 두 표를 점검하는 일에 지나지 않는다. 이 유사성을 보고 나면, 어떻게 서로에 대한 사랑이나 증오가 아무것도 아닌 것으로부터 싹틀 수 있는지, 또 정확하게 어떤 의미에서 그들의 "의지와는 반대"로 이런 일들이 벌어지는지 명확해진다. 즉, 한 사람의 행동은 그 무엇도 아닌 상대방의 행동에 대한 예측에 의해 유발될 수 있고, 그렇게 유발된 행동은 그에 대한 반응으로 각각 또 다른 행동을 유발할 수 있으며, 그것은 예상 밖의 좋은 결과를 낳기도 하지만 나쁜 결과를 낳기도 한다. 즉, 그것은 선순환을 가져오기도 하지만, 악순환을 가져올 수도 있다. 상황을 조작하는 제3자들(히로, 레오나토, 우르술라, 돈 페드로와 클라우디오와, 그리고 오티스 씨와 다른 백인 상급자들)의 목적은 이 두 사례에서 정반대[『헛소동』에서는 두 사람의 사랑, 『깜둥이 소년』에서는 서로에 대한 증오]지만 방법은 같다. 즉, 각 인물들이 상대방이 어떻게 나올 것인지에 대한 기대[예측]에 확신을 주는 방식으로 영향을 미치는 것이다.

물론, 위에 나온 표들은 모두 추상화의 결과다. 어떤 추상화 과정이든 간과되는 것이 있기 마련이다. 하지만 거꾸로 관련 없어 보이는 현상들 사이의 연관 관계를 찾게 해줄 수도 있다. 이렇게 얻어지는 것이 과연 손실을 보상할 만한 가치가 있는 것인지에 대해서는 구체적인 맥락에서 따져 보는 게 제일 좋다. 비어트리스와 베네딕이 처한 상황과 리처드와 해리슨이 처한 상황 사이의 연관성은, 사실 나 역시 예상하지 못했던 것이다.

일반 시민이 독재 정권에 맞서 항거하는 경우를 우리는 다음과 같은 표로 만들어 볼 수 있다.

	제2 시민, 저항한다	제2 시민, 가만있는다
제1 시민, 저항한다	최선, **최선**	최악, **괜찮음**
제1 시민, 가만있는다	괜찮음, **최악**	나쁨, **나쁨**

표 6.

여기서 우리는 한 사회를 두 사람으로 단순화했다. 모든 사람이 저항한다면 정권은 타도되고, 이것은 모두에게 "최선"이다. 그러나 나는 저항하는데 다른 사람들이 가만있는다면, 나는 총에 맞을 수 있고, 이것은 최악의 결과다. 만약 모든 사람이 가만있는다면, 현재의 나쁜 상태가 유지된다. 만약 나는 가만있는데 다른 사람들이 저항한다면, 내 입장에서 그것은 괜찮지만 최선은 아니다.

〈표 6〉은 앞에 나온 두 개의 표와 동일하다. 비어트리스는 베네딕이

자신을 사랑할 때만 그를 사랑하고 싶어 하듯이, 또 리처드는 해리슨이 칼을 안 가져올 때만 자신도 칼을 안 가져오고 싶어 하듯이, 〈표 6〉의 시민은 충분히 많은 사람들이 정권에 저항할 때만 자신도 저항하고자 한다. 모든 사람이 좋지만 위험이 따르는 행동을 선택하면 모두 승리한다. 그러나 아무도 혼자만 그렇게 하는 건 원하지 않는다. 따라서 비어트리스와 베네딕 그리고 리처드와 해리슨이 처한 상황에서와 마찬가지로, 제일 중요한 것은 다른 사람들에 대해 모든 사람이 각자 가지고 있는 기대다. 리처드 라이트의 소설에 나오는 올린 씨처럼, 억압적인 정권은 사람들로 하여금 다른 사람들의 저항 가능성을 의심하게 만들려고 노력한다. 의심이 의심을 낳으며 자가 증식할 것을 알기 때문이다. 반면, 정권에 저항하는 사람들은, 비어트리스와 베네딕의 친구들처럼 자가 증식하는 낙관을 만들어 내기 위해 노력한다.

우리는 사회적으로 매우 다양한 상황들을 이와 같은 표로 나타낼 수 있다. 이 상황들이 "조정 문제"라고 하는 것이다(Chwe 2001 참조). 예를 들어, 신기술을 받아들이는 일(대다수 친구들이 최신 소셜네트워크 서비스를 이용한다면 나도 시작하고 싶을 것이다), 무슨 영화를 볼지 선택하는 일(인기 있는 영화가 더 보고 싶을 것이다) 연인을 찾는 일, 비폭력을 유지하는 일, 집회에 참여하는 일은 모두 근본적으로 유사한 측면을 가지고 있고, 동일한 방법으로 분석해 볼 수 있다. 리처드 라이트는 리처드와 해리슨이 처한 상황이 아프리카계 미국인들을 정치적으로 동원하기 위한 비유로 읽히길 의도했을지도 모른다. 게임이론은 이렇게 연관된 상황들을 서로에 대한 비유로 이해하는 것을 가능하게 한다.

게임이론에 대한 비판

게임이론과 합리적 선택이론의 성장이 언제 어디서나 환영받은 것은 아니다(예를 들어, Archer and Tritter 2000는 이 같은 성장을 "제국주의"와 "식민화"

02 게임이론의 기초

로 묘사한다). 다양한 논란의 지점들이 그동안 많이 검토돼 왔다(예를 들어, Friedman 1996). 제인 오스틴은 이런 논쟁으로부터 멀찍이 벗어나 있으며, 학문적 경계가 설정되기 훨씬 전에 글을 썼다. 나는 7장과 8장에서, 게임이론적 설명에 대한 대안을 오스틴이 어떻게 신중하게 고찰하고 있는지, 또 어떻게 전략적 사고를 이기심 같은 개념과 신중하게 구별하는지 논할 것이다. 여기서는 게임이론에 대한 다양한 비판을 살펴보고, 우리가 오스틴을 게임이론가로 인정할 때 그런 비판들을 어떻게 새롭게 바라볼 수 있는지 살펴볼 것이다. 만약 게임이론이 오스틴이나 흑인 노예 이야기꾼들에 의해 발전되었다면, 그것을 근래 등장한 자본주의의 지적 시녀라고 단정하기는 어려울 것이다.

이미 언급했듯이, 합리적 선택이론의 핵심은 보수 극대화 모델이다. 이는 개인들의 선호가 무엇인지, 즉 어떤 사람이 표현적이고 싶어 하는지 도구적이고 싶어 하는지,* 이타적이고 싶어 하는지 이기적이고 싶어 하는지, 잔인하고 싶어 하는지 친절하고 싶어 하는지에 대해 아무것도 말해 주지 않는다. 또 이는 개인의 실제 선택 과정을 묘사하기 위한 것도 아니다. 토니 모리슨의 『빌러비드』(Morrison 1987)에서 주인공 세서는 자기 딸이 노예로 살게 될 바에야 차라리 죽는 게 낫다고 생각해서 결국 죽이고 만다. 이때 세서의 결정이 과연 "합리적"인지는 합리적 선택이론이 답하려고 하는 질문이 아니다. 또 오직 손주 하나를 애지중지 여겨 멀리 떨어져 있는 자식의 집을 큰돈을 들여서라도 방문하는 조부모의 행동이 합리적 선택이론에 위배되는 건 아니다(Abelson 1996).

---

* 사회학에서 흔히 도구적 행동은 목표 지향적이며 목적과 성취를 인지적으로 강조하는 행동을 가리키는 반면, 표현적 행동은 감정적이고 친화적인 반응을 비롯해 타인의 복지에 대한 관심과 보살핌을 강조하는 행동을 가리킨다.

게임이론과 합리적 선택이론에 대한 흔한 비판 가운데 하나는, 이 이론들이 사회적 관습이나 규범의 영향을 받지 않고, 그 어떤 사회적 맥락이나 문화적 맥락에도 속해 있지 않은 "정념 없는 원자화된 개인"을 상정하고 있다는 것이다(Archer 2000, 50). 과연 그런가? 예를 들어, 비어트리스와 베네딕, 그리고 리처드와 해리슨이 처한 상황을 보면 주인공들은 두터운 사회적 환경 속에서 살아가고 있다. 사회적으로 정해진 연애의 법칙이 있는가 하면, 흑인이 백인에게 말할 때 지켜야 할 무언의 규칙이 있다. 이들은 촘촘하게 얽힌 애정과 불신의 네트워크 속에 산다. 리처드와 해리슨은 서로를 신뢰하기로 약속함으로써 자신들만의 규범을 만들어 보려고 하지만 그것은 이내 실패로 돌아가고 만다. 칼을 지니고 다니는 행동, 실연의 아픔을 피하려는 행동, 절망감에 더욱 격하게 주먹을 휘두르는 행동을 원자화되고 이기적이고 이해 타산적인 개인행동이라고 규정하고, 그것이 전인적이고 이타적이며 공공 정신을 따르는 것과 반대된다고 한다면 이상하다고 볼 수밖에 없다. 우리가 위에서 살펴본 전략형 게임들이 "개인주의" 논리를 강요한다고 말하기는 어렵다. 〈표 4〉는 비어트리스와 베네딕이 서로 사랑하면 모두 이익을 얻지만, 사랑받지 못하면서 사랑하는 바보는 되고 싶어 하지 않는다는 점을 기록하고 있을 뿐이다. 또 벳시에게 새 나이프를 줌으로써 패니가 원하는 것은 가정의 평화를 되찾는 것뿐이다. 이 같은 패니가 과연 원자론적인가?

"정념이 없다"[정념을 고려하지 않는다]는 비판에 대해 답해 보자면, 비어트리스-베네딕이 처한 상황과 리처드-해리슨이 처한 상황은 두려움, 기쁨, 기대, 실망, 수치심, 혐오감으로 가득 차있다. 우리는 바로 주인공들의 이런 감정을 고려해 표에서 최악, 최선, 나쁨, 괜찮음의 결과들을 표시한 것이다. 열이 펄펄 끓고 울음을 멈추지 않는 갓난아이가 있다고 가정해 보자. 아이를 응급실로 데려가기로 한 부모는 그 어느 결정보다 신중하게, 그들이 아는 한 가장 중요한 결정을 내렸을 것이다. 사람들은 이렇게 매우 중요한 결정을 종종 차분함 속에서가 아니라 격정 속에서 내린다. 비어트리스와 베네딕은 각자 의식적으로 서로를 사랑하기로 마음먹지만 그렇다고 해서 그들이 일군 사랑에 감정적 요소가 전혀 없다고 말할 수는 없다. 표에서는 담아내지 못했지만, 감정은 여러모로 중요할 수 있다. 따라서 우리가 표를 만들 때, 또는 사람들이 의식적인 결정을 내린다고 가정할 때, 감정을 전적으로 배제한다고 말할 수 없다.

일부 비판자들은 합리적 선택이론이 자본주의를 정당화한다고 주장한다(예를 들어, Amadae 2003). 이 같이 주장하는 이유는 부분적으로, 구성원들이 모두 그 안에서 선택권을 행사할 수 있는 체제라면 그런 체제를 비난하기 어려워 보이기 때문이다. 그러나 총을 들고 있는 가해자에게 피해자가 지갑을 내주는 선택을 했다고 해서 가해자의 행동이 범죄가 아니라는 뜻은 아니다. 노예 주인들이 사디스트가 아니라 이윤 극대화를 추구하는 사람들이었다고 해서 노예제도가 정당화되는 것도 아니다(예를 들어, Chwe 1990 참조). 학대받는 여성이 가해자와 계속 관계를 유지하는 선택을 한다고 해서 학대가 정당화되는 것 역시 아니다.

이 문제와 관련해 합리적 선택이론의 논변들은 [자본주의가 아닌] 다른 것들을 정당화할 수 있다. 1970년대 이전까지만 해도 학자들은 사회적으로 벌어지는 시위 행동을 "군중심리"로 설명해 왔다. "군중은 암시와 전염을 통해 심리적으로 일종의 '원시적인' 집단 감정이나 집단 심리를 만들어 내는 것으로 간주되었다"(Goodwin, Jasper, and Polletta 2001, 2). 즉, 시위는 "비합리적인 사람들이 참여하는 어떤 것"(Calhoun 2001, 48→78쪽)으로 이해되었다. 그렇다면 1970년대 들어 무엇이 달라진 것일까? 간단하다. 학자들이 사회적 저항운동을 정상적인 것으로 보기 시작한 것이다. 이는 부분적으로 자신들 스스로 이런 저항운동에 참여했기 때문이다. 민권운동, 레즈비언·게이 운동, 여성운동, 환경 운동 등은 이제 "'우리 같은 사람'도 참여할 수 있는 일이 되었다. 집합행동은 이성적이고 자의식적인 선택의 산물이라는 의미에서 합리적일 뿐만 아니라 (좀 더 좁게는) 전략적이고, 이해관계에 기초한 것이며, 목적 달성을 위해 효과적인 수단을 계산한 결과로 이해되었다"(Calhoun 2001, 48→79쪽). 또 다른 예로, 1870년대 성병 방지법Contagious Diseases Act▪에 저항한 플리머스와 사우샘프턴 지역 성매매 여성들의 투쟁에 대한 주디스 워코위츠의 연구가 있다. "성매매 여성들은 [이 투쟁을 통해] 매우 제한적인 여건에도 불구하고 스스로 자신의 역사를 만든 중요한 역사적 행위자로 부상했다. 그들은 근본 없는 사회적 낙오자들이 아니라 여성이 할 수 있는 일이 제한적이고 젊은 독신 여성들에게 적대적이었던 도시 환경에서 살아남으려고 애쓰는 가난한 여성들이었다. 그들이 선택한 성매매는 병리적인 것이 아니라 그들에게 주어진 제한적 대안을 감안했을 때 여러 가지 측면에서 합리적인 선택이었다"(Walkowitz 1980, 9).

비판자들은 합리적 선택이론과 게임이론이 대체로 [냉전이나 신자유주의 같은] 정치적 시류에 휘둘리며 이를 뒷받침해 왔다고 주장한다. 예를 들어, 아마다에는 합리적 선택이론과 게임이론은 "미국의 경제적·정치적 자유주의를 떠받치는 철학적 토대"라고 주장하면서(Amadae 2003, 9) 게임이론이 미-소 냉전 초기, 구체적으로 1946년 미 공군이 설립한 랜드연구소RAND Corporation에 그 기원을 두고 있음을 강조한다. 마리옹 푸르카드는 미국 경제학계에서 이와 관련된 수학적 기법의 활용이 두드러지게 늘어나고 있는 현상을 "객관성에 대한 자처, 분석 능력에

▪ 1864년 영국에서 통과된 법률로, 이 법에 따라 경찰관은 특정 항구와 도시에서 성매매를 하는 것으로 의심되는 여성을 체포할 수 있게 되었다. 성매매에 대한 규정이 명확하지 않아 실질적인 증거가 없더라도 성매매 혐의로 여성을 체포할 수 있었고, 강제적으로 성병 검사를 할 수 있었다. 이 법률은 성매매를 한 남성에 대해서는 그 어떤 규제나 검사도 규정하고 있지 않았다.

대한 집중, 고도의 집단적 조직화 및 규제"라는 차원에서 전문가주의를 향한 열망으로 보았다(Fourcade 2009, 128). 마거릿 아처와 조너선 트리터는 합리적 선택이론을 "공공 부문에 대한 신자유주의적 개혁과 ... 전통적인 사회복지 국가의 후퇴를 뒷받침하는 ... 고도 근대성high modernity의 거대 이론"이라 부른다(Archer and Tritter 2000, 1). 테일러는 합리적 선택이론을 "근본적으로 환원주의적이고 비인간적이지만 견고하게 자리 잡은 사고방식"이라 부르면서 "온갖 종류의 공공 정책이 만들어지는 데 엄청난 영향력을 행사하게 되었다"고 말한다(Taylor, ix).

합리적 선택이론과 게임이론은 무수히 다양한 방식으로 활용돼 왔으며 어떤 하나의 이데올로기적 방향성을 가지고 있지 않다. 대부분은 폭력을 일탈 행동으로 이해하고, 본질적으로 비합리적이며, 공격성과 같은 감정에서 비롯된 결과라고 생각한다. 폭력에 대한 이 같은 시각은 폭력의 체계적이고 도구적인 수단들 — 예컨대, 노예제를 비롯한 국가의 다양한 제도들 — 을 면밀히 검토하지 못하게 한다. 폭력에 관한 게임이론적 시각은, 폭력이 그것에 책임이 있는 당사자로부터 분리된 채 ('재앙' '순환' 혹은 '유행병'이라는 이름으로) 부유하게 하지 않는다. 오히려 왜 특정 인물들은 타인에게 해를 가하기로 선택했는지에 초점을 맞춘다(예를 들어 Chwe 1990). 가정 폭력이 [가해자의] 정서적 불안과 공격적인 감정 때문에 일어나는 것이라면, 이에 대한 해결책은 상담, 심리 치료, 약물 치료 같은 것들이 된다(가정 폭력에 대한 각종 치료 처방에 대한 역사적 고찰을 보려면 Gordon 1988 참고). 반면, 가정 폭력을 행위자의 의식적인 선택에서 나온 행동으로 본다면, 폭력 사용의 유인을 감소시키는 처벌 강화와 피해 여성에게 더 나은 선택권을 제공하는 쉼터 제공 등 페미니즘의 승리로 간주될 만한 해결책이 제시될 수 있다. 이와 관련해, 런디 밴크로프트는 다음과 같이 지적했다. "가해자는 피해자에게 언어 폭력이나 육체적인 폭행을 가하는 동안에도 마음속으로는 다음과 같이 묻는다. '나는 지금 다른 사람들이 나를 나쁜 사람이라고 생각하는 행동을 하고 있는가? 나는 지금 법적으로 문제가 될 행동을 하고 있는가?'"(Bancroft 2002, 34)

　게임이론의 역사를 좀 더 다채롭게 해줄 연구들도 등장하고 있다. 예를 들어, 로버트 레너드는 체스에 대한 대중적 관심을 살피며, 세계 체스 챔피언십 대회에서 스물네 차례나 우승한 [독일의] 수학자 에마누엘 라스커가 체스 게임의 사고방식을 사회적 영역에 대한 분석으로 확장해 "투쟁의 과학"으로 승화시켰다고 고찰한다(Lasker 1907; Leonard 2010). 레너드에 따르면, "게임이론은 힉스-새뮤얼슨류類의 신고전파 경제학으로부터 전면적으로 벗어나고 싶어 했다. … 게임이론에서 분명하게 드러나는 **구조** 분석과의 절연은 20세기 초 물리학에서부터 문학비평에 이르기까지 다양한 분야에서 일어난 변화의 특징이다"(Leonard 1995, 755-756; Leonard 1997 또한 참조). 1960년대 인류학자 클로드 레비스트로스(Levy-Strauss 1963, 298)와 사회학자 어빙 고프먼(Goffman 1961; Goffman 1969)은 대부분의 경제학자들보다 게임이론에 훨씬 더 많은 관심을 가졌다. 전략적 사고에 대한 초창기 저술가들로는 [『손자병법』의] 손자孫子(Sun-tsu 2009)에서부터 [『이상한 나라의 앨리스』를 썼고] 오랫동안 옥스퍼드대학 수학 교수이기도 했던 루이스 캐럴이 있다(Dimand and Dimand 2009 참고). 마이클 레보위츠는 "우리는 마르크스가 게임이론의 기법을 탐구하는 데 신속히 착수했을 것이라고 추측해 볼 수 있을 뿐만 아니라 마르크스의 분석 시각이 기본적으로 '게임이론적'이라고 할 수 있다"라고 썼다(Lebowitz 1988, 197).

　이런 역사적 맥락 속에서 오스틴이 차지하는 위치를 인정하는 것은 다음과 같은 의미를 가진다(이에 대한 좀 더 자세한 논의는 7장과 8장을 참조할 것). 합리적 선택이론과 게임이론은 사회적 맥락을 간과한다는 이유로 비판받아 왔다. 그러나 오스틴은 사회적 맥락을 읽어 내는 데 타의 추종을 불허하는 민감함을 가지고 있음에도 불구하고가 아니라, 어쩌면 바로 그 민감함 때문에 전략적 행동을 이론화한다. 오스틴은 (카드 게임과 같은) 인위적으로 만들어진 상황에 지나치게 집중하는 것은 그보다 더 큰 사회적 맥락을 놓칠 수 있게 만든다는 점에 동의하지만, 이는 썩 뛰어나지 않은 전략가에게만 문제가 된다. 즉, 오스틴의 주인공들 가운데 전략적 사고 능력이 탁월한 인물은 언제나 더 넓은 맥락을 놓치지 않으며, 실제로 다른 사람들이 사소한 게임에 집착하는 것을 이용해 그들을 제거하기도 한다.

합리적 선택이론과 게임이론은 사회적 규범을 무시한다는 비판을 받아 왔다. 그러나 오스틴은 사회적 규범이 개인주의가 훼손하는 사회성을 보호해 주기는커녕 오히려 억압의 도구가 될 수 있음을 보여 준다. 오스틴에게 의무나 예절 같은 개념은 대체로 개인으로 하여금, 예를 들어, 누구와 결혼할 것인지, 심지어 산책을 할 것인지에 대해 스스로 판단하는 것을 막기 위한 핑계에 지나지 않는다. 누군가를 통제하려면, 그 사람을 이기주의자로 부르면 된다. 개인주의가 걷잡을 수 없이 만연한 환경이라면, 사회적 관습을 중시해야 할 수도 있다. 그러나 오스틴이 살았던 시대와 같이 사회적 관습이 과도하게 많은 환경에서라면, 개인이 가진 행위 주체성을 어떻게 하면 가장 잘 발휘할 수 있을지를 탐구하는 것이 가장 시급한 문제인 것이다.

합리적 선택이론과 게임이론은 모든 인간이 마치 중산층 소비자처럼 행동하는 것으로 가정한다는 비판을 받는다. 그러나 오스틴은 상대적으로 힘없는 사람들의 전략적 지혜를 설파한다. 예를 들어, 합리적 선택이론과 게임이론에 비판적인 부르디외와 바캉은 다음과 같이 주장한다.

> 합리적 선택이론이 추상적인 '행위자'에게 부여하는 모든 능력과 성향—유리한 기회를 평가하고 선택하는 기술, 경험적 귀납을 통해 미래를 예측하는 능력, 위험을 측정해 좀 더 가능성이 높은 쪽에 베팅하는 능력 등—은 특정한 사회경제적 조건하에서만 획득될 수 있는 것

들이다. 그것은 언제나 행위자가 특정 경제 안에서, 특정 경제에 대해 가지는 권력의 함수다(Bourdieu and Wacquant 1992, 124→214쪽).

그러나 오스틴의 소설, 미국의 흑인 노예 설화, 온갖 민간 게임이론의 전통들은 이와는 전혀 다른 이야기를 하고 있다. 즉, 전략적 사고는 상대적으로 힘없는 자들에게 가장 필요하고 이들이 가장 잘 학습한다. 폴란드의 어느 교도소에 수감되어 있는 재소자의 삶을 분석한 연구에서 카민스키는 "교도소는 초超합리적으로 행동하도록 재소자를 사회화한다. … 영리한 행동은 형기를 단축시키고 강간이나 구타로부터 자신을 보호해 주며 사기를 진작시키거나 각종 자원에 대한 접근성을 높일 수 있다"라고 말한다(Kaminski 2004, 1).

합리적 선택이론과 게임이론은 "남성적"(무감정적이고 환원주의적이며 기술적이고 탈맥락적)이라는 비판을 받는다(England and Kilbourne 1990; Nelson 2009). 그러나 오스틴은 "여성들이 사용하는 전략의 방식"을 수립하는데, 이는 아마도 "여성적 앎의 방식"이라 말할 수 있을 것이다(Belenky, Clinchy, Goldberger, and Tarule 1986). 마찬가지로 게임이론이 미국 흑인 노예들 사이에서뿐만 아니라 세계 곳곳의 민간설화들 속에서 발견된다면, 그것은 더 이상 (서구의 것으로 간주되는) 고도 근대성의 산물로만 이해할 수 없다.

물론 게임이론과 합리적 선택이론에는 한계가 있다. 그중 일부는 게임이론가들이 가진 상상력의 한계에서 비롯된 것이고, 일부는 이론에 내재적인 한계일 것이다. 어떤 이론이든 그 이론으로 설명할 수 있는 것과 설명할 수 없는 것이 무엇인지, 또 왜 그런지 알아보기 위해 그 한계까지 밀어붙여 볼 가치가 있다. 하르그리브스 히프와 바루파키스에 따르면, 게임이론은 "사회과학 분야에서 특정 형태의 개인주의, 다시 말해 선호 충족자 모델에만 **전적으로** 의존하는 개인주의의 한계를 보여 준다. … 이 점에서 사회과학 내 만연한 경제학 제국주의에 의구심을 품고 있는 사람들에게 게임이론은 아이러니하게도 잠재적 동맹이 될 수 있다"(Hargreaves Heap and Varoufakis 2004, 3-4). 오스틴은 게임이론의 한계에 대해, 또 전략적 사고가 인간 행동의 여타 양상들과 어떻게 상호작용하는지에 대해 특히 사려가 깊다. 예를 들어, 오스틴은 감정의 중요성을 인정한다. 그러나 격렬한 감정은 그녀의 여주인공들로 하여금 나쁜 선택이 아니라 더 나은 선택을 하게 한다. 오스틴은 모든 사람이 언제나 전략적으로 행동하는 세상을 이상화하지 않는다. 그녀는 전략적 사고의 단점도 고려하며(10장), 심지어는 왜 사람들은 대체로 전략적으로 사고하지 않는지 역시 탐구한다(12장).

오늘날 게임이론과 합리적 선택이론에 관한 글은 대부분은 수학적 언어로 쓰였고, 전문가가 아니면 접근하기가 쉽지 않다. 그렇지만 사실 수학은 사회는 물론이고 자연계에서 일어나는 수많은 현상을 이해하는 데 필수적이다. 이와 관련해, 앨런 류는 인문학도 그 자신을 "기술적인"technical 학문이라고 여겨야 한다고 주장한 바 있다(Liu 2004). 여하튼 게임이론의 핵심 통찰 가운데 상당수가 수학을 사용하지 않고도 표현돼 왔다(예를 들어, Schelling 1960/1980). 특히 제인 오스틴은 읽기 쉬울 뿐만 아니라 대중적으로 사랑받는 언어로 이 같은 통찰을 보여 준다.

게임이론과 문학

게임이론과 인문학 간의 학문적 소통은 그동안 미미한 수준에 불과했다(예를 들어, Chwe 2009; Palumbo-Liu 2009; Bender 2012; Palumbo-Liu 2012 참조). 로레인 대스턴에 따르면, "합리적 선택이론과 게임이론을 비롯해 인간 행동에 대한 다양한 모델들은 사실 제국주의적 목표를 가지고 있다. 그러나 이에 대한 인문학의 반응은 기껏해야 그 이론들의 황당무계함에 대해 하늘을 한번 쳐다보며 어깨를 으쓱하는 정도였다(반대편도 동일한 감정과 제스처로 화답했다. 그것은 대체로 무관심이었다)"(Daston 2004, 361).

게임이론가들은 이따금씩 문학작품에서 사례를 가져온다. 모르겐슈테른은 모리아티 교수가 셜록 홈스를 뒤쫓는 상황에서 둘이 각각 도버 역에서 내릴지 아니면 캔터베리 역에서 내릴지를 선택하는 상황을 살펴본다(Conan Doyle 1893/2005; Morgenstern 1928, 9; Morgenstern 1935/1976, 173-174에서 재인용). 폰 노이만과 모르겐슈테른은 이 상황을 "실생활에서 발생할 수 있는 전형적인 갈등 상황"이라고 부른다(Von Neumann and Morgenstern 1944, 176). 좀 더 최근에는 딕시트와 네일버프가 셰익스피어의 『헨리 5세』 가운데 한 장면을 사례로 드는데, 이 사례에서 주인공 헨리 5세는 애진코트[프랑스식으로는 아쟁쿠르] 전투가 시작되기 전 병사들에게 누구든 지금 떠나고 싶다면 떠나도 된다고 말한다(Dixit and Nalebuff 2008, 423). 다만 대오에서 이탈하는 병사는 다른 모든 병사들이 지켜보는 앞에서 공개적으로 떠나야 한다(Dixit 2005; Watts 2002; Watts and Smith 1989도 참조). 크로퍼드·코스타-고메스·이리베리는 게임이론에서 사용되는 "k-레벨" 모델▪을 뒷받침하기 위해 영국 소설가 케이의 『더 파 파빌리온스』 *The Far Pavilions*를 사용한다(Crawford, Costa-Gomes, and Iriberri 2010). 엘리아즈와 루빈스타인은 에드거 앨런 포가 『도둑맞은 편지』에서 언급한 "홀짝" 게임▪▪에서 영감을 얻어 새로운 실험을 실시한

▪ 사람들이 다른 사람의 행동을 예측하고, 이에 맞춰 자신의 행동을 조정하는 사고 과정에 대한 모델. 여러 사람이 게임에 참여했을 때, 누군가가 어떤 전략을 취할 것인지를 '몇 단계'(0~k레벨)까지 추론하는지 설명한다. 쉽게 설명하자면, k-레벨 모델에서 k값은 게임 참여자가 몇 수를 내다보는지 가리킨다. 현실적으로 그 수치는 제한적인데, 이는 게임 참여자가 자신의 행동을 예측하는 데 한계가 있음을 보여 준다.

▪▪ 두 사람이 자갈이나 구슬 같은 것을 손에 쥐고, 상대방이 그 수가 짝수인지 홀수인지를 맞추는 게임. 확률은 단순해 보이지만, 상대방의 심리를 읽는 것이 핵심이다. 『도둑맞은 편지』에는 홀짝 게임에서 언제나 승리하는 소년 이야기가 나온다. 이 소년의 비법은 상대방의

바 있다(Eliaz and Rubinstein 2011; Deloche and Oger 2006과 Swirski 1996도 참조).

이런 연구 사례들에도 불구하고, 게임이론을 사용해 본격적으로 문학작품을 분석한 시도는 극히 드물다(이런 시도로는 Brams 1994; Brams 2011; DeLey 1988; Deloche and Oguer 2006; Ingrao 2001; Swirski 1996이 있다). 성경에 대한 스티븐 브람스의 게임이론적 연구는 장편 분량의 작품에 대한 몇 안 되는 분석 가운데 하나다(Brams 2002). 배리 오닐Barry O'Neill은 중세 영시 〈가웨인 경과 녹색의 기사〉Sir Gawain and the Green Knight에서 왜 주인공 가웨인이 녹색의 기사의 기이한 도전에 응하는지, 또 〈그림자의 노래〉Lai de l'Ombre에서 자신이 건넨 반지를 거부하는 여인의 사랑을 얻기 위해 그 여인의 그림자가 떠있는 우물 속으로 반지를 떨어트린 기사의 행동을* 설명하기 위해 게임이론을 사용한다(O'Neill 1990; O'Neill 2001). 크리소코이디스 등은 바그너의 오페라 중에서 "비이성적으로 보이는 탄호이저의 행동이 사실은 구원 전략과 일치한다"고 주장한다(Chrissochoidis, Harmgart, Huck, and Müller 2010; Harmgard, Huck, and Müller 2009와 Chrissochoidis and Huck 2011도 참고).

이 책 또한 비어트리스-베네딕, 리처드-해리슨 사례와 같은 문학작품 속 사례를 통해 게임이론의 개념을 소개하고, 게임이론을 사용해 문학작품 속에서 볼 수 있는 전략적 상황들을 분석한다. 그러나 이 책은 여기서 그치지 않고 논지를 좀 더 밀고 나가 오스틴의 소설이나 미

행동과 표정을 따라 하며 상대방이 무엇을 낼지 추측하는 것이다.

* 이 서사시에서 기사는 자신의 구애를 거부한 여인을 떠나기 전 여인도 모르게 그녀의 손가락에 반지를 끼워 준다. 나중에 이 사실을 알게 된 여인은 기사를 다시 불러 그가 반지를 받지 않으면 우물에 던져 버리겠다고 한다. 기사는 반지를 돌려받되 그것을 어떻게 할지는 자신이 결정하겠다고 말하고, 우물에 비친 여인의 그림자를 바라보며 "내가 가장 사랑하는 이에게 이 반지를 주겠다" 선언하며 반지를 우물에 던진다. 반지는 여인의 그림자ombre에 주어진 셈이 된 것이다.

국 흑인 민간설화와 같은 문학작품이 분명 전략적 사고에 대한 이론적 분석을 목적으로 집필되고 전해졌으며, 따라서 이들 문학은 [그 자체로] 게임이론이라고 주장하려 한다.

이 같은 주장은 리빙스턴의 다음과 같은 주장과 유사하다. "합리성 및 비합리성과 관련된 개념이나 쟁점들은 문학에 관한 탐구와 직접 연결되어 있고 실로 필수적이다. 그뿐만 아니라 결국 문학은 인간의 행동이 합리적인지 아니면 비합리적인지에 관한 질문과의 연관성 속에서 진정한 인지적 가치를 가진다"(Livingston 1991, 51). 예를 들어, 미국의 소설가 시어도어 드라이저는 인간의 모방 행위를 생물학적 충동 또는 동물적 본능으로 설명한다. 이를 설명하기 위해 그는 『금융가』*The Financier*에서 실제로 주변 환경과 일치하도록 위장하는 블랙 그루퍼라는 물고기를 모델로 제시한다. 그러나 리빙스턴은 드라이저의 소설 속에서 남을 모방하는 주인공들의 행동은 [본능적인 것이 아니라] 목표 지향적이라고 지적한다. 드라이저의 또 다른 소설 『시스터 캐리』*Sister Carrie*에서 캐리와 연인 드루에는 지나가는 한 여성을 함께 관찰한다. 드루에는 그녀를 두고 "걸음걸이가 정말 멋지지 않아?"라고 한다. 그러자 캐리는 이렇게 생각한다. "'그렇게 멋지다니 자세히 봐야겠어.' 캐리는 본능적으로 그것을 흉내 내고 싶은 욕망을 느꼈다. 그쯤이야 그녀도 못 할 게 없었다"(Dreiser 1900/1981, 99→140쪽). 여기서 드라이저는 다른 여성을 모방하고 싶어 하는 캐리의 바람 역시 본능적인 것으로 묘사하지만, 리빙스턴은 이에 대해 다음과 같이 지적한다. "이 장면에서 절대로 빼놓을 수 없는 부분은 캐리의 의도적인 태도와 추론이다. 특정 행동을 높이 평가하는 말을 들은 캐리는 그 행동을 좀 더 자세히 들여다봐야 할 필요가 있다고 생각한다. 그런 다음 자신이 따라 할 수 있는 행동인지 자문하고 그렇다고 판단한다"(Livingston 1991, 113). 실제로 "드라이저의 자연주의적 성향의 화자들이 내세우는 주장들은 이 작품에 제시된 여타 상황들과 명백히 모순된다"(Livingston 1991, 84). 이 점에서 드라이저는 오스틴과 흥미로운 대조를 이루는데, 사람들의 행동에 대해 선호, 선택, 전략을 강조하는 오스틴의 이론적 태도는 오스틴이 쓴 소설 속 주인공들의 행동 방식과 대체로 일치한다.

리빙스턴은 에밀 졸라의 『삶의 기쁨』La Joie de Vivre(1883~84)에 등장하는 라자르 샹토의 생애를 살펴보면서 비합리성을 탐구한다. 라자르는 작곡가 의사 사업가(해조류에서 진귀한 화학물질을 추출하는 거대한 공장을 짓는다) 등 다양한 직업을 전전하지만, 일이 조금만 어려워져도 바로 포기하고 만다. 처음부터 끝까지 라자르는 각각의 "프로젝트를 자신의 재능과 독창성을 빠르게 증명할 수 있는 수단"으로 생각한다(Livingston 1991, 164). 그의 모친은 아들을 통해 "자신이 상상하는 차별성과 우월함을 공개적으로 입증"하는 데 집착한다(176). 라자르는 전략적으로 미숙하다. "그는 다른 사람들의 동기와 능력을 지극히 순진하게 판단"한다(175). 또 사업 파트너와 협상을 하면서 "자신이 전략적 상황에 놓여 있으며, 따라서 상대방이 전략적으로 어떤 대응을 취할지 예측하는 것이 자신의 이해관계를 증진하는 데 필수적이라는 사실을 깨닫지 못한다"(168). 라자르는 의미를 문자 그대로 이해하고, 모친이 하는 말을 "액면 그대로" 받아들이며, "잘못된 '수호 신앙'tutelary beliefs▪을 너무 중시한다. ... 그는 종종 필요한 모든 정보가 권위 있는 어느 한 사람의 수중에 다 들어 있다고 생각한다"(177, 175). 리빙스턴은 라자르가 단순히 아둔한 게 아니라고 주장한다. 흥미로운 것은 그 아둔함 속에 특정한 패턴이 있다는 것이다. 전략적으로 미숙하고, 신분과 문자적 의미에 집착한다는 점에서 라자르는 『플로시와 여우』에 나오는 여우, 오스틴의 소설에 나오는 콜린스 씨나 월터 엘리엇 경과 닮았다(콜린스 씨와 월터 엘리엇 경에 대

▪ 특정 장소, 사람, 집단, 국가, 문화, 직업 등을 지키고 보호해 주는 수호신에 대한 신앙.

해서는 이 책 12장과 13장의 '무개념'에 대한 분석에서 좀 더 자세히 다룰 것이다).

캐서린 갤러거는 19세기 영국 소설가들과 정치경제학자들 사이의 상호작용을 연구했다. 갤러거에 따르면, "정치경제학자들과 그들의 적대자들인 문인들 사이에는 공통점이 많았지만, 이들은 대체로 이를 인정하지 않으려 했다. ... 따라서 소설가 조지 엘리엇이 경제학자 윌리엄 제번스William Stanley Jevons를 한 번도 읽은 적이 없다 해도, 경제적 가치에서 과잉의 역할에 대한 제번스의 이론과, 반복으로 인한 미학적 가치의 감소에 대한 엘리엇의 이론이 유사하다는 점에 놀랄 필요는 없다. 두 이론은 서로 중첩되는 지식인 집단에서 만들어진 것이기 때문이다"(Gallagher 2006, 2, 129; Levy 2001도 참조). 이와 대조적으로, 나의 주장은 오스틴과 당대 사회과학의 교류를 굳이 전제하지 않는다. 대신 그녀가 전개한 게임이론은 20세기 중반 사회과학의 일부가 된 게임이론을 150년 앞서갔고, 200년이 흐른 지금도 우리는 여전히 그녀의 통찰을 뒤쫓고 있다는 것이다.

오스틴의 지적 배경과 관련해, 피터 녹스-쇼는 "제인 오스틴은 중도적 시각의 작가로 계몽사상으로부터 가장 큰 영향을 받았다. 특히 그중에서도 18세기 후반 잉글랜드와 스코틀랜드에서 번창한 회의주의 전통으로부터 많은 영향을 받았다"라고 말하는데(Knox-Shaw 2004, 5), 이 전통에는 애덤 스미스와 데이비드 흄도 포함된다. 녹스-쇼와 케네스 몰러는 오스틴의 작품에서 애덤 스미스의 『도덕 감정론』Theory of Moral Sentiments 가운데 특정 단락들을 떠올리게 하는 구절들을 발견한다 (Knox-Shaw 2004, 87-88; Moler 1967). 반면, 팻 로저스는 이런 발견에 대해 오스틴은 "소설가였다. 그녀가 거의 또는 전혀 관심을 보이지 않은 철학적 과제를 수행하도록 요구하는 것은 오스틴의 진지한 예술에 대한 존중이 아니다"라고 주장한다(Rogers 2006, xliii). 녹스-쇼는 사회적 상호작용의 디테일한 부분들에 대한 오스틴의 지극한 관심은 그녀가 견지하고 있는 경험주의적이고 과학적인 세계관의 일부이며, "경험에 기초한 다른 종류의 담론들과 마찬가지로 '실험적' 소설은 일반 이론을 제시하지 않아도 실질적 의미를 가질 수 있다"라고 주장한다(Knox-Shaw 2004, 23). 이는 호의적인 지적이기는 하지만 오스틴의 이론적 공헌을 과소평가하는 것이다.

조지 뷰트나 리사 전샤인에 따르면, 오스틴은 소설의 주인공들이 서로에 대해 가지고 있는 생각을 분석하는 데 특히 혁신적이었다. 예를 들어, 『설득』에서 웬트워스 대령은 분명히 주인공 앤 엘리엇의 언니 엘리자베스가 자신을 지인으로 알아봐 주길 바랐다. 이런 웬트워스 대령을 앞에 두고 엘리자베스가 쌀쌀맞게 외면하는 장면을 앤은 지켜본다. 이 장면을 두고 전샤인은 5단계 메타 지식이 작동하고 있는 상황이라고 설명한다. "웬트워스가 지인으로 **인정받기**를 **원한다**는 것을 엘리자베스가 **모르는 척하고 있다**는 것을 웬트워스가 **이해한다**는 것을 앤이 **알고 있다**"(Zunshine 2007, 279). 오스틴의 작품들은 자유 간접 화법을 지속적으로 사용한 최초의 소설 가운데 하나로 꼽힌다. 자유 간접 화법에서는 생각의 주체가 등장인물인지 화자인지 명시되지 않으며, 따라서 "등장인물의 의식 속으로 들어가는 듯한 착각을 일으키는 매개 없는 재현 방식"이다(Bender 1987, 177; Finch and Bowen 1990와 Bray 2007도 참조). 뷰트가 보기에, 오스틴의 소설은 "서사 속 의식의 재현 방식에서 근본적인 변화"를 보여 준다. ... 그것은 "새롭게 구조화된 상호 주체성의 재현"이다(Butte 2004, 25-26). 전샤인에 따르면, 오스틴의 소설은 각각의 등장인물이 다른 등장인물에 대해 무엇을 알고 있는지 계속 파악하게 함으로써 독자들의 마음 이론을 훈련시키고 성장하게 하는데, 이는 사람들이 소설을 읽는 주요 이유이기도 하다(Zunshine 2006). 실제로 오틀리에 따르면, 소설을 많이 읽는 사람이 그렇지 않은 사람에 비해 마음 이론 능력이 더 뛰어나다(Oatley 2011).

이와 달리, 내 주장은 좀 더 구체적이다. 특정 문학작품들은(모든 문학작품이 그렇지는 않다) 독자들에게 각각의 등장인물들이 다른 사람이 알고 있는 것에 대해 어느 정도나 알고 있는지 탐구하도록 함으로써, 또 전략적 상황에서 각 인물의 선호와 선택을 탐구하게 함으로써 전략적 사고를 훈련시킨다. 마음 이론은 필수적이지만 전략적 사고의 일부분에 지나지 않는다. 예를 들어, 웬트워스 대령은 그의 누이 크로프트 부인에게, 피곤에 지친 앤 엘리엇을 누이와 매형인 크로프트 제독이 타고 가는 마차에 태워 달라고 부탁한다. 여기서 웬트워스 대령은, 자신이 직접 요청하면 앤이 자신의 요청을 거부하겠지만 자신의 누이가 요청하면 앤이 거절하지 못할 것을 안다. 여기서 웬트워스 대령은 앤의 지식 — 무엇을 알고 있는가 — 만을 고려하는 것이 아니라 앤의 선호와 앤이 어떤 선택을 할지 고려하고 있다. 자신의 누이를 통해 앤에게 동행을 요청하도록 하기 위해서는 영리함과 창의력이 필요하다. 다시 말해, 여기서 오스틴은 단지 상호작용하는 지식이나 상호 주체성만이 아니라 상호작용하는 행위에 관심이 있는 것이다. 즉, 한 사람의 선택이 어떻게 다른 사람들의 선택과 상호작용하는지에 관심을 가진다.

많은 연구자들이 경제적인 문제에 대한 오스틴의 실리주의적인 냉철함에 주목해 왔다. 버뮬은 다음과 같이 기술한다. "『에마』를 읽을수록 나는 인간 심리에 대한 오스틴의 시각이 얼마나 신랄한지를 점점 더 깨닫게 된다. 그녀의 소설에 등장하는 인물들은 땅 한 뙈기와 그로부터 떨어지는 온갖 혜택을 위해 필사적인, 그러나 대체적으로 무의식적인 전투를 벌인다. ... 『에마』는 자원의 분배를 유도하는 정교한 유압 시스템이다"(Vermeule 2010, 178, 185). 오스틴의 경제적 "현실주의"는 그녀가 제시한 전략적 사고의 일부일 뿐이다. 그것은 경제적 상황뿐만 아니라 수많은 상황에 적용된다. 1949년, '필립스곡선'으로 유명한 올번 윌리엄 필립스Alban William Phillips는 국민경제를 모델화하기 위해 수조 펌프 밸브 등으로 이루어진 유압식 기계*를 제작했다(Leeson 2000 참고). 그 이후 이런 "기계적"(이 경우 문자적 의미 그대로다) 모델들에 대한 주요 비판은, 특정한 경제적 환경에서 사람들이 서로의 행동을 예측하는 방식을 모델 속에 통합해야 한다는 것이었다. 여기에 더해 나의 주장은, 오스틴의 소설에 나오는 주인공들이 치열한 전투 속에서 의식적으로 전략을 세운다는 것이다.

- 거시경제학의 관점에서 정부의 시장 개입의 필요성과 그 효과를 설명하기 위해 만든 기계. 흔히 '필립스 기계'로 불린다. 여기서 수조는 각 경제 부문을 나타내는데, 펌프를 통해 끌어올려진 물이 밸브를 통해 여러 경제 부문으로 흘러 들어간다. 이는 어찌 보면 정교한 자판기와도 같다. 고객이 물 커피 우유 설탕의 양을 지정하고 스위치를 누르면 적절하게 배합된 커피 음료가 나오듯, 정부가 경제 변수들을 적절하게 조정함으로써 원하는 성과를 거둘 수 있음을 보여 준 것이기 때문이다. 하지만 여기서 문제는 각 경제주체들이 어떻게 행동할 것인가를 정확히 예측하는 것이었다. 이에 대해서는 송병건, 「케인스의 '자판기' 경제학, 세계경제 황금기를 이끌다」, 『중앙일보』(2015/08/09).

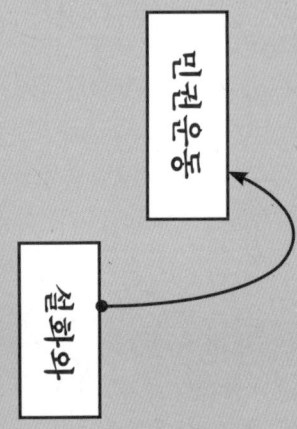

이 장에서는 전략적 사고를 분석하는 몇몇 미국 흑인 설화를 살펴본다(이 작업은 Levine 1977에 기대고 있다). 이들 설화에서 전략적으로 사고하지 못하는 인물들은 놀림거리가 되고 벌을 받지만, 토끼 형제Brer Rabbit 같은 존경받는 인물들은 다른 이가 어떻게 행동할지 능숙하게 예측한다. 물론, 흑인 설화집이나 그것에 대한 문헌은 방대하며, 토끼 형제 같은 꾀쟁이trickster 캐릭터*는 전 세계적으로 다양한 설화에 등장한다. "소위 꾀쟁이 이야기라고 하는 것만큼 하위 집단의 은밀한 문화적 저항을 잘 보여 주는 것은 없다"(Scott 1990, 162→275쪽; Hynes and Doty 1993; Landay 1998; Pelton 1980도 참조). 나는 여기서 아프리카계 미국인의 전략적 설화 전통이 1960년대 민권운동의 전술에 영향을 미쳤음을 보여 줄 것이다.

어느 노예 이야기로 논의를 시작해 보자. 새로 온 노예가 주인에게, 노예들은 언제나 일을 해야 하는데 주인들은 왜 아무것도 하지 않는지 묻는다(Jones 1888/1969, 115; 이 이야기는 Levine 1977, 130에서 논의되고 있다). 이에 주인은 자신은 계획을 세우고 이런저런 것들을 주의 깊게 검토하는 등 머리로 일하고 있다고 답한다. 얼마 후 주인은 밭에서 쉬고 있는 노예를 보고 왜 게으름을 피우고 있느냐고 묻는다. 그러자 노예는 자신은 지금 머리로 일을 하고 있다고 답한다. 주인이 머리로 어떤 일을 하고 있느냐고 묻자, 노예는 다음과 같은 질문을 한다. "주인님, 저 나뭇가지에 비둘기 세 마리가 앉아 있는데, 비둘기를 쏴서 한 마리가 죽었다고 해보죠. 그럼 비둘기는 몇 마리가 남았습니까?" 주인이 답한다. "삼척동자도 답할 수 있겠다. 당연히 두 마리가 남지." 노예가 다시 답한다. "아뇨, 주인님. 틀렸습니다. 총을 쏴서 한 마리를 죽이면, 나머지 두 마리까지 모두 놀라 날아가 버려 한 마리도 없습니다." 한바탕 웃고

---

* 한국 설화 전통에서 그 유형을 찾아보자면 판소리 〈수궁가〉에 나오는 별주부를 전형적인 꾀쟁이로 볼 수 있다.

난 주인은 노예가 일을 하지 않아도 아무 말도 하지 않는다.

비둘기가 솔방울 같은 무생물이었다면, 주인의 답이 맞았을 것이다. 주인은 비둘기가 총소리가 났을 때 인간과 마찬가지로 어떤 결정을 내리고 독립적으로 행동을 하는 전략적 행위자라는 것을 알아차리지 못한다. 주인의 시선에서 비둘기는, 유일한 전략적 행위자인 자신 앞에 놓여 있는 물체에 불과하다.

이 같은 전략적 상황을 간파한 노예의 사고 능력은 '노동'이라는 말에 걸맞은 가치를 인정받으며 주인의 웃음, 그리고 더 중요하게는 노예가 계속 휴식하는 것에 대한 주인의 용인으로 보상받았다. 여기서도 노예는 전략적으로 예측했다. 주인이 자신의 게으름을 머리로 하는 노동이라며 정당화하자, 자신 역시 주인과 비슷한 명분을 설득력 있게 만들면 주인이 자신의 주장을 어느 정도 받아들일 수밖에 없을 것이라고 예상한 것이다. 그래서 노예는 주인의 반응을 예측하면서 수수께끼를 내고, 이를 통해 실질적 이익을 얻는다. 반면, 주인은 여기서도 같은 실수를 반복한다. 노예가 정신노동이라는 핑계를 댈 때 주인은 그가 이를 역이용할 수 있다는 생각조차 하지 못한다. 왜냐하면 그가 전략적 행위자라는 것, 생물학적으로 정신노동이 가능하다는 것조차 모르기 때문이다.

이 짧은 이야기 속에는 두 개의 게임이 있다. 하나는 비둘기와 사냥꾼 사이의 게임이고, 다른 하나는 노예와 주인 사이의 게임이다. 두 게임에서 매번 주인은 상대방의 전략적 행동을 예측하지 못하는 실수를 저지른다. 노예는 수수께끼를 냄으로써 주인의 실수를 자신에게 유리하게 이용하고 동시에 자신의 전략적 사고 능력을 보여 준다.

노예 주인은 노예나 비둘기가 전략적이라고 생각하지 않는다. 이런 의미에서 노예 주인은 개념이 없는데, 이 이야기가 시사하고 있는 그 이유는 다음과 같다. 내가 상대방보다 당연히 우월하다고 생각할 때, 그래서 상대방하고는 완전히 다른 존재라고 생각할 때, 나는 단 한순간이라도 나보다 열등하다고 생각되는 사람의 입장이 되어 보는 것을 생각조차 할 수 없다. 또 실제로 나는 나보다 열등한 자의 입장에서 생각할 필요가 없다는 것을 내 우월한 지위의 특권이라고 생각할 수도 있다. 사람들을 전략적인 존재로 인식하지 못하면, 나는 이들과 내가 전략적 상황에 연루되어 있다는 사실을 모르게 되고, 그들은 나의 무개념을 자신들에게 유리하게 활용할 수 있다.

이 장에서 검토해 볼 몇 개의 설화에서는 다음과 같은 공통점을 발견할 수 있다. 아둔한 사람(또는 동물)은 다른 사람(또는 동물)들도 전략적이라는 것을 생각하지 못하고 그들의 행동을 예측하지 못한다. 똑똑한 사람은 다른 사람의 행동을 예측해 자신의 행동을 결정하고, 물질적인 보상을 받으며, 아둔한 사람들의 무개념을 자신에게 유리하게 활용한다. 영리한 사람들이 구사하는 어떤 구체적인 수법들은 검토하고 모방해 볼 가치가 있지만 더 중요한 것은 전략적 사고에 대한 이들의 재능이다.

또 다른 설화에서(Jones 1888/1969, 102; Levine 1977, 109) 토끼는 물고기를 수레에 싣고 오는 어부를 보고 물고기를 훔칠 계획을 세운다. 토끼는 죽을병에라도 걸린 것처럼 길가에 드러누워 있고, 이를 본 어부가 가던 길을 멈추고 토끼에게 어디가 아프냐고 묻는다. 토끼는 자신이 도저히 걸을 수 없으니 제발 수레에 태워 달라고 애원한다. 어부가 승낙하고 토끼를 마차에 태우자 토끼는 죽은 듯이 마차에 눕는다. 어부는 계속 가던 길을 가고, 토끼는 조용히 물고기를 한 마리씩 길가 덤불 속으로 던진다. 어부가 큰길에서 모퉁이를 돌자 토끼는 수레에서 뛰어내리고, 왔던 길을 되돌아가 길가에 던져 놓은 물고기를 모두 주워 간다. 집으로 돌아가는 길에 토끼는 여우를 만나고, 여우는 토끼에게 그렇게 많은 물고기를 어떻게 구했냐고 묻는다. 토끼는 자신이 어떻게 이 물고기들을 얻게 되었는지 말해 준다. 이튿날 여우는 어부에게 똑같은 수법을 쓰기로 한다. 어제 무슨 일이 일어났는지 알고 있는 어부

03 설화와 민권운동

는 길가에서 여우를 보자마자 패 죽인다. 그리고 부인에게 도둑을 보여 주기 위해 죽은 여우를 집으로 가져간다. 즉, 어부는 여우와 토끼가 같은 동물이라고 생각하는 것이다. 이야기는 토끼가 일이 이렇게 될 줄 알았다는 것을 분명히 하면서 다음과 같이 끝난다. "토끼는 상관하지 않았어, 그래서 자기만 챙겼지. 토끼는 알았거든, 영감과 마주치면 여우가 화를 뒤집어 쓸 거라고."

이 이야기에서 실제 속임수는 물고기를 훔친 것이 아니라 토끼가 여우를 함정에 빠트린 것인데, 이 속임수에서 토끼는 누구에게도 거짓말을 하지 않았다. 토끼는 자신의 계획을 여우에게 말하면, 여우가 그것을 똑같이 시도할 것이고, 어부는 토끼가 아니라 여우를 상대로 복수할 것이라는 것을 알고 있었던 것이다. 여우의 실수는, 이미 한 번 당한 어부가 당연히 교훈을 얻을 것이라 예측하지 못한 것이다. 총소리를 들으면 비둘기도 어떤 선택을 한다는 걸 생각하지 못한 노예 주인과 마찬가지로 여우 또한 사기를 당한 적이 있는 어부가 다음번에는 어떤 선택을 할 것인지 생각하지 못한 것이다. 전략적으로 미숙한 여우는 물고기를 어떻게 훔칠 것인가 같은 특정한 책략에만 집중한 나머지, 전략적 상황이라는 큰 그림을 보지 못한다. 토끼는 여우의 이 무개념을 자신에게 유리하게 이용한 것일 뿐 여우의 죽음에 아무 책임도 없다. 러빈은 "토끼의 꾀를 따라잡을 수 없는 토끼의 적들은 토끼로부터 배우려고 하지만, 그들은 여기서도 실패한다"라고 해석한다(Levine 1977, 109). 그러나 사실 여우는 토끼로부터 물고기를 훔치는 방법을 너무나 잘 배웠다. 게다가 토끼는 여우가 자신의 방식을 정확하게 따라 할 것이라 확신했다. 여우가 죽임을 당한 이유는 배우지 못해서가 아니라 전략적 상황이라는 더 큰 그림을 보지 못했기 때문이다.

다음으로 "말리티스" 이야기는 미국 연방 작가 프로젝트의 일환으로 출간된 『노예 이야기 모음집』*Slave Narrative Collection*에 수록된 실화다 (Botkin 1945, 4-5; Levine 1977, 126-127에서 논의된다). 노예들을 거의 굶기다시피 하는 자린고비 노예 주인에게 곧 도살할 돼지 일곱 마리가 있었다. 돼지를 잡기 하루 전날, 한 어린 노예가 주인에게 뛰어가 돼지들이 모두 병에 들어 죽었다고 보고한다. "주인이 돼지가 쓰러져 있는 곳에 가보니 쓸모없어진 고깃덩어리들을 슬픈 눈으로 바라보고 있는 검둥이들로 가득했다. '무슨 병에 걸린 거야?' 주인이 묻자 그들은 '말리티스'라고 대답하고, 모두 돼지를 만지기 꺼림칙한 것처럼 행동했다. 주인은 농장에 더 이상 고기가 없으니 어쨌거나 돼지를 손질하라고 지시하면서도 말리티스 병에 걸린 돼지를 자신은 먹기 두려워 모두 노예들에게 주었다." 그렇다면 말리티스라는 이 정체불명의 치명적 질병은 무엇인가? 그날 아침 일찍 한 노예가 말레트[나무나 고무로 된 망치]를 들고 돼지우리에 갔고 "돼지의 미간을 말레트로 톡톡 치자 '말리티스'가 순식간에 퍼졌다."

말리티스 질병은 두 가지 문제를 한 번에 해결했다. 하나는 노예들이 어떻게 고기를 확보할 것인가이고, 다른 하나는 그것을 어떻게 공개적으로 소비할 것인가이다(고기를 훔쳤다면 몰래 먹어야 한다). 이 이야기에서 노예들은 주인을 의사 결정자로 참여시켜 그 고기를 주인 스스로 노예들에게 양도하게 하는 방법을 선택했다. 노예도 전략적으로 사고할 수 있다고 생각했다면 주인은 노예들이 거짓말을 할 가능성도 있음을 최소한 한 번쯤은 생각해 볼 수 있었겠지만, 그는 전혀 의심하지 않았다. 주인에게는 건강과 질병, 백인과 흑인 사이의 "신분" 차이만이 중요했기 때문이다.

토끼 형제와 타르 베이비Tar Baby■ 이야기는 수많은 동화책과 토니

■ 타르는 콜타르라고도 불리는데, 도로포장이나 지붕 방수용 등으로 쓰이는 까맣고 끈적끈적한 화학물질을 말한다. 설화 속 타르 베이비는 이런 물질로 만들어진 인형으로, 해결하려고 노력할수록 점점 더 악화되는 문제나 상황을 의미한다. 또 흑인을 비하하는 말로도 쓴다.

모리슨이 쓴 동명의 소설을 통해 오늘날 잘 알려져 있다. 존스의 설화집에 실려 있는 이야기는 다음과 같다(Jones 1888/1969, 7-11). 자신만의 옹달샘을 찾기엔 너무도 게으른 토끼는 여우의 옹달샘에서 물을 훔친다. 여우는 토끼에게 자신의 옹달샘 근처에서 토끼 발자국을 보았다고 하자, 토끼는 그것이 다른 토끼의 발자국일 것이라고 말한다. 이 말을 믿을 수 없는 여우는 타르 베이비를 만들어 옹달샘으로 가는 길 한가운데 놓아둔다. 다음 날 아침, 불에 달아오른 냄비를 식히기 위해 토끼는 여우의 옹달샘에서 물을 길어 오기로 한다. 가는 길에 타르 베이비를 본 토끼는 깜짝 놀란다. 타르 베이비를 요리조리 뜯어보고, 타르 베이비가 움직이기를 기다린다. 타르 베이비는 눈도 깜짝하지 않고, 말도 하지 않고, 전혀 움직이지도 않는다. 토끼는 타르 베이비에게 물을 떠가야 하니 제발 좀 비켜 달라고 애원하지만, 타르 베이비는 대꾸가 없다. 토끼는 한 번 더 부탁한다. 그러다 마침내 분통을 터뜨린다. "내가 냄비가 타고 있다고 하지 않았어? 내가 급하다고 하지 않았어? 내가 비켜 달라고 도대체 몇 번이나 얘기해야 하는 거야? 이 손 보여? 당장 물이 필요해. 당장 비켜서지 않으면 널 때릴 거야." 타르 베이비는 여전히 꼼짝도 하지 않고, 토끼는 손바닥으로 타르 베이비의 머리를 친다. [그러자 끈적한 타르에 손바닥이 붙어 버린다.] 토끼는 손을 빼려 하며, 타르 베이비에게 자신의 손을 놓아주지 않으면 이번에는 다른 손으로 귀싸대기를 쏘아 올리겠다고 으름장을 놓는다. 그렇게 토끼의 두 손이 모두 묶여 버리고, 토끼는 계속해서 으름장을 놓는다. 그러나 타르 베이비는 여전히 대꾸가 없으므로, 토끼는 두 손뿐만 아니라 무릎, 얼굴까지 들러붙어 도무지 빠져나올 수 없게 된다. 여우가 나타나 토끼가 도둑이라는 것이 밝혀졌다며 토끼를 수풀에 묶어 회초리로 때린다. 토끼는 고래고래 소리를 지르고 애원하며 차라리 자신을 불에 태우든가 머리를 쪼개 죽여 달라고 한다. 여우는 그러면 너무 빨리 죽을 테니 가시덤불에 던져 가시에 긁혀 죽게 하겠다고 한다. 그러자 토끼는 다시 한번

그림 5. 『리머스 삼촌』Uncle Remus: His Songs and Sayings(1895)에 실린
토끼 형제와 타르 베이비 삽화

난리를 피운다. "안 돼 여우야, 나를 제발 불에 태워 줘. 아니면 차라리 내 목을 꺾어 줘. 뭐라도 좋아, 제발 가시덤불에만 던지지 말아 줘. 한 번 죽는 걸로 끝나게 해달란 말이야. 더 이상 겁주지 말고 날 죽여 줘." 이에 여우는 토끼를 가시덤불에 던져 버린다. 그러자 토끼는 "안녕, 여우야! 여기는 우리 엄마가 날 키운 곳이야 — 여기는 우리 엄마가 날 키운 곳이라고" 하면서 달아난다.

이 이야기의 결말은 전형적이다. 즉, 토끼는 여우가 자신을 가시덤불에 던질 것이라 예측하지만, 여우는 혹시라도 토끼가 전략적으로 거짓말을 한 게 아닌지 의심하지 않는다. 그러나 타르 베이비와 실랑이를 벌이다 곤경에 빠진 것처럼 토끼도 실수를 한다. 토끼에게나 독자에게나 타르 베이비는 낯설고 기이해서 호기심을 자아낸다. 타르 베이비는 고체와 액체 사이, 물건과 생명체 사이의 그 무엇이다. 만약 여우가 길 한가운데 타르를 부어 놓아 토끼가 밟게 했다면, 또는 여우가 손쉽게 토끼를 궁지로 몰아넣었다면, 이 이야기는 재미없는 이야기가 되고 말았을 것이다. 토끼의 실수는 이 이야기의 핵심이다.

그렇다면 토끼는 정확히 어떤 실수를 저지른 것일까? 러빈에 따르면, 이 이야기는 "경솔하게 행동하고 맹목적으로 주먹을 휘두르는 것이 위험하다는 것을 강조"하고 있다(Levine 1977, 115). 또 스미스는 이 이야기가 "토끼도 환영에 의해 속아 넘어갈 수 있다는 것, 그러나 궁극적으로 자신의 '고향' 또는 문화적 뿌리를 기억함으로써 목숨을 구한다는 점을 강조한다"라고 지적한다(Smith 1997, 128). 이 이야기에서 토끼가 속임수에 넘어간 것은 맞다. 그러나 타르 베이비를 환영이라고 할 순 없다. 타르 베이비는 연기나 거울, 홀로그램 같이 토끼의 시각적 이해를 방해할 의도로 만들어진 게 아니다. 토끼는 타르 베이비를 똑똑히 보았고 그 기이함에 놀라며, 말을 걸기 전에 이리저리 자세히 살펴본다. 이 이야기에서 토끼는 결코 경솔하지 않다. 충분한 시간을 들여 타르 베이비를 관찰하고, 비켜 달라고 말을 걸어 요청하기 전에 타르 베이비가 먼저 스스로 움직이기를 기다린다. 토끼는 또한 무작정 주먹을 휘두르지 않고 타르 베이비에게 먼저 정중하게 비켜 달라고 요청한다. 이것은 매우 정상적인 사회적 행동이라고 말할 수 있다. 토끼는 타르 베이비에게 두 번이나 정중하게 부탁한다. 토끼는 타르 베이비가 매우 이상한 생명체라고 생각하지만, 함부로 속단하지 않으며, 일반적인 예의범절의 범위를 벗어났다고 생각했을 때 화를 낸다.

토끼의 잘못은 타르 베이비가 전략적 행위자라고 착각한 것이다. 노예나 비둘기를 전략적 행위자로 인식하지 못한 게 노예 주인의 잘못이라면, 토끼의 잘못은 정확히 그 반대다. 토끼는 모든 존재를 전략적 행위자라고 생각한다. 토끼는 타르 베이비를 한쪽으로 밀어 놓거나 살짝 돌아갈 수도 있었다. 그러나 이는 타르 베이비가 전략적 행위자가 아닌 물체라고 인식했을 때만 가능한 것이다. 토끼는 비켜 달라는 자신의 요청에 아랑곳하지 않는 타르 베이비에게 화를 낸다. 토끼는 그 상태에서 타르 베이비를 바로 공격하지도 않는다. 토끼는 전략적 행위자라면 충분히 반응할 만한 경고를 먼저 한다. 토끼는 심지어 타르 베이비에게 공감 능력과 추론 능력을 부여한다. 냄비가 타고 있어서 자신이 지금 매우 급하다는 상황을 호소한다.

민간설화들이 전략적 사고의 중요성에 대해, 그리고 나 아닌 다른 사람들 역시 전략적 행위자임을 인식하는 것이 얼마나 중요한지에 대해 가르치고 있다면, 타르 베이비 이야기는 전략적 사고의 남용에 주의를 주고 있다. 누군가는 행위자를 사물로 잘못 인식할 수 있고, 반대로 사물을 행위자로 잘못 인식할 수도 있다. 해밀턴은 아프리카에서부터 인도 바하마 브라질에 이르기까지 300개가 넘는 종류의 타르 베이비 이야기를 찾아냈다. 그중 미국 조지아주 일부 지역에서 전래되는 한 이야기에서 타르 베이비는 전략적 행위자로 나온다. 여기서 타르 베이비는 사람들을 모욕하고, 이에 보복을 하려는 자들을 함정에 빠트리는 살아 있는 괴물이다(Hamilton 1985, 19).

전략적 상황을 다루는 설화 전통은 리처드 라이트의 『깜둥이 소년』에서도 이어지는데, 리처드와 해리슨의 권투 시합 이야기가 바로 그것이다. 좀 더 최근 들어서는 미국 앨라배마주 도선 출신의 소설가 제임스 토머스의 「토요일 아침 세차 클럽」(Thomas 2000)을 들 수 있다. 이 이야기에서 로렌조는 친구 체스터와 함께 세차를 하러 가기로 약속한다. 체스터의 차는 아폴로니아라는 이름의 1978년식 갈색 에이엠씨 페이서로 녹이 슬어 있다. 하지만 체스터는 이 차를 자신의 집 앞이 아닌 공용 세차장에서 세차하고 싶어 한다. 토요일 아침마다 그 주변에 모여 시간을 보내는 여학생들에게 뽐내고 싶은 마음 때문이다. 덜컹거리는 차를 세차장 앞에 세우고 차에서 내린 열여섯 살의 두 남학생을 기다리고 있는 것은 불행히도 세 살 위 레온의 히죽거림과 그의 세 친구들이다. 레온과 친구들은 세차장에 체스터의 "똥차"를 세차할 공간은 없다고 놀린다. 싸움이 벌어질 기미가 보이자 구경꾼이 몰려들기 시작하고, 로렌조는 체스터가 세차 자리를 두고 레온과 자동차 경주를 벌일 것이라고 선언한다. 차에 돌아온 체스터는 이모한테 물려받은 자동차인데 로렌조가 자기 맘대로 자동차 경주를 벌이기로 했다며 울먹이고, 자신은 그냥 집에 돌아가고 싶다고 말한다. 당황해하는 체스터에게 로렌조는 귓속말로 어떻게 할지 알려 준다. 이제 두 차는 나란히 도로를 향해 서있고 엔진 소리가 요란하다. 카운트다운이 시작되고, 숫자 "둘"에 이미 레온의 자동차는 멀찌감치 달려 나가고 있다. 체스터의 차는 움직이지 않는다. 대신 레온의 차가 요란스런 소리와 함께 멀리 가버린 후, 비어 있는 세차장으로 천천히 후진해 들어간다. "토끼는 꼬리조차 보이지 않았고, 거북이가 토끼 굴을 차지했다고 합니다. 토요일 아침 만화였습니다." 이를 보고 있던 사람들은 웃음을 터뜨리고, 체스터가 맘에 두고 있던 여학생 르 리는 선글라스가 멋지다며 그를 칭찬한다.

앞의 다른 이야기들에서와 마찬가지로 이 이야기에서도 약자로 간주되는 사람이 전략적 사고를 통해 자신의 지위를 과신하는 강자들의 행동을 예측함으로써 승리를 거둔다. 로렌조는 자신이 "책에나 나올 법한 낡은 수법"을 쓰고 있음을 알고 있지만, 머리 모양과 여자들에게 비칠 인상 같은 겉모습에만 신경 쓰는 체스터에 비해 전략적 사고가 뛰어나다. 체스터는 다른 사람들의 생각을 이해하는 데 서투르다. 예를 들어, 그는 자신의 차가 멋있다고 생각하지만, 다른 사람들은 모두 고물 덩어리라고 생각한다는 사실을 모른다. 로렌조는 자신의 기지가 어릴 적 토요일 아침마다 본 만화영화와, 조금 더 거슬러 올라가면 토끼와 거북이가 나오는 설화로부터 온 것이라고 밝힌다.

1960년대 미국 민권운동의 전략적 통찰력은 그 문화적·정신적 유산에 비해 충분히 평가받고 있지 못하다(Hubbard 1968; McAdam 1983도 참조). 1963년 1월, 와이엇 티 워커Wyatt Tee Walker■는 남부기독교지도자회의Southern Christian Leadership Council 활동가들에게 앨라배마주 버밍햄시의 인종차별 관행을 타파하기 위한 상세한 전술 계획을 제시한다. 그는 충돌[대결]confrontation의 첫 글자를 따와 이를 프로젝트 C라 명명했다(Branch 1988, 690; Williams 1987, 182). 워커의 계획은 전년도 조지아주 올버니시에서 있었던 운동 ─ 당시 처음으로 지역사회 전체를 동원해 시위를 벌임으로써 교도소를 만원이 되게 하는 운동을 시도했다 ─ 의 실패를 반면교사 삼은 것이었다. 찰스 셰러드는 당시 올버니 상황을 다음과 같이 기술한다. "때때로 우리는 누가 이쪽을 통제하고 누가 저쪽을 통제하는지 몰랐다. 그저 이리저리 쿵쿵 뛰어다니며, 누구의 발이 밟히는지 지켜봤다. ... 우리는 우리가 뭘 하고 있는지 몰랐다"(Sherrod 1985). 워커는 "우리는 공격의 강도가 약해지지 않도록 목표를 명확히 조준해야 한다는 너무나도 타당하고 중요한 교훈을 얻었다"라고 말한

■ 아프리카계 미국인 목사이자 신학자, 민권운동가. 마틴 루터 킹 주니어 목사의 주요 참모로 남북기독교지도자회의의 초창기 이사였다.

03 설화와 민권운동

다(Walker 1985). 한편, 당시 올버니시 경찰청장 로리 프리쳇은 킹 목사의 전술을 사전에 철저히 연구하고 시위 진압 경찰들에게 "폭력 금지, 경찰견 금지, 물리적 힘의 과시 금지"를 지시했다(Pritchett 1985). 이런 주장에 대해 셰러드와 워커는 이의를 제기한다. 셰러드는 "곤봉으로 두들겨 맞는 사람들을 수수방관하는 책임자가 어떻게 비폭력적인가"라고 일갈한다(Sherrod 1985). 워커는 [올버니 경찰의 대처가 비폭력적이라기보단] "무자비하지는 않은"non-brutal 정도였다고 지적한다. "남부에서 우리의 비폭력 운동을 돋보이게 한 것은, 셀마에서의 제임스 클라크James Clark■와 앨라배마주 버밍햄에서의 황소 코너■■ 같은 인종차별적인 치안 당국자들이 우리가 예상한 대로 대응했기 때문이다. 그런데 로리 프리쳇은 종자가 좀 달랐다. … 교활했다는 게 제일 적절한 표현일 것 같다. 킹 박사의 책을 읽을 정도의 머리는 있었고, 거기서 충돌을 피하는 방법을 찾아낸 것이다."

프로젝트 C는 버밍햄시의 16번가와 17번가 사이의 한 블록과 버밍햄시 경찰청장 "황소" 코너를 집중 공략하기로 했다(Vann 1985; Williams 1987, 191에서 재인용). 워커의 회고에 의하면 코너는 "목적을 달성하는 데 안성맞춤이었다. … 백인 인종주의 법 집행관의 전형이었던 그가 없었다면 … 버밍햄 운동은 그렇게 빨리 확산되며 동력을 얻지 못했을 것이다. 내가 아직도 가끔 궁금한 것은 황소 코너 주변에는 '깜둥이들이 시청에 가서 기도한다는데, 그냥 내버려 두시죠'라고 할 만큼 똑똑한 사

■ 1965년 3월 킹 목사가 앨라배마주 셀마에서 조직한 흑인의 참정권 시위를 잔인하게 진압한 보안관. 비무장한 시민들에게 소몰이용 전기충격기를 사용한 것으로 유명하다.

■■ '황소'라는 별명으로 불렸던 버밍엄 경찰청장 테오필루스 유진 코너Theophilus Eugene Connor를 말한다. 민주당 소속 정치인으로 선출직이었던 버밍햄시 치안국장을 23년간 역임했다.

람이 왜 없었는가 하는 것이다. ... 우리가 원하는 것을 하게 내버려 뒀으면 됐을 텐데, 그에게는 그런 생각을 할 만큼의 머리가 없었고 그 주변에도 그런 머리를 가진 사람이 없었다. 대신 그는 우리를 저지하는 데만 집착해 경찰견과 소방 호스를 동원했으며, 이는 결국 1964년 민권법 통과에 국내외적인 관심이 쏟아지도록 만들었다"(Walker 1985). 로리 프리쳇이 코너에게 조언을 건네기 위해 버밍햄으로 달려갔지만 둘은 "그 어떤 것에도 의견 일치를 보지 못했다"(Prichett 1985). 얼마 전 치러진 [시장] 선거에서 패배한 코너는 레임덕 상태였고 워커는 코너에게 기회가 얼마 남아 있지 않다는 것을 알고 있었다. 데이비드 밴은 워커의 설명을 다음과 같이 기억한다. "그들은 이제 막 새로 출범한 시정부에 기회를 주라며, 시위 계획을 자진 철회하라고 우리를 설득하더군요. 그렇지만 우리는 이번이 황소 코너를 상대로 우리가 시위를 벌일 수 있는 마지막 기회라는 것을 알았죠. ... 그는 얼마 지나지 않아 우리 운동에 도움이 될 만한 일을 벌입니다"(Vann 1985). 어린 학생들을 시위에 동원하는 전략은 제임스 베벨의 생각이었다. 그는 다음과 같이 설명한다. "고등학생 아들이 교도소를 가나, 아버지가 교도소를 가나 시정부에 압력을 가하는 것은 마찬가지다. 다만, 아버지가 아니고 아들이 교도소에 가면 아버지는 계속 직장에 나갈 수 있고, 가정경제가 파탄 나는 위험을 감수하지 않아도 되었다"(Bevel 1985; Williams 1987, 189에서 재인용). 사실 경찰이 학생들에게 소방 호스로 물을 쏴 시위를 진압했던 것은 단순히 공권력의 "힘을 보여" 주기 위한 것이 아니었다. 그것은 부득이한 것이었는데, 당시 시위에 참여한 수천 명의 학생이 이미 구치소를 채우고 있는 상태라(Bailey 1985) 경찰은 더 이상의 인원을 구속할 공간이 없었고 "시위가 시작되기 전에 사람들을 해산시켜야" 했다(Walker 1985). "호스가 동원되고 경찰견이 등장했을 때 게임은 이미 끝났다"(Vann 1985).

1963년 5월 11일, 마틴 루터 킹 목사가 머물던 개스턴 모텔에서 폭탄이 터졌다. 그리고 또 다른 폭탄이 킹 목사의 동생 A. D. 킹 목사가 시무하던 교회의 사택에서 터졌다. 프리쳇은 앞서 이미 코너에게 개스턴 모텔에 경찰을 보내 [킹 목사 일행을] 보호할 것을 조언한 바 있으나 코너는 이를 거절한 상태였다. 와이엇 티 워커의 부인 또한 자녀들과 함께 같은 모텔에 묶고 있었는데, 폭탄이 터진 후 도착한 앨라배마주 경찰관은 "그녀의 머리를 카빈총으로 내리쳤고, 그녀는 병원으로 실려 갔다." 워커가 현장에 도착했고, 누가 자신의 부인을 때렸는지 알게 되었다. 그는 그 경찰관에게 달려들려고 했다. 그러나 "미시시피주에서 취재 나온 밥 고든이라는 백인 기자가" 그를 "바닥에 쓰러트리고는 꼼짝할 수 없게 붙잡았"다.

> 나는, 그러니까 그 상태에서 … 이 경찰관은 내 아내의 머리를 내리쳤던 것처럼 눈 하나 깜짝 안 하고 나한테도 카빈 기관총을 발사할 거란 생각이 번뜩 들었습니다. … 그랬다면[내가 그 경찰에게 결국 달려들었다면] 우리의 비폭력 운동은 돌이킬 수 없는 치명타를 입었을 겁니다. 나는 그 당시 마틴 루터 킹 목사의 비서실장으로 최고위 참모였는데, 그런 자가 경찰을 … 공격했다고 하면 … 나는 비폭력을 삶의 방식으로 따르고 있었지만, 내 가정과 가족을 지키는 일에는 주저함이 없었던 거죠. 이 자가 내 아내를 공격했다? 그것도 물리적으로? 나는 그가 더 이상 비폭력의 대상이 아니라고 생각했던 것 같아요, 그리고 이 자가 기관총을 소지하고 있다는 사실조차 인지하지 못하고 달려들려고 했던 것 같습니다. 본능적인 반응이었달까. … 그때 미시시피에서 온 그 백인 UPI 기자가 나를 제지한 게 정말 고마운 일이었죠"(Walker 1985).

워커는 당시 운동의 핵심적인 전략가였으나 약점 없는 완벽한 사람은 아니었다. 그러나 땅바닥에 쓰러져 꼼짝 못 하게 된 상황에서도 그는 그 상황을 분석하고 그것에 감사할 줄 알았다.

　이 책의 남은 부분에서도 나는 이 장에서와 같은 분석 패턴을 따를 것이다. 여기서 우리는 몇 가지 미국 흑인 노예들의 설화를 살펴보았고, 이를 전략적 사고에 대한 분석을 통해 이해했으며, 그런 사고를 바탕으로 한 통찰력이 현실 상황에서 어떻게 적용되는지 살펴보았다. 책의 남은 부분에서도 같은 패턴을 반복할 것이다. 먼저 『플로시와 여우』를 살펴보고, 그다음으로 오스틴의 소설을 좀 더 자세히 살펴보자.

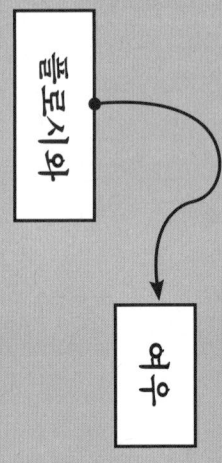

플로시와 여우 이야기는 퍼트리샤 C. 맥키색이 할아버지로부터 들은 이야기다(McKissack 1986). 플로시 핀리라는 소녀는 어느 날 엄마 심부름으로 달걀 한 바구니를 비올라 부인 댁에 갖다주러 집을 나선다. 엄마는 플로시에게 달걀을 좋아하는 여우를 조심하라고 당부한다. 그러자 플로시는 자기는 여우가 어떻게 생겼는지 모른다고, 여우를 한 번도 본 적이 없다고 한다. "어쩌겠어, 여우는 그냥 여우겠지 뭐, 무서울 게 뭐야." 플로시는 깡충깡충 뛰어가다가 이상하게 생긴 동물을 만났는데, 이 동물은 자신을 여우라고 했다. 그러자 플로시는 이 동물을 위아래로 찬찬히 훑어본 다음 "도저히 믿을 수가 없어. ... 네가 여우라는 것을 믿을 수가 없어"라고 말한다. 그러자 여우는 자기가 당연히 여우라고 한다. "너 같이 작은 애는 나를 보면 그저 무서워 벌벌 떨어야 하는 거야. 요즘엔 애들한테 도대체 뭘 가르치는 거야?" 그러나 플로시는 "난 여우를 한 번도 본 적이 없거든. 내가 왜 너를 무서워해야 하지? 나는 지금도 네가 정말 여우인지 모르겠단 말이야" 하고 대꾸하며 가던 길을 재촉한다.

몹시 당황한 여우는 플로시 뒤를 쫓아가며 자신의 두꺼운 털을 만져 보라고 한다. 플로시는 여우에게 그럼 너는 토끼구나, 한다. 그러자 여우는 자신이 길고 뾰족한 코를 가졌으니 여우라고 말한다. 그러자 플로시는 그러면 너는 쥐가 분명해, 한다. 얼마 후 플로시와 여우는 고양이를 만나고 여우는 고양이에게 자신이 정말 여우라는 걸 플로시에게 설명해 달라고 부탁한다. 부탁을 받은 고양이는 날카로운 발톱과 노란 눈을 가진 걸 보니 여우가 맞다고 설명한다. 그러나 플로시는, 그러면 고양이일 거라고 결론짓는다. 다급해진 여우는 자신은 꼬리가 덥수룩하다고 말한다. 그러자 플로시는, 그러면 분명 다람쥐일 거라고 한다. 여우는 플로시에게 제발 자기 말을 믿어 달라고 애걸복걸한다. 하지만 이미 늦어 버렸다. 왜냐하면 이때는 이미 매커친 씨네 사냥개가 여우를 잡으러 왔기 때문이다. 여우는 도망치면서 사냥개는 자기가 여우라는 걸 알 거라고 소리친다. "말했잖아, 난 여우라고!" 그러자 플로시가 대답한다. "나도 알아." 그리고 플로시는 비올라 부인의 집으로 유유히 들어간다.

이 이야기로부터 우리는 몇 가지 메시지를 도출할 수 있다. 즉, 여우가 가지고 있는 무시무시한 힘은 여우의 물리적 속성이 아니라 요즘 사회가 아이들에게 가르치는 것, 즉 아이들의 사회화에 기반을 둔 것이다. 강자는 사람들이 특정한 역할을 수행하도록 세상을 구축하고, 약자는 이런 역할 수행을 거부함으로써 강자를 이길 수 있다. 권력은 인정을 필요로 하고, 인정받지 못하면 유지될 수 없기 때문이다. 플로시는 자신이 처한 상황을 잘 조작함으로써, 즉 시종일관 여우와 의심 많은 소녀라는 각본을 유지하기 위해 여우와 겁에 질린 소녀라는 각본을 영리하게 거부함으로써 승리를 거둘 수 있었다. 여기서 진짜 싸움은 바구니 속의 달걀을 두고 벌어진 것이 아니라 상황을 어떻게 규정하는가를 두고 벌어진 것이다. 누군가 우리에게 다가와 자신이 힘센 사람이라고 주장한다면, 우리는 그 힘을 증명할 책임이 그 사람에게 있다고 말할 수 있다. 순진무구한 어린이가 허세를 부리는 어른을 물리칠 수 있는 것이다. 플로시는 그야말로 시간을 버는 방법을 잘 알고 있었다.

아무튼 이 이야기는 권력과 저항의 본질에 대해 심오한 내용을 담고 있다. 여기서 전략적 통찰은, 만약 여우가 자신이 여우임을 플로시가 알고 있다는 사실을 안다면 플로시는 불리한 입장에 처한다는 것이다. 플로시는 무지를 통해 유리한 위치를 확보한 게 아니라(실제로 그녀는 마지막에 여우에게 "나도 알아"라고 밝힌다), 여우로 하여금 그녀가 무지하다고 생각하게 함으로써 유리한 위치를 확보한다.

우리는 이 상황을 여우는 공격 여부를 선택하고, 플로시는 자신의 방어 여부를 선택하는 하나의 게임으로 모델화할 수 있다. 만약 여우가 공격하지 않으면, 아무 일도 일어나지 않고 현 상태가 유지된다. 만

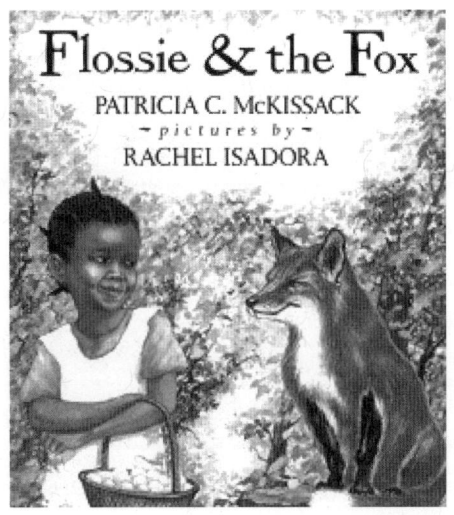

아프리카계 미국인의 영어를 구사하는 플로시는
표준 영어를 구사하는 여우를 능가하는 영리한 캐릭터다.

그림 6. 『플로시와 여우』(1986) 표지

04 플로시와 여우

약 여우가 공격하고 플로시가 방어를 하지 않으면, 여우는 싸우지 않고도 달걀을 차지하고, 플로시는 달걀을 빼앗기지만 최소한 여우와의 물리적 충돌은 피한다. 만약 여우가 공격하고 플로시가 방어를 한다면, 여우와 플로시 모두 상처를 입을 위험이 있다. 게임의 결과에 대한 여우와 플로시의 선호는 〈표 7〉과 같이 보수 수치로 표현해 볼 수 있다(볼드체는 여우의 행동과 보수다).

	여우가 공격한다	여우가 공격하지 않는다
플로시가 방어한다	−12, **−12**	0, **0**
플로시가 방어하지 않는다	−8, **8**	0, **0**

표 7.

여우가 공격하지 않고 현상을 유지하는 상태에서 둘에게 돌아가는 보수는 "0"이다. 여우가 공격하고 플로시가 아무것도 하지 않을 경우, 플로시는 달걀을 잃고(보수는 −8), 여우는 달걀을 차지한다(보수는 8). 여우가 공격하고 플로시가 방어할 경우, 둘 다 상처를 입을 위험이 있고, 따라서 보수는 각각 −12다. 여우에게 가장 좋은 것은 아무런 저항이 없이 달걀을 빼앗는 것이다. 플로시에게 가장 좋은 것은 아무런 방해도 받지 않는 것이다. 달걀을 잃는 것은 나쁘지만, 여우에게 물리거나 긁혀서 몸에 상처가 나는 것은 더 나쁘다.

이 게임에서 여우가 무엇을 하든 플로시는 방어를 하지 않는 것이 방어를 하는 것과 동일하거나 더 유리하다는 점에 주목하자(−8은 −12보다 큰 보수이고, 0은 0 이상이다). 따라서 우리는 플로시가 달걀을 빼앗기는 것을 방어하지 않을 것으로 기대할 수 있다. 플로시가 방어하지 않을 테니, 여우는 공격해서 8이라는 보수를 가질 수 있고, 공격하지 않으면 0이라는 보수를 갖게 된다. 따라서 우리는 여우의 공격을 기대할 수 있다.

그러나 이 게임은 아직 우리의 이야기를 정확히 담아내지 못하고 있다. 우리의 이야기는, 자신이 여우라는 걸 플로시가 알고 있는지 여우가 확신하지 못하고 있다는 것이다. 그렇다면 여우는 왜 자신이 여우라는 것을 플로시가 아는지 모르는지에 관심을 가져야 하는가? 그것은 만약 플로시가 여우를, 예를 들어 다람쥐라고 생각한다면, 플로시는 다르게 행동할 수도 있기 때문이다.

플로시와 다람쥐 사이의 게임은 어떨까? 이 게임의 모델은 다음과 같다.

	다람쥐가 공격한다	다람쥐가 공격하지 않는다
플로시가 방어한다	0, −12	0, 0
플로시가 방어하지 않는다	−8, 8	0, 0

표 8.

⟨표 7⟩과 ⟨표 8⟩ 사이에 달라진 것은 딱 하나다. 다람쥐가 공격할 경우 플로시가 방어를 한다 해도, 플로시는 아무런 손해도 보지 않는다. 다람쥐는 조그맣고 쉽게 물리칠 수 있기 때문이다. 따라서 다람쥐가 공격할 경우 플로시가 방어한다면 이에 대한 플로시의 보수는 이제 "0"이다(⟨표 7⟩에서는 −12다). 이 게임에서 다람쥐가 무엇을 하든 플로시는 방어를 하는 것이 방어를 하지 않는 것과 같거나 더 좋은 결과를 가져온다. 따라서 우리는 플로시가 달걀을 빼앗으려는 공격을 방어할 것으로 기대할 수 있다. 플로시가 방어를 할 테니, 다람쥐가 공격하면 다람쥐는 −12 보수를, 공격하지 않으면 0의 보수를 갖게 된다. 따라서 우리는 다람쥐가 공격하지 않을 것으로 기대할 수 있다.

물론, 이 게임 역시 우리의 이야기를 정확히 담아내진 못한다. 우리의 이야기에 나타나는 상황은 ⟨표 7⟩과 ⟨표 8⟩의 게임을 "혼합"한 것으로, 여기서 결정적인 것은 플로시와 여우가 서로에 대해 가지고 있는 지식과, 그 지식에 대한 각자의 지식이다. 이런 혼합 상태의 게임을 "불완전 정보 게임"이라 부른다. 플로시는 자신이 마주한 것이 여우인지 다람쥐인지 모르기 때문에, 우리는 여기서 그녀가 "동물"을 만났다고

04 플로시와 여우

하자. 플로시와 동물은 세 가지 가능성, 즉 세 가지 "상황"을 고려해야 한다. ① 동물은 여우이고 플로시는 여우를 알아본다. ② 동물은 여우이고 플로시는 여우를 못 알아본다. ③ 동물은 사실 다람쥐다. 플로시는 ②와 ③을 구별하지 못한다. 다시 말해, 플로시가 여우를 알아보지 못한다면, 그 동물은 여우일 수도 다람쥐일 수도 있다. 동물은 ①과 ②를 구별하지 못한다. 다시 말해, 동물은 플로시가 여우를 알아보는지 못 알아보는지 모른다. 물론, 동물은 자신이 여우인지 다람쥐인지 알고 있다. 따라서 동물은 ③을 ①, ②와 구별할 수 있다.

혼합 게임을 충분히 규정하려면, 우리는 각 상황의 개연성을 명시해야 한다. 먼저, 동물이 여우일 확률과 다람쥐일 확률이 동일하다고 가정한다. 즉, 동물이 여우일 확률은 2분의 1이고, 다람쥐일 확률도 2분의 1이다. 다음으로, 동물이 여우라는 가정하에, 플로시가 여우를 알아볼 확률과 알아보지 못할 확률이 동일하다고 가정한다. 이럴 경우 동물은 여우이고 플로시가 여우를 알아보는 첫 번째 상황의 확률은 4분의 1이다. 동물은 여우이고 플로시가 여우를 알아보지 못하는 두 번째 상황일 확률은 4분의 1이다. 동물이 실제로 다람쥐인 세 번째 상황일 확률은 2분의 1이다.

혼합 게임에서 플로시는 가능한 세 가지 상황에서 각각 방어를 할지 말지 선택한다. 그러나 플로시는 ②와 ③의 상황을 구별할 수 없기 때문에, 이 두 상황에서는 동일한 선택을 해야 한다. 따라서 플로시에게는 다음과 같이 네 가지 전략이 가능하다. 방어를 (한다, 한다, 한다), (한다, 안 한다, 안 한다), (안 한다, 한다, 한다), (안 한다, 안 한다, 안 한다). 여기서, 예를 들어 (한다, 안 한다, 안 한다)는, 플로시가 ①의 상황에서는 방어를 하고 ② ③의 상황에서는 방어를 안 하는 것을 의미한다(다시 말해, 플로시는 동물이 여우인 것을 알면 방어하고, 그렇지 않을 경우 아무것도 하지 않는다). 주목할 것은, 방어를 (안 한다, 안 한다, 한다) 같은 전략은 있을 수 없는 전략이라는 점이다. 왜냐하면 플로시는 ②와 ③의 상황에서는 동일한 행동을 해야 하기 때문이다.

플로시와 마찬가지로 동물도 세 가지 상황에서 각각 공격 여부를 선택한다. 동물에게도 다음과 같은 네 가지 전략이 가능하다. 공격(한다, 한다, 한다), (한다, 한다, 안 한다), (안 한다, 안 한다, 한다), (안 한다, 안 한다, 안 한다). 동물은 ①과 ②의 상황을 구별할 수 없기 때문에 (한다, 안 한다, 한다) 같은 게임은 할 수 없다.

이렇게 플로시와 동물은 각각 네 개의 전략을 구사할 수 있다. 이미 언급한 대로, 만약 동물이 여우라는 것을 알면, 플로시는 방어하지 않는다. 어떤 상황에서도 방어를 안 하는 것이 방어를 하는 것보다 좋기 때문이다. 따라서 우리는 플로시의 네 개 전략 가운데 여우임을 알면서도 방어하는 전략인 (한다, 한다, 한다)와 (한다, 안 한다, 안 한다) 전략은 목록에서 곧바로 제거할 수 있다. 이제 플로시에게는 두 개의 전략이 남아 있다. 즉, 여우인지 다람쥐인지 확실하지 않을 때 방어하는 (안 한다, 한다, 한다) 전략과, 어떤 상태에서도 방어하지 않는 (안 한다, 안 한다, 안 한다) 전략이 남아 있다.

혼합 게임은 다음과 같은 표로 나타낼 수 있다(볼드체는 동물이다).

동물(공격) 플로시(방어)	(한다, 한다, 한다)	(한다, 한다, 안 한다)	(안 한다, 안 한다, 한다)	(안 한다, 안 한다, 안 한다)
(안 한다, 한다, 한다)	−5, **−7**	−5, **−1**	0, **−6**	0, **0**
(안 한다, 안 한다, 안 한다)	−8, **8**	−4, **4**	−4, **4**	0, **0**

표 9.

위의 표에서 플로시는 한 번도 방어를 안 하고 동물은 항상 공격을 한다고 가정할 때, 플로시는 항상 달걀을 잃어 보수 −8을 갖게 되고, 동물은 항상 달걀을 갖게 되어 보수는 8이다. 만약 동물이 한 번도 공격을 하지 않으면, 플로시의 보수는 무엇을 하든 0이 된다. 이 표에 제시된 보수는 세 개의 세계 상태의 확률과 두 개의 초기 게임(〈표 7〉, 〈표

8))에서 나타난 보수 수치를 바탕으로 계산된 것이다. 예를 들어, 플로시가 (안 한다, 한다, 한다) 방어 전략을 선택하고, 동물이 (한다, 한다, 안 한다) 공격 전략을 선택한다고 가정해 보자. 첫 번째 상황에서 플로시는 방어하지 않고 동물(여우)은 공격한다. 이때 플로시는 -8의 보수를, 동물은 8의 보수를 얻게 된다. 두 번째 상황에서 플로시는 방어하고 동물(여우)은 공격한다. 이때 플로시는 -12의 보수를, 동물 또한 -12의 보수를 얻게 된다. 세 번째 상황에서 플로시는 방어하고 동물(다람쥐)은 공격하지 않는다. 이때 플로시와 동물 양측은 0의 보수를 얻게 된다. 기대되는 플로시의 총 보수는 각각의 세계 상태로부터 얻게 되는 보수 수치를 각 상황이 발생할 확률과 곱한 다음, 이 수치들을 모두 합산한 수치다. 다시 말해, 첫 번째 상황(4분의 1 확률)에서 플로시가 얻는 보수는 -8이고, 두 번째 상황(4분의 1 확률)에서 얻는 보수는 -12, 세 번째 상황(2분의 1 확률)에서 얻는 보수는 0이기 때문에, 기대되는 플로시의 총 보수는 다음과 같다. $(-8)(1/4)+(-12)(1/4)+(0)(1/2)=-5$. 마찬가지로 기대되는 동물의 총 보수는 다음과 같다. $(8)(1/4)+(-12)(1/4)+(0)(1/2)=-1$. 따라서 플로시가 (안 한다, 한다, 한다) 방어 전략을 구사하고, 동물이 (한다, 한다, 안 한다) 공격 전략을 구사하면, 〈표 9〉에서처럼 각각의 수치는 -5, -1인 것이다.

그렇다면 플로시와 동물은 이 게임에서 각각 어떤 전략을 선택할까? 이 질문에 답을 구하는 표준 방법(1950년 발표된 내쉬 균형)은 점진적으로 열등 전략을 제거하는 것이다. 예를 들어, 플로시는 (안 한다, 안 한다, 안 한다) 방어 전략을 취하고 동물은 (한다, 한다, 한다) 공격 전략을 취한다고 예측해 보자. 플로시는 한 번도 방어하지 않고 동물은 항상 공격하는 게임이다. 이는 말이 안 되는 예측이다. 왜냐하면 만약 동물이 항상 공격을 한다면 플로시의 보수는 -8인데, 플로시는 다른 전략을 취함으로써 좀 더 나은 보수를 받을 수 있기 때문이다. 예를 들어, (안 한다, 한다, 한다)의 방어 전략을 취함으로써 -5의 보수를 얻을 수 있다. 따라서 플로시는 (안 한다, 안 한다, 안 한다)의 방어 전략을 취하려 하지 않는다. 결국 플로시가 방어를 (안 한다, 안 한다, 안 한다) 전략을 세우고 동물이 공격을 (한다, 한다, 한다) 전략을 세우는 것은 설득력이 전혀 없기에 예측에서 제거된다. 또 다른 예로, 플로시가 방어를 (안 한다, 한다, 한다) 전략을 선택하고, 동물이 공격을 (안 한다, 안 한다, 한다) 전략을 선택한다고 예측해 보자. 이 경우 동물은 −6의 보수를 얻게 되는데, 동물은 공격을 한 번도 하지 않는 (안 한다, 안 한다, 안 한다) 전략을 선택해 보수를 0으로 끌어올릴 수도 있다. 따라서 이 두 번째 예측도 폐기된다.

이런 방식으로 여덟 개의 예측 가능성을 모두 검토한 후, 따르지 않음으로써 최소한 일방이 좀 더 높은 보수를 얻는 예측을 제거한다. 이제 하나 남는 예측은 플로시가 방어를 (안 한다, 한다, 한다) 전략을 선택하고, 동물이 공격을 (안 한다, 안 한다, 안 한다) 전략을 선택하는 게임이다. 즉, 플로시는 동물이 다람쥐일지도 모른다고 생각하면 방어하고, 동물은 한 번도 공격하지 않는 게임이다.

그리하여 이 혼합 게임에서 우리는 플로시가 동물이 여우라는 것을 알더라도 동물은 한 번도 공격하지 않는다고 예측할 수 있다. 다시 말해, 여우는 공격 여부를 고민할 때, 플로시가 어떻게 할지 생각해 봐야 한다. 만약 플로시가 여우와 다람쥐의 차이를 알아보지 못한다면, 플로시는 아마도 하찮은 다람쥐에 대항한다고 생각하며 방어를 할 것이다. 여우는, 플로시가 아는지 모르는지 모르기 때문에 플로시가 방어를 할 가능성을 고려해야 한다. 이 가능성은 여우의 공격을 억지하기에 충분하다. 이는 플로시가 여우를 알아보는 경우에도 마찬가지다. 이것이 바로 여우의 힘을 인정하지 않음으로써 플로시가 여우의 힘을 무력화하는 방법이다.

잘 알려진 대로, 협박(예를 들어, 핵 확산 위협)을 사용할 때 문제는 그것을 실제화하는 비용이 매우 높을 수 있고, 따라서 신뢰도가 떨어진다는 것이다. 그래서 그런 협박을 하는 사람은, 자신이 그런 협박을 실천하고도 남을 만큼 미친 사람이라는 인상을 주고 싶어 할 수 있다. 리처드 닉슨은 베트남을 폭격할 때 바로 이 "미치광이 억지 이론"(Schelling 1960/1980)을 의식적으로 사용했다(Kimball 1998). 이와 유사하게, 플로시는 의도적으로 플로시 자신이 스스로 상당한 대가를 치러야 할지도 모를 어떤 일을 할 수도 있다는 생각을 여우가 하게 한다. 그러나 이 '플로시 억지 이론'은 '미치광이 이론'보다 더 정교하다. 플로시는 상대의 의식 속에 불확실성을 심어 준다. 그녀의 정신 상태에 대한 불확실성이 아니라 상대의 힘이 강한지 약한지를 그녀가 알아보는지 못 알아보는지에 대한 불확실성이다. 미치광이인 척하는 것은 누구라도 할 수 있지만, 플로시의 불확실성은 좀 더 그럴듯하고 창조적이다.

이 장에서 우리는 같은 이야기를 두 번 반복했다. 처음엔 설화 형식으로, 그다음엔 수학모델(〈표9〉)로 이야기한 것이다. 설화가 갖는 장점은 분명하다. 짧고, 설득력이 강하며, 어린이조차 이해할 수 있을 만큼 쉽다. 수학모델에는 이런 장점이 없다. 수학모델은 설화만큼 그 장점이 명확하지 않다. 수학모델이 가지고 있는 널리 활용되는 장점 가운데 하나는 "만약에…"로 시작하는 질문에 쉽게 답할 수 있다는 것이다. 예를 들어, 이런 질문이 가능할 것이다. '만약에 여우가 배가 고파 죽을 지경이라서 달걀을 간절히 원한다면, 이 경우에도 플로시의 방법이 여전히 통할까?' 우리는 수학모델을 통해 이 질문에 답할 수 있다. 다시 말해, 〈표7〉에 있는 보수 수치만 바꾸고, 이것이 〈표9〉에서 어떤 결과를 가지고 오는지 보면 된다. 그러나 수학모델이 가지고 있는 주요 장점은 무엇보다 그것이 다른 것과 연결되어 있다는 점이다. 즉, 수학모델은 설화와는 다른 분석적 추진력을 가지고 있으며, 이는 사람들의 분석을 예상 밖의 방향으로 추동할 수도 있다(예를 들어, 비어트리스-베네딕 사례와 리처드-해리슨 사례는 따로 떼어 놓아도 각각 충분히 흥미롭지만, 이를 〈표 4〉와 〈표 5〉에서처럼 기술적으로 서술해 놓았을 때, 우리는 이 두 사례의 긴밀한 유사점을 발견할 수 있다). 수학모델과 이야기는 호혜적인 방식으로 서로를 자극하고 예시한다. 실제로 가장 성공적인 게임이론적 논의는 설화처럼 단순하고 정형화된 방식으로 이야기를 전달하면서도, 이를 수학모델로 재현할 수 있다. 오스틴이 게임이론의 수학적 발전에 직접 관여한 것은 아니지만 내 주장은 그녀가 그 방향을 옹호하고 있었다는 것이다. 이는 14장에서 간략하게나마 다뤄 볼 것이다.

이 장에서는 오스틴의 소설 여섯 편을 젊은 여성이 (경우에 따라서는 유년기부터) 전략적 사고 기술을 터득해 가는 연대기로서 살펴본다. 전략적 사고는 단순히 주인공이 결혼에 이르는 데 도움을 주는 것으로 끝나지 않는다. 전략적 사고방식을 터득하는 것은 성숙한 여성으로 성장하는 과정의 일부분이다. 예를 들어, 패니는 어린 여동생 벳시를 잘 조종해 수전의 은제 나이프를 포기하도록 한 후 자신이 "대단한 귀부인처럼 구는 듯이 보일까 봐 걱정"한다(『맨스필드 파크』 459→571쪽). 이 같은 패니의 걱정은 일견 옳은 것이지만 이런 지위의 변화는 유년기에서 성년으로, 소녀에서 숙녀로의 변화로, 누구에게나 필수적인 변화다. 오스틴의 소설에서 젊은 여성들은 소설을 읽거나 친구 또는 언니들을 관찰하면서 전략적 사고를 배우기도 하지만, 주로는 어려운 사회적 상황에 직면하고, 그 안에서 스스로 결정을 내리는 과정을 통해 전략적 사고를 터득한다.

오스틴의 소설 여섯 편은 모두 사람들이 어떻게 전략적 사고를 터득하는지에 대한 것이다. 나는 이 장에서 오스틴의 논의가 심화되는 순서대로 여섯 편을 살펴본다. 먼저 살펴볼 소설은 『오만과 편견』이다. 이 책은 오스틴의 작품 가운데 "가장 생동감 있는" 책으로 정평이 나있지만, 전략적 사고 능력의 발달이라는 측면에서는 가장 밋밋하다. 엘리자베스 베넷과 다아시는 결국 자신들의 실수를 깨닫지만, 전략적 사고 기술을 나중에 터득하게 되는 것이 아니라 처음부터 기량이 출중했던 이들이다. 『이성과 감성』에서는 좀 더 나아가, 엘리너와 메리앤 대시우드 자매를 통해, 전략적 사고를 하기 위해서는 사려 깊은 의사결정(엘리너의 강점)뿐만 아니라 비현실적 추측(메리앤의 집착)도 할 줄 알아야 한다는 것을 보여 준다. 『설득』에서 (스물일곱 살로 오스틴의 소설에 등장하는 여주인공 가운데 나이가 제일 많은) 앤 엘리엇은 이미 전략적 사고 능력을 가지고 있지만 자신의 능력을 신뢰하는 법을 배워야 하고, 좀 더 성숙해져 엄마 같은 존재인 레이디 러셀의 영향력에서 벗어날 수 있어야 한다. 『노생거 사원』과 『맨스필드 파크』에서 오스틴은 젊은 여성이 전략적 사고를 어떻게 터득하는지 명시적으로 보여 준다. 먼저 『노생거 사원』에 등장하는 여주인공 캐서린 몰런드는 열일곱 살이다. 전략적 사고를 배운 적이 전혀 없다. 그러나 소설이 진행되면서 그녀는 점점 더 그 중요도가 높아지는 일련의 상황에 대처하면서 전략적 사고를 터득한다. 『맨스필드 파크』에서 열 살 때 친척집에 맡겨져 각종 구속과 구박을 받는 주인공 패니는 주변의 모든 반대에도 불구하고 자기 스스로 결정을 내리는 법을 배워야 한다. 마지막으로 『에마』에서 오스틴은 전략적 사고 능력이 너무 뛰어났을 때의 문제, 다시 말해 주인공이 자신의 전략적 사고 능력을 과신했을 때 발생하는 위험을 다룬다.

이 장에서는 6장부터 좀 더 체계적으로 분석할 여러 주제들을 소개한다. 예를 들어 전략적인 것과 이기적인 것의 차이, 결혼 생활의 가장 훌륭한 토대로서 전략적 동반자 관계, 감정에 휘둘리고 있는 와중에도 필요한 좋은 선택, 다른 사람의 마음은 내 마음과 다르다는 것을 이해해야 할 필요성, 지위에 대한 지나친 집착이 전략적 사고를 하지 못하게 만들 수 있는 위험성 같은 것들이다. 간혹 분석이 이루어질 때도 있지만 이 장의 주목적은 오스틴의 소설 여섯 편을 요약하는 데 있다.

『오만과 편견』

이 글의 목적에 비추어 보았을 때, 『오만과 편견』은 제인 오스틴의 소설 가운데 가장 단순하다. 엘리자베스 베넷과 다아시는 처음 만났을 때 서로 오해하고 상대방을 무시했지만 결국 서로 사랑하고 있음을 깨닫게 된다. 소설의 전개 과정에서 주인공들의 전략적 사고 능력이 크게 발전하지도 않는다. 엘리자베스는 처음부터 전략적 사고 능력이 뛰어난 것으로 설정되어 있기 때문이다. 아버지인 베넷 씨의 말을 빌리자면, 그녀는 "제 동기들보다 영리한 데가 있"었다(『오만과 편견』 5→12쪽).

베넷 부인은 다섯 딸들을 결혼시키고 싶은 마음이 간절하다. 그래서 근처 네더필드 파크로 갓 이사 온 빙리 씨에게 눈독을 들이고 있다. 이런 와중에, 빙리 씨의 누이 캐롤라인이 제인을 저녁 식사에 초대하자, 베넷 부인은 제인으로 하여금 마차 대신 말을 타고 가게 한다. 비가 올 것이라는 자신의 예상대로 되면 제인은 어쩔 수 없이 밤새 그 집에 머물게 될 것이고, 이를 통해 제인과 빙리 씨가 마주칠 수 있는 시간을 최대한 늘려 보려는 속셈이었다. 엘리자베스가 "좋은 계책"이라고 부른 엄마의 이 계획은 기대 이상의 성과를 거둔다. 제인은 아예 병이 나서 며칠 동안 네더필드에 머무르게 된 것이다(『오만과 편견』 34→46쪽).

엘리자베스는 몸져누운 언니를 간호하기 위해 네더필드로 오고, 빙리의 절친한 친구인 다아시를 다시 만나게 된다. 엘리자베스와 다아시는 그 이전에 이미 무도회에서 만난 적이 있다. 무도회에서 빙리는 친구 다아시에게 엘리자베스와 춤을 추는 게 어떻겠냐고 권한 적이 있는데, 다아시는 엘리자베스의 외모를 논하며 무례한 말을 하고, 엘리자베스는 이를 우연히 듣고 만다. 이를 모르는 다아시는 엘리자베스에게 피아노 음악에 맞추어 릴[둘 또는 넷이 추는 경쾌한 춤]을 추자고 청하고, 엘리자베스는 그가 또다시 자신을 계획적으로 모욕하려 든다고 생각해 "저는 언제나 그런 종류의 계획을 뒤엎는 걸 … 즐긴답니다"(『오만과 편견』 56→75-76쪽)라고 쏘아붙이며 거절한다. 한편 "자신이 원하던 것 이상으로 그녀에게 마음을 빼앗"긴 다아시는 탁월한 전략가답게 **이제부터** 자신이 그녀에게 호감을 품고 있다는 사실을 암시할 만한 … 행동 … 은 절대 안 하도록 특별히 주의해야겠다고 결심"하고, 이 "계획을 충실히 실천"한다(『오만과 편견』 66→87쪽).

이후 위컴으로부터 다아시에 대한 이야기를 들은 엘리자베스는 그에 대한 좋지 않은 감정을 더욱 키워 나간다. 위컴이 평생 생계 문제를 걱정하지 않아도 되도록 다아시의 부친이 생계 수단(꾸준한 수입이 따르는 목사직)을 마련해 놓았으나, 다아시가 아버지 생전의 뜻을 어겼다는 것이다. 엘리자베스는 이후 캐롤라인 빙리로부터 위컴이 하는 말을 모두 액면 그대로 믿으면 안 된다는 충고를 듣지만 이 같은 충고 배후에 다아시의 악의가 자리 잡고 있을 것이라고 생각한다.

베넷 부부에게는 아들이 없기에 베넷 씨가 사망하게 되면 그가 상속받은 부동산은 베넷 씨의 먼 친척인 콜린스 씨가 상속받게 되어 있다. 콜린스 씨는 베넷가의 딸 가운데 한 명과 결혼하는 것으로 이 문제를 일부나마 보상하기 위해 베넷 씨가 사는 롱본을 방문한다. 콜린스 씨는 베넷 부인으로부터 큰딸 제인이 조만간 약혼할 것 같다는 이야기를 듣는다. 이에 그는 둘째 딸 엘리자베스에게 청혼하지만 거절당한다. 그는 이 거절을 받아들이지 못하고 베넷 부부에게 도움을 청한다. 하지만 콜린스 씨를 탐탁지 않게 여겼던 베넷 씨는 엘리자베스의 선택을 두둔한다. 이에 베넷 부인은 셋째 딸 메리를 염두에 두고, 콜린스 씨가 "비록 메리만큼 똑똑하지는 않지만 독서를 하고 그녀를 모범으로 삼아 스스로를 향상시키도록 격려를 받는다면 그도 매우 유쾌한 동반자가 될 수도 있다"고 생각한다(『오만과 편견』 139-140→179쪽). 그러나 콜린스 씨는 이후 엘리자베스의 친구인 샬럿 루카스에게 청혼하고, 샬럿이 그의 청혼을 받아들인다(『오만과 편견』 139-140→179-180쪽).

빙리 씨가 갑작스럽게 런던으로 떠나고, 제인은 자신에 대한 그의 감정이 별것 아니었던 것이라 결론을 내린다. 그러나 엘리자베스는 여기에 모종의 음모가 작용했을 것이라고 생각했다. 그러다 우연히 다아시의 사촌 피츠윌리엄 대령과 대화를 나누다, 다아시가 실제로 빙리로 하여금 제인을 포기하도록 설득했다는 사실을 알아낸다. 이런 와중에 다아시가 엘리자베스에게 뜻밖의 청혼을 하자, 엘리자베스는 분노에 차 그를 맹렬하게 비난한다. 다아시가 제인의 불행을 초래한 당사자이고, 위컴 씨를 부당하게 대우했다는 것이다. 이 같은 공격에 다아시는 이튿날 엘리자베스에게 편지를 보내, 자신은 제인이 진정으로 빙리를 마음에 두고 있는 줄 몰랐다고 설명한다. 또한 위컴은 매우 신뢰할 수 없는 인물로, 자신의 누이동생 조지애나가 열다섯 살일 당시 [도둑 결혼을 목적으로] 꼬드겨 달아나려 했던 적이 있다고 말해 준다.

엘리자베스의 숙부 가드너 씨와 숙모 가드너 부인은 엘리자베스에게 런던 북부 여행을 제안하고, 엘리자베스는 다아시의 저택이 있는 펨벌리 근처에 가게 되는 게 내키지는 않지만, 숙부와 숙모의 제안을 받아들인다. 펨벌리에 대한 [유년 시절] 기억이 있는 가드너 부인은 그곳을 방문하고자 하고, 엘리자베스는 자신의 일행이 그곳을 방문하는 동안 그곳에 다아시가 없을 것이라는 말에 안도한다. 그러나 다아시는 예정보다 하루 일찍 돌아오고, 엘리자베스 일행을 더없이 친절하게 대한다. 펨벌리 대저택 경내를 걷는 동안, 가드너 부인은 피로를 핑계로 남편과 뒤처지고, 엘리자베스와 다아시는 단둘이 산책할 기회를 갖는다.

제인은 위컴이 막내 리디아와 결혼할 의사도 없으면서 함께 달아났다는 충격적인 소식을 엘리자베스에게 전한다. 가드너 씨는 도망 중인 커플을 런던에서 만난 후 베넷 씨에게 편지를 써, 부모 사망 후 베넷가 다섯 자매의 지참금 몫으로 지정된 5000파운드 가운데 5분의 1을 받고, 여기에 더해 [베넷 씨가 살아 있는 동안] 매년 100파운드를 주겠다고 약속하면 결혼을 하겠다는 위컴의 제안을 전한다. 이 소식을 전해들은 베넷 씨, 제인, 엘리자베스는 위컴이 요구한 금액이 그리 크지 않다는 데 우선 놀라워하면서, 아무래도 숙부인 가드너 씨가 1만 파운드 이상을 이미 주었을 것이라고 생각한다.

이후 엘리자베스는 숙모 가드너 부인에게 사건의 전말을 듣는다. 위컴과 리디아를 런던에서 찾아낸 것은 다아시고, 다아시가 자신의 재력으로 사건을 이렇게 종결지은 것이었다. 다아시는 엘리자베스의 숙부인 가드너 씨에게 이 사건에 대해 자신이 일부 책임이 있다고 말하면서, 위컴이 어떤 사람인지 사전에 경고하지 않은 자신을 탓했지만, 가드너 부인이 보기에 다아시의 행동은 엘리자베스에 대한 사랑 때문이다. 오랫동안 떠나 있던 빙리 씨는 네더필드로 돌아와 제인에게 청혼한다. 그 사이 엘리자베스는 뜻밖에도 다아시의 이모이자 완고한 성격의 영부인 캐서린 드 버그의 방문을 받는다. 다아시를 자신의 딸과 결혼시킬 계획이었던 캐서린은, 엘리자베스에게 다짜고짜 다아시가 청혼을 하더라도 받아들이지 않겠다는 약속을 하라고 강요한다. 엘리자베스는 그런 약속은 할 수 없다고 답해 캐서린을 분노케 한다.

이모인 캐서린 영부인으로부터 엘리자베스가 자신을 거절하겠다는 약속을 하지 않았다는 소식을 듣고 희망을 갖게 된 다아시는 엘리자베스에게 다시 청혼하고, 이번에는 승낙을 받아 낸다. 그리고 자신이 빙리에게 (빙리에 대한) 제인의 감정이 진실임을 확신한다고 말했고, 그러자 빙리가 제인에게 청혼한 것이라고 밝힌다. 다아시는 "우리를 갈라놓으려는 캐서린 이모의 부당한 노력이" 고맙게도 자신의 온갖 의심을 없애 주었다고 말한다(『오만과 편견』 423→523쪽). 엘리자베스와 다아시는 "엘리자베스를 더비셔로 데리고 옴으로써 그들을 맺어 준" 가드너 부부에게 고마워한다(『오만과 편견』 431→532쪽).

이 모든 과정을 거치는 동안 엘리자베스의 전략적 사고 능력은 변함없이 유지된다. 아직 "스물한 살이 안" 된(『오만과 편견』 187→237쪽) 애송이 처녀 엘리자베스가 캐서린 영부인의 갑작스런 방문과 강압적인 요청에 그토록 당차게 대처하고, 궁극적으로 결혼에 이르는 과정이 충분히 설득력 있어 보이는 이유는, 그녀가 처음부터 전략적 영민함을 보여 주기 때문이다. 엘리자베스의 전략적 사고는 합리적 결론을 도출해 내게 하지만, 그렇다고 해서 그 결론들이 항상 바람직한 것은 아니었다. 예를 들어, 그녀보다 덜 전략적인 제인이라면, 위컴에 대한 캐롤라인의 경고를 좀 더 액면 그대로 받아들였을 수 있고, 다아시가 춤을 추자고 했을 때 그 말을 악의가 아닌 관심의 표시로 받아들일 수도 있었을 것이다. "이해력이 떨어지고, 아는 것도 없고, 기분이 들쭉날쭉한"(『오만과 편견』 51→12쪽) 엘리자베스의 모친 베넷 부인에 비해 전략적으로 노련하면서 어린 조카딸 엘리자베스의 장래를 알뜰히 챙기는 가드너 부인과 엘리자베스의 관계는 엘리자베스가 결혼한 뒤에도 변하지 않는다. 엘리자베스는 언제라도 가드너 부인의 도움을 받을 수 있음을 감사히 여긴다.

엘리자베스에게 처음 청혼했을 때, 다아시는 자신의 청혼이 받아들여질 것이라 확신했다. 그러나 그는 이내 청혼이 전략적 상황임을 깨닫는다. 청혼을 하는 사람은 청혼을 받는 사람이 청혼을 받아들일지 생각해 봐야 하는 것이다. 다아시는 엘리자베스의 거절이 자신이 "겸손해"지도록 "교훈"을 주었다고 인정한다(『오만과 편견』 410→506쪽). 이것을 제외하면, 다아시의 전략적 사고 능력 역시 남녀관계를 다루는 솜씨를 비롯해 처음부터 줄곧 뛰어났다. 엘리자베스가 제인을 돌보기 위해 네더필드를 처음 방문했을 때의 일이다. 캐롤라인은 엘리자베스에게 방 안을 함께 걷자고 제안하고, 이에 대해 다아시는 다음과 같은 두 가지 가능성을 제시한다. "두 분이 함께 걷기로 하신 건 두 분끼리만 알고 은밀히 논의할 일이 있기 때문이거나, 아니면 두 분이 본인들의 자태가 걸을 때 가장 아름답다는 걸 의식하고 있기 때문이죠"(『오만과 편견』 62→82쪽). 또 엘리자베스는 다아시와 어색한 대화를 나누는 과정에서 "그에게 화제를 찾는 고역을 넘겨주기로 결심했"고, "눈치를 챈" 다아시는 "곧 말을 시작했다"(『오만과 편견』 200→252-253쪽). 엘리자베스가 다아시의 첫 번째 청혼을 거절하고 그 이유를 조목조목 이야기했을 때 다아시는 가시 돋친 대꾸로 화답한다. "그렇게 충분히 설명해 주셔서 고맙군요! 그 평가에 따르면 제 잘못은 참으로 무겁군요!"(『오만과 편견』 214→272쪽) 그러나 다아시는 사실 엘리자베스에게 감사해야 했다. 왜냐하면 그녀는 그가 잘못했다고 생각하는 지점들을 구체적으로 지적해 줌으로써, 다아시가 편지로 자신의 입장을 하나하나 설명할 수 있었기 때문이다. 엘리자베스와 다아시는 이런 식으로 함께 문제를 풀어 나가는데, 두 사람이 이미 가지고 있는 전략적 사고 능력은 그렇게 하기에 충분했던 것이다.

엘리자베스(키라 나이틀리 분)와 다아시(매튜 맥퍼딘 분)가 가진
전략적 사고 능력은 함께 문제를 풀어 나가기에 충분했다.

그림 7. 영화 〈오만과 편견〉 중에서 무도회장의 다아시와 엘리자베스

리디아 베넷은 갑작스럽게 맨 먼저 결혼하게 되지만, 전략적 사고 능력에 특별한 변화가 생긴 것은 아니다. 실제로 그녀는 이전에도 인근에 주둔하던 군부대 소속 장교들의 동향을 빠삭하게 꿰면서 그들이 브라이턴으로 부대를 옮길 계획을 하자 자신도 그들을 쫓아갈 "너무너무 군침 도는 계획"(『오만과 편견』 243→307쪽)을 세운 바 있는데, 이는 그녀의 전략적 사고 능력을 이미 잘 보여 주는 것이었다. 엘리자베스와 제인이 보기에, 리디아의 결혼은 어리석음과 방종에 대한 망측한 보상이지만 우리는 한 번쯤 의심해 볼 수 있다. 자신의 집안이 부유하지 않다는 것을 너무도 잘 알고 있는 리디아가 조금이라도 지참금을 늘려서 결혼할 수 있는 유일한 방법은, 위기 상황을 자초해 가드너 삼촌과 같이 재력 있는 친척 가운데 누군가가 가문의 명예를 지키기 위해 자신을 구제하도록 하는 게 아니었을까? 이런 계획이 제대로 작동하기 위해서는 먼저 그녀와의 결혼을 확정짓지 않은 채 거액의 지참금을 요구하는 신랑이 있어야 한다. 위컴은 이런 조건에 딱 들어맞는 인물이다. 가출이라는 리디아의 무모한 행동 또한 이 같은 계획에 도움이 된다. 베넷 부인은 이 모든 것을 완벽하게 이해하고 있다. 따라서 그녀는 리디아를 나무라기보다 한술 더 떠서 부추기며 동생인 가드너 씨에게 이렇게 말한다. "그럼 런던에 도착하면 둘이 어디 있든 간에 찾아봐라, 그리고 그때까지 결혼을 안 했으면, 결혼을 시켜. 결혼 예복 같은 것 때문에 기다리게 하지 말고, 리디아한테 결혼한 다음에 사고 싶은 대로 다 돈을 주겠다고만 해라"(『오만과 편견』 318→396쪽). 베넷 씨가 런던에서 리디아를 찾는 문제를 처남인 가드너에 맡기고 집으로 돌아오려 하자, 베넷 부인은 남편이 가장으로서 자신의 역할을 내팽개쳤다고 불평한다. "뭐라고, 집에 돌아온다고, 불쌍한 리디아도 데려오지 않으면서 말이야! ... 두 사람을 찾을 때까지는 런던을 떠나시지 않을 거야, 암, 그 양반이 없어져 버리면 누가 위컴하고 결투해서 걔를 결혼시키겠니?"(『오만과 편견』 329→409쪽) 위컴이 리디아와 결혼하기로 합의한 후, 제인은 삼촌인

엘리자베스와 제인이 보기에,
리디아(지나 멀론 분)의 결혼은 어리석음과 방종에 대한 망측한 보상이다.
그러나 집안이 부유하지 않다는 걸 너무도 잘 알고 있는 리디아가
조금이라도 지참금을 늘려서 결혼할 수 있는 유일한 방법은,
위기 상황을 자초해 재력 있는 친척 가운데 누군가가
가문의 명예를 지키기 위해 자신을 구제하도록 하는 것이었을 수도 있다.

그림 8. 영화 〈오만과 편견〉의 리디아

가드너 씨가 분명 위컴에게 돈을 주고 이 사태를 수습했을 것이라 지적하며, 어머니 베넷 부인이 이를 부끄럽게 생각하고 고마워하길 바란다. 그러나 베넷 부인의 답변은 영 딴판이다. "그래, 아주 잘한 일이다. … 외삼촌이 아니면 누가 그런 일을 하겠니?"(『오만과 편견』 338→420쪽)

소설 속에서 전략적 사고 능력의 발전을 보여 주는 인물은 베넷 자매 가운데 막내인 키티다. 소설 초반부에서 키티는 아버지가 자신에게 "기침을 조심성 없이 하고 있어, 때를 못 가리는군 그래"라고 농담을 하자, 그 맥락을 알아듣지 못하고, "누군 재미로 기침을 하나요, 뭐"라고 대꾸한다(『오만과 편견』 6→14쪽 참조). 또 제인과 빙리 씨에게 둘만의 시간을 주고자 하는 엄마에게 "무슨 일이야, 엄마? 왜 나보고 눈을 깜빡거리고 그래? 뭘 어떻게 하라고?"라고 묻는다(『오만과 편견』 382→472쪽). 그러나 키티는 이후 엘리자베스랑 다아시와 산책을 함께하겠냐고 묻는 제안에 "자기는 차라리 집에 있겠다" 답한다(『오만과 편견』 416→514쪽). 제인과 엘리자베스가 모두 결혼한 후 키티는 언니들 집에서 많은 시간을 보내는데, "그동안 알고 지내던 것보다 더 나은 사람들과 있다 보니 [전략적 사고 능력이] 크게 개선"된다(『오만과 편견』 427-428→528쪽).

『이성과 감성』

엘리자베스 베넷과 마찬가지로 『이성과 감성』에 나오는 대시우드가의 두 자매 역시 전략적 사고 능력이 뛰어나다. 엘리너는 "깊은 이해력과 냉철한 판단력을 겸비하고 있"었고 "메리앤의 능력은 여러모로 엘리너의 능력과 맞먹었다. 그녀는 분별력도 있고 영리했다"(『이성과 감성』 7→14쪽). 엘리너의 전략적 사고 능력은 소설이 진행되는 동안 크게 더 진전될 것이 없지만, 메리앤의 경우 교정이 필요하다. 앞서 살펴본 설화의 주인공 토끼가 무생물인 타르 베이비에게 어떤 동기가 있다고 생각한 것과 마찬가지로, 메리앤은 타인의 동기를 너무나 적극적으로 추측하고, 결국 자신의 추측이 얼마나 얼토당토아니한지 깨닫게 된다. 엘리너는 결정을 내리는 데 탁월하고, 메리앤은 다른 사람들의 동기를 추측하는 데 (지나치게) 특화되어 있다. 두 자매는 전략적 사고에 필요한 두 가지 기술을 각각 하나씩 나타내고 있는 것이다.

  엘리너, 메리앤, 그리고 막내 마거릿은 노어랜드에서 성장했다. 그러나 아버지 대시우드 씨가 사망하자 노어랜드 저택과 땅은 대시우드 씨와 전처 사이에서 태어난 아들 존 대시우드에게 상속된다. 다행히도 세 자매의 어머니 대시우드 부인은 친척 존 미들턴 경으로부터, 그와 부인 레이디 미들턴이 살고 있는 바턴 파크 근처에 위치한 바턴 코티지[작은 시골집]로 오라는 제안을 받는다. 바턴으로 이사한 후 두 자매의 주요 임무는, 자신들에게 결혼 약속을 확실히 하지 않은 구혼자들의 동향을 살피는 것이다. 메리앤은 에드워드 페라스가 언니 엘리너에게 구애하는 데 왜 그렇게 늑장을 부리는 거냐고 답답해하며 어머니에게 말한다. "아침나절에 두 번이나 일부러 둘만 남겨 두고 나왔는데, 그때마다 그분도 나를 따라서 방을 나와 버리니, 대체 어찌 된 셈인지 원"(『이성과 감성』 47→56쪽). 반면 메리앤에 대한 윌러비의 구애는 빠르게 진행된다. 온 가족이 레이디 미들턴을 방문하기로 되어 있는 날 메리앤은 "할 일이 좀 있다는 핑계로" 빠진다. 대시우드 부인은 "윌러비가 식구들이 없는 사이에 그녀를 방문하기로 전날 밤 약속이 되어 있는 것으로 생각하고, 그녀가 집에 남아 있는 것에 그지없이 만족했다"(『이성과 감성』 87→100쪽). 그런데 집으로 돌아와 보니 메리앤은 눈가에 손수건을 댄 채 허둥지둥 응접실에서 뛰쳐나오고, 윌러비는 [후원인 스미스 부인의 지시로 런던으로 떠나게 되어] 언제 다시 바턴 코티지를 방문할 수 있을지 모르겠다고 말한다. 이때 엘리너는 엄마가 생각하는 것처럼 메리앤과 윌러비가 결혼을 약속한 관계가 아닐 수도 있겠다고 생각한다. 한편, 메리앤과 마찬가지로 "적극적인 사고방식"의 소유자인 대시우드 부인은 윌러비가 갑자기 떠나는 데는 그럴 만한 합당한 이유가 있을 것이라고 상

엘리너(에마 톰슨 분)는 결정을 내리는 데 탁월하고,
메리앤(케이트 윈즐릿 분)은 다른 사람들의 동기를 추측하는 데 특화되어 있다.
그리하여 두 자매는 전략적 사고에 필요한 두 가지 기술을 하나씩 대변한다.

그림 9. 영화 〈이성과 감성〉 중에서 대시우드가 자매 엘리너와 메리앤

상한다(『이성과 감성』 7→14쪽 참조). 윌러비는 스미스 부인으로부터 유산을 물려받기로 되어 있는데, 윌러비가 메리앤과 약혼 관계라는 것을 눈치챈 스미스 부인이 메리앤이 성에 차지 않아 윌러비를 불러들였을 것이라고 생각하는 것이다. 대시우드 부인이 윌러비가 메리앤을 사랑하고 결혼을 약속했다고 믿는 근거는 대부분 겉으로 드러난 그의 태도와 모습에 기반을 두고 있다. "적어도 지난 보름 동안에는, 그 사람이 메리앤하고 우리 모두한테 대하는 것으로 봐서 메리앤을 장래의 아내로 여기며 사랑하고 있고 … 눈빛으로, 매너로, 은근하고 다정한 존경 이런 것으로 매일 내게 허락을 청하고 있"었다는 것이다(『이성과 감성』 92→107쪽). 엘리너는 엄마가 메리앤에게 단도직입적으로 윌러비와 약혼 관계인지를 물어보면 어떻겠냐고 제안하지만, 대시우드 부인은 메리앤에게 비밀을 말하라고 강요하고 싶은 마음이 없다고 한다. "혹시 결혼 약속이 안 되어 있기라도 하면, 그 질문 때문에 얼마나 속이 터지겠니!"(『이성과 감성』 97→113쪽) 엘리너는 엄마와 메리앤의 기발한 상상력을 경계했지만, 에드워드 페라스가 어떤 명백한 이유도 없이 갑자기 방문을 멈추자 에드워드의 진정한 동기에 대해 생각하지 않을 수 없었고 이를 나름대로 상상해야 했다. "그렇게 관심이 쏠려 있는 현안이 … 그녀 앞에 있으니, 집중하지 않을 수 없고 기억과 회상과 환상을 모조리 동원하지 않을 수 없었다"(『이성과 감성』 121→140쪽).

    레이디 미들턴의 먼 친척인 루시 스틸은 자신과 에드워드가 사 년 전에 이미 결혼을 약속한 사이라는 비밀을 엘리너에게 털어놓는다. 엘리너는 루시가 이런 비밀을 자신에게 털어놓는 전략적 목적을 잘 이해한다. "루시가 시샘하고 있었을 가능성은 매우 커 보였다. … 실은 엘리너가 마음속으로 자기가 진정으로 에드워드의 사랑을 얻고 있다고 확신하고 있으므로, 그것 하나만으로도 루시의 질투는 당연한 것이다. 비밀을 털어놓은 것 자체가 그녀가 시샘하고 있다는 증거였다. 에드워드에 대한 루시의 기득권을 전해 듣고 엘리너가 앞으로 그를 피할 것이라는 기대가 아니라면, 그 내막을 까발릴 이유가 달리 있을 수 있을까?"(『이성과 감성』 162→187-188쪽)

엘리너와 메리앤은 런던에 거주하는 레이디 미들턴의 모친 제닝스 부인 집에 머문다. 제닝스 부인이 손자의 탄생으로 분주해지자, 엘리너와 메리앤의 의붓오빠 존 대시우드는 두 자매에게 자신의 집에 머물면 어떻겠냐고 제안한다. 하지만 그의 부인 패니 대시우드는 에드워드 페라스의 누이이고, 페라스 가문은 에드워드가 돈 많은 모턴 양과 결혼하기를 기대하고 있다. 따라서 엘리너와 에드워드가 더 이상 가까워지지 못하게 할 목적으로 패니는 루시 스틸과 앤 스틸 자매를 이미 초대했다고 답한다. 패니는 물론 루시가 엘리너보다 훨씬 더 위험하다는 것을 아직 모른다.

앤 스틸은 순진하게도 "모두 루시를 너무 좋아하고 있"다고 생각하고, 루시와 에드워드의 비밀 약혼을 누설하고 만다(『이성과 감성』 293→341쪽). 기겁을 한 페라스 가족은 스틸 자매를 쫓아내고 에드워드와 의절한다. 에드워드의 모친 페라스 부인은 에드워드가 물려받기로 되어 있는 노폭 영지의 상속자로 동생 로버트를 임명한다. 에드워드와 루시 사이의 비밀이 탄로 나자, 엘리너는 그제야 메리앤에게 루시의 전술과 자신이 그 전술에 어떻게 전략적으로 대처해 왔는지 밝힌다. "넉 달 동안을 내 마음속에 이걸 담아 두고 어느 누구한테도 털어놓지 못했어. 일단 이야기해 버리면 너나 어머니가 너무나 불행해질 것을 알지만, 그렇다고 사전에 무슨 마음의 준비를 시킬 수도 없고. 내가 그 이야길 들었던 건 바로 장본인한테서야. 먼저 약혼을 해서 내 장래를 온통 망쳐 버린 그 장본인이 옥박지르듯이 억지로 듣게 한 거지. 의기양양한 말투더구나. 그러니 이런 사람한테 의심을 살까 봐 나한테 정말 중요한 일에 무관심한 척 보이려고 애썼던 거야"(『이성과 감성』 298-299→348쪽). 윌러비가 자신을 부당하게 대한 것을 두고 자기감정에 매몰돼 그동안 요란스럽게 괴로워한 메리앤에게 엘리너가 보여 준 이 같은 자제력은 교훈으로 다가왔다. "아이! 엘리너, ... 언니 말을 들으니 나 자신이 한없이 미워져. ... 언니의 미덕이 나한텐 너무 압도적이어서 벗어나 보려고 애를 썼던 거야"(『이성과 감성』 299→349-350쪽).

대시우드가의 친한 이웃이자 메리앤을 짝사랑하는 브랜던 대령은 엘리너에게 가서 에드워드에게 자신의 영지에 있는 목사 자리를 주겠다고 전달해 달라 부탁한다. 가족으로부터 의절을 당한 에드워드가 루시와 결혼하는 걸 도와주고 싶다는 것이다. 에드워드는 브랜던 대령에게 고마워하지만, [브랜던 대령이 엘리너를 보아 그런 제안을 했다고 생각해] 진정한 공로자는 엘리너라고 생각한다. 한편 메리앤은 사색에 잠겨 긴 산책을 하곤 하는데 신발과 스타킹이 모두 젖는 바람에 감기에 걸리고 만다.

건강이 급격히 악화되고 메리앤은 고열 속에서 정신없이 엄마를 찾는다. 엘리너는 브랜던 대령에게 엄마를 모셔 와 달라고 부탁한다. 브랜던 대령이 미처 떠나기 전, 메리앤이 병으로 죽기 직전이라는 소식을 들은 윌러비가 갑자기 나타나 용서를 구한다. 윌러비는 자신이 메리앤을 진정으로 사랑했으며 청혼하려고 결심했으나, 청혼 직전 후원자인 스미스 부인이 브랜던 대령의 어린 조카딸 일라이자와 혼외자를 낳았음에도 결혼하지 않은 자신의 방탕한 행실을 나무라며 의절을 선언했다고 말한다. 결국 돈 한 푼 없이 가난해진 자신은 메리앤과 결혼할 수 없었고, 돈이 많은 그레이 양과 결혼할 수밖에 없었다는 것이다.

대시우드 부인이 런던에 도착하고, 메리앤은 마침내 건강을 회복한다. 메리앤은 앞으로는 자신도 절제력을 키우겠다고 맹세한다. "난 감정을 절제하고 성격도 고칠 거야. 더 이상 내 감정으로 다른 사람들을 걱정시키고 나 자신을 괴롭히지 않을 거야"(『이성과 감성』 393→460-461쪽). 그럼에도 루시 스틸이 페라스 부인이 되었다는 소식을 들은 메리앤은 에드워드와 엘리너가 결혼할 일말의 희망마저 모두 사라졌다고 생각하고 [언니 엘리너의 얼굴이 창백해지는 것을 보고는] "히스테리 증세를 보이며 의자 뒤로 몸이 넘어갔다"(『이성과 감성』 400→468쪽). 그러나 에드워드가 곧 나타나고, 루시가 결혼한 사람은 에드워드가 아니라 상속권을 차지한 로버트라는 사실이 드러난다. 정혼자로부터 벗어난 에드워드는 떳떳이 엘리너에게 청혼하고, 메리앤 역시 엘리너와 엄마의 응원에 힘입어 브랜던 대령과 행복하게 결혼한다.

    엘리너는 소설 속에서 내내 자신의 전략적 사고 능력을 발휘한다. 윌러비가 구애를 시작하고 얼마 안 되어 그는 메리앤에게 말을 한 필 선물하겠다고 한다. 이때 엘리너는 ["별로 잘 알지도 못하고 기껏해야 아주 최근에 알게 된 사람한테서 이런 선물을 받는 것이 과연 예의범절에 어울릴까" 말하며] 메리앤에게 선물을 받지 말라고 설득한다. 그러나 이내 계속해서 부적절하다고 말하기보다("엘리너는 그 부분은 더 이상 건드리지 않는 것이 현명하겠다고 생각했다. 그녀는 동생의 기질을 알고 있었다. 그렇게 민감한 문제에 대해서 반대해 보았자, 자기 소견에 더 집착하게 될 것이 뻔했다") 엄마가 감당해야 할 불편함을 이유로 메리앤을 설득한다(『이성과 감성』 69→80쪽). 이후 엘리너는 윌러비가 결혼한다는 소식을 듣는다. 메리앤이 "신문을 통해서 그 소식을 처음 접하게 되기를 원치 않았던" 엘리너는 좀 더 부드럽게 이 소식을 전달할 방법을 찾는다(『이성과 감성』 246→285쪽). 에드워드와 루시가 비밀리에 결혼을 약속한 사이라는 것을 알게 된 후에는 "어머니가 에드워드와 자기 사이의 애정에 거는 기대를 약화시킬 수 있을 기회가 있었으면 하고 자주 바랐는데, 모든 사실이 드러났을 때의 충격을 줄이고 싶어서였다"(『이성과 감성』 179→207쪽). 비슷한 이유에서 런던에서는 메리앤이 윌러비의 방문을 애타게 기다리고 있다는 사실을 제닝스 부인이 눈치채지 못하도록 한다. 무엇보다 엘리너는 [가족으로부터 의절당한 뒤] 마음이 상한 에드워드가 모친과 화해하도록 설득한다. 그리하여 결과적으로 에드워드의 모친은 에드워드와 엘리너의 결혼을 승인하고 가족 관계는 다시 회복될 뿐만 아니라 에드워드는 연간 1만 파운드에 달하는 유산을 되찾게 된다.

물론, 루시 스틸 역시 엘리너 못지않게 전략적이다. [비록 에드워드 대신 상속자가 되긴 했지만] 로버트 페라스는 루시 스틸이 에드워드와의 약혼을 파기하도록 설득하기 위해 그녀를 은밀히 방문하는데, 루시는 이 만남을 계속 이어 가는 재주를 보임으로써 "자신의 이해관계를 열심히 끊임없이 챙기다 보면 아무리 그 과정에서 명백한 방해에 부딪힌다 해도, 시간과 양심의 희생 말고는 다른 희생을 치르지 않고서 손아귀에 들어오는 재산은 다 확보할 수 있음을 말해 주는 가장 고무적인 사례"를 몸소 보여 준다(『이성과 감성』 426→499쪽). 에드워드는 엘리너와 약혼한 후에도 자신에 대한 루시의 사랑이 진정한 것이었다고 믿고 싶어 한다. 그의 가족이 그와 의절한 후에도 루시는 여전히 자신과 결혼하고 싶다고 했기 때문이다. 이에 대해 엘리너는, 루시는 에드워드에게 위기가 발생할 경우 주변 사람들이 도움을 줄 것이라고 예측하지 않았겠냐며 다음과 같이 대답한다. "당신에게 무언가 좋은 일이 생길 수도 있다고 생각했을 거예요. 때가 되면 당신 가족이 후회할 수도 있고요"(『이성과 감성』 416→488쪽). 어쩌면 루시의 전술은 『오만과 편견』의 리디아 베넷의 전술과 유사한 것이다. 루시는 이미 이전에 엘리너에게 편지를 써서 "혹 그이를 추천할 만한 목사 자리를 소유하고 계신 분을 아신다면"(『이성과 감성』 315→367쪽) 추천해 달라는 부탁을 한 적이 있고, 이에 브랜던 대령이 일자리를 제공했던 것이다. 그러나 이런 문제라면, 루시는 로버트가 자신의 적절한 표적이 될 것이라는 것을 일찍이 예상한 바 있다. 즉, 엘리너와 처음 만났을 당시 루시는, 자신과 에드워드가 에드워드의 모친 페라스 부인에게 자신들의 약혼을 알릴 엄두조차 못 내고 있는데, 그것은 "페라스 부인은 아주 고집불통에 거만한 분이어서, 그 말을 듣자마자 벌컥 화를 내면서 모든 것을 로버트한테 몽땅 물려주기 십상"(『이성과 감성』 169→196쪽)이어서라고 언급한 바 있다. 루시와 엘리너는 전략적 능력이 아니라 추구하는 목적에서 차이가 있다. 전략적 능력이 돈만 보고 결혼하거나 경쟁자를 억누르는 것과 같은 금

전적[이기적·경제적] 목적에만 사용되라는 법은 없다. 루시처럼 황금을 쫓지 않더라도, 엘리너처럼 전략적일 수 있는 것이다.

　타인의 동기를 파악하기 위해서는 적극적인 상상력이 필요하지만, 메리앤의 경우 상상력이 지나칠 정도로 과다하다. 예를 들어, 브랜던 대령은 엘리너에게 아주 조심스럽게 자신이 한때 메리앤과 같이 불행한 일들이 연이어 터지는 좋지 않은 상황에 처하게 된 [그래서 마음이 변한] 여성을 알고 지낸 적이 있다는 이야기를 하다가 갑자기 말을 멈춘다. [이 과정에서 브랜던 대령은 감정의 동요를 보이는데] "그의 격한 감정을 과거의 애정에 대한 북받치는 추억과 연결하는 데는 약간의 상상력만 동원하면 되었다. 엘리너는 더 이상 추정하려 하지 않았다. 그러나 메리앤이었다면 거기서 그치지 않았을 것이다. 그녀의 활발한 상상력 아래서 신속하게 이야기 전체가 구성되었을 것이다"(『이성과 감성』 67→78쪽). 제닝스 부인은 사냥꾼들이 지금은 시골[바턴]에 있지만 겨울철이 다가옴에 따라 [런던으로] 곧 돌아올 것이라고 아침 식사 때 지나가는 말로 한마디 한다. 이에 메리앤은 사냥을 즐기는 윌러비가 왜 아직도 런던에 와있는 자신을 찾아오지 않는지 궁금해하면서 "밤이면 환한 불빛에서, 아침이면 대기의 상태에서, 서리가 다가오고 있다는 확실한 징후를 보았다"(『이성과 감성』 191→220쪽). 물론 메리앤이 가장 크게 오해하고 있는 것은 자신과 윌러비가 실제로 결혼을 약속했다고 생각하는 것이었다. "난 엄숙하게 언약을 한 것이라고 느꼈다고 ... 가장 엄격한 법적인 계약이 서로 간에 맺어진 것처럼 말야"(『이성과 감성』 214→246쪽). 이에 대해 엘리너가 "불행히도 그 사람은 그렇게 느끼진 않은 거지"라고 하자, 메리앤은 다음과 같이 양보한다. "그이도 그때는 그렇게 느꼈다고, 정말이야 엘리너. 몇 주일 동안이나 그이는 그걸 느꼈어. 내가 알아. 지금 그이의 마음이 왜 변했든지 간에"(『이성과 감성』 214→246-247쪽 참조).

　다른 사람의 동기를 알아내는 자신의 능력에 대한 과신은 유아론에 빠지게 한다. 제닝스 부인이 메리앤에게 편지를 전달하는 순간 메리앤의 "상상력은 윌러비한테서 온 편지를 눈앞에 펼쳐 놓았다. 애정과 회한으로 가득 차있고 지난 일들을 만족스럽고도 설득력 있게 설명하고 있는 그런 편지를"(『이성과 감성』 229→264쪽). 그러나 안타깝게도 편지는 대시우드 부인으로부터 온 것이고, 메리앤은 위안을 주려는 마음에 [만면에 환한 미소를 지으며 편지를 건넨] 제닝스 부인에게 잔인한 의도가 있다고 결론을 내린다. 메리앤은 "다른 사람들한테서 자기와 똑같은 의견과 감정을 기대했고, 그들의 행동이 자기에게 곧바로 어떤 영향을 미치는가에 따라서 그들의 동기를 판단했다"(『이성과 감성』 229→264쪽). 메리앤은 "강한 감수성에서 나오는 섬세함에 ... 너무 큰 비중을" 둔 결과 다른 사람들도 자신과 같은 감수성을 가지고 있다고 생각하고, 따라서 그들의 행동이 미치는 영향을 그들 역시 자신과 같은 관점에서 볼 것이라고 생각한다(『이성과 감성』 228-229→264쪽). 그녀에게 고통을 주는 행위를 하는 자는 모두 그것을 알 수 있어야 하고, 그러므로 그런 행동은 모두 의도적인 것이었다. 메리앤은 터무니없을 정도로 어리석은 파머 부인과 위험스러울 만큼 비슷한 면이 있다. 제닝스 부인의 딸인 파머 부인은 존 미들턴 경의 친구인 브랜던 경과 자신이 충분히 결혼할 수도 있었다고 생각한다. 다만 "엄마가 나한테는 처지는 결혼이라고 생각한 거예요. 그렇지만 않았다면, 존 경이 대령님한테 그런 이야기를 꺼냈을 것이고, 그러면 우린 곧장 결혼하게 되었을 테지요"(『이성과 감성』 135→155쪽). 파머 부인은 브랜던 경을 딱 두 번 만났을 뿐인데도 이런 상상을 한다.

하지만 추측과 공상, 상상 없이는 전략적 사고가 불가능하다. 예를 들어, 엘리너는 모친을 핑계 삼아 메리앤으로 하여금 윌러비가 선물하려 했던 말을 사양하도록 설득한 바 있다. 이때 엘리너가 엄마의 불편함을 핑계로 삼은 이유는, 메리앤이 선물을 거절해야 할 좀 더 직접적인 이유로 그 선물의 부적절함을 지적하면, 메리앤은 오히려 반대로 행동할 것이라고 추측했기 때문이다. 다만, 이 추측은 아무리 근거가 충분한 것이었을지라도 틀릴 수도 있는 것이다. 즉, 시간을 되돌려 그때 상황으로 다시 돌아가 그 전략을 실제로 사용해 보지 않는 한 증명될 수 없는 추측이다. 사회적 상황에서 사람들은 누구라도 타인의 동기가 무엇인지, 자신의 행동에 대해 상대방은 어떻게 반응할지 고려해야 한다. 단, 이런 추측들이 어느 정도 확실해질 때까지 마냥 기다리다 보면, 어떤 행동도 할 수 없을 것이다. 대시우드 부인이 "단지 확실하지가 않다고 해서 이런저런 가능성을 받아들여서는 안 되는 거니?"(『이성과 감성』 91→106쪽)라고 묻는 것처럼 말이다.

 메리앤의 전략적 능력은 상당히 출중할 때도 있다. 페라스 부인의 초대로 두 자매가 페라스 저택에서 열린 파티에 오게 되고, 엘리너가 [올케언니 패니 대시우드를 위해] 그림을 그려 넣은 화열가리개* 한 쌍이 사람들 눈에 들어왔다. 브랜던 대령이 그것을 칭찬하자 모두가 호기심에 모여들어서는 그림을 돌려보며 감상한다. 그러나 엘리너의 그림이 모턴 양의 그림과 비슷하다는 언급이 나오자, 모처럼 나온 엘리너에 대한 칭찬이 결국 온통 모턴 양에 대한 칭찬으로 변질될 것이라는 데 생각이 미친 메리앤은 [패니의 손에서 화열가리개를 낚아채 모두를 당황시키지만, 이내 엘리너의 어깨에 얼굴을 묻고서] "눈물을 터뜨렸다. 모든 사람의 주의가 몰렸고, 거의 모든 사람들이 걱정을 했다"(『이성과 감성』 269→311쪽). 나중에 윌러비로부터 버림받은 후, 메리앤은 즉시 집으로 돌아가 엄마를 보고 싶어 한다. 그러나 메리앤이 엄마를 보기까지는 몇 개월을 기다려야 했다. 메리앤이 결국 병이 들어 고열 속에서 엄마를 부르짖으며 엘리너를 놀라게 하자, 엘리너는 그제야 엄마를 불러온다. 메리앤의 이 같은 감정의 폭발은 목적의식적인 것일까? 두 경우 모두 메리앤은 객관적으로 성공한다. 사람들은 모턴 양에 대해 더 이상 칭찬하지 않고, 메리앤

■ 난로의 열기를 막기 위해 얼굴을 가리는 작은 스크린.

은 사랑하는 엄마를 보게 된다. 여기서 한 가지 짚고 넘어가야 할 점은, 메리앤이 수시로 보여 주는 연약한 모습은, 어쩌면 이 두 발작 사건에서도 그녀가 실제로 아팠을 수도 있었다는 것을 믿게 한다. 그러나 여기서 메리앤에게 가장 큰 보상은 소식을 듣고 급하게 달려온 윌러비다. 그는 메리앤에게 용서를 빌고, 메리앤에 대한 그의 애정이 진정한 것이었다고 말한다. 엘리너가 그에게 왜 왔냐고 묻자 그는 이렇게 말한다. "동생분이 죽어 가고 있고, 또 죽어 가면서 제가 이 지상에서 가장 지독한 악당이라고 믿으며 마지막 가는 순간에 저를 경멸하고 증오하고 있다는 말을 들었을 때 ... 저는 곧 결심을 했고, 오늘 아침 8시에는 제 마차에 타고 있었습니다"(『이성과 감성』 374-375→439쪽).

메리앤은 윌러비가 찾아와 참회하도록 하기 위해, 혹은 최소한 엄마의 방문을 앞당기기 위해 정말 스스로 병이 나게 하고, 심지어 죽음까지 감수했을까? 메리앤이 감기가 든 것은 "조경이 덜 되어 야생대로 남아 있는 먼 곳까지 가 수령이 가장 높은 나무와 젖어 있는 긴 풀 사이로" 산책을 했기 때문이고, 그보다 더 병을 악화시킨 것은 "이보다도 훨씬 더 조심성 없게도 젖은 신과 스타킹을 그냥 신고 앉아 있었던 탓"이었다(『이성과 감성』 346→404쪽). 이후 건강을 회복한 메리앤은 엘리너에게 고백한다. "내 병은 나 자신이 자초했다는 걸 나도 잘 알았지. 건강을 너무 소홀히 해서 그 당시에도 이건 아니다라고 느꼈다니까. 내가 죽었다면 ... 그건 자살 행위가 되었을 거야"(『이성과 감성』 391→459쪽). 병에 걸리는 것은 위기 상황을 만드는 또 다른 방법이다. 그러나 어쩌면 우리가 제닝스 부인을 상대로 메리앤이 범했던 오류, 즉 전략적 계획이 없는 곳에서 있다고 착각하는 오류를 범하고 있는지도 모른다. 메리앤은 벼랑 끝 전술을 썼던 게 아니라 어쩌면 정말로 미쳐 가고 있었던 건지도 모른다.

그렇다면 메리앤은 조현병 스펙트럼상에 있는 것일까? 조현병 스펙트럼상에 있는 사람들은 나무처럼 "일반적으로 지능이 없다고 알려

메리앤은 윌러비가 찾아오도록 하기 위해 정말 스스로 병이 나게 한 걸까?
어쩌면 메리앤은 벼랑 끝 전술을 썼던 게 아니라
정말로 미쳐 가고 있었던 건지도 모른다.

그림 10. 영화 〈이성과 감성〉 중에서 메리앤

진 개체들"에 지능이나 정신이 있는 것처럼 생각하는 경향이 있다 (Gray, Jenkins, Heberlein, and Wegner 2011, 478). 메리앤의 경우 실제로 노어랜드 저택을 떠나면서 저택을 향해 이별을 고한다. "오! 행복한 집아, 앞으로 다시는 못 볼 텐데, 내 여기 서서 지금 널 보면서 얼마나 마음이 아픈지 넌 알기나 할까!"(『이성과 감성』 32→41쪽) 이런 차원에서 조현병 스펙트럼상에 있는 사람들은 인간에게도 지적 상태를 잘 부여하지 못하는 자폐스펙트럼상에 있는 사람들과 반대다. 조현병 스펙트럼상에 있는 사람들의 또 다른 특징은 "주의와 집중에 어려움"을 겪는다는 것이다(Nettle and Clegg 2006, 612). 실제로 "『이성과 감성』의 서사적 긴장감 가운데 상당 부분은, 그녀가 어디에 있든, 메리앤의 집중력 부재로 말미암아 당겨진 활에서 나온다"(Sedgwick 1991, 827-828). 조현병 스펙트럼상에 있는 사람들에게서 나타나는 또 다른 특징은 [환청이나 환각 같은] "지각적·인지적 이상과 마술적 사고"와 "충동적 비순응 ... 폭력적이고 무모한 행동"이다. 이 가운데 전자는 예술적 창의력과 상관관계가 있고, 둘 다 구애 성공과 상관관계가 있다(Nettle and Clegg 2006, 612).

자살자들 가운데 (최소한 미국의 경우) 남성이 압도적으로 많은 것도 이 같은 내용과 모순되지 않는다. 이들은 "보통 사전에 계획을 세우고 방해가 될 만한 것을 피하기 위한 조치를 취하며 순식간에 효과를 가져와 일반적으로 돌이킬 수 없는 방법을 주로 택한다. 이들의 목적은 죽는 것이다. ... 그리고 절대다수가 첫 번째 시도에서 성공한다." 그러나 자살 행위보다 훨씬 (열 배 가까이 더) 자주 일어나는 것은 준자살 행위다. 준자살 행위를 하는 사람들은 압도적으로 여성이 많은데, 이들은 "구조에 대비하며(다른 사람들이 있는 장소를 선택하거나 혹은 다른 사람에게 연락을 한다), 효력이 늦게 작동하거나 효력이 없는 방법을 택한다. 이들의 목적은 생존이고 (대개) 특정인에게 메시지를 전달하고자 한다"(Murphy 1998, 166).

대시우드 세 자매 가운데 막내인 열세 살 소녀 마거릿은 극 초반에는 전략적으로 매우 순진한 인물로 출발한다. 제닝스 부인이 마거릿에게 엘리너의 구혼자가 누구인지 말해 달라고 하자 "마거릿은 언니를 쳐다보면서 이렇게 말하는 것이었다. '나 말하면 안 되는데. 말해도 돼, 엘리너 언니?' 이 말에 모두 웃음을 터뜨렸"다(『이성과 감성』 71→83쪽). 그러나 소설이 끝나 갈 무렵, 루시 스틸과 결혼해서 지금쯤 신혼여행을 하고 있을 것이라고 모두가 생각하고 있는 에드워드 페라스가 갑작스럽게 바턴 코티지에 나타났을 때 "마거릿은 다는 아니지만 일이 어떻게 돌아가고 있는지 얼마간은 이해하고 있어서 나설 상황이 아니라고 생각했고, 따라서 그에게서 될수록 먼 자리를 차지하고 입을 꾹 다물고 있었다"(『이성과 감성』 407→476쪽). 마거릿의 전략적 능력이 발전한 것이다. 마거릿은 곧 "무도회에 나올 만하고 연인이 생겨도 괜찮겠다고 할 만한 나이가 되었다"(『이성과 감성』 431→505쪽).

『설득』

앤 엘리엇은 스물일곱 살로 오스틴의 전 작품을 통틀어 가장 나이가 많은 여주인공이다. 그녀는 엘리자베스 베넷과 대시우드가의 두 자매들과 마찬가지로 전략적 능력을 이미 갖추고 있다. 다만, 『설득』은 앤이 윗사람의 영향력에서 벗어나야 한다는 점에서 성장 소설이다. 앤에게 레이디 러셀은 죽은 모친의 절친한 친구이자 어려서부터 자신이 믿고 의지해 온 사람이다. 하지만 앤은 레이디 러셀이 자신이 최선의 결정을 내리는 데 도움이 되지 않았다는 사실을 깨닫게 된다. 결국 [웬트워스 대령과 엘리엇 씨에 대한 레이디 러셀의 판단과 관련해] "레이디 러셀에게는 자신이 완전히 틀렸다는 것을 인정하고 완전히 새로운 견해와 희망을 채택하는 것 외에는 다른 선택이 없었다"(『설득』 271→360쪽). 레이디 러셀은 앤을 사랑하며, 결혼과 같이 앤에게 가장 중요한 결정을 하는 데 조언을 하고자 최선을 다했다. 하지만 앤은 "자신과 자신의 훌륭한 친구

사이에 가끔씩 의견의 차이가 생긴다는 것을 알게 된"다(『설득』 159→214쪽). 레이디 러셀은 앤보다 경험이 풍부하다. 하지만 그녀의 "사고 능력은 명민하다기보다는 사리 분별이 바른 편"이었다(『설득』 12→19쪽). 간단히 말해 전략적 사고는 앤이 레이디 러셀보다 훨씬 뛰어나다. 숙모인 가드너 부인과 "언제나 더없이 친밀한 관계"(『오만과 편견』 431→532쪽)를 유지하는 『오만과 편견』의 엘리자베스 베넷이나, 결혼한 후에도 모친과의 친밀한 관계가 변하지 않는 『이성과 감성』의 대시우드 자매들과 달리, 앤은 레이디 러셀로부터 벗어나야 한다. 그뿐만 아니라 이 두 사람 사이의 관계는 새로운 조건 속에서 재설정되어야 하는데, 여기에는 "과거에 있었던 [레이디 러셀의] 모든 잘못에도 불구하고" 이제 그녀를 "마음으로부터 좋아하"는 앤의 남편 웬트워스 대령의 존재도 포함된다(『설득』 274→363쪽).

앤은 열아홉 살 때 웬트워스 대령으로부터 청혼을 받았다. 하지만 레이디 러셀의 설득으로 거절한다. 당시 웬트워스 대령이 가진 것이라고는 자신감 있는 태도뿐이었다. "그의 낙천적이고 겁 없는 성격은 그렇지 않아도 부족한 그의 자격을 더욱 낮추었다. 위험하기 짝이 없는 성격으로만 보인 것이다. 그는 멋진 남자였지만 고집도 셌다. 레이디 러셀은 유머 감각이 별로 없어서 조금이라도 경솔해 보이는 성격을 참지 못했다"(『설득』 29→43-44쪽). 팔 년이 지난 후, 해군에서 성공한 웬트워스 대령은 누이를 방문하기 위해 다시 돌아온다. 그의 누이 크로프트 부인과 그녀의 남편 크로프트 제독은 앤의 아버지 월터 엘리엇 경의 저택인 켈린치 홀의 새로운 임차인이다. 낭비벽으로 재정난에 봉착한 월터 경은 켈린치 홀을 임대하고, 바스에 작은 집을 얻어 큰딸 엘리자베스와 그녀의 친구인 과부 클레이 부인과 함께 먼저 이사한다. 남겨진 앤은 자신의 여동생 메리 머스그로브 집에 잠시 머문다. 메리의 남편은 찰스 머스그로브이고, 찰스의 두 여동생은 루이자와 헨리에타 머스그로브다.

한때 앤 엘리엇(다코타 존슨 분)은 웬트워스와의 사이에
제3자인 레이디 러셀(니키 아무카 버드 분)이 개입하는 것을 허용했다.
결과는 참담했다.
앤은 전략적 사고 능력을 가지고 있지만 자신의 능력을 신뢰하는 법을 배워야 하고,
좀 더 성숙해져 레이디 러셀의 영향력에서 벗어나야 한다.

그림 11. 영화 〈설득〉의 주인공 앤 엘리엇과 레이디 러셀

머스그로브가 사람들과 웬트워스 대령 사이에서 "앤은 누구의 방해도 되지 않으려고 애썼다"(『설득』 90→126쪽). 앤이 가장 신경 쓰는 일은 웬트워스 대령의 감정을 살피는 것이다. "그러니까 지금 그의 감정을 어떻게 읽는 것이 옳을 것인가?"(『설득』 65→92쪽) 앤은 웬트워스 대령이 자신을 두고 "너무 변해서 알아보지 못할 뻔했다"라고 말한 것을 듣고 크게 낙심한다. 피아노를 치는 동안 그녀는 "그가 자신을 바라보고 있는 느낌을 받은 적도 한 번 있었다. 아마도 그녀의 얼굴이 어떻게 변했는지 차근차근 뜯어보고 있었으리라. 한때 자신을 매혹했던 얼굴의 잔해를 찾아보려고 말이다"(『설득』 65, 77-78→92, 109쪽). 그의 마음을 읽기 위해 앤은 웬트워스 대령의 입장에서 생각해 본다. "그녀를 다시 만나고 싶었다면, 그는 지금까지 기다릴 필요는 없을 것이다. 자신이 그였다면 벌써 한참 전에 했을 행동을 그 역시 했을 테니까"(『설득』 63→89쪽 참조). 앤은 그에 대한 생각에 사로잡혀 급기야 자신이 그 누구보다 그를 더 잘 이해한다고 착각할 정도다. "웬트워스 대령의 얼굴에는 순간적으로 어떤 표정이 스쳤으니, 총명한 시선이 흘깃 딴 곳을 향하면서 잘생긴 입꼬리가 살짝 올라가는 모습을 앤은 놓치지 않았다. ... 하지만 그것은 자신만큼 그를 잘 이해하는 사람이 아니면 알아차리기 어려운 아주 짧은 순간에 노출된 감정이었다"(『설득』 73→103쪽).

그러나 그의 감정은 말이나 눈빛에서보다 그의 행동에서 더 분명하게 드러났는데, 이는 그의 전략적 재능을 잘 보여 준다. 첫째, 그는 앤에게서 메리의 두 살배기 아들을 [애가 앤의 등에 딱 달라붙은 채 떨어지지 않아 앤이 그러지 말라고 명령도 해보고 간청도 해보는 상황에서 "결연한 손길"로] 떼어 낸다. 앤과 그녀의 이웃 찰스 헤이터와 달리 웬트워스 대령은 두 살배기 아이에게는 "명령"이나 "간청" 같은 것이 통하지 않는다는 걸 잘 안다. 경우에 따라선 그저 물리적으로 떼어 낼 수밖에 없는 것이다(『설득』 86→120쪽). 또 머스그로브가 식구들과 찰스 헤이터, 앤, 웬트워스 대령이 긴 산책을 마치고 집에 돌아가는 길에 마차를 타고 가는 크로프트 제독 부부를 만난다. 마차에는 한 명이 더 탈 수 있는 자리가 있고, 제독 부부는 네 명의 젊은 여성 가운데 한 명을 집까지 태워다 주겠다고 한다. 그러나 모두들 괜찮다고 하고, 제독이 다시 말을 몰고 떠나려고 하는 순간 "웬트워스 대령이 생울타리를 벗어나 누님에게 다가가 잠시 귀엣말을" 하고 크로프트 부인은 앤에게 마차를 함께 타고 가자고 큰 소리로 말한다(『설득』 97→136쪽). 웬트워스 대령은 네 명의 젊은 여성들이 동시에 제안을 받은 이상, 앤이 스스로 마차를 타고 가겠다고 하기에는 너무나 겸손하다는 것과, 그럼에도 크로프트 부인이 그녀를 콕 집어 직접 제안을 하면 거절하지 못할 것임을 잘 알고 있다. 앤은 이 모든 상황을 이해하고 있고 "이 모든 행동이 그녀에 대한 그의 마음을 분명히 알려 주었다. 가슴 깊이 느낄 수 있었다. ... 그녀는 그를 이해할 수 있었다. 그녀를 용서할 순 없었지만 그는 그녀에게 냉정하지 못했다. ... 그녀가 힘들어하는 모습을 보자 도와주고 싶은 마음을 억제하지 못했던 것이다"(『설득』 98→137쪽).

앤은 행동보다는 관찰에 더 에너지를 쏟고 있다는 점에서 수동적이지만, 위기 상황에서는 빼어난 판단력을 발휘한다. 앤을 비롯한 웬트워스 대령 일행이 라임 레지스에 있는 그의 친구 하빌 대령을 방문하고 항구의 둑길인 코브를 산책한다. 그러는 도중에 루이자는 웬트워스 대령의 도움을 받아 둑길의 가파른 계단에서 뛰어내리는 장난을 하고, 이에 재미를 붙여 한 번 더 뛰어내리려 한다. 웬트워스 대령은 아래 돌바닥이 너무 단단해 그녀를 말리지만, 그녀는 "미소를 지으며 '꼭 하고 말 거예요'라고 말했다. 그가 손을 내밀었지만 그녀가 반 초 정도 앞서서 뛰어내렸다. 그리고 눈 깜짝할 사이에 코브 방파제 아래 포장도로 위에 정신을 잃고 널브러졌다!"(『설득』 118→164-165쪽) 웬트워스 대령은 "마치 기운이 모두 빠져나간 것 같은 목소리"로 "누가 저 좀 도와주지 않겠어요?"라고 외친다(『설득』 118→165쪽). 제일 먼저 반응하는 사람은 앤으로, 그녀는 우왕좌왕하는 일행을 진두지휘한다. 후염▪을 사용하게 하고, 루이자의 관자놀이와 손을 주무르게 하고, 의사를 부르라고 한다. 웬트워스 대령이 의사를 찾으러 가려 하자, 앤은 벤윅 대령을 대신 보낸다. 그는 하빌 대령 집에 머물고 있는 그의 친구로 일행 가운데 라임 레지스 지역을 가장 잘 아는 사람이다. 함께 있던 다른 여성인 메리와 헨리에타는 정신이 없거나 히스테리를 일으키고, 나머지 남성들인 찰스 머스그로브와 웬트워스 대령은 "둘 다 앤이 지시를 내리길 기다리고 있는 듯했다. '앤, 앤.' 찰스가 외쳤다. '이제 뭘 해야 되지요? 하나님 맙소사, 이제 뭘 해야 합니까?"(『설득』119-120→166-167쪽 참조).

앤은 일행에게 루이자를 여관으로 데려가도록 지시한다. 그러나 벤윅 대령으로부터 소식을 들은 하빌 대령과 그의 부인이 달려오고, 환자를 자신들의 집으로 옮기게 한다. 하빌 대령 집으로 찾아온 의사는 희망이 아주 없는 것은 아니라고 진단한다. 앤은 헨리에타, 웬트워스 대령과 함께 머스그로브 집으로 돌아오지만, 여전히 상황을 지휘한다. 루이자의 부모로 하여금 라임 레지스의 여관에 머물면서 루이자가 회복될 때까지 옆을 지킬 것을 설득하고, 머스그로브가의 보모로 하여금 루이자를 간호하게 한다. 루이자는 점차 회복세를 보이고, 일행은 흩어진다. 앤은 레이디 러셀과 함께 원래 계획대로 가족이 있는 바스로 떠나고, 웬트워스 대령은 형을 만나러 간다.

바스에 도착한 앤은 먼 일가이자 아버지 월터 경의 영지 추정상속인인 엘리엇 씨가 몇 년 전 범한 큰 실수에도 불구하고 다시 가족들의 환심을 사서 가깝게 지내고 있다는 사실을 발견한다. 몇 년 전 앤의 가족은 모두 그가 언니 엘리자베스와 결혼하길 바라고 있었다. 하지만 그는 집안의 어른인 월터 경과 한마디 상의도 없이 돈 많은 여자와 결혼을 했을 뿐만 아니라 엘리엇 가족과 가문의 명예에 대해 경멸적으로

- 의식을 잃은 사람의 코밑에 대 정신이 들게 하는 화학물질.

말하고 다니기까지 했었다. 홀아비가 된 그는 이제 월터 경과 엘리자베스를 정기적으로 방문하고, 엘리자베스의 친구이자 과부인 클레이 부인 역시 여전히 그들 주변에 머물고 있다. 앤은 곧 자신이 엘리엇 씨의 표적이라는 것을 발견한다. 레이디 러셀은 앤이 그의 구애를 받아들이길 조언하는데, 그녀는 그렇게 해서 앤이 [켈린치의 여주인] 레이디 엘리엇이 되기를 바라는 것이다. "네가 사랑스러운 네 어머니의 대를 이어 어머니가 누리던 모든 권한과 모든 인기와 모든 미덕을 물려받는다면, 나에겐 그보다 더 큰 보람이 없겠다!"(『설득』 173→233쪽 참조)

크로프트 제독의 통풍을 완화시킨다는 명목으로 크로프트 부부가 바스에 도착하고, 앤은 루이자 머스그로브가 벤윅 대령과 결혼한다는 뜻밖의 소식을 듣는다. 루이자가 더 이상 웬트워스 대령의 결혼 상대가 될 수 없게 되자 앤은 "웬트워스 대령이 메인 데 없이 자유로워졌다는 생각에, 침착해지려고 애를 썼지만 가슴이 뛰고 얼굴이 붉어졌다. 안타까움 때문이 아니었다. 스스로 들여다보기 부끄러운 어떤 감정을 느끼고 있었다. 그것은 기쁨, 부질없는 기쁨이었다!"(『설득』 182→244쪽)

웬트워스 대령이 바스에 도착하고 앤은 드디어 전략적으로 절묘하면서도 결정적인 행동을 취한다. 비를 피해 밀섬가에 있는 가게에 앉아 있던 앤은 창문을 통해 웬트워스 대령이 길 저쪽에서 오고 있는 것을 보고 깜짝 놀란다. 앤은 일부러 가게 문 쪽으로 자신의 위치를 옮기고, 뜻밖에도 웬트워스 대령이 사람들 사이에 섞여 가게 안으로 들어오면서 앤과 마주친다. 이후 그녀는 음악회에 참석하는데, 웬트워스 대령이 음악을 좋아하는 것을 알고 있기 때문이다. 앤은 그가 음악회에 나타나면 말을 걸겠다고 용기를 내는데, 그녀는 앞서 밀섬가 가게에서 언니 엘리자베스가 보란 듯이 웬트워스 대령을 외면했기 때문에 자신이 그에게 좀 더 각별히 인사를 할 의무가 있다고 스스로 그 이유를 설명한다. 웬트워스 대령이 연주회장 로비로 들어오고 "앤이 그를 향해 조금 다가가서 바로 말을 건넸다. 그는 목례만 하고 지나치려다가 '안녕

하세요?' 하는 그녀의 부드러운 인사말을 듣고는 그녀 쪽으로 조금 다가와 똑같이 인사를 건넸다"(『설득』 197→263쪽). 인사를 하고 난 후, 두 사람은 연주회장 인파 속에서 서로를 잃게 되는데, 연주가 시작되자 성가시게도 홀아비 엘리엇 씨가 앤 옆에 빈자리를 찾아 앉는다. 휴식 시간에 앤은 "조금 수를 내서 그 열의 바깥쪽으로 자리를 옮겨 통로를 지나가는 사람을 잘 볼 수 있었다. … 결국 음악회가 끝나기 전에는 자기 줄의 제일 마지막 자리에 앉게 되었던 것이다"(『설득』 206→275쪽). [그렇게 자리를 옮기고 마침내 웬트워스 대령과 대화를 나누지만, 엘리엇 씨가 끼어들어 이탈리아어 가사를 설명해 달라고 부탁한다. 앤은 가능한 빠르게 설명을 하고, 다시 웬트워스 대령과 대화를 나누려 하지만] 웬트워스 대령은 앤에게 무뚝뚝하게 작별 인사를 하고 연주회장을 급히 빠져나간다. 이에 앤은 이렇게 생각한다.

> 엘리엇 씨를 질투하고 있구나! 그것이 유일하게 가능한 설명이었다. … 짜릿한 만족감이 잠깐 스쳐 갔다. 하지만 맙소사! 곧이어 다른 생각들이 떠올랐다. 그의 질투심을 어떻게 잠재울 것인가? 어떻게 그에게 자신의 진실을 알릴 것인가? 그들이 처한 그 모든 불리한 상황에서 그녀의 진정한 마음을 어떻게 알릴 수 있을까?(『설득』 207→277쪽)

하빌 대령과 머스그로브 가족 일행이 뜻밖에도 바스에 나타나 루이자와 벤윅 대령을 제외한 라임 레지스 일행이 재회한다. 앤은 그들이 머물고 있는 숙소를 방문하고, 그곳에서 크로프트 부인과 대화를 나누고 있는 머스그로브 부인(찰스, 루이자, 헨리에타의 모친), 그리고 웬트워스 대령과 대화를 나누고 있는 하빌 대령을 발견한다. 하빌 대령이 앤에게 대화를 요청하고 그는 웬트워스 대령이 그들의 대화 내용을 충분히 들을 수 있는 거리에서 절친인 벤윅 대령의 변심을 한탄한다. 자신의 누이 패니와 약혼 관계였으면서, 그녀가 죽은 지 얼마나 됐다고 벌써 루이자와 결혼을 하냐는 것이다. "가엾은 패니! 그 애라면 그를 그렇게 빨리 잊지는 않았을 텐데!"(『설득』 252→336쪽) 앤도 동의한다. 하빌 대령은 곧 한결같은 사랑을 지키는 데 여성과 남성 가운데 어느 쪽이 더 강한지 비교하는 주제로 대화를 이끌어 간다. 대화의 강도를 조금씩 부드럽게 올려 가면서 하빌 대령은 앤으로 하여금 여성의 지조에 대해 말하게 유도하고, 앤은 이렇게 외치게 된다.

> **만일 제가 진정한 애정과 충실성은 여자만 아는 감정이라고 감히 주장한다면 저는 정말 경멸받아 마땅합니다. 아닙니다. 전 남자도 결혼 생활 중에 모든 위대하고 좋은 일을 할 수 있다고 믿습니다. … 제가 여자에 대해서 주장하는 특권은**(그건 부러워할 만한 게 못 되는, 탐내실 필요가 전혀 없는 특권이지만요) **상대나 희망이 사라진 뒤에도 오래오래 사랑하는 특권입니다**(『설득』 256→340쪽).

앤의 외침을 엿듣는 웬트워스 대령은 마음이 움직이고, 그녀에게 자신의 사랑 역시 변하지 않았음을 고백하는 편지를 쓴다. 그는 일단 밖으로 나갔다가 장갑을 찾는다는 핑계로 다시 돌아와 다른 사람들이 눈치채지 못하게 앤에게 편지를 전달한다.

편지를 읽은 앤은 감정이 고조되어 주변 사람들이 무슨 말을 하는지 알아듣지 못한다. 그럼에도 전략적 사고력까지 잃지는 않는다. 그녀는 가마를 불러 집에 데려다주겠다는 사람들의 제안을 즉각 거절한다. 거리를 걷다가 웬트워스 대령과 마주칠 기회를 놓치지 않기 위해서다. 마주치지 못할 경우를 위해 대안을 마련하는 것도 잊지 않는다. 그날 저녁 자신의 아버지가 주최하는 파티에 하빌 대령과 웬트워스 대령이 초대되었다는 사실을 두 사람에게 꼭 상기시킬 것을 머스그로브 부인으로 하여금 두 번이나 약속하게 한다. 그것도 모자라 대안에 대한 대안까지 마련한다. 즉, 웬트워스 대령이 파티에 나타나지 않을 경우, 하빌 대령을 통해 웬트워스 대령에게 편지를 보내는 방법이 남아 있다고 스스로 안심시킨다. 찰스 머스그로브가 앤을 집까지 데려다주 겠다고 나선다. 그러나 길거리에서 웬트워스 대령과 마주치자 찰스는 갑자기 볼일이 생각났다며 자신을 대신해 앤을 집까지 바래다 달라고 웬트워스 대령에게 부탁하고, 이야기는 행복한 결말로 치닫는다.

웬트워스 대령을 바스로 데려온 것은 앤의 현시 선호 때문이다. 웬트워스 대령은 자신이 앤에게 청혼한 지 삼 년 후에 그녀가 찰스 머스그로브의 청혼도 거절했다는 사실을 알게 된 것이다. "당신이 나처럼 옛날의 마음을 그대로 간직하고 있을 수도 있다고 생각했소. 그리고 적어도 우연히 들어서 알게 된 고무적인 사실도 하나 있었소. 다른 사람이 당신을 좋아하고 당신과 결혼하기를 원하리라는 걸 의심해 본 적은 한 번도 없었소. 그런데 당신이 나보다 조건이 좋은 남자를 거절한 사실이 있다는 걸 알게 되었소. 그래서 그게 나 때문일까 하고 자주 자문하지 않을 수 없었소"(『설득』 265→352쪽).

앤은 웬트워스 대령과 결혼함으로써, 이제 팔 년이 지난 레이디 러셀의 조언으로부터 독립을 선언한다. 엘리엇 씨는 "남을 생각할 줄 모르고 양심이라곤 전혀 없는 사람" "속이 검고 자신의 이익만 챙기는 냉혈한이며 오로지 자기밖에 모르는 사람" "자신의 이익과 안위를 위해서라면, 그리고 그것 때문에 자신의 본색이 드러날 염려만 없다면 어떤 잔인한 배신행위도 서슴지 않을 사람"이라는 것이 드러났고,(『설득』 215→288쪽), 이는 레이디 러셀의 조언에 결정타를 가했다. 그에 대한 평가는 앤의 오랜 학교 친구 스미스 부인이 내린 것이다. 엘리엇 씨는 남편이 살아 있는 동안에는 남편의 절친한 친구였고, 죽은 후에는 그의 유언 집행자가 되었지만, 그의 과실로 인해 그녀는 이제 빈털터리가 되어 바스에 살고 있었다(여기서 주목할 것은 엘리엇 씨의 잔인함은 타고난 성격이 아니라 선택에 의한 것이고, 그는 자신이 치러야 할지도 모를 대가가 무엇인지 알면서도 스스로 그런 선택을 했다는 것이다). 앤은 오랫동안 엘리엇 씨의 성품을 의심해 왔지만, 레이디 러셀의 영향력으로 말미암아 자신이 하마터면 큰일 날 뻔했다는 것을 알게 된다. "앤은 여러 정황으로 미루어 자신이 그와 결혼했을 수도 있고 그랬다면 얼마나 불행하게 살았을까 생각하며 몸서리를 쳤다. 레이디 러셀이 설득을 했으면 그 말을 따랐을 가능성도 없지 않았다!"(『설득』228-229→306쪽) 결국 레이디 러셀도 스스로 자신의 축소된 역할을 인정한다. "그녀는 선한 사람이었으며, 앤이 행복해하는 모습을 보는 걸 자신이 분별과 판단을 잘하는 것보다 더 중요하게 생각했다. 자신의 능력보다는 앤을 더 사랑했던 것이다"(『설득』271-272→360쪽).

앤이 레이디 러셀의 영향력으로부터 벗어났다고 해서 원자화된 세상에 홀로 던져진 것은 아니다. 사랑을 찾고 쟁취하기 위해서는 가능한 한 모든 도움이 필요하다. 앤을 도와주는 사람들은 누굴까?

앤은 자신의 직계가족과 레이디 러셀 외에 웬트워스 대령이 팔 년 전 자신에게 청혼한 적이 있다는 사실을 아는 사람은 웬트워스 대령의 형 에드워드뿐이라고 생각한다. 왜냐하면 그 당시 웬트워스 대령의 누이 크로프트 부인은 해외에 있었기 때문이다. 그러나 팔 년이 흐르는 동안 필시 그의 청혼에 관한 소문이 났을 것임을 앤은 알고 있어야 했다. 웬트워스 대령 자신이 얼마든지 소문의 진원지가 되었을 수도 있다. 앤은 형 에드워드가 소문을 내지는 않았을 것이라고 생각했는데, 그 이유는 당시 그가 독신이었기(그리고 결정적으로 말을 아끼는 성격이었기) 때문이다. 크로프트 부인은 월터 경의 저택을 임대하기 전부터 자신의 동생 웬트워스 대령이 앤을 알고 있다는 것을 알고 있었다. 앤과 크로프트 부인이 처음 만났을 때, 앤은 안심하고 있었지만 크로프트 부인이 갑자기 다음과 같이 질문해 당황한다. "우리 동생이 이 지역에 있을 때 만남의 즐거움을 선사한 사람이 이제 보니 당신의 언니가 아니라 당신이었군요. ... 동생이 결혼했다는 소식을 혹시 못 들으셨겠지요?"(『설득』52-53→75쪽 참조) 크로프트 부인은 웬트워스 대령이 아닌 그녀의 또 다른 남자 형제 에드워드의 결혼을 말하는 것이라고 부연하고, 그제야 앤은 놀란 마음을 진정시킨다. 크로프트 부인의 입장에서 보면, 미혼인 자신의 동생에 대한 앤의 본능적인 반응을 가늠해 보는 동시에 그녀에게 마음을 수습할 여유를 줄 수 있는 방법으로 이보다 더 좋은 질문은 없었을 것이다. 크로프트 부인은, 앤과 웬트워스 대령을 포함해 그 자리에 있는 모든 사람들에게 해군과의 결혼을 추천하는데, 그 뒤로도 크로프트 부인은 "만날 때마다 항상 친절하게 대했고, 이로 인해 앤은 자신이 총애를 받고 있다는 상상으로 즐거움을 누렸다"(『설득』 136→184쪽 참조). 앤으로 하여금 마차에 동승할 것을 부탁해 달라는 동생의 귀엣말에 크로프트 부인은 자연스럽게 자신이 어떻게 해야 할지 알아차린다. 마차를 타고 오는 동안, 앤은 웬트워스 대령이 누구와 결혼할지에 대해 크로프트 제독 부부가 나누는 대화를 듣게 된다. 크로프트 제독은 머스그로브 자매 중 하나와 결혼할 것 같다며 어느 쪽이든 좋다고 말하는데, "남편보다 날카로운 감식안을 가진" 크로프트 부인은 "두 아가씨가 다 동생의 배필로는 좀 부족하다고 생각하는 듯했다"(『설득』 99→138쪽). 벤윅 대령과 루이자가 결혼하기로 했음이 알려진 후, 크로프트 제독은 앤에게 이렇게 말한다. "이제 [웬트워스 대령은] 다른 사람하고 처음부터 다시 시작해야 해요. 바스로 불러야겠다고 생각하고 있어요. 소피[크로프트 부인]를 시켜 바스로 오라고 편지를 써야겠어요. ... 엘리엇 양, 그 친구를 바스로 부르는 게 낫다고 생각지 않으세요?"(『설득』 188→251-252쪽) 에드워드조차 "특별히" 앤에 대한 안부를 묻는다(『설득』 264→351쪽).

앤의 동생 메리와 결혼하기 전에 앤에게 먼저 청혼한 바 있는 찰스 머스그로브는, 주변의 독신남들을 계속해서 앤 쪽으로 부추겨 대리 구애를 한다. 찰스가 레이디 러셀에게 말하길, 벤윅 대령이 앤을 "'우아하고 다정하고 아름다운 분'이라고" 칭찬했다며, 곧 "이곳으로 찾아뵐 게 틀림없"다고 하지만 벤윅 대령은 끝내 방문하지 않는다(『설득』 142→191쪽). 찰스와 머스그로브 가족, 하빌 대령이 어느 날 느닷없이 바스에 나타나는데, 그들의 방문 목적이나 웬트워스 대령의 동행 여부 등이 처음에는 알려지지 않았다. 평소 자기 생각밖에 할 줄 모르는 메리조차 이 일에 가담하고 있었다. 그래서 "앤은 찰스에게서 그들이 바스에 온 이유, 메리가 의식적으로 암시한 특정한 용무에 대한 설명 그리고 구체적으로 누구누구가 함께 왔는지 등을" 온전히 다 듣지는 못한다(『설득』 234→313쪽).■ [이튿날] 찰스는 엘리엇 씨가 초대된 월터 경의 파티에 참석하는 대신 다 같이 연극을 보러 가자고 제안한다. 그러면서 "웬트워스 대령도 오시기로 했고, 앤도 우리와 함께 가는 걸 마다하지 않을 거예요"라고 한다(『설득』 242→323쪽). 찰스의 제안은 진지한 게 아니다. 하지만 그의 제안 덕분에 앤은 자신이 선택할 수만 있다면 아버지 파티에 참석하는 것보다는 연극을 관람하고 싶다는 말을 웬트워스 대령이 있는 자리에서 한다.

앤이 숙소에 머물고 있는 머스그로브 가족을 방문했을 때, 그녀는 자신이 어떤 숨겨진 계략에 걸려들고 있다는 사실을 전혀 깨닫지 못했다. 웬트워스 대령 역시 아무것도 모른 채 곧 그곳에서 [운명의] 편지를 쓰게 된다. 앤이 화이트 하트에 있는 숙소에 도착했을 때, 메리와 헨리에타는 볼일을 보러 나간 후였고, 숙소에는 머스그로브 부인과 크로프트 부인, 하빌 대령과 웬트워스 대령만이 남아 있었다. 앤은 메리와 헨리에타가 "머스그로브 부인 편에 자기들이 돌아올 때까지 꼭 기다려 달라는 당부를 남겨 놓은 채" 나갔다는 소식을 듣는다(『설득』 249→332쪽). 따라서 앤

■ 이 시점에서 찰스는 앤에게 바스에 어떻게 오게 되었는지 또 누구누구가 왔는지 등을 이야기하지만, 웬트워스 대령이 왔다는 이야기는 하지 않는다. 그러나 이튿날 오전 찰스는 "하빌 대령과 웬트워스 대령을 대동하고" 나타난다(『설득』 320쪽). 그렇다면 찰스가 이 시점에서 앤에게 설명한 방문 목적도, 그가 말한 게 다가 아닐 수 있다. 결국, 찰스는 앤에게 누구누구가 왔는지, 왜 왔는지 얘기를 안 한 셈이나 마찬가지라는 게 저자 마이클 최의 취지다.

은 이 계략의 또 다른 표적인 웬트워스 대령과 함께 꼼짝없이 거기 있어야만 했다. 머스그로브 부인은 "속이는 시늉을 하고는 있었지만 실은 모든 사람이 들을 수 있도록 큰소리로" 크로프트 부인과 얘기를 하고 있었다(『설득』 250→332쪽). 두 사람은 약혼 기간이 길어지는 건 피해야 하고, 결혼하기로 했으면 서두르는 게 상책이라고 말한다. 앤은 "자신에게도 적용되는 내용이어서 온몸이 감전이라도 되는 것 같았다. 그리고 본능적으로 저 멀리 떨어진 탁자로 눈길을 돌림과 동시에 웬트워스 대령이 ... 고개를 들어 올려 귀를 기울이면서 재빨리 자의식에 찬 눈길을 자기 쪽으로 던지는 모습을 보았다"(『설득』 251→334쪽).

하빌 대령은 웬트워스 대령과 가까운 곳에 서서 앤에게 자신이 있는 쪽으로 오라고 한 뒤 토론을 요청한다. 그리고 앤으로 하여금 여성들의 영원한 일편단심을 외치게 한다. 이것은 예상대로 웬트워스 대령의 마음을 움직이고, 그는 앤에게 편지를 쓴 다음 하빌 대령과 자리를 뜬다. 앤이 편지를 읽은 다음 찰스 머스그로브는 미리 정해진 핑계("총 포상에 가는 약속")를 대며 앤을 집까지 데려다주겠다고 하지만, 도중에 웬트워스 대령을 만나자 둘을 남겨 둔 채 사라진다(『설득』 260→346쪽). 앤은 걸어가다 보면 거리에서 "그를 마주치리라 확신했"지만(『설득』 259→345쪽), 객관적으로 볼 때, 그가 그녀보다 몇 분이나 앞서 떠났기 때문에 그를 길에서 우연히 마주칠 확률은 매우 낮았다. 하빌 대령이 웬트워스 대령을 데리고 먼저 나갔고, 나중에 찰스 머스그로브가 앤을 데리고 나간 것이다. 그런데 다시 생각해 보면, 이들 일행의 바스 여행은 애초에 하빌과 머스그로브가 계획한 것이었다. "계획은 맨 처음 하빌 대령이 용무차 바스에 올 일이 있다는 사실로부터 시작되었다. ... 찰스도 그와 함께 오겠다고 제안했다"(『설득』 235→314쪽).

그렇다면 앤과 웬트워스 대령의 결합은 처음부터 끝까지 이들이 꾸민 것일까? 앤에게 크로프트 부인, 하빌 대령, 찰스 머스그로브는 (『오만과 편견』에서) 엘리자베스 베넷의 가드너 부인과 같은 존재인가? 오스틴은 독자로 하여금 주인공들의 동기와 행동을 자세히 추적해 볼 것과 우리 스스로 전략적으로 사고해 볼 것을 권한다.

『노생거 사원』

『노생거 사원』의 주인공 캐서린 몰런드가 어린 시절부터 전략적 사고 능력을 갖추고 있었던 것은 아니다. "가르쳐 주기 전에는 어떤 것도 배우거나 이해하지 못했다. 때로는 가르쳐 주는 것조차 이해하지 못했는데 워낙 주의가 산만한데다 가끔씩 아둔하기도 했기 때문이다"(『노생거 사원』 6→10쪽). 전략적 기술은 타고나는 것이 아니라 배워야 하는 것이다. 캐서린은 친구들이나 소설을 통해서뿐만 아니라 자신의 실제 삶 속에서 이런저런 결정을 내리는 과정을 통해 이를 배워 나간다.

위로는 오빠들밖에 없는 캐서린은 당연히 전략적 사고와는 거리가 좀 있는 소녀로 출발한다. 열 살 때는 남자아이들의 놀이를 좋아했는데 "시끄럽고 왈가닥이어서 집안에 처박혀서 깔끔하게 굴기보다는 집 뒤의 경사진 풀밭을 굴러 내려오는 것을 세상 무엇보다 좋아했다"(『노생거 사원』 6→11쪽). 또 "열네 살에는 크리켓, 야구, 말 타기, 동네 뜀박질 따위를 더 좋아"했다(『노생거 사원』 7→12쪽 참조). 그러나 어른이 되기 위해 그녀는 전략적으로 사고하는 법을 배워야만 한다. 훈련이 본격적으로 시작되는 것은 그녀가 열일곱 살 때 같은 마을 이웃이자 자녀가 없는 앨런 부부가 휴양차 바스로 떠나는 여행에 초대받아 동행하면서부터다.

바스에서 캐서린은 자신보다 네 살 많고 전략적으로도 능숙한 것처럼 보이는 이저벨라 소프와 친구가 된다. 이저벨라는 캐서린보다 적어도 사 년 치 식견이 더 있었기에 "서로 미소만 주고받은 신사와 숙녀 사이에 밀고 당김이 벌어지고 있음을 발견할 수 있었"는데 "캐서린으로서는 생전 처음 접하는 능력이라 경탄하지 않을 수 없었다"(『노생거 사원』 26→36-37쪽). 이저벨라는 캐서린에게 자신은 연한 색 눈동자와 창백한 피부를 가진 남자를 선호한다며 "아는 사람 가운데 그런 사람을 만난 적이 있다면 나를 속이면 안 돼"라고 한다. 이저벨라가 무슨 말을 하는지 이해하지 못한 캐서린은 놀라서 반문한다. "널 속이다니! 무슨 뜻이니?"(『노생거 사원』 36→50쪽) 캐서린이 엘리너 틸니에게, 오빠 헨리 틸니와 춤을 추었던 여성[스미스 양]이 예쁘다고 생각하는지 물었을 때, "캐서린 편에서는 자기가 감정을 드러냈다고는 조금도 의식하지 못했"으나 헨리 틸니에 대한 감정을 그의 누이에게 고스란히 노출한 것이었다(『노생거 사원』 71→92쪽). 캐서린은 "사랑의 책략 ... 에 대한 경험이 충분치 않아서" 다른 사람들의 감정을 읽는 데 서투르다. 예를 들어, 자신의 오빠 제임스 몰런드와 이저벨라의 오빠 존 소프가 갑작스럽게 바스에 도착했을 때, 제임스는 이저벨라와 인사를 나눈다. 이 인사에는 "쭈뼛거리는 가운데서도 기쁨이 묻어나서, 만약 캐서린이 자신의 감정에만 매몰되지 않고 타인의 감정 변화에 좀 더 민감했더라면 오빠도 자기만큼이나 친구[이저벨라]를 예쁘다고 생각하고 있음을 알아챘을 것이다"(『노생거 사원』 29, 39→41, 53쪽).

전략적으로 캐서린이 순진한 까닭은 집에서 그런 교육을 받지 못했기 때문이다. 다른 한편, 이저벨라가 속한 소프 가문은 공상, 추측, 에두름을 부추기는 쪽이다. [실제로] 제임스가 이저벨라에게 청혼한 후, 캐서린은 [소프 부인과 그 아들이] 이저벨라의 두 여동생 앤과 마리아에게 이 소식을 직접 알리지 않은 것이 별로 좋아 보이지 않았다. "그런데 앤과 마리아가 '나도 무슨 일인지 알아요' 식의 총기를 발휘해서 곧 그녀의 마음을 편하게 해주었다. 그리고 그날 저녁은 소위 재치의 싸움터, 가족의 재주를 뽐내는 전시장이 되었다. 한편에서는 비밀을 지키는 체하면서 수수께끼를 던지고, 다른 쪽에서는 뭔지는 밝히지 않으면서도 알아냈다고 말하면서, 양편이 조금도 지려 하지 않았다"(『노생거 사원』 123→158쪽).

캐서린은 몇 가지 사건을 연속적으로 겪으면서 본격적으로 훈련을

캐서린(펠리시티 존스 분)은 "사랑의 책략에 대한 경험이 충분치 않아서" 다른 사람들의 감정을 읽는 데 서투르다. 전략적으로 캐서린이 순진한 까닭은 집에서 그런 교육을 받지 못했기 때문이다. 그러나 '좋은 게 좋은 것'이라는 식의 순응이 가져오는 불이익을 경험하고, 자신이 선호하는 것에 대해 스스로 결정을 내릴 만큼 단단해진다.

그림 12. 영화 〈노생거 사원〉의 여주인공 캐서린 몰런드

하게 된다. 첫 번째 사건에서 캐서린은 틸니 양과 좀 더 친해지기 위해 정오 무렵 펌프 룸[온천수를 마실 수 있는 펌프가 설치된 공공장소]에 가서 (비록 약속은 하지 않았지만) 그녀를 찾아볼 것인지, 아니면 오빠 제임스, 이저벨라, 존 소프와 함께 야외로 마차를 타고 나들이를 갈 것인지 선택의 기로에 선다. 애초의 계획은 펌프 룸에 가보는 것이었지만, 캐서린은 결국 이들과 나들이를 가기로 결정한다. 오후 늦게 돌아온 그녀는 앨런 부인으로부터 헨리와 엘리너 틸니가 펌프 룸에 왔고, 자신과 30분 동안 대화를 나누었다는 얘기를 듣고, 항상 앞을 미리 내다봐야 한다는 것을 배운다. 캐서린은 "이럴 줄 알았더라면 무슨 일이 있어도 다른 사람들하고 외출하지 않았을 텐데. 사태가 이러하니 그녀는 불운을 한탄하면서 자기가 잃은 것을 곱씹을 수밖에 없었다. 나들이는 하나도 즐겁지 않았고 존 소프는 아주 불쾌한 사람이라는 사실을 분명히 깨달았다"(『노생거 사원』 66→87쪽 참조). 이튿날 저녁 무도회에서 캐서린은 어떻게든 헨리 틸니의 파트너가 될 기회를 마련하고 동시에 존 소프를 피해야 했다. "그녀는 존 소프가 자기 쪽으로 올까 봐 조마조마했고 가능한 한 그의 시야에서 벗어나고자 했으며 그가 말을 걸었을 때는 못 들은 척했다"(『노생거 사원』 72→94쪽). 무도회에서 헨리, 엘리너, 캐서린은 다음 날 '비가 오지 않는 한' 12시에 만나서 산책을 하기로 약속한다. 다음 날, 11시에 비가 가볍게 오기 시작해 [날이 갤 것이라는 기대를 접었을 때인] 12시 30분에 홀연히 개기 시작한다. 그때 제임스, 이저벨라, 존 소프가 갑자기 나타나 이번에는 블레이즈 성을 구경하러 가자고 한다. 캐서린은 이제 틸니 남매가 약속을 지킬 것인지 예측해야 하고, 그들이 선호하는 것이 무엇일지 생각해 봐야 한다. [그치긴 했지만] "틸니 양이 엄두를 못 낼 정도로 비가 많이 온 것은 아닌지는 미지수였"기 때문이다(『노생거 사원』 82→105쪽). 처음으로 캐서린은 틸니 남매를 [약속을 지킬지 말지] 선택하는 존재들로 생각한다(캐서린은 이전에 틸니 남매가 펌프 룸에 나타난 것은 그저 운이나 우연의 일치였던 것으로 생각했다. 왜냐하면 그때는 약속을 하지 않았기 때문이다). 이런 생각을 하는 사이, 존 소프가 틸니 남매가 마차를 타고 어디론가 가는 것을 보았다고 말한다. 캐서린은 [비가 너무 많이 와 틸니 남매가] "산책을 하기에는 땅이 너무 질척하다고 생각했을 수도 있겠"다고 결론짓는다. 성城에 대해 낭만적인 생각을 가지고 있던 캐서린은 더 이상 고민하지 않았고, 네 사람은 블레이즈 성으로 향한다(『노생거 사원』 84→108쪽). 가는 길에 캐서린은 틸니 남매가 길을 따라 걷는 것을 보고 존 소프에게 말을 세워 달라고 애원하는데, 존 소프는 말을 세우기는커녕 오히려 속력을 높인다. 캐서린은 그제야 존 소프가 자신을 속였다는 것을 깨달았다. 이제 캐서린은 틸니 남매에게 어떻게든 사과를 해야 한다. 캐서린은 이튿날 저녁 극장에서 헨리를 만나는데, 그녀의 적극적인 사과로 그들은 다시 산책을 약속한다. 그런데 이번에도 존 소프와 일행이 나타나 틸니 남매와의 약속을 깨고 자신들과 나들이를 가자고 한다. 캐서린은 이번엔 단호히 거절한다. 그러자 존 소프가 [횡하니 몸을 돌려 사라졌다가 얼마 후 돌아와] 자신이 엘리너 틸니에게 가서 양해를 구했다고 말한다["당신이 보내서 왔다고 하고 클리프턴으로 가기로 한 선약이 막 떠올라서 화요일까지는 같이 산책할 수가 없다고 전했습니다"]. 존 소프가 돌아와 의기양양하게 이 같은 저급한 술수를 부리자 캐서린은 이전보다 더 강한 의지로 자신이 틸니 남매를 찾아가서 바로잡겠다며 이렇게 외친다. "남들 이야기에 설득당해서 제가 틀렸다고 생각하는 행동을 할 수는 없잖아요. 전 절대로 속아 넘어가지 않을 거예요"(『노생거 사원』 101→129-130쪽).

캐서린은 원래 쉽게 설득당하는 성격이었다. 심지어 미사여구로 그녀를 구워삶아 존 소프를 좋아한다는 말까지 하게 만들 수도 있었다. 그러나 캐서린은 '좋은 게 좋은 것'이라는 식의 순응이 가져오는 불이익을 경험했고, 이제 자신이 선호하는 것에 대해 스스로 결정을 내릴 만큼 단단해진다. 제임스가 이저벨라에게 청혼하자 존 소프는 [한껏 고조되어] 캐서린에게 이렇게 말한다. "이런 옛 노래를 들어 보신 적 있나요? '하나의 결혼식은 또 하나의 결혼식을 부르지.' ... 이 옛 노래가 사실인지 우리 한번 알아보지요." 그러자 캐서린은 "우리가요? 어쨌든 저는 노래 안 해요"라고 거든히 화답할 정도가 되는 것이다(『노생거 사원』 125→160-161쪽).

　캐서린은 주변 인물들로부터 전략적으로 사고하는 법을 배운 걸까? 이저벨라는 계속해서 캐서린이 전략적 사고를 한다고 가정한다. 하지만 이는 오로지 자신의 잇속을 챙기기 위해서다. 이저벨라는 캐서린에게 캐서린의 오빠 제임스를 만난 얘기를 한다. "우린 둘 다 시골을 더 좋아하는 취향이더라. 정말이지 의견이 너무 똑같아서 아주 웃겼어. 생각이 다른 데가 하나도 없더라니까. 요 앙큼한 것, 이걸 가지고 분명 날 놀려 대겠지? ... 우리가 천생연분이라는 둥 그런 말도 안 되는 소리를 해서 나를 난처하게 만들 거잖아"(『노생거 사원』 68→89쪽). 이저벨라가 캐서린에게 제임스의 청혼 사실을 알리는 방식은 '너는 이미 알고 있었겠지'라고 말하는 것이다. 이에 캐서린은 "이저벨라가 마음대로 생각하듯 자기가 능청스러운 통찰력과 애정 어린 동감으로 가득 차 있다고 여겨지는 처지를 감수할 수밖에 없었다." 이로써 자신의 집안이 부자가 아니라는 이유로 캐서린의 부모가 제임스와의 결혼을 반대하지 않을까 걱정하는 이저벨라는 캐서린으로부터 보증["더 없이 인자하고 어느 부모보다 자식들의 행복을 원하는 분들이니 바로 승낙하실 게 틀림없어"]을 받는다(『노생거 사원』 121→155쪽). 한편, 캐서린의 부모 몰런드 부부는 아들의 결혼 소식을 기쁜 마음으로 받아들인다. 또한 몰런드 씨는 연 수입 400파운드를 보장하는 자신의 목사 자리를 몇 년 후 제임스의 나이가 차는 대로 물려주겠다고 한다. 이 소식을 들은 이저벨라가 그것으로는 충분치 않다는 내색을 하자("저만큼 몰런드 씨를 좋게 생각하는 사람도 없을 거예요. 그러나 누구나 결함이 있는 법이고, 자기 돈이야 마음대로 쓸 권리가 있으니까"), 캐서린은 뼈 있는 말에 마음이 상한다(『노생거 사원』 138→177쪽). 그러자 이저벨라는 캐서린의 통찰을 칭찬하며 상황을 무마하고자 한다. "아! 캐서린, 너한테 숨길 게 뭐가 있겠니. 내가 힘이 드는 건 이거야. 네 오빠가 목사직을 얻기까지 장장 이 년 반을 견뎌야 하잖니." 이 술책이 통해 "캐서린의 불편한 심정은 조금씩 가라앉기 시작했다. 이저벨라가 섭섭해하는 건 오로지 결혼이 연기된 때문이라고 믿으려고 애썼다"(『노생거 사원』 139→177쪽).

이저벨라는 이렇게 캐서린을 전략적으로 농간한다. 하지만 궁극적으로는 [자기 잇속만 챙기는] 이 같은 농간이 얼마나 우스꽝스러운 결말로 이어질 수 있는지를 교훈적으로 보여 준다. 이저벨라는 곧 엘리너의 또 다른 오빠 프레더릭 틸니 대위에게 공공연히 추파를 던지더니 심지어 그와 약혼할 계획까지 세웠고, 결국 제임스와의 약혼을 파기한다. 그러나 정작 틸니 대위로부터 버림받게 된다. 이에 이저벨라는 캐서린에게 편지를 쓰고, 제임스의 안부를 묻는다. "그이가 내 처신에 뭔가 문제가 있다고 생각하는 게 아닌지 걱정돼." 캐서린의 판단은 이제 확고해진다. "꾸며 댄다고 꾸며 댔지만 이런 얄팍한 술책으로는 캐서린조차도 속여 넘기지 못했다. 첫 대목부터 앞뒤가 안 맞는 모순투성이인데다 거짓말도 섞여 있는 것을 알 수 있었다. ... 그녀의 변명이 공허한 만큼이나 사랑한다는 소리가 혐오스러웠다"(『노생거 사원』 223-224→287-288쪽).

캐서린은 스물다섯 살 헨리 틸니로부터 많은 것을 배운다. 헨리는 타인의 마음을 아는 게 중요하다는 걸 너무도 잘 알고 있다. 두 사람이 처음 만났을 때 헨리는 장난스럽게 그러나 반복해서 캐서린이 무슨 생각을 하고 있는지 묻는다. 그는 캐서린에게 오늘 밤 집에 가면 자신과의 첫 만남에 대해 일기장에 무어라 쓸 것이냐고 묻는다. 심지어 어떤 경우에는 좀 더 직접적으로 "뭘 그렇게 골똘히 생각해요?"라고 묻기도 한다. 캐서린은 "그가 다른 사람들의 어리석은 소리를 좀 지나치게 받아 주는 게 아닌가" 생각한다(『노생거 사원』 21→31쪽 참조). 며칠 후 그들이 두 번째로 만나서 춤을 출 때 헨리는 결혼과 춤은 전략적으로 유사하고, 실제로 동일한 게임 나무로 표시될 수 있다고 말한다. "춤이나 결혼이나 선택권은 남자에게 있고, 여자에겐 거절권만 있"다는 것이다(『노생거 사원』 74→97쪽). 어쩌면 "헨리가 결혼을 컨트리 댄스에 비교하는 재치 있으면서도 순수한 모습은 이 소설의 대담한 무성애성"(Brownstein 1997, 38)을 보여 주는 것일 수도 있겠지만, 사실 여기서 헨리의 관심사는 이성 관계가 아니라 전략이다. 헨리는 춤이나 결혼 모두 계약이라고 지적한다("일단 맺어지면 깨질 때까지는 서로에게만 속하고요"). 그리고 캐서린에게 존 소프나 그 외 다른 사람이 말을 걸어오면, 그 사람과 대화하기 위해 또 자신과의 춤을 거리낌 없이 중단할 건지 묻는다. 이에 본의 아니게 전략적 마음 자세를 취하게 된 캐서린은 예의범절의 관점이 아닌 실행 가능성의 관점에서 이 질문에 답한다. "그분[존 소프] 말고는 이 방에 제가 아는 젊은 남자분은 세 명도 안 돼요"(『노생거 사원』 74, 75→97, 98쪽). 하지만 헨리는 캐서린이 선호의 관점에서 답변하고 나서야 비로소 만족한다. "게다가 전 누구하고도 대화하기를 **원하지 않고요**"(『노생거 사원』 76→99쪽).

이후 캐서린은 틸니 대위가 이저벨라와 춤추고 싶어 하는 것을 두고 사람이 좋아서 그렇다고 생각하는데, 이에 대해 헨리는 이론적 관점에서 대답한다.

> 당신은 남들이 하는 행동의 동기를 별 고민 없이 받아들이네요. … 어떤 사람의 감정, 나이, 조건, 생활 습관 등을 고려했을 때 그 사람의 행동에 가장 영향을 줄 법한 요인은 무엇일지 묻지 않고, **나라면 어떤 영향을 받을까, 이러저러한 행동을 하는 나의 동기는 무엇일까** 하고 묻는다는 말입니다(『노생거 사원』 134-135→172쪽 참조).

다른 사람들의 선호가 나와 비슷하다고 생각하는 경향과, 거꾸로 다른 사람들의 선호가 나와 사뭇 다를 수 있다는 것을 이해해야 할 필요성에 대해 이보다 더 명료하게 설명할 수는 없을 것이다.

캐서린이 전략적 사고를 배우는 데는 소설도 한몫한다. "열다섯에서 열일곱 사이에 그녀는 여주인공이 될 훈련을 받았다. 여주인공이라면 ... 마땅히 [읽어야 할] ... 작품들을 모두 읽었"다(『노생거 사원』 7→12쪽). 전략적으로 사고하는 이저벨라 소프, 헨리 틸니, 엘리너 틸니 등도 모두 소설을 읽는 사람들이다. 그러나 상상력이 덜한 캐서린의 모친 몰런드 부인은 최신작들까지 따라 읽지는 못했다. 그리고 전략적 사고가 턱없이 부족한 존 소프는 "소설이란 말도 안 되는 것으로 가득 차있지요"라고 선언한다(『노생거 사원』 43→58쪽).

틸니 남매의 아버지인 틸니 장군은 캐서린에게 자신의 저택 노생거 사원으로 함께 가자고 초청한다. 노생거 사원으로 간 캐서린은 바스에서 터득한 전략적 기술을 재빨리 실전에 활용한다. 오빠 제임스로부터 이저벨라와의 약혼이 파기되었다는 편지를 받은 캐서린은, 헨리와 엘리너에게 바로 얘기하지 않는다. 그들의 가족인 틸니 대위가 관련되어 있기 때문이다. 대신 캐서린은 "윤곽 정도만 알리고 ... 어렴풋이 암시만 전하고 그 이상은 하지 말" 생각이다(『노생거 사원』 209→268쪽). 그녀는 헨리에게 이렇게 말한다. "한 가지 부탁드릴 일이 있어요. ... 당신 형님이 여기로 오시기로 하면 저한테 알려 주세요. 제가 떠날 수 있도록요." 헨리가 무슨 일이 벌어졌는지 바로 파악하자["'형이! 프레더릭이!' ... 헨리는 사실이 아닐 거라면서 소프 양의 이름을 거론한다] 캐서린이 놀라서 말한다. "어쩜 그렇게 빠르세요! ... 짐작하고 계셨군요, 틀림없이! 그렇지만 바스에서 함께 이야기를 나누었을 때 당신은 이 일이 이렇게 끝날 것이라고는 생각하지 않으셨죠. ... 이저벨라가 제 오빠를 버렸다는군요. 당신 형과 결혼하려고! 지조가 없어도 정도가 있지..."(『노생거 사원』 210→269-270쪽). 이렇게 캐서린은 헨리에게 자신이 옳았음을 상기시킨다. 그녀는 헨리에게 형인 틸니 대위를 말려 달라고 요청한 바 있는데, 이 경우만큼은 다른 사람들의 행동을 예측하는 데 헨리보다 자신이 한 수

위였음을 분명히 하는 것이다.

캐서린은 행동과 예측 능력 면에서 전략적 사고가 향상되었지만, 다른 사람의 동기나 의도를 파악하는 일에는 여전히 취약하다(이 점에서 캐서린은 『설득』의 주인공과 비교된다. 앤 엘리엇은 다른 사람의 감정을 살피는 데 몰두하지만 행동은 느리다). 예를 들어, 틸니 장군이 런던에서 아름다운 조찬용 사기그릇 세트를 본 적이 있다고 말하며 "그런 쪽으로 허영심이 아주 없지만 않았어도 새 세트를 주문할 마음이 일었을지도 모르겠다. 그렇지만 조만간 그 자신을 위해서는 아니지만 한 세트를 선택할 기회가 생기지 않겠냐고 했"을 때 "그 자리에 있던 사람들 가운데 그의 말을 이해하지 못한 사람은 캐서린이 유일했"다(『노생거 사원』 179→229-230쪽 참조). 캐서린은 얼마 후에야 틸니 장군이 자신과 헨리가 결혼하길 바란다는 사실을 알게 된다.

캐서린이 그나마 가지고 있는 추측 능력은 상당 부분 그녀가 읽은 낭만 소설에서 크게 영향을 받은 것이다. 틸니 장군은 엘리너의 모친이 생전에 사용하던 방을 엘리너가 캐서린에게 보여 주지 말았으면 하면서 안절부절못하는 것처럼 보인다. 엘리너에 따르면, 틸니 부인의 초상화가 거실이 아닌, 그 방에 걸려 있는 이유는 아버지가 그 그림을 맘에 들어 하지 않아서다. 캐서린은 곧바로 틸니 장군이 불쌍한 틸니 부인을 대저택의 비밀스런 방에 무관심하게 방치했던 게 아닌지 의심한다. 캐서린이 읽은 소설을 역시 다 읽은 헨리는, 캐서린이 말하지 않아도 그녀가 무슨 생각을 하는지 즉각 알아차린다. 그는 "그녀의 눈을 지그시 바라보면서" 꾸짖는다. "우리가 살고 있는 나라와 시대를 생각해 보세요. 우리는 영국인이고 또 기독교인이라는 것을 기억해 보세요. 당신 자신의 이해력과 현실 감각에 비추어 보고 주변에서 벌어지는 일에 대한 당신 자신의 관찰에 비추어 보세요. 이런 잔혹한 일을 하라고 우리가 교육을 받았나요? 우리의 법이 그걸 그대로 둘까요? 이 나라가 어떤 나랍니까? 사회적, 문화적 관계가 뿌리내리고 있고 모든 사람이 자발적 감시자인 이웃에 둘러싸여 있고 사방으로 뻗은 길에 신문이 안 가는 곳이 없는 나라 아닙니까? 아무도 모르게 감쪽같이 그런 일을 저지를 수는 없는 겁니다"(『노생거 사원』 203→259~261쪽). 헨리는 여기서 그의 부친이 혹은 영국인이나 기독교인이 훌륭하고 도덕적이라는 주장을 하는 게 아니라 단순하게 그런 일을 하는 사람은 잡혀간다는 것이다(존 서덜랜드와 드어드리 르 페이에 따르면, 여기서 헨리가 언급하는 "감시자"란 마을 사람들과 하인들을 의미하는 것이다. 이에 대해서는 Sutherland and Le Fay, 2005, 156). 헨리는 캐서린에 전략적 추론을 아직 더 배워야 한다고 말하고 있다.

틸니 장군은 일주일 일정으로 런던으로 떠난다. 캐서린, 엘리너, 헨리는 그가 떠난 노생거 저택에서 편안함과 자유를 만끽한다. "장군이 출타하니 캐서린은 손실이 때로는 이득이 될 수도 있다는 가설을 처음으로 믿어 볼 마음이 생겼다"(『노생거 사원』 227→291쪽). 주변 사람들이나 소설로부터 교훈을 얻는 것도 좋지만, 최고의 교훈은 실제 세계에서 "경험을 통해 얻는" 교훈이다(Knox-Shaw 2004, 17에 따르면, 오스틴의 "경험주의적 사고방식"은 그녀가 일찍이 어려서부터 과학에 노출되었기 때문이다). 틸니 장군은 런던에서 돌아오자마자 캐서린을 즉각 저택에서 쫓아내라고 명령하는데, 이 소식을 갑작스레 전해야 하는 엘리너는(이때 헨리는 자신이 부목사로 있는 우드스톤에 며칠 다니러 간 관계로 저택에 없었다) 당혹스러워 어쩔 줄 모른다. 캐서린은 앞서 헨리로부터 터무니없는 상상력을 자제하고 "앞으로는 늘 최대한 양식을 발휘해 판단하고 행동할 것을"(『노생거 사원』 206→265쪽) 훈계받았던 터라, 엘리너가 추방 명령을 전달하러 오자, 이번엔 반대로 틸니 장군의 무례함을 과소평가하는 방향["나도 월요일에 가면 돼요. ... 아무래도 장군께서 여정의 절반까지는 하인을 딸려 보내 주실 테니"]으로 실수를 한다. 그러나 엘리너는 아버지의 무례한 행동에 대해 무안해하며, 내일 당장 떠나야 하며, 하인도 딸려 보낼 수 없다는 소식을 전한다. 이유는 틸니 장군이 사전 약속을 갑자기 기억해 냈다는 것인데["아버지가 월요일에 우리 가족 전부가 가기로 된 약속을 기억해 내셨다는군요"], 이는 앞서 존 소프의 계책과 다를 바 없이 조잡한 핑계다.

캐서린은 집에 잘 도착하고, 몰런드 부부는 틸니 장군이 자신들의 딸을 험하게 대했다는 것을 인정하면서도 "그가 왜 그런 짓을 했는지, 무슨 연유로 그간의 환대를 돌연 취소하고 그녀에게 갑자기 심통을 부리게 되었는지... 길게 낙담하지 않았다"(『노생거 사원』 242→310-311쪽). 몰런드 부인은 이 일련의 사건을 두고 교육적 경험이라고 부른다. "캐서린이 무사히 집에 돌아왔고, 틸니 장군 없어도 우린 잘만 살잖아. ... 젊을 때 고생은 사서도 한다잖니. 캐서린, 너도 알겠지만, 너처럼 대책 없이 산만한 아이가 이렇게 몇 번씩이나 마차를 갈아타느라 머리깨나 썼겠어"(『노생거 사원』 243→311쪽). 몰런드 부인은 앨런 부인에게 이렇게 덧붙인다. "애가 속수무책으로 있지 않고 혼자 힘으로 대처했다니 대견하기도 하네요."(『노생거 사원』 246→315쪽). 몰런드 부인은 캐서린이 혼자 마차를 타고 집까지 온 여정만을 언급하지만, 그녀의 말은 실제로 캐서린이 집을 떠난 후 바스와 노생거 저택에서 배운 모든 것을 묘사하기에 부족함이 없다.

그럼에도 불구하고, 캐서린은 이제 자신이 과연 헨리를 다시 볼 수 있을지 궁금하고, 캐서린의 감정을 대체로 잘 읽지 못하는 몰런드 부인은 캐서린이 축 처져 있는 이유가 노생거 저택에서의 위풍스런 생활에 대한 그리움 때문이라고 생각한다. 그러나 헨리가 나타나 캐서린이 집에 잘 도착했는지 확인하러 왔다고 했을 때 몰런드 부인은 캐서린의 "달아오른 뺨과 반짝거리는 눈"을 보고 캐서린이 헨리를 이웃 앨런 씨 댁까지 안내하도록 하는 노련함을 보인다(『노생거 사원』 251→321쪽). 함께 걸으며 헨리는 캐서린에게 청혼하고, 캐서린은 이를 받아들인다. 헨리의 설명에 따르면, 아버지 틸니 장군이 캐서린을 노생거 사원에 초대한 이유는 그녀가 막대한 재산가이면서 자식이 없는 앨런 부부의 상속녀라고 생각했기 때문이다. 틸니 장군이 그렇게 생각했던 이유는,

캐서린과 결혼하고 싶어 했던 존 소프가 바스에서 그렇게 얘기했기 때문이다. 그러나 틸니 장군이 존 소프를 런던에서 다시 만났을 때, 소프는 자신의 마음에 대한 "캐서린의 거절도 거절이지만 최근에 제임스와 이저벨라를 화해시키려다가 실패한 일 때문에 더더욱 화가 나서 예전과는 완전히 상반된 감정에 사로잡혀 있었"다. 결국 이 같은 앙심으로 존 소프는 틸니 장군에게 몰런드 일가는 "빈궁한 가족이었고 ... 함부로 나대고 허풍을 치고 흉계를 꾸며 대는 족속"(『노생거 사원』 255-256→326-327쪽)이라고 말한다. 소설을 읽은 영향으로 엉뚱한 상상을 하긴 했지만, 캐서린이 전부 틀린 것은 아니었다. 어쨌든 캐서린은 "그의 이야기를 듣고서 자기가 장군이 살인을 저질렀거나 아니면 부인을 유폐시킨 것으로 의심하기는 했으나, 그의 성격을 잘못 보았거나 그의 잔인성을 과장하는 죄를 지은 것은 아니라고 생각하게 되었다"(『노생거 사원』 256→328쪽). 물론, 헨리는 캐서린과의 결혼에 대해 아버지로부터 아직 승낙을 받지 못했다. 그리고 캐서린은 승낙에 앞서 자신에게 먼저 청혼을 한 헨리의 전략성을 제대로 인식할 만큼 그동안 많은 것을 배웠다. 그녀는 헨리가 "용의주도하게도 이 이야기[틸니 장군의 반대가 심했다는 이야기]를 하기 전에 일단 그녀의 승낙을 먼저 받아 냄으로써 그녀가 양심에 찔려서 거절할 필요가 없게 배려해 주었다고 생각하니 기쁘지 않을 수 없었다"(『노생거 사원』 310-311→323쪽). 그러나 딸 엘리너가 부잣집으로 시집을 가자, 둘 사이를 반대했던 틸니 장군은 결국 헨리와 캐서린의 결혼을 승낙한다.

캐서린은 제인 오스틴 소설의 다른 여주인공들보다 자신이 원하는 것이 무엇인지 잘 알고 처음부터 그것을 얻기 위한 행동에 나선다. 그녀는 헨리가 자신을 사랑하는지에 크게 신경 쓰지 않고 그와의 관계를 발전시키기 위한 수순을 밟는다. 캐서린은 다른 사람들의 의도를 능숙하게 파악하는 능력은 없지만, 그렇다고 해서 그것이 그녀가 계획을 짜고 헨리를 향해 나아가는 것을 방해하지는 못한다.

캐서린은 전략적 사고 능력은 부족하지만
그렇다고 해서 그것이 헨리(J. J. 필드 분)를 향해 나아가는 데 장애가 되는 것은 아니다.
그녀는 처음부터 자신이 원하는 바를 잘 알고 있고 그것을 얻기 위해 행동한다.

그림 13. 영화 〈노생거 사원〉의 두 주인공 헨리 틸니와 캐서린 몰런드

캐서린은 주변 사람들로부터 많은 도움을 받는다. 캐서린과 헨리 사이에 일어나는 대부분의 만남은 캐서린에게는 친구이자 헨리에게는 누이인 엘리너의 동행과 매개가 없었다면 가능하지 않았을 것이다. 앨런 부부는 그 누구보다 큰 조력자다. 그들은 무엇보다 캐서린을 바스로 데리고 온 장본인이고, 존 소프와 틸니 장군에게는 캐서린의 위상을 부풀려 생각하게 하는 근거를 제공하고, 끝에 가서는 헨리와 캐서린이 단둘이 산책할 수 있는 목적지를 제공한다. 하지만 이런 조력은 대부분 의도적으로 이루진 것이 아니다. 실제로 앨런 부인은 안타깝게도 전략적 기술이 부족하다. 바스에 도착한 후, 캐서린을 처음으로 무도회에 데리고 간 "앨런 부인은 이따금 태평스럽게 이런 말을 던지는 것이 고작이었다. '얘야, 네가 춤출 수 있으면 좋겠다. 파트너를 얻을 수 있으면 좋겠어.' 한동안 그녀의 젊은 친구는 이 말에 감사를 표했으나, 너무 자주 되풀이했고 게다가 실현 가망성이 전혀 보이지 않자, 마침내 피곤해져서 더 이상 고맙다는 말도 나오지 않았다"(『노생거 사원』 14→21쪽 참조). "지각 있고 총명한 남자"인 앨런 씨는 이보다 낫다. 그는 캐서린과 춤을 춘 헨리 틸니의 배경을 탐문하고, "목사이며 글로스터서의 명문대가 출신"이라는 것을 확인한다(『노생거 사원』 12, 22→19, 32쪽). 틸니 장군은, 『오만과 편견』의 캐서린 영부인과 마찬가지로, 자신이 의도한 것은 아니지만 결국은 도움이 되는 역할을 한다. "장군의 부당한 간섭이 그들의 행복에 해를 끼치기는커녕 서로를 더 잘 이해하게 하고 애정을 더욱 돈독하게 함으로써 오히려 그 행복에 도움이 되었다"(『노생거 사원』 261→335쪽 참조). 틸니 장군의 행동 뒤에는, 실제로 돈을 목적으로 결혼하려 했던 존 소프의 변덕스러운 과장이 있다. 토끼 형제 이야기에서와 마찬가지로, 다른 사람의 잘못된 계획은 내게 최고의 기회가 될 수 있다.

캐서린의 동생 세라는 열여섯 살로 전략적 세계가 궁금하다. 캐서린이 노생거 사원에서 집으로 돌아오자, 그녀는 틸니 장군이 궁금하다. "약속이 떠올라서 캐서린이 갔으면 한다는 거야 그렇다 치더라도 ... 왜 예절을 지키지 않은 거죠?" 문제는 세라가 소프가 사람이 아닌, 몰런드가 사람에게 질문을 했다는 것이다. 따라서 몰런드 부인은 이렇게 말한다. "애야, 쓸데없는 일에 너무 빠지지 마라. ... 이해할 가치도 없는 일이야"(『노생거 사원』 243→311쪽). 헨리 틸니가 캐서린에게 앨런 부부의 집에 가는 길을 알려 달라고 하자, 도움이 되고 싶은 세라는 자진해서 "여기 창문에서 그 집을 볼 수 있어요"라고 얼른 끼어들지만, 엄마 몰런드 부인은 "조용히 있으라는 뜻으로 고개를 까딱했다"(『노생거 사원』 252...→322쪽). 세라는 아직 소설을 즐겨 읽지 않았고, 바스에서 자신만의 교육을 받지 않은 상태다.

『맨스필드 파크』

맨스필드 파크에서 패니 프라이스의 전략적 발전은 두 개의 중요한 결정으로 압축된다. 첫 번째는, 집안의 가장이자 자신의 이모부인 토머스 버트럼 경이 분명히 싫어할 것을 알면서도, 사촌들과 그 친구들이 연출한 연극에 자신도 참여할 것인지에 대한 결정이다. 두 번째는, 헨리 크로퍼드의 청혼을 받아들일 것인지에 대한 결정이다. 첫 번째 결정은 그 자체로 중요하지 않지만, 패니는 이 문제로 많은 고민을 하고 참여하지 않기로 한다. 이 첫 번째 결정에서 패니는 자신에게 주어진 선택권을 행사하는 법을 배우고, 이는 훨씬 더 중요한 두 번째 결정의 예행연습이 된다. 재정 형편은 말할 것도 없고, 무엇이든 스스로 결정하기보다는 남에게 의존적일 것 같은 패니가 재산가이며 사람까지 좋아 보이는 헨리의 청혼을 거절하자 주변 가족들은 이를 두고 어처구니없어 한다. 두 결정 모두에서 패니가 전혀 흔들리지 않았던 것은 아니다. 패니는 결국 [연극 연습에 불참한 그랜트 부인을 대신해] 연극 대본의 일부를 읽었다. 결혼 문제에서도 헨리가 좀 더 끈질겼더라면 패니를 설득할 수 있었을 것이다. 사실 패니는 어려서부터 순종적이며, 자신감 없고, 목소리 없는 것을 당연히 여기는 환경에서 자랐다. 하지만 결국 그녀는 스스로 결정하는 법을 배우고, 이를 통해 훌륭한 결과를 가져온다. 패니는 주변에 있는 또래 친구들의 치기 어린 행동들로 말미암아 전략적 사고에 입문한다. 패니의 전략적 기술은 한 번도 『노생거 사원』의 여주인공 캐서린 몰런드의 수준에조차 도달하지 못하지만, 사실 그럴 필요도 없었다. 가끔은 다른 사람의 마음을 읽거나 몇 수 앞을 내다보는 것보다는 선택을 잘하기만 하면 될 때가 있는 것이다.

소설은 패니의 발전을 열 살 때부터 추적한다. 패니의 두 이모 레이디 버트럼과 노리스 부인은 아홉 번째 아이를 임신한 가난한 동생 프라이스 부인을 불쌍히 여겨 그녀의 맏딸 패니를 맡아 기르겠다고 한다. 그리하여 패니는 토머스 경과 레이디 버트럼, 열일곱 살과 열여섯 살인 그들의 두 아들 톰과 에드먼드, 열세 살과 열두 살인 마리아와 줄리아가 사는 저택 맨스필드 파크에 도착한다.

패니를 맞이한 버트럼 일가는 그녀의 감정을 다잡으려 애쓴다. 토머스 경은 "자라나는 아이들 사이에 적절한 구별을 유지하는 문제"와 관련해 **딸아이들**한테는 사촌을 너무 내려다보지 않으면서도 자기 신분을 잊지 않도록 가르쳐야 하고, 또한 그 애한테는 너무 기를 꺾지 않으면서도 자기가 **버트럼 가문의 딸**이 아니라는 점을 명심하도록 가르쳐야" 한다고 강조한다(『맨스필드 파크』 12→20쪽). 노리스 부인 역시 패니의 감정이 실제로 어떤지 알려고 하기보다는, 어떤 감정을 가져야 하는지만 강조하기 바쁘다. "노샘프턴에서 이곳으로 오는 내내 노리스 부인은 아이에게 정말 기막힌 행운을 잡은 것이라며 그러니 지극히 감사해하며 착하게 굴어야 한다고 계속 잔소리를 했고, 그래서 행복해하지 않는 자기가 잘못이라는 생각에 아이는 더욱 슬퍼졌다"(『맨스필드 파크』 14→23쪽). 여기서 예외는 에드먼드다. 에드먼드는 계단에서 울고 있는 패니를 발견한다. 에드먼드는 패니가 가족을 그리워하고, 특히 오빠 윌리엄을 그리워하고 있음을 알아내고, 패니가 윌리엄에게 편지를 쓰도록 도와준다. "이날 이후로 패니는 마음이 한결 편안해졌다. 자기한테도 친한 사람이 생긴 느낌이었"다(『맨스필드 파크』 19→28). 진정한 친절, 그리고 기본적으로 사회성이라는 것을 갖추기 위해서는 상대방이 무엇을 원하는지 이해해야 한다. 에드먼드는 "언제나 패니를 도와주고 감정을 배려해 주었"다(『맨스필드 파크』 24→35).

에드먼드의 사려 깊음은 전략적 사고로 이어진다. 패니가 열여섯 살 되던 해에 그녀의 회색 조랑말이 죽자, 가족들은 패니가 새로운 말을 가질 필요가 없다고 생각한다. 노리스 부인은 토머스 경이 추가 지출을 승인하지 않을 것이라고 경고하고, "제 사촌들처럼 패니한테 정식으로 자기 말을 마련해 주는 것은 절대 불필요하고 심지어 부적절한 일"이라고 생각한다. 에드먼드는 "그렇다고 패니가 운동 수단 없이 지내는 것을 참고 볼 수도 없었"다. 그리하여 "그는 마침내 패니에게 즉각 그것을 마련해 주되 아버지가 월권이라고 여길 위험도 피하는 해결책을 취하기로 결심"하고, 자신이 가지고 있는 세 마리 말 중 한 마리를 골라서 패니에게 어울릴 만한 암말과 교환한다(『맨스필드 파크』 42→55쪽). 에드먼드는 패니의 선생님이기도 하다. "패니가 남는 시간에 빠져들어 읽은 것들은 에드먼드가 추천한 책들이었고, 패니의 독서 취향을 격려하고 판단력을 바로잡아 준 사람 역시 에드먼드였다"(『맨스필드 파크』 25→35쪽).

그랜트 박사 부부는 교구 목사관에서 시무하는 이웃으로, 그랜트 부인의 이복남매인 헨리와 메리 크로퍼드가 그들을 방문한다. 메리는 승마를 배우는 데 관심이 있고, 에드먼드는 패니의 암말로 승마를 가르쳐 주겠다고 메리에게 제안한다. 메리는 빠른 속도로 승마를 익히는데 독자는 메리가 이미 승마를 해본 경험이 있었을 것이라 의심해 볼 만하다. "친해지고 싶다면 무식해야 하는 법이다. … 특히 여성이 그런데, 불행히도 어느 정도 알고 있는 게 있다면 가능한 한 그것을 숨겨야 할 것이다"(『노생거 사원』 112→143쪽 참조). 에드먼드와 메리가 함께 있는 것을 바라보는 패니는 "가슴이 아팠다. ... 나는 잊어도 [조금 뒤에 다시 나를 태워야 하는] 불쌍한 암말 생각은 해줘야 하는 것 아닌가?"라고 생각한다(『맨스필드 파크』 79→101-102쪽). 사실, 에드먼드를 제외한 모든 사람들의 의식 속에서 패니의 위상은 그 암말의 위상보다 그다지 높지 않았다. 패니가 장미꽃을 꺾어 두 이모에게 갖다주기 위해 뙤약볕에서 몇 시간을 보낸 후 몸이 좋지 않아 소파에서 휴식을 취하자, 에드먼드는 자신이 패니를 소홀히 했다는 것을 인식한다. 그는 자신이 "꼬박 나흘을 이렇다 할 말동무도 없이 하고 싶은 운동도 못 한 채, 이모들이 어떤 터무니없는 심부름을 시켜도 피할 구실 하나 없는 지경으로 패니를 몰아넣은 것"이라고 생각한다. 에드먼드는 "두 번 다시는 이런 일이 없게 하겠다고 굳게 결심했다"(『맨스필드 파크』 87→111쪽). 『이성과 감성』에서 메리앤 대시우드가 윌러비의 사죄를 이끌어 내는 데 사용했던 [병에 걸려 죽을 것 같은 상황에 스스로 처하는] 기술을 패니 또한 우연히 사용한 셈이다.

이제 스물한 살이 된 마리아는 재력가이지만 아둔한 러시워스 씨와 약혼한 사이로, 토머스 경이 안티구아에서 돌아오는 대로 결혼할 계획이다. 러시워스 씨가 가문의 저택인 소더턴을 수리할 계획을 장황하게 얘기하자, 노리스 부인은 다 같이 소더턴에 가보고 어떻게 수리하는 게 좋을지 얘기를 나눠 보자고 제안한다. 이때 레이디 버트럼은 집에 남기로 했는데, 노리스 부인은 패니에게 남아서 이모를 돌보라고 종용한다. 그러나 에드먼드가 패니가 갈 수 있도록 자신이 남겠다고 하자, 노리스 부인은 자신이 러시워스 씨의 모친에게 패니는 오지 않을 것이라고 이미 말했다고 한다. 그러나 일이 이렇게 벌어질 것을 미리 예측한 에드먼드는, 러시워스 부인으로부터 패니를 위한 초청장을 이미 받아 놓은 상태였으므로, 노리스 부인의 계획은 수포로 돌아간다. 그랜트 부인은, 남동생 헨리 크로퍼드에게 줄리아 버트럼과 결혼하는 게 어떻겠냐고 제안한 바 있고, 또 여동생 메리 크로퍼드가 에드먼드 버트럼에게 관심이 있다는 것도 알고 있다. 따라서 그녀는 자신이 남겠다고 하고, 에드먼드는 결국 일행과 함께 갈 수 있게 된다. 그리하여 노리스 부인의 원래 계획은, 다른 사람들의 계획에 따라 두 차례 수정된다. 헨리와 메리 크로퍼드, 에드먼드, 마리아, 줄리아, 노리스 부인, 그리고 패니는 드디어 소더턴을 향해 출발하는데, 줄리아가 그랜트 부인 대신 헨리의 옆자리에 앉게 되자 [헨리에게 관심이 있던] 마리아는 "우울하고 속상한 마음"이다(『맨스필드 파크』 94→120쪽).

소더턴에 도착한 패니, 에드먼드, 메리 크로퍼드는 집 밖을 둘러본 다음 휴식을 취하기 위해 철문 옆의 벤치에 다함께 앉는다. 메리 크로퍼드는 다시 움직이기를 원하고, 패니 또한 충분히 휴식을 취했다고 생각하나, 에드먼드는 자신과 메리가 몇 분 후에 다시 돌아올 테니 패니는 벤치에서 조금만 휴식을 취하며 기다려 달라고 부탁한다. 패니가 홀로 남아 20분을 기다리고 있는데 러시워스 씨, 마리아, 헨리가 나타난다. [그들은 벤치에 앉아 소더턴 저택의 수리 계획을 두고 한창 이야기하다, 안으로 들어가 보면 좋겠다고 한다. 하지만] 철문은 잠겨 있었다. 마리아는 그래도 들어가 보고 싶어 하고, 러시워스 씨는 어쩔 수 없이 열쇠를 가지러 저택으로 돌아간다. 그가 저택으로 간 사이, 마리아와 헨리는 철문 가장자리로 빠져나가 안으로 들어가고, 패니는 다시 혼자 남는다. 이제 러시워스 부인을 겨우 떼어 놓은 줄리아가 나타나고, 줄리아는 서둘러 마리아와 헨리를 뒤쫓아 간다. 러시워스 씨가 열쇠를 가지고 나타났을 때, 패니는 그에게 마리아와 헨리가 먼저 들어갔다고 얘기할 수밖에 없다. [러시워스 씨는 자기를 기다리지 않고 파크로 들어간 일에 불쾌해하며 벤치에 앉았다.] 패니가 넌지시 "뒤따라오실 줄 알았겠지요"라고 말한다. 그러나 패니의 제안은 화난 러시워스 씨를 벤치에서 일으켜 세우지 못한다. [얼마 후] 자리에서 일어난 러시워스 씨는 철문으로 다가가고, "패니는 서있는 그의 모습에서 얼마간 화가 풀어진 기색을 읽"는다(『맨스필드 파크』 119→152쪽). 때맞춰 그녀는 결정권자로서 그의 지위를 상기시킨다.

"가볼 생각이 없으시다니 유감이네요. 두 분은 파크 저쪽에서 보면 저택이 더 잘 보일 거라고 생각했고, 지금쯤 저택을 어떻게 개조할까 궁리하고 있을 텐데요. 그렇지만 러시워스 씨 없이는 아무것도 결정할 수가 없을 거예요." 이번엔 패니의 시도가 성공해 러시워스 씨는 이렇게 답한다. "정말 내가 가보는 게 좋겠다고 생각하신다면 한번 가봐야겠군요. 기껏 열쇠를 가져왔는데 그냥 있는 것도 우습고요"(『맨스필드 파크』 120→152쪽). 여기서 러시워스 씨는 이미 치러진 비용을 근거로 결정을 내리는데, 이는 "매몰 비용의 오류"다(Friedman, Pommerenke, Lukose, Milam and Huberman 2007; Elster 2007, 218에 따르면, 미국이 베트남전 철수를 주저한 것 또한 이 오류의 한 사례다).

이것은 패니가 다른 사람을 움직이게 하는 동기가 무엇인지 파악해 그 사람의 행동에 영향을 미치고자 스스로 목적의식적으로 행동한 첫 번째 사례다. 어찌 보면 아무 일도 아니라고 할 수 있을 정도로 미미한 것이지만, 또 러시워스 씨에 대한 약간의 배려 외에는 별다른 목적이 있었던 것도 아니지만, 그럼에도 패니는 이제 전략적 사고를 배우는 첫걸음을 뗀 것이다. "그녀의 말에 러시워스 씨의 마음이 움직인 것이다"(『맨스필드 파크』 120→152쪽).

패니는 벤치에 남을 정도로 수동적이지만, 커플들이 어떻게 제3의 인물을 떨쳐 버리는지 두 번이나 관찰한다. 맨스필드 파크로 돌아온 패니는 벤치에서 배운 것을 스스로 실천해 본다. 패니, 에드먼드, 메리 크로퍼드가 창가에서 이야기를 나누는데 버트럼 자매가 메리에게 함께 중창을 부르자고 하고 메리는 피아노가 있는 곳으로 간다. 에드먼드와 둘만 남게 된 패니는 밤하늘의 아름다움에 대해 얘기하며 "카시오페이아자리도 보이면 좋을 텐데"라고 말한다(『맨스필드 파크』 132→167쪽). 녹스-쇼가 지적하듯, "창가에 서있는 패니가 잘 알고 있듯이, [카시오페이아자리는] 맨스필드 파크에서는 정원 뜰에서만 볼 수 있는 것이다. 창가에서 안 보이는 이 별자리는 에드먼드를 메리 크로퍼드의 중력장으로부터 끌어내려는 구실일 뿐이었다"(Knox-Shaw 2002, 45). 이 전략은 거의 통할 뻔한다. 에드먼드가 뜰에 나가 별자리를 함께 보자고 제안한 것이다. 하지만 그는 이내 노래에 정신이 팔리고 "패니는 창가에서 혼자 한숨"짓는다(『맨스필드 파크』 133→168쪽).

톰 버트럼은 [아버지] 토머스 경과 함께 해외 출타 중이었으나 아버지보다 먼저 집에 돌아와 집에서 연극 작품을 무대에 올리자고 제안한다. 에드먼드와 패니는 토머스 경이 집에 있다면 절대 허락하지 않을 것을 안다. 하지만 톰과 나머지 사람들은 아랑곳하지 않는다. 이들은 작품 선정을 두고 지난한 토론을 한 뒤 마침내 〈연인 서약〉을 무대에 올리기로 한다. 배역을 정하는 과정에서 톰의 친구 예이츠 씨가 자신은 윌든하임 남작이나 프레더릭 역할 가운데 아무거나 맡겠다고 하자, 헨리 크로퍼드 역시 자신은 두 역할 중 남은 것을 맡고 싶다고 한다. 그러자 마리아는 키가 제일 큰 예이츠 씨가 남작 역할을 맡는 게 좋겠다고 한다. "다들 그 말이 옳다고 했고, 그녀의 말대로 두 사람이 배역을 받아들이면서 그녀는 마음에 드는 프레더릭 역을 확보하게 되었다"(『맨스필드 파크』 156→197쪽). 헨리 크로퍼드는 이에 화답해 프레더릭과 함께 주역으로 여러 장면에 등장하는 애거사 역은 줄리아가 아니라 마리아가 제격이라고 주장한다. 줄리아는 "그가 마리아한테 보내는 눈길을 눈치챘고, 그러자 모욕감이 더해졌다. 계략, 속임수였다. 자기를 무시하고 마리아를 떠받드는 것이었다. 승리의 미소를 감추려 애쓰는 것만 봐도 마리아 역시 이를 충분히 의식하고 있는 게 분명했"다(『맨스필드 파크』 157→199쪽). 헨리는 줄리아가 어밀리아 역할을 맡는 게 좋겠다고 제안한다. 그러나 톰은 그 역을 맡기에는 메리 크로퍼드가 더 제격이라고 주장한다. 패니는 이 모든 주장과 반론을 관찰하고, 줄리아는 방을 뛰쳐나가며 연극에 참여하지 않겠다고 한다.

두 개의 역이 아직 공석으로 남았다. 안할트 역과 소작농의 아내 역이다. 안할트의 상대역은 어밀리아다. 메리 크로퍼드가 신이 나서 묻는다. "전 여러분 중 어느 분과 사랑하는 기쁨을 누리게 되나요?"(『맨스필드 파크』 169→212쪽) 메리는 노골적으로 에드먼드를 지목하기까지 한다. 안할트는 목회자이고, 에드먼드 또한 얼마 안 있어 성직에 오를 계획이라는 것이 그녀의 이유다. 패니는 예이츠 씨가 "가장 시시하고 보잘것없는 단역"이라고 평가한 소작농의 아내 역할을 맞게 된다(『맨스필드 파크』 158→199쪽). 톰 버트럼은 패니에게 부탁하는 것이 아니라 아예 명령한다. "패니. ... 네가 우리 좀 도와줘야겠다. ... 농가의 아낙 역은 아무래도 네가 해줘야겠어"(『맨스필드 파크』 170-171→214쪽). 나머지 사람들도 패니를 압박한다. "이제 마리아와 크로퍼드 씨, 예이츠 씨도 톰을 지원하고 나섰는데... 간곡히 부탁하는 바람에 감당하기가 힘들었다"(『맨스필드 파크』 172→216쪽). 노리스 부인까지 나서서 끔찍한 말로 거든다. "제 이모와 사촌들이 그렇게 원하는데도 끝내 안 하겠다면, 고집불통에 배은망덕한 아이라고 여길 수밖에. 배은망덕도 유분수지, 제 처지를 생각해야지"(『맨스필드 파크』 172→216쪽).

패니는 잠자리에 든다. "모두가 보는 앞에서 사촌 오빠 톰한테 그렇게 집요하게 강요당한 충격에 아직도 가슴이 진정되지 않았고, 이모의 매몰찬 지적과 비난에 기분이 울적했다. 그런 식으로 사람들의 시선에 노출된 것도 괴로운데... 이어서 고집불통이고 배은망덕하다는 비난에 더부살이 신세를 들먹이는 소리까지 듣고 말았으니... 어떻게 해야 하나?"(『맨스필드 파크』 176→220-221쪽) 아침에 일어난 그녀는 동쪽 방으로 간다. 패니와 두 버트럼 자매가 어려서 가정 교습을 받던 공부방이다. 버트럼 자매는 더 이상 드나들지 않는 이곳은, 패니에게는 여전히 교육적 기능이 남아 있는 방이다. 그녀가 바로 이 방에서 연극에 참여하지 않기로 최종적으로 결정한 것이 그녀의 전략적 사고의 성장에서 매우 중요한 첫걸음이기 때문이다. 그녀가 내딛은 이 첫걸음은, 만만해 보임과 휘둘림으로부터 벗어나는 첫걸음이었다. 하지만 이 과정에서 그녀는 지나치게 조심스럽고 자기반성적이다. 그녀는 자신이 거절하려는 이유가 무엇인지 스스로 의심해 보고, 또 에드먼드가 자신의 선택을 지지할지 전략적으로 생각해 본다. "그렇게 열심히 청하고 그렇게 강력히 원하는데, 그녀가 가장 순종해야 할 몇몇 사람들이 마음먹고 추진하는 계획에 꼭 필요해서 그러는지도 모르는데, 끝내 거절하는 게 과연 **옳은** 행동일까? 혹시 심술이나 이기심이나 창피를 당할까 하는 두려움 때문은 아닐까? 그리고 에드먼드의 판단만으로, 토머스 경이 이런 일에 찬동하지 않으리라는 에드먼드의 믿음만으로, 다른 모든 사람들의 청에도 불구하고 단호히 거부하는 것이 정당화될 수 있을까?"(『맨스필드 파크』 179→224쪽)

에드먼드의 문 두드리는 소리에 패니의 숙고는 중단되고, 에드먼드는 에드먼드대로 상의할 일이 있다고 하며 방으로 들어온다. 톰이 안할트 역을 맡기기 위해 우리가 잘 알지도 못하는 사람을 집안으로 들여오겠다고 하는데, 이를 방지하고 연극 공연 소식이 주변에 더 확산되는 것을 막기 위해서라도 에드먼드 자신이 안할트 역을 맡아야만 할 것 같다는 것이다. 에드먼드는 또 어밀리아 역을 맡은 메리 크로퍼드가 생면부지의 사람과 연기를 해야 한다면 어떻겠냐며 메리의 입장을 생각해 달라고 한다. 그는 패니에게 이렇게 간청한다. "그렇다면 패니, 찬성한다고 해줘. 그러지 않으면 내 마음이 영 불편해서 말이야." 그러나 그는 패니로 하여금 충분히 답변할 기회를 주지 않는다. 그의 마음은 이미 결정되었기 때문이다. 패니가 즉각적으로 긍정적인 반응을 보이지 않자 에드먼드는 말한다. "**너라면** 크로퍼드 양 입장에 좀 더 공감해 줄 줄 알았는데"(『맨스필드 파크』 182, 228). 준거점이자 안내자였던 에드먼드가 이토록 혼란스러워하는 상황에서, 패니가 보여 주는 다음과 같은 신중한 성찰은 어떤 의미일까? "연극을 하겠다니! 그렇게 반대를 해놓고, 정당한 이유로 공개적으로 반대해 놓고! ... 이럴 수도 있는 걸까? 에드먼드 오빠가 저렇게 줏대가 없다니. 스스로 자신을 속이는 것 아닌가? 그가 틀린 것 아닌가? 아아! 모두 크로퍼드 양 때문이다. 패니는 그가

'그렇게 공개적으로 반대해 놓고! … 이럴 수도 있는 걸까?
에드먼드 오빠가 저렇게 줏대가 없다니.'

패니는 열 살 때부터 에드먼드(조니 리 밀러 분)에게
전적으로 의존하며 성장했다.
그러나 메리 크로퍼드(엠베스 데이비츠 분)가 나타난 이후부터
패니는 그의 판단력에 의문을 갖기 시작한다.
만만한 사람은 이제 패니가 아니라 에드먼드다.

그림 14. 영화 〈맨스필드 파크〉의 에드먼드와 메리 크로퍼드

하는 말 한 마디 한 마디에서 크로퍼드 양의 영향력을 느낄 수 있었고, 참담했다"(『맨스필드 파크』 183-184→229-230쪽). 그동안 에드먼드가 보여줬던 모든 신중함과 일관성은 크로퍼드 양에 대한 애정으로 모두 무너질 참이었다(패니는 이제 견딜 수 없어도 이를 지켜볼 수밖에 없게 되었다).

패니는 열 살 때부터 에드먼드에게 전적으로 의존하며 성장해 왔다. 에드먼드는 "패니의 생각을 이끌어" 준 사람이다. 그러나 메리 크로퍼드가 나타난 이후부터 패니는 그의 판단력에 의문을 갖기 시작한다. 그때부터 "얼마간 이견의 소지가 생겨나기 시작했다. 그는 크로퍼드 양에게 탄복하고 있었는데, 자칫하면 탄복이 지나쳐 패니로서는 따라가기 힘든 지경이 되는 수도 있었다"(『맨스필드 파크』 76→97쪽). 패니가 에드먼드에게 헨리 크로퍼드가 줄리아보다 약혼자가 있는 마리아를 흠모하는 것 같다고 자신의 생각을 조심스레 전한다. 그러자 에드먼드는 크게 신경 쓸 일이 아니라고 생각하고, 패니는 에드먼드의 이런 생각을 받아들인다. "패니는 자기가 잘못 본 게 틀림없다고 생각하고, 앞으로는 달리 생각하기로 마음먹었다." 그러나 패니의 의심은 가시지 않고 "가끔은 어떻게 생각해야 좋을지 갈피를 잡을 수가 없었다"(『맨스필드 파크』 137→173쪽). 연극에 대한 얘기가 처음 나왔을 때 패니는 연극에 참여하는 모든 사람이 찬성하는 작품을 찾기 어렵기를 바라는데, 에드먼드는 그렇게 보지 않았다. 그러나 실제로 작품 선정에 대한 의견 일치를 보는 데 여러 날이 걸리고 "에드먼드가 생각했던 것 이상으로 패니의 예상이 적중하는 듯했다"(『맨스필드 파크』 153→193쪽). 연극에 참가하기로 한 에드먼드의 선택은 그의 판단과 선택이 틀릴 수 있음을 입증하는 결정적 증거다. 만만한 사람은 이제 패니가 아니라 에드먼드다. 『설득』에서 자신의 후견인 레이디 러셀의 한계를 깨달은 앤 엘리엇과 마찬가지로, 패니는 자신의 판단을 신뢰하는 법을 배워야 한다. 『노생거 사원』에서 존 소프가 자기를 속였다는 것을 깨달은 캐서린 몰런드가 자신의 의지를 확고히 세우게 된 것과 마찬가지로, 패니는 이제 그 어느 때보다 확고하게 자신의 판단을 믿고 스스로 결정하기로 하며, 그 어느 때보다 더 타인의 영향력을 불신한다.

톰과 일행이 처음으로 무대 총연습을 하기로 한 날, 소작농의 아내 역을 맡은 그랜트 부인이 몸이 불편한 남편 때문에 연습에 참가할 수 없게 되고, 패니는 그녀의 역을 낭독해 달라는 요청을 받는다. "모두들 뜻을 굽히지 않고, 에드먼드까지 재차, 그것도 그녀의 착한 마음씨를 믿는다는 다정한 표정으로 권하는 바람에, 결국 양보할 수밖에 없었다"(『맨스필드 파크』 201→252쪽). 그러나 바로 그 순간, 토머스 경이 집으로 돌아오고 연극 공연에 대한 모든 계획은 그 즉시 수포로 돌아간다. 아버지에게 그동안의 경위를 설명하면서 에드먼드는 다음과 같이 인정한다. "내내 바른 판단과 일관된 처신을 보여 준 사람은 패니뿐이었습니다. 그 애만큼은 시종일관 공연에 반대했거든요"(『맨스필드 파크』 219, 272). 마리아는 헨리 크로퍼드가 남아서 자신에게 청혼하기를 바라고, 그리하여 자신을 러시워스 씨로부터 구해 주길 바라지만, 그런 마리아의 소원에도 불구하고 헨리는 맨스필드 파크를 떠난다. 토머스 경은 [자신이 사윗감으로서 호감을 느꼈던] 러시워스가 어리석고 좀 모자란 청년에 불과하다는 사실과 마리아가 그를 무심하고 냉정하게 대한다는 사실을 깨닫게 되고, 마리아에게 그와 정말 결혼할 생각인지 묻는다. 헨리가 자신에게 청혼하지 않고 그냥 떠나 버린 사실에 격노해 있던 마리아는 러시워스 씨와의 결혼을 예정대로 강행하기로 한다. 결혼식이 열리고 줄리아는 신혼부부와 함께 살기 위해 떠난다. 이제 맨스필드에 남은 처녀는 패니밖에 없다.

사교계에 아직 정식으로 나오지 않은 패니는 이제 여성이 되는 통과의례를 거치기 시작한다. 목사관의 그랜트 부인이 처음으로 그녀를 주인공으로 만찬에 초대한다(지금까지 그녀가 외부 만찬에 참석한 경우는 모두 이모와 이모부를 따라간 게 전부였다). 만찬에는 헨리 크로퍼드가 예기치 않게 나타난다. 패니의 냉대를 대한 헨리는 동생 메리에게, 자신이 목사관을 방문하는 두 주 동안 패니가 자신과 "치명적인" 사랑에 빠지게 하겠다고 호언장담한다. 그러자 메리가 이렇게 말한다.

> "아이고, 어리석은 우리 오빠! 결국 오빨 사로잡은 건 그거네! … 그 아가씨가 오빠한테 호감이 없다는 것 때문이었어. … 너무 깊게 빠져들게 만들지는 마. 아직 어리지만 굉장히 착하고 아주 다감한 아가씨거든."
> "그래 봐야 두 주인데 뭘," 헨리가 말했다. "그리고 겨우 두 주 만에 치명적인 상처를 입을 정도로 나약한 성격이라면 구제 불능이지. 아니, 약속할게. 절대 해치지 않겠다고. 내가 바라는 건 간단해. 그냥 그 아가씨가 나한테 따뜻한 눈길을 보내 주고, 홍조와 아울러 미소도 자주 보여 주고 … 내가 떠날 때 다시는 결코 행복할 수 없으리라 생각하면 돼. 그 이상은 바라지도 않아"(『맨스필드 파크』 269→334쪽).

그러나 패니의 오빠 윌리엄이 해군에서 휴가를 받아 맨스필드 파크를 방문하고, 패니가 오빠를 살뜰하게 대하는 모습을 본 헨리는 목사관에 묵는 기간을 연장한다. 토머스 경은 헨리가 패니에게 관심이 있다는 것을 파악하고, 패니를 위해 무도회를 연다. 패니는 자신이 "무도회의 서두를 열어야 한다는 것을 알게 되었"고 "도무지 믿을 수가 없었다. 저 수많은 우아한 아가씨들을 두고 선두에 서다니! 너무나 과분한 대접이었다. 사촌 언니들과 똑같은 대우 아닌가!"(『맨스필드 파크』 320→397-398쪽)

얼마 후 헨리는 패니에게 청혼한다. 자신의 삼촌 크로퍼드 제독에게 부탁해 [패니의 오빠] 윌리엄이 소위로 진급할 수 있게 힘을 쓴 헨리는 패니의 감사하는 마음에 호소해 보고자 한다. 패니가 청혼을 거절하자, 헨리는 토머스 경에게 호소하고, 토머스 경은 패니를 불러 일장 연설을 하는데, 그의 이야기는 합리적 선택이론을 비판하는 사람들이 자주 사용하는 주장들 — 사회적 배태성social embeddedness("더욱이 너는 그 누이동생과도 친한 사이고. 또 네 오라비를 위해 **그런** 수고까지 해주지 않았니? 다른 건 차치하고, 그 점만으로도 거의 충분한 점수를 얻을 만한데"), 선호의 불확실성("너 자신도 네 마음을 잘 모른다는 생각이 들기도 하는구나, 패니"), 과도한 개인주의 ("이번 일로 네 집안, 네 부모, 네 형제자매한테 미칠 득실은 한순간도 생각해 보지 않은 게지. ... 오로지 네 생각만 하는 거지"), 후회 회피("네가 앞으로 다시 십팔 년을 산다고 해도 크로퍼드 씨가 가진 자산의 절반이나 자질의 십 분의 일이라도 갖춘 남자의 구혼조차 받기 어려울 거다"), 의무("언제가 되었든 내 딸한테 이번 혼처의 절반만큼이라도 되는 자리에서 혼삿말이 왔는데, 내 딸이 내 의견이나 생각을 물어보는 예의도 갖추지 않고 단박에 단호하고 확실하게 거절의 의사를 밝혔다면, 난 아마 몹시 놀랐을 거다. ... 자식의 도리와 효심에 심히 어긋나는 짓이라고 생각했겠지")(『맨스필드 파크』 364-368→455-460쪽) — 이다. 그의 아내 레이디 버트럼 역시 의무에 호소하고("명심해라, 패니. 이렇게 흠잡을 데 없는 혼담이 들어오면 수락하는 게 모든 아가씨들의 의무란다"), 메리 크로퍼드는 사회적 명성에 호소한다("오빠한테 반한 여자들 얘기를 하자면 내가 아는 경우만도 끝이 없을 거예요. ... 그럼요, 여자라면 그런 승리는 절대 마다하지 못할 걸요.")(『맨스필드 파크』 384, 417-419→480, 521-523쪽). 그리고 이 모든 인간 행동 모델들에 맞서 패니는 흔들림 없이 선택은 자신이 하는 것이라는 입장을 유지한다. "전 결혼할 만큼 그 사람한테 마음이 없어요."(『맨스필드 파크』 364→455쪽).

사람들은 왜 패니를 선택의 주체로 생각하지 않는 것일까? 헨리를 거절하는 것은 인격과 선호를 필요로 하는 일일 텐데, 사람들은 아무도 패니가 인격과 선호를 가지고 있다고 생각하지 않는다. 지금까지 패니에게 선택은 한 번도 허용되지 않았다. 그렇다면 이제 와서 왜 선택을 해야 하는가? 헨리 크로퍼드는 독립적 선택을 할 수 없는 것처럼 보이는 패니의 모습을 보고 사랑에 빠졌다. 그는 패니가 레이디 버트럼을 위해 "온갖 일을 전혀 티 내지 않고 고분고분 해내"는 모습과 "자기 시간이라곤 한순간도 없는데도 당연하다는 듯" 일하는 모습을 보고 매력적이라고 생각한다(『맨스필드 파크』 343→429쪽). [반면] 헨리는 두 사람 몫을 합치고도 남을 만큼 선호하는 것들이 많다. 그는 "원체 자만심이 강한지라 처음에는, 그녀 자신은 잘 모르지만 실은 자기를 좋아한다는 쪽으로 생각이 크게 기울어져 있었다." 그리하여 그는 패니가 "어떻게든 자신을 사랑하게 만들어 그 행복과 영광을 쟁취하고야 말겠다고 굳게 결심하게 된 것이다"(『맨스필드 파크』 376→469-470쪽). 헨리의 누이 메리는 패니의 선호보다는 그녀의 기질과 심성을 생각한다. 메리는 "원체 유순하고 고마워할 줄 아는 성정이라 오빠의 마음을 알면 바로 오빠한테 마음을 줄" 것이라고 말하며 패니에게 "오빠를 사랑해 달라고 간청해 봐. 박정하게 내치지는 못할 테니까"라고 한다(『맨스필드 파크』 340→424쪽). 지금까지 패니의 선택권을 옹호했던 가장 든든한 지원군 에드먼드조차 패니의 마음을 속단한다. "너도 그 친구를 사랑하고 싶은 **마음**이 없지는 않을 거야. 감사하는 마음에서 생겨나는 자연스러운 소망으로 말이야. 틀림없이 조금은 그런 느낌이 있을 거야. 냉담한 네 마음이 스스로도 유감스럽겠지"(『맨스필드 파크』 402→502쪽). 패니가 "아! 절대로, 절대로, 절대로 그렇게는 안 될 거예요. 절대로 그 사람 뜻대로는 되지 않을 거예요"라고 소리치자 에드먼드는 패니 자신보다 자신이 패니를 더 잘 안다고 생각하며 그녀를 다음과 같이 꾸짖는다. "절대로라니, 패니 대단히 단호하고 단정적이구나! 너답지 않은데. 이성적인 너답지가 않아"(『맨스필드 파크』 402→501쪽).

패니가 자신이 원하는 것을 말하려고 할 때 경청하는 사람은 아무도 없다. 토머스 경이 패니에게 혹시 다른 사람을 좋아하는 것은 아닌지 물어보려고 하자 패니의 "얼굴은 홍당무처럼 빨개졌다. 그러나 패니처럼 수줍음 많은 처녀라면 결백해도 그럴 수 있는 일이라, 그는 적어도 겉으로는 납득한 시늉을 하기로 하고 얼른 덧붙였다. '아무렴, **그럴** 리가 있나. 있을 수 없는 일이지'"(『맨스필드 파크』 365→456-457쪽). 그녀는 에드먼드에 대한 자신의 사랑을 그 누구에게도 말할 엄두를 못 낸다. 그녀는 토머스 경에게 자신이 헨리를 경멸하는 이유는 헨리가 마리아와 줄리아를 농락했기 때문이라는 것, 두 자매가 기꺼이 그의 농락에 놀아났다는 것을 말할 수 없다. 패니는 그냥 헨리가 싫다고만 말하는데, 이 말은 전혀 효력을 발휘하지 못한다. "패니는 이모부처럼 분별력이 뛰어나고 명예를 중시하는 선량한 분이라면 **싫다는** 자신의 확고한 의사를 말씀드리는 것으로 충분하리라 기대했다. 그러나 참으로 안타깝게도 그렇지가 않았다"(『맨스필드 파크』 366-367→458쪽). 패니가 마리아와 줄리아에 대한 헨리의 행동을 언급하려 하자, 메리 크로퍼드와 에드먼드는 두 자매를 희생양으로 삼아 헨리의 행동을 옹호하고자 한다. 메리는 다음과 같이 시인한다. "가끔 오빠는 한심한 바람둥이처럼 아가씨들의 마음을 헤집어 놓고는 모른 척할 때가 있어요. 나도 자주 뭐라고 하기는 했죠. 하지만 오빠의 단점은 그것 하나뿐이에요. 그리고 사실 오빠가 배려해 줘야 할 만큼 진실한 애정을 품은 아가씨가 대단히 드물다는 점도 있잖아요"(『맨스필드 파크』 419→523쪽). 에드먼드조차 두 동생을 두고 이렇게 말한다. "크로퍼드의 추앙을 받고 싶어 하고 그런 마음을 함부로 드러내는 경솔한 처신을 했을 가능성이 아주 크지. ... 그렇게 부추기고 나오면 크로퍼드처럼 활달하고 다소 생각이 없는 남자라면 얼마든지..."(『맨스필드 파크』 405→505쪽 참조).

헨리 크로퍼드가 기다리다 지칠 것을 걱정한 토머스 경은 패니가 결정에 속도를 내도록 그녀를 부모가 있는 포츠머스로 보낸다. 아직 남동생 셋과, 여동생 둘이 남아 있는 패니의 집은 소란스럽고 비좁기만 하다. 패니는 맨스필드에서 누렸던 풍요로움과, 헨리와 결혼하면 누리게 될 비슷한 풍요로움을 (토머스 경의 의도처럼) 생각해 보지 않을 수 없다.

패니의 열네 살 된 동생 수전은 집안 사정이 좋지 않다는 것을 인식하고 있는 듯하고, 패니는 동생에게 도움이 되고자 노력한다. "수전은 패니를 우러러보고 패니의 호감을 사고 싶어 하는 것 같았다. 그리고 패니는 권위를 행사하는 데 익숙하지 않고, 누구를 지도하거나 교육한다는 생각부터가 낯설었지만, 수전에게는 그때그때 가벼운 조언을 해주"기로 다짐한다(『맨스필드 파크』 459→571쪽). 앞서 2장에서는, 죽은 언니 메리가 수전에게 남기고 간 은제 나이프를 두고, 수전과 다섯 살배기 여동생 벳시가 다투는 모습을 다루었다. 은제 나이프는 수전의 것이지만 벳시는 나이프를 포기하고 싶어 하지 않는다. 패니는 벳시를 위해 나이프를 산다. 그리고 벳시는 패니가 예상했던 대로 새 나이프를 더 좋아한다. 따라서 원래의 은제 나이프는 수전에게 돌아간다. "선물을 한 보람은 매우 컸다. 집안 다툼의 원인 하나가 완전히 사라졌거니와, 수전이 패니한테 마음을 열면서 패니에게는 좀 더 사랑하고 관심을 기울일 상대가 생기는 계기가 되었다"(『맨스필드 파크』 459-460→572쪽). 패니에게 이 일은 다른 사람을 전략적으로 조종해 자신이 원하는 목표를 달성하는 데 성공한 첫 번째 사례다. 전략적 사고는 패니와 수전 사이에 깊은 우애를 싹틔우는 계기를 제공한 동시에 두 자매에게 공통의 관심사를 제공한다.

동생을 가르치는 새로운 역할을 갖게 된 패니는 "생각을 이끌어 주거나 원칙을 바로 세워 줄 에드먼드 같은 사촌이 없"었음에도 수전의 분별력이 상당하다는 것이 놀랍다(『맨스필드 파크』 460→572쪽). 수전에게는 이제 그녀가 에드워드였다. 패니는 순회도서관*에 가입을 신청하고 "자신이 처음 책을 읽으며 느꼈던 기쁨을 동생에게도 나누어 주고, 자기가 즐겨 읽는 전기나 시에 대한 취미를 길러 주고 싶었다"(『맨스필드 파크』 461→574쪽). 패니는 수전이 과연 어떤 모습으로 성장할지 걱정이다. 따라서 패니가 헨리 크로퍼드와의 결혼을 유일하게 긍정적으로 고려해 볼 의사가 있다면, 그것은 결혼 후 수전이 자신과 함께 살 수 있다

* 연회비를 받고 책을 대여해 주는, 대개 민영으로 운영되던 도서관.

는 것과, 이를 통해 수전이 성장할 수 있다는 가능성 때문이다. "훌륭한 자질을 얼마든지 키워 나갈 수 있는 아이를 이런 부모님 손에 맡겨 두고 간다는 게 생각할수록 가슴이 아팠다. 수전을 데려올 수 있는 집만 있다면 얼마나 행복할까! 만약 크로퍼드 씨의 구애에 화답할 수만 있었다면, 그는 이런 조치에 반대할 사람이 아니었으니, 이 사실이 그녀에게는 가장 큰 위안이 되었을 것이다"(『맨스필드 파크』 486→603쪽). 여동생들의 지적 성장이 그녀에겐 너무나 중요하기에 패니는 자신이 가장 원하지 않는 일까지 고려해 보는 것이다.

패니가 포츠머스에 머무는 동안, 맨스필드 파크에서는 톰 버트럼이 병을 앓는다. 톰의 병세가 악화됨에 따라, 메리 크로퍼드는 에드먼드를 성직자보다는 맨스필드가의 차기 상속자가 될 매력적인 신랑감으로 생각하게 된다. 그러나 이보다 더 큰 사건은 헨리 크로퍼드와 이제 러시워스 부인이 된 마리아 버트럼이 바람이 나서 도망을 간 것이다. 에드먼드는 메리 크로퍼드가 자기 오빠의 행각을 "그저 어리석은 짓일 뿐 … 들키기까지 하다니 참으로 어리석다"고 생각하는 데 경악을 금치 못하고, "아아! 패니, 그 사람이 문제로 삼는 것은 죄를 저질렀다는 사실이 아니라 들켰다는 점이야"라고 한탄한다(『맨스필드 파크』 526→656-657쪽). 에드먼드는 애통해하지만 패니는 기쁘다. 에드먼드는 더 이상 "크로퍼드 양의 기만에 넘어가는 희생자가 아니었"기 때문이다(『맨스필드 파크』 533→666쪽).

에드먼드는 메리 크로퍼드에 대한 사랑의 열병으로 말미암아 전략적 사고의 제1수칙들 가운데 하나를 망각한다. 즉, 타인의 동기는 종종 내가 타인의 동기라고 생각한 것과 다르다는 것이다. 에드먼드는 메리와 마지막으로 만나서 나눈 대화에서 이렇게 말한다. "대단히 괴로운 일이지만 내가 이제까지 당신을 잘 몰랐다는 생각이 드네요. 지난 몇 달 동안 내가 마음속에 간직했던 사람은 적어도 정신적인 면에서는 크로퍼드 양이 아니라 내 상상의 산물이었던 것 같습니다"(『맨스필드 파크』

530→661쪽). 가문의 위상에 큰 타격을 입은 토머스 경 역시 같은 실수에 대해 생각한다. "교육상의 결핍을 그는 쓰라리게 후회했다. 지금 와서 생각하면 어떻게 그럴 수 있었는지 스스로도 이해가 되지 않았다. 딸들을 키우면서 ... 정작 딸들의 성격과 기질을 알지도 못했다니, 그저 참담할 뿐이었다"(『맨스필드 파크』 536→669쪽). 러시워스 씨만큼은 마리아와 결혼할 때 똑같은 실수를 저지르지는 않았다. "여자 쪽에서는 남자를 경멸하고 다른 사람을 사랑했고, 그 사실을 남자도 아주 잘 알고 있었다"(『맨스필드 파크』 537→670쪽).

마찬가지로 메리 크로퍼드는 에드먼드의 동기, 성직자가 되겠다는 결심의 심각성을 이해하지 못한다. 메리의 첫 번째 실수는 에드먼드가 성직자가 될 계획을 가지고 있다는 것을 알기 전에 성직자들을 조롱한 것이었다. 이는 정보 부족에서 비롯된 오류였다("패니는 그녀가 안쓰러웠다. '방금 전에 한 말을 얼마나 후회할까' 하는 생각이 들었다." 『맨스필드 파크』 104→132쪽). 하지만 그와 긴 시간 대화를 나누고도 그가 "얼마든지 더 나은 일을 할 분"(『맨스필드 파크』 109→139쪽)이라고 목청을 높인 것은 이해의 오류다. 메리에게 에드먼드의 동기는 그의 진정한 동기가 아니라 오직 자신이 생각하기에 마땅한 동기여야 한다. 만약 메리가 에드먼드의 결심을 이해하고 있었다면, 에드먼드의 청혼에 대한 자신의 승낙 여부가 에드먼드의 직업 선택에 달려 있다는 암시는 하지 않았을 것이다. 그는 이런 암시를 유독 불쾌하게 생각할 테니 말이다. 이제 막 러시워스 부인이 된 마리아에게 추파를 던진 헨리 크로퍼드의 실수는 마리아의 감정의 강도를 과소평가한 것이다. 그의 의도는 단지 자신의 허영심을 채워 보자는 것이었으나 "그는 예상했던 것보다 훨씬 강렬한 그녀의 감정의 포로가 되고 말았다. 그녀는 그를 사랑했고, 그의 마음이 가장 소중하다고 말"했다. 그는 그런 "그녀 앞에서 이제 와 구애를 거둬들일 수도 없었다"(『맨스필드 파크』 541→675-676쪽).

모든 사람에 대한 패니의 판단은 기본적으로 옳았다. 반면 패니에 대한 모든 사람의 판단은 틀렸다. 이는 패니가 조용하고, 남의 말을 잘 듣는 사람이었기 때문이다. 수동적인 것처럼 보이는 것 역시 그 나름대로 장점이 있었다. 연극 연습을 하는 동안 "언제나 대단히 예의 바르게 경청하는 사람인 … 패니는 참가자 대부분의 불평불만을 들어 주"는 사람이 되었다(『맨스필드 파크』192→241쪽). 마리아가 헨리 크로퍼드와 바람을 피워 달아난 이후 패니는 맨스필드 파크로 돌아온다. 레이디 버트럼의 말을 들어 주는 것 자체가 이모를 돌보는 것이다. "레이디 버트럼한테 유일한 위안거리는 패니한테 그 끔찍한 사건에 대해 이야기하는 것, 이야기하고 탄식하는 것뿐이었다. 레이디 버트럼한테 해줄 수 있는 것은 참을성 있게 들어 주고 다정한 공감의 목소리를 들려 주는 것뿐이었다"(『맨스필드 파크』519→648쪽). 경청의 기술은 상대방을 사랑에 빠지게 할 수도 있다. 헨리 크로퍼드는 이렇게 선언한다. "나는 정말 모든 것을 전적으로 그녀에게 털어놓을 수 있어. … 바로 **그게** 내가 원하는 거야"(『맨스필드 파크』341→425-426쪽 참조).

사실 패니는 에드먼드의 마음을 얻기 위해 아무것도 하지 않는 것처럼 보인다. 그러나 이는 능동적 경청의 힘, 능동적 동의의 힘을 과소평가한 것이다. 남의 말을 "친절하고 상냥하게 들어" 주는 패니는 일찍부터 메리 크로퍼드의 성품에 결함이 있어 보인다는 에드먼드의 불평에 강하게 공감하고, 그것이 잘못된 훈육, 즉 "교육 탓"이라는 데도 동의한다(『맨스필드 파크』312→388쪽). 오빠인 헨리 크로퍼드가 마리아와 달아난 것을 두고 메리가 오빠를 비난할 줄 몰랐을 때도, 또 톰의 병세가 악화된 후에 에드먼드에 대한 메리의 관심이 고조되었던 것을 두고도, 패니와 에드먼드는 "같은 생각이었다. 또한 이번의 실연이 그[에드먼드]의 마음에 영원한 상처와 지워지지 않는 자국을 남길 수밖에 없다는 점에도 두 사람은 의견이 완전히 일치했다"(『맨스필드 파크』531-532→664쪽). 패니는 에드먼드가 향후에라도 그의 마음을 위로해 줄 다른 여자를 만나는 것이 불가능하다는 것과 "그가 의지할 것은 패니의 우애뿐"

이라는 데 크게 동의한다(『맨스필드 파크』 532→664쪽). 이 상황은 『이성과 감성』에서 루시 스틸이, 로버트 페라스가 계속해서 그녀를 찾아와 그녀가 자신의 형인 에드워드와 결혼하면 왜 안 되는지 장시간 설명하는 말을 경청하다 그와 결혼에 이르게 된 사정과 크게 다르지 않다. 또 『오만과 편견』에서 엘리자베스 베넷으로부터 청혼을 거절당한 콜린스 씨의 하소연을 듣다가 그의 청혼을 받아들인 샬럿 루카스의 경우와도 크게 다르지 않다("그녀는 그에게 예의 바르게 귀를 기울임으로써 때맞춰 그들 모두, 특히 그녀의 친구를 구원해 주었다." 『오판과 편견』 129→166쪽).

[에드먼드가 메리 크로퍼드와 결별한 후] 패니는 편안한 장소를 골라 에드먼드와 대화를 나누며 그를 보살핀다. 그리하여 에드먼드는 "여름 내내 저녁마다 패니와 함께 산책을 하고 나무 밑에 앉아 있더니만, 스스로 마음을 다스려 그만하면 꽤 쾌활한 모습을 되찾았다"(『맨스필드 파크』 535→668쪽). 패니를 향한 에드먼드의 사랑은 패니가 열 살 때 시작되었는데, 그것은 "연약하고 순진한 더없이 사랑스러운 매력에서 시작되"었다 (『맨스필드 파크』 544→679쪽). 의지할 데 없는 패니의 상황이 최초의 매력이었다면, 이제 많이 배우고 성장한 그녀를 아끼고 존중하는 마음은 "갈수록 훌륭하게 성장하는 모습에 탄복하면서 완성"되었다. 또한 "늘 그녀와 함께 시간을 보내고, 늘 그녀에게 속내를 털어놓았"고 "그러니 이제 와서 무엇이 더 필요하겠는가. 있다면, 반짝이는 진한 눈동자보다 부드러운 연한 눈동자를 선호하게 되는 일뿐이었다. 그리고 ... 부드러운 연한 눈동자가 우위를 점하는 건 시간문제일 뿐이었다"(『맨스필드 파크』 544→679쪽).

온화해 보이는 패니는 사실 오스틴 소설의 여주인공들 가운데 가장 단호하다. 오스틴 작품을 통틀어, 단 한 사람의 지지자도 없이, 모든 사람이 적극적으로 반대하는 결정을 단행하는 주인공은 패니뿐이다. 메리 크로퍼드에 의하면, 만약 패니가 헨리 크로퍼드의 청혼을 받아들였다면 "오빠도 너무나 행복하고 바빠서 다른 여자한테는 눈길도 주지

온화해 보이는 패니(프랜시스 오코너 분)는 사실
오스틴 소설의 여주인공들 가운데 가장 단호하다.
오스틴 작품을 통틀어, 단 한 사람의 지지자도 없이,
모든 사람이 적극적으로 반대하는 결정을 단행하는 주인공은 패니뿐이다.

그림 15. 영화 〈맨스필드 파크〉의 주인공 패니 프라이스

않았을 거고, 러시워스 부인과 관계를 회복하려고 애쓰지도 않았을" 것이다(『맨스필드 파크』 527→658쪽). 메리의 이 반사실적 추론은 그리 터무니없지 않다. 패니를 설득하는 것도 완전히 가능성이 없었던 것은 아니다. 헨리가 지속적으로 구애를 했다면 "에드먼드가 메리와 결혼하고 적당한 시간이 지난 후에는 패니라는 상을, 그것도 대단히 자발적으로 수여된 상을 얻었을 것이다"(『맨스필드 파크』 540→674쪽). 그랬다면 버트럼가의 명성은 손상되지 않았을 것이고, 에드먼드는 메리와 나름 행복할 수도 있었을 것이다. 심지어 패니는 크로퍼드 부인이 되어 수전을 교화하는 데 집중하면서 십중팔구 행복했을 것이라고 추측해 볼 수 있다. 헨리를 거절함으로써, 패니는 궁극적으로 자신의 첫 번째 목적을 달성하지만, 어쩌면 에드먼드를 제외한 버트럼가와 크로퍼드가는 풍비박산이 나거나 최소한 커다란 타격을 입는 대가를 치러야 했다. 이런 상황에서 패니를 어떻게 자기희생적이라고 말할 수 있겠는가. 패니가 말하듯, "누구나 다 마음속에, 귀 기울여 듣기만 한다면 그 어떤 타인보다도 잘 인도해 줄 훌륭한 길잡이를 가지고 있"다(『맨스필드 파크』 478→593쪽).

『에마』

에마 우드하우스는 스무 살 나이에 이미 하이베리 마을 하트필드 저택의 안주인이다. 그녀는 거기서 아버지 우드하우스 씨와 함께 산다. 그녀보다 나이가 많은 여성은 모두 그곳을 떠났다. 모친은 사망했고, 언니 이저벨라와 가정교사 테일러 양은 각기 결혼해서 분가했다. 전략적 능력이 탁월한 에마는 능력을 발휘할 수 있는 사회적 신분도 함께 가지고 있다. 그러나 자신의 전략적 능력을 과신하면 함정에 빠질 수 있다는 것을 어렵게 터득한다. "사실 에마와 같은 조건에 처하면 좀 지나치게 내키는 대로 할 수 있고 자신을 과대평가한다는 것이 문제점인

데... 그렇지만 지금으로서는 이런 위험을 전혀 느끼지도 못했으니, 그녀에게는 이 약점들이 무슨 불운이라고 여겨지지도 않았다"(『에마』 3-4→10쪽). 타르 베이비가 무례하다고 생각한 토끼 형제와 마찬가지로, 또 『이성과 감성』에서 윌러비의 편지를 기다리는 자신에게 모친으로부터 온 편지를 건네주는 제닝스 부인이 잔인한 사람이라고 생각하는 메리앤처럼, 다른 사람들의 속셈을 간파하는 자신의 능력을 과신한 에마는 유아론에 빠지는데, 이는 다른 사람들에게는 자기만의 생각이 전혀 없다고 생각하는 것만큼이나 나쁘다. 자신의 전략적 기술에 대한 자부심은, 그것을 다른 사람에게 자랑하려다 과신을 초래할 수 있고, 또한 아첨에 휘둘려 속임수에 빠질 수도 있다. 게다가 타인의 선호에 지나치게 집중하는 것은 가장 중요한 선호, 즉 자신의 선호를 소홀히 하게 할 수 있다. 『에마』는 전략적 사고를 배우고 시작하기 위한 입문서가 아니라 자신의 전략적 사고 능력을 과신하는 사람들이 읽어야 할 치료제다.

앞부분에서 에마는 테일러 양과 그녀의 새신랑 웨스턴 씨를 자신이 중매했다고 생각하며 자신의 전략적 "성공"에 긍지를 나타낸다. 언니인 이저벨라의 남편 존 나이틀리의 형이자 우드하우스 부녀와 이웃인 조지 나이틀리 씨는 여기에 동의하지 않는다. 그는 에마가 그 둘의 결합을 찬성했을지 모르겠지만 "성공이라면 노력이 전제되는 건데. ... 당신이 한 일은 뭐고, 자랑스러울 것은 또 뭐요? 어쩌다 짐작이 맞아떨어졌다는 것, 내세울 수 있는 점이라곤 그것뿐이잖소"라고 쏘아붙인다(『에마』 11→20쪽). 그러나 에마는 "제가 웨스턴 씨한테 우리 집에 들르시라 권하지 않았다면, 여러 차례 조금씩 용기를 북돋아 드리고, 이런저런 사소한 문제들을 매끄럽게 처리하지 않았다면, 결국 아무 일도 안 일어났을지도 몰라요"라고 반박한다(『에마』 11-12→21쪽). "'에마는 남에게 도움을 줄 수 있다면 자기 생각은 전혀 안 하는 애라네.' 일부분만 알아들은 우드하우스 씨가 대꾸하고 나섰다. '그렇지만 애야, 더는 결혼

에마(안야 테일러 조이 분)는
전략적 능력과 그것을 발휘할 수 있는 사회적 신분을 모두 갖췄다.
그러나 "에마와 같은 조건에 처하면 좀 지나치게 내키는 대로 할 수 있고
자신을 과대평가한다는 것이 문제"다.
다른 사람의 속셈을 간파하는 자신의 능력을 과신한 에마는 유아론에 빠지고,
이는 다른 사람에게 자기만의 생각이 없다고 생각하는 것만큼 나쁘다.

『에마』는 전략적 사고를 가르쳐 주는 입문서가 아니라
자신의 전략적 사고 능력을 과신하는 사람들이 읽어야 할 치료제다.

그림 16. 영화 〈에마〉 중에서 해리엇과 에마

주선을 하지 말아 다오. 결혼은 어리석은 짓이고, 가족 친지를 헤어지게 할 뿐이니까.'" 우드하우스 씨는 다정하지만 전략적 사고에는 형편없다. 테일러 양의 분가를 몹시 애석해하는 부친의 생각을 돌리기 위해 에마는 얼른 다른 말을 꺼낸다. 자신들의 하인인 제임스의 여식을 새로 결혼한 테일러 양의 집에 가정부로 가게 한 것은 자신이 아니라 부친이라는 것, 그래서 제임스가 딸을 보러 갈 때마다 서로의 소식을 들을 수 있을 것이라고 아버지를 위안한다(『에마』 11-12→15-21쪽). 이렇게 아버지의 관심을 마음대로 돌리는 것쯤이야 이골이 나있는 에마다. 제임스의 딸에게 일자리를 알선한 것과 같은 사소한 일에 대해, (실은 그것이 애초에 에마 자신이 생각해 낸 것일 확률이 크지만) 에마는 그 공을 기꺼이 아버지에게 돌리고 아버지를 한껏 치켜세운다. 다만, 테일러 양의 결혼에 대해서라면 에마는 그것이 자신의 공이라는 걸 절대 양보할 마음이 없다. 에마는 나이틀리 씨의 도전에 응해 자신의 능력을 과시하기로 하고, 자신의 다음 중매 목표로 하이베리 교구 목사 엘튼 씨를 선언한다. 그가 "계속 혼자 지내야 한다면 딱한 일"이기 때문이다(『에마』 12→21쪽).

에마의 시야에 열일곱 살 해리엇 스미스가 들어온다. 해리엇은 인근 여자 기숙학교에서 어려서부터 생활한 학생으로 사고무친의 신세다. 에마는 해리엇의 교화를 자신의 프로젝트로 삼는다(이 점에서 에마의 행동은 『맨스필드 파크』에서 헨리 크로퍼드가 패니 프라이스를 대하는 행동과 비슷하다). "바로 이 몸이 이 아이를 알아보고 더 나은 사람으로 만들어 줄 것이며, 안 좋은 친분 관계에서 떼어 내어 훌륭한 사람들과 사귀게 해주고 적절한 의견과 매너를 갖추게 해주리라"(『에마』 23→36쪽). 이때 에마에게 최대의 걸림돌이 나타난다. 해리엇이 나이틀리 씨의 소작농인 마틴 가족과 가깝게 지내는 것이었는데, 그 집에는 두 자매와 미혼인 그들의 남자 형제 로버트 마틴 씨가 살고 있었다. 에마는 해리엇이 당연히 농부인 마틴 씨보다는 사회적 신분이 훨씬 우월한 엘튼 씨를 선택할 거라 생각한다. 에마의 관심은 단지 두 사람을 결합시키는 데 있는 것만은 아니다. 더 중요하게는 전략가로서 자신의 탁월함을 확인하는 것이다. "그녀는 그것이 훌륭한 결합이 될 거라고 생각했다. 오히려 너무 확연하게 바람직하고 자연스럽고 그럴싸한 일이어서 자기가 그런 계획을 했다고 해도 별로 내세울 바가 없으리라는 점이 문제일까. 그녀는 다른 사람들도 모두 같은 생각과 예상을 할까 봐 걱정이었다. 그렇지만 계획을 세운 시점으로 따지면 자기를 능가할 사람이 있을 것 같지 않았으니, 해리엇이 하트필드에 처음 왔던 바로 그날부터 벌써 그런 생각을 떠올렸던 것이다"(『에마』 34-35→52쪽). 즉, 다른 사람이 자신과 같은 생각을 했더라도, 제일 먼저 생각한 것은 자신이라는 것이다. 에마는 해리엇의 초상화를 손수 그리겠다고 하고 [잠시 주저하던 해리엇을] 엘튼 씨가 격려하고 나선다. 게다가 엘튼 씨는 자진해서 완성된 수채화를 가지고 런던으로 가서 액자를 만들어 오겠다고 한다.

한편, 마틴 씨로부터 서면 청혼을 받은 해리엇은 에마에게 달려와 조언을 구한다. 에마는 냉정하게 "난 조언 같은 것은 하지 않을 거야, 해리엇. ... 이런 건 자기 스스로 자기 감정에 따라 결정해야 하는 일이야"라고 말한다. 그러면서 다음과 같이 덧붙인다. "마음이 반만 기운 채 긴가민가하는 감정 상태로 결혼에 뛰어드는 것은 안전하지가 못하지"(『에마』 54, 55→78, 79쪽). 에마의 말에 잔뜩 주눅이 든 해리엇은 청혼을 거절하기로 하고, 에마는 그녀의 결정에 열렬히 동의하며 해리엇이 마틴 부인이 된다면 "무식하고 천박한 사람들하고만 평생 벗해야" 할 텐데 이제 안도할 수 있다고 말한다(『에마』 56→81쪽). 해리엇의 기분을 돋구기 위해 에마는 엘튼 씨와 해리엇의 초상화에 대해 환상적인 시나리오를 펼쳐 보인다. "지금 이 순간 아마도 엘튼 씨는 네 초상화를 모친과 누이들한테 보여 주면서 실물이 훨씬 더 예쁘다는 말을 하고 있을 테고 ... [초상화는] 오늘 저녁 내내 그분과 함께하면서 위안과 기쁨을 안겨 주고 있을 거야. 초상화는 그분 계획을 식구들에게 알리고, 널 식구들에게 소개하는 계기가 되고, 우리 본성의 저 가장 즐거운 느낌들, 즉 열렬한 호기심과 따뜻한 호감을 모든 식구들이 품게 되는 계기가 되겠지"(『에마』 59→84-85쪽). 에마에게 이런 상상이 너무나 만족스러운 것은 다른 사람들은 오직 추측밖에 하지 못하는 것을 자신과 해리엇은 이미 확실하게 알고 있기 때문이다.

나이틀리 씨는 새로운 소식을 듣고 에마를 방문한다. "나 나름대로 근거가 있어 하는 말인데 당신의 꼬마 친구한테 곧 무슨 좋은 이야기가 있을 것이오"(『에마』 62→88-89쪽). "속으로 미소를 삼키던" 에마는 자신은 마틴 씨가 청혼을 했다는 것을 이미 알고 있고, 청혼은 거절되었다고 말한다(『에마』 63→91쪽). 나이틀리 씨는 크게 놀라고, 에마가 해리엇을 설득했다고 비난한다. 이에 에마는 설령 자신이 해리엇을 설득했더라도, 자신의 행동은 충분히 정당화될 만한 것이라고 답변한다. 에마의 주장은 해리엇의 자기 결정권을 전제로 하지 않는다("그 거절 자체로 말하면, 내가 영향력을 좀 행사하자면 못 할 것도 없었겠지요")(『에마』 68→97-98쪽). 에마는 해리엇에게 대안이 있다고 주장한다. "이제 막 인생길에 들어서서 사람들과 교제를 시작한 열일곱 처녀가, 처음 들어온 결혼 신청을 수락하지 않는다고 해서 이상하게 볼 필요가 있겠어요? 아니지요, 한번 주변을 둘러볼 시간은 주셔야지요"(『에마』 67→96쪽). 그러나 에마의 핵심 주장은 사회적 신분에 바탕을 두고 있다. 그녀는 말한다. "그 아이가 교제하는 사람들도 그 청년보다 훨씬 더 높은 사람들이고. [그 청년과는] 격 떨어지는 결혼이 될 거예요. ... 그 얘가 신사의 딸이라는 점은 나한테는 의심의 여지가 없는 일이에요"(『에마』 65-66→93-94쪽). 물론 해리엇의 높은 신분은 에마가 애써 부여한 것이기도 하다. 해리엇이 진정 무엇을 원하는지는 이 대화에 끼어들 틈이 없다. 나이틀리 씨는 에마에게 엘튼 씨가 해리엇을 선택하는 일은 절대로 없을 것이라고 경고한다. 그가 "좋은 수입의 가치라면 누구 못지않게 잘" 알기 때문이다(『에마』 70→99쪽).

엘튼 씨의 구애는 계속되지만, 『오만과 편견』에서 엘리자베스 베넷이 다아시의 춤 요청을 관심이 아니라 모욕으로 받아들인 것과 유사하게, 에마의 전략적 노련함은 에마로 하여금 너무나도 분명한 일을 자신의 선입관에 따라 해석해 버리는 오류를 범하게 한다. 에마는 엘튼 씨에게 해리엇이 만들고 있는 수수께끼 모음집에 들어갈 수수께끼를 내달라고 부탁한다. 엘튼 씨는 수수께끼를 지어 해리엇이 아닌 에마에게 주는데, 에마는 해리엇에 대한 그의 사랑이 매우 대담하다고 생각한다. 만약 그가 자신의 사랑을 대외적으로 비밀로 하고 싶었다면, 수수께끼 쪽지를 에마가 자리를 비운 틈을 타서 해리엇에게 살짝 건네줄 수 있었기 때문이다. 쪽지에 적힌 "날렵한 재기"(『에마』 70→109쪽)라는 단어는 에마로 하여금 다시 한번 해리엇에 대한 엘튼 씨의 사랑을 확신하게 한다. 얼마나 사랑하고 있으면 재치가 썩 뛰어난 편은 아닌 해리엇을 두고 그런 표현을 사용할까. 에마는 확신에 차서, 나이틀리 씨가 틀렸다는 것을 보여 주기 위해 그 쪽지를 그에게 보여 줄 수 있으면 좋겠다고 생각한다. 랜들스 저택의 웨스턴 부부가 오랜 지인인 우드하우스가와 나이틀리가 식구들을 초대한 저녁 식사에 해리엇과 엘튼 씨를 특별히 초대한다. 그러나 해리엇은 [심한 인후염으로] 아파서 참석할 수 없게 되고, 에마는 엘튼 씨에게 그 자신도 컨디션이 썩 안 좋아 보이니 집에 있는 게 어떻겠냐고 넌지시 제안한다. 그럼에도 엘튼 씨는 저녁 식사에 참석하고 에마는 혼자서 어리둥절해한다. "해리엇을 무척 사랑"하는 그가 "그래도 초대를 거절하지는 못하는 거지. 어디서든 정찬에 불러 주기만 하면 꼭 가야만 하는 거야. 사랑은 정말 이상한 것이네! 해리엇한테서 날렵한 재기를 볼 수 있지만 그 애를 위해서 혼자 식사하는 건 못 하겠다는 거잖아"(『에마』 119→164쪽). 저녁 파티에서 엘튼 씨는 에마가 해리엇 때문에 인후염에 감염되지 않을까 하는 "지극한 염려"를 보여 준다. "그의 거동은 정말로 해리엇이 아닌 그녀를 사랑한다고 밝히는 꼴이었고, 굳이 그것을 숨기려고도 하지 않았던 것이다"(『에마』 135→184쪽).

집에 돌아오는 길에, 에마와 엘튼 씨는 단둘이 마차를 타고 오게 되고, 엘튼 씨의 갑작스런 청혼에 에마는 기겁한다. 에마는 해리엇을 좋아하던 엘튼 씨가 사과도 가책도 망설임도 없이 변심했다고 그를 비난했지만, 그는 여기서 왜 뜬금없이 해리엇의 이름이 나오는지 의아해한다. "그는 굴하지 않고 할 말을 남김없이 다 할 태세"였다. 그는 에마를 향해 무례한 가정을 한다. "지난 몇 주 동안 제 모든 말과 행동은 오로지 아가씨를 사모하는 제 마음을 표시하려는 한 가지 목적뿐이었습니다. ... 아가씨도 그런 제 마음을 보고 들어 잘 아신다고 확신합니다." 그러면서 그는 에마가 심지어 자신의 그런 감정을 부추겼다고 주장하기까지 한다(『에마』 140, 142→191, 193쪽). 결국 엘튼 씨가 해리엇에게 다가가도록 에마가 들러리를 선 게 아니라, 엘튼 씨가 에마에게 접근하도록 해리엇이 들러리를 선 셈이었다.

자신의 어리석음을 되돌아보면서 에마는 그 탓을 엘튼 씨의 낮은 사회적 지위로 돌린다. "재능과 정신의 품격에서 자기가 그녀보다 엄청나게 열등한 것을 깨닫기를 그에게 기대한다면 아마도 부당한 처사일 것이다. 바로 대등하지 않다 보니까 차이도 알아차리지 못하는 것일 테니 말이다"(『에마』 147→200쪽). 그녀는 겨우 마지못해 엘튼 씨와 자신의 오해가 상호적이었다는 것을 인정한다. "생각해 보면 그에 대한 자신의 언동이 너무 싹싹하고 너그러웠으며, 예의와 관심으로 가득 차 있었다는 점을 인정하지 않을 수 없었다. ... **자기도** 그의 감정을 그렇게 오독한 마당이니, 이해관계에 눈먼 그가 그녀의 감정을 오해했다고 해서 놀라워할 자격이 별로 없는 셈이었다"(『에마』 147-148→201쪽). 에마는 엘튼 씨에 대해 나이틀리 씨가 옳았고 자신이 틀렸다는 것을 인정한다. 더 굴욕적인 것은, 에마의 형부인 나이틀리 씨의 동생 존이 이전에 에마에 대한 엘튼 씨의 관심에 대해 경고한 적이 있는데, 에마는 그것을 가볍게 웃어넘겼다는 점이다. 당시 그녀는 "상황을 부분적으로만 아는 탓에 빚어지는 착각과 판단력이 좋다고 자부하는 사람들이 늘 저지르게 마련인 엉뚱한 실수"가 "우습"다고 생각했다(『에마』 120-121→166쪽). 해리엇에게 엘튼 씨가 단 한 번도 그녀를 사랑한 적이 없다는 비보를 솔직하게 전하는 상황에서도 에마는 해리엇의 눈물 섞인 반응을 사회적 신분의 틀, 월등한 존재 대 열등한 존재라는 구도 속에서 해석한다. "그녀의 슬픔은 진실로 전혀 가식이 없어서, 에마의 눈에는 이보다 고귀한 것은 없을 것만 같았다. 에마는 성심성의껏 그녀의 말에 귀 기울이고 위로해 주려고 애썼다. 그 순간만은 둘 중에서 해리엇이 더 월등한 존재라고 진실로 믿어 의심치 않았다"(『에마』 153→208쪽).

에마는 엘튼 씨의 구애 대상이 해리엇이 아니라 자신이라는 것을 언젠가는 깨달았을 것이다. 즉, 그와 자신이 단둘이 마차를 타야만 했던 불행한 일이 없었다면, 서로에 대한 오해가 굳이 그렇게 볼썽사납게 밝혀지지는 않았을 것이다. 이와는 별도로, 에마는 왜 그렇게 오랫동안 오해를 하고 있었던 것일까? 그녀는 자신의 탁월한 전략적 기질 때문에, 오해를 깨달을 수 있는 여러 가지 실마리가 있었음에도 오히려 그것들을 자신이 짜놓은 전략적 틀 안에서만 바라본 것이다. 그러나 이유는 또 있다. 에마는 우월한 사회적 지위뿐만 아니라 그에 따른 권리 의식을 가지고 있다. 따라서 다른 사람들이 그녀가 생각하는 대로 또는 원하는 대로 행동하지 않으면, 그녀는 자신의 생각이 아니라 그 사람들에게 뭔가 문제가 있다고 결론을 내렸다. 에마가 해리엇의 초상화를 그리겠다고 하자 엘튼 씨가 적극적으로 반응하면서 "당신의 풍경화와 꽃을 그린 정물화의 견본들"을 관상하는 것이 큰 즐거움이라고 하자, 에마는 속으로 "당신은 그림에 대해서는 아무것도 모르네요. 내 그림에 황홀해하는 시늉은 그만두시고, 황홀한 찬사는 해리엇 얼굴에나 쏟으시지요." 하고 생각한다(『에마』 44-45→65-66쪽). 엘튼 씨가 에마에게 몸조심하고 감기에 걸린 해리엇을 방문하지 말라고 당부하자, 에마는 이를 두고 어쩌면 그가 처음부터 해리엇을 사랑하지 않았을 수도 있다는 결론을 내리는 대신 "이렇게 지조가 없다니, 정말이라면 지극히 경멸스럽고 혐오스러운 일"이라고 생각하며 "화를 누르느라 애를 먹었다"(『에마』 135→184쪽). 이렇게 보면 에마는 『이성과 감성』에서 자신이 한껏 양보한다고 생각하며 자신에 비해 사회적 신분이 낮은 엘리자베스를 방문하면서 엘리자베스가 이미 자신의 방문 목적을 알고 있으리라고 단정 짓는 캐서린 영부인과 비교해 볼 만하다. 에마는 캐서린 영부인처럼 볼썽사납지는 않지만, 둘은 많이 닮았다.

사회적 지위에 집착하는 에마가 해리엇과 엘튼 씨 사이에 중매자로 나서게 된 것은 애초부터 자신의 전략적 능력을 인정받고자 하는 욕심 때문이었다. 에마는 꾀를 내어 해리엇과 함께 목사관을 방문한 후, 엘튼과 해리엇이 단둘이 있을 수 있도록 자신은 방에서 빠져나온다. 그런 다음 자신의 "계책이 멋지게 성공했구나" 생각하며 희열감을 맛본다(『에마』 96→137쪽). 엘튼 씨가 해리엇을 사랑하는 것으로는 충분하지 않다. 해리엇 역시 이 같은 전략에 동참하게 된 것에 자부심을 느껴야만 했다. "정말 행복하네. 해리엇, 진심으로 축하를 보내. 이런 애정을 이끌어 낼 수 있는 여자라면 자부심을 느껴도 괜찮아"(『에마』 78→112쪽). 중매에 대한 성공의 척도는 해리엇과 엘튼 씨의 행복이 아니라 주변 부부들과의 사회적 비교다. "두 사람의 결혼은 랜들스의 결합에 필적할 거야"(『에마』 79→114쪽). 에마의 목표는 처음부터 나이틀리 씨와 또 주변 사람들에게 자신의 전략적 능력을 과시하는 것이었다. 따라서 해리엇을 결혼시키는 일은 그 목적을 달성하는 데 사용할 수 있는 도구였을 뿐이다. 에마는 테일러 양과 웨스턴 씨를 중매한 데 대해 특별한 긍지를 가지고 있었다. 왜냐하면 "수많은 사람들이 웨스턴 씨가 재혼하는 일은 없을 것이라고" 했기 때문이다(『에마』 10→19쪽). 그러나 에마의 전략적 능력은 이제 좀 더 차별화된 우월성을 획득해야 했다. 에마가 이제 웨스턴 부부보다 가능성이 더 낮은 커플의 결혼을 성사시켜야 하는 이유다. 에마는 전략적으로 세련됐지만, 그녀는 자신의 전략적 행동이 "의미"하는 사회적 명성에 너무 집착한다. 이와는 반대로 나이틀리 씨는, 그 역시 상당한 전략가지만, 그런 능력을 드러내지는 않는다("제게 에마처럼 미리 짐작하고 내다보는 재능이 딱히 있는 것도 아니고요")(『에마』 38→57-58쪽). 중매에 실패해 해리엇이 흘리는 눈물을 보았으면서도 에마는 자신의 전략적 능력을 포기하지 않는다. 다만, 그것을 드러내는 데 너무 적극적이지 않아야겠다는 생각을 한다. "그날은 시간이 벌써 꽤 되어서 단순하고 무지한 사람으로 새출발하기는 늦어 버렸다. 그러나 그녀를 떠나면서 에마는 전에 했던 모든 결심, 즉 앞으로는 겸손하고 신중하게 행동하고 남은 평생 상상력을 억누르기로 한 결심을 되새겼다"(『에마』 153→208쪽).

책략을 성사시키는 데 실패해 겸손해진 에마는 자신의 탐정 기술을 과시하는 데 집중한다. 탐정 기술의 꽃은 당연히 누가 누구를 사랑하는지 파악하는 일이다. 에마와 나이가 같은 제인 페어팩스가 하이베리에 도착한다. 제인은 이모 베이츠 양과 할머니 베이츠 부인과 함께 지낸다. 제인의 부모는 그녀가 어려서 죽었기 때문에, 그녀는 어려서부터 캠벨 대령과 그의 아내 캠벨 부인 손에서 자랐다. 캠벨 부부의 딸 캠벨 양은 최근 딕슨 씨와 결혼해 아일랜드에서 산다. 캠벨 부부는 딸 부부의 초청을 받아 아일랜드를 방문하는데, 제인은 함께 가지 않고 대신 하이베리를 방문한다. 에마는 재빨리 상황을 짐작한다. 즉, 제인과 딕슨 씨는 모종의 애정 관계에 있는데, 제인이 결혼한 딕슨 씨를 피하기 위해 아일랜드에 가지 않고 하이베리로 온 것이다. 에마 입장에서 이런 결론은 너무나 당연하다. 왜냐하면 소문에 의하면 제인은 캠벨 양과 비교가 되지 않을 만큼 미모가 출중한데다, 딕슨 씨는 공공연히 자신의 아내보다 제인이 부르는 노래를 더 좋아했고, 게다가 딕슨 씨는 물놀이 중 배에서 떨어질 뻔했던 제인을 붙잡아 준 생명의 은인이기 때문이다.

지참금도 별로 없고, 집안의 사회적 위치도 변변치 않은 제인 페어팩스는 가정교사로서의 삶을 계획 중이다. 에마는 제인을 썩 좋아하지 않는데, 그 이유는 너무 말이 없기 때문이다. 예를 들어, 제인은 프랭크 처칠에 대해 그 어떤 쏠쏠한 정보도 제공하지 않았다. 프랭크 처칠은 웨스턴 씨와 사망한 그의 첫 부인 처칠 양 사이에서 난 아들이다. 처칠 양이 젊은 나이에 죽자, 그녀의 남동생이 어린 프랭크를 자신의 집에 데려다 키웠고, 나중에 프랭크는 성을 처칠로 바꿨다. 프랭크 처칠은 재혼한 아버지의 새로운 부인에게 예의를 갖춰 인사를 하기 위해 조만간 하이베리를 방문할 것으로 알려졌다. 그리고 에마는 내심 그를 자신의 짝으로 점찍어 놓는다. "그녀는 자기가 만에 하나 결혼한다면 나이나 성격이나 조건으로 볼 때 이 사람이야말로 적임자라는 생각을 자주 했는데, 그 부친이 테일러 양과 결혼한 후로는 더했다. 두 집안 사이의 이런 인연으로 자기가 그에게 우선권을 갖게 된 것 같았다"(『에마』 128→176쪽).

프랭크 처칠이 드디어, 애정 결핍증에다 끊임없는 병치레가 겹친 그의 숙모 처칠 부인을 뒤로 하고 하이베리에 도착한다. 에마는 그가 자신의 새어머니에 대해 정겹고 풍성하면서도 뜨겁게 칭찬하는 모습을 관찰한다. 그는 실로 사람들로부터 "호감을 사는 법을 잘" 알았다 (『에마』 206→276쪽). 그녀는 그가 오로지 머리를 자르기 위해 런던까지 가는 것이 내심 이상하다["머리를 자른 모습으로 다시 찾아온 그는 스스로를 흔쾌히 웃음거리로 삼았으나, 자기가 한 행동을 진심으로 부끄러워하는 기색은 전혀 없었다"]. 그러나 에마는 이에 대한 나이틀리 씨의 비난을 머릿속에서 상상하며 프랭크 처칠을 옹호한다. "이게 온당한 일인지는 모르겠지만, 어리석은 짓도 분별 있는 사람들이 아무렇지도 않게 해버리면 분명 어리석지 않은 것이 되지. ... 나이틀리 씨, 그 사람은 경박하고 어리석기 짝이 없는 청년이 **아니에요**. 혹 그런 사람이었다면 이번 일도 달리 처리했겠죠. 자기 행동을 뽐내든가 아니면 부끄러워했을 거예요. 멋쟁이 허장성세를 부리거나 아니면 자신의 허영을 변호할 수 없는 나약한 정신의 소유자처럼 문제를 회피했을 거예요"(『에마』 229→306쪽 참조). 격식에 집착하는 에마가 프랭크 처칠의 성격을 파악하는 방식은 그가 어떤 결정을 내리는지가 아니라 그가 어떤 식으로 결정을 발표하는지를 보는 것이다. 이후 에마는 "이제 자기네 둘을 한자리에서 처음 보게 된 사람들이 뭐라고들 할지 상상"하기 바쁘다(『에마』 230→306쪽). 그러는 와중에 제인 페어팩스를 위한 발신자 불명의 피아노 한 대가 베이츠 댁에 배달된다. 에마는 이 피아노를 제인의 후견인인 캠벨 대령이 아니라 딕슨 씨가 보냈을 것이라고 추측하고, 프랭크 처칠은 "이제는 사랑의 공물로밖에는 볼 수 없어졌네요"라며 그녀의 말에 호응한다(『에마』 236→315쪽).

제인 페어팩스에 대해 뒷조사를 벌이거나 난처하게 만들어 괴롭히는 일에서 프랭크 처칠은 재빠르게 에마와 한통속이 된다. 얼마 후 베이츠 양이 에마 일행을 초청해 새로 도착한 피아노를 구경시키며, 피아노에 대한 의견을 묻는다. [제인이 사람들 앞에서 피아노 연주를 하자 다들 칭찬을 보냈다. 피아노 역시 모든 음이 정확하고 선명한 최상급 악기라는 판정이 내려진다.] 프랭크 처칠이 피아노를 연주한 제인에게 말을 건넨다. "이번 일로 당신이 기뻐할 것을 생각하며 아일랜드의 친구분들이 얼마나 좋아하고 계실까요. 아마도 자주 당신을 떠올리면서, 악기가 언제쯤, 정확하게 며칠쯤 손에 들어갈까 궁금해하시겠지요. 바로 지금 일이 여기까지 진척된 것을 캠벨 대령도 아실까요?" 에마는 "그가 덜 신랄했으면 싶었지만, 재미있는 것은 어쩔 수 없었다." 그리고 그에게 귓속말로 "말씀이 너무 노골적이네요. 무슨 소린지 다 알아듣겠어요"라고 말한다(『에마』 260, 262→348, 350쪽). 에마는 자신의 전략적 동반자 프랭크 처칠이 자신을 사랑하고 있다는 것을 인정하기 시작한다. 그가 매우 어색하게 그녀에게 무언가를 고백하려다가, 아버지가 들어오는 바람에 고백을 끝내지 못한 후부터는 특히 더 그랬다. 에마는 자신이 프랭크 처칠을 사랑하는지 자문하지만 아니라고 생각한다. 그녀는 그를 부추기는 행동을 조심해야 한다고 스스로에게 타이르고, 상처받을 프랭크 처칠에게 혹시 해리엇이 좋은 위로의 선물이 될 수 있을까 생각한다.

웨스턴 부인은 에마에게 나이틀리 씨가 제인 페어팩스를 사랑하는 게 아닐까, 라고 말한다. 또 나이틀리 씨가 제인의 피아노 연주를 높이 평가했던 만큼 어쩌면 피아노를 보낸 의문의 주인공 역시 나이틀리 씨가 아닐까, 라고 한다. 나이틀리 씨는 실제로 추운 날 제인과 베이츠 양에게 자신의 개인 마차를 보내 그들이 편하게 움직일 수 있도록 한 적이 있고, 제인 페어팩스가 좋아하는, 자기 농장에서 직접 키운 각종 사과를 베이츠 댁에 보낸 적도 있다. 그러나 에마는 두 사람이 가정을 꾸리면 나이틀리 씨에게 "수치스럽고 격이 떨어지는 연고가 생길" 수밖에 없다고 한다. 그리고 왜 그런 일을 상상조차 해서는 안 되는지 설명한다(『에마』 243→324쪽). 며칠 후 에마는 얼마 안 있으면 열릴, 그리고 제인이 참석할 예정인 무도회에 나이틀리 씨는 별 관심이 없다는 사실을 알고, [웨스턴 부인 앞에서도] 제인에게 청혼하지 않을 것이라는 말을 나이틀리 씨가 분명히 하도록 이끌어 낸다["당신한테 분명히 말하지만 그런 일은 절대 없을 거요"]. 그러면서 나이틀리 씨는 에마에게 그 문제에 대해서라면 "딱하게도 한발 늦었다"고 말한다. 즉, 자신과 제인의 결혼에 대해서라면 [에마보다 먼저] 콜 씨가 이미 언급 한 바 있고 자신은 그의 생각을 바로잡아 주었다고 알려 준다. "육 주 전에 콜 씨가 이미 넌지시 비친 이야기니까. … 그 사람이 나한테 조용히 그런 이야기를 비치기에 잘못 본 것이라고 했고, 그러자 사과하면서 더는 그런 이야기를 꺼내지 않았지"(『에마』 310-311→415-416쪽).

무도회에서 엘튼 씨는 해리엇과 춤을 추는 게 어떻겠냐는 웨스턴 부인의 요청을 노골적으로 거부하고, 해리엇은 파트너가 없는 유일한 아가씨가 된다. 그러나 평소에 춤을 추지 않던 나이틀리 씨가 나타나 해리엇에게 춤을 요청하고, 에마는 이를 기쁘게 생각한다. 이튿날 해리엇은 집시 어린이들의 공격을 받고, 이번엔 프랭크 처칠이 그녀를 위기에서 구해 준다. 에마는 속으로 이렇게 외쳤다. "이런 일이 누구도 아닌 자기 친구한테 일어났고, 우연히도 바로 그 순간에 지나가다가 구해 준 사람이 그 남자라니! 정말 놀라운 일이 아닐 수 없었다. … 이런 일이 생겼는데도 서로 상대방에게 커다란 호감을 품게 되지 않는다는 것은 있을 수 없는 일이었다"(『에마』 362-363→485-486쪽). 해리엇은 에마에게 굳이 이름을 밝히지 않고 "이 세상 누구도 따라가지 못할 그분의 월등함"에 대한 자신의 존경심과 자신을 구출해 준 데 대한 감사의 마음을 이야기한다. "그분이 다가오는 것을 보았을 때 … 그 고상한 표정과 … 그리고 그 직전 저의 비참한 몰골을 생각하면. 그렇게 달라질 수가! 순식간에 그렇게 달라질 수가! 완전한 불행에서 완전한 행복으로"(『에마』 370→495쪽).

나이틀리 씨는 프랭크 처칠을 관찰해 왔다. 그윽한 눈빛으로 제인 페어팩스를 바라보는 프랭크 처칠을 지켜보며, 나이틀리 씨는 둘 사이에 모종의 관계가 있음을 감지한다. 이에 나이틀리 씨가 에마에게 경고를 하려고 하자, 에마는 너무 당황한 나머지 자신과 프랭크 처칠은 제인 페어팩스와 딕슨 씨가 내연 관계라고 의심하는 중이라고 밝히지 못한다. 다만 그녀는 제인 페어팩스와 프랭크 처칠에 대해 "두 사람만큼 애정이나 연모를 품는 것과 거리가 먼 사이도 세상에 없다"고 나이틀리 씨에게 단언한다. 나이틀리 씨는 에마의 이 같은 확신에 "망연자실"한다(『에마』 380→508-509쪽 참조).

에마와 프랭크 처칠은 모두가 모인 자리에서 분위기를 띄우기 위해 게임을 제안한다. 각자 재미있는 말 한 가지를 하거나 재미없는 말 세 가지를 하는 것이다. 베이츠 양은 세 가지 재미없는 말을 하는 것은 누워서 떡먹기일 것 같다고 한다["'아주 지루한 이야기 세 가지'라. 알다시피 나한테 딱 맞는 말이지요. 난 입만 열면 세 가지 지루한 이야기를 금방 하고야 말잖아, 그렇지 않나요?"]. 에마는 참지 못하고 추임새를 넣는데, 과연 베이츠 양이 세 가지로 끝낼 수 있겠느냐는 것이었다["어머! 아주머니, 그렇지만 좀 어렵지 않을까요. 죄송합니다만, 한 번에 세 가지만 할 수 있게 횟수가 제한될 텐데요"]. 모임이 끝나고 나이틀리 씨는 에마의 무례함을 꾸짖는다. 에마는 "세상에 다시없는 좋은 분인 것은 저도 잘 알아요. 그렇지만 그분한테는 착한 면과 우스운 면이 아주 유감스럽게 섞여 있다는 점은 당신도 인정해야지요" 하며 항변한다. 이에 나이틀리 씨는 그녀의 말에 동의하면서도 그 발언이 특별히 무례했던 것은 그녀가 발설한 문자 그대로의 의미 때문이 아니라 그 발언이 가지고 있는 사회적 맥락 때문이라고 설명한다.

> 생각해 봐요. 가난한 처지에, 원래 태어날 때부터 누리던 안락한 생활도 이제 할 수 없게 되었고… 노인이 될 때까지 살아 계시다면 아마도 더 못 해지겠지… 그분은 당신을 아기 때부터 알았고, 그분의 관심을 받는 것이 영예가 되던 시절부터 당신의 성장을 지켜보았는데, 이제 당신이 아무 생각 없이 기분에 휩쓸려 한순간 우쭐한 마음에 자기를 비웃고 비하하고 나오니… 그것도 조카딸이 보는 앞에서, 다른 사람들 앞에서 말이야(『에마』 408→544-545쪽).

에마는 자신의 행동이 얼마나 나빴는지 뉘우치고, 집에 돌아오는 길에 평소의 그녀답지 않게 우는 모습을 보인다.

제인 페어팩스는 가정교사 자리를 알아보는 것을 수개월 째 미루어 왔는데, 갓 시집온 엘튼 부인이 주선한 자리를 받아들이기로 한다. 천만다행으로 프랭크 처칠의 숙모 처칠 부인이 사망한다. 프랭크는 숙모보다는 좀 더 순한 외삼촌으로부터 제인 페어팩스와 결혼해도 좋다는 허락을 받고, 드디어 그동안 숨겨 왔던 약혼 관계를 세상에 알린다. 제인이 받은 피아노는 에마가 생각했던 대로 사랑의 선물이 맞았다. 다만 그것을 보낸 사람은 딕슨 씨가 아니라 프랭크 처칠이었다. 그는 런던에서 머리를 자르는 동안 피아노를 구입했던 것이다. 에마의 실수는 프랭크 처칠의 이발을 허영심으로 이해하고, 좀 더 중요한 행동을 숨기기 위한 연막이라고 생각하지 못한 것이다. 나이틀리 씨의 의심은 적중했다. 에마는 자신이 프랭크 처칠과 모종의 전략적 동반자 관계에 있다는 착각에 빠져 나이틀리 씨의 생각을 틀린 것이라고 일축해 버렸다. 프랭크 처칠은 전략가로서 에마가 품고 있던 자부심을 이용해 그녀를 속였다. 전략적 능력에 대한 과신은 아첨을 불러오고, 아첨은 파멸로 가는 또 다른 길을 열었다. W. C. 필즈W. C. Fields의 말대로 "정직한 사람을 속일 수는 없다"(Marshall 1939). 딕슨 씨에 대한 의심은 애초 에마가 시작한 것이다. 프랭크 처칠은 거기에 장단을 맞추었을 뿐이다. 그는 에마에게 비밀을 털어놓으려고 몇 번 시도했다. 어색하게 고백하려고 했던 것은, 그렇지만 에마의 아버지가 들어와 하지 못한 고백은 청혼이 아니라 자신의 비밀을 털어놓는 것이었다. 프랭크 처칠이 에마의 "재능을 자신의 우월성을 과시하는 데 이용한"다는 나이틀리 씨의 말은 맞는 말이었다(『에마』 162→219쪽). 프랭크 처칠 역시 전략적 능력에 대한 허영심으로 말미암아 실수를 저지를 뻔도 했다. 그는 공개된 자리에서 "마차를 장만한다는 페리 씨의 계획은 어찌 되었나요?"[『에마』 499쪽]라고 모든 사람이 알고 있는 것처럼 물어본다. 그러나 그 얘기는 실제로 베이츠 댁 식구들(베이츠 부인, 베이츠 양, 제인 페어팩스) 사이에서만 오간 얘기로, 하마터면 자신이 제인 페어팩스와 비밀리에 연락을 주고받고 있다는 사실을 들킬 뻔했다.

프랭크 처칠의 약혼 소식에 에마는 해리엇을 또다시 실망시켜야 할 일이 걱정이다. 그러나 해리엇은 에마가 그의 이름을 언급하는 것에 어리둥절하다. 해리엇을 구원해 준 남자 중에 그녀가 존경하는 사람은 나이틀리 씨다. 에마는 최근 들어 나이틀리 씨가 해리엇에게 신경을 많이 쓰고 있다는 것을 깨닫는다. 그리고 평소 그녀의 습관대로 한번 품은 의심은 "급속한 진전을 보게 마련이었다. 그녀는 모든 진실을 문득 감지하고, 인정하고, 확인했다. 해리엇이 프랭크 처칠이 아니라 나이틀리 씨를 사랑하는 것이 왜 그렇게 훨씬 더 나쁘게 여겨질까? 해리엇이 자신의 사랑에 응답이 있으리라는 희망을 얼마간 품고 있다고 해서 왜 그렇게 더 끔찍하게 불행한 사태가 되는 것일까? 한 가지 생각이 쏜살같이 에마의 뇌리를 스쳤으니, 나이틀리 씨는 자기 말고 누구하고도 결혼해서는 안 된다는 것이었다!"(『에마』 444→591쪽) 에마는 경쟁자의 적극적인 위협과 맞닥뜨리고 나서야 나이틀리 씨는 자신과 결혼해야 한다는 것을 깨닫는다. 에마는 즉각적으로 이를 위해 무엇을 해야 할지 알고 있다. "사실 자신의 이익을 위해서라도 해리엇의 희망의 최대치가 무엇인지 캐물을 필요가 있었다"(『에마』 445→592쪽). 에마는 대화를 유도하며, 해리엇은 왜 나이틀리 씨가 자신에게 관심이 있다고 생각하는지 최대한 자세하게 알아내고자 한다. 해리엇이 떠난 후 에마는 처음으로 마음속 깊이 있는 자신의 감정을 들여다본다. "무엇보다 자신의 마음을 이해하는, 철저히 이해하려는 노력이 급선무였다. ... 자신의 행복이 자신이 얼마나 나이틀리 씨의 **첫손**에 꼽히는가 하는 데, 그의 관심과 애정에서 첫손에 꼽히는가 하는 데 달려 있는지, 그 자리를 잃게 될 위험에 처한 지금에 이르기까지 에마는 단 한 번도 깨닫지 못했다"(『에마』 449-452→597-601쪽 참조).

나이틀리 씨의 나이는 서른일곱 살이다. 그는 "에마 우드하우스에게서 결함을 볼 수 있는 몇 안 되는 사람 가운데 하나고, 그런 말을 당사자에게 내놓고 하는 유일한 사람이었다." 그는 "그녀를 사랑해 주었고, 소녀 시절부터 그녀를 지켜보면서 그녀를 더 나은 사람으로 만들려고 노력하고 그녀가 올바르게 처신하기를 바랐"다(『에마』 9, 452→17, 602쪽). 그러나 특히 베이츠 양에게 무례하게 한 것에 대해 따끔한 비난을 받고 난 이후부터, 에마는 해리엇이 자신보다 나이틀리 씨의 사랑을 더 많이 받고 있을지도 모른다고 걱정하게 된다.

프랭크 처칠의 약혼 소식 때문에 에마가 힘들어하지 않을까 하는 염려에 나이틀리 씨는 에마를 방문한다. 에마는 자신이 프랭크 처칠에 대해 한 번도 진지하게 관심을 가져 본 적이 없다고 그를 안심시키고, 나이틀리 씨는 "한 가지 면에서 그는 나의 부러움의 대상"(『에마』 467→620

쪽)이라고 고백한다. 에마는 그동안 근거 없는 추정을 일삼았던 자신의 과거를 스스로 질책했음에도 불구하고("참아 줄 수 없는 허영심으로 그녀는 모든 사람의 숨겨진 감정을 자기가 안다고 믿고, 용서할 수 없는 교만으로 모든 사람의 운명을 조종하겠노라고 나댔다")(『에마』 449→598쪽) [나이틀리 씨가 해리엇 이야기를 할까 봐] 대화의 주제를 다른 데로 돌리며, 나이틀리 씨가 간단한 말 한마디 할 기회를 주지 않는다. 에마는 나이틀리 씨가 해리엇에 대해 얘기하는 줄로 또다시 근거 없이 추정하고, 더 이상 말을 하지 말아 달라고 한다["뭐가 부러운지 묻지 않을 생각이군. 아무 호기심도 갖지 않기로 작정한 모양이네. ... 에마, 당신이 묻지 않으려 하는 이야기를 나는 해야만 하겠소.... 어머! 그렇다면, 말하지 마세요. 말하지 마요."]. 그러나 에마는 결정적으로 생각을 바꾸어, 나이틀리 씨가 마음대로 고백하는 것을 허용해야 하겠다고 생각한다.

> 에마는 차마 그에게 고통을 줄 수는 없었다. 그는 그녀에게 털어놓고 싶고, 어쩌면 아마도 상의를 하고 싶은 모양이었다. 그러니 아무리 힘들더라도 자기는 이야기를 들어 주어야 했다. 그의 결심을 돕고, 스스로 용납할 수 있게 도와줄 수 있을 것이었다. 공정하게 해리엇을 칭찬하거나, 그가 누구에게도 속하지 않은 몸임을 일깨워 그런 망설임 상태에서 벗어날 수 있게 도와줄 수 있을 것이었다(『에마』 468→621쪽 참조).

그녀는 나이틀리 씨에게 산책을 계속하자고 하면서, 친구로서 무슨 말이든 자신에게 털어놓으라고 한다. 이에 나이틀리 씨는 말한다.

> 내가 당신을 덜 사랑했다면, 사랑에 대해 여러 말을 늘어놓을 수도 있었겠지. 그렇지만 내가 어떤 사람인지 당신도 알지 않소. 내가 하는 말은 오로지 진실뿐이라는 것을. 이제껏 나는 당신한테 야단도 치고 설교도 했는데, 당신은 잘 참아 냈지. 어떤 영국 여성도 그렇게

는 못 했을 정도로. 이제껏 참아 온 대로, 가장 소중한 에마, 지금 내가 털어놓는 진실들도 참고 들어 줘요. … 정말이지, 난 대단히 무심한 연인이었소. 그렇지만 당신은 나를 잘 알지요(『에마』 469→622쪽).

에마는 이제야 자신에 대한 나이틀리 씨의 마음을 이해한다. 에마의 가장 중요한 전략적 조치는 산책 코스를 다 돌고도 한 바퀴 더 돌자고 한 것과, 나이틀리 씨에게 말할 기회를 준 것이다. 이는 그 자체로 에마가 우쭐대거나 기뻐할 일은 결코 아니었다. 단지 중요한 것은 그 전략이 통했다는 것이다. 실제로 에마는 그 제안이 우아하지 않다고 느꼈다. "한 바퀴 더 돌자고 하고, 방금 그만하자던 화제를 다시 끄집어내다니, 좀 이상하겠지! 그 비일관성이 그녀에게도 느껴졌지만 나이틀리 씨는 너그럽게 받아들이고 더 해명을 요구하지도 않았다"(『에마』 470→624쪽). 수년 동안 이어진 훈계와 일관된 가르침, 그리고 에마가 기꺼이 그 가르침을 받아들였다는 점이 나이틀리 씨가 에마를 사랑하는 토대가 된다. 따라서 베이츠 양에 대한 에마의 무례함을 나이틀리 씨가 꾸짖은 것은 싫어하는 감정이 아니라 보살피고 사랑하는 마음의 표시다. 또 나이틀리 씨의 전략적 파트너가 되어, 그것이 자신의 경쟁자에게 혜택을 주는 일일지라도, 그의 결심을 도와주기로 결심하는 에마의 헌신은, 그녀로 하여금 계속해서 산책을 하도록 했고, 그것은 결과적으로 그녀를 성공으로 이끈다. 그녀는 이렇게 한 번의 성공을 거두는데, 그것은 그녀가 상대방의 동기를 제대로 파악한 결과도 아니고, 상대방을 영리하게 조작한 결과도 아니다. 단순하게, 상대방에게 말할 수 있는 자유를 허락하고 자신의 마음을 이야기하도록 한 결과다.

프랭크 처칠에 대한 질투가 나이틀리 씨로 하여금 자신이 에마를 사랑하고 있다는 것을 "아마도 … 깨닫게" 해주었을 것이다. 그런 의미에서 나이틀리 씨와 에마의 감정은 각각 경쟁자들에 의해 촉발되었다(『에마』 471→625-626쪽). 해리엇의 전략적 기술도 향상되었다. 그녀에 대한 엘튼 씨의 사랑은 온통 에마의 해석에 의한 것이었고, 그것은 모두 틀린 것이었다. 그러나 그녀는 나이틀리 씨가 자신에게 관심을 가지고 있다는 것(해리엇에 대한 에마의 높은 평가를 의심한 나이틀리 씨는 해리엇을 좀 더 잘 알기 위해 노력한 것이었다)을 스스로 파악한다. 마틴 씨는 해리엇에게 다시 청혼하고, 해리엇은 이제 누구의 도움도 필요로 하지 않는다. 그녀는 그의 청혼을 받아들인다. 『설득』에서 앤 엘리엇이 레이디 러셀의 영향력에서 벗어나듯이, 해리엇 역시 에마의 감독에서 벗어나는 것이다.

오스틴의 여주인공들 중에서 에마는 제약 조건이 가장 없는 인물이다. 그럼에도 불구하고 그녀가 가장 독립적인 인물이라고 말할 수는 없다. 그녀는 칭찬과 인정을 갈구하고, 자신의 전략적 행동들을 다른 사람들, 특히 자신의 멘토인 나이틀리 씨가 어떻게 생각할지 끊임없이 고민한다. 에마 주변에 그녀의 능력을 제대로 평가해 줄 만한 경륜 있는 인물이 없다는 것을 고려하면 이는 이해할 만하다. 『오만과 편견』에서 엘리자베스 베넷에게는 노련한 아버지가 있고, 『이성과 감성』에서 엘리너와 메리앤 대시우드에게는 어머니가 있다. 『설득』에서 앤 엘리엇은 자신의 능력을 뽐내고 싶어 하기에는 너무 성숙한 인물이고, 『노생거 사원』의 캐서린 몰런드와 『맨스필드 파크』의 패니 프라이스는 자신들이 능력을 뽐낼 수 있다는 것을 알기엔 아직 너무 어리다. 나이틀리 씨의 비판은 가차 없다 — 예를 들어 "당신처럼 오용하느니 차라리 분별력 따위는 없는 편이 낫겠소"(『에마』 67→96쪽). 하지만 그는 최소한 전략적 사고를 이해하는 사람이다. 에마의 부친은 전략적 차원에서 보면 젬병이고, 그녀의 언니 이저벨라는 "느리고 소심"하다(『에마』 37→56쪽 참조). 그녀의 전 가정교사 웨스턴 부인 역시 큰 도움이 못 된다. 웨스턴 부인은 에마와 나이틀리 씨의 감정을 감지할 수 있어야 했다 — 자신이 에마는 "사랑스러움 그 자체"(『에마』 39→59쪽)라고 말했을 때 나이틀리 씨가 동의하는 것을 보았고, 또 자신이 나이틀리 씨와 제인 페어팩스 사이의 관계를 언급할 때 에마가 불편해하는 모습도 보았다. 그러나 그녀는 아무것도 하지 않고, 오히려 프랭크 처칠의 약혼 소식에 에마가 실망할까 걱정한다. 에마에게는 동료, [함께 의기투합할 수 있는] 공모자가 필요하다. 그녀가 프랭크 처칠의 등장을 몹시 반겼던 이유는 그의 전략적 재능이 그녀의 재능을 제대로 알아봐 줄 것이라 예상했기 때문이었다. 나이틀리 씨와의 결합을 통해 에마는 마침내 진정한 전략적 파트너를 확보한다.

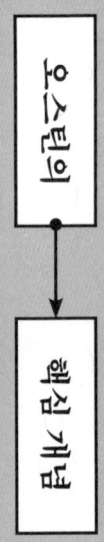

오스틴은 게임이론의 핵심 개념 — 선택(사람들이 어떤 행동을 하는 것은 그 사람이 그렇게 하기로 선택했기 때문이다), 선호(사람들은 보상이 가장 큰 행동을 선택한다), 전략적 사고(사람들은 행동을 하기 전 다른 사람의 행동을 고려한다) — 을 신중하게 구축한다. 사람들의 선호는 그 사람의 선택에 의해 가장 잘 드러난다. 오스틴의 소설에서 전략적 사고는 "통찰"을 비롯해 여러 개의 이름을 가지고 있다. 오스틴은 뛰어난 전략가라고 자부하지만 실제로는 전혀 그렇지 않은 하수들을 통해 전략적 사고(의 결여)를 보여 준다. 오스틴 작품에서 전략적 사고 능력이 뛰어난 등장인물들은 다른 사람들의 눈을 관찰하는 방법을 통해 그들의 선호를 감지해 낸다. 이 장부터는 오스틴의 소설 여섯 편을 합쳐 하나의 작품집으로 간주해 분석한다.

선택

오스틴의 중심 관심사는 선택이다. 이는 심지어 집착이라고 할 수 있을 정도다. 가장 중요한 선택은 단연 여성의 결혼 여부에 대한 선택과 결혼을 할 경우 그 대상의 선택이다. 여성들에겐 선택의 여지가 없다는 가정에 대해 오스틴의 여주인공들은 단호하게 여성들의 선택권을 옹호한다. 루시 스틸과의 비밀 약혼이 탄로 난 후 에드워드 페라스의 어머니가 그와 의절하자, 존 대시우드는 그의 의붓누이 엘리너에게, 페라스 가족이 이제는 재산가인 모턴 양을 에드워드의 동생 로버트와 결혼시킬 계획을 세우고 있다고 말한다. 엘리너는 모턴 양에게 조금도 관심이 없지만, 그래도 [여성의 선택권과 관련된] 원칙을 옹호한다. "이 문제에서 여자분은 선택권이 없나 보군요"(『이성과 감성』 336→392쪽). 패니는 자신이 헨리의 청혼을 거절한 것을 그의 누이들이 매우 놀라워하고 있다는 소식을 듣고 이렇게 말한다. "모든 면에서 나무랄 데 없는 남자라도 어쩌다 마음만 주면 상대편에서는 무조건 좋다고 할 거라는 생각은 곤란하다고 봐요"(『맨스필드 파크』 408→509쪽). 이 책의 1장에서 언급했듯이, 해리엇 스미스가 로버트 마틴의 청혼을 거절한 후, 이 소식을 듣고 놀라움과 불쾌감을 나타내는 나이틀리 씨를 향해 에마 우드하우스는 다음과 같이 쏘아붙인다. "남자들은 여자가 결혼 신청을 거절하면 언제나 이해를 못 하죠. 여자는 누가 청혼만 하면 금방 받아들인다고 언제나 생각하니까요"(『에마』 64→91쪽). 캐서린 영부인이 엘리자베스 베넷으로 하여금 다아시와 절대 약혼하지 않겠다는 약속을 하라고 윽박지르자 엘리자베스는 자신의 선택권을 옹호한다. "전 단지, 제 자신의 의견에 따라, 영부인이건 혹은 저하고는 관계없는 누구의 의견이건 상관하지 않고, 제가 행복해질 수 있도록 행동할 작정일 뿐입니다"(『오만과 편견』 396→490쪽). 존슨에 따르면 "아마도 오스틴과 동시대 작가들 중에서도 공공연한 급진주의자가 아니라면, 호감이 가는 등장인물로 하여금" 이토록 순도 높은 발언을 하게 하지는 못했을 것이다(Johnson 1988, 84). 이와 반대로, 앤 엘리엇의 동생이자 겁 많고 자기중심적인 메리 머스그로브는 캐서린 영부인의 발언이라 해도 무색할 말을 한다. "어떤 처녀도 가족의 주요 구성원을 언짢게 하고 불편하게 할 선택을 할 권리는 없다"(『설득』 82→115쪽).

사려 깊은 남자들은 여성도 선택할 수 있다는 것을 알고 있다. 에드먼드 버트럼은 이모 노리스 부인에게 패니의 연극 참여를 더 이상 강요하지 말라고 요청하면서 "연극을 하고 싶지 않다고 하잖아요, 우리처럼 패니도 스스로 선택하게 해줘야" 한다고 주장한다(『맨스필드 파크』 172→216쪽). 프랭크 처칠은 "친분의 정도를 판단할 권리는 언제나 여성 쪽에 있는 것"이라고 말한다(『에마』 216→288쪽). 존슨이 지적한 대로, 어리석은 남자들은 이걸 모른다. "오스틴 소설에 등장하는 많은 남성들은 ... '아니오'를 대답으로 받아들이지 못한다"(Johnson 1988, 36). 존 소프는 여성과 춤을 추기 위해서는 먼저 그녀에게 물어봐야 한다는 것을 모른다. 그는 캐서린 몰런드에게 다가가 이렇게 선언한다. "자, 몰런드 양, 당신

과 내가 다시 한번 마주 서서 춤을 춰볼까요?"(『노생거 사원』 54→74쪽)

오스틴에게 선택할 수 있다는 것은 거의 언제나 좋은 것이다. "선택받는 것보다는 선택하는 것이 … 훨씬 더 낫다"(『에마』 15→26쪽). 선택할 수 있다는 것은 권력이 있다는 것을 의미한다. 엘리자베스 베넷은 이렇게 말한다. "자기 뜻대로 하는 권한을 다아시 씨보다 더 즐기는 분은 본 적이 없는 것 같아요"(『오만과 편견』 205→259쪽). 유사한 예로, 에마는 사회적으로 신분이 낮은 콜 가문이 주최하는 파티에 자신과 부친은 참석하면 안 된다고 생각한다. 그러나 초청장이 도착하지 않자 "자기가 거절할 수 있었기를 바란다는 것을 깨달았다"(『에마』 224→299쪽). 러시워스 씨 저택의 보수 작업에 대해 이야기하는 중, 신중한 에드먼드 버트럼은 자신이라면 주택 보수 전문가를 고용하느니 어떤 공사를 어떻게 할지 스스로 선택할 것 같다고 한다. "만일 저한테 새로 꾸밀 집이 있다면 조경사 손에 맡기지는 않을 겁니다. 미관은 좀 떨어지더라도 내가 원하는 대로 하나씩 하나씩 해나가고 싶거든요. 조경사의 실수보다는 자신의 실수를 감수하는 편이 낫지요"(『맨스필드 파크』 66-67→85쪽). 이와는 반대로 속물적인 메리 크로퍼드는 이렇게 말한다. "돈만 지불하면 맡아서 최대한 아름답게 꾸며 줄 랩턴 씨 같은 사람이 있다면 정말 고마울 거예요. 전 공사가 끝날 때까지 보지도 않을래요." 아직 결정을 하지 못한 패니는 공사를 지켜보는 것으로 만족한다. "**저** 같으면 진행되는 과정을 하나하나 지켜보는 게 즐거울 것 같은데요"(『맨스필드 파크』 67→86쪽).

오스틴 작품에서 선택이 부정적으로 보일 때가 한 번 있다. 패니가 무도회에서 어떤 장신구를 착용할지 결정해야 할 때다. 패니는 오빠 윌리엄이 선물로 준 호박琥珀 십자가를 귀중하게 여긴다. 그러나 그것을 착용하려면 끈이 필요하다. 패니는 에드먼드가 준 금줄과, 메리 크로퍼드가 선물로 준 금목걸이 가운데 하나를 선택해야만 한다. 패니는 에드먼드가 준 금줄을 훨씬 선호하지만, 에드먼드는 메리에 대한 자신의 이해관계 때문에 패니에게 메리 크로퍼드가 선물한 목걸이를 착용해 달라고 요청한다. 그러나 "막상 하려고 보니 크로퍼드 양이 준 목걸이가 아무리 해도 십자가 고리에 들어가지 않았다. 에드먼드의 뜻에 따라 그 목걸이를 하기로 마음먹었지만, 십자가를 달기에는 줄이 너무 두꺼웠던 것이다. 그러니 그가 준 줄을 쓰는 수밖에 없었다. 그래서 패니는 기쁜 마음으로 십자가와 줄을, 가장 가슴 깊이 사랑하는 두 사람이 준 기념품 ... 을 목에 걸었다. 윌리엄과 에드먼드의 마음이 이 장신구에 가득 깃들어 있다는 것을 눈과 가슴으로 실감하고 나자, 크로퍼드 양의 목걸이도 함께 착용하기로 어렵지 않게 결심할 수 있었다"(『맨스필드 파크』 314-315→391쪽). 메리가 준 목걸이가 너무 커서 십자가를 끼울 수 없으니 패니에게는 이제 선택의 여지가 없고, 따라서 패니는 이제 비난받을 염려 없이 자신이 바라던 대로 에드먼드가 준 목걸이를 착용할 수 있게 된 것이다. 다만, 그녀는 메리가 준 목걸이도 함께 착용함으로써 자신에게 주어진 선택권을 행사한다. 즉, 선택을 할 필요가 없는 것이 더 좋아 보이는 상황에서조차, 또 다른 선택이 상황을 더 좋게 만들 수 있다는 것을 보여 준다.

따라서 오스틴이 보기에 선택을 하지 못하는 사람들은 조롱은 물론이고 그보다 더한 것을 받아도 마땅하다. 쇼핑을 하는 중에 메리앤 대시우드는 "파머 부인이 꾸물거리는 것에 겨우 화를 참을 정도였다. 파머 부인의 눈길은 예쁘거나 비싸거나 새로운 것이면 무엇에나 사로잡혔고, 몽땅 다 사겠다고 법석을 떨다가도 막상 아무것도 결정하지 못하고 넋을 잃고 미적거리면서 마냥 시간을 흘려보냈다"(『이성과 감성』 187-188→216-217쪽). 에마와 쇼핑하면서 "해리엇은 보는 물건마다 마음에 들어 하고 귀가 아주 얇아서 물건을 사는 데 언제나 아주 오래 걸렸다"(『에마』 252→335쪽). 해리엇이 물건을 어디로 배달시켜야 할지 결정을 못 하고 있자 에마가 참지 못하고 지시를 한다. 그녀는 "이 문제에 시간을 0.5초도 더 안 쓰는 편이 좋겠지"라고 말하며 해리엇을 대신해 결정을 해준다(『에마』 254→339쪽). 더 심각한 사례로는, 웨스턴 씨의 첫 부인이었던 처칠 양이 있다. 그녀는 가족의 반대를 무릅쓰고 그와 결혼하지만, 부모 밑에서 누렸던 엔스컴에서의 호화로운 생활을 포기하지 못한다. 따라서 "그들은 자기네 수입을 넘어서는 생활을 했다. ... 남편을 사랑하는 마음이 사라지지는 않았으되, 그녀는 웨스턴 대위의 아내이면서 동시에 엔스컴의 처칠 양이 되고 싶었던 것이다"(『에마』 14→24쪽). 처칠 양은 이 둘 사이에서 선택을 못 하고, 결혼한 지 삼 년 만에 죽는다. 파멸로 치닫는 마리아 버트럼과 헨리 크로퍼드의 관계 또한 그들이 선택을 못 한 데서 연유한다. 마리아는 결혼 생활과 헨리와의 연애 사이에서 선택을 하지 못하고, 헨리는 패니의 사랑을 계속 추구할지, 마리아의 냉대를 극복할지 사이에서 선택을 하지 못한다. "한때 자기 하기에 따라 울고 웃던 여자한테 냉대를 당한 것이 참을 수 없었다. ... 그는 결국 어쩔 수 없이 그녀와 함께 도망을 쳤는데, 이때도 패니 생각에 안타까웠"다(『맨스필드 파크』 541-542→675-676쪽).

오스틴에 따르면, 선택은 구속력을 가진다. 둘 중 하나만을 선택해야 한다. 선택하고 난 후에는, 선택하지 않은 것처럼 행동할 수 없다. 젠체하기 좋아하는 콜린스 씨와 결혼한 친구 샬럿 루카스의 신혼집을 방문하고 난 후, 엘리자베스 베넷은 안타까워한다. "불쌍한 샬럿! 그녀를 그런 사람들 사이에 두고 가야 하다니 서글픈 일이었다. 그러나 그건 그녀가 두 눈을 멀쩡히 뜨고 선택한 삶이었다"(『오만과 편견』 239→304쪽). 윌러비가 부를 쫓아 그레이 양과 결혼한 후 메리앤에게 용서를 구하기 위해 찾아왔을 때, 엘리너는 윌러비에게 다음과 같이 지적한다. "당신이 잘못이에요, 윌러비 씨, 그러시면 안 되지요. ... 윌러비 부인에 대해서든 제 동생에 대해서든 이런 식으로 말해서는 안 되는 겁니다. 당신은 스스로 선택을 했던 거예요. 강요한 사람은 없었어요"(『이성과 감성』 373→437쪽).

선택을 하지 못하는 이유는 결단력이 없어서일 수도 있는데, 오스틴은 일관되게 결단력의 결여를 비난한다. 프랭크 처칠이 새어머니에게 인사 오는 것을 몇 개월씩이나 늦춘 것에 대해 에마와 나이틀리 씨는 이런 대화를 나눈다. 에마는 "그분 외삼촌 외숙모가 놓아주지를 않는" 것이라고 하며 "남한테 기대 사는 어려움이 무언지" 이해하지 못한다고 나이틀리 씨를 타박한다(『에마』 156-157→213쪽). 그러나 나이틀리 씨는 단호하게 답한다. "남자가 하고자만 한다면 언제든 할 수 있는 게 하나 있으니, 에마, 그건 바로 의무요. 작전이나 수를 써서가 아니라 단호한 결단을 통해서 말이오"(『에마』 157→214쪽). 다아시가 자신의 친구 빙리에게 귀가 얇아서 다른 사람들의 말에 너무 쉽게 넘어간다고 타박하자 엘리자베스는 빙리를 옹호한다. "제가 보기엔 당신께서 우정이나 애정의 영향력을 전혀 인정하지 않으시는 것 같군요, 다아시 씨"(『오만과 편견』 54→73쪽). 하지만 빙리가 아무런 설명도 없이 언니 제인과 연락을 끊어 버리자 엘리자베스는 다아시와 캐롤라인 빙리가 여기에 개입했을 것이라고 생각하고, 얼마 뒤 그녀의 추측은 정확한 것으로 밝혀진다. 그러자 엘리자베스는 기존의 입장을 바꾼다. 그녀는 "그의 순한 기질, 지나치게 우유부단한 성격에 대해 분노하거나 경멸감을 갖지 않을 수 없었다. 바로 그 우유부단한 성격 때문에 그는 지금 주위 사람들의 계략에 노예가 되고" 있다고 생각했다(『오만과 편견』 151→192쪽).

오스틴은 연고 관계에 따라 어쩔 수 없이 하게 되는 선택을 제일 싫어한다. 노리스 부인은 그랜트 박사, 러시워스 부인과 함께 카드 게임을 하고자 한다. 그러면서 톰 버트럼에게 휘스트 게임*을 같이 하자고 하자, 톰은 패니에게 춤을 추자고 하며 이 상황에서 빠져나간다. 그러면서 패니에게 이모 흉을 본다. "거기다 거절할 수도 없게 모두 보는 앞에서 아무것도 아닌 양 부탁을 해! **그게** 제일 싫어. 겉으론 부탁하는 척, 선택의 여지를 주는 척하면서 실은 뭐든지 시키는 대로 할 수밖에

- 네 명이서 하는 카드놀이로 브리지 게임의 전신으로 알려져 있다.

없게 만드니, 세상에 이렇게 분통 터지는 일이 어디 있어!"(『맨스필드 파크』 141→178쪽) 톰은 삶이 통째로 마지못한 선택인 패니에게 이렇게 아무 생각 없이 불만을 터뜨린다. 토머스 에드워즈가 지적하듯, 『맨스필드 파크』의 "거의 모든 중요한 사건의 핵심에는 사람들로부터 결정권을 빼앗는 것이 깔려 있다"(Edwards 1965, 56). 제인 페어팩스는 비가 오거나 말거나 매일 아침 일찍 우체국에 가서 자기 집의 우편물을 받아온다. 이 사실을 안 엘튼 부인은 제인을 위해 자신의 하인들에게 그 일을 시키겠다고 한다. 제인은 프랭크 처칠이 보낸 편지가 다른 사람들에게 알려지는 것을 바라지 않기에 괜찮다고 한다. 하지만 엘튼 부인은 막무가내로 제인의 선택권을 박탈한다. "친애하는 제인, 더 이상 아무 소리도 마요. 결정은 내려졌으니"(『에마』 319-320→426쪽). 마지막으로, 『설득』의 전체 줄거리는 주인공 앤 엘리엇이 마지못해 웬트워스 대령의 청혼을 거절한 첫 번째 선택을 극복하는 이야기다. 앤과 웬트워스 대령은 서로에 대한 진심을 마침내 확인하게 되는데, 그들은 "결합을 처음 계획했을 때보다 어쩌면 더 절묘한 행복감을 맛보았다. 서로의 성격과 진실과 애정에 대해 더욱 다정하고 확고하며 시련을 거친 지식을 갖게 되었다. 그들은 이제 이 결합을 더욱 동등하게 실행했고, 실행을 하는 데 더욱 떳떳했다"(『설득』 261→348쪽 참조). 앤은 이제 나이도 더 들고 걸리적거리는 것도 없으며 "행동하기에 더욱 동등"해졌다. 이런 그녀는 웬트워스 대령과의 결혼을 선택함으로써 팔 년 전의 실수를 만회하고도 남는다. 즉, 강해지고 자유로워진 그녀는 더 좋은 선택과 더 좋은 결과를 낳는다.

오스틴은 신중한 선택을 하기 위해서는 반사실적 가정, 즉 만약 다른 선택을 했다면 어떤 일이 벌어질지에 대해 잘 이해해야 한다고 설명한다(경제학에서는 이를 "기회비용"이라 부른다). 메리 크로퍼드는 에드먼드가 선택한 성직자라는 직업이 야망이 아니라 나태함을 부추긴다고 주장한다. 에드먼드와 패니는 이에 동의하지 않지만, 메리 크로퍼드는 자신의 형부 그랜트 박사를 예로 든다. "그랜트 박사님은 ... 멋진 설교를 할 때도 많고 대단히 점잖은 분이지만, 그래도 **제** 눈에는 나태하고 자기중심적인 미식가로 보이는 건 어쩔 수 없어요. 모든 음식을 당신 입맛에 맞추어야 하고, 다른 사람을 위해서는 손가락 하나 까딱하지 않"아요(『맨스필드 파크』 130→164쪽). 에드먼드가 "패니, 이건 우리가 불리한데. 그랜트 박사님을 변호해 드릴 수는 없겠는 걸"이라면서 메리에게 양보하자, 패니는 그랜트 박사가 성직자가 아니고 다른 직업에 종사하고 있다면 상황은 지금보다 더 나쁠 것이라면서 다음과 같이 주장한다. "지금 그랜트 박사님이 고쳤으면 하는 점이 무엇인지 몰라도 더 활동적이고 세속적인 직업이었다면 더 심해졌을 공산이 크지요. ... 전 박사님이 목사가 아닌 다른 직업을 가졌을 때보다 언행을 단속하려고 더욱 노력하고 계시리라 믿어요"(『맨스필드 파크』 131→165쪽). 메리 크로퍼드와 에드먼드는 패니에 비해 전략적 사고에 좀 더 능숙한 것처럼 보이지만, 이 장면에서는 패니만이 제대로 이해하고 있는 것이 있다. 즉, 이 상황에서 적절한 반사실적 가정은 그랜트 박사의 직업을 다른 직업과 비교하는 것이지, 무직과 비교하는 것이 아니라는 것이다. 에드먼드는 패니에게 메리 크로퍼드의 성격이 걱정이라면서 청혼을 해야 할지 확신이 서지 않는다고 한다. 이때 패니는 어쩌면 여기서 적절한 선택은 메리냐 결혼 포기냐가 아니라 메리냐 아니면 자신과 같은 다른 여성이냐, 라고 말하고 싶었는지도 모른다. 비슷한 예로, 세련된 취향을 가진 제인 페어팩스가 불쾌하기 짝이 없는 엘튼 부인과 어떻게 그렇게 많은 시간을 보낼 수 있는지 에마가 궁금해하자, 웨스턴 부인은 이렇게 답한다. "페어팩스 양이 목사관에서 대단히 즐겁게 지낸다고야 볼 수 없지, 에마. 그래도 언제나 집에만 있는 것보다는 낫잖아. 이모가 착하기는 하지만, 항상 같이 지내기에는 대단히 피곤한 분이고. 그런 곳을 드나든다고 취향을 탓하기 전에 페어팩스 양이 어떤 곳을 벗어나는지 먼저 생각해 봐야 하지 않을까"(『에마』 308→412쪽).

반사실적 가정을 제대로 이해하는 것, 다시 말해 다른 선택을 했을 경우 일어날 수 있는 것을 모두 상상하는 일은 쉽지 않다. 앤은 웬트워스 대령의 친구들인 하빌 대령과 벤윅 대령을 만난 후 그들의 우정이 "흔히 그러듯 서로 공평하게 주고받는 식의 초대, 격식을 차린 정찬에의 과시적 초대와는 근본적으로 차원이" 다르다는 것을 인식한 후, 팔 년 전 웬트워스 대령의 청혼을 거절하지 않았다면 지금 자신이 어떤 삶을 살고 있을지 반사실적으로 생각해 보지 않을 수 없다. 앤은 "이 사람들이 모두 내 친구들이 될 뻔했는데"라는 데까지 생각이 미치자 밀려오는 아쉬움을 어쩌지 못했다(『설득』 105→147쪽). 반사실적 가정 가운데, 돌이킬 수 없는 사건들로 말미암아 더 이상 가능하지 않은 것들은 생각해 볼 가치가 없다는 것을 앤은 안다. 바스에서 음악 연주회 도중 엘리엇 씨는 계속해서 앤에게 극진한 친절을 보이고 웬트워스 대령은 질투심이 폭발해 연주회장을 뛰쳐나간다. 앤은 엘리엇 씨에게 호감을 느끼고, 웬트워스 대령이 없었다면 자신이 엘리엇 씨를 어떻게 생각할까 질문해 본다. 하지만 앤은 반사실적 가정은 아무 의미가 없다는 것을 안다. "웬트워스 대령이 없었더라면 그녀가 엘리엇 씨에 대해 어떤 감정을 품었을까 묻는 것은 무의미한 질문이었다. 웬트워스 대령이 이미 존재하고 있는 이상. 그리고 현재의 불확실한 상황이 어떤 결과로 이어지든, 그 결과가 좋든 나쁘든 그녀의 사랑은 영원히 그의 것이었다"(『설득』 208→278-279쪽).

선호

게임이론에서 보수를 수치화하는 것과 관련해, 기본적인 가정은 본질적으로 통약 가능성이다. 즉, 복잡하게 얽힌 여러 감정들을 하나의 감정으로 환원할 수 있다는 것이다. 오스틴은 이 가정에 문제가 있을 수 있다는 것을 인정한다. 예를 들어, 웬트워스 대령이 크로프트 제독 부부에게 앤 엘리엇을 마차에 태워 집까지 바래다주기를 부탁할 때, 그것은 "그의 따뜻하고 다정한 마음씨를 보여 주는 증거였다. 이런 생각을 하면서 그녀는 기쁨과 고통을 함께 느꼈다. 둘 중 어느 쪽이 우세한지 알 수 없었다"(『설득』 98→137쪽). 리건은 다음과 같이 질문한다. "예를 들어, 어떻게 우정과 딱정벌레에 관한 비교 연구를 할 수 있는가? 이 두 개의 전혀 다른 것들은 각각 모두 매우 값어치 있는 것일 수 있겠지만, 도대체 어떻게 그중 하나가 다른 하나보다 더 값어치 있는 것이라고 말할 수 있는가?"(Regan 1997, 134)

그러나 오스틴은 일관되게 통약 가능성을 주장한다. 오스틴은 거의 항상 서로 뒤엉켜 있는 여러 감정들이 시간의 흐름을 통해 하나의 감정으로 환원되게 한다. 패니를 위한 첫 번째 무도회에서 [낯선 얼굴들과 엄숙한 분위기에 주눅이 들었던 패니는 크로퍼드 남매가 들어오고, 춤이 시작되기도 전에] 헨리 크로퍼드가 재빨리 첫 두 춤을 자신과 추어 달라고 요청하자 행복해하며 잘됐다고 생각한다. 하지만 이내 "그녀의 기쁨에는 슬픔이 섞여 있고 명암이 엇갈렸다. 이렇게 처음부터 파트너가 생긴 것은 참으로 다행한 일이었다. ... 그러나 또 한편 춤을 신청하는 그의 태도에서는 뭔가 꺼림칙한 자신만만함이 엿보였고, 목걸이에 슬쩍 시선을 던지며 슬그머니 웃는 모습에 얼굴이 붉어지고 기분이 나빠졌"다(『맨스필드 파크』 318-319→396). 패니는 이 상황에서 고마운 마음과 동시에 거부감이 들지만 "그러다 그가 몸을 돌려 다른 사람한테로 가고 나서야 파트너가 생겼다는 기쁨을 조금씩 실감할 수 있었다. 그것도 춤이 시작되기도 전에 자발적으로 나선 파트너였다"(『맨스필드 파크』 319→396쪽). 일단 평정심을 되찾은 후에 패니는 두 개의 경쟁하는 느낌을 하나의 참된 만족감으로 환원시킨다. 며칠 뒤, 헨리 크로퍼드가 패니에게 오빠 윌리엄의 소위 진급을 확정지었다고 하면서 패니에게 청혼을 하자 패니는 또다시 "상반되는 감정들이 가져오는 극도의 혼란에 빠졌다. 오만가지 느낌과 생각이 들고 온몸이 떨렸다. ... 심란하고 행복하고 비참하고 말할 수 없이 고맙고 너무나 화가 났다"(『맨스필드 파크』 349-350→437쪽 참조). 그러나 결국 이 혼돈은 기쁨이 남고 괴로움이 쇠퇴하면서 해소된다. "패니는 괴로움도 그렇고 기쁨도 그렇고 이렇게 마음이 어지러운 날은 난생처음이라고 생각했다. 그렇지만 다행히도 기쁨은 그날 하루로 스러질 종류의 것이 아니었으니, 윌리엄의 진급을 알게 된 기쁨은 매일매일 새롭게 다가올 터였다. 반면 괴로움은 더 이상 겪지 않아도 될 거라고 기대했다"(『맨스필드 파크』 356→445쪽). 에드워드 페라스는 자신의 약혼녀 루시 스틸로부터 그녀가 자신의 동생과 결혼했다는 편지를 받고, 그리하여 더 이상 자신이 그녀와 결혼할 필요가 없다는 것을 알게 된다. 그러자 그는 "이렇게 해방된 것이 의아스럽기도 하고 겁나기도 하고 기쁘기도 해서 한동안 반은 멍하니 정신이 나가 있었다"(『이성과 감성』 413→484쪽). 에드워드는 엘리너에게 "하여간 그런 바보스러운 짓을 ... 저지른 지 처음 반년 이후로는 그나마 이 편지가, 내용이 문체의 결함*을 보상해 준 유일한 것이 아닌가 합니다"라고 말한다(『이성과 감성』 414→485쪽). 에드워드는 자신이 느낀 놀라움, 끔찍함, 해방의 기쁨을 하나의 만족감으로 환원하지 않지만, 형식과 내용이라는 이질적 특징들이 서로를 보상할 수 있다는 것을 알게 되었다.

오스틴은 한 가지 감정이 완전히 다른 감정에 의해 보상될 수 있다고 생각한다. 메리앤이 윌러비에게 버림받은 후, 제닝스 부인은 그녀의 기분을 풀어 주기 위해 애쓴다. 엘리너는 "각종 사탕 과자와 올리브 및 활활 타는 난로로 실연의 아픔을 치유하고자 하는 제닝스 부인의 노력이 가상했을 것이다"(『이성과 감성』 220→253쪽). 혹자는 사탕을 먹는 즐거움 같은 사소한 것과 따뜻한 방이 줄 수 있는 물리적 편안함 등이

■ 에드워드 페라스는 부인이 될 뻔한 루시 스틸의 작문이 워낙 "창피스러워" 예전 같으면 그녀의 편지를 엘리너에게 "죽어도 보여 주지 않았을" 것이라고 말한다(『이성과 감성』 485쪽).

실연의 고통을 절대 보상할 수 없다고 생각할 수도 있다. 그러나 제닝스 부인의 치료에는 일리가 있다. 캐서린 몰런드는 비가 그친 후에도 틸니 남매가 약속 장소에 나타나지 않자 실망한다. 그리고 존 소프, 이저벨라, 오빠와 함께 마차를 타고 나들이를 간다.

> 캐서린의 기분은 착잡했다. 큰 즐거움의 기회를 놓친 아쉬움과, 종류는 다르지만 비등한 정도로 큰 또 다른 즐거움을 누릴 희망으로 양분된 것이다. … 그들에게 무시당했다고 생각하니 마음이 매우 아팠다. 그런 한편으로 블레이즈 성이 우돌포와 같으리라고 상상하면서 그런 건물을 탐사하는 즐거움이라면 큰 위안이 될 것이고 그 아픔을 상쇄해 주리라 생각했다(『노생거 사원』 85→109쪽).

캐서린은 종류가 다른 두 가지 감정의 뒤엉킴을 경험하지만, 결국 하나의 감정이 다른 하나를 충분히 보상해 준다. 레이디 러셀은 바스로 이사를 온 월터 엘리엇 경의 집에 가는 걸 좋아하지 않다. 월터 경과 그의 큰딸 엘리자베스의 손님으로 그 집에 와 있는 클레이 부인 때문이다. 그러나 월터 경의 추정상속인 엘리엇 씨도 이 집을 자주 방문한다. 레이디 러셀은 엘리엇 씨가 마음에 들기 시작하고, 앤의 배필감으로 점찍는다. "엘리엇 씨에 대한 레이디 러셀의 만족감은 클레이 부인에 대한 짜증을 모두 상쇄하고도 남았다"(『설득』 159→214쪽). 패니는 어린 시절 사용하던 공부방에 앉아 "횡포와 비웃음과 무시의 고통"을 떠올리며, 자신에게 위로가 되어 주었던 에드먼드의 친절, 이모 레이디 버트럼, 교사였던 리 양을 생각한다. 그런데 "이제 이 모든 기억들이 한데 어우러지고 시간적 거리를 통해 모서리가 둔해지면서, 전에 겪었던 괴로운 일들도 나름 아련한 추억이 되었다"(『맨스필드 파크』 178→222-223쪽). 엘리자베스 베넷 또한 통약 가능성에 의존한다. 엘리자베스가 다아시와 결혼하게 되면 그의 가족이 모두 그녀를 싫어할 것이라며 캐서린 영부인이 엘리자베스를 위협하자 그녀는 이렇게 말한다. "하지만 다아시 씨 부인 자리쯤 되면 특별히 좋은 일들이 생기게 마련일 테니, 전체적으로 봐서 후회할 이유가 없을 것 같군요"(『오만과 편견』 394→487쪽).

오스틴은 행복이나 슬픔에 대한 정량적 비유를 몇 차례 명시적으로 사용한다. 헨리 틸니는 우드스톤에 혼자 머무는 자신만의 집이 있다. 그 집에서 캐서린, 그리고 자신의 누이와 아버지를 맞이하기 위해 노생거 사원을 며칠 먼저 떠나며, 그는 행복을 금융시장에서 유통되는 통화에 비유한다.

> 이 세상에서 우리의 쾌락에는 늘 대가가 따른다는 점을 전해 드리려고 왔답니다. 가끔은 큰 손해를 보고서 그 쾌락을 사기도 하는데, 금방 돈이 되는 현재의 행복을 주고 떼일 수도 있는 미래의 수표를 받는 겁니다. 바로 지금의 제가 그 증인입니다. 왜냐하면 날씨가 안 좋거나 기타 스무 가지 다른 이유로 무산될 수 있음에도 수요일 우드스톤에서 여러분을 만나리라 기대하며 원래 계획보다 이틀 먼저 떠나야 하기 때문입니다(『노생거 사원』 217→278-279쪽).

리디아 베넷이 결혼도 하지 않은 채 위컴과 달아나자, 엘리자베스 베넷은 이제야말로 다아시와 자신의 가족 사이의 관계는 확실하게 끝이 났다고 확신한다. 따라서 "다아시란 사람을 몰랐더라면 리디아의 수치스러운 일에 대한 걱정을 조금은 더 잘 견딜 수 있었을 것이라"고 생각한다. "그랬더라면 잠 못 이루는 밤이 반으로 줄었을 것이라고 그녀는 생각했다"(『오만과 편견』 329→410쪽). 여기서 불안감의 크기는 잠 못 이루는 밤의 숫자로 정량화된다.

통약 가능성의 차원에서 볼 때, 어떤 한 가지 감정의 강도는 그것을 보상하는 데 소요되는 또 다른 감정의 수량으로 측정된다. 경제학에서는 이것을 "보상적 격차"compensating differential 개념(Rosen 1986)으로 설명한다. 예를 들어, 액손 모빌에 취업한 코넬대학교 졸업생들은 평화 봉사단에 다니는 졸업생보다 연봉으로 평균 13037달러 이상 더 받는다(Frank 2004, 88). 다아시는 리디아의 결혼을 성사시키기 위해 필요한 자금을 대고 베넷 가문의 명예를 지켜 준다. 그러나 오직 엘리자베스만이 이 사실을 알고 있다. 빙리와 다아시가 오랜만에 베넷가를 방문하자, 베넷 부인은 빙리가 수개월 동안 연락을 끊고 잠적한 적이 있었음에도 불구하고 (다아시에게는 냉대를 보이면서) 빙리에게는 환대를 베푼다. "이렇게 불필요하고 이렇게 공연한 배려를 베풀어 대다니, 엘리자베스의 비참함은 더 커졌다! … 그 순간 그녀는 느꼈다. 수년의 행복한 세월로도 제인한테든 자기 자신한테든 이렇게 고통스럽고 당황스러운 순간들을 보상해 주지 못할 것이라고." 엘리자베스는 다시는 이 두 남자를 보지 않게 되기를 바라며 "이분들과 교제해 봐야 이런 비참한 심정을 보상해 줄 즐거움이 생기지는 않을 거니까!"라고 생각한다. 그러나 제인을 다정하게 대하는 빙리의 모습을 보고 엘리자베스는 "수년의 행복도 보상해 주지 못할 것이라 여기던 그 비참함도 얼마 안 가 곧 실질적인 위안을 얻게 되었느니, 언니의 아름다움이 과거 연인의 사랑에 얼마나 열렬한 불을 다시 붙였는지 보게 된"다(『오만과 편견』 373→462쪽). 오스틴의 의도는 여기서 당면한 상황의 부담감이 심지어 엘리자베스한테조차 감정의 양 극단을 오가게 할 수 있었음을 짓궂게 표현한 것일 수 있다. 하지만 또 다른 해석도 가능하다. 즉, 오스틴이 통약 불가능성의 가능성을 인정하는 것은 오직 통약 가능성에 우호적인 입장을 좀 더 확고히 하기 위해서라는 것이다. 연인의 흠모가 결혼으로 이어진다면, 아무리 냉정하게 계산한다 해도, 신부의 동생에게 수년 동안의 행복을 충분히 가져다줄 수 있다는 것이다.

유사한 예로, 에드먼드 버트럼과 메리 크로퍼드는 러시워스 씨의 저택인 소더턴 앞 벤치에 패니만 남겨 둔 채 함께 사라지는데, 이때 "그나마 패니에게 위로가 된 것은 에드먼드가 패니도 함께 왔으면 좋았겠다고 대단히 아쉬워했다는" 것이다. "그러나 몇 분 있다가 돌아오겠다고 해놓고는 한 시간씩이나 혼자 둔 에드먼드에 대한 야속함이 가라앉지는 않았"다(『맨스필드 파크』 120→153쪽). 마지막으로, 마리아 버트럼은 커다란 파문을 일으킨 야반도주와 이혼 사건 이후, 외딴 곳에서 노리스 부인과 단둘이 사는데, "노리스 부인이 맨스필드를 떠나게 된 것은 토머스 경의 생활에 또 하나의 커다란 위안을 더하는 부수적인 효과도 있었다. ... 그녀에게서 벗어나게 되었으니 너무나 기뻐서 ... 하마터면 그는 이런 좋은 일을 불러온 재앙을 긍정적으로 받아들이는 위험에 빠질 뻔했다"(『맨스필드 파크』 538-539→672쪽 참조). 토머스 경에게, 노리스 부인이 없는 삶의 즐거움은 가문의 명예가 땅에 떨어진 것과 바꿀 수 있을 정도로 큰 것이었다.

현시 선호

경쟁하는 감정의 강도는 선택에서 가장 잘 드러난다. 경제학에서는 이를 "현시 선호"라는 개념으로 설명한다(예를 들어, Varian 2006 참조). 빙리 씨의 누이 캐롤라인으로부터 그가 다아시 씨의 여동생 조지애나와 결혼할 것 같다는 편지를 받은 제인은 엘리자베스에게 이렇게 묻는다. "엘리자베스, 최선을 가정한다 하더라도 말이야, 그의 누이들과 친구들이 모두 그이가 다른 사람과 결혼하기를 바라는데, 내가 그 사람과 결혼해서 행복할 수 있을까?" 이에 엘리자베스는 다음과 같이 답한다. "언니가 알아서 결정해야지. ... 신중하게 잘 생각해 봐서 두 누이의 뜻을 거역함으로써 겪게 될 불행이 그분의 아내가 됨으로써 얻게 될 행복을 훨씬 능가할 거라고 판단되면, 나라면 당연히 거부해야 한다고 충고하겠어"(『오만과 편견』 134→172-173쪽). 이와 비슷하게, 엘리자베스는 자신에게 청혼하기로 결정한 다아시가 품고 있는 감정의 강도를 이렇게 추측해 본다.

그 사랑이 너무 강해서 … 그로 하여금 자기 친구[빙리]와 그녀의 언니[제인]가 결혼하는 것을 말리게 했던 그 모든 이유 … 에도 불구하고 그녀와 결혼하기를 원할 정도였다니, 거의 믿기지 않을 지경이었다! 자신도 모르게 그렇게 강한 애정을 불러일으켰다고 생각하니 기분이 좋긴 했다(『오만과 편견』 216→274쪽).

비록 무의식적으로 불러일으킨 애정이라 하더라도, 그 사람의 결정은 그 애정의 강도를 '현시'한다.
  어떤 사람의 선호에 의심이 갈 경우, 그 사람의 선택이 그 사람의 선호를 증명한다. 프랭크 처칠은 에마에게 제인이 정말 훌륭한 피아니스트인 것 같다면서 그 이유를 이렇게 말한다. "딕슨 씨가 다른 여자를 사랑해 약혼했고 곧 결혼을 앞두고 있으면서도 이 문제의 여성[제인 페어팩스 양]이 대신 연주할 수만 있다면 자기 약혼녀한테 피아노에 앉아 달라고 청하는 법이 절대 없다는 거예요. … 음악적 재능으로 이름난 사람인 만큼 이만하면 꽤 증거가 되겠다 싶었습니다"(『에마』 217→290쪽). 동생인 메리앤이 윌러비를 볼 수도 있을 거라는 기대에 제닝스 부인의 초대에 응해 함께 런던에 가기로 하자, 엘리너는 이렇게 말한다. "까다롭기 짝이 없는 데다 제닝스 부인의 매너를 속속들이 알고서 늘 넌더리만 내던 메리앤이 … 자기의 급한 성미에 가장 못마땅할 법한 것을 모두 도외시해 버렸다는 것은 동생한테 그 목적이 너무도 강하고 엄청난 비중을 차지하고 있다는 증거였다"(『이성과 감성』 176→204쪽).
  선호는 가상의 선택에서도 현시될 수 있다. 틸니 남매와 함께 산책하기로 한 자신의 계획을 존 소프가 꾀를 써서 포기하게 하고 그 대신 블레이즈 성으로 나들이를 가게 했다는 사실을 깨닫고 나서 캐서린은 이렇게 생각한다. [그나마 성을 볼 생각에 사이사이 즐거움이 밀려오긴 했지만, 산책 약속을 못 지켜] "틸니 남매에게 나쁜 인상을 주느니 차라리 그 성벽이 줄 수 있는 모든 행복을 기꺼이 포기했을 것이다"(『노생거 사원』 86→111쪽 참조). 원래 자신이 상속받을 재산이었지만 [루시 스틸과의 비밀 약혼으로 상속권을 박탈당하고] 동생 로버트 페라스가 상속인으로 지정됐음에도 행복한 에드워드는 동생 로버트와 이 같은 처지를 "서로 바꾸기를 조금도 원치 않는다"(『이성과 감성』 428→502쪽). 앤은 사돈댁의 두 미혼 머스그로브 자매의 천진난만한 행복을 존경한다. 그러나 "그들이 누리는 즐거움을 다 준다 해도 그들보다 우아하고 교양 있는 자신의 지성과는 바꾸지 않으리라" 생각한다(『설득』 43→63쪽). 에드먼드 버트럼이 메리 크로퍼드에게 마지막 작별 인사를 하고 괴로워할 때, 패니 역시 가슴이 아프다. 하지만 그녀가 느끼는 이 슬픔은 "아무리 큰 기쁨이라도 기꺼이 내주지 않을 사람이 별로 없을" 정도로 큰 만족감에 기반을 둔 것이다(『맨스필드 파크』 533→666쪽). 에마는 자신이 과연 프랭크 처칠을 사랑하는지 궁금해하며 자신의 감정을 살펴본다.

> 이렇게 침울하고 멍하고 무기력한 기분이니! 차분히 앉아서 뭘 할 생각도 안 나고, 우리 집의 모든 게 따분하고 무미건조하게만 느껴지니 말이야! 난 사랑에 빠진 게 틀림없어. 그렇지 않다면, 적어도 몇 주 동안이라도 말이야, 오히려 내가 세상에서 가장 이상한 인간인 거지(『에마』 283→378쪽).

그러나 가장 결정적인 것은 그녀가 다른 시나리오에서 내리는 선택이다. 그녀는 "둘의 사랑이 발전하고 마무리되는 가지가지 재미있는 청사진을 그려 보는 가운데 마음속으로 흥미로운 대화를 상상하고 우아한 편지들을 지어 보기는 했지만, 마침내 고백에 이르렀다 해도 그 상상의 결말은 언제나 자기가 **그를 거절**하는 쪽이었다"(『에마』 284→381쪽).

보수 극대화 모델에 흔히 가해지는 비판은 두 개의 대안은 여러 면에서 다를 수 있기 때문에 직접적으로 비교할 수 없다는 것이다. 앤더슨은 다음과 같이 묻는다. "헨리 무어의 조각 작품 〈기대 누운 인물상〉은

치누아 아체베의 소설 『모든 것이 산산이 부서지다』만큼 훌륭한 예술 작품인가? 이런 질문에 답한다는 것이 무슨 의미가 있을까?"(Anderson 1997, 99) 그러나 오스틴은 직접적으로 비교하는 것을 좋아한다. 메리 크로퍼드는 과거 [버트럼가의 장남인] 톰 버트럼을 좋아했다. 그러나 한동안 맨스필드 파크를 떠나 있던 그가 돌아와 "예전처럼 상냥하고 사근사근하게 굴며, 경마와 웨이머스, 파티와 친구들 이야기를 들려주곤" 했지만 "이제 형과 동생[에드먼드]이 실질적으로 비교가 됨에 따라, 자기의 마음이 동생에게 있음을 온전히 확인하는 계기가 될 뿐이었다"(『맨스필드 파크』 134→169쪽 참조). 에마는 나이틀리 씨와 약혼한 후 프랭크 처칠과 대화를 나눌 기회를 갖게 된다. 이때 에마는 "프랭크 처칠을 만나 반갑기는 했지만, 자연스럽게 두 남자를 비교해 보면서, … 나이틀리 씨의 인품이 훨씬 월등함을 이때만큼 실감한 적도 없었다"(『에마』 524→696쪽 참조). 에드워드 페라스는 소년 시절 루시한테 처음 연정을 느끼게 된 것에 대해 엘리너에게 이렇게 이야기한다. "루시는 매우 상냥했습니다. 예쁘기도 했고요. 적어도 그때는 그렇게 생각했습니다. 다른 여자들을 거의 보지 못했기 때문에 비교를 할 수도 없었고 아무런 결함도 보지 못했습니다"(『이성과 감성』 411→481쪽). 때때로 선호는 대안과의 비교를 통해서만 올바르게 평가될 수 있다.

전략적 사고를 가리키는 말들

오스틴은 전략적 사고를 지칭하는 특정한 용어들을 사용하는데, 여기에는 "통찰"penetration "예지력"[예상, 선견지명]foresight "총명함"[영민함]sagacity 등이 포함된다. 예를 들어, 베넷 씨는 엘리자베스에게 이렇게 말한다. "젊은 여자들이란 이런 문제에 통찰력이 대단하다니까. 그렇지만 **네**가 아무리 영민하다 해도 너를 숭배하는 사람의 이름은 못 맞힐 거다"(『오만과 편견』 401→495쪽). 메리앤이 가족과 함께 레이디 미들턴을 방문하는 대신 혼자 집에 남겠다고 할 때, 대시우드 부인은 윌러비가 방문할 것이라고 생각한다. "바턴 파크에서 돌아오자마자 그들은 윌러비의 이륜마차와 하인이 코티지에서 기다리고 있는 것을 발견했고, 대시우드 부인은 자기의 추측이 맞았다고 확신했다. 거기까지는 그녀가 예상한 대로였다"(『이성과 감성』 87→101쪽). "예지력"과 마찬가지로 "통찰"이라는 단어는 전략적 사고를 시력視力에 비유한다. 이저벨라 소프는 캐서린의 오빠 제임스가 자신에게 청혼할 것을 마치 캐서린이 이미 알고 있었던 것처럼 말한다. "그래, 캐서린, 사실이 그러네. 너의 통찰력이 통했어. 오! 저 아치형 눈 좀 봐! 그 눈이 모든 것을 꿰뚫고 있지"(『노생거 사원』 119→152쪽)(영어 'sagacity'에는 이와 비슷하게 '예민한 후각'이라는 의미가 있었으나 지금은 사용되지 않는다).

마차 안에서 엘튼 씨로부터 갑작스럽게 청혼을 받은 후 에마는 예전에 있었던 일을 회상했다. "이런 생각[그의 태도가 해리엇의 친구인 자기한테 표하는 감사와 존경이 아닌 다른 것이라는 생각]을 처음으로 떠올리고 그럴 수도 있겠구나 하며 흠칫 놀라게 된 것은 존 나이틀리 씨가 한 말 때문이었다. 그 형제가 통찰력이 뛰어나다는 것은 부정할 도리가 없었다"(『에마』 146→199쪽 참고). 나이틀리 씨의 동생 존 나이틀리는 "좀 짓궂은 말투로" 의심스러워하는 에마에게 예전에 이미 경고를 한 적이 있다. "그 사람, **처제**한테 호의가 꽤 많은 모양이던데. ... 처제의 태도가 그 사람한테는 고무적으로 여겨질 거야. 친구로서 하는 말이야, 에마. 한번 주변을 돌아보고 자신의 행동과 의도를 분명히 하는 것이 좋을 거야"(『에마』 120→165-166쪽). 랜들스 저택으로 가는 마차에 에마와 엘튼 씨가 타고, 존 나이틀리 씨도 함께 탄다. 그러나 집에 돌아가는 길에 그는 "거기 타는 게 아니라는 것을 깜박 잊고 지극히 자연스럽게 아내 뒤를 따라 마차에 올랐다. 그래서 에마는 엘튼 씨의 도움을 받으며 두 번째 마차에 올랐고, 이어서 엘튼 씨가 오르자" 그 둘은 단둘이 남게 되었다(『에마』 139→189-190쪽). 어쩌면 존 나이틀리 씨는 일부러 "깜박 잊"어 버렸는지도 모른다. 즉, 존 나이틀리는 어쩌면 엘튼 씨의 행동이 에마에게 자신의 경고를 확인해 줄 것이라고 생각했는지도 모른다. 통찰력을 지닌 사람은 다른 사람의 선호를 파악할 줄 알고, 전략을 써서 그 선호들이 드러나게 할 수 있다.

오스틴의 여섯 작품에는 총 오십 개가 넘는 전략적 구상들이 "계획"scheme이라는 특정한 명칭으로 나타난다. 에드워즈에 따르면 "간섭"[참견]은 오스틴 작품 세계에서 가장 중요한 주제로 "사실 그것은 대다수 고전 소설의 주제이기도 하며 우리의 인생을 힘들게 하는 것이다"(Edwards 1965, 55). 예를 들어, 엘리자베스는 콜린스 씨의 청혼을 거절한 후, 상심한 그에게 대화 상대가 되어 준 샬럿 루카스에게 감사의 말을 전한다. 그러나 "샬럿이 베푼 친절은 엘리자베스가 꿈에도 생각하지 못했던 목적을 위한 것이었다. 그녀의 목적은 바로 콜린스 씨가 엘리자베스에게 다시 청혼을 하는 대신 자신에게 청혼하게 하는 것이었다. 바로 이것이 루카스 양의 계획이었다"(『오만과 편견』 136→174-175쪽). 이런 "계획"은, 덜 구체적이긴 하지만, 가끔 "사교상의 약속"이라는 의미로도 쓰인다. 예를 들면, 위컴과 런던에 도착한 리디아는 "거짓말 하나 안 보태서, 문밖으로 한 발자국도 내놓지 못했다"며 "보름이나 거기 있었는데 말이야. 파티도 한 번 없고, 무슨 계획이나 그런 것도 하나 없고"라고 한다(『오만과 편견』 352→436쪽). 하지만 사교상의 약속은 보통 전략적 의도를 수반한다. 예를 들어, 메리앤과 윌러비가 만났던 초기에 "존 경이 진작부터 세우고 있던 계획이 실행에 옮겨진 것이다. 실내에서든 야외에서든 모여서 놀자는 것이었다. 파크에서의 개인 무도회가 시작되었고 … 그런 여흥 모임에는 늘 윌러비가 끼어 있었다"(『이성과 감성』 63→73쪽). 콜린스 씨와 샬럿은 약혼 후 "사랑을 고백하고 행복을 계획하며" 일주일을 보내는데(『오만과 편견』 158→200쪽), 사실 어떤 전략적 구상은 그 안에 있는 모든 사람의 행동이 전혀 이상하지 않게 딱딱 맞아떨어지는 시나리오인 꿈과 비슷하다.

"계획"과 비슷하지만 그보다는 덜 자주 사용되는 "꾸미다"contrive 라는 말도 있다. 예를 들어, 에마와 해리엇이 엘튼 씨가 사는 목사관 근처를 지나갈 때 해리엇은 목사관에 들어가 보고 싶은 호기심이 생긴다. 이때 에마는 "어떻게 한번 일을 꾸며 보고 싶지만"이라고 하면서도 "마땅한 구실이 도무지 생각나지 않"는다(『에마』 90→128쪽 참조). "기술"을 의미하는 "수"手, art도 전략적 조작과 같은 의미의 말이다. 예를 들어, 윌러비가 다른 여자와 약혼했다는 소식을 들은 메리앤이 탄식하며 말한다. "그런데 이 여자가 ... 무슨 교묘한 수를 썼는지 누가 알아 ... 얼마나 오래전부터 미리 계획을 했으며, 얼마나 깊이 모략을 꾸민 건지!"(『이성과 감성』 216→249쪽) '기술'은 또 '설득'의 의미를 포함하기도 한다. 예를 들어, 캐서린 영부인이 엘리자베스에게 다아시에게 접근하지 말라고 경고할 때, 그녀는 '기술'을 언급한다. "그렇지만 **아가씨가** 온갖 교활한 기술로 유혹하면 얼이 빠져서 자기 자신과 가문에 대한 의무를 망각할 수도 있어. 아가씨가 그 애를 꾀었을 수 있다고"(『오만과 편견』 392-393→485쪽). "능청"sly은 은폐와 관련이 있다. 예를 들어, 엘리자베스의 숙모 가드너 부인은 엘리자베스에게 보낸 편지에서 다아시가 비밀리에 위컴에게 돈을 주고 리디아와 결혼하게 했다는 소식을 전하면서 이렇게 쓴다. "내 생각엔 그분은 아주 능청이더라. 네 이름은 거의 입 밖에도 내지 않더구나. 그렇지만 요즘은 능청스러운 것이 유행인 것 같다"(『오만과 편견』 360→446쪽).

"교활함"cunning은 부정적 의미를 내포하고 있다. 예를 들어, 앤의 친구 스미스 부인은 엘리엇 씨가 앤 가족의 환심을 사서 가깝게 지내는 이유가 월터 경이 클레이 부인과 결혼하는 것을 방지하기 위한 것이라고 한다. 이에 앤은 다음과 같이 답변한다. "교활한 행위에는 항상 뭔가 저속한 부분이 있지요"(『설득』 224→300쪽). 다만 "교활함"을 제외하고, 전략적 사고를 의미하는 나머지 용어들은 딱히 부정적으로 사용되지 않는다. 예를 들어, 샬럿에게 청혼하기 위해 콜린스 씨는 베넷가 저택에서 살짝 빠져나와야 하는데, 이때 그는 "경탄할 만한 능청함을"(『오만과 편견』 136→175쪽 참조) 과시한다. 틸니 장군이 자신의 부인을 죽였거나 감금해 두었다고 의심하는 캐서린은 "자신이 던지는 질문에 교묘한 술책art이 숨겨져 있다는 생각에 얼굴이 달아 올랐"지만, 틸니 부인의 초상화가 어디에 걸려 있는지 엘리너에게 물어본다(『노생거 사원』 185→237쪽).

가끔 "계산하다"도 전략적 사고를 의미하는 용어로 쓰인다. 예를 들어, 미들턴 경이 주최하는 파티는 윌러비를 매력적으로 만들기 위해 "정확히 계산"된 것이었는데 "이런 모임에 자연스럽게 생겨나는 편하고 친숙한 분위기 덕을 톡톡히 보아서, 그는 대시우드 집안사람들과 더욱 친해지게 되었고, 메리앤의 남달리 뛰어난 점을 지켜보고 그녀에 대한 자신의 열렬한 찬미를 나타내며, 그녀의 태도를 미루어 그녀가 자기를 사랑하고 있다는 분명한 확증을 얻을 기회를 갖게 되었다"(『이성과 감성』 63→73쪽). "계산"은 물론 수학적 의미를 내포한다. 게임이론에 대한 흔한 비판 가운데 하나는 실제 사람들은 현실에서 (수학 문제 풀듯) 그렇게 많이 계산하지 않는다는 것이다. 예를 들어, 엘스터는 다음과 같이 말한다. "유수 학술 저널에는 여러 쪽에 달하는 수학 부록들이 있다. 이런 부록에 나와 있는 대로 계산을 하며 사는 사람들이 실제 존재하는가? 나는 아니라고 본다"(Elster 2007, 5).

하지만 오스틴의 소설 속 인물들은 늘 계산한다. 그것도 계산하는 것이 어렵다거나 "차갑"다거나 부자연스럽다는 그 어떤 내색도 없이 말이다. 윌러비는 메리앤에게 "서머싯셔 장원에서 그가 직접 키운 말로, 여성이 타도록 정확히 계산된" 말을 선물하겠다고 한다(『이성과 감성』 68→79쪽 참조). 그의 경쟁자 브랜던 대령도 계산을 할 줄 안다. 런던에서 메리앤의 병이 심각해지자 시골집에 있는 그녀의 엄마를 데려올 것을 자처하고 "침착한 마음으로 단호하게 행동했고, 신속하게 모든 필요한 조치를 취했으며, 그가 돌아올 것으로 예상되는 시간을 정확하게 계산했다"(『이성과 감성』 352→411쪽). 차분하지만 감정이 없는 것은 아닌 브랜던 대령의 계산은 메리앤을 간호하고 있는 언니 엘리너에게 따뜻함과 안심을 준다. 또 다른 예로, 콜린스 씨는 베넷 씨의 상속자다. 자신의 딸 샬럿이 콜린스 씨와 약혼한 후 "루카스 부인은 즉시 베넷 씨가 앞으로 몇 년이나 더 살지를 전보다 훨씬 진지하게 계산하기 시작했다"(『오만과 편견』 137→176쪽). 여기서 재빠른 계산 속도는 루카스 부인의 기쁨의 크기를 의미한다. 루이자가 낙상한 후 웬트워스 대령은 다른 사람들이 자신이 그녀와 약혼 관계라고 생각하고 있다는 사실에 놀라고 충격을 받는다. 그는 "자존심의 맹목성과 [자신의] 잘못된 계산을 한탄하며"(『설득』 264→351쪽) 형의 집으로 돌아간다. 웬트워스 대령의 계산은 낭패로 돌아간다. 그러나 계산을 하는 것이 어렵거나 부자연스러워서 그런 것은 아니다. 하빌 대령은 앤에게 남자들이 가족과 떨어져 있을 때 느끼는 감정을 느껴 보라고 한다.

> 아내와 아이들에게 작별 인사를 한 뒤 그들을 싣고 떠나는 배가 수평선 너머로 사라질 때까지 지켜보다가 돌아서서 '우리가 다시 만날 수 있을지 없을지는 신만이 아시겠지!'라고 말할 때 남자들이 어떤 고통을 느끼는지 앤 양이 이해할 수 있을까요! … 열두 달 정도 떠나 있다가 다른 항구로 돌아오게 되면 남자는 식구들이 거기까지 오는 데 걸리는 시간을 계산하면서 '그날까지는 못 오겠군' 하며 자신의 마음을 달래지요. 하지만 그러는 동안에도 가족들이 열두 시간이라도 앞당겨 도착했으면 하는 마음은 간절하답니다(『설득』 255→339-340쪽 참조).

계산은 자신의 기대[예측]를 관리하는 일이지만 동시에 그 기대에 반한다 하더라도 희망을 품는, 인간적인 일이다.

한편, 오스틴은 "합리적"rational이라는 용어를 전문용어가 아닌 "이성적"reasonable "실용적" practical 같은 일반적 의미의 말로 사용한다. 예를 들어, 크로프트 부인은 동생 웬트워스 대령에게 여자들도 군함에서 아주 잘 있을 수 있다면서 이렇게 말한다.

> 네가 그렇게, 아주 세련된 신사인 척하면서, 그리고 마치 여자들은 모두 합리적 동물이라기보다 우아한 숙녀들인 것처럼 말하는 건 마음에 안 든다. 우리 중 누구도 매일같이 순조로운 삶이 이어질 거라고 기대하지는 않는단다(『설득』 75→106쪽).

엘리자베스가 콜린스 씨의 청혼을 거절한 후 그는 그녀에게 "교양 있는 여성들이 보통 그러하듯 조바심을 일으켜 제 사랑을 더욱 증폭시키려는 소망 때문에 제 청혼을 거절하시는 거라고 생각할 겁니다"라고 말하자, 엘리자베스는 "이제부터는 저에 대해서 당신을 괴롭히기로 작정한 고상한 여성으로 생각하지 마시고, 가슴속에서 우러나오는 진실을 말하는 합리적인 존재로만 생각해 주세요"(『오만과 편견』 122→157-158쪽 참조)라고 답한다. 여기서 "합리적"이란 비전략적임을 의미한다. 오스틴은 "전략적"strategic이라는 단어의 변형어를 단 한 번 사용한다. 다아시가 리디아의 결혼과 관련이 있다는 뜻밖의 정보를 접하고, 엘리자베스는 숙모에게 설명을 부탁하는 편지를 정중하게 쓴다. "외숙모, 체면을 지키신다고 제게 아무 말씀도 안 해주시면, 창피하지만 온갖 술수와 책략stratagems을 동원해서라도 알아내고야 말 거예요"(『오만과 편견』 354→439쪽).

자신이 실제로 무엇을 하고 있는지 모르는 사람들이 허세를 부리며 사용하는 용어들 가운데 전략적 사고를 의미하는 표현으로는 "책략"manoeuvre "속임수"a take in "잡다"(혹은 "꿰차다")catching "코를 꿰다" setting one's cap 등이 있다. 메리 크로퍼드는 결혼이 "책략"["내가 직접 관찰한 바로도 결혼은 책략이에요"]이라 말하고, 다음과 같이 덧붙인다.

어느 집안과 혼사를 맺으며 특정한 이득을 기대하거나 아니면 사람
자체가 대단히 뛰어나고 훌륭하다고 굳게 믿고 결혼했지만, 결국
은 완전히 속았다는 것을 깨달으며 … 참고 견뎌야 하는 경우를 얼
마나 많이 봤는데요! 이게 속은 게 아니고 뭐예요?(『맨스필드 파크』 53-
54→69쪽)

그러나 메리의 배다른 언니인 그랜트 부인은 메리가 틀렸다고 지적한
다. "행복해지려는 계획 하나가 실패로 돌아가면 또 다른 계획을 도모
하는 법이야. 첫 번째 계산을 잘못했다면 두 번째 계산은 더 잘하게 되
고. 결국 우리는 어딘가에서 위안을 찾아내는 거야"(『맨스필드 파크』 54→
69쪽). 여기서 주목할 것은 계산이 한 번 틀리면 두 번째 계산을 해야 한
다는 것이다. 행복을 꿈꾸는 부부를 구원할 수 있는 것은 희망이나 믿
음이 아니라 두 번째 계산이다. 존 경이 윌러비를 두고 "잡을 만한 가치
가 있"다고 하자, 대시우드 부인이 답한다. "그럴 리가요. … 제 두 딸 가
운데 누구도 경께서 말씀하신 대로 **그 사람을 잡아** 보겠다고 나서서
폐를 끼치진 않을 거예요. **우리** 딸들은 그렇게 배우며 자라지는 않았
지요."(『이성과 감성』 52-53→62쪽). 또 메리앤이 윌러비의 댄스 실력이 어
떠냐고 물어보자 존 경은 "넌 이제 그 친구 코를 꿰려고 나설 것"이라
고 한다. 이에 발끈한 메리앤이 항의한다.

그런 표현, 전 정말 안 좋아해요, 존 경. … 재치를 부려 본답시고 하
는 상투적인 표현은 다 싫다고요. '남자 코를 꿴다'거나 '정복한다'
거나 하는 그런 말이 제일 밉살스러워.

존 경은 메리앤의 "이 비난을 제대로 이해하지 못"하고 그 입을 다물지
못한다. 그가 계속한다. "그래, 넌 너끈히 정복할 거야, 내 장담하지, 어
떤 식으로든 말이야. 브랜던이 가엾도다! 그 친군 벌써 홀딱 넘어갔으

니까. ... 그 친구야말로 정말 코를 꿸 만한 가치가 있지"(『이성과 감성』 53-54→63-64쪽). 존 경은 자신이 전략적 사고의 용어들을 잘 알고 있다고 생각하지만 어리석게도 메리앤의 직접적인 항의에 아무런 대꾸도 못 한다. 메리앤은 앞서 존 경에게 윌러비가 어떤 남자냐고 물어보았으나 존 경은 "윌러비 씨의 마음의 음영을 메리앤에게 설명해 주지 못" 한다(『이성과 감성』 52→62쪽).

전략적 하수

사실, 부실한 전략적 사고의 전형은 순진한 사람이 아니라 건방진 사람, 즉 아는 체하지만 실제로 아는 게 없는 사람들이 가장 잘 보여 준다. 존 경과 마찬가지로 다른 사람의 말에 잘 속는 존 대시우드는 여자들의 전략적 행동에 대해 자신이 많이 알고 있다고 착각하고 엘리너에게 브랜던 대령을 잘 잡으라고 지시한다. 그러면서 이렇게 말한다. "그 왜 여자들이 잘하는 수법 있잖아, 조금만 관심을 둬 주고 부추기면 남자들은 자기도 모르는 사이에 붙잡히게 되어 있는 거야"(『이성과 감성』 254→294쪽 참조). 이와 비슷하게, 콜린스 씨 역시 이 방면에 전문가라고 생각한다. 그래서 엘리자베스가 자신의 청혼을 거절하자 이렇게 말한다. "저는 이미 ... 아가씨들이 처음 청혼을 받을 때, 속으로는 수락할 작정이라도 겉으로는 거절하는 일이 흔하다는 걸 알고 있습니다"(『오만과 편견』 120→154-155쪽).

제닝스 부인은 오스틴의 소설에 등장하는 전략적 하수의 전형이다. 그녀는 "자기가 아는 모든 젊은 남녀들 사이에 결혼을 주선하는 기회를 한 번도 놓치지 않았다"(『이성과 감성』 43→52쪽). 윌러비가 상속받기를 희망하는 알렌험 코트를 그와 메리앤이 몰래 다녀오자 제닝스 부인은 자랑스럽게 말한다. "아가씨가 아무리 잔꾀를 부렸어도 알아내고야 말았지. 오전에 어디 있었는지 내 알지. ... 메리앤 양, 아가씨 저택이 마음에 들길 바라"(『이성과 감성』 79→91-92쪽). 런던에서 윌러비는 메리앤이 수차례 보내는 편지에 아무런 답도 하지 않는다. 무도장에서 마주쳤을 때에는 잔혹할 정도로 차갑게 대한다. 그 후 그로부터 편지가 도착하고 엘리너는 "즉각 고개를 들 수 없을 정도로 가슴이 메스꺼워지는 것을 느꼈다. 그렇게 앉아 있는데 온몸에 전율이 와서 제닝스 부인이 알아차리면 어쩌나 하는 걱정을 해야 할 정도였다." 그러나 제닝스 부인은 천하태평이고 전혀 눈치를 못 챈다. "엘리너의 노심초사에 대해서는 양탄자에 쓸 소모사의 길이를 재는 데 너무 열중하고 있던 차라 전혀 눈치를 채지 못했다"(『이성과 감성』 206→236쪽). 이후 제닝스 부인은 윌러비가 그레이 양과 결혼한다는 소식을 편지로 메리앤에게 알린 것을 자신이 어떻게 알 수 있었겠느냐며 묻는다. "그러나 그때야 어떻게 그런 일을 짐작이라도 했겠니? 나야 뭐 흔한 연애편지 외에 아무것도 아닐 거라고 확신했지. 그리고 너도 알다시피 젊은 사람들이란 그런 일로 놀림당하는 걸 좋아하잖니"(『이성과 감성』 221-222→255쪽). 브랜던 대령이 방문하자 제닝스 부인은 엘리너에게 속삭인다. "대령의 표정이 여느 때처럼 근엄하군, 그 일을 전혀 모르는 모양이야. 말해 주려무나, 애야." 하지만 그녀는 또 틀렸다. 브랜던 대령은 이미 윌러비가 그레이 양과 결혼한다는 소식을 들었다(『이성과 감성』 225→260쪽). 이후 제닝스 부인은 브랜던 대령이 엘리너와 조용히 얘기하는 것을 몰래 지켜보았는데 "엘리너의 안색이 변하고 동요하는 빛이 역력했으며, 그가 하는 말에 너무 집중하느라고 자기 일을 할 수가 없어 보였다. 자기의 희망[엘리너와 브랜던 대령의 결혼]이 실현된 것이 분명하다고 여기게 된 것은 ... 대령의 몇 마디가 불가피하게 그녀의 귀에 와닿았기 때문이다. 그는 자기 집의 누추함에 대해서 양해를 구하고 있는 듯 보였다. 이것으로 이 문제는 의심의 여지가 없었다"(『이성과 감성』 318→371-372쪽). 그러나 브랜던 대령은 제닝스 부인이 추측한 대로 엘리너에게 청혼한 것이 아니라, 에드워드 페라스에게 목사직을 제공하는 문제를 논의한 것이었다. 엘리너가 설명하자 "양쪽 다 잠시 동안 상당히 재미있어 할 수 있었고, 어느 쪽도 별다른 행복의 손실을 겪지 않았다. 제닝스 부인은 기쁨의 방향을 다른 쪽으로 바꾸기만 하면 되었고, 원래의 기대는 그것대로 여전히 간직할 수 있었기 때문이다"(『이성과 감성』 331→385-386쪽). 자신이 틀렸다는 것이 밝혀졌음에도 제닝스 부인은 계속해서 엘리너와 브랜던 대령이 마치 결혼하는 것처럼 말한다.

하수들의 전략적 계획은 뒤통수를 맞는다. 샬럿 루카스의 부친 윌리엄 루카스 경은 "신사다운 행동을 해야겠다는 생각이 불쑥 나서" 엘리자베스와 다아시가 함께 춤을 추게 하려고 노력하지만 실패한다(『오만과 편견』 28→40쪽). 이후 다른 계기로 두 사람이 춤을 추게 되자, 윌리엄 경은 두 사람에게 다음과 같이 말하면서 자신이 매우 영리하다고 생각한다. "앞으로도 자주 이런 즐거움을 누렸으면 좋겠습니다. 특히 앞으로 뭔가 좋은 일이(그녀의 언니와 빙리를 힐긋 바라보며) 생기게 되면 말이지요"(『오만과 편견』 104→134쪽). 다아시는 윌리엄 경의 시선을 읽고, 자신의 친구인 빙리가 제인과 결혼할 위험에 처해 있다는 것을 깨닫는다. 그는 빙리를 설득해 결혼을 말리고, 그로 인해 엘리자베스는 다아시를 싫어하게 된다. 이렇게 윌리엄 경의 계획은 역효과를 가져오는데, 사실 역효과를 가져오는 계획은 무계획보다 당사자의 전략적 무능력을 더 잘 드러낸다. 펨벌리 저택에서, 그것도 다아시와 그의 누이동생 조지애나가 있는 자리에서, 캐롤라인 빙리는 엘리자베스에게 위컴을 암시하는 질문을 한다["저, 일라이자 양, ○○ 부대가 메리턴에서 이동했다면서요? 귀댁에는 큰 손실이겠어요"]. 그녀의 목적은 "엘리자베스가 좋아하는 것처럼 보이는 한 남성의 이야기를 끄집어내서 심기를 건드려 놓을 생각이었다. 그래서 다아시에게 나쁜 인상을 심어 줄 수도 있는 감정을 내비치게 만들고, 나아가 그녀의 가족 중에 몇몇이 그 부대와의 접촉을 통해 저질렀던 터무니없는 짓들을 그에게 환기시켜 주고자 했던 것"이다. 그러나 캐롤라인 빙리는 조지애나와 다아시, 이 두 남매와 위컴 사이에 얽혀 있는 아픈 역사를 모른다. 위컴은 조지애나가 열다섯 살 때 그녀를 꼬드겨 달아나려 했던 적이 있다. 내막을 알고 있는 엘리자베스는 매우 침착하게 답변하고 "그[다아시 씨]의 생각을 엘리자베스로부터 돌려놓으려는 꿍꿍이로 그런 상황이 연출되었으나 바로 그 상황 때문에 그의 마음은 더욱 확실하고 더욱 즐겁게 그녀에게 사로잡힌 꼴이었다"(『오만과 편견』 298→371-372쪽).

  오스틴의 소설에 등장하는 전략적 하수들은 아무것도 아닌 사소한 일들에 자부심을 갖는다. 예를 들어, 앨런 부인이 헨리 틸니를 보고 "참 괜찮은 청년이야"라고 칭찬하자 소프 부인은 "그렇고 말고지. ... 자식 자랑 팔불출이라지만 이 말은 꼭 해야겠네. 세상에 저만한 청년은 보기 드물지"라고 응수한다. "이 얼토당토않은 대답에 많은 사람들이 잠시 어리둥절했지만, 앨런 부인은 그렇지 않았다. 잠시 생각해 보더니 [자신만 알아차린 맥락을 자랑하듯] 캐서린의 귀에 대고 이렇게 속삭였다. '아마도 자기 아들 이야기를 한다고 생각한 모양이야'"(『노생거 사원』 54→73쪽). 노리스 부인은 하인들의 저녁 식사 시간에 목수 아들 딕 잭슨이 나무판자 두 장을 자신의 아버지에게 가져가려고 하는 것을 본다. "난 이렇게 남의 물건에 손대는 족속은 딱 질색이야. ... 그래서 즉각 그놈한테 말했지(덩치만 컸지 덜떨어진 열 살배기 사내 녀석 있잖아, 그만한 나이면 부끄러운 줄을 알아야지). 판자는 내가 네 아비에게 갖다줄 테니, 딕, 너는 당장 집으로 돌아가거라"(『맨스필드 파크』 167→210쪽). 그 역시 공짜를 좋아하는 노리스 부인은 열 살배기 아이를 혼낸 게 자랑스럽다. 이와 비슷하게, 샬럿 루카스의 남동생 가운데 한 명은 "내가 다아시 씨만큼 부자라면 ... 매일같이 포도주를 한 병씩 마실 거야"라고 말한다. 이에 베넷 부인은 "'내 눈에 띄기만 해봐라, 그러면 바로 병을 뺏어 버릴 테니깐. 만약 내가 너의 그런 모습을 보게 된다면, 나는 직접 너한테서 와인병을 뺏고 말거야.' 소년은 그래서는 안 된다고 항변하고, 베넷 부인은 그럴 거라고 계속 을러대고, 결국 그 논쟁으로 그들의 방문은 막을 내렸다"(『오만과 편견』22→32쪽). 베넷 부인 역시 어린아이와 싸우고, 이기지도 못한다. 제인 페어팩스가 프랭크 처칠과 드디어 약혼하기 전, 엘튼 부인은 비밀을 알고 있다는 사실을 매우 자랑스러워한다. 그리하여 제인을 방문한 에마는 엘튼 부인이 "페어팩스 양에게 소리 내어 읽어 주고 있었던 것이 분명한 편지 한 통을 뭔가 감출 일이 있음을 과시하는 몸짓으로 착착 접어서는 ... 도로 집어넣으면서 ... 이렇게 말하는 것을 보았다. ... '자기도 보다시피, 난 아무 이름도 입 밖에 안 냈잖아. 그럼! 안 되지. 국무장관처럼 신중해야지. 내가 잘 해냈네.' ... 에마에게는 의심의 여지가 없었다. 뻔히 들여다보이는 과시를 기회가 날 때마다 되풀이하는 것이었다"(『에마』 495→658-659쪽). 타인의 인정과 칭찬을 갈구하는 면에서 엘튼 부인이 에마보다 더하면 더했지 못하지 않았다. 에마는 딕슨 씨와 제인 페어팩스가 내연 관계라고 굳게 믿었는데, 그녀는 이 같은 '고급' 정보를 [자신의 전략적 동반자라고 생각하지만, 실은 제인 페어팩스와 비밀 약혼 관계에 있는] 프랭크 처칠에게만 얘기한다. "그런 생각이 매우 강하게 드는 바람에 언제든 입 밖에 낼 수밖에 없었을 것이고, 그가 자기의 모든 말에 수긍한 것은 자신의 통찰력이 대단하다는 칭찬이나 마찬가지였기 때문에, 그녀는 입을 다물고 있는 편이 꼭 옳았을지 확신이 안 갔다"(『에마』 249→332-333쪽). 적어도 에마는 결혼과 동시에 이런 전략적 하수 상태에서 벗어난다. 하지만 엘튼 부인은 변함이 없다.

눈

"통찰력"과 "예지력"은 시각과 관련이 있다. 눈은, 2장에서도 논의한 바 있듯이, 선호를 감지하기도 하지만 그것을 드러내기도 한다. 제닝스 부인은 브랜던 대령이 엘리너에게 관심이 있다고 생각한다. "불과 열흘 떨어져 있었을 뿐인데도 그녀를 만나자 내놓고 기뻐하는 모습이라든가, 그녀와 언제라도 대화하고 싶어 하고 그녀의 의견을 존중해

준다든가 하는 것들"(『이성과 감성』 345-346→403쪽) 때문이다. 하지만 엘리너는 다르다.

> 제닝스 부인은 그의 거동만을 고려했다. 하지만 그녀[엘리너]는 그의 눈을 보았다. 메리앤이 머리와 목이 아프다며 독감 징후를 보이자 그의 얼굴에는 수심이 가득했는데, 제닝스 부인은 메리앤에 대한 그의 걱정이 말로 표현되지 않았기 때문에 그냥 지나쳐 버린 반면, **그녀는** 그 표정에서 민감하게 지레 놀라 안쓰러워하는 연인의 마음을 엿볼 수 있었다(『이성과 감성』 346→403-404쪽).

눈은 행동이나 말보다 크게 말한다. 패니를 위한 첫 무도회에서, 레이디 버트럼과 노리스 부인은 그녀가 입은 옷을 보며 예쁘다고 한다. 그러나 토머스 경은 그녀의 미모를 "모두가 식탁에 앉았을 때 두 젊은 남성에게서 뿜어져 나오는 눈빛을 보고 확신했다"(『맨스필드 파크』 316→394쪽 참조). 헨리 크로퍼드가 청혼했을 때, 에드먼드는 패니의 눈에서 망설임을 본다. "물론 패니라면 그럴 가치가 있었다. ... 그는 자신에게 용기를 북돋아 줄 것이 그녀의 눈동자에서 발견할 수 있었던 것보다 더 필요하다고 생각하지 않았다"(『맨스필드 파크』 388→484쪽 참조).

프랭크 처칠이 에마 우드하우스가 아니라 제인 페어팩스를 사랑한다는 나이틀리 씨의 의심이 시작된 것은 "우드하우스 양의 숭배자의 것으로는 그리 어울리지 않는 눈길이, 그것도 한 번 이상 페어팩스 양에게로 향하는 것을 보"고 나서부터다(『에마』 373→498쪽). 나이틀리 씨는 "프랭크 처칠이 그녀의 시선을 붙잡으려 한다는 의혹이 들었다." 이후로 그는 "가급적 눈에 띄지 않게 그러나 최대한 지켜보기로 마음먹었다"(『에마』 376-377→502-504쪽). 뷰트에 따르면 "사람들의 직관을 추적하고, 또 사람들이 서로에 대한 직관을 직관하는 것을 추적하는 능력이 바로 나이틀리가 가진 지혜의 핵심이다"(Butte 2004, 120). 보고-읽기의 전문가 나이틀리 씨는 눈치가 있는 사람이다. 이와 반대로, 윌리엄 루카스 경은 엘리자베스와 다아시가 파트너가 되어 춤을 추는 것을 보고 찬사를 보내며 이렇게 말한다. "더 이상 방해는 않겠습니다. 두 분의 매력적인 대화를 가로막는 걸 반기진 않으실 테고, 일라이자 양의 반짝이는 눈도 절 나무라고 있으니"(『오만과 편견』 104→134쪽). 하지만 엘리자베스는 아직 다아시를 좋아하지 않는 상황이고, 마지못해 그와 함께 춤을 추기로 한 것이다. 윌리엄 루카스 경은 눈치가 없다.

누군가의 눈을 바라보면, 엄청나게 많은 정보를 얻을 수 있다. 그러나 오스틴은 그것의 한계를 인정한다. 바스의 연주회장에서 웬트워스 대령과 이야기를 나눈 이튿날, 앤의 친구 스미스 부인은 말한다. "아주 즐거운 시간을 보냈다는 걸 말 안 해도 알 수 있어요. 눈빛에 다 나타나거든요. 아주 분명하게 보여요. 뭔가 즐거운 말을 들었다는 거. ... 얼굴 표정만 봐도 앤이 어제 이 세상에서 가장 좋아하는 사람 ... 과 시간을 보냈다는 걸 알 수 있는걸요." 앤은 "친구가 자기 속을 그렇게 꿰뚫어 보고 있다는 사실이 놀랍기도 하고 혼란스럽기도 했다. 그녀가 웬트워스 대령에 대한 이야기를 알고 있으리라고는 상상하기 어려웠기 때문이다"(『설득』 210→281-282쪽). 그러나 스미스 부인은 앤이 이 세상에서 가장 좋아하는 사람을 엘리엇 씨라고 생각한다. 스미스 부인은 앤의 눈을 보고 그녀의 감정을 정확하게 짚어 냈지만, 그 감정의 대상은 헛짚은 것이다. 브랜던 대령이 병석에 있는 메리앤을 방문했을 때, 엘리너는 "그가 동생을 바라볼 때의 우울한 시선과 흔들리는 얼굴빛에서 그의 마음에 과거의 슬픈 장면들이 주마등처럼 스쳐 지나가고 있다는 것을 알았다. 그가 이미 시인한 메리앤과 일라이자 사이의 유사성이 지나간 슬픈 추억을 되살렸고, 이제 퀭한 눈, 병색이 완연한 피부, 힘없이 기대어 있는 자세 ... 등이 더욱 절실하게 그 슬픈 추억을 떠올리게 했던 것이다"(『이성과 감성』 385→451-452쪽). 일라이자는 고아였고 브랜던 대령의 유년 시절 첫사랑이었다. 일라이자의 보호자였던 브랜던 대령의 아버지는 그녀를 사랑하지도 않는, 브랜던 대령의 형과 강제로 결혼시켰고, 그 둘은 이혼했다. 이혼 후 그녀는 가난과 질병에 시달렸고, 브랜던 대령은 그녀가 죽을 때까지 돌봐 주었다. 브랜던 대령이 이 사연을 엘리너에게 전한 것은 윌러비의 인격에 대해 좀 더 자세히 설명해 주기 위해서였다 — 윌러비는 일라이자의 딸 일라이자(엄마와 이름이 같았다)를 유혹해 사생아를 낳게 했던 것이다. 엘리너는 브랜던 경의 처연한 눈을 읽는다. 그러나 그의 마음을 더 깊이 이해할 수 있는 것은 그의 과거사를 알게 되었기 때문이다. 이와 반대로 "대시우드 부인은 이 장면을 자기 딸 못지않게 눈여겨보았지만 아주 판이한 쪽으로 마음이 돌아서 판이한 결과를 낳았으니, 대령의 행동에서는 가장 단순하고 자명한 감정에서 나온 것 외에는 아무것도 보지 못"했다(『이성과 감성』 385-386→452쪽). 대시우드 부인은 엘리너만큼이나 사람의 눈을 잘 읽을 수 있지만 과거사를 모르기 때문이다.

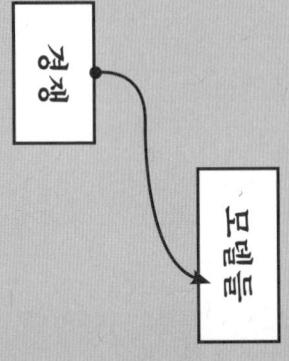

오스틴은 선택과 전략적 사고를 강조하지만, 그렇다고 인간 행동을 설명하는 다른 경쟁 모델들을 무시하지 않는다. 그녀는 전반적으로 게임이론적 시각을 유지하면서도, 이와 경쟁하는 모델들이 지닌 의의를 인정한다. 실제로 전략적 사고는 그 경쟁 모델과의 상호작용 및 대조를 통해 가장 잘 이해된다.

감정

경쟁 모델 가운데 하나는 사람들의 감정을 중요시한다. 오스틴은 감정이 나쁜 결정을 내리게 할 수 있다는 것을 인정한다. 예를 들어, 질투에 사로잡힌 캐롤라인 빙리는 다아시에게 엘리자베스가 "날카롭고 심술궂은 눈빛"을 가졌다고 한다. 그러나 이 같은 언급에 대해 다아시는 엘리자베스는 "내가 아는 이들 가운데 가장 아름다운 여인"이라고 답한다(『오만과 편견』 299-300→373-374쪽). 결국 "빙리 양은 다른 누구도 아닌 자기 자신에게만 고통을 주는 그런 말을 억지로 하게 함으로써 쓴맛의 고통을 온통 되씹어야만 했다"(『오만과 편견』 300→374쪽 참조). 빙리 양은 감정에 휘둘려 차근차근 계획을 세우지 못했고, 결국 상처만 입는다. "노한 사람이 슬기로울 수는 없는 법이다"(『오만과 편견』 299→373쪽). 조지 로웬스타인의 말대로 "인지적 숙고가 부재한 상태에서, 즉각적으로 강한 감정을 유발하는 요소들은 행동에 막대한 영향을 끼칠 수 있다. … 행동이 강한 감정을 거세게 유발하는 요소들에 의해 추동될 경우, 누군가 '결정을' 내리고 있다고 말하는 것은 '결정'이라는 말의 의미를 희석시키는 것이다"(Loewenstein 2000, 428).

그러나 오스틴의 여주인공들은 감정에 압도되더라도 여전히 좋은 선택을 한다. 그들은 양식良識, good sense을 발휘해 과정상으로나 결과적으로나 모두 좋은 선택을 한다. 그들의 감정은 그들의 결정을 방해하기보다 오히려 추진하는 힘이 된다. 감정은 의사 결정을 방해하기도 하지만 언제나 그런 것은 아니며 거꾸로 도와주기도 한다. 에드먼드 버트럼은 "패니, 네 소박한 취향에 맞추려고는 했다만, 어쨌든 너라면 내 정성을 좋게 받아 주고 너의 가장 오랜 벗 중 하나가 보내는 우애의 징표로 여겨 주리라 믿는다"라며 패니에게 금줄을 건네고 "서둘러 자리를 뜨려" 한다(『맨스필드 파크』 303→378쪽). "그때까지 가슴이 아프기도 하고 기쁘기도 하고 밀어닥치는 오만가지 감정에 압도되어 말문을 열지 못하고 있던 패니는 꼭 할 말이 있다는 생각에 소리쳤다. '어머, 오빠! 잠깐만, 잠깐만요.'"(『맨스필드 파크』 303-304→378쪽). 즉, 감정이 그녀를 압도하지만 어떤 문제에 대해 에드먼드와 상의하고 싶은 바람이 그녀의 행동을 지배한다. 이와 유사하게, 헨리 크로퍼드가 포츠머스에 있는 패니의 집을 갑자기 방문했을 때에도 "패니가 가진 그런 양식은 정말 필요할 때면 언제나 작동"했다(『맨스필드 파크』 463→576쪽). [헨리의 갑작스런 방문에] 기겁을 한 그녀는 "이 방문이 어떤 결과를 가져올지 온몸을 엄습하는 두려움에 금방이라도 쓰러질 것만 같았"음에도 불구하고,(『맨스필드 파크』 464→576쪽) 어머니에게 그를 자신에게 청혼하러 온 사람이라 하지 않고 오빠 윌리엄의 친구인 듯 소개한다. 나이틀리가 에마에게 사랑을 고백할 때 "그의 타는 듯한 눈빛이 그녀를 압도했다"(『에마』 468-469→622쪽). 그러나 "그가 말하는 동안 에마의 머리는 매우 바삐 돌아갔고, 생각의 그 경이로운 속도로 모든 진실을 정확하게 포착하고 파악했고, 그러면서도 그의 말을 한마디도 놓치지 않을 수 있었다. … 해리엇은 아무것도 아니고 바로 자기가 모든 것임을 … 알 수 있었다"(『에마』 469→623쪽). 여기서 에마의 감정은 생각의 속도를 방해하는 것이 아니라 더 빠르게 한다.

루시 스틸이 엘리너에게 에드워드 페라스와의 비밀 약혼을 털어놓자 엘리너는 도무지 믿기지가 않지만 결국 "엘리너의 확고한 믿음은 무너졌다. 그러나 그녀의 자제력은 무너지지 않았다"(『이성과 감성』 151→174쪽). 한참 후 엘리너가 이 사실을 윌러비 일로 상심이 큰 메리앤에게 털어놓자 메리앤은 격하게 감정을 쏟아 낸다.

> 내가 언니한테 그렇게 못되게 굴었다니! 언니가 누군데! 나한테 유일한 위안이었고, 내가 비참할 땐 늘 옆에 있어 줬던 … 그런 언니한테!(『이성과 감성』 299→349-350쪽 참조)

"이 고백에 이어 가장 애틋한 포옹이 있었"는데(『이성과 감성』 300→350쪽 참조), 이 순간의 감정이 압도적이지 않고 애틋했다고 해서 결코 그 감정의 강도가 덜했던 것은 아니었다. 그러나 엘리너는 바로 지금이 동생한테 약속을 받아 내기에 가장 좋은 순간이라는 것을 안다.

> 그녀가 이런 마음 상태에 있었기 때문에, 엘리너는 어렵지 않게 자기가 원하는 약속은 무엇이든 얻어 낼 수 있었다. 그리고 그녀의 뜻대로 메리앤은 이 문제에 대해서 말할 때는 누구한테도 조금이라도 기분 상한 표정을 짓지 않기로 약속했다(『이성과 감성』 300→350쪽).

메리앤은 황혼녘에 나가 젖은 풀숲 사이로 산책을 하다 감기에 걸린다. 차도가 있기는커녕 날이 지나갈수록 감기는 심해지기만 하는데, 메리앤이 "열에 들떠 정신없이 소리"지르며 엄마를 찾자 엘리너의 "경각심은 급속히 커져서 즉시 해리스 씨를 부르고 바턴으로 사람을 보내서 어머니를 모셔 오기로 결심했다"(『이성과 감성』 351→410쪽). 아파 누운 것은 며칠이지만, 메리앤은 오래전부터 집에 돌아가 빨리 어머니를 보고 싶어 했다. 그럼에도 엘리너는 그동안 메리앤이 약제사가 처방해 준 약을 먹고 푹 쉬기만 하면 곧 회복될 것이라고 믿었다. 이런 상태에서 엘리너가 어머니를 급하게 모셔 오게 한 것은 [이러다 정말 큰일이 날 수도 있겠다는] 불안감이었다. 대시우드 부인은 평소 메리앤만큼이나 감정 표현이 풍부한 사람이다. 따라서 엄마가 도착하자 엘리너는 어머니가

07 경쟁 모델들

메리앤의 숙면을 방해할까 봐 걱정한다. 하지만 그런 대시우드 부인조차도 "자식의 생명이 달려 있는 경우에는 침착할 줄 알았고 신중해질 수도 있었"다(『이성과 감성』 378→444쪽).

웬트워스 대령은 앤에게, 죽은 약혼자 패니 하빌에 대한 벤윅 대령의 사랑이 어떻게 그렇게 쉽게 루이자에게로 옮겨 갔는지 자신은 이해하지 못하겠다고 한다. "그런 여성에 대한 그 같은 사랑으로부터 회복되기는 불가능할 겁니다!" 앤은 "놀랐고, 기뻤으며, 혼란스러웠다. 숨이 가빠지며 순식간에 수백 가지 감정에 휩싸였다." 남자의 변함없는 사랑에 대한 그의 열변은 그의 청혼을 거절한 바 있는 그녀에게는 매우 예민한 주제다. 앤은 그 문제를 직접 언급할 수는 없었지만, 그렇다고 주제를 완전히 바꾸고 싶지도 않았다. 수백 가지 감정이 한꺼번에 몰려오는 와중에도 그녀는 재빨리 생각을 했고 "라임에는 오래 계셨나요?"라며 "말머리를 살짝 틀었다"(『설득』 199→266쪽). 물론, 5장에서 논의했듯이, 강렬한 감정에 휩싸인 상황에서도 전략적으로 사고할 수 있는 앤의 능력은 여러 번 나타난다. 라임에서 응급 상황이 벌어졌을 때 대처하는 모습이 그렇고, 웬트워스 대령의 편지를 받고 소용돌이치는 감정 속에서도 그와 마주칠 수 있는 기회를 마련하기 위해 몇 가지 대비책을 세우는 모습도 그렇다. 틸니 장군이 노생거 사원에서 캐서린 몰런드가 재력가의 상속인이 아니라는 이유로 그녀를 쫓아낸 후 캐서린과 엘리너 틸니는 "길고 다정한 포옹으로 작별의 말을 대신했다." 그러나 이렇게 슬프고 어색한 상황에서도 캐서린은 그녀의 목표인 헨리 틸니와의 접촉을 유지하기 위한 노력을 멈추지 않는다. 그녀는 "떨리는 입술로 들릴락 말락 하게 '여기 안 계신 친구에게도 안부 전해 주세요'라고 말했다"(『노생거 사원』 237→304쪽).

오스틴의 소설에 등장하는 남자들은 어떨까? 다아시는 엘리자베스가 청혼을 거절한 후의 심정을 이렇게 회상한다. "처음에는 화가 난 게 사실일 겁니다. 그렇지만 제 분노는 곧 제대로 방향을 잡기 시작했어요"(『오만과 편견』 410→506쪽). 그의 분노는 목적의식적 행동을 방해하기보다 그것을 추진하는 원동력이 된다. 솔로몬에 따르면 "감정은 목적 지향적이다. ... 감정은 **그 자체로** 전략적이고 정치적이다. ... 감정은 '정념'이라든가 '...에 빠지다' 등과 같은 어법이 시사하고자 하는 것과 달리, 우리에게 그냥 '일어나는' 것이 아니다. 일정 정도 논란을 감수하고라도 용어의 의미를 확장해 보면, 감정이란 개별적으로나 집합적으로 우리를 위해 책략을 '세우게 하는' 활동들이다"(Solomon 2003, 146-147). 에드먼드는 [여동생 마리아와 메리의 오빠 헨리의 야반도주 문제를 두고 다투고] 메리 크로퍼드에게 마지막 인사["진심으로 행복을 빈다. 하루빨리 좀 더 올바른 생각을 하게 되시길 바란다."]를 하고 방에서 나오는데, 메리가 "방금 오간 대화와 어울리지 않는 짓궂고 장난스러운 미소"를 지으며 "버트럼 씨"하고 다시 부른다. 에드먼드는 그것이 "자신을 굴복시키려고 다시 들어오라는 것처럼" 보였다. 이 일에 대해 그는 패니에게 이렇게 말한다.

> 나는 거부했어. 순간 충동적으로 거부하고 그대로 걸어 나왔지. 왜 돌아가지 않았을까 후회되는 순간도 가끔은 있어. 그렇지만 내가 옳았다는 걸 알아(『맨스필드 파크』 531…663쪽).

여기서는 충동적인 감정이 옳은 선택을 하게 한다. 루이스 페소아에 따르면 "감정과 지각은 우리 두뇌에서 적극적으로 상호작용할 뿐만 아니라 ... 이 둘은 대체로 통합되어 있어서 공동으로 우리의 행동에 기여한다"(Pessoa 2008, 148).

강렬한 감정이 반드시 나쁜 선택으로 이어지지 않듯, 침착함이 반드시 좋은 선택으로 이어지지도 않는다. 예를 들어, 엘리너가 지적하듯이, 레이디 미들턴이 "침묵을 지키는 것은 워낙 타고난 성격이 조용해서 그런 것이지, 분별력과는 아무 상관이 없다"(『이성과 감성』 65…75쪽 참조). 오스틴의 소설 속 등장인물들 가운데 진정한 감정을 결여하고 있

07 경쟁 모델들

는 인물들은 전략적 사고를 잘하는 게 아니라 못한다. 마리아 버트럼의 결혼식 날, 신부의 어머니인 "레이디 버트럼은 감정이 격해질 것에 대비해 후염을 들고 서있고, 이모인 노리스 부인은 안 나오는 눈물을 짜내느라 애를" 쓴다(『맨스필드 파크』 237→294쪽 참조). 노리스 부인은 남편이 죽자 "남편 없이도 얼마든지 잘해 나갈 수 있다는 생각으로 … 마음을 달랬다"(『맨스필드 파크』 26→36쪽). 레이디 버트럼의 경우에는 게으름으로 말미암아, 노리스 부인의 경우에는 적극적 무지로 말미암아 감정과 전략적 판단력이 모두 결여되어 있다.

감정은 사람들의 선택에 영향을 미치기도 하지만, 거꾸로 전략적으로 조절될 수도 있다. 오스틴에 따르면, 가장 간단한 방법은 잠시 시간을 갖는 것이다. 에드워드 페라스가 대시우드가를 방문해 루시 스틸이 결혼한 사람은 자신이 아니라 동생이라고 밝히자 엘리너는 눈물을 머금고 방을 뛰쳐나가고 그런 그녀를 본 그는 "즉각 백일몽에 빠져"든다. 이후 그는 "그의 처지가 이렇게 놀랍게 이렇게 갑작스럽게 바뀌어 버린 것에 다들 어안이 벙벙하고 어리둥절하게 내버려둔 채" "한마디도 하지 않고 방을 나가 마을 쪽으로 걸어가 버"린다(『이성과 감성』 408→478쪽). 그는 몇 시간의 여유를 갖는다. "걸어 다니며 … 적절한 결심을" 하고 그는 다시 대시우드가 집으로 돌아와 엘리너에게 청혼한다(『이성과 감성』 409→479쪽). 이와 비슷하게, 헨리 틸니가 캐서린을 모질게 대한 아버지에게 항의하자 "장군은 불같이 화를 냈고 부자는 엄청난 다툼 끝에 헤어졌다. 헨리는 흥분한 마음을 진정시키려면 몇 시간 혼자 있는 것이 필요한 터여서 거의 바로 우드스톤으로 돌아갔고 그다음 날" 몰런드가를 방문해 사과하고 청혼한다(『노생거 사원』 257→329쪽). 에드먼드가 패니의 위층 방을 찾아와 목걸이를 선물하며 패니에게 "이 세상에서 가장 아끼는 두 사람" 중 한 명이라고 하자, 패니는 "마음을 가라앉히려고 안간힘을 썼다." 패니는 그러기 위해, 그가 가장 아끼는 두 사람 중 한 명이 자기라는 말을 되뇌고 또 되뇌었다(『맨스필드 파크』 306→

381-382쪽). 그러면서도 그녀는 에드워드가 메리의 결점을 자기만큼 투명하게 볼 수 있기만을 바란다고 스스로에게 말한다. 즉, 패니는 자신이 감히 에드워드를 차지할 수 있다고 생각하지 않는다. 그러나 이렇게 생각하는 것만으로는 충분하지 않았다. 그리하여 그녀는 추가로 에드먼드가 방금 자신에게 주고 간 쪽지["더없이 소중한 나의 패니, 부디 흔쾌히 받아 주기 바란다"]를 다시 한번 한참 동안 들여다본다. 그리고 드디어 "분별력과 나약함의 이런 행복한 결합 덕분에 생각을 정리하고 마음에 위로를 얻은 그녀는 늦지 않게 아래층으로 내려가 평소처럼 ... 일거리를 손에 들"었다(『맨스필드 파크』 308→383쪽). 젤라조와 커닝햄에 따르면, **"감정 조절은** 여러 가지 방식으로 일어날 수 있다. ... 그러나 가장 자명한 방식 가운데 하나는 의식적인 인지적 처리를 통해 의도적으로 감정을 자기 조절하는 것이다"(Zelazo and Cunningham 2007, 136).

의식의 통제를 받지 않는 감정도 분명 있을 것이다. 존 멀런의 관찰에 따르면 "오스틴의 소설이 상당수 드라마로 제작되었지만, 이 드라마들에서 찾아볼 수 없는 한 가지 감정 표현이 있다. 바로 ... 부끄럼으로 얼굴이 빨개지는 것이다. 노련한 연기자에게 우는 연기는 쉬운 일이다. 그러나 오스틴식 안면 홍조 — 진정으로 무의식적인 감정의 표출 — 를 연기하는 것은 거의 불가능하다"(Mullan 2012, 259). 얼굴이 빨개지는 것은 보통 부끄러움 같은 감정에 대한 자율신경 반응으로 이해되는데, 이는 감정이 직접적으로 유발하는 것이다. "얼굴이 빨개지는 것은 타인에게 보이는 무의식적 반사작용으로 타인에게 자신의 감정 상태를 '누설'한다"(Shearn, Bergman, Hill, Abel, and Hinds 1992, 431). 예를 들어, 엘리자베스와 다아시가 펨벌리에서 뜻밖에 재회했을 때 "두 사람의 눈길이 마주쳤고 둘의 뺨은 빨갛게 물들었다"(『오만과 편견』 278→348쪽). 이 같은 안면 홍조는 의지와 상관없는 것으로 추정되기 때문에, 그 사람의 감정을 진정으로 드러낸다고 알려져 있다(Frank 1988). 예를 들어, 헨리 크로퍼드가 소리 내어 셰익스피어를 읽는다. 패니는 그에게 이성적으로 별 관심이 없으므로 그를 무시하려 하지만 그의 낭독이 멋있어서 그럴 수가 없다. 드디어 낭독이 끝났다. "그러자 주문이 풀렸다. 그녀는 ... 얼굴을 붉히며 다시 손을 바삐 움직였다"(『맨스필드 파크』 390→486쪽).

그러나 오스틴은 얼굴 붉힘조차도 가끔은 선택할 수 있는 것으로 이해한다. 예를 들어, 약혼녀 이저벨라 소프에게 차인 후 동생에게 쓴 편지 말미에 제임스 몰런드는 "사랑하는 캐서린, 마음을 줄 때는 조심하도록 해라"(『노생거 사원』 208→267쪽)라고 쓴다. 이를 읽은 캐서린은 마음이 심란해지고, 걱정스럽게 지켜보는 헨리 틸니는 왜 그런지 알고 싶어한다. 캐서린은 그가 편지를 직접 읽을 수 있도록 건네주려 하다가 "편지의 마지막 행을 떠올리자 ... 얼굴이 화끈거려" 관둔다. 헨리는 캐서린에게 개인적인 부분을 빼고 읽어 달라고 하고, 그녀는 "괜찮아요, 직접 읽어 보세요"라고 목청을 가다듬으며 다시 편지를 건넨다. "다시 생각해 보니 더 분명해졌던 것이다. '내가 무슨 생각을 했는지 모르겠네.' 그녀는 얼굴을 붉힌 것에 다시 얼굴이 붉어지면서 말했다. '오빠는 나한테 좋은 충고를 하려던 것뿐인데'"(『노생거 사원』 210→270-271쪽). 캐서린이 처음 얼굴이 빨개진 이유는 편지에서 아무한테나 마음을 주지 말라고 한 부분 때문이었다. 캐서린은 헨리가 이 부분을 읽으면 자신에게 어떤 의도가 있어서 그에게 편지를 건넸다고 생각할지도 모른다고 짐작했다. 여기서 캐서린의 얼굴 붉힘은 순수함을 나타낸다. 그러나 그녀가 이 문제를 다시 생각하면서 얼굴이 다시 빨개진 이유는, 애초에 자신이 얼굴을 붉힐 만한 부끄러운 생각을 했다는 생각 때문이었다. 즉, 완전 순수한 젊은 여성이라면 오빠의 충고를 연애의 미끼로 삼을 생각을 애당초 하지 않는다는 것이다. 여기서 캐서린은 스스로 첫 번째 얼굴 붉힘을 "투명할 정도로 정직한" 얼굴 붉힘이라고 생각하는데, 그녀가 다시 얼굴을 붉힌 이유는 헨리가 그것을 "능청스러운" 얼굴 붉힘으로 이해했을지도 모른다는 생각이 들었기 때문이다(Halsey 2006, 232). 얼굴 붉힘 때문에 또 얼굴을 붉히느니, 처음부터 얼굴을 붉히지 않았으면 좋았겠다고 캐서린은 생각한다. 캐서린의 첫 번째 얼굴 붉힘은 부끄러움이라는 감정 때문에 발생한 것으로 설명할 수 있다. 두 번째 얼굴 붉힘 역시 이와 유사하게 설명할 수 있다. 비록 여기에는 인지적 요소가 들어 있기는 하지만 말이다(여기서 캐서린은 첫 번째 얼굴 붉힘이 그 자체로 부끄러움의 원인이 되었다는 것을 인지하는 과정을 거치기 때문이다). 그러나 "얼굴 붉힘에는 교정 기능이 있다"(Dijk, de Jong, and Peters 2009, 290). 이 점에서 캐서린의 두 번째 얼굴 붉힘, 혹은 최소한 그녀가 "내가 무슨 생각을 했는지 모르겠네"라고 속으로 소리친 것은 그녀가 첫 번째 얼굴 붉힘을 "취소"하고자 한 의식적인 선택이라고 할 수 있다.

본능

합리적 선택이론과 경쟁하는 또 다른 모델은 사람들의 행동이 선택이 아니라 충동이나 본능에 의해 결정된다는 이론이다. 예를 들어, 헨리 크로퍼드를 소개받은 후, 패니의 아버지인 프라이스 씨는 "집에서 식구들을 대할 때와는 딴판이었으니, 완전히 다른 사람 같았다. 세련되지는 않아도 매우 훌륭한 매너에, ... 하는 이야기도 자애로운 부친이자 양식 있는 인사가 할 법한 것들이었다. ... 크로퍼드 씨의 훌륭한 매너에 대해 본능적으로 경의를 표한 것이다"(『맨스필드 파크』 467→580쪽). 프라이스 씨가 예를 들어 평소의 말버릇인 욕지거리를 의식적으로 하지 않은 것은 아니다. 또 자신이 평상시와는 다르게 행동하고 있다는 것을 인식하지 못했을 수도 있다. 그는 상황에 맞춰 자신의 행동을 본능적으로 바꾼 것이다. 오스틴은 예절이나 사회적 격식에 관련된 또 다른 사례도 제시한다. 엘리자베스가 이유를 조목조목 분명히 나열하며 자신의 청혼을 거절하자 다아시는 그녀의 질책에 답변하는 편지를 건네는데, 그녀는 "본능적으로 그것을" 받는다. 이후 펨벌리에서 그가 다시 그녀에게 인사를 건네올 때 엘리자베스는 부끄러워 "본능적으로 몸을 돌렸"다(『오만과 편견』 218, 278→276, 348쪽 참조). 이처럼 숨는 것도 본능적일 수 있다. 토머스 경이 집으로 돌아오자 노리스 부인은 "본능적인 조심성으로 러시워스 씨의 분홍색 새턴 망토를 재빨리 치"워 버린다(『맨스필드 파크』 210→261쪽). 또 캐서린이 노생거 사원에서 출입이 금지된 곳에 들어갔다가 틸니 장군을 "본 순간 그녀는 본능적으로 어디로든 숨으려" 한다(『노생거 사원』 197→253쪽). 제프리 호지슨에 따르면 "본능 개념은 양차 대전 사이 시기에 영어권 사회과학 분야에서 추방"당했다. 하지만 오늘날 "우리는 이 용어를 특정 신호에 의해 촉발될 수 있는, 생물학적으로 물려받은 모든 반사작용이나 감정, 기질 등을 광범위하게 통틀어 묘사할 때 사용한다"(Hodgson 2010, 3). 이 같은 본능은 "그 어떤 의식적 노력 없이도 그리고 정규교육 없이도 발달한다"(Cosmides and Tooby 1994, 64).

그러나 오스틴은 본능에 대해 의구심을 가지고 있다. 특히 중요한 사안들과 관련해서는 더욱 그렇다. 그랜트 부인이 패니를 목사관 저녁 식사에 초대하고, 에드먼드는 자신의 어머니인 레이디 버트럼을 설득해서 패니가 갈 수 있도록 허락을 받았다. 에드먼드가 이 소식을 전하자 "'고마워요, 오빠. 저도 **정말** 기뻐요.' 패니의 입에서 본능적으로 이런 대답이 나왔다. 그러나 돌아서서 문을 닫으면서는 이런 생각을 금할 수가 없었다. '그런데 뭐가 기쁘다는 거지? 거기 가봐야 마음 아픈 장면만 보고 듣게 될 게 뻔한데'"(『맨스필드 파크』 256→317쪽). 목사관에서 패니는 에드먼드가 자신의 경쟁자 메리 크로퍼드와 함께 있는 것을 가슴 아프게 지켜봐야 할 터였다. 그럼에도 패니는 본능적으로 감사의 말을 전한 것이다. 모성애는 보통 가장 강력한 본능으로 알려져 있지만, 몇 년 만에 처음으로 집에 온 패니는 엄마로부터 별로 관심을 받지 못하는 데 실망한다. "모성 본능은 금방 충족되었고, 프라이스 부인의 애정에 … 다른 원천은 존재하지 않았다. … [그녀는] 패니에게 할애할 시간적 여유도 애정도 없었다"(『맨스필드 파크』 450→561쪽). 포츠머스에 있는 패니의 집에서 그녀의 아버지가 신문을 읽고 있다. 그러다가 R 부인이 C 씨와 달아났다는 기사가 있다며, 이 이야기가 혹시 사촌 얘기가 아니냐고 묻는다. 패니는 "수치스러운 일을 잠시나마 모면하고 싶은 본능적 소망에서" "오보에요, 아버지"라고 부인한다(『맨스필드 파크』 509→634쪽). 하지만 패니는 메리 크로퍼드로부터 오빠에 대한 헛소문을 제발 믿지 말라고 당부하는 편지를 이미 받은 상태로, 아버지가 묻는 기사 내용이 사실임을 알고 있다. 프랭크 처칠을 만나기 전 에마는 "상상력을 발휘해 본능적으로" 그에 대해 간파하고 있었다(『에마』 131→180쪽 참조). 그러나 그녀가 프랭크 처칠에 대해 "본능적으로 간파"한 것은 대부분 틀린 것이었다. 바스에서 레이디 러셀과 함께 거리를 걸으며 앤은 몇 년 만에 처음으로 웬트워스 대령과 마주치면 레이디 러셀이 어떻게 반응할까 걱정한다. 인파 속에서 웬트워스 대령이 점점 가까워지고, 앤은 "본능적으로 레이디 러셀을 바라보았다. ... 그리고 그가 레이디 러셀의 눈에 띌 수도 있는 순간이 다가왔을 때는 다시 그녀 쪽을 바라보지 못했지만 ... 레이디 러셀의 시선이 정확히 그의 쪽을 향했고 유심히 그를 바라보고 있다는 것을 완벽하게 의식했다"(『설득』 194→260쪽). 그러나 레이디 러셀이 집중적으로 관찰한 것은 쇼윈도에 전시된 창문 커튼뿐이었다. 앤의 본능은 앤을 실망시켰다. "이 모든 예상과 조심의 낭비 속에서 그녀는 ... 그가 자신과 레이디 러셀이 함께 가는 모습을 보았는지 못 보았는지를 알 수 있는 정확한 순간을 놓"쳐 버렸다(『설득』 195→261쪽). 본능이 가진 좀 더 긍정적인 측면도 있다. 루이자 머스그로브가 라임에서 사고로 의식불명 상태가 되자 "앤은 본능이 제공하는 모든 기운과 열성 그리고 생각을 다해 헨리에타를 돌보는 동시에, 틈틈이 다른 사람들에게도 주의를 기울였다"(『설득』 119→166-167쪽 참조). 여기서 본능은 어떤 행동을 직접적으로 유발함으로써가 아니라 능력 — 기운, 열성, 그리고 무엇보다 생각 — 을 제공함으로써 도움이 된다.

07 경쟁 모델들

습관

습관도 사람의 행동을 설명할 수 있다. "'습관'이라는 용어는 일반적으로 이전에 채택되었거나 습득된 형태의 행동을 하게 하는 어느 정도 자기-작동적인 기질이나 성향을 가리킨다"(Camic 1986, 1044). 습관은 "주변 환경에 의해 형성되고 생물학적이라기보다는 문화적으로 전달된다"(Hodgson 2010, 4).

오스틴은 다양한 습관이 행동에 영향을 미칠 수 있다는 것을 인정한다. 그러나 그런 습관을 좋아하지는 않는다. 오스틴의 작품 속에서 나타나는 습관은 대부분 나쁜 것들이다. 가장 많이 언급되는 습관은 과소비, 이기심, 부주의 등이다. 재산가인 그레이 양과 결혼한 이유를 설명하기 위해 윌러비는 엘리너에게 이렇게 말한다. "전 늘 사치스러웠고 늘 저보다는 수입이 나은 사람들과 사귀는 버릇이 있었습니다"(『이성과 감성』 363→423쪽). 그러자 엘리너는 그의 "게으름, 방탕, 사치 습관"에 대해 생각한다(『이성과 감성』 375→439쪽). 이와 유사하게 [다아시의 외가 사촌인] 피츠윌리엄 대령은 엘리자베스에게, 귀족의 차남인 자신의 처지를 두고 이렇게 말한다. "소비 습관도 우리를 지나치게 의존적으로 만들지요. 그렇기 때문에 저 같은 처지의 사람이면서도 돈 문제를 고려하지 않고 결혼할 여유가 있는 사람은 별로 많지 않습니다"(『오만과 편견』 206→260쪽). 에드먼드 버트럼은 메리 크로퍼드의 습관 때문에 그녀가 자신의 청혼을 받아들일 수 있을지 걱정한다.

> 나한테 분명히 호감이 있다고 확신해. 경계할 다른 누가 있는 것도 아니고. 내가 경계하는 건 상류사회 전반의 영향력이야. 내가 우려하는 건 부자들의 생활 습관이고. 그 사람이 자기 분수에 넘치는 것을 바라는 건 아니지만, 그래도…(『맨스필드 파크』 489→606-607쪽).

캐롤라인 빙리와 그녀의 언니는 "분수에 넘치게 소비하는 … 습성이 있었다"(『오만과 편견』 16→25쪽). 예이츠 씨는 "유행에 민감하고 돈을 펑펑 쓰는" 습관 외에는 "별로 칭찬할 만한 구석이 없는 인물이었다"(『맨스필드 파크』 142→179쪽). 톰 버트럼은 병석에서 일어나 건강을 회복했는데, 다행히 "무분별하고 이기적인 예전의 습성까지 돌아오지는 않았다"(『맨스필드 파크』 534→667쪽). 파산을 한 앤의 친구 남편 스미스 씨는 "별로 신중하지 못"했고 "나쁜 습관"을 가지고 있었으며 "모든 진지한 일들을 무시하며 방종한" 엘리엇 씨와 사귀는 바람에 재정적으로 몰락했다(『설득』 226, 174→303, 234쪽). 자신의 건강에 대한 우드하우스 씨의 집착은 애교로 봐줄 만한 것이긴 했지만 주변 사람들을 성가시게 했다. 이런 그의 집착은 "은근히 이기적인 데다 다른 사람들의 느낌이 자기와 다를 수도 있다는 생각을 절대 하지 못하는 습성" 때문이다(『에마』 6→13쪽). 이와 유사하게, 앤의 동생이자 건강염려증 환자인 메리 머스그로브는 "무슨 일이 생기면 당연히 앤의 도움을 받아야 한다고 생각하는 습관"을 가지고 있다(『설득』 35→52쪽).

    습관 중에는 좋은 것도 있다. 크로프트 제독과 그의 부인은 "시골에서의 습관대로 대부분의 시간을 함께 보냈다"(『설득』 182→244-245쪽). 루이자와 헨리에타 역시 항상 같이 있다. 앤은 그 집안의 "가족이 습관적으로 그러듯 서로 원하지 않거나 불편할 때조차 모든 걸 상대방에게 얘기하고 함께" 하는 것을 존경한다(『설득』 89→125쪽). 앤이 동생 메리와 공유하는 것은 기껏해야 "온종일 상대방의 집을 수시로 드나드는 ... 습관"뿐이다(『설득』 39→57쪽). 토머스 경은 "시간을 정확히 지키는 평소 습관"을 가지고 있다(『맨스필드 파크』 259→321쪽). 에마의 언니 이저벨라와 아버지는 "오래 알고 지내는 지인들을 하나같이 높이 보는 고질병에서도 ... 꼭 닮았"고(『에마』 100→140쪽), 에마는 형부인 존 나이틀리의 "가정에 충실한 습관, 가정이 전부인 그런 삶"(『에마』 104→146쪽)도 그런대로 좋다고 생각한다. 헨리 틸니는 캐서린이 젊은 여성으로서 "일기를 쓰는 ... 즐거운 습관"을 분명히 가졌을 것이라고 농담한다(『노생거 사원』 19→28쪽). 그러나 이런 좋은 습관들은 나쁜 습관들만큼 큰 영향을 미치지 못한다. 즉, 나쁜 습관들이 사람들로 하여금 사랑 없는 결혼을 하게 하고 병들게 하며 재정적으로 몰락하게 한다면, 좋은 습관들은 그에 버금가는 정도의 도움을 가져다주지 않는다.

오스틴 소설에서 가장 중요한 습관들, 즉 여주인공들의 삶에 직접적으로 영향을 미치는 습관들은 그들의 삶에 고통스런 지장을 초래하는 것들로 여주인공들은 그런 습관들로부터 벗어나야 한다. 앤과 웬트워스 대령이 마침내 서로의 진심을 이해했을 때 웬트워스 대령은 팔 년 전 거절당한 기억 때문에 쉽게 용기를 낼 수 없었다고 고백한다. 이에 앤은 그때보다는 자기가 나이도 훨씬 더 들었고, 상황도 많이 바뀐 것을 생각했어야 한다고 한다. 그러자 웬트워스 대령은 이렇게 말한다.

> 새로 파악한 당신의 성격으로부터 배울 수가 없었소. … 날이 가고 해가 가도 쓰라리기만 하던 내 마음 때문에 그런 것이 하나도 눈에 들어오지도 않았고 … 습관으로 인해서 그분[레이디 러셀]의 영향력이 더 커졌을 수도 있다고 생각했소(『설득』 266→353-354쪽).

톰 버트럼이 패니에게 도움이 필요하다고 말하자 "패니는 심부름이라도 시키려나 해서 얼른 자리에서 일어났다. 그런 식으로 패니를 부리는 습관은 에드먼드의 갖은 노력에도 불구하고 아직 남아 있었던 것이다"(『맨스필드 파크』 171→214쪽). 헨리 크로퍼드로부터 청혼을 받은 패니는 메리 크로퍼드를 필사적으로 피한다. 그러나 메리가 패니에게 따로 보자고 하자, 패니는 "즉각 순종하는 습관대로 … 자리에서 일어나 앞장서서 방을 나섰다. 마음은 몹시 불편했지만 어쩔 수가 없었다"(『맨스필드 파크』 412→515쪽). 습관은 패니를 순종적이고 몹시 불편하게 만들며, 따라서 패니는 이 습관을 벗어던져야만 한다.

습관은 도덕적 타락과 심지어 악에 가까운 행동으로까지 이어질 수 있다. 헨리 크로퍼드가 결혼한 마리아와 달아난 후, 메리 크로퍼드는 이 두 사람의 행동을 비도덕적인 것이라기보다는 단지 경솔한 일로 생각하는데, 에드먼드는 그녀의 이런 생각에 놀라움을 금치 못하고, 자신의 생각을 메리에게 말한다. 에드먼드는 그녀에게서 도덕의식이 잠깐 싹트는 것을 보지만 그것은 이내 그녀의 습관에 의해 후퇴하고 만다.

> 내 상상인지 몰라도 복잡한 감정과 잠시나마 심한 갈등에 휩싸이는 듯 보였어. 진실을 인정하고 싶기도 하고, 수치스럽기도 하고. 그렇지만 결국은 습관, 습관이 이겼지. … "어머나, 정말 근사한 설교네요. 지난번에 하신 설교의 일부인가요?"(『맨스필드 파크』 530→662쪽)

헨리 크로퍼드는 패니에게 그녀의 오빠 윌리엄이 소위로 진급할 수 있도록 힘을 썼다는 말을 한 직후 그녀에게 청혼한다. 패니는 그의 대가성 요구에 진저리를 친다. "그렇지만 그는 원체 무엇을 하든 힘들게 만드는 일을 곁들이고야 마는 습성이 있는 사람이었다"(『맨스필드 파크』 350→437쪽).

오스틴에게 습관과 합리적 선택이 반드시 상반되는 것은 아니다. 경우에 따라 습관은 선택을 위해 필요한 결단력을 제공하기도 한다. 프랭크 처칠이 아버지와 새어머니를 방문하러 쉽게 오지 못하는 이유는 처칠가에서 "일찍부터 복종하며 오랫동안 준수해 온 습관"■ 때문이 아니겠냐고 에마가 지적하자, 나이틀리 씨는 이렇게 말한다. "편의에

■ 프랭크 처칠은 웨스턴 씨와 그의 사망한 첫 번째 부인 사이에 태어났다. 엄마가 결혼한 지 삼 년 만에 죽고 난 후, 프랭크 처칠은 부유하지만 자식이 없는 외숙부 가족에 입양되어 숙부의 성을 따르게 된다. 엄청난 부를 상속받게 될 그는 외숙모의 눈 밖에 나는 행동을 하거나 외숙모의 뜻을 쉽게 거역할 수 없다.

07 경쟁 모델들

따르는 생각 대신 의무를 준수하는 습관이 지금쯤에는 형성되었어야 한다는 거요. 어린아이야 겁을 먹는 것도 당연하지만, 다 큰 어른이 그러면 곤란하지"(『에마』 159→216-217쪽). 이와 유사하게 해리엇은 엘튼 씨가 다른 사람과 결혼하기 직전임에도, 여전히 그를 잊지 못한다. 이에 에마는 해리엇이 "속으로 자제하는 습관"을 익히기 위해 노력해 주기를 바란다(『에마』 288→386쪽).

오스틴은 두 번에 걸쳐 습관과 합리적 선택이 모두 인간의 행동을 설명하는 데 유의미하다고 인정한다. 그리고 그 두 경우 모두에서 합리적 선택이 더 중요하다는 것을 밝힌다. 에드먼드가 삼 주 동안 집을 비운 사이 "두 집안의 젊은 숙녀들은 ... 매우 다른 기분으로 지냈다. 패니에게는 평온이자 평안인 것이 메리에게는 지루하고 짜증스러울 뿐이었다. 한쪽은 너무 쉽게 만족하는 반면 다른 쪽은 참는 데 전혀 익숙지 않으니, 성향과 습관의 차이에서 비롯된 점이 더 컸다. 많은 관심사에서 두 사람의 처지는 정반대였다"(『맨스필드 파크』 331→412쪽). 패니는 에드먼드와 메리 사이의 진전이 조금이라도 늦추어진 것에 감사하고, 메리는 자신이 (에드먼드가 선택한 직업인) 성직을 너무 노골적으로 조롱한 것에 대해, 그리고 에드먼드가 다른 멋쟁이 여자들을 만나지 않을까에 대해 걱정한다. 이 같은 감정의 차이는 습관의 차이 때문이기도 하지만 선호의 차이, 즉 "관심사"의 차이 때문인 측면이 더 크다.

다음의 경우도 이와 유사하다. 제인 페어팩스는 자신이 아침마다 우체국에 가서 우편물을 가져오는 것을 두고 웨스턴 부인이 하인을 시켜 대신해 주겠다고 억지로 밀어붙이자, 대화의 초점을 다른 곳으로 돌리기 위해 우정 사업의 신뢰도를 칭찬한다.

> 과실이나 실수도 아주 드물잖아요! 왕국 전역을 끊임없이 오가는 편지 중 잘못 배달되는 경우는 수천 통 중 한 통에도 한참 못 미치고, 아마도 아주 분실되는 경우는 백만 통에 하나도 안 될 걸요!

런던에 사는 존 나이틀리가 이에 동의한다.

> 습관 덕분에 전문가가 되었겠지요. 직원들은 처음부터 눈과 손놀림이 어느 정도 빠른 사람들일 것이고, 자꾸 되풀이하다 보면 더 나아지겠지요. … 좀 더 깊은 설명이 필요하다면, 직원들은 돈을 받잖소. 그런 대단한 능력의 열쇠는 거기에 있습니다. 사람들은 돈을 지불하니 좋은 서비스를 받는 게 마땅하지요(『에마』 320→428쪽).

우체국 직원들의 높은 신뢰도를 설명하는 데 습관은 중요하다. 그러나 여기서 그보다 더 우선적인 설명은 그들이 급여를 받기 때문이라는 것이다. 오스틴은 이 소설에서 우정국의 신뢰도를 높게 설정해 놓아야만 한다. 그래야 나중에 제인 페어팩스가 프랭크 처칠로부터 답장을 받지 못할 때 편지가 지연되거나 분실되어 도착하지 못한다는 가능성을 제거하고, 그가 변심했다고 결론을 내릴 수 있기 때문이다(귄터 트라이텔과의 개인적 대화). 그러나 소설에서 우정 사업의 신뢰성에 대한 구체적인 설명은 없다. 대중이 양질의 서비스를 받아야 한다는 존 나이틀리의 발언은 어쩌면 정부의 책임성에 대한 얘기인지도 모른다. 서덜랜드와 르 페이에 따르면, 존 나이틀리의 이 같은 언급은 정계 진출에 대한 그의 관심을 나타내는 것이다(Sutherland and Le Faye 2005, 203). 그러나 이는 왜 그가 월급을 받기 때문이라는 설명과 습관 때문이라는 설명을 명시적으로 나란히 비교하는지, 혹은 왜 그가 애초에 우정 사업의 신뢰성에 대한 이유를 설명하게 됐는지 등을 설명해 주지 못한다. 존 나이틀리가 습관보다는 합리적 선택에 더 무게를 두는 것은 오스틴의 이론적 입장을 드러내는 것이다.

마지막으로, 에드먼드는 패니가 헨리 크로퍼드의 청혼을 거절한 이유에 대해 "누구보다 익숙한 것을 좋아하고 낯선 것을 꺼리는 성격이라 크로퍼드의 구혼이 낯선 일인 만큼 불리하게 작용할 수밖에 없"기 때문이라고 생각한다(『맨스필드 파크』 409→510쪽). 그러나 에드먼드는 완전히 잘못 짚었다. 패니는 헨리 크로퍼드를 좋아하지 않는다. 패니가 그를 거절한 이유는 그녀의 선호 때문이지 그녀의 성격 때문이 아니다.

규칙

또 다른 경쟁 모델은 사람들이 규칙이나 원칙에 기대어 행동한다는 것이다. 예를 들어, "여행할 때는 화장실을 사용할 기회를 절대 지나치지 말 것" 같은 것이다. 규칙을 따르는 이유 중 하나는 선택을 할 때 겪는 인지적 어려움을 피하기 위한 것이다. 앞서 예시한 규칙을 준수할 경우, 그다음 화장실이 있는 곳에 도착하는 데 얼마나 걸릴지 계산할 필요가 없다. 규칙은 "의사 결정자들이 정보를 좀 더 쉽게 처리할 수 있도록 해준다"(Shah and Oppenheimer 2008, 207). 예를 들어, 헨리와 메리 크로퍼드 남매가 포츠머스로 와서 패니를 맨스필드로 데려다주겠다고 한다. 그러나 패니는 맨스필드로 돌아갈 교통편을 이모부인 토머스 경이 이미 마련해 주기로 했다는 것을 안다. 패니는 장단점을 따져 본다. "맨스필드로 돌아간다고 생각하면 너무나 행복했다. 그렇지만 지금 이 순간 자기가 보기에 너무나 잘못된 감정이나 처신을 보여 주는 사람들 신세를 져야 한다는 게 결정적으로 걸렸다"(『맨스필드 파크』 504→627쪽). 메리 크로퍼드가 맨스필드 파크에 와서 에드먼드를 다시 보게 되는 그 어떤 계획에도 강한 반감을 가지고 있는 패니는, 자신이 과연 그들의 "제안을 수락하는 게 옳은지 아닌지 제대로 판단"할 수 있는지조차 확신할 수 없다(『맨스필드 파크』 504→627쪽). 그러나 패니에게는 규칙이 있다.

> 다행히도 상반된 의향들과 어떻게 하는 게 올바른지 불확실한 생각들 사이에서 저울질하고 결정해야 하는 상황은 아니었다. 에드먼드와 메리를 떼어 놓아야 하느냐 마느냐를 놓고 결정할 필요는 없었

다. 패니에게는 지켜야 할 규범이 있었고, 그것으로 모든 것이 정해졌다. 이모부에 대한 외경심, 이모부에게 버릇없는 결례가 될 수도 있다는 두려움이 밀려오는 순간 어떻게 해야 할지 분명히 알 수 있었다. 이 제안은 단호히 거절해야 했다(『맨스필드 파크』 505→628쪽).

규칙은 일을 수월하게 해준다. 패니는 자신이 선호하는 것을 저울질해 볼 필요도 없고 스스로 선택하지 않아도 된다.

규칙이나 원칙은 도덕적 의무 혹은 예의 바른 행동의 요건일 수 있으나 단순히 하나의 유용한 지침일 수도 있다. 루시 스틸과 에드워드 페라스의 비밀 약혼 소식에 엘리너는 혼자 괴로움을 삭이는데, 왜냐하면 "명예와 정직의 원칙에 따라 행동하 … 겠다고 굳게 다짐했"기 때문이다(『이성과 감성』 163→188쪽). 약속을 지키는 것은 도덕적 책무다. 두 사람의 약혼 사실이 공개적으로 알려진 후에도 엘리너는 최대한 말을 아끼려고 노력한다. "엘리너는 원칙상 피했다. 메리앤이 너무 열렬하게 너무 적극적으로 확신을 하는 바람에 에드워드가 여전히 자기를 사랑하고 있다는 믿음, 자기로서는 없애 버리고 싶은 그 믿음이 더욱더 마음 깊이 자리 잡게 되었기 때문이다"(『이성과 감성』 306→357쪽). 원칙에 근거해 화제를 회피함으로써 엘리너는 에드워드가 실제로는 자신을 사랑한다는 메리앤의 주장으로부터 자신의 마음을 보호한다. 이 원칙은 도덕적 책무가 아니다. 단지 좋은 생각이다. 맨스필드로 돌아가는 일을 자신의 이모부의 결정에 맡기는 패니의 규칙은 이 둘 사이 어디쯤에 있다. 이모부를 존경하는 것은 미덕이지만 도덕적 책무까지는 아니다. 동시에 그의 눈 밖에 나는 행동을 안 하는 것은 좋은 생각이다. 이와 유사하게, 캐서린 몰런드의 부모는 그녀와 헨리 틸니의 결혼을 승인하고자 한다. 하지만 "온화한 성품이지만 원칙은 확실한 몰런드 씨 부부는 그의 아버지가 대놓고 혼사를 반대하는 한 앞장서서 추진할 수가 없었다"(『노생거 사원』 258→331쪽). 자신들이 먼저 결혼을 승낙하기 전에 틸니 장군의 승낙을 기다리는 것이 도덕적 의무는 아니지만 예의에 일치하는 것이고 두 집안 사이의 관계를 위해서도 좋은 것이다.

원칙과 규칙은 오스틴에게 중요하다. 오스틴의 작품 속 등장인물들은 흔히 그것이 약하거나 아예 없어서 지탄을 받는다. 예를 들어, 메리 크로퍼드의 실수에 대해 에드먼드 버트럼은 "그릇된 삶의 원칙이 문제야, 패니. 섬세함이 무뎌지고 정신이 썩고 타락한 게 문제야"라고 말한다(『맨스필드 파크』 528→659쪽). 원칙은 보통 사람들의 동기를 통제하고 균형을 잡아 준다. 예를 들어 토머스 경은 자신의 딸자식 교육에 대해 후회하며 "원칙이, 적극적인 원칙이 결여되었던 게 아닌가, 욕심과 감정을 ... 다스리는 법을 제대로 가르쳐 준 적이 없는 게 아닌가" 생각한다(『맨스필드 파크』 536→669쪽).

그러나 오스틴은 원칙과 선택 사이의 관계가 그리 간단치 않다는 점을 지적한다. 예를 들어, 노리스 부인은 자신이 빠져 있는 "미혹적인 원칙", 즉 수전노 원칙에 스스로 긍지를 지니고 있다. 그것은 원래 남편의 수입이 적기 때문에 궁여지책으로 생긴 습관이었으나 자식도 없는 상황에서 "알뜰한 살림을 꾸리려고 시작된 일은 곧 선택이 되"었다(『맨스필드 파크』 9→16-17쪽 참조). 원칙이 선택을 통제할 수 있으나 사람들은 또한 자신의 원칙을 선택할 수 있다는 것이다.

또 원칙은 선호를 강화할 수도 완화할 수도 있다. 토머스 경은 패니의 방에 난롯불이 없다는 것을 깨닫고 노리스 부인이 "아이들을 지나치게 호사롭게 키우면 안 된다고 늘 주장"한다는 말과 함께 "원칙 자체는 훌륭한데, 다만 과할 수는 있지. 네 경우에는 실제로 과했고. ... 염려가 결국 불필요한 것이 될지도 모르겠다만, 어쨌든 잘되라는 뜻에서 한 일 아니겠느냐. 그리고 여태껏 소소한 결핍이나 제약이 좀 있었더라도 앞으로 누릴 유복한 삶의 가치가 그만큼 곱절로 늘어나리라는 점 또한 믿어도 좋을 거다"라고 한다(『맨스필드 파크』 361→452쪽). 여기서 원칙은 훗날 패니의 소비자 만족도를 높여 준다. 즉, 원칙이 만족감을 통제하는 것이 아니라 배가시킨다. 패니는 "에드먼드를 향한 자신의 애정에 지나치거나 이기심에 치우친 면이 있다면 모두 극복해 나갈 작정이고, 그렇게 하는 게 자신의 의무라고 여겼다. ... 그녀는 이성을 되찾으려 노력하고, 건전한 지성과 정직한 마음으로 크로퍼드 양의 성격을 판단할 자격과 그를 진정으로 염려해 주는 특권을 갖출 수 있도록 노력하기로 마음먹었다. 그녀는 꿋꿋이 원리 원칙을 지키고 도리에 따르기로 결심했다"(『맨스필드 파크』 307→382-383쪽). 패니는 여기서 원칙을 따름으로써 이기적이지 않기를 바라고, 에드먼드에게 공정하기를 바라며, 동시에 자신의 마음을 보호하고 싶어 한다. 그러나 "마음을 다스리기로 온갖 훌륭한 결심들을 하고 나서도, 에드먼드가 쓰다가 두고 간 종이쪽지를 언감생심 꿈도 못 꿨던 보물인 양 주워 든다. ... 여성이 품은 사랑의 열정은 전기 작가의 열정도 능가하는 법이다"(『맨스필드 파크』 307-308→383쪽). 운동을 하고 난 후 평소보다 더 달달한 후식을 먹을 자격이 있다고 생각하는 사람처럼(Cloud 2009), 패니의 원칙은 그녀의 욕구를 통제하는 것이 아니라 강화한다.

마지막으로, 오스틴은 규칙이나 원칙은 흔히 우리가 원하는 것을 어차피 하고 싶은 대로 할 때 핑계로 사용하는 것에 불과하다는 점에 주목하며, 규칙이나 원칙에 대해 의심을 품어 보라고 권한다. 예를 들어, 앤의 여동생의 시어머니인 머스그로브 부인은 이렇게 말한다. "난 며느리가 주장하는 일에는 참견을 안 하는 걸 원칙으로 하고 있어요. 참견해 봐야 소용도 없으니까요. 하지만 앤 양, 아가씨한테는 말씀을 드려 놓는 게 좋겠어요. 아가씨라면 사태를 바로잡을지도 모르니까요. 우리 며느리가 데리고 있는 애보개는 별로 좋은 애가 못 되는 것 같습니다"(『설득』 49→69쪽). 패니로 하여금 헨리 크로퍼드의 청혼을 받아들이도록 몇 차례 강력하게 압력을 넣은 후 "토머스 경은 앞으로는 절대로 조카딸한테 강요하거나 노골적으로 개입하지 않기로 마음먹었다. ... 따라서 이런 원칙에 따라 토머스 경은 기회가 나는 즉시 패니에게 ... '애야.

... 내가 너한테 마음에 없는 결혼을 하라고 설득할 리 있겠느냐?'"라고 말한다(『맨스필드 파크』 380-381→475-476쪽). 그러나 토머스 경은 이내 패니가 마음을 바꾸길 바라며 패니를 포츠머스로 보내 버린다. 캐서린과 남자들에 대해 얘기하면서 이저벨라 소프는 이렇게 선언한다. "난 규칙이 하나 있는데, 그들이 무슨 말을 하든 신경 안 쓰는 거야. ... 그들은 매우 자주 놀랍도록 무례하거든"(『노생거 사원』 35→49쪽 참조). 물론 나중에 그녀는 틸니 대위의 무례한 유혹에 기꺼이 응한다. 또 틸니 장군은 캐서린에게 다음과 같이 말한다. "몰런드 양, 시간과 관심을 조금만 쏟으면 되는 일로 괜히 이웃들 기분을 상하게 할 필요는 없다는 것이 나의 원칙이외다"(『노생거 사원』 216→278). 이렇게 말하고 난 뒤 그가 캐서린을 내쫓기까지 걸린 시간은 그리 길지 않았다. 에마는 해리엇에게 이렇게 말한다. "해리엇, 내가 생각하는 일반적인 규칙은 여자가 남자를 받아들일지 말지 **잘 모르겠다면** 당연히 거절해야 한다는 거야"(『설득』 55→79쪽). 그러나 물론 이 원칙은 해리엇으로 하여금 마틴 씨의 청혼을 거절하게 하려는 책략일 뿐이다. 윌러비에 대해 엘리너는 메리앤에게 이렇게 말한다. "자기 일신이 즐거운 것, 자기 일신이 편한 것이 무슨 일에서건 그 사람의 지배 원칙이었어"(『이성과 감성』 398→466쪽). 이와 유사하게 앤도 다음과 같이 결론짓는다. "엘리엇 씨 ... 를 인도하는 원칙은 이기심 말고는 없는 것 같아요"(『설득』 225→302쪽).

사회적 요인들

선망 자존심 지위 의무 명예 예절 등은 일련의 사회적 요인들로서 또 하나의 경쟁 모델이다. 이 요인들은 대체로 합리적 선택이론이 설명할 수 있는 범위 밖에 있다고 간주된다. 예를 들어, 크리스토퍼 크레이머는 "합리적 선택이론은 ... 사회적인 것을 몽땅 제거해 버린다"라고 말한다(Cramer 2002, 1864). 그러나 오스틴에 따르면, 사회적 요인 역시 개인의 선호에 영향을 미칠 수 있다. 예를 들어, 패니의 모친 프라이스 부인은 경솔한 결혼을 했다. 언니 노리스 부인이 이를 두고 비난하자 그녀는 두 언니 모두를 싸잡아 원망하며 의절하다시피 하고 산다. "그러나 이렇게 지낸 십일 년째 해가 끝나 갈 무렵 프라이스 부인은 자존심이든 원망이든 더 이상 그것만 끌어안고 있을 여유가, 혹은 도움을 줄지도 모를 유일한 혈연을 몰라라 할 여유가 없어졌다"(『맨스필드 파크』 5→11쪽). 프라이스 부인은 자존심으로 말미암아 언니들과 연락을 끊고 사는 선택을 했다. 그러나 낮은 소득, 장애인이 된 남편, 아홉 명이나 되는 자녀 등은 이 같은 자존심을 뛰어넘게 하는 동기를 부여한다. 또 다른 예로, 존 소프가 캐서린을 속이고 함께 블레이즈 성으로 드라이브를 가려고 할 때 "그녀 자신의 만족은 소풍 자체로 어느 정도 보장되었을 수 있"었지만(『노생거 사원』 102→130쪽 참조) 캐서린은 틸니 남매와 약속을 지키는 것을 선택한다. 왜냐하면 "그녀에게는 남에게 마땅히 해야 할 노릇이 무엇인지, 그리고 그들이 자기를 어떤 사람으로 생각하는지가 중요했"기 때문이다(『노생거 사원』 102→130쪽). 다시 말해, 자존심 의무감 평판 등과 같은 사회적 요인은 경제적 궁핍이나 개인적 만족감과 마찬가지로 선호에 영향을 미친다.

  오스틴은 보통 이런 사회적 요인들을 비난한다. 캐서린 영부인은 엘리자베스에게 다아시 씨와 결혼하지 않겠다는 약속을 하라고 윽박지르며 그 이유를 다음과 같이 주장한다. "명예 예의 분별 아니, 이해관계가 그걸 금하기 때문이지. 그래, 베넷 양, 이해관계란 거야. 만약에 아가씨가 고집을 부려서 모든 사람의 뜻에 거스르는 행동을 하면, 그 사람의 가족이나 친지들한테 인정받을 생각은 말아야 하니까. 아가씨는 그 사람하고 관계된 모든 사람들에게 비난받고 무시당하고 경멸당할 거야. 아가씨 편이 되는 것은 수치일 테고. 우리들 가운데 누구도 아가씨 이름을 입 밖에 내지 않을 거라고"(『오만과 편견』 394→486-487쪽). 캐서린 영부인은 결국 중요한 것은 이해관계라는 것을 인정한다. 즉, 명예 예의 등은 결국 노골적인 사회적 따돌림, 즉 "관계적 공격성"relational aggression▪을 포장하는 씌우개일 뿐이라는 것이다(Crick and Grotpeter 1995; Bender 2012, 190도 참고할 것). 테일러는 게임이론이 사회적 규범을 따돌림이나 비난과 같은 제재 조치로만 간주함으로써 "규범의 본질적 특성 — 규범성", 즉 그것의 "도덕적 동기부여" 기능을 간과한다고 주장한다(Taylor 2006, xiv). [이에 반해] 오스틴은 한 사람에게 규범성은 다른 한 사람에게는 사기일 뿐이라고 주장한다.

패니가 헨리 크로퍼드의 청혼을 거절하자 사람들은 자신들이 생각해 낼 수 있는 모든 사회적 요인을 동원해 그녀에게 압력을 가한다. 메리 크로퍼드는 결혼이 패니에게 가져올 사회적 명성을 언급한다. 헨리에게 관심 있는 뭇 여성들을 패니가 따돌리는 영광을 차지할 수 있다는 것이다.

> 아! 얼마나 부러워하고 속상해할지, 그런 여자가 수십 명도 넘을 걸요! 당신이 어떻게 했는지 알면 또 얼마나 놀라고 귀를 의심할까요! … 수많은 아가씨가 노리던 남자를 꽉 붙들어 매 같은 여자들의 빛을 되갚아 줄 수 있다니, 얼마나 영광스러운 일이에요! 그럼요, 여자라면 그런 승리는 절대 마다하지 못할 걸요(『맨스필드 파크』 416-419 …→519-523쪽).

메리는 또한 [왜 다른 여성들처럼 행동하지 않는지 지적하며] 동조 행위에 호소하기도 한다. "오빠한테 무관심할 수 있는 사람은 당신밖에 없어요. 당신, 무심한 패니뿐이라고요"(『맨스필드 파크』 418→521쪽). 5장에서 언급했

▪ 뒷말하기, 소문내기 등과 같은 의도적 조작으로 누군가의 사회적 관계나 지위를 손상시켜 피해를 입히는 유형의 괴롭힘.

다아시와 결혼하지 않겠다고 약속하라는
캐서린 영부인(주디 덴치 분)의 옥박지르는 말에
엘리자베스는 당당히 맞선다.

"전 단지, 제 자신의 의견에 따라, 영부인이건 혹은
저하고는 관계없는 누구의 의견이건 상관하지 않고,
제가 행복해질 수 있도록 행동할 작정일 뿐입니다."

그림 17. 영화 〈오만과 편견〉 중에서 캐서린 영부인과 엘리자베스

듯이, 헨리 크로퍼드는 윌리엄 프라이스가 소위로 진급할 수 있게 힘을 쓴 후 호혜주의의 원칙에 따라 그 대가로 패니에게 청혼하고, 레이디 버트럼은 패니의 의무감에 호소한다. 토머스 경은 "너한테는 자식의 의무가 없으니까. 그렇지만 패니, 스스로 네 마음을 들여다보고 **배은망덕**이 아니라고 자신할 수 있다면 …" 하면서 일장 연설을 이어 가는데, 패니는 울음을 터뜨리고 만다(『맨스필드 파크』 368→460쪽). 하지만 이 모든 사회적 요인 앞에서도 패니는 단호한 모습을 보인다. 독립적인 성격의 에마조차도, 사회적 제재를 고려해 자신은 조금도 내키지 않음에도 불구하고 갓 결혼한 엘튼 부부를 위한 정찬을 주최한다. "자기네도 다른 사람들에 뒤지지는 말아야 했으니, 그렇지 않았다가는 자기가 딱한 앙심을 품을 수 있는 인물로 여겨지고 끔찍한 오해를 살 것이었"기 때문이다(『에마』 314→419쪽).

사회적 규범은 흔히 무절제한 이기심을 바로잡는 데 필요한 것으로 간주되지만, 사람들은 그것이 자신에게 불리하게 작용하지 않을 때에만 흔쾌히 순응할 수 있다. 패니는 자신의 결혼 여부에 대해, 또 누구와 결혼할 것인가에 대해 "이기적"이고 "개인주의적인" 선택을 할 수 있어야 하는 게 아닐까? 사회적 요인들이 사회를 좀먹는 이기심을 막아내는 방파제라는 생각은 특권층의 가식, 심지어 무기로 간주될 수도 있다.

이데올로기

사회적 요인들은 단지 개인의 선호에 영향을 미치는 게 아니라 개인이 결정을 내리는 이데올로기적 환경을 만들어 낸다고 흔히들 말한다. "행동은 언제나 사회적 맥락 안에서 이루어지는 것이며, 개인적 동기만으로 설명될 수 없다"(Granovetter 1990, 95-96). 예를 들어, 패니에게 헨리 크로퍼드의 청혼을 받아들일지 말지의 선택은 단지 이모부의 뜻을 어기는 것에 대한 대가와 혜택만의 문제가 아니다. 이 결정은 패니가 이모부의 집에서 팔 년 이상 순종적 조카딸로 살아왔다는 맥락에서 이해되어야 한다. "한 개인이 다른 사람에게 보이는 가장 사소한 '반응'조차 이 사람들과 다른 사람들이 맺고 있는 관계의 전체 역사를 담고 있다"(Bourdieu and Wacquant 1992, 124→213쪽). 내가 속해 있는 이데올로기적 환경은 "허위의식"처럼 내가 스스로 나의 이해관계가 무엇이라고 생각하는지에도 영향을 미친다. 스콧은 이데올로기가 개인의 가치관에 미치는 영향에 대한 "두터운" 설명과 "얇은" 설명을 다음과 같이 묘사한다.

> 두터운 설명의 주장에 따르면 지배 이데올로기는 피지배 집단을 대상으로 그들이 당하는 피지배를 설명하고 정당화하는 가치를 적극적으로 믿도록 설득함으로써 마법을 부린다. … 얇은 이론 … 에 따르면, 지배 이데올로기는 단지 피지배 집단으로 하여금 그들이 살고 있는 사회질서가 자연스럽고 필연적이라고 확신하도록 함으로써 그들의 순응을 획득한다. 두터운 이론이 동의를 요구한다면 얇은 이론은 체념에 만족한다(Scott 1990, 72→137쪽 참조).

오스틴이 이 문제를 어느 정도 다루는 곳은 엘리너, 메리앤, 에드워드 페라스가 다른 사람들에 대해 평가할 때 어떻게 하는 게 가장 좋은가를 논의할 때다. 엘리너가 다음과 같이 말한다.

> 사람들은 [어떤 이가] 실제 그런 것보다 훨씬 더 명랑하다거나 진지하다거나, 아니면 똑똑하다거나 아둔하다거나 하면서 멋대로 생각한단 말이죠. 이런 착각이 왜 생기는지, 어디서 비롯된 건지 알지도 못하겠어요. 때로 사람들은 누군가가 자신에 대해서 말하는 대로 따르기도 하고, 그보다 더 흔하게는 다른 사람들이 하는 소리를 곧이곧

07 경쟁 모델들

대로 듣는 거지요. 스스로 숙고하고 판단할 여유도 없이 말이죠

그러자 메리앤이 언니를 놀린다. "난 언니가 다른 사람들의 의견에 전적으로 따르는 것이 옳다고 생각하는 줄 알았는데, … 각자 판단이야 있지만 이웃들의 판단에 종속되어야 한다고 말이야. 이게 늘 언니의 신조였다고 난 확신하는데." 그러자 엘리너가 자신의 원칙을 확실하게 짚어 준다.

> 아니야, 메리앤, 그런 적 없어. 이해력을 억누르라는 소리가 아니었어. 내가 바꾸려고 해봤던 것은 몸가짐이 전부야. 내 뜻을 혼동해서는 안 되지. 우리가 아는 사람들한테 좀 더 사려 깊게 대하라고 한 적이 많았던 거, 그 죄는 인정하지. 그렇지만 언제 너더러 그 사람들의 감정을 수용하라거나 심각한 문제에서 그들의 판단에 순응하라고 충고한 적이 있었니?(『이성과 감성』 108→125-126쪽)

이 가벼운 대화를 통해 오스틴은 독립적 사고를 옹호하고 이데올로기에 대한 두터운 설명을 거부한다(Waldron 1999, 67도 참조). 다른 사람들이 사회적으로 통용되는 규범으로 내 행동에 영향을 미칠 수는 있으나, 그들이 나 자신의 판단이나 사고 과정에까지 영향을 미치게 해서는 안 된다는 것이다. 메리앤은 이후 자신은 집에 가고 싶었지만 엄마가 그녀에게 런던에 더 남아 있으라고 할 때 이 원칙[어쩔 수 없이 행동으로는 따르더라도 마음속으로까지 동의하지 않을 수는 있다]을 적용했다. "메리앤은 어머니의 의견에 따르겠다고 약속했으므로 반대 없이 거기에 따랐다. 자기가 원했고 기대했던 것과는 결국 딴판으로 일이 풀리고 말았고 또 어머니의 의견 자체가 틀린 것으로 근거가 별로 없다고 느끼긴 했지만"(『이성과 감성』 243→281쪽).

스콧에 따르면, 두터운 이론이든 얇은 이론이든 이데올로기 이론은

실증적으로 뒷받침되기 어렵고, 우리가 허위의식을 따르는 것처럼 보이는 유일한 이유는 피지배층이 전략적으로 그들의 불온한 생각을 적절한 기회가 열릴 때까지는 드러내지 않기 때문이다(Kelley 1993도 참조). 패니는 가문과 재산이라는 측면에서 자신과 에드먼드의 결혼을 상상조차 할 수 없게 만드는 사회적 맥락을 잘 알고 있다. 또한 그녀는 스스로 그런 사회적 제재에 따라 에드먼드와의 결혼을 상상조차 하지 말아야 한다는 것을 안다. "크로퍼드 양이야 그를 마음에 둔들 문제가 안 되겠지만, 그녀가 그런다는 건 미친 짓일 터였다. 그녀에게 그는 어떤 상황에서도 절대로, 절대로 소중한 벗 이상은 될 수 없는 사람이었다. 어쩌다 이런 생각이 질책과 금지를 당해 마땅할 만큼 커진 걸까? 이런 생각은 상상의 경계 안에 들이지도 말았어야 했다"(『맨스필드 파크』 307→382쪽). 그러나 패니는 자신이 원하는 것이 무엇인지 알고, 사회적 제재 때문에 자신의 사상이 제한되는 것을 허락하지 않을 뿐만 아니라 그로 인해 자신이 원하는 것을 바꾸지도 않는다. 여성의 사랑 앞에 이데올로기는 대적할 만한 상대가 안 된다. 메리 크로퍼드가 사라지자마자 패니는 기회를 잡는다.

도취

사람들은 자신을 항상 통제하지 못하며, 무작위적이고 예측 불가능한 행동을 할 수 있다. 이는 "사회과학과 행동과학에서 연구하는 현상들이 본질적으로 예측 불가능하고 불확정적일 가능성"(Cziko 1989, 17)을 시사하는 것으로 또 하나의 경쟁 모델로 고려해 볼 수 있다. 그러나 오스틴의 작품 속 등장인물들이 실수를 저지를 때, 그 실수는 항상 그들의 성격과 가치관에 비추어 일관적이다. 베이츠 양에 대한 에마의 입심 좋은 모욕이라든가, 틸니 장군이 부인을 죽이지 않았을까 하는 캐서린의 의심이 바로 그런 경우다. 또 메리앤이 엘리너의 어깨에 기대어 울음을 터뜨리자 "브랜던 대령은 자기도 모르게 일어나 그들한테로 갔다"(『이성과 감성』 269→311-312쪽). 그의 행동은 의식적인 선택은 아니지만 그가 메리앤에게 심취해 있는 것과 일관적이다.

술에 취한 상태에서도 등장인물들은 일관된 목적을 가지고 영리하게 행동한다. 엘튼이 마차 안에서 에마에게 청혼할 때 그는 "기분 좋을 정도로만 포도주를 마셨지 이성이 마비될 정도로 마신 것은 전혀 아니었다"(『에마』 141→191쪽). 윌러비가 뜻밖에 찾아와 메리앤에게 사과를 하고자 할 때 엘리너는 처음엔 그가 술에 취했다고 생각한다. 그러나 "말하는 동안에 매너가 흐트러지지 않았고 눈에는 총기가 보여서, 무슨 용서할 수 없는 다른 어리석은 생각으로 클리블랜드에 오게 되었는지는 몰라도 만취 상태에서 온 것은 아니라고 확신"했다(『이성과 감성』 361→421쪽).

도무지 설명할 수 없는 행동에 가장 근접한 사례는 엘리자베스가 네더필드 무도회에서 춘 춤이다. "갑자기 다아시 씨가 춤을 신청해 왔다. 그녀는 그게 너무나 뜻밖이어서 엉겁결에 승낙을 하고 말았다"(『오만과 편견』 101→130-131쪽). 그러나 이 경우에도, 엘리자베스는 춤을 시작하기 전 짧지만 다시 생각해 볼 시간이 있다. 그러나 엘리자베스는 "엉겁결에" 내린 결정을 그대로 유지하기로 선택한다. 바로 옆에서 친구 샬럿 루카스는 다음과 같이 현명하게 조언한다. "바보 같이 굴지 말고, 위컴을 좋아한다고 해서 그보다 열 배는 더 중요한 사람에게 불쾌하게 굴지 말라고"(『오만과 편견』 102→131쪽).

제약 조건

마지막으로, 대부분이 경제적으로 자립적이지 못하고 한 남자의 부인이 되거나 가정교사가 되는 것 외에 직업 선택의 여지가 없는 소설 속 미혼 여성들은 제약 조건이 너무 많아서 선택의 여지가 별로 없는 것처럼 보일 수 있다. 다시 말해, 우리가 생각해 볼 수 있는 또 하나의 모델은, 사람의 선택이 아니라 사람이 처한 제약 조건이 그 사람의 행동을 설명한다는 것이다. 듀젠베리는 다음과 같이 말한다. "경제학의 본질은 사람들이 어떻게 선택하느냐다. 사회학의 본질은 왜 사람들에게 선택의 여지가 없느냐다"(Duesenberry 1960, 233; Abbott 2004, 49에서 인용).

이에 대한 오스틴의 가장 직접적인 답변은, 패니가 헨리 크로퍼드의 청혼을 받은 후, 그와 한편인 메리 크로퍼드와 단둘이 얘기하는 것을 꺼려하는 대목이다. "갑자기 부딪히는 불의의 사태를 피하려고 패니는 가급적 레이디 버트럼의 곁을 떠나지 않으며, 동쪽 방에는 얼씬도 하지 않고 혼자 관목 숲을 산책하는 일도 삼갔다"(『맨스필드 파크』 412→514쪽). 패니의 계획은 한동안 유효했다. 그러나 "크로퍼드 양은 기회의 노예가 아니었다. 그녀는 패니와 단둘이 있는 자리를 만들기로 작정했고, 그래서 얼마 안 돼 낮은 목소리로 패니에게 '어디 가서 잠깐 이야기 좀 해요'라고 말했"다(『맨스필드 파크』 412→515쪽 참조). 누구도 주어진 기회의 노예가 되어서는 안 될 것이다.

"거절은 불가능했"기 때문에 메리 크로퍼드와 따로 만난 패니는 분명히 메리만큼 독립적인 위치에 있지 않다(『맨스필드 파크』 412→515쪽 참조). 그러나 그 상황에서도 단둘이 마주치는 것을 회피하는 전략은 가능한 것이고, 그것은 일정 정도 효력을 본다. 어쩌면 『맨스필드 파크』 작품 전체의 요점이 패니와 같이 제약 조건이 많은 사람이라도 전략적으로 사고하는 것을 배울 수 있고, 이를 통해 운신의 폭을 넓힐 수 있다는 것일 수 있다. 패니의 전략 가운데 어떤 것들은 간단한 것들이다. 예를 들어, 레이디 버트럼과 떨어져 있는 시간을 최대한 줄이고자 하는 것 등이다. 하지만 그렇지 않은 것도 있다. 메리 크로퍼드가 단둘이 이야기하고 싶어 할 때, 패니는 관목 숲에서 혼자 산책하는 것을 피하고 있었다. 하지만 에드먼드가 "제가 말해 보겠습니다, 아버지. 둘이서 이야기할 기회를 가급적 빨리 만들어 보겠습니다"라고 말했을 때, 토머스 경은 "마침 패니가 관목 숲에서 혼자 산책 중"이라 알려 준다(『맨스필드 파크』 400···›498쪽).

사회적 제약과 관련해 오스틴은 또한 그것이 어떻게 개인으로 하여금 전략적 사고를 빨리 터득하게 하는지 관찰한다. 넬리스는 오스틴 소설 속에서 "텔레파시 능력을 개발해야 할 필요성"은 "여성들에게 강요된 수동성과 비이동성"에 기인한다고 지적한다(Nelles 2006, 127). 5장에서 언급했듯이, 패니가 행사하는 첫 번째 조종 행위는 화가 나있는 러시워스 씨를 설득해, 그를 기다리지 않고 먼저 가버린 마리아 버트럼과 헨리 크로퍼드 일행을 따라가게 하는 것이다. 패니의 이런 행위는, 모든 사람들이 사이좋게 지내야 한다는 사회적 예의범절이 요구하는 것이었다. 패니가 젊은 여자는 어떻게 행동해야 한다는 사회적 제약을 받지 않았다면, 그녀는 그 상황에서 러시워스 씨를 움직이게 할 가장 좋은 방법은 공치사라는 것을 애초에 터득할 필요가 없었을 것이다.

이와 유사하게, 루시 스틸과 에드워드 사이의 비밀 약혼을 누설하지 않겠다는 엘리너의 약속도 사회적 제약이다. 마침내 약혼이 공개적으로 알려지자, 엘리너는 메리앤에게 설명한다.

> 루시한테 약속을 했으니, 비밀은 지켜야 했어. 루시를 생각하면 사실에 대해서 입을 다물 수밖에 없었지. 또 가족과 친구들을 생각하면, 달리 도리도 없으면서 공연히 내 걱정만 하지 않게 할 수 있었어. … 너하고 어머니한테는 사실을 밝히고 싶은 생각이 자주 났단다. … 그리고 두어 번 시도도 했었고. 그러나 약속을 저버리지 않고 내 말을 믿게 하진 못했을 거야. … 그 일을 생각하면서도 차분할 수가 있고 또 마음도 편하다고 선뜻 인정할 수 있게 된 것도 꾸준히 힘들게 노력해 온 결과였어. 절로 솟아 나온 것이 아니었다고(『이성과 감성』 297-299···›347-349쪽).

엘리너는, 어머니와 메리앤이 알게 되면 그들이 어떻게 할 것이라는 것을 참작해, 루시를 직접적으로 배신하지 않고 두 사람에게 이야기할 수 있는 어려운 퍼즐을 풀 수 있을지 고민해 보았던 것이다. 하지만 결국은, 전략적 추론하에, 루시와의 약속을 완전히 파기하지 않는 한 그들이 자신의 말을 믿지 않을 것이라고 결론 내린다. 침묵할 수밖에 없는 제약 속에서 엘리너는 자신의 가장 깊숙한 곳에 비축해 놓은 노력과 분투를 끌어내야 했다.

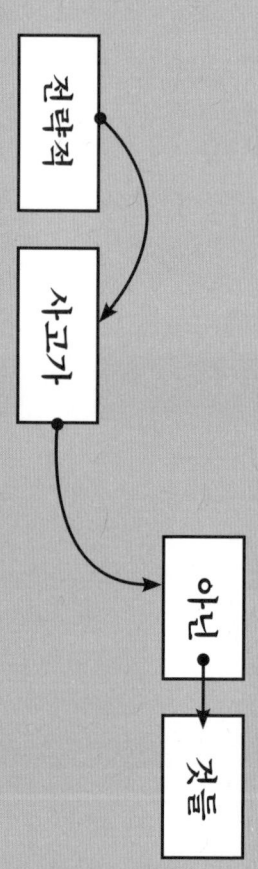

08

오스틴은 전략적 사고와 사람들이 전략적 사고라고 혼동하는 것을 신중히 구분한다. 이기심, 사람이라면 "마땅히" 해야 할 것들에 대한 도덕주의적 관념, 경제적 가치, 중요하지 않은 게임에서 이기는 것 등이 바로 그런 것들이다. 다른 사회 이론가들과 마찬가지로, 오스틴 역시 개념의 명료함을 추구한다. 그러나 그녀는 또한 자신이 이기심, 금전주의, 남보다 한 발 앞서 뒤통수치는 것, 젊은 여성들에게 "행동거지를 이렇게 하라"고 하는 어떤 통속적인 지침 같은 것들을 옹호하는 것이 아님을 분명히 한다. 전략적 사고를 일련의 상투적 처방과 혼동해서는 안 된다.

전략적 사고는
이기적이지 않다

오스틴에게 전략적 사고는 이기심과 등가의 것이 아니다. 물론 어떤 사람들은 전략적인 동시에 이기적이다. 윌러비와 루시 스틸 같은 사람들이 그렇다. 그러나 전략적 사고가 호의적인 의도에서 이루어지는 경우도 있다. 예를 들어, 토머스 경은 패니를 비좁고 궁핍한 포츠머스 집으로 보내는데, 이는 그곳에서 패니가 헨리 크로퍼드의 청혼을 받아들임으로써 얻게 될 물질적 풍요에 대해 좀 더 분명히 이해하기를 바라는 마음에서다. 토머스 경은 이 계획에서 "자신의 현명함에 뿌듯해"하며 자신은 진심으로 패니의 행복을 위해 그런 것이라 믿는데, 그의 생각이 전혀 터무니없는 것은 아니다(『맨스필드 파크』 449→559쪽). 이기적이지만 전략적 사고에는 영 소질이 없는 사람들도 있다. 엘리너의 이복 올케 패니 대시우드는 "몰인정한 이기심"과 "전반적으로 부족한 이해심" 둘 다를 가지고 있는 경우다. 그녀의 실수 가운데 하나는 훨씬 더 위험한 루시 스틸을 끌어들여 엘리너를 자신의 동생 에드워드 페라스와 떼어 놓으려고 한 것이다(『이성과 감성』 261→302쪽 참조).

08 전략적 사고가 아닌 것들

로버트 페라스와 결혼한 이후 루시는 (단순한 "총명함"이 아닌) "이기적인 총명함"을 발휘한 것으로 묘사되는데, 이것은 어떻게든 결국은 시어머니인 페라스 부인의 총애를 얻는 데 성공한 것을 두고 하는 말이다(『이성과 감성』 426→499쪽). 총명함, 다시 말해 전략적 사고는 그 자체로 이기심을 함축하지 않는다. 마찬가지로 엘리너는 루시가 "무식하고, 교활하고, 이기적"(『이성과 감성』 160→185쪽)이라고 하고, 앤 엘리엇은 친구인 스미스 부인에게 "이기심과 표리부동에 기반한 책략은 언제나 혐오감을" 준다고 말한다(『설득』 224→300쪽). 여기서 "교활"이나 "책략"과 같은 말들은 교묘함의 의미를 내포하고 있지만, 그 자체로 이기심을 가리키지는 않는다. 바스에서, 클레이 부인과 엘리엇 씨 둘 다 월터 경 가족 주변을 맴돈다. 클레이 부인은 월터 경과 결혼하길 바라고, 엘리엇 씨는 월터 경의 재산을 확실히 상속받기 위해 이 결혼을 막으려 한다. 이 둘 가운데 엘리엇 씨의 전략이 훨씬 정교하지만, 이는 그의 이기심이 좀 더 복잡하다는 뜻이지 그의 이기심이 더 크다는 뜻은 아니다. 앤의 생각에 따르면 "엘리엇 씨의 이기심에 비하면 클레이 부인의 이기심은 복잡함과 역겨움이 덜했다. 클레이 부인이 아버지와 결혼하는 것을 막기 위해 엘리엇 씨가 은근하게 구는 상황에서 벗어날 수만 있다면 차라리 여러 가지 부작용이 있더라도 아버지와 클레이 부인이 결혼하는 편이 나을 것 같았다"(『설득』 233→311쪽). 앞서 7장에서 논의했듯이, 오스틴은 이기심을 전략적 사고가 아니라 습관과 연관시킨다. 예를 들어, 그랜트 박사의 "제 몸만 챙기는 그릇된 습관"과 헨리 크로퍼드의 "이기적이고 방종한 습관"처럼 말이다(『맨스필드 파크』 130, 275→164, 342쪽).

오스틴은 목적을 가지는 것과 그것을 달성하기 위해 전략적으로 노력하는 것이 우리를 이기적이거나 사리사욕을 추구하는 존재로 만들지 않는다는 점을 분명히 한다. 오스틴의 작품 속 여주인공들의 목적은 결혼이다. 그러나 진실한 애정을 추구하는 것과 사리사욕을 추구하는 것은 다르다. 루시와 에드워드 페라스 사이의 약혼에 대해 엘리너는 다음과 같이 평가한다. "에드워드는 그의 부인이 될 사람한테 애정이 전혀 없을 뿐만 아니라, 결혼을 통해서 어느 정도 행복해질 가능성조차 없다. **여자** 쪽의 진실한 애정이 있어야 그런 가능성이라도 있을 것인데, 이 경우에는 여자가 남자 쪽이 약혼에 지쳐 있다는 것을 똑똑히 알고 있으면서도 오직 자신의 이해관계 때문에 남자를 그 약속에다 붙들어 두고 있는 형국"이었다(『이성과 감성』 173→200쪽). 진실한 애정은 상호성을 필요로 한다.

자발적 선택을 두고 이기심과 같다고 하는 것은 일종의 질책일 수도 있다. 노리스 부인은 패니가 "일을 해도 꼭 제 생각대로 하려 드는 걸 한두 번 본 게 아니에요. 지시받는 게 싫은 거죠. 기회만 생기면 멋대로 혼자 산책을 나가고요. 확실히 좀 비밀이 많고 엉뚱하고 제멋대로인 데가 있어요"라고 불만을 터뜨린다(『맨스필드 파크』 373→466쪽). 노리스 부인은 패니의 독립적 선택들을 참을 수 없다. 심지어 언제 어디로 산책을 가는지 같은 사소한 문제에서조차 그렇다. 노리스 부인의 불만을 들은 토머스 경은, 패니에게 헨리 크로퍼드의 청혼을 받아들이라고 종용하는 과정에서 "조금 전에 자기도 같은 느낌을 토로한 바 있지만, 그래도 패니에 대한 일반적인 평으로는 이렇게 부당한 말이 없겠다는 생각이 들었"다(『맨스필드 파크』 373→466쪽). 엘리자베스가 다아시와 절대 약혼하지 않겠다는 약속을 거부하자 캐서린 영부인은 "무정하고 이기적인 여자 같으니! 아가씨하고 관계를 맺게 되면 모든 사람의 면전에서 그 얘의 명예에 먹칠을 하게 될 것이라는 생각은 안 드나?"라고 쏘아붙인다(『오만과 편견』 396→490쪽). 노리스 부인과 캐서린 영부인이 젊은 여성을 독립적이라거나 이기적이라고 부르는 것은 그 여성으로 하여금 자기 결정권을 갖지 못하게 하기 위한 것에 다름 아니다.

08 전략적 사고가 아닌 것들

**전략적 사고는
도덕주의적이지 않다**

우리는 누군가가 무엇을 원하는 것과 원'해야만' 하는 것을 쉽게 혼동한다. 예를 들어, 하루 다섯 갑씩 담배를 피우는 사람을 보면, 그 사람이 합리적이지 않다고 말하고 싶을 것이다. 그러나 오스틴은 여기에 차이를 둔다. 나이틀리 씨가 제인 페어팩스에게 청혼하는 것 아니냐고 웨스턴 부인이 묻자, 에마는 펄쩍 뛰며 당황한다. "아, 웨스턴 부인, 어떻게 그런 생각을 하실 수가 있어요? 나이틀리 씨라니! 나이틀리 씨는 결혼하면 안 돼요! 제 조카 헨리가 돈웰에서 떠밀려 나는 꼴은 부인도 보고 싶지 않겠지요? 아! 안 돼요, 안 돼. 헨리는 돈웰을 물려받아야 해요. 나이틀리 씨의 결혼에는 절대로 찬성할 수 없어요. 그리고 장담해요, 그런 일은 절대 없을 거예요"(『에마』 242→322쪽). 에마는 나이틀리 씨의 친조카이자 나이틀리 씨가 결혼하지 않을 경우 자동으로 돈웰 저택과 재산을 상속받을 조카 헨리를 들고 나온다. 그러나 물론 여기서 질문은, 웨스턴 부인이 지적하듯,* 나이틀리 씨가 무엇을 해야 하느냐[또는 해서는 안 되느냐]가 아니고 무엇을 할 것인가다. "그러나 문제는 그이한테 나쁜 연고냐가 아니라 그이가 원하느냐인데, 내 생각에는 원하는 것 같아"(『에마』 244→325쪽).

전략적 사고는 사람들이 무엇을 꼭 해야 한다는 도덕주의적 격언이 아니다. 엘리자베스의 동생인 메리 베넷은 다른 사람들의 마음을 잘 읽

---

* 나이틀리 씨와 제인 페어팩스의 결혼에 대해 반대하는 에마에게 웨스턴 부인은 다음과 같이 말한다. "에마, 어쩌다 그런 생각이 났는지는 이미 말했잖아. 내가 그 결혼을 원해서나 사랑스러운 헨리에게 해를 끼치고 싶어서가 아니라, 정황상 그런 생각이 든 거지. 그리고 만약 나이틀리 씨가 진심으로 결혼하고 싶어 한다면, 헨리 때문에, 그런 문제에 대해서 아무것도 모르는 여섯 살배기 아이 때문에 못 하게 막는 일은 자기도 못 할 텐데?"(『에마』 323쪽)

지 못하고 끊임없이 "진부한 교훈의 새로운 표현"으로(『오만과 편견』 67→88쪽) 자신의 자매들을 교화하고자 한다. 예를 들어, 리디아가 위컴과 달아난 뒤 온 가족이 이 상황에 어떻게 대처해야 할지 고민하고 있는 상황에서 메리는 "우리는 여기서 유용한 교훈을 끌어낼 수 있어. 여성에게 정조의 상실은 회복 불능이라는 것. 한번 잘못 발을 들여놓으면 끝없는 파멸에 빠진다는 것"이라는 전혀 도움이 되지 않은 말을 한다. 이에 "엘리자베스는 놀라서 눈을 치켜떴"다(『오만과 편견』 319→397-398쪽). 무도회에서 캐서린 몰런드는 존 소프가 이미 첫 춤을 자신과 예약해 놓았기 때문에, 자신이 훨씬 더 좋아하는 헨리 틸니와 춤을 출 수 없다. "이런 일을 겪은 후 그녀는 다음과 같은 유용한 교훈을 얻었다. 무도회에 사전에 선약이 되어 있다고 해서 꼭 젊은 여성의 품격을 높인다거나 즐거움을 키운다는 보장은 없다는 것을 말이다. 그런 뼈아픈 교훈을 되새기던 중 누가 어깨를 건드리는 바람에 그녀는 흠칫 상념에서 깨어났다. 몸을 돌려 보니 휴즈 부인이 바로 뒤에 있었고 틸니 양과 어떤 신사가 같이 있었다. '이렇게 무람하게 대해서 미안하지만, 몰런드 양' 하고 그녀가 말했다. '소프 양을 못 찾아서 그러는데, 소프 부인께서 아가씨라면 기꺼이 이 젊은 숙녀를 춤 대형에 넣어 줄 거라고 하셔서"(『노생거 사원』 50-51→68-69쪽). 캐서린이 교훈을 되새기는 동안, 휴즈 부인은 단순한 전략을 통해 헨리의 누이를 캐서린과 나란히 앉게 하고, 캐서린은 이로부터 훨씬 더 유용한 교훈과 혜택을 얻는다.

전략적 사고는
경제주의적이지 않다

전략적 사고는 또 근검절약, 물질주의, 금전주의 등과 같이 "경제"와 관련된 다양한 개념과 혼동될 수도 있다. 그러나 오스틴은 경제적 가치와 전략적 사고를 분명히 구분한다. 특히 "결혼 초부터 엄격한 절약

08 전략적 사고가 아닌 것들

노선을 취하"고 있는 노리스 부인을 통해 이 같은 구분을 확실하게 한다(『맨스필드 파크』 9→16-17쪽). 노리스 부인은 그 연극의 주제가 무엇인지 모르고, 토머스 경이 승인할지 여부도 상관하지 않은 채 〈연인 서약〉을 계속하자고 한다. 중도에 그만둘 경우 "여태껏 준비한 게 모두 헛돈을 쓴 게 되고, 그거야말로 우리 모두에게 망신스러운 일"이기 때문이다(『맨스필드 파크』 166→209쪽). 그녀는 무대 커튼을 만들면서 꼼꼼한 계획을 통해 당구대용 녹색 천 한 두루마리에서 무려 4분의 3야드나 아꼈다. 토머스 경이 집에 돌아오고 연극이 취소되자, 커튼은 "그녀와 함께 그녀의 집으로 갔는데, 우연히 그 집에는 유독 녹색 나사 천이 필요했다"(『맨스필드 파크』 228→283쪽). 노리스 부인은 자신이 전략적으로 노련하다고 생각한다. 그러나 5장에서도 논의했듯이, 모두가 소더턴 저택을 방문하려고 하는데 그녀는 패니를 일행에서 제외하기 위해 머리를 쓴다. 그것은 딱히 특별한 이유가 있어서라기보다 "자기가 세운 것이니만큼 자신의 계획이야말로 최상책이라고 믿기 때문이었다"(『맨스필드 파크』 92→118쪽). 그러나 그녀는 에드먼드를 이길 수 없다. 에드먼드는 패니를 위해 이미 초대장을 받아 놓은 상태다. 노리스 부인은 마리아와 러시워스 씨의 결혼에 가장 자부심을 느낀다. "그녀는 마리아를 향한 러시워스 씨의 호감이 실질적 성과로 이어진 것은 모두 자신의 공이라고 생각했다"(『맨스필드 파크』 221→274쪽). 하지만 두 사람의 혼인에 문제가 있다는 것은 처음부터 너무나도 분명했다. 결혼식이 끝나고 토머스 경은 불안해하지만, 노리스 부인은 "그저 기쁘고 즐거울 뿐이었다. … 모든 게 자기 덕분이었기 때문이다. 의기양양해하는 그 모습을 보면 불행한 결혼 따위는 들어 본 적도 없거나 어릴 때부터 지켜봐 온 조카딸의 기질을 전혀 알지 못하는 사람 같았다"(『맨스필드 파크』 237-238→294-295쪽).

전략적 하수인 존 대시우드 또한 화폐를 매개로 한 결합을 믿는다. 그리하여 누이 메리앤의 건강이 썩 좋지 않다고 하자 그는 이것을 바로 소득 저하와 연결한다. "걔 또래에는 어디 아팠다 하면 한창 시절이 영원히 가버리지! 개의 한창 시절은 너무 짧았어! 지난 9월만 해도 누구 못지않게 예뻤는데. ... **지금의** 메리앤이라면 기껏해야 연 수입 오륙백 이상 가는 남자와 결혼할 수 있을지도 의문이다"(『이성과 감성』 258→299-300쪽). 브랜던 대령이 에드워드 페라스에게 목사직을 제안했다고 하자, 대시우드는 이것을 브랜던 대령의 친절이 아니라 돈을 받고 팔았을 경우의 가치로 환산해 평가한다. "전임자가 늙고 병들어서 곧 그 자리를 비우게 될 것이라고 본다면, 모르긴 몰라도 대령은 만사천 파운드는 받았을 거야, 아마 ... 생각해 보니, 십중팔구 이렇게 된 것이 아닐까 싶다. 대령은 실제로 돈을 받고 그 자리를 팔았고 그 사람이 나이가 차서 그걸 넘겨받을 수 있을 때까지만 에드워드한테 자리를 맡긴 것 같군. 그래, 그래, 그렇게 된 거지. 틀림없어"(『이성과 감성』 334→390쪽). 물론 오스틴의 소설에 등장하는 전략적인 여주인공들이 돈을 완전히 무시하는 것은 아니다. 메리앤은 "상업적인 교환, 즉 각자가 서로를 이용해서 이익을 취하려는 것"(『이성과 감성』 45→54쪽)은 결혼일 리 없다고 생각한다. 또한 "다른 아무것으로도 행복해지지 못하는 경우에만 돈으로 행복해질 수 있다"고 생각한다(『이성과 감성』 105→121쪽). 그러나 그녀는 또한 자신은 기본적으로 "연 수입 천팔백이나 이천 정도"는 필요하다고 공공연히 말한다. 이는 엘리너가 사치라고 생각하는 금액의 두 배에 달하는 금액이다(『이성과 감성』 105→122쪽). 엘리자베스가 숙모인 가드너 부인에게 위컴이 최근 조부로부터 큰 재산을 물려받은 킹 양에게 관심이 있다는 이야기를 할 때, 엘리자베스는 돈이 중요하지 않다고 말할 수 없다고 주장한다.

근데, 외숙모, 결혼에 있어서 돈만 밝히는 것과 신중한 것 사이에 어떤 차이가 있는 거죠? 신중함이 끝나는 지점은 어디고 탐욕이 시작되는 지점은 어딘가요? 지난 크리스마스엔 그 사람과 제가 결혼하게 될까 봐 걱정하셨잖아요. 경솔한 일이라고요. 그런데 지금은 겨우 만 파운드의 재산을 가진 아가씨와 결혼하려 한다고 그가 돈만 밝히는 사람이라고 생각하고 싶어 하시잖아요(『오만과 편견』 173→219쪽).

오스틴이 보기에, 전략적 유능함과 금전적 유능함이 반드시 짝을 이루는 것은 아니다. 그렇다고 해서 이 둘이 서로 대립하는 관계도 아니다. 월터 엘리엇 경의 변호사 셰퍼드 씨는 고객의 비위를 맞추는 일뿐만 아니라 부동산 시장의 동향을 살피는 일에서도 전략적으로 탁월한 기량을 발휘한다. 트라이텔에 따르면 "셰퍼드 씨는 자기가 원하는 것을 이루는 데 놀랄 만큼 탁월하다"(Treitel 1984, 552). 월터 경에게 재정적인 문제가 생기자, 셰퍼드 씨는 월터 경이 생활비가 비싼 런던이 아닌 "바스를 택하도록 유도"할 만큼 "능숙"하다(『설득』 15→24쪽 참조). 월터 경이 셰퍼드 씨에게 천박하게 켈린치 홀 저택을 임대한다는 광고를 하지 말라고 하자, 셰퍼드 씨는 (어쩌면 이미 크로프트 제독과 얘기가 돼있는 상태일 수도 있다) "지금은 시국이 평화로우니 돈 많은 해군 장교들이 대거 육지로 돌아올" 때라고 조언한다. 그리고 얼마 되지 않아, 크로프트 제독이 "우연히 켈린치 홀이 임대될 수도 있다는 소리를 들"었다는 얘기를 전한다(『설득』 23→28, 35쪽). 셰퍼드 씨는 능숙한 솜씨로 임차인을 찾고 이와 동시에 의뢰인의 자존심까지 세워 준다. "사람들의 비위를 맞추는 요령을 잘 알고 있는" "비교적 영리한 데다 남의 비위를 잘 맞추었기 때문에 단순한 다른 사람들에 비해 훨씬 위험한 매력이 있었"던 그의 딸 클레이 부인은 이런 아버지를 모방했을 것이다(『설득』 17, 37→26, 54쪽).

전략적 사고는
사소한 게임에서 이기는 것이 아니다

오스틴의 소설 속에서는 카드 게임, 휘스트, 주사위 놀이와 같은 실내 게임이 자주 등장한다. 혹자는 작가가 이런 게임을 통해서 전략적 사고를 설명할 수도 있을 것이라고 생각한다. 실제로 게임이론가 가운데 그런 경우도 있다(Binmore 2007). 그러나 오스틴은 이런 게임을 과도한 탈맥락화, 다시 말해 사소한 것에 너무 몰두한 나머지 더 큰 사회적 맥락을 보지 못하는 경향을 보여 주기 위해 사용한다. 오스틴은 전략적 사고는 단순한 "승리" 이상의 의미를 지니고 있다고 강조한다.

오스틴의 등장인물 중에서 카드 게임이나 보드 게임을 좋아하는 인물은 대체로 사회적 영역에서 전략적 사고를 잘하지 못한다. "소설 속에서 게임을 좋아하는 인물들은 ... 대체로 이기적이고 무책임하거나 아둔한 사람들"이다(Duckworth 1975, 280). 콜린스 씨는 듣는 사람들의 취향을 전혀 이해하지 못한 채 포다이스 설교집[•]을 "대단히 단조롭고도 엄숙한 목소리로" 읽어 주면서 베넷 자매들과 친해지려고 한다(『오만과 편견』 76-77→99쪽). 그의 낭독을 더는 참지 못하고 리디아가 낭독을 중단시키자, 그는 베넷 씨와 주사위 놀이를 하는 것으로 위안을 찾는다. 빙리 씨의 매부 허스트 씨는 "오로지 먹고 마시고 카드놀이를 하기 위해 사는 한량"이다(『오만과 편견』 38→51쪽). 패니를 위한 첫 무도회가 끝나고 다음 날, 레이디 버트럼은 패니에게 "일이 손에 안 잡히네. 카드 좀 가져오렴. 머리가 너무 멍해"라고 한다(『맨스필드 파크』 328→409쪽). 이와 반대로, 엘리자베스는 카드 게임을 하느니 차라리 "독서나 좀 즐"기고자 한다(『오만과 편견』 40→54쪽). 또 레이디 미들턴이 카지노 게임을 제안하

• 스코틀랜드 장로교 성직자 제임스 포다이스가 편찬한 설교집으로, 제목은 『젊은 여성을 위한 설교』*Sermons to Young Women*(1766)다.

08 전략적 사고가 아닌 것들

자 메리앤은 "저는 좀 빼주세요. 카드 싫어하는 것 아시잖아요. 피아노로 가겠어요"라고 말하고 "휙 돌아"선다(『이성과 감성』 165→191쪽). 제닝스 부인 집에서 엘리너는 "이 집에서든 다른 집에서든 저녁 모임이라면 으레 카드놀이여서 ... 전혀 재미를 느끼지 못했다"(『이성과 감성』 192→221쪽).

오스틴의 소설에 등장하는 인물들 가운데 전략적 사고에 탁월한 인물들은 카드 게임을 할 때 더 넓은 사회적 맥락, 더 진지한 게임을 염두에 두고 놀이에 임한다. 다시 말해서, 그들은 휘스트와 같은 "인위적" 카드 게임에 집중하기 위해 필요한 탈맥락화를 거부한다(알렉산더 포프에 관한 Silver 2009/2010의 논의도 볼 것). 다아시와 빙리가 오랜만에 다시 베넷가를 찾아왔을 때, 엘리자베스는 다아시의 속내를 모른다. 그의 여동생에 대해 몇 마디 의례적인 인사를 주고받은 뒤, 다아시는 엘리자베스 옆에 몇 분 동안 서있지만, 둘 사이에는 침묵이 흐른다. 엘리자베스는 어떻게든 말을 더 해보려고 했으나 그녀의 희망은 "물거품이 되고 말았다. 휘스트 놀이에서 사람 수를 채우려는 자기 어머니의 탐욕에 그가 제물이 되어 ... 그들은 저녁 내내 서로 다른 테이블에 붙잡혀 있었고, 그녀로서는 기대할 것이 이제 아무것도 없었다. 그의 눈길이 자주 자기편으로 향해서 그도 자기만큼이나 놀이에 성공하지 못했으면 하는 것 말고는"(『오만과 편견』 378→468쪽). 엘리자베스와 다아시에게 진짜 게임은 대화를 통해서든 시선을 통해서든 어떤 수준의 이해에 도달하는 것이고, 휘스트 게임은 피상적인 오락에 지나지 않는다. 윌러비가 메리앤에게 한참 구애를 하는 동안 "저녁에 파크에서 카드놀이를 할 때면 그는 속임수를 써서까지 그녀에게 좋은 패를 주었다"(『이성과 감성』 64→74쪽). 즉, 윌러비에게는 카드 게임에서 이기는 것보다 좀 더 큰 목적이 있었고, 이때 카드 게임은 그 목적을 이루기 위한 하나의 수단에 불과했다. 테일러 양이 웨스턴 씨와 결혼하기 위해 떠난 후, 아버지는 그녀의 부재를 아쉬워한다. 그러자 에마는 "주사위 놀이에 힘입어 아버지가 저녁 시간을 그럭저럭 보내"도록 준비한다(『에마』 7→15쪽).

카드놀이는 원치 않는 사람을 제거할 수 있는 전략적 기회를 제공한다. 멀런에 따르면 [오스틴의] "소설 속에서 게임의 첫 번째 목적은 등장인물들을 나누어 배치하는 것이다"(Mullan 2012, 147). 위컴은 카드놀이를 위해 리디아와 엘리자베스 사이에 앉는다. 리디아는 "점차 카드놀이에 빠져들었고, 베팅을 하고 이기겠다고 소리를 지르느라 특정한 사람에게 주의를 집중할 여유가 없었다. 그래서 위컴 씨는 카드놀이를 그럭저럭 따라가면서 엘리자베스와 대화를 나눌 겨를이 생겼다. 엘리자베스는 가장 궁금한 이야기, 즉 그가 다아시 씨와 알게 된 내력에 대해 들을 수 있으리라고는 기대하지 않았지만, 그의 말이라면 아주 기꺼이 들어줄 용의가 있었다"(『오만과 편견』 86→110-111쪽). 여기서 리디아가 게임에 빠져 있는 상황은 엘리자베스와 위컴에게 편리한 조건을 조성한다. 그들은 그저 형식적으로 게임을 따라갈 뿐이다.

레이디 미들턴이 카지노 게임을 하자고 하자, 엘리너는 처음엔 게임에 참여하기로 한다. 그러나 루시 스틸이 레이디 미들턴의 딸을 위해 대신 바구니를 만들어 주는 일에 나서자, 이를 그녀와 단둘이 얘기할 기회로 생각한다. 엘리너는 그녀와 에드워드 페라스의 비밀 약혼에 대해 더 듣고 싶은 것이다. 그래서 다음과 같이 제안한다. "혹 제가 판에서 빠질 수 있을지... 루시 스틸 양한테 약간 도움이 될지도 모르겠네요. 종이를 말아 준다거나 해서요. 바구니가 되려면 남은 일이 아직 많은데 아무래도 혼자 해서는 오늘 저녁 안에 끝내기 어렵겠네요"(『이성과 감성』 165→191쪽). 엘리너와 루시는 바구니를 만들기 위해 함께 테이블에 앉고, 메리앤은 피아노를 친다. 엘리너는 "피아노가 다행히도 그들 가까이에 있어서 ... 카드 탁자에 들릴 위험이 없이 마음에 담아 둔 화제를 안심하고 다시 꺼내도 될 것이라고 판단했다"(『이성과 감성』 165→192쪽). 여기서 카드놀이는 여러모로 유용하다. 엘리너와 루시가 단둘이 대화할 기회를 제공할 뿐만 아니라, 메리앤이 자리에서 일어나 피아노를 치게 해줌으로써 두 여성의 목소리를 가려 주기 때문이다. 빙리 씨가 베넷가를 방문하자 "그와 맏딸만 두고 모든 사람을 치워 버리려는 베넷 부인의 구상이 다시 발동했다." 모두가 카드 테이블에 앉고, 엘리자베스는 모두가 카드 게임을 하느라 바쁘니 자신은 다른 방에 가서 편지를 써도 되겠다고 생각한다. 왜냐하면 "자기가 굳이 어머니의 계획을 방해하는 데 낄 필요가 없"기 때문이다. 그리고 편지를 다 쓰고 거실로 돌아와 보니 제인과 빙리가 단둘이 있고, 빙리는 이미 청혼을 한 상태다. 엘리자베스는 "자기가 미상불 어머니의 영리함을 도저히 따라가지 못했음을 인정하지 않을 수 없었다"(『오만과 편견』 383→473-474쪽). 다른 사람들이 카드놀이를 하는 동안, 엘리자베스는 아무도 눈치채지 못하게 살짝 방을 빠져나갈 수 있다고 생각한다. 그러나 어쩌면 베넷 부인은 바로 이 점을 노리고 카드 게임을 하자고 했는지도 모른다. 엘리자베스가 가장 큰 걸림돌임을 깨달은 베넷 부인은 그녀를 제일 먼저 다른 곳으로 치워야 했을 것이다. 엘리자베스는 카드놀이를 해서가 아니라, 다른 사람들이 카드놀이를 함으로써 모두 제거되었다고 생각함으로써 제거된다.

오스틴의 가장 긴 카드놀이 에피소드는 투자 게임▪이다. 이 게임을 하는 사람들은 칩이나 카운터를 사용해 높은 지위의 카드에 값을 부른다. 맨스필드 파크에서는 저녁 식사가 끝나고 휘스트 테이블과 투기 테이블이 준비되었다. 두 게임 모두 어떻게 하는지 모르는 레이디 버트럼을 토머스 경은 투기 테이블로 보낸다. "자신은 휘스트를 하기로 했는데, 아내와 짝이 되어 게임을 하는 건 별로 재미가 없으리라고 생각"했기 때문이다(『맨스필드 파크』 278→346쪽). 레이디 버트럼은 카드 게임과

▪ "19세기 초에 유행한, 저축과 투자 놀이를 하는 대중적인 카드 게임으로, 구두 거래를 해야 하기 때문에 좀 더 말이 많아지게 마련이다"(『맨스필드 파크』 346쪽).

오스틴의 소설에서 전략적 사고에 능숙한 사람들은
작은 게임에 신경 쓰지 않는다.
그들은 그것이 아무것도 아니라는 것을 잘 알고 있다.
전략적 사고에 탁월한 등장인물들은 카드 게임을 할 때
더 넓은 사회적 맥락을 염두에 두고 놀이에 임한다.
카드 게임은 전략적인 인물에게
누군가를 제거하고, 누군가와 가까워질 수 있는 기회를 제공한다.

그림 18. 영화 〈맨스필드 파크〉 중에서 카드놀이 장면

08 전략적 사고가 아닌 것들

같은 제한된 영역에서조차 남들의 실력에 미치지 못할 뿐만 아니라, 하고 싶은 게임을 남들처럼 스스로 정하지도 못한다. 반면 토머스 경은 휘스트 게임에서뿐만 아니라 이런 게임들을 둘러싸고 있는 사회적 맥락에서도 전략적으로 사고할 줄 안다. 패니와 어울리고 싶은 헨리 크로퍼드(그는 아직 그녀와 사랑에 빠지기 전이다)는 레이디 버트럼과 패니 사이에 앉아 두 사람에게 게임을 가르쳐 주겠다고 한다. 그러나 윌러비와 달리 헨리는 이들에게 훈수를 두며 게임을 가르쳐 주고 싶을 뿐만 아니라, 게임에서도 이들이 이기게 만들고 싶어 한다. 그는 "그녀의 기운을 북돋아 주고 욕심을 부추기며 매몰차게 승부에 임하게끔 훈수를 둘 필요가 있었는데, 상대가 윌리엄일 때는 잘 먹히지가 않았다"(『맨스필드 파크』 279→347쪽). 오빠 윌리엄이 패니의 여왕 카드에 값을 부르자 헨리는 패니에게 그 값에 카드를 내주지 말라고 한다. 이에 에드먼드가 한마디 한다. "패니는 윌리엄이 이기는 게 훨씬 좋을 걸. ...가엾은 패니! 속아 주고 싶은 마음은 굴뚝같은데 주변 등쌀에 그러지도 못하고 이를 어쩌나!"(『맨스필드 파크』 284→353쪽) 에드먼드가 잘 알아챘듯이, 패니는 투자 게임을 배우기 시작한 지 "삼 분쯤 지나자 게임 규칙을 다 알겠다 싶어질 수밖에 없었"다(『맨스필드 파크』 279→347쪽). 그녀는 [헨리의 가차 없이 몰아붙이는 등쌀도 있었지만] 게임 그 자체에 흥미를 느끼지 못한다. 게임이 이루어지고 있는 전체 사회적 맥락에서 게임만 따로 분리해 집중하기가 어려웠던 것이다. 오히려 이 맥락에서 그녀에게 가장 소중한 것은 오빠 윌리엄이다.

카드 게임을 하는 동안 헨리는 에드먼드가 장차 목사로 시무하며 살게 될 손턴 레이시를 수리하는 것이 어떻겠냐고 장황하게 설명하고, 이에 에드먼드가 답한다. "지나치게 큰돈을 들이지 않고도 집과 부지를 살기 좋게 꾸[밀 수 있을 테고] ... 나는 그것으로 충분하거든. 내 일에 관심을 가져 주는 분들 모두 그렇게 생각해 주기를 바라지만..."(『맨스필드 파크』 282→350쪽). 이 말에 에드먼드가 좀 더 원대한 금전적 야망을 가지고 있길 바라는 메리 크로퍼드는 짜증이 난다. 메리는 이런 메시지를 보내기 위해 다른 사람의 잭 카드를 "터무니없이 비싼 값으로 사들"이면서 목청 높여 말한다. "자, 열혈 여성답게 남은 걸 다 걸겠어요. 냉정하고 신중하게 구는 건 못하겠네요. 가만히 손 놓고 앉아 있는 건 천성에 안 맞아서요. 설령 제가 지더라도 노력이 부족했단 소리는 안 듣겠죠"(『맨스필드 파크』 282→351쪽). 메리는 상대적으로 작은 세계인 카드 게임을 통해 에드먼드가 그보다 더 큰 게임의 세계인 현실 세계에서 돈을 더 잘 버는 직업을 추구하도록 만들고 싶었다. 그 판은 "결국 그녀가 이기긴 했지만 그 승리를 얻어 내기 위해 투자한 것을 전부 회수하지는 못했다"(『맨스필드 파크』 282→351쪽). 오스틴의 소설 속 등장인물 중에서 전략적 사고에 진정으로 능숙한 사람들은 작은 게임에 크게 신경 쓰지 않는다. 그들은 그것이 별 의미가 없거나 아무것도 표상하지 않는다는 것을 알고 있다.

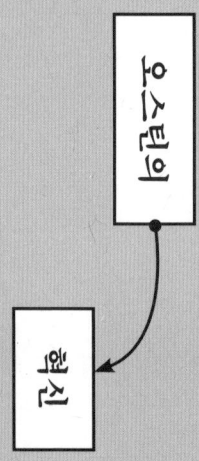

오스틴은 게임이론에서 특히 다섯 가지 진전을 이룬다. 이 장에서는 이 가운데 네 가지를 논의하고, 다섯 번째인 무개념에 대한 분석은 12장에서 별도로 다룰 것이다. 첫 번째, 오스틴은 두 사람이 제3자를 조종하기 위해 전략적으로 협력함으로써 친밀한 관계를 형성하는 방식을 탐구한다. 두 번째, 오스틴은 한 개인이 가진 여러 자아들 사이의 관계가 단일한 명령 계통보다 훨씬 복잡할 수 있음을 살펴본다. 세 번째, 오스틴은 어떤 대안이 새로운 사회적 의미를 갖게 될 때 선호가 어떻게 변하는지 검토한다. 네 번째, 오스틴은 진정한 불변성[일관성]은 한 개인의 완고한 성격에서 비롯되는 것이 아니라, 상호 협력에 대한 적극적인 믿음과 전략적 사고를 필요로 한다고 주장한다.

전략적 조종의 동반자

오스틴의 소설에서 여주인공들의 중심 목표는 결혼이다. 우리의 여주인공들은 이 목표를 달성하기 위해 자신들이 가진 전략적 능력을 발휘한다. 그러나 전략적 사고는 또 다른 중요한 역할을 한다. 오스틴 소설에서 연인 관계는 거의 예외 없이 다른 사람들을 전략적으로 관리하거나 최소한 감시하기 위해 협력하는 것으로 시작된다. 전략적 동반자 관계는 결혼과 친밀감의 진정한 토대다. 전략적 사고는 원자화된 개인을 전제로 하지 않는다. 실제로 오스틴은 공동의 전략적 사고가 가장 긴밀한 인간관계의 기반을 형성한다고 주장한다.

에마와 나이틀리 씨는 경쟁자들이 둘 사이에 끼어든 후에야 서로에 대한 애정을 깨닫게 되긴 하지만, 두 사람의 자연스럽고 다양한 전략적 협력 작업은 초반부터 눈에 띈다. 예를 들어, 우드하우스 씨는 딸 이저벨라와 사위이자 조지 나이틀리의 동생인 존 나이틀리가 사우스엔드에서 휴가를 보낸 것이 몹시 마음에 걸린다. 바닷가 공기가 [기관지가 약한 손녀에게 특히] 위험하기 때문이다. 그는 딸 가족이 건강을 위해 거기

대신 하이베리에 있는 자신의 집을 방문했어야 한다고 끊임없이 이야기한다. 에마는 이런 아버지의 고집이 자칫 불미스런 분쟁으로 이어질 수도 있다는 것을 알기에, 대화의 주제를 다른 곳으로 돌려 보려고 여러 번 노력한다. 그녀의 노력에도 불구하고, 아버지는 고집을 꺾지 않고 자신의 약제사 친구인 페리 씨의 권위에 호소한다. 사위는 더는 참지 못하고 "페리 씨는 누가 물어보기 전에는 그냥 속으로만 생각하는 편이 나을 겁니다. 왜 제가 하는 일에 그 사람이 감 놔라 배 놔라 하는 겁니까?"라고 외친다(『에마』 114→158쪽) 이때 조지 나이틀리가 대화에 뛰어들어 자신의 저택 부지로 들어가는 도로를 변경하는 것에 대한 동생의 의견을 묻는다. 참으로 "때맞추어 끼어들었"고 "아차"하는 순간을 놓치지 않은 기민함이었던 것이다(『에마』 114-115→158-159쪽). 나이틀리 씨는 그렇게 자신의 상황 인식 능력과 전략적 능력을 보여 주는 동시에, 말없이 에마와 자신이 끈끈한 관계라는 것, 즉 딱히 계획을 세우지 않아도 척척 협동이 이루어지는 관계라는 것을 보여 준다. 우드하우스가 식구들과 나이틀리가 식구들이 웨스턴 부부의 집인 랜들스에서 식사를 할 때, 밖에서 눈이 내리기 시작하고 사람들은 그곳에서 모두 밤을 새거나, 최악의 경우 집에 가는 도중에 눈 속에서 오도 가도 못 하는 상황이 벌어지는 것을 우려한다. 에마의 언니 이저벨라는 아이들에게 빨리 돌아가고 싶은 마음에 남편과 함께 먼저 자리를 뜨고자 한다. 그렇지만 그녀는 아버지와 동생 에마는 남아 있어야 한다고 생각한다. 그러나 에마는 그리고 누구보다 아버지는 랜들스에서 밤을 보내고 싶은 생각이 없다. 따라서 어떻게 해야 할지와 날씨가 과연 얼마나 심각할지에 대한 말이 혼란스럽게 오간다(『에마』 138→188-189쪽).

저마다 다른 권유와 제안이 속출하는 동안 나이틀리 씨와 에마는 간단한 몇 마디로 일을 마무리 짓는다. '부친께서 불편하실 것 같네. 어서 출발하도록 해요.' '다들 준비가 되었다면 전 좋아요.' '벨을

가장 긴밀한 인간관계의 기반에는
눈빛만으로 통하는 공동의 전략적 사고가 있다.

그림 19. 영화 〈에마〉의 에마와 나이틀리 씨

울릴까?' '네, 그러세요.'"

이 두 사람이 상의해서 나머지 사람들이 따를 계획을 마련하는 것은 당연하게 받아들여진다. 그리고 전보를 주고받는 듯한 둘의 간결한 대화는 그들이 이미 상대의 마음을 잘 이해하고 있음을 보여 준다.

따라서 에마와 나이틀리에게 가장 당혹스러운 일은 이 팀에서 자신이 쫓겨나고 다른 사람이 들어올 가능성이다. 에마는 전략적 능력이 탁월한 프랭크 처칠이 "상대방 취향에 맞추어 대화를 할 줄 알고 누구한테나 싹싹하게 대할 의사와 능력이 있을 거예요"라고 예견한다. 이에 나이틀리 씨는 "뭐라고! 스물셋밖에 안 된 나이에 벌써... 이골 난 정치인이 되어서 모든 사람의 성격을 읽"는 행세를 하냐며 "사랑하는 에마, 막상 그런 꼴을 보면 당신의 양식良識부터가 그런 꼭두각시를 참아내지 못할 것이오"라고 한다(『에마』 161-162→219-220쪽). 나이틀리 씨의 이런 방어적 태도는 에마가 주목할 만큼 충분히 강했다. "자기하고 기질이 달라 보인다는 이유만으로 한 청년을 싫어하는 것은, 그녀가 늘 익숙히 보아 온 그의 대범한 정신에 어울리지 않았다"(『에마』 162→220쪽). 거꾸로 에마는 나이틀리 씨가 자신이 아니라 해리엇에게 "자기 이야기를 더 터놓는다는 사실에 마음이 심하게 아팠다." 나이틀리 씨가 해리엇에게 자신이 "런던에 가야 하기는 하지만 집을 떠난다는 것부터가 자기 의사에 매우 반하는 일이라고 털어놓았는데, 이것은 (에마 느낌에) **자기한테** 한 이야기를 훨씬 넘어서는 내용이었다"(『에마』 447→595쪽). 나이틀리 씨는 에마가 아니라 해리엇에게 자신의 심정을 이해해 달라고 부탁하고, 자신의 결정을 털어놓은 것이다.

자신과 나이틀리 씨의 약혼이 발표된 후, 에마는 둘 사이의 완벽한 협력에 대한 기대로 특별히 행복해한다. "진지하고 절실한 행복의 정점에는 이제 곧 나이틀리 씨한테 하나도 숨길 필요가 없을 것이라는 생각이 자리 잡고 있다. ... 이제 그에게 모두 완전히 털어놓을 때를 기다릴 수 있게 되었다. 그녀는 그런 의무라면 얼마든지 달갑게 받아들일 그런 기질이었던 것이다"(『에마』 519→689쪽 참조). 여기서 에마의 행복은 다소 이상해 보인다. 에마는 평소 지인 관계에 있는 나이틀리 씨에게 얼마든지 솔직할 수 있었고, 결혼이 부부로 하여금 서로 속마음을 완벽하게 털어놓게 한다는 보장은 없기 때문이다. 다만, 에마는 행복감을 통해 그녀가 생각하는 결혼에서 전략적 동반자 관계가 얼마나 중요한지를 표현한다. 이제 하나가 된 두 사람의 전략적 능력은 웨스턴 씨에게 자신들의 약혼 소식을 알리면 그다음에 어떤 일이 벌어질지 어렵지 않게 예측하고도 남을 만큼 빼어났다. "랜들스에 알릴 때부터 그들은 이 소식이 얼마나 빨리 하이베리로 전파될지 추산해 보았고, 대단히 현명하게도 자신들이 식구들이 모여 앉은 많은 집 저녁 자리에 놀라운 화젯거리가 되리라고 생각하고 있었다"(『에마』 511→679쪽).

에드먼드 버트럼과 패니 사이의 전략적 동반자 관계는 피상적으로 시작된다. 에드먼드는 패니에게 〈연인 서약〉 연극에 자신이 참여를 해야 할지 물어본다. 그러나 그의 마음은 이미 정해져 있었다. 메리 크로퍼드가 생면부지의 남자와 짝을 이뤄 연기하는 것을 원치 않기 때문이다. 에드먼드는 패니와 함께 습관적으로 메리에 관해 이야기를 나누어 왔다. 패니에게는 유감스러운 일이지만, 에드먼드는 자주 메리를 높이 평가하고 그녀의 잘못을 변명해 주었다. 그러나 메리에 대한 에드먼드의 의심이 점차 진지해지기 시작하면서, 그의 말을 열심히 들어 준 패니의 인내심이 드디어 빛을 발한다. 메리 크로퍼드는 에드먼드가 이미 선택한 목사직을 폄하했고, 자신은 대단한 재산가가 되겠다는 의도를 농담처럼 한 바 있다. 에드먼드는 패니에게 메리가 "실제로 나쁜 생각을 하는 것은 아니지만, 말을 그렇게 하는 거지. 장난삼아 말이야. 그런데 장난인 줄 알면서도 너무 가슴이 아픈 거야"라고 털어놓는다(『맨스필드 파크』 312→388쪽). 조언을 하는 게 아직 부담스러운 패니는 이렇게 응답한다. "오빠한테 이야기를 들어 줄 사람이 필요하다면 얼마든지 들어 드릴게요. 하지만 조언할 주제는 못 되니, 조언 같은 건 바라지 마세요. 그럴 능력은 안 되니까요"(『맨스필드 파크』 313→389쪽). 그러면서 패니는 에드먼드에게 메리에 대한 말 중 나중에 후회할 말은 자신에게 하지 말라고 당부한다. 이에 에드먼드는 다음과 같이 말하며 패니를 안심시킨다.

> 네가 암시하는 그런 날은 결코 오지 않을 거야. … 내가 이렇게 털어놓을 수 있는 사람은 이 세상에 너 하나뿐이야. 하지만 넌 내가 크로퍼드 양을 어떻게 생각하는지 오래전부터 알고 있었잖아. … 크로퍼드 양의 소소한 과오에 대해 너하고 털어놓고 이야기한 것도 한두 번이 아니잖아! 내 걱정은 안 해도 돼. 크로퍼드 양에 대해 진지한 생각을 갖는 건 거의 모두 단념했으니까(『맨스필드 파크』 313→389-390쪽).

그의 답변에 패니는 날아갈 듯 기분이 좋아졌다. 단순히 에드먼드가 메리를 거의 단념했다고 해서가 아니라, 나중에 후회할 말을 하지 말아 달라는 당부를 에드먼드가 절대 그럴 일이 없다고 단호히 부정했기 때문이다. 패니는 내심 기뻐하며 이렇게 말한다. "그럼요, … 오빠가 하려는 말이라면 뭐든 아무 거리낌 없이 들을 수 있죠. 그러니 묻어 두지 말고, 하고 싶은 말이 있으면 나한테 하세요"(『맨스필드 파크』 314→390쪽).

패니는 에드먼드가 집을 비운 사이 헨리 크로퍼드로부터 청혼을 받는다. 얼마 후 에드먼드가 집으로 돌아와 패니의 소식을 듣는다. [패니는 계속해서 헨리와 메리 크로퍼드를 피하고, 만나더라도 그들에게 거의 반응을 보이지 않고 있었다. 에드먼드가 헨리와 패니 사이의 어색한 관계를 풀어 주려 노력하지만, 패니는 아랑곳하지 않는다. 이런 모습을 지켜보면서] 에드먼드는 이렇게 생각한다. "패니한테는 속마음을 털어놓을 사람도 달리 없지 않은가? … 그는 패니가 마음을 터놓지 않고 침묵을 지키며 서먹하게 구는 이 부자연스러운 상황에서 얼른 벗어나야 했고, 패니도 자기가 그렇게 해주기를 기다리고 있다고 쉽게 짐작할 수 있었다"(『맨스필드 파크』 399-400→498쪽). 이렇게 자신이 먼저 나서야 한다고 결론을 내린 후 에드먼드는 공원에서 산책 중인 그녀에게 다가가 단둘이 얘기한다. [헨리에 대해 이야기하지만, 둘은 헨리에 대한 평가가 다르다. 물론, 에드먼드는 패니가 헨리를 사랑하지 않는다면 청혼을 거절해도 자신은 동의한다고 말한다. 그러면서도 에드먼드는 헨리를 칭찬하는데, 이런 에드먼드의 모습을 보며 패니는 에드먼드가 지금 무슨 생각을 하는지 짐작이 가고도 남았다.] "크로퍼드 양의 매력이 모두 되살아나고 있었"고, 에드먼드는 런던으로 가서 그녀에게 청혼할 계획을 하고 패니에게 직접 이런저런 정황을 설명한다. "패니는 둘 사이에서 크로퍼드 양의 이름이 이 정도나마 스스럼없이 언급되는 것도 이게 마지막이겠구나 하는 생각에 더욱 마음이 아팠다"(『맨스필드 파크』 404, 431→503, 538쪽). 다시 한번 짚어 보자면, 제3자에 대해 서로 얘기를 나눌 수 있는 것이 왜 이토록 중요한가? 그렇게 이야기를 하는 것 자체가 친밀감으로 이어지기 때문이다. 헨리 크로퍼드가 기혼녀인 마리아와 달아나자, 에드먼드는 메리가 그들의 잘못된 행동을 두고 아무렇지 않은 듯 얘기하는 것에 경악한다. 그의 상심이 어찌나 컸던지, 그는 패니와도 선뜻 이 일에 대해 얘기하기를 꺼린다.

> 그가 자기한테 흉금 없이 속을 털어놓는 것이 견디기 어려운 적도 많았지만, 이제는 그래 준다면 큰 위안이 될 것 같았다. 그러나 그런 일은 없을 모양이었다. … 한참, 한참 시간이 지나기 전까지는 그의 입에서 크로퍼드 양의 이름이 나오거나 다시 그와 예전처럼 허심탄회한 대화를 나누는 것은 기대할 수 없을 것 같았다(『맨스필드 파크』 524→653-654쪽).

이제는 패니가 에드먼드를 침묵에서 끌어내야 할 차례였다. 그리고 그녀는 그렇게 함으로써 마침내 그의 사랑을 얻는다.

캐서린 몰런드는 자신의 오빠 제임스의 약혼녀인 이저벨라에 대한 프레더릭 틸니 대위의 관심에 크게 놀라고, 헨리 틸니에게 형을 말려 달라고 부탁하기로 결심한다. 헨리는 캐서린의 걱정을 별로 심각하게 받아들이지 않고, 결국 캐서린은 단도직입적으로 질문한다. "그렇지만 당신 형님은 대체 무슨 뜻으로 그러시는 거죠? 이저벨라가 약혼 상태라는 것을 안다면 그런 행동으로 뭘 어쩌자는 건가요? ... 당신은 형님의 마음을 아실 테니까"(『노생거 사원』 155→197쪽). 헨리는 자신은 단지 추측만 할 수 있을 뿐이라면서, 형은 곧 바스를 떠날 것이고 떠난 후에는 이저벨라를 잊어버릴 것이라고 캐서린을 안심시킨다. 하지만 캐서린은 오빠로부터 이저벨라가 틸니 대위와 약혼할 계획이라는 편지를 받는다. 편지를 받은 후 캐서린은 틸니 남매와 함께 전략을 짠다. 즉, 틸니 대위가 직접 아버지의 결혼 승낙을 받으러 올 때까지, 자신들이 아는 얘기를 틸니 장군에게 해야 할지 말지 논의한다. 헨리와 엘리너는 틸니 장군은 부자가 아닌 이저벨라를 반대할 것이고 틸니 대위는 어차피 아버지에게 직접 결혼 승낙을 구할 용기가 없을 것이라고 예측한다. 캐서린은 헨리에게 그래도 아버지 틸니 장군에게 말할 것을 제안한다. "그러나 그는 기대했던 것만큼 호응하지 않았다." 헨리는 전적으로 수동적인 접근 방법을 택한다. "아버지에게 더 힘을 실어 드릴 필요는 없습니다. 프레더릭이 그 어리석은 짓을 고백하지 못하게 막을 필요는 없어요. 형이 자기 입으로 이야기해야 합니다"(『노생거 사원』 215→276쪽). 캐서린은 이저벨라로부터 틸니 대위가 영원히 떠났다는 편지를 받고 헨리에게 물어본다. "왜 그분은 그런 애정 공세를 퍼부어서 그녀가 제 오빠와 다투게 하고 달아나 버린 걸까요? ... 형님은 이저벨라를 진짜 좋아하지는 않았다는 말씀인가요? ... 그저 장난삼아 그런 척했던 건가요?"(『노생거 사원』 225→289쪽 참조) 헨리는 그녀의 질문에 수긍하는 뜻에서 고개를 숙였다. 그리고 그녀가 [도대체 틸니 대위가 왜 그런 건지를] 이해하기 어려운 이유를 [오빠의 입장에 일방적으로 서지 않고, 틸니 대위에게 놀아난 이저벨라 소프의 입장까지 고려하다 보니 그런 것이라] 설명하며 그녀를 위로한다.

> "당신도 당신 오빠 편에 선다면, 소프 양의 낙심을 별로 괴로워할 필요가 없을 테지요. 그러나 당신은 누가 뭐라 해도 꿈쩍하지 않을 정도로 심지가 곧은 사람입니다. 그러다 보니, 가족 편에 서서 냉정하게 따지거나 복수의 욕망을 드러내지 못하는 거지요." 이런 찬사를 받고 나니 캐서린은 더 이상 괴롭지 않았다(『노생거 사원』 225-226 → 290쪽 참조).

아버지인 틸니 장군이 캐서린을 집에서 쫓아내자, 헨리는 아버지 때문만이 아니라 캐서린과 자신 사이에 암묵적으로 맺어진 전략적 동반자 관계를 소홀히 한 자신의 부주의 때문에라도 그녀의 집을 방문해 사과하지 않으면 안 되었다. 헨리는 형에 대한 캐서린의 걱정을 일관되게 평가절하했고, 그의 형인 프레더릭에 대한 캐서린의 우려가 근거 없는 것이 아니었음이 밝혀진 이후에도, 그 문제를 해결하기 위한 그 어떤 실제적인 조치도 취하지 않았다. 헨리는 캐서린의 우려를 아버지에게 대신 전달할 필요가 없다고 생각했지만, 그랬다면 최소한 그가 그녀를 대변할 용기가 있음을 아버지에게 보여 줬을 것이다. 그는 형의 비열함이 만천하에 드러난 이후에도 캐서린이 느낀 좌절감에 공감하지 못했고, 대신 그녀가 듣기 좋은 말만 하기로 선택한다. 캐서린이 하는 말에 "귀를 귀울이지 않음으로써" 헨리는 "좀 더 점잖기는 하지만, 본질적으로는 틸니 장군과 별반 다르지 않았다"(Johnson 1988, 38). 마지막으로, 틸니 장군이 캐서린을 내쫓을 때 헨리는 현장에 없고, 캐서린을 대변해 줄 수 없다. 캐서린의 추방은 어느 무례한 노인이 어느 날 갑자기 일으킨 돌발적인 일이 아니었다. 그것은 경미한 과실들이 수차

09 오스틴의 혁신 | 292

라임 레지스에서 발생한 루이자의 낙상 사고로 모두 당황하는 사이 웬트워스 대령(코즈모 자비스 분)은 명시적으로 앤에게 도움을 청하고 또 앤의 지시를 따름으로써 현장에서 즉각 협력적 동반자 관계를 만들어 낸다. 그는 길을 잃었을 때 방향을 물어보는 것을 개의치 않는 유형의 남자다.

그림 20. 영화 〈설득〉 중에서 루이자의 낙상 장면

례 반복되며 쌓이고, 문제를 해결하려는 노력 대신 위트로 넘어가고, 우정을 진지하게 받아들이지 않은 일들이 초래한 가혹한 결과였다. 전략적 동반자 관계에서 이 정도로 심각한 부주의는 오로지 청혼으로만 복구될 수 있다.

웬트워스 대령과 앤 엘리엇 사이의 전략적 동반자 관계는 라임에서 응급 상황이 발생하면서 확고해진다. 처음에는 웬트워스 대령이 직접 의사를 찾아 나서려 했다. 그러나 그는 이내 라임을 더 잘 아는 벤윅 대령이 가야 한다는 앤의 말에 동의한다. 사고 소식을 듣고 달려온 하빌 대령과 그의 부인은 의사를 기다리는 동안 루이자를 자신들의 집으로 옮겨야 한다고 즉각 한입으로 말한다. "그와 아내는 눈길을 한 번 교환하는가 싶더니 곧 자기들이 할 일을 결정했다"(『설득』 120→168쪽). 웬트워스 대령과 앤 사이에는, 하빌 대령과 그의 부인 사이에 존재하는 무언의 소통이 없다. 에마와 나이틀리 씨 사이에 존재하는 전략적 팀워크의 오랜 역사도 없다. 그러나 웬트워스 대령이 대단한 것은, 그가 명시적으로 도움을 청하고 또 앤의 지시를 따름으로써 현장에서 즉각 협력적 동반자 관계를 만들어 낸다는 것이다. 그는 길을 잃었을 때 방향을 물어보는 것을 개의치 않는 유형의 남자인 것이다.

사실 그들은 이전에도 은연중에 협력한 바 있었다. 웬트워스 대령이 누나 크로프트 부인으로 하여금 앤이 마차에 타도록 설득하게 한 것이다. 여기서 앤의 역할이 전적으로 수동적인 것만은 아니다. 우선 그녀는 크로프트 부인의 요청을 받아들여야 한다. 그녀는 자신이 그 마차에 발을 올리는 순간 그것은 웬트워스 대령의 예의상 호의뿐만 아니라 그의 따뜻한 마음 씀씀이까지 인정하고 받아들이는 것임을 잘 안다. 앤은 자신이 조종당하는 일에 기꺼이 공모자가 된다.

좀 더 거슬러 올라가, 앤이 열아홉 살 때 처음 서로 사랑에 빠졌던 두 사람은 "완벽하게 행복한 시간"을 함께 나눈 바 있다(『설득』 28→42쪽). 그러나 당시 앤은 전략적 동반자 관계에 특히 악영향을 주는 방식으로 관계를 끊었다. 두 사람 사이에 제3자인 레이디 러셀이 개입하는 것을 허용한 것이다. 더욱 나빴던 것은 둘이 결혼하지 않는 것이 그에게 더 좋다고 믿었던 것이다.

> 앤이 파혼을 결정한 것은 단순히 자신이 입을 피해만을 염려해서는 아니었다. 자기 자신보다 그를 위해 파혼하는 것이 더 낫다고 생각하지 않았더라면 그를 포기하는 것은 불가능에 가까웠을 것이다. 무엇보다도 **그를** 위해서 자신이 신중해야 한다고, 자신의 소망을 포기해야 한다고 믿었기 때문에 이별 — 마지막 이별 — 의 고통을 조금이라도 덜 수 있었고, 마음의 위로를 받기도 했다(『설득』 30→44쪽).

그를 거절한 자신을 정당화하기 위해 앤은 그에게 이익이 되는 것을 그보다 자신이 더 잘 알고 있다고 단정했던 것이다. 앤은 그가 자신이 진정으로 원하는 것이 무엇인지 직접 맹세한 것을 인정하지 않았고, 거꾸로 "그는 그대로 그녀의 논리를 전혀 받아들이지 못하고 자신의 신념을 굽히지 않았다"(『설득』 30→44쪽). 팔 년 후, 앤은 마땅히 치러야 할 대가를 치르게 된다. 회한으로 가득한 앤은 그의 진정한 감정을 나타내는 증거라면 무엇이든 실오라기라도 잡고 싶어 하게 된다. "그가 지금 어떤 감정을 느끼고 있는지, 말하자면 정말 실연의 고통을 감당하고 있는지 아닌지 짐작할 수 없었다. 그 점을 확실히 알 때까지는 그녀도 마음의 안정을 찾을 수 없을 것 같았다"(『설득』 193→259쪽). 그러나 앤이 웬트워스 대령의 편지를 읽고 난 후, 그리고 마침내 각자 서로의 마음을 이해한 후, 서로 말도 하기도 전에 그들이 먼저 한 행동은 찰스 머스그로브 앞에서 쇼를 하는 것이다. 찰스 머스그로브는 웬트워스 대령에게 자기 대신 앤을 집까지 바래다줄 수 있겠냐고 물어보는데, "웬트워스가 이 제의를 거절할 리 없었다. 그는 남이 보기에 적당할 정도로 흔쾌히 수락했다. 미소는 자제되었지만 영혼은 은밀한 황홀감으로 춤을 추었다"(『설득』 261→347쪽 참조).

　엘리자베스와 다아시 사이에는 원래 전략적 동반자 관계가 형성될 것 같지 않았다. 그럼에도 독자들은 협력의 분위기가 형성되고 있음을 감지할 수 있다. 네더필드에서 제인이 건강을 회복하는 동안 베넷 부인이 딸을 보기 위해 방문하는데, 다아시 씨가 지나가며 한 말 — 복잡한 성격을 가진 사람을 연구하는 게 재미있다는 엘리자베스의 말에, 다아시 씨가 "시골에서는 보통 그런 연구의 대상이 별로 없지요. 시골에서 이웃 사이의 모임이란 게 워낙 뻔하고 변화가 없으니까요"(『오만과 편견』 47→62-63쪽)라고 말했다 — 에 비위가 상한 베넷 부인은 즉각 민망한 언사를 쏟아 낸다. "엄마 때문에 얼굴이 붉어진" 엘리자베스는 그를 변호하며 "다아시 씨의 말씀을 아주 잘못 들으신 거라고요. 다아시 씨는 그냥 시골에서는 런던에서만큼 여러 종류의 사람을 만날 순 없다고 말씀하셨을 뿐이에요. 그런 사실을 인정하셔야지요"(『오만과 편견』 47→63-64쪽)라고 의견을 피력한다. 베넷 부인이 이를 반박하며 다시 "우리랑 식사를 함께하는 집안이 스물넷이나" 된다고 의기양양해하자, 엘리자베스는 서둘러 이야기의 주제를 샬럿 루카스로 바꿔 보려 한다. 하지만 베넷 부인은 이 같은 상황을 이해하지 못하고 엉뚱하게 샬럿보다 제인이 훨씬 더 예쁘다고만 이야기한다(『오만과 편견』 48→64쪽). 심지어 베넷 부인은 한 구혼자가 제인을 위해 사랑시를 지었다는 말도 덧붙인다. 엘리자베스는 또다시 대화 주제를 바꾸기 위해 "시가 사랑을 몰아내는 데 효과적이라는 걸 누가 처음 발견했는지 모르겠어요!"라며 엄마의 말을 가로막는다. 이에 다아시 씨는 "저는 항상 시가 사랑의 양식糧食이라고 생각해 왔는데요"라며 대화를 이어 나간다. 그러자 엘리자베스가 "훌륭하고 굳건하며 건강한 사랑의 경우에는 그럴 수 있겠지요. ... 하지만 단지 얄팍하고 일시적인 기분일 뿐이라면, 훌륭한 소네트를 한 편 짓고 나면 모조리 고갈되고 마는 게 당연하겠지요"라고 한다(『오만과 편견』 49→65-66쪽). 이 대화는 여기서 끝이 나는데,

엘리자베스의 말에 다아시 씨는 답변 대신 미소만 지었다. 여기서, 미미한 범위 내에서지만, 다아시 씨가 엘리자베스와 대화를 주고받는 모습은 나이틀리 씨가 에마와 대화를 주고받는 모습과 유사하다. 여자의 부모가 더 이상 스스로를 바보로 만들지 않도록 그녀의 리드를 따른 것이다. 엘리자베스는 다아시 씨를 싫어하지만, 그녀는 자신이 그의 의도를 이해한 것에 근거해 그를 변호할 의사가 있고, 다아시 씨는 잠시나마 그녀의 의도를 따름으로써 이에 보답한다.

그날 저녁에 엘리자베스와 다아시는 빙리의 의사 결정 방식을 두고 토론한다. 다아시가 빙리에게 이렇게 말한다. "자네의 행동도 다른 사람의 경우와 마찬가지로 우연에 좌우될 수 있거든. 그래서 만일 자네가 말에 올라타고 있는 중인데 친구가 '빙리, 다음 주까지 머물러 주게나' 하면 십중팔구 그 말에 따를 걸세. 그처럼 떠나지 않을 가능성이 크고, 자네 친구가 한 마디만 더 하면 한 달이라도 더 머물지도 모르지"(『오만과 편견』 53→71-72쪽). 이에 엘리자베스가 빙리를 변호하고자 다아시에게 말한다. "친구의 **설득**을 이유를 묻지 않고 선뜻 받아들이는 것이 미덕이라고는 생각하지 않으시나 보네요"(『오만과 편견』 54→72-73쪽). 다아시는 자신이 예로 든 시나리오에 좀 더 살을 붙이는 차원에서, 이 가상의 친구는 아직 빙리에게 그가 왜 더 머물러야 하는지 특정한 논거를 제시하지 않았다고 덧붙인다. 엘리자베스는 이 시나리오의 가정은 여전히 불완전하다고 답한다.

> 자기가 존중하는 사람이 어떤 요청을 해온다면, 때로는 이유에 대한 설명을 기다릴 필요 없이 기꺼이 그 요청에 따를 수도 있을 텐데요. … 아마 빙리 씨 행동의 신중함 여부를 논하려면 실제로 그런 경우가 발생할 때까지 기다리는 편이 나을지도 모르지요(『오만과 편견』 54→73쪽).

다아시는 좀 더 자세한 세부 내용이 필요하다는 데 동의한다.

> 논의를 계속하기 전에 그 요청으로 인해 영향을 받는 일의 중요성이 어느 정도인지, 또 그 두 친구가 어느 정도로 가까운 사이인지 웬만큼 더 정확하게 규정하는 게 바람직하겠네요(『오만과 편견』 55→73쪽 참조).

다아시와 엘리자베스(그리고 오스틴)에게, 이 같은 논의야말로 진정한 논의다. 이들은 어떤 주어진 상황 속에서 사람들은 어떻게 결정을 내리는지, 그 결정이 합리적인지 여부에 관심이 있다. 그러나 빙리는 이 같은 논의를 진지하게 생각하지 않고, 친구의 키와 몸무게도 구체적으로 제시해야 한다며 농담을 한다[＂세부 사항을 조목조목 다 따져 보기로 합시다. 두 친구의 키와 몸집이 상대적으로 어떻게 다른지도 빼면 안 될 거고. ... 솔직히 다아시의 키가 제 키보다 저렇게 훨씬 크지 않았더라면, 저는 다아시를 지금의 반만큼도 존경하지 않았을 테니까요＂]. 이 같은 농담에 다아시 씨는 미소를 짓는다. ＂그러나 엘리자베스는 다아시 씨가 좀 불쾌해하는 것 같다는 인상을 받았고, 그래서 웃음을 자제했다. 빙리 양은 오빠가 다아시 씨를 모욕했다고 대단히 분개하며, 말도 안 되는 소리를 했다고 오빠를 나무랐다.＂ 다아시는 빙리가 토론을 싫어해 이 같은 농담으로 대화를 끝내려고 한다고 그를 나무란다. 이에 엘리자베스는 [빙리 씨가 그러하니 이제 토론을 그만두고] 다아시 씨도 누이동생에게 쓰던 편지를 계속 쓰는 게 어떻겠냐고 제안한다. 이에 ＂다아시 씨는 그녀의 충고를 받아들여 편지 쓰기를 끝마쳤다＂(『오만과 편견』 55→74쪽). 여기서도 마찬가지로 엘리자베스는 다아시의 감정을 이해하려 노력하며 웃음을 자제하고, 다아시는 엘리자베스의 지시를 따른다.

이런 사소한 교류들을 통해 엘리자베스와 다아시는 엘리자베스가 가지고 있는 반감에도 불구하고 협력의 패턴을 세운다. 엘리자베스는

09 오스틴의 혁신

다아시의 청혼을 거부할 때 그 이유를 분명하게 밝혔고, 그리하여 다아시는 이를 [자신이 장차 어떻게 해야 하는지에 대한] 지침으로 받아들일 수 있었다. 예를 들어, 엘리자베스는 빙리가 제인과 결혼하지 않도록 설득한 것에 대해 다아시를 비난하는데, 다아시는 엘리자베스에게 보낸 회신에서 다음과 같이 쓴다.

> 저는 빙리의 태도를 주시했습니다. 그리고 그가 제가 전에 본 다른 경우보다 훨씬 더 베넷 양을 좋아하고 있다는 걸 알게 되었습니다. 그래서 당신의 언니도 지켜보았습니다. … 그날 저녁 자세히 관찰한 결과 저는 당신의 언니가 빙리가 보이는 관심을 행복하게 받아들이고는 있지만, 동일한 감정을 가지고 있는 건 아니라는 확신을 갖게 되었습니다. 이 점에 대해서는 당신이 잘못 보신 게 아니라면, **제가 잘못 본 게 틀림없겠지요**(『오만과 편견』 219→279쪽).

벤윅 대령이 라임을 더 잘 안다는 것을 즉각 수용한 웬트워스 대령과 마찬가지로, 다아시는 엘리자베스가 자신보다 제인을 더 잘 안다는 것을 즉각 받아들인다. 엘리자베스는 제인을 알고, 다아시는 빙리를 안다. 그리하여 엘리자베스의 청혼 거절과, 이후 이에 대한 다아시의 편지는 제인과 빙리를 다시 결합하게 하는 공동의 계획을 만들어 낸다. 일찍이 그들이 [친구의 설득에 쉽게 넘어가는] 빙리의 의사 결정 방식을 놓고 벌인 설전은, 돌이켜보면 매우 유의미한 것이다. 다아시는 제인이 정말 그를 사랑하고 있다고 빙리를 설득하기만 하면 되었다. 이후 리디아가 위컴과 달아나는 일이 벌어지자, 다아시는 위컴이 자신의 여동생 조지애나와 도망가려다 불발에 그친 사건의 전모를 어렵게 알아냈던 경험을 상기한다. 그는 그 당시 조지애나의 가정교사로 위컴과 공모했던 영 부인을 매수해 위컴의 현재 위치를 알아내고, 그다음에 [막대한 지참금을 지급함으로써] 위컴이 리디아와 결혼하게 한다. 다아시는 자신이 전략적 파트너로서 꼭 맞는 상대라는 것을 입증해 보임으로써 엘리자베스의 사랑을 얻는 데 성공한다.

에드워드 페라스는 빼어난 전략적 파트너는 아니다. 메리앤의 말마따나 "그이의 눈에는 미덕과 지성을 함께 보여 주는 그런 총기도 불꽃도 없"다(『이성과 감성』 20→28쪽). 그가 가족으로부터 의절당한 후 브랜던 경이 그에게 목사직을 마련해 주는데, 에드워드는 아마도 엘리자베스가 이 일에 관여했으리라고 생각하면서 그녀에게 고마운 마음을 가지고 있다. 그의 전략적 사고의 범위는 여기까지가 전부다. 그가 가지고 있는 전략적 능력의 대부분은 루시 스틸과의 비밀 약혼이 탄로 나지 않게 하는 데 온통 집중되어 있다. 예를 들어, 메리앤이 그가 가지고 있는 반지 속에 루시의 머리카락이 들어 있는 것을 보고 이를 지적하자, 그는 그것이 자신의 누이 패니의 것이 아니냐는 메리앤의 제안을 재빨리, 그리고 매우 어색하게 받아들인다(메리앤은 그 머리카락이 실제로는 자신의 언니 엘리너의 것이라고 속으로 생각한다). 또 메리앤이 농담 삼아 수줍음이 많은 에드워드 페라스가 의뭉한 것일 수도 있다고 하자 그는 "눈이 뚱그레졌다. ... '의뭉하다고요! 어떻게, 어떤 식으로요? 이거 참, 무슨 말씀을 드려야 할까요? 대체 무슨 생각이신지?'"라고 한다(『이성과 감성』 109→126-127쪽).

브랜던 대령과 엘리너는 진정한 전략적 파트너다. "대령과 [엘리너] 대시우드 양 사이의 이해가 돈독해지는 것을 보니 뽕나무, 운하, 주목 정자의 영예는" 메리앤의 것이 아니라 엘리너의 것이 된 게 "분명한 듯 보였"다(『이성과 감성』 246→285쪽). 브랜던 대령은 메리앤 문제와 관련해 엘리너에게 도움을 청한다. "동생분은 두 번째 사랑에 반대하면서 아무런 구별을 두지 않습니까? ... 상대방이 변심한다거나 여건이 여의치 않아서 첫 번째 선택에서 좌절을 겪은 경우에도 남은 생애를 살면서 사랑을 하면 안 된다는 건가요?"(『이성과 감성』 67→77쪽) 전에 한번 사랑을 해본 브랜던 대령은 자신의 구애를 가능하게 해줄 틈새를 찾고 있다. 제닝스 부인이 대시우드 자매 가운데 막내인 마거릿을 놀리면서 엘리너가 마음에 두고 있는 청년의 이름을 캐내려고 하자 "고상하지 않은 농담 짓거리를 무척이나 싫어"하는 레이디 미들턴은 화제를 날씨로 돌린다. 날씨 이야기를 "처음 꺼낸 건 그녀였으나 어떤 상황에서나 남의 감정을 배려하는 브랜던 대령이 이 화제를 바로 이어 갔다. 비를 화제로 삼아 두 사람 사이에는 많은 대화가 오갔다"(『이성과 감성』 72→84쪽). 여기서도 마찬가지로 에마를 따라 자신의 동생과 우드하우스 씨 사이에 갈등이 커지는 것을 방지하기 위해 화제를 돌리는 나이틀리 씨처럼, 브랜던 대령은 엘리너가 더는 창피해하지 않도록 레이디 미들턴이 제공한 기회를 적극 활용한다. 메리앤의 건강이 악화되자, 엄마를 모셔 오기 위해 엘리너가 브랜던 대령에게 의지하는 것은 너무나 자연스럽다.

브랜던 대령과 엘리너 사이의 전략적 동반자 관계가 굳건히 뿌리내린 후, 남은 일은 메리앤을 거기에 접목시키는 것뿐이었다. 대시우드 부인은 "메리앤과 브랜던 대령을 결합시키고자"했고 "메리앤이 그 대저택에 정착하는 것을 보고 싶어 하기는 에드워드와 엘리너 역시 마찬가지였다. ... 그녀에 맞선 이런 동맹에 ... 그녀로서는 어찌 하겠는가?" (『이성과 감성』 428-429→502쪽)

루시와의 약혼 관계에서 자유로워진 에드워드는 이제 엘리너와 함께, 최소한 그동안 벌어진 일을 돌이켜 보며 전략적으로 따져 볼 수 있게 되었다. 엘리너는 루시가 어떻게 로버트 페라스와 결혼하게 되었는지 궁금했다. "대체 어떻게 함께 있게 되었으며 로버트가 무슨 매력에 끌렸기에 루시와 결혼까지 하게 되었는지 도저히 납득할 수가 없었다. ... 이미 자기 형과 약혼이 되어 있고 바로 그 때문에 형이 가족에게서 내침을 당하기까지 했던 여자가 아닌가 말이다"(『이성과 감성』 412→438쪽). 에드워드는 "루시도 처음에야 저를 위해서 동생의 호의를 확보해 두자는 생각밖에는 없었겠지요. 다른 계획들은 그 뒤에 생겨났겠고요"라고 한다(『이성과 감성』 413→483쪽). 에드워드는 아직도 그들이 약혼한 동안 루시가 자기에게 진실한 애정을 갖고 있었을 것이라 믿고 있다. 그 이유를 그는 다음과 같이 설명한다.

> 자기가 손톱만큼도 사랑하고 있지 않은 남자, 재산이라야 고작 2000파운드밖에 없는 그런 남자에게 매여 사는 것이 자기한테 무슨 이득이 될 것이라고 생각했는지 이해가 안 갑니다. 브랜던 대령이 저한테 목사 자리를 줄 것이라고는 그 여잔 예상하지 못했거든요(『이성과 감성』 416→487-488쪽).

이에 엘리너는 이렇게 말한다.

> 어찌 되었든 약혼을 지속해도 아무것도 잃은 것이 없었던 셈이지요. 그 약혼이 자기의 애정이나 행동에 족쇄가 되지 않았다는 것을 입증한 셈이니까요. … 그리고 더 이로운 일이 일어나지 않는다 할지라도, 독신으로 사는 것보다야 **당신**하고 결혼하는 것이 나을 테니까요(『이성과 감성』 416→488쪽).

루시의 대안들 가운데 루시가 선호한 것들, 그리고 루시가 예상하는 타인들의 행동에 대해 얘기할 때 엘리너와 에드워드는 전적으로 전략적인 언어를 사용한다.

   이 같은 복기復棋, 즉 한 커플이 다른 사람들과 자신들이 내린 선택과 동기를 되짚어 보는 시간은 커플들이 최고의 친밀감을 누리는 순간이다. 이웃에 사는 앨런 부부의 집으로 걸어가는 길에 이루어지는 헨리 틸니의 청혼 장면에는 아버지 틸니 장군의 행동과 자신의 행동을 복기하는 내용이 뒤섞여 있다. "[이웃집을 방문하겠다는] 그의 숨은 목적에 대한 몰런드 부인의 생각은 아주 틀린 것이 아니었다. 아버지 이야기를 하긴 했으니까. 그러나 그의 첫 번째 목적은 자기 자신을 설명하는 것이었다. 그는 그들이 앨런 씨의 집 마당에 도달하기 전에 그 일을 아주 훌륭하게 해내서 캐서린으로서는 아무리 들어도 물리지 않을 정도였"다(『노생거 사원』 252→322쪽). 프랭크 처칠과 제인 페어팩스 사이의 약혼 소식이 전해지지만, 나이틀리 씨는 오로지 에마를 위로할 목적으로 그녀를 찾아간다. 하지만 에마는 이렇게 같이 말한다.

> 허영심에 우쭐해서 그 사람의 관심을 용인한 것이지요. … 그 사람이 저를 속인 것은 사실이지만 저한테 상처를 입히지는 못했어요. 그 사람한테 마음을 준 적이 한 번도 없으니까요. 그리고 이제 그 사람 행동도 어느 정도 이해가 가요. 내 마음을 사로잡을 생각이 전혀 없었던 거예요. 그저 다른 사람과의 약혼을 숨기려는 눈속임에 불과했지요(『에마』 465-466→617-618쪽).

프랭크 처칠의 전략적 행동에 대한 이 같은 논의 속에는 자연스럽게 에마 자신이 선호하는 것들에 대한 논의도 들어 있다. 나이틀리 씨는 "그녀가 프랭크 처칠에 전혀 관심이 없고 마음을 준 적도 없다는 것을 기쁘게 확인하며 ... 희망이 생겨났고"(『에마』 471→625쪽), 이는 그로 하여금 자신의 감정을 고백하게 한다. 패니와 에드먼드 버트럼은 메리 크로퍼드의 결점에 대해 서로 여러 번 얘기해 왔다. 그러나 패니와 에드먼드가 가장 친밀했던 순간은 그가 마지막으로 메리를 만난 얘기를 할 때다. 메리는 자신의 오빠 헨리와 에드먼드의 여동생으로 기혼인 마리아가 함께 달아나자, 버트럼가 식구들은 이 일로 큰 소동을 피우지 않는 게 좋겠다고 제안한다. "한 가지 조언하자면, 부친께서는 가만히 계시는 편이 좋겠어요. ... 부친께서 공연히 끼어드는 바람에 동생분이 헨리 오빠의 그늘 밑을 떠나기라도 한다면, 계속 오빠 곁에 머물 때보다 두 사람이 결혼할 가능성이 훨씬 줄어들 거예요"(『맨스필드 파크』

528-529→660쪽). 에드먼드는 "계속 죄를 짓도록 묵인하고 타협하고 감수하자고 하"는 그녀를 믿을 수가 없고(『맨스필드 파크』 529→661쪽), 패니는 메리가 톰 버트럼의 병이 매우 심각하다는 소식을 듣고 에드먼드에 대한 생각 — 톰이 죽게 되면 에드먼드가 상속자가 된다는 — 이 더 확실해진 것 같다는 얘기를 전하지 않을 수 없다. 메리 크로퍼드의 동기를 알게 된 것은 특히 에드먼드에게는 아픈 상처다. 그러나 그것에 대해 패니와 함께 이야기하면서 둘은 결합한다.

엘리자베스 베넷은 다아시 씨에게 리디아의 결혼을 전적으로 지원해 준 데 대해 고맙다는 인사를 하며, 가족들도 모두 알게 된다면 자신과 마찬가지로 고마워할 것이라고 말한다. 이에 다아시는 이렇게 답한다.

> **당신의 가족**은 제게 빚진 것이 없습니다. 그분들을 무척 존경합니다만, 저는 **당신**만을 생각했습니다. … **제** 애정과 소망에는 변함이 없습니다만, 당신의 한마디로 저는 이 문제에 대해서는 영구히 입을 다물겠습니다(『오만과 편견』 406→501쪽).

다아시의 사랑 고백은 이처럼 자신이 전략적 행동을 하게 된 동기를 설명하면서 이루어진다. 이번엔 엘리자베스가 그의 사랑 고백을 받아들이고, 두 사람은 즉각적으로 그동안 일어난 일들에 대해 국면별로 분석하기 시작한다. 다아시는 엘리자베스가 외숙 부부와 뜻밖에 펨벌리에 나타났을 때 무슨 생각을 했는지, 엘리자베스는 그곳에서 뜻밖에 따뜻한 대접을 받고 어떤 놀라움을 느꼈는지 얘기한다. 또 다아시는 "힘 닿는 대로 예의를 갖추어서, 제가 과거 일로 원망하는 옹졸한 인간이 아님을 보여" 주고자 했으며, 그 목적은 "당신의 비난이 받아들여졌다는 것을 보여드림으로써 용서를 얻고 저에 대한 오해도 줄이"는 것이었다고 말한다. 그리고 결정적으로 제인이 빙리를 실제로 좋아한다는 것을 자신이 어떻게 직접 관찰하고 확인했으며, 이를 어떻게 빙리

엘리자베스가 리디아와 위컴을 찾아내 결혼할 수 있도록 도와준 데 대해
가족 모두를 대신해 감사한다고 말하자 다아시는 이렇게 답한다.
"제게 고마워하시려면 … 혼자서만 하십시오. …
당신의 가족은 제게 빚진 것이 없습니다. 그분들을 무척 존경은 합니다만,
저는 당신만 생각했습니다."

오스틴의 소설에 등장하는 연인들은 과거의 선택을 복기하며
최고의 친밀감을 누린다.

그림 21. 영화 〈오만과 편견〉 중에서 엘리자베스와 다아시

에게 설득시켰는지에 대한 얘기를 덧붙인다(『오만과 편견』 410→507쪽). 며칠이 지난 뒤에도 엘리자베스는 이 같은 복기를 좀 더 진행시키고 싶어 한다. "다시 발랄해"진 엘리자베스는 "다아시 씨가 어떻게 자기와 사랑에 빠지게 되었는지 설명해 주길 원했다. ... '제 건방진 점이 마음에 드셨나요?'... '그때 찾아왔을 때는, 왜 나한테 관심이 없는 것처럼 굴었어요?' ... '내가 묻지 않았다면, 언제 말을 꺼냈을지 모르겠다고요!'"(『오만과 편견』 421→520-522쪽) 앤과 웬트워스 대령은 서로에 대한 감정을 확인한 후 "자신들의 과거를 돌아보고 서로의 감정을 확인하는 일에 몰두했다. 특히 이 순간 직전에 있었던 일들에 대한 해명은 너무도 마음에 사무치고 한없이 흥미로웠다"(『설득』 262→348쪽). 서로에 대한 완전한 이해가 어떻게 이루어졌는지를 되짚어 보는 일은 그 달콤함을 줄어들게 하지 않는다.

다양한 사례들에서 오스틴의 커플들은 모두 전략적 동반자 관계를 통해 관계를 다져 간다. 마리아 버트럼과 헨리 크로퍼드는 〈연인 서약〉에서 둘만의 시간을 좀 더 확보하기 위해, 연습을 많이 해야 하는 역할을 따내고자 공동으로 움직인다. 클레이 부인은 앤의 아버지 월터 경과의 결혼 여부를 저울질하고 있다. 월터 경의 추정상속인인 엘리엇 씨는 월터 경이 결혼해 아들을 낳는 것을 막아 향후 상속이 자신에게 확실하게 이루어지도록 하고자 한다. 따라서 그가 앤과 결혼하려는 이유는 오직 월터 경을 가까운 거리에서 감시하기 위해서다. 클레이 부인과 엘리엇 씨는 월터 경을 조종하는 경쟁자로 만나게 되는데, 이후 그녀가 "그의 도움으로 런던에 정착했다는 소식"(『설득』 273→361쪽)은 그리 놀랄 만한 것이 아니다.

전략적 동반자 관계는 여성들 사이의 우정에도 필수적이다. 스미스 부인과 앤 사이의 친밀도를 알 수 있는 것은 스미스 부인이 환자로서 누워 지내면서도 어떻게든 앤에게 유용한 정보를 제공할 수 있는 방법을 찾아낸다는 것이다. 엘리엇 씨는 월리스 대령에게 모든 것을 말하는 사이인데, 월리스 대령의 부인은 스미스 부인과 같은 간병인을 사용하고 있다. 따라서 스미스 부인은 앤에게 엘리엇의 속내를 전달해 줄 수 있는 것이다. 반대로, 앤의 언니와 동생은 둘 다 전략적 사고에 약하다. 그리하여 앤은 그녀들과 진심으로 친밀해지고 싶지만 그러지 못한다. 머스그로브가의 두 젊은 자매가 찾아와 앤과 메리에게 긴 산책을 할 텐데 함께 가겠냐고 묻자, 메리는 바로 가겠다고 한다.

> 하지만 앤은 두 자매의 표정을 보고 두 사람이 메리와의 산책을 전혀 원하지 않는 것을 알아차렸다. … 앤은 메리의 산책을 말리고 싶었지만 소용이 없었다. 그리고 사태가 이렇게 전개된 바에야 머스그로브 씨 자매의 청을 받아들여 자기도 함께 가는 게 낫겠다고 생각했다. 두 자매는 메리한테보다 앤에게 훨씬 다정하게 동행을 청했는데, 자신이 그 제안을 받아들여 함께 가면 중간에 메리를 데리고 돌아올 수도 있고 머스그로브 씨 자매의 계획에 덜 방해가 될 수도 있겠거니 생각했던 것이다(『설득』 89→125쪽).

앤의 동생 메리는 얼굴 표정이나 주변의 사회적 상황을 파악하는 데 서투르다. 라임에서 루이자 머스그로브에게 사고가 난 상황에서 메리는 조금도 도움이 안 된다는 게 분명하게 드러난다. "'루이자가 죽었어요! 죽었어!' 메리가 남편을 꽉 잡으며 비명을 질렀"다(『설득』 118→165쪽). 웬트워스 대령은 앤이 남아서 루이자를 간호하는 것이 좋겠다고 하자, 메리는 펄쩍 뛰면서 가족의 일원으로서 자신이 남아 있어야 한다["루이자의 올케인 자기가 남아야지 왜 루이자와 아무런 상관도 없는 앤이 남는단 말인가? 어째서 앤이 자신보다 더 도움이 된단 말인가?"]며 모든 것을 망쳐 놓는다. 앤은 "질투심과 부족한 판단력에서 나온 메리의 고집"에 양보하는 것이 "이번만큼은 정말 내키지 않았다. 하지만 다른 방도가 없었다"(『설득』 124→173쪽). 앤의 언니 엘리자베스는 메리보다 더 심각하다. 앤은 언니에게 클레이 부인이 아버지의 애정을 얻고자 할 수도 있으니 바스로 이사 가는 데 동행하지 않는 게 좋겠다고 경고한다. 그러자 "엘리자베스는 앤이 어떻게 그렇게 터무니없는 의심을 하게 되었는지 이해할 수 없다며 아버지나 클레이 부인이나 다 당신들의 처지를 아주 잘 의식하고 있다고 대답했다"(『설득』 37→54쪽).

여성들 사이의 친구 관계에서 전략적 동반자 관계는 너무나 중요하다. 그렇기 때문에 이들은 흉금을 털어놓지 않는 것, 곧 중요한 정보를 공유하지 않는 것에 가장 서운해한다. 엘리자베스 베넷이 언니인 제인에게 다아시 씨와 자신의 약혼 소식을 전하자 제인은 이렇게 말한다. "너 정말 엉큼했어, 나한테도 입을 꼭 다물고 말이야. 펨벌리와 램턴에서 있었던 일에 대해서 대체 얘기해 준 것이 뭐야!"(『오만과 편견』 415→513쪽) 엘리너와 메리앤이 런던에 도착한 이후 메리앤이 윌러비와 어떻게든 연락이 닿기를 원할 것이라고 생각한 엘리너는 메리앤에게 편지를 기다리느냐고 묻는다. 메리앤이 확실하게 대답을 하지 않자, 엘리너는 "날 안 믿는구나, 메리앤"이라고 한다. 그러자 메리앤이 이렇게 답한다. "쳇, 엘리너. **언니**한테 이런 비난을 듣다니. 언닌 아무도 안 믿으면서!"(『이성과 감성』 193→222쪽) 에마는 제인 페어팩스를 싫어하는데, 에마는 그녀가 "진짜 무슨 생각을 하는지 도무지 알아낼 수가 없었다. 공손함의 외투로 몸을 꽁꽁 감싼 채 어떤 위험도 감수하지 않겠다고 작심한 듯했다. 제인은 거슬릴 만큼, 수상쩍을 만큼 몸을 사렸다"(『에마』 180→243쪽).

남자들 사이에서도 전략적 동반자 관계는 중요하다. 하빌 대령은 웬트워스 대령의 능숙한 조력자다. 그는 자신의 친구 앞에서 앤과 토론하며 앤으로부터 결정적인 선언을 이끌어 내는데, 그것은 바로 앤의 변치 않은 마음에 대한 것이었다. 주변 사람들 말에 잘 휘둘리는 빙리조차, 다아시의 이익을 위해서는 전략적으로 행동할 수 있다. 그와 다아시가 다시 베넷가를 방문했을 때, 그는 베넷 부인에게 이렇게 묻는다. "엘리자베스가 오늘 또 길을 잃을 만한 오솔길이 주변에 더 없습니까?" 베넷 부인은 빙리를 다아시로부터 떼어 놓을 생각으로 다아시, 엘리자베스, 키티가 함께 산책할 것을 권한다. 이때 빙리가 한마디 더 거든다. "다른 사람들이야 좋겠지만 … 키티에게는 아주 무리가 아닐까 하는데. 안 그래, 키티?" 그렇게 해서 엘리자베스와 다아시는 단둘이 되어 엘리자베스 부모님으로부터 결혼 허락을 받기 위한 계획을 짤 기회를 얻는다(『오만과 편견』 416→513-514쪽).

남매 사이에서도 전략적 동반자 관계는 중요하다. 윌리엄 프라이스는 여동생 패니에게 자신의 소위 진급이 걱정이라고 털어놓는다. 그러자 패니는 이모부인 토머스 경이 "말씀은 안 해도 … 오빠의 임관을 위해서 할 수 있는 일은 다 해주실 거야"라고 안심시킨다(『맨스필드 파크』 290→360쪽). 반면, 헨리 크로퍼드의 청혼을 받고 패니가 난처해하고 있는 것을 알고 있는 윌리엄은 "자기가 보기에는 너무나 뛰어난 인물인 남자에게 누이동생의 마음이 그렇게 냉랭한 것이 진심으로 안타까웠다. 그렇지만 … 동생의 생각을 잘 알기 때문에, 굳이 그 이야기를 꺼내 괴롭힐 생각은 추호도 없었다"(『맨스필드 파크』 434→541쪽). 이와는 정반대로, 대시우드 자매와 이복오빠 존 대시우드 사이의 괴리는 다음과 같은 그의 조악한 발언에서 생생하게 드러난다. 그는 다음과 같은 말로 엘리너를 자극한다. "브랜던 대령을 매부라고 부를 수 있었다면 정말 좋았을 텐데. 여기 그의 재산, 영지, 저택, 모든 것이 이렇게끔 품위 있고 훌륭한 조건을 갖추고 있으니 말이다! 숲들은 또 어떻고! 지금 델라퍼드 행거*에 서있는 것 같은 그런 목재는 도싯셔 어디서도 본 적이 없구나"(『이성과 감성』 425→498쪽).

부녀 사이도 그렇다. 동생 메리 베넷이 네더필드 무도회에서 노래

---

* 언덕의 경사진 면에 있는 숲.『이성과 감성』 498쪽 각주.

를 끔찍하게 못 부르자 "엘리자베스는 메리가 저녁 내내 노래를 부를까 봐 아버지가 좀 나서 달라는 뜻으로 아버지를 바라보았다. 아버지는 그녀의 의중을 알아"챘다(『오만과 편견』 112-113→146쪽). 콜린스 씨의 청혼을 받아들이지 않으면 다시는 말도 하지 않겠다고 베넷 부인이 엘리자베스에게 윽박지르자, 베넷 씨는 엘리자베스에게 게임의 형식으로 자신의 답을 준다. 동료 전략가로서 아버지는 딸이 자기가 하는 말의 뜻을 알아차릴 것을 안다.

> 오늘 이후로 너는 부모 중 한 사람과 남남이 되어야 한다. 네가 콜린스 씨하고 결혼하지 **않으면** 어머니가 너를 다시는 안 볼 것이고, 만일 네가 그 사람하고 결혼을 **한다면** 내가 다시는 너를 보지 않겠다 (『오만과 편견』 125→161쪽).

전략적 파트너들은 사람뿐만 아니라 말도 공동으로 다룬다. 메리 크로퍼드는 에드먼드에게 승마를 가르쳐 달라고 하고, 패니는 가슴 아프게 둘의 모습을 지켜본다. "에드먼드가 고삐 다루는 법을 가르쳐 주는지 그녀 가까이 붙어 서서는 말을 건네고 손을 잡았다"(『맨스필드 파크』 79→102쪽). 존 소프의 마차를 타고 가면서 캐서린은 틸니 남매가 거리를 천천히 걸어가고 있는 모습을 보았다. 그녀는 마차를 세워 달라고 소리친다. 그러나 존 소프는 캐서린이 한 마차를 탄 일행이라는 생각 따위는 하지 않았다. 그는 "웃으며 채찍을 내리치고 괴상한 소리를 내면서 마차를 몰 뿐이었다"(『노생거 사원』 86→110쪽 참조). 그렇게 그는 캐서린의 호감을 살 수 있는 기회를 깨끗이 날려 버렸다. 이와 비교해, 오스틴에게 "성공적인 결혼 … 의 원형"(Mellor 1993, 57)인 크로프트 제독과 그의 부인은 하나의 팀처럼 마차를 함께 몰며 "단일한 인지적 개체로 움직인다"(Palmer 2010, 152). 방해물을 먼저 발견한 크로프트 부인이 "나서서 침착하게 고삐를 더 나은 방향으로 움직였기 때문에 그들은 무사히 위험을 피할 수 있었다. 그 뒤에도 그녀는 한 번 더 현명하게 손을 움직였고, 덕분에 그들은 움푹 파인 고랑에 빠지지도 분뇨차와 충돌하지도 않았다. 앤은 그들이 함께 마차를 모는 모습을 보면서, 그것이 아마도 이 두 부부가 매사를 처리하는 방식이려니 생각"했다(『설득』 99→138-139쪽 참조).

자아를 전략적으로 조종하기

만약 게임이론이 지나치게 원자론적이라는 이유로 비판받을 수 있다면, 거꾸로 충분히 원자론적이지 않다는 이유로 비판받을 수도 있다. 우리는 흔히 개인을 여러 상이한 부분들, 다양한 "자아들"의 연합으로 이해한다(Ainslie 1992, Benhabib and Bisin 2005, Fudenberg and Levine 2006, O'Donoghue and Rabin 2001 참조). 한 개인은 다른 사람을 이해하고 조종하듯 자기 자신을 이해하고 조종할 수 있다. 예를 들어, 앤 엘리엇은 언니인 엘리자베스, 클레이 부인과 함께 바스에서 레이디 달림플의 마차가 도착하길 기다린다. 비가 오기 때문에 이들은 몰랜드 제과점 안에서 기다리고 있다. 이때 앤은 창밖을 내다보다 웬트워스 대령이 거리를 걸어 내려오는 것을 보고 깜짝 놀란다.

> 그녀가 깜짝 놀란 것은 그녀만 아는 사실이었다. 하지만 그녀는 즉시 이 세상에서 자기만큼 아둔하고 이해가 안 되며 부조리한 인간은 없을 거라고 생각했다! 몇 분 동안 눈앞이 캄캄해서 아무것도 보이지 않았다. 모든 것이 뒤죽박죽이 되어 흐릿했다. 잠시 넋을 잃었다가 스스로를 나무라며 정신을 차렸을 땐 다른 사람들이 아직도 마차를 기다리고 있었다(『설득』 190→254-255쪽).

여기서 앤에게는 "인지적" 혹은 "집행적"[실행적] 자아와" "육체적" 혹은 "감각적" 자아 이렇게 두 개의 자아가 있다. 앤의 집행적 자아는 육체적 자아의 반사 신경이 놀라 움직이는 것을 관찰한다. 그리고 육체적 자아의 반응을 자신 외에 아무도 보지 못하도록 하지만 그것이 여전히 부끄럽다. 그리하여 집행적 자아는 육체적, 감각적 자아를 나무라며 ["넋을 잃"은 상태에서 벗어나] 다시 기능하게 한다.

> 그녀는 당장 바깥으로 나가고 싶었다. 아직도 비가 오는지 알고 싶었다. 물론 다른 동기도 있었다. [지금쯤이면] 웬트워스 대령은 이미 시야에서 사라졌을 것이다. 그녀는 자리에서 일어났다. 나가 볼 참이었다. 그녀의 절반은 나머지 절반보다 언제나 훨씬 더 현명해서는 안 된다. 또는 나머지 절반이 언제나 훨씬 더 나쁘다고 의심해서는 안 된다. 그녀는 비가 오는지 확인을 할 것이었다(『설득』190→255쪽 참조).

여기서 앤은 뚜렷하게 둘로 나뉘어 있다. 리처드슨에 따르면, 앤은 "감독하는 의식적 자아와, 잠재적으로 통제 불가능하며 욕망하는 무의식적 타자로 나누어졌다"(Richardson 2002, 149). 감각적 앤은 밖에 나가보고 싶은 마음이 강력하다. 핑곗거리도 완벽하다. 감각적 앤은 그러면서 이것저것 따지고, 더 현명하다고 알려져 있으며, 체면을 중시하는 "집행적" 앤에게 반발한다. 오스틴은 일반적으로 자기통제를 중시하지만, 이 경우에는 통제를 당하는 자아가 통제를 하는 자아와 협상을 벌이고 어느 정도 성공[웬트워스 대령이 사람들 사이에 섞여 갑자기 제과점으로 들어오지 않았더라면, 앤은 그를 보러 밖으로 나갔을 것이다]을 거둔다.

- 인지심리학에서 인지적 또는 집행적 자아는 여러 인지 체계를 종합적으로 통제, 관리하며 개인이 적절하게 생각하고 행동할 수 있도록 계획하고 감시하는 자아를 가리킨다.

실제로 오스틴은 한 사람이 가지고 있는 다양한 자아들 사이의 관계는 위계적이기보다 좀 더 복잡하다는 것을 강조한다. 크로프트 제독과 그의 부인이 임대계약에 앞서 켈린치 홀을 처음 보러 오는 날 아침, "앤은 매일 그랬듯 레이디 러셀 댁으로 산책을 가기로 자연스럽게 생각했고, 그들이 집을 다 돌아보고 떠날 때까지 방해가 되지 않도록 피해 있었다. 반면, [그들이 떠나고 집에 돌아와서는] 그들을 만날 기회를 놓친 것에 대해 자연스럽게 안타까운 마음이 들었다"(『설득』 34→50쪽 참조). 여기서 습관적으로 산책하는 앤의 "자연스러운" 부분은 변명과 후회를 하고 "집행적" 앤은 이를 받아들인다. 여기서 집행적 자아는 습관적인 자아에게 크로프트 부부를 만날 것인지 여부에 대해 의식적으로 결단을 내릴 것을 요구하지 않는다. 앤의 집행적 자아가 이번엔 눈감아 준 것이다. 크로프트 부부가 이사하고 웬트워스 대령이 얼마 후 켈린치 홀을 방문할 것으로 알려지자, 앤의 집행적 자아는 다시 평상시의 모습으로 돌아와 감각적 자아를 통제하는 역할을 재개한다. 즉, 머스그로브 가족이 웬트워스 대령에 대해 얘기하는 바람에 "앤의 신경은 새로운 시련을 경험해야 했다. ... 하지만 앤은 자신이 앞으로 그 같은 시련에 익숙해져야 한다는 사실을 깨달았다. ... 그런 이야기들에 무감각해지는 능력을 스스로에게 가르쳐야 할 터였다"(『설득』 65→79쪽). 앤과 웬트워스 대령이 드디어 다시 만나게 된 이후 앤의 집행적 자아는 궁금한 게 많은 감각적 자아에게 매우 엄격하게 굴었다("그러니까 지금 그의 감정을 어떻게 읽는 것이 옳은가? ... 하지만 다음 순간 그녀는 그런 질문을 하는 자신이 한심할 만큼 싫어졌다"). 그러나 앤은 궁극적으로 궁금증을 억제할 수 없다. "앤이 온갖 지혜를 발휘했다 해도" 그가 자신을 여전히 매력적이라고 생각하는지 궁금해하는 것을 막지 못했을 것이다(『설득』 65→92쪽).

앤은 자신과 웬트워스 대령이 함께 있는 것을 레이디 러셀이 보게 될까 봐 특히 마음을 졸인다. "레이디 러셀은 앤과 웬트워스 대령이 한 자리에 있는 모습을 보면, 웬트워스 대령은 지나치게 침착하고 앤은 지나치게 안절부절못한다고 생각할 가능성이 컸다"(『설득』 100→141쪽). 침착함은 주로 다른 사람, 특히 윗사람이 나를 어떻게 볼지를 내면화한 것이다. 라임에서 있었던 루이자 머스그로브의 낙상 사고 이후 앤은 레이디 러셀에게 그 사고에 대해 이야기하지 않을 수 없었고 "두 사람 모두 웬트워스 대령의 이름을 언급할 수밖에 없었는데, 앤은 레이디 러셀에 비해 자신이 침착하지 않다는 사실을 의식하지 않을 수 없었다. 그와 루이자의 애정에 대한 자신의 추측을 간단히 말하기 전까지는 그 이름을 말할 때 레이디 러셀의 눈을 똑바로 쳐다보지 못했다. 그러나 일단 그 사실을 말하고 난 뒤에는 이름 때문에 더 이상 어색함을 느끼지 않았다"(『설득』 135→182쪽). 여기서 인지적, 집행적 앤은 부끄럼 타는 앤, 감각적 앤을 나무라거나 명령하지 않고 오히려 도와준다. 즉, 레이디 러셀로 하여금 앤이 아직도 웬트워스 대령에 관심이 많다고 의심하지 않도록 구체적 전략[그와 루이자의 애정에 대해 흘리는 전략]을 마련한 것이다.

웬트워스 대령과 서로에 대한 감정을 마침내 모두 확인하고 난 후, 집으로 돌아온 앤은 "집에 들어설 때 느낀 행복감이 너무나 커서 그 기분을 완화하기 위해 이 정도의 행복감이 계속해서 지속되는 게 가능할까 하는 일시적인 두려움마저 느껴야 했다. 진지하고 고마운 마음으로 잠시 명상하는 것만이 흥분으로 요동치는 그런 행복감에 따르는 모든 위험을 완화할 수 있는 최선의 방책이었다. 그래서 방으로 돌아가서 행복감과 고마움을 두려움 없이 만끽했다"(『설득』 266→354쪽 참조). 이 최고로 행복한 순간에 감각적 앤은 어쩌면 속도를 늦추라고, 행복이 계속될 것이라고 안심시켜 주는 집행적 앤이 필요한 것인지도 모른다. 어쩌면 앤은 집행적 자아의 과도한 신중함으로 말미암아 팔 년 동안 피해를 보았음에도 불구하고 집행적 자아를 전적으로 내칠 수 없고, 어떤 식으로든 조절하지 않고는 극단적 행복을 받아들이지 못하는 것일 수도 있다. 어쩌면 승리감이 넘쳐 나는 감각적 앤이 관대하게 집행적 앤을 위해 해로울 것 없는 일거리 하나를 찾아 준 것일 수도 있다. 즉, 자신의 차오르는 승리감을 나타낼 표제를 달아 주는 일, 그래서 그것이 사회적으로 좀 더 무난하게 받아들여질 수 있는 감사의 마음으로 이해되도록 하는 일이 바로 그것이다.

오스틴은 흥미롭게도 엘리너와 메리앤 대시우드 두 자매의 각기 다른 자아 관리 전략을 비교한다. 엘리너는 자신의 감정을 다스리는 방법을 안다. 그러나 "그것은 어머니도 배워야 할 지혜였고, 동생 중의 하나는 한사코 배우지 않으려 한 지혜였다"(『이성과 감성』 7→14쪽). 메리앤이 자신의 감정을 억제하지 않는 것은 그것을 배우지 않겠다는 그녀의 의식적 선택에 따른 것이다. 즉, 후천적으로 그렇게 길들여지거나 선천적으로 그렇게 할 수 없어서가 아니다. 메리앤과 윌러비가 처음 만나 서로 좋아 어쩔 줄 모를 때 "엘리너에게는 그들의 사랑이 그리 놀랄 일은 아니었다. 바람이 있다면 너무 터놓고 그러지 말았으면 하는 정도였다. 한두 번은 메리앤더러 좀 자제하는 것이 어떠냐고 넌지시 말해 보기도 했다"(『이성과 감성』 63→73쪽). 엘리너에게 자제란 주로 다른 사람이 나를 어떻게 보게 할지 통제하는 것이다. 이것은 메리앤에게도 마찬가지다. 하지만 메리앤은 외부의 시선을 인식해서 자신의 감정을 억누르기보다 오히려 더욱 확대해 공개적으로 소비한다. 윌러비가 갑자기 떠난 후 그녀는 "격한 슬픔"을 공개적으로 표현하는데, "메리앤은 분명 위안 삼아 그 슬픔에 흠뻑 빠져 있을 뿐만 아니라 의무처럼 그것을 키우고 부추기고 있을 것이었다"(『이성과 감성』 90→104쪽). 메리앤은 소리를 작게 내는 방식이 아니라 더 크게 내는 방식으로 자신을 통제한다. 에드워드 페라스가 특별한 이유를 밝히지 않고 떠나자, 엘리너는 자신의 감정을 가라앉히고 "메리앤이 비슷한 상황에서 자기의 슬픔을 한껏 부풀려 둘 목적으로 기가 막히게 써먹는 수법, 즉 입을 꾹 다물고 아무것도 하지 않고 혼자 있으려고만 하는 짓"은 하지 않았다. "그들이 취한 수단은 목적만큼이나 달랐고, 각각 나름의 목적을 달성하는 데도 잘 들어맞았다"(『이성과 감성』 120→139쪽).

다시 말해, 오스틴의 주장은 자아 관리 전략은 선택의 문제이지 기질의 문제는 아니라는 것이다. 엘리너와 메리앤의 전략이 다른 이유는 그들이 추구하는 목표가 다르기 때문이다. 엘리너의 목표는 엄마와 동생이 자기 때문에 걱정하지 않는 것이다. 반대로 메리앤의 목표는 최대한 많은 사람들에게 자신의 사랑이 매우 깊다는 것을 알리고 설득하는 것이며, 그것을 확실하게 입증하는 것은 자신의 고통이 통제 불가능하다는 것을 분명히 보여 주는 것이다. 실제로 메리앤이 보기에, 엘리너가 자신의 감정을 가라앉힐 수 있다는 사실은 그녀의 감정이 깊지 않다는 것을 증명하는 것과 다름없다. "감정이 강렬하면 자제란 불가능한 것이고, 담담한 경우에는 자제가 무슨 미덕이냐는 것이었다"(『이성과 감성』 121→139쪽). 메리앤은 윌러비로부터 그레이 양과 결혼하겠다는 편지를 받는데, 그 후 그녀의 "못 말리는 슬픔의 격랑"은 동생에 대한 우애가 깊은 엘리너조차 견디기 힘든 것이었다. 엘리너는 "힘내, 메리앤 이것아 ... 너 자신과 널 사랑하는 사람을 모두 죽이고 싶지 않다면 말이야. 어머니를 생각해 봐. **네**가 괴로워하는 동안에 어머닌 또 어떤 심정일지 말이야. 어머닐 위해서라도 힘을 내야지" 하지만 메리앤은 엘리너가 자신의 진심을 의심한다고 생각한다. "나 때문에 괴롭다면 말이야. ... 잊어버려! 그렇지만 날 그렇게 고문하진 말아 줘. 아아! 제 슬픔이 없는 사람들이 힘내라고 말하는 건 얼마나 쉬울까! 행복한, 행복한 엘리너, **언닌** 내 고통이 어떤지 알 수가 없지"(『이성과 감성』 211→241-242쪽). 엄마에 기대어 호소한 것이 효력이 없자, 엘리너는 그다음 외부 시선을 들어 호소해 본다. "그렇게 혐오스러운 적이 누구든 간에, 얘, 그자들의 악의에 찬 승리를 헛것으로 만들어 버리자꾸나. 너 자신이 결백하고 선의를 가지고 있다는 걸 아는데, 어떻게 높은 기상을 가지지 않을 수 있겠어. 가져 마땅한 장한 자존심이 그런 악의를 물리칠 수 있는 법이지." 하지만 메리앤은 온 세상에 다 알리고 싶다. "내가 비참하다는 걸 누가 알든 상관 안 해. 이런 모습을 보고 세상 누구라도 승리감을 느끼라고 해"(『이성과 감성』 215→248쪽). 메리앤은 스스로 병에 들어 거의 죽을 지경에 이르도록 하는 극단적인 조치를 취한다. 그러고 나서야 자신의 태도를 완화해야겠다는 결심을 한다. 그러나 5장에서도 언급했듯이, 메리앤의 증폭 전략은 일단 극대화되면 기본적으로 효과를 발휘한다. 즉, 그 전략이 윌러비를 메리앤의 품에 안겨 주지는 않지만, 최소한 그로 하여금 한밤중에 찾아와 자신의 진심을 고백하게 한다. 이뿐만 아니라 메리앤의 전략은 브랜던 경에게는 대시우드 부인을 모셔 올 수 있는 기회를 주고, 그 과정에서 브랜던 경은 대시우드 부인으로부터 본인도 메리앤에게 대시를 해보라는 격려를 받는다.

엘리너와 메리앤의 전략이 서로 충돌할 필요는 없다. 대시우드가 식구들이 모두 에드워드 페라스가 루시 스틸과 결혼을 했다고 생각하고 있는데, 에드워드가 대시우드가를 방문한다. 말을 타고 오는 그를 발견한 엘리너는 마치 전장에 나가는 전사처럼 긴장하며 스스로에게 다짐한다. "침착**해야지. 아주 의젓하게 있어야지**"(『이성과 감성』 406→475쪽). 그러는 와중에도 체면이 신경 쓰이는 엘리너는 메리앤과 엄마가 "그를 대할 때 차갑거나 푸대접하는 태도가 드러나지 않았으면 한다"(『이성과 감성』 406→475쪽). 그런 그녀지만 루시가 에드워드의 부인이 아니라 로버트 페라스의 부인이라고 에드워드가 말하자 "더 이상 앉아 있을 수가 없었다. 그녀는 방 바깥으로 거의 뛰어나가다시피 했고, 문이 닫히자마자 기쁨의 눈물을 터트렸는데, 처음에는 결코 멈추지 않을 것만 같았다. 에드워드는 그때까지 그녀 쪽이 아닌 어딘가로 눈길을 두고 있다가 그녀가 허둥지둥 나가는 것을 보았고, 그리고 아마도 그녀의 감정이 격해진 것을 보았거나 아니면 우는 소리를 들었을 수도 있었을 것이다. 왜냐하면 이후 그는 즉각 백일몽에 **빠져들**"었기 때문이다(『이성과 감성』 408→477-478쪽). 메리앤의 말대로라면, 엘리너의 행동에서 드러난 자기통제의 부재, 즉 방을 뛰쳐나간 행동은 에드워드에게 그녀의 진정한 감정을 보여 줬고, 그것이 에드워드를 백일몽에 빠지게 한다. 그러나 우리는 엘리너가 울음을 터트린 것은 다른 방으로 가서 문까지 닫은 후라는 점을 상기할 필요가 있다. 어쩌면 자제력에 대한 엘리너의 이런 영웅적인 노력이 에드워드로 하여금 그녀의 사랑을 확신하게 한 것일 수도 있다. 따라서 메리앤과 엘리너의 자아 관리 전략은 모두 각자의 사례에서 유효했다.

만약 내가 여러 개의 내 자아 가운데 하나가 [예컨대, 어떤 특정 선호나 성향에] 편향되어 있을 수 있다고 예상한다면, 오스틴이 지적하듯, 그것이 바로 내가 나 자신에 대한 전략을 세워야 할 이유다. 엘리자베스가 다아시에게 말하듯 "자신의 견해를 절대 바꾸지 않는 사람들은 처음에 판단을 잘해야 할 특별한 의무가 있"다(『오만과 편견』 105→135쪽). 즉, 현재의 내 자아는 비합리일 정도로 완고한 미래의 내 자아를 예상하면서 신중하게 판단해야 한다. 흔한 오류 가운데 하나는 "확증 편향"이다. 이것은 자신이 원래 믿고 있던 것과 유사한 주장에 편향되는 경향을 말한다. 예를 들어, 토머스 경은 스스로 석연찮음[토머스 경은 결혼을 앞두고 러시워스가 자신이 기대했던 사윗감과는 달리 좀 모자라 보여서 딸이 걱정되기 시작했다]을 떨쳐 버릴 수 없음에도 불구하고 [마리아가 파혼할 생각이 전혀 없고, 아버지가 완전히 잘못 본 것이라고 말하자] 자신의 딸 마리아와 러시워스 씨 사이의 결혼이 성공할 것이라고 믿는다.

> 토머스 경은 만족했다. 어쩌면 본인도 이렇게 되길 다행이다 싶어, 자신의 판단대로 더 밀고 나가지 않았는지도 모른다. … 파혼에 따른 곤혹스러운 문제들이나 그것이 불러올 의혹과 소문과 질타를 면하게 되었으니 다행이고, 딸의 기질도 이런 목적에 잘 맞는다고 생각되니 다행이었다(『맨스필드 파크』 235→291-292쪽).

앤과 하빌 대령이 여성과 남성 가운데 누가 더 자신의 사랑을 변치 않고 지키는지를 두고 토론할 때, 앤은 토론이 결코 합의에 도달하지 못할 수도 있다면서 다음과 같이 그 이유를 든다.

> 우리 각자가 자기 자신의 성에 관해 편향된 견해를 갖고 논의를 시작해, 주변에서 일어나는 일들을 그런 편향에 맞춰 해석해 가겠지요(『설득』 255→339쪽 참조).

아흔 개의 실험 연구에 대한 메타 분석에 따르면 "사람들은 자신이 이미 가지고 있는 태도, 신념, 행동과 일치하는 정보를 그렇지 않은 정보에 비해 ... 거의 두 배 더 많이 선택하는 경향이 있다"(Hart, Albarracín, Eagly, Brechan, Lindberg, and Merrill 2009, 579; Baron 2008, 215 참조).

오스틴의 소설에 등장하는 인물들 가운데 전략적으로 사려 깊은 인물들은 자신들이 잠재적으로 편향적일 수 있음을 비판적으로 인식하려 노력한다. 엘리자베스에게 보낸 편지에서 다아시는 자신은 정말로 그녀의 언니 제인이 빙리에 대해 진심으로 관심이 있는 건 아니라고 믿었다고 말한다. 비록 자신에게 그런 확증 편향이 있을 수 있지만, 그것 때문에 그렇게 생각한 것은 아니라는 것이다.

> 그분이 제 친구에게 무심하다고 제가 믿고 싶어 했던 건 사실입니다. 그러나 감히 말씀드린다면 제 바람이나 염려가 제가 무엇을 조사하거나 결정할 때 영향을 미치는 일은 거의 없다는 겁니다. 제가 그분이 무심하다고 믿은 건 제 바람 때문은 아닙니다. 제가 그렇게 믿은 건 객관적인 근거가 있다고 생각했기 때문입니다(『오만과 편견』 220→279쪽).

나이틀리 씨는 프랭크 처칠을 의심한다. "'내가 본 것이 나 스스로 빚어낸' 것이 아닌 한 프랭크 처칠과 제인 사이에 뭔가 은밀한 호감, 심지어 은밀한 이해가 있다는 의심은 더욱 짙어질 수밖에 없었다"(『에마』 373→498쪽). 브랜던 대령은 "믿고 싶지 않으면 미심쩍어지는 법"이라고 한다(『이성과 감성』 197→227쪽).

에드먼드 버트럼은 자신이 목회자의 길을 선택한 건 아버지가 자신의 생계를 목회자로 정해 놓았기 때문으로, 그때부터 이미 자신의 마음은 그쪽으로 기울어져 있었다고 솔직히 인정한다. "성직록[직봉職俸]이 보장되어 있다는 것을 알기 때문에 마음이 더 기울긴 했을 거야. 그렇다고 그게 잘못이라고는 생각하지 않습니다. ... 일찌감치 풍족한 재산이 생길 거라는 걸 알고 있다고 좋은 목사가 되지 말라는 법도 없으니까요. ... 제가 영향을 받은 건 분명하지만, 그릇된 영향은 아니었다고 생각합니다"(『맨스필드 파크』 127→161쪽). 패니는 에드먼드와 메리 크로퍼드가 결혼할 가능성이 크다는 데 절망한다. 그러면서도 메리에 대한 자신의 비판적 의견은 아무런 사심이 없는 객관적인 것이라고 생각한다. "곧 닥쳐올 결혼을 생각하면 패니는 몹시 슬펐다. 사심 없는, 자신과 무관한 사심 없는 슬픔이라고 패니는 믿었다. 마지막 대화를 나눌 때 크로퍼드 양이 얼마간 사랑스러운 감정과 매우 다정다감한 모습을 보여 줬지만 역시 크로퍼드 양임은 여전했다. 그녀는 쉽게 길을 잃고 혼란스러워하는 마음을 드러내면서도 자신은 전혀 깨닫지 못했다"(『맨스필드 파크』 423→529쪽). 메리의 단점 가운데 하나는 자신이 편향적일 수 있다고 생각하지 못하는 것이다.

선호의 변화

오스틴이 보기에, 선호의 변화는 언제나 설명이 필요하고 주목할 만한 일이다. 오스틴은 일반적으로 선호가 바뀌는 것에 회의적이다. 진지하지 못하고 성숙하지 못한 사람들이 저지르기 쉬운 인간적인 실수라고 생각하는 것이다. 그녀는 선호가 변화하는 몇 가지 메커니즘을 탐구한다. 여기에는 감사하는 마음에서 일어나는 칭찬할 만한 메커니즘, 죽음에 가까워지거나 사랑할 때 일어나는 이해할 만한 메커니즘, "준거점 의존성"에 의해 일어나는 약간 의심스러운 메커니즘, 아첨과 설득으로 인해 일어나는 대체로 바람직하지 않은 메커니즘, 자기 합리화에 의해 일어나는 불합리한 메커니즘 등이 있다. 그 밖에도 선호 대상 자체가 크게 바뀌어 어쩔 수 없이 선호를 변경할 수밖에 없는 경우도 있다. 예를 들어, 선호 대상에 새로운 특징이 더해지거나 새로운 사회적 의미가 따라오는 경우다.

오스틴이 보기에, 선호의 변화에서 가장 칭찬할 만한 메커니즘은 감사하는 마음이다. 다아시에 대한 엘리자베스의 마음 변화는 그에게 감사하는 마음이 점점 더 커지는 것과 궤를 같이한다. 다아시가 처음 청혼을 했을 때, 엘리자베스는 이렇게 말한다. "고마움을 느껴 마땅한 일이겠고요. 제가 고마움을 **느낄** 수만 있다면 지금 감사를 표할 겁니다. 그러나 불가능하군요. 저로서는 한 번도 당신의 호감을 원한 적이 없습니다"(『오만과 편견』 212→269쪽). 자신이 거절한 일에 대한 답변이 담긴 다아시의 편지를 읽은 후 엘리자베스는 "그의 애정에는 감사했고, 그의 사람됨에 대해서는 존경심이 들었지만, 마음으로 받아들일 수는 없었다. 한순간도 그의 청혼을 거절한 걸 후회하지 않았"다(『오만과 편견』 236→299쪽). 처음에 엘리자베스는 다아시에게 감사하는 마음이 조금도 느낄 수 없었다. 그러다 감사하는 마음을 조금 들기는 했지만, 자신의 선호를 바꿀 만큼은 아니었다. 엘리자베스가 외삼촌 부부와 펨벌리를 방문했을 때 그녀는 가정부 레이놀즈 부인이 다아시의 인품을 칭찬하는 걸 듣는다. 이때 "그녀는 그의 호의에 대해 이전 어느 때보다도 깊은 감사의 마음을 느꼈다"(『오만과 편견』 277→348쪽). 펨벌리에서 다아시는 뜻밖에 하루 일찍 나타나 일행을 더없이 크게 환대하며, 자신의 누이동생 조지애나까지 소개한다. 엘리자베스는 자신의 내면에 "호감의 동기가 하나 있었으니, 그것은 감사였다"는 것을 깨닫는다. "한때 자기를 사랑했다는 데 대한 것뿐만 아니라 그를 거절할 때 ... 퍼부은 모든 부당한 비난들을 용서해 줄 정도로 자기를 여전히 사랑하고 있다는 데 대한 감사였다"(『오만과 편견』 293→366쪽). 실제로 "감사와 존중이 애정의 좋은 기반이라면, 엘리자베스의 감정 변화는 있을 법하지 않은 일도, 그릇된 일도 아닐 것이다"(『오만과 편견』 308→384쪽). 위컴이 리디아와 결혼하기 위해 내건 조건을 다아시가 모두 들어주었다는 것을 알게 된 엘리자베스는 그에게 감사의 마음을 표하고 — "그 사실을 알고 난 이후로, 전 제가 얼마나 고맙게 여기는지 말씀드리고 싶어 못 견딜 지경이었어요" — 그로부터 유익한 대화가 시작된다. 엘리자베스의 말을 들은 다아시는 자신의 감정이 아직도 변하지 않았다고 말한다. 이에 엘리자베스는 그에게 "자신의 감정이 근본적인 변화를 겪어서 지금은 그가 한 말을 고맙고도 기쁘게 받아들이게 되었다는 뜻을 알렸다"(『오만과 편견』 405-406→500-501쪽). 『오만과 편견』의 마지막 문장을 보면, 자신들을 펨벌리에서 만나게 해준 엘리자베스의 외삼촌 부부에 대해 엘리자베스와 다아시 "두 사람 모두 언제나 더없이 고마운 마음을 가지고 지냈다"(『오만과 편견』 431→532쪽).

감사하는 마음은 강력한 힘을 발휘하지만 그 작동 원리는 매우 단순하다. 감사하는 마음이 사랑을 창조하는 것이 아니라, 누군가가 그녀를 사랑한다는 것을 그녀가 알게 되면, 그녀가 그 사람을 사랑할 가능성이 더 커진다는 것이다. 다시 말해, 이 문제는 누군가가 다른 사람의 선호를 바꾸는 것이 아니라, 2장의 비어트리스와 베네딕의 경우처럼 두 사람 사이에서 이루어지는 조정의 문제다. 헨리 틸니는 캐서린 몰런드와 사랑에 빠진다. 그러나 오스틴은 화자를 통해 다음과 같이 말한다.

> 나로서는 그의 애정이 처음에는 감사하는 마음에서 시작되었다는 점, 혹은 달리 말해서 그녀가 자기를 좋아한다고 생각하게 된 것이

상대를 진지하게 생각하게 된 유일한 이유였다는 점을 고백해야겠다(『노생거 사원』 252-253→322-323쪽).

여기서 오스틴은 감사의 마음을 단순히 상대가 나를 좋아한다는 것을 내가 아는 것과 동일시한다. 에마는 프랭크 처칠이 "자신을 열렬히 찬미하고 의식적으로 사랑하고 있다는 점을 의심할 수 없었다. 그리고 이런 생각에 다른 모든 정황이 합쳐지면서, 그녀는 그러지 않기로 했던 예전의 온갖 결심에도 불구하고 조금은 그를 사랑하게 된 게 틀림없다는 생각이 들었다"(『에마』 282-283→378쪽 참조). 에마는 프랭크 처칠에 대해 감사하는 마음이 없다. 그러나 그가 자신을 사랑한다는 믿음은 그녀로 하여금 자신 또한 그를 사랑하고 있는 것이 아닐까 질문하게 만들기에 충분하다. 앤 멜러의 주장에 따르면, 남자의 감사하는 마음, 구체적으로 캐서린에 대한 헨리 틸니의 감사하는 마음은 허영심에 기반을 두고 있다(Mellor 1993, 56). 하지만 허영심은 에마의 반응을 더 잘 설명한다. 멜러는 또한 감사하는 마음은 대체로 여성과 같이 지위가 낮은 사람이 지위가 높은 사람에게 느끼는 감정이라고 주장하지만 이런 주장은 가드너 부부에 대한 다아시 씨의 감사하는 마음을 설명하지 못한다.

『오만과 편견』에서는 감사의 마음뿐만 아니라 조정 문제도 반복된다. 샬럿 루카스는 엘리자베스와 함께 제인에 대해 얘기하며 사랑은 조정 문제라는 것에 동의한다. 즉, 내 사랑의 대상은 내가 그를 좋아한다는 것을 알수록 나를 더 좋아한다는 것이다.

> 호감이 전혀 북돋워지지 않는데도 진정한 사랑을 키울 수 있는 용기를 가진 사람은 우리 가운데 별로 없을 거야. … 빙리가 네 언니를 좋아하는 것은 의심할 여지가 없어. 그렇지만 그 사람이 계속 좋아하도록 언니 쪽에서 도와주지 않으면, 그저 좋아하기만 하고 말지

도 몰라(『오만과 편견』 24→33-34쪽).

실제로 빙리가 제인에 대한 구애를 중단한 이유는 제인이 빙리에게 무관심하다고 다아시가 빙리를 설득했기 때문이다. 그러나 다아시가 자신의 판단이 틀렸으며, 지금은 제인이 그를 사랑하고 있다는 것을 확신한다고 빙리에게 말했을 때, 빙리는 이로써 제인에 대한 구애를 다시 시작한다. [『헛소동』에서] 비어트리스가 베네딕에게 그러하듯, 엘리자베스는 다아시에게 불손하게 행동하는데, 그 이유는 그가 자기에게 불손하게 행동할 것이라고 생각하기 때문이다. 그녀는 샬럿에게 다음과 같이 말한다. "워낙 빈정대는 눈초리라서, 내 쪽에서 먼저 선수 치지 않으면 곧 그를 겁내게 될 거야"(『오만과 편견』 26→37쪽; "비어트리스와 닮은" 엘리자베스에 대해서는 Knox-Shaw 2004, 88 참조). 펨벌리를 방문하고 돌아온 후, 엘리자베스와 그녀의 외숙모 가드너 부인은 다아시에 대한 상대의 의견이 몹시 궁금하다. 그러나 이 두 사람은 상대방이 먼저 말하기를 바라고 있다. "엘리자베스는 가드너 부인이 그를 어떻게 생각하는지 알고 싶었고, 가드너 부인도 조카가 그 주제를 끄집어내 주었더라면 무척 기뻤을 것이다"(『오만과 편견』 300→374쪽). 마거릿 두디에 따르면, 프랜시스 버니Frances Burney의 소설 『커밀라』*Camilla*의 요점은 한마디로 "상대의 마음을 알기 전에 내 마음을 들키지 말라"라고 가르치는 구혼 제도에 대한 비판이다(Doody 1988, 231) — 오스틴은 이 소설을 읽었을 뿐만 아니라 『노생거 사원』에서 그 제목을 언급하기도 한다.

죽음의 문턱까지 갔다 온 경험은 당사자의 선호를 크게 바꿔 놓기도 한다. 루이자 머스그로브는 낙상 사고를 당한 후 "문학과 감상적인 명상을 좋아하는 사람으로 변"했는데 "라임에서 지낸 나날, 코브에서 낙상한 일이 분명 그녀의 운명뿐만 아니라 그녀의 건강과 신경과 용기와 성격에 영원한 영향을 끼쳤을 것이다"(『설득』 182→243-244쪽). 톰 버트럼은 병석에서 일어나 "이제 자기만 아는 사람이 아니라 부친을 도

우면서 착실하고 조용하게 살아가는 의젓한 모습으로 다시 태어났다"(『맨스필드 파크』 534→667쪽). 메리앤 대시우드는 병석에서 일어난 후 "6시 넘어서 일어나는 일은 절대 없을 거고, 그때부터 정찬까지 시간을 쪼개서 음악과 독서에만 바칠 거야. 계획을 다 짜놓았는데, 정말 열심히 공부하기로 마음먹었어"라고 선언한다(『이성과 감성』 388→455쪽). 죽음의 문턱을 다녀오는 경험은 매우 효과적이지만, 우연에 기댈 수 있을 뿐 실제로 적용이 어렵다.

누군가의 선호를 바꾸는 데 이와 비슷한 효과를 나타내는 메커니즘은 사랑에 빠지는 것이다. 사랑은 죽음의 문턱까지 갔다 오는 것만큼이나 강렬한 감정 상태를 수반한다. 프랭크 처칠과 제인 페어팩스의 비밀 약혼 소식이 폭로되자, 나이틀리 씨는 에마가 이 소식에 힘들어할 것을 걱정해 그녀를 방문한다. 하지만 에마는 자신이 프랭크 처칠을 단 한 번도 사랑하지 않았다고 분명히 선을 긋는다. 이 말을 들은 나이틀리 씨는, 그러므로 프랭크 처칠이 전적으로 비열한 인간인 건 아니라는 논리적 결론을 내린다. 그러나 프랭크 처칠에 대한 그의 의견이 정말로 바뀐 건 에마가 자신의 사랑을 받아 주었을 때다.

> 삼십 분 사이에 그는 철저히 괴로운 심정에서 완전한 행복과 무척이나 닮은, 다른 어떤 이름으로도 부를 수 없는 그런 심정으로 바뀌었다. … 두 사람이 집으로 돌아왔을 때 손으로나 말로나 그녀는 그의 에마가 되어 있었다. 그리고 그때 그가 프랭크 처칠 생각을 떠올릴 수 있었다면, 그를 아주 괜찮은 친구로 여겼을지 모른다(『에마』 471-472→625-627쪽).

앤 엘리엇은 이 메커니즘을 알고 있다. 팔 년 전 앤이 자신의 청혼을 거절한 것에 대해 아직도 상처를 가지고 있는 웬트워스 대령은 앤을 처음으로 다시 본 직후, 앤이 알아볼 수 없을 만큼 바뀌었다고 헨리에타에게 말하고, 앤은 이를 엿듣게 된다. 그러나 앤과 마침내 서로에 대한 마음을 확인하고 난 후 웬트워스 대령은 "형이 특별히 당신에 대해 물었소. 내 눈에는 결코 그럴 수 없다는 건 전혀 짐작도 하지 못한 채로 당신의 모습이 [팔 년 전과 비교해] 변했는지까지 물었소"라고 한다.

> 앤은 미소를 지으며 넘어가기로 했다. 그것은 너무 즐거운 실수라 나무랄 수가 없었다. 스물여덟 살의 여자가 젊었을 때의 매력을 잃지 않았다는 말을 듣는 것은 그 자체로 기분 좋은 일이었다. 하지만 그런 칭찬의 가치는 그가 전에 한 말과 비교해서, 그리고 그것이 그의 애정이 부활한 원인이 아니라 결과임을 알기 때문에 형언할 수 없을 만큼 컸다(『설득』 264→351쪽).

앤에 대한 웬트워스의 사랑의 크기는 자신의 판단을 반대로 뒤집는 데서 드러난다. 웬트워스 대령은 솔직하지만 약간 어리석은 인물이다(나이틀리 씨와 마찬가지로, 사랑스럽게 그렇다). 하지만 한결같은 앤의 선호는 결코 그렇게는 뒤집히지 않을 것이다.

선호의 변화가 일어나는 또 다른 메커니즘은 "준거점 의존성"에서 찾을 수 있다. 보상의 크기는 비교가 이루어지는 준거점에 따라, 혹은 당사자에게 현 상황이 익숙해짐에 따라 달라질 수 있다(Tversky and Kahneman 1991). 예를 들어, 이제 해군 소위가 된 윌리엄이 동생인 패니를 방문한다. 그는 패니에게 자신의 새로운 군복을 보여 주고 싶은 마음으로 들뜨지만, 복무 중이 아니어서 그럴 수 없다. 이 상황을 지켜보는 에드워드 버트럼은 "패니가 제복을 입은 오빠 모습을 보기도 전에 제복의 신선함이나 제복 입은 사람의 새로운 느낌이 모두 사라졌을 것이라는 생각이 들었다. ... 한 해 두 해가 지나도록 진급을 못 한 채 동기들이 먼저 중위가 되는 모습을 뻔히 지켜봐야 하는 소위의 제복만큼 초라하고 꼴사나운 것이 또 있겠는가?"(『맨스필드 파크』 424-425→530-531

쪽 참조) 소위 군복은 사관학교 생도에게는 커다란 성취지만, 진급을 못한 채 소위로 남아 있다는 것은 "치욕의 상징"이 될 수 있다는 것이다(『맨스필드 파크』 424→531쪽).

『맨스필드 파크』에는 이와 같은 준거점 의존성에 따른 선호 변화의 사례가 여섯 번 더 등장한다. 모두 패니가 헨리 크로퍼드의 청혼을 거절한 이후다. 어찌 보면 이 시점부터는 준거점 의존성이 이 소설의 플롯을 끌고 나간다. 메리 크로퍼드는 패니가 청혼을 받아들이도록 설득하기 위해 귀찮을 정도로 쫓아다니며 노력하지만, [패니가 오빠 헨리의 청혼을 받아들이지 않았음에도] 작별 인사를 할 때는 뜻밖에도 친절하다. 패니는 "다정하게 대해 주는 사람을 소중히 여기는 성향이고, 여태껏 그런 대접을 받아 본 적이 별로 없었던 만큼 더욱 크로퍼드 양의 태도에 마음이 흔들렸다"(『맨스필드 파크』 421→526쪽). 크로퍼드 남매가 떠난 후 패니의 이모부 토머스 경은 패니가 헨리의 빈자리를 실감하며 그의 존재를 좀 더 소중하게 여기게 되길 바란다. 그는 "크로퍼드 씨의 접근을 싫어하거나 싫어한다고 착각했던 조카딸도 막상 그게 사라지고 나면 허전함을 느낄 거라고 잔뜩 기대했다"(『맨스필드 파크』 422→527쪽). 그러나 패니가 헨리에 대한 생각을 바꾸지 않자, 토머스 경은 패니를 그녀의 부모 형제가 살고 있는 포츠머스로 보내 버린다. 그는 패니가 "맨스필드 파크의 고상하고 호사스러운 생활에서 잠시 떠나 있다 보면 … 얼마 전에 제의받은 바 있는, 맨스필드 파크만큼 안락하되 한결 영구적인 가정의 가치를 좀 더 제대로 실감할 수 있을 거라고 기대했다"(『맨스필드 파크』 425→532쪽). 토머스 경은 헨리의 청혼이 맨스필드 파크의 눈높이에서보다 포츠머스의 눈높이에서 더 매력적으로 보이게 되길 기대하고 있다. 실제로 비좁고 시끌벅적한 포츠머스의 집에서 패니는 "맨스필드의 품위와 예절, 규칙적이고 조화로운 생활, 그리고 어쩌면 무엇보다도 평화와 고요함을 시시각각 떠올릴 수밖에 없었으니, **이곳에서는** 전혀 딴판인 것 천지였기 때문이다"(『맨스필드 파크』 453→564쪽). 맨스필드 파크에서 불과 몇 주 전만 하더라도 패니는 메리 크로퍼드가 빨리 그곳에서 떠나기를 바라고 있었다. 그러나 그녀로부터 편지를 받은 패니의 마음에 "야릇한 변화가" 일어났다. "막상 편지가 오니 진심으로 기뻤다. 훌륭한 사람들과의 교분에서 추방당한 채 ... 지내다 보니, 마음에 두고 온 그 지인들의 일원인 사람이 나름대로 우아한 문체로 애정을 담아 적어 보낸 편지가 그렇게 반가울 수가 없었다"(『맨스필드 파크』 455→566쪽). 마지막으로, 헨리 크로퍼드와 버트럼가의 결혼한 큰딸 마리아가 함께 도망가자, 이 두 집안 사이의 관계에는 금이 갔고 메리는 "맨스필드에서 습득한 고상한 취향에 부합할 만한 남자를 금방 찾아내지 못했"으며 "에드먼드 버트럼을 머리에서 지울 수 있을 만큼 인품과 태도가 뛰어난 남자를 찾아내는 데 오랜 시간이 걸"렸다(『맨스필드 파크』 543→678쪽). 에드먼드 버트럼에 익숙해진 메리는 다른 남자들에 대한 선호가 줄어든 것이다.

이와 비슷하게, 과거에 이루지 못한 일은 더더욱 이루고 싶은 법이다. 캐서린 몰런드는 소프 남매 그리고 오빠 제임스와 함께 갑작스럽게 야외 나들이를 갔다. 그 때문에 그녀는 그날 만나기로 했던 틸니 남매를 못 만났다. 이튿날, 엘리너 틸니를 본 캐서린은 그녀에게 말을 걸기 위해 다가간다. "그 전날의 실망 때문인지 그녀와 친해지고 싶다는 결심이 더 단단해져 있었던 것이다"(『노생거 사원』 69→91쪽).

이와 관련된 또 하나의 메커니즘은, 어떤 대안을 통해 얻을 수 있는 보상은 그 대안이 무엇과 비교되느냐에 따라 달라진다는 것이다. 버트럼가의 큰딸 마리아가 결혼하고, 동생 줄리아가 시집간 언니 집에 가서 살다시피 하자, 맨스필드 파크 "응접실에 모인 식구들 가운데 ... 젊은 처녀는 이제 ... 패니밖에 없었"다(『맨스필드 파크』 239→297쪽). 그러자 헨리 크로퍼드는 패니를 두고 "지금은 굉장히 예뻐졌어. ... 거기다 태도나 매너도 그렇고 모든 면에서 이루 말할 수 없이 좋아졌어! 10월 이후로 키도 최소한 2인치는 더 컸을 거야"라고 한다. 그러자 메리 크로퍼드는 이렇게 말한다. "그렇게 보였다면 그건 비교가 되는 키 큰 여자가 없어진 ... 덕분이지 뭐. ... 지금 주변에 눈길을 줄 만한 여자가 그 아가씨 하나뿐이라 그런 거야. 오빠는 주변에 누군가 있어야 하는 사람이고"(『맨스필드 파크』 268→332쪽). 나중에 헨리가 포츠머스를 방문했을 때 패니는 "이번에는 전혀 다른 부류의 사람들 속에서 그를 만났고, 그 대조 때문에 더 달라 보였을 가능성은 생각하지 못한 채, ... 그가 전에 비해 놀랄 만큼 점잖아지고 타인을 배려할 줄 아는 사람이 되었다고 거의 확신했다"(『맨스필드 파크』 479→595쪽).

나이가 어린 패니는 준거점에 따라 선호나 생각이 쉽게 바뀐다. 패니의 이런 모습은 강점이 아니라 단점으로 간주된다. 캐서린 몰런드의 경우도 마찬가지지만 이는 결국 그녀에게 유리하게 [과거에 지키지 못한 약속을 지키도록] 작용한다. 함께 어울리는 다른 젊은 여성들이 모두 사라지고 없다는 이유만으로 패니를 이전보다 높게 평가하는 헨리 크로퍼드는 어리석기 짝이 없다.

오스틴이 보기에, 가장 비난 받을 만한 선호 변화는 아첨과 설득에 따라 발생하는 것이다. 이 같은 선호 변화는 나이가 어린 사람들, 그리고 러시워스 씨와 같이 어리석은 사람들 사이에서만 나타난다. 오빠 제임스 몰런드가 캐서린에게 존 소프가 마음에 드는지 묻자 "만약 우정과 공치사만 아니었어도 십중팔구 '전혀 마음에 안 들어요'라고 대답했겠지만, 그녀는 바로 이렇게 대답해 버렸다. '정말 마음에 들어요. 아주 좋은 사람 같아요'"(『노생거 사원』 44-45→61쪽). 캐서린은 아직 나이가 어리다. "캐서린은 존 소프의 태도가 마음에 들지 않았다. 그러나 그는 제임스의 친구이자 이저벨라의 오빠였다. ... 이저벨라가 존이 자기를 세상에서 가장 매력적인 여자라고 하더라는 말을 했다. 또 헤어지기 전에 존과 그날 저녁 춤을 추기로 선약한 것이 떠오르자 캐서린의 판단력은 더 흐려졌다. 그녀가 나이가 더 들었거나 허영심이 더 있었어도 이런 공격이 쉽게 통하지는 않았을 것이다. 그러나 아직 어린 데다 수줍음까지 있었으니 세상에서 제일 매력적인 여자라는 말에서 ⋯ 오는 매력에 넘어가지 않으려면 남달리 강인한 이성이 필요한 법"(『노생거 사원』 44→60쪽)이었다. 어린 패니는 칭찬에 쉽게 넘어간다. 오스틴은 "아무리 뛰어난 재능과 매너, 관심과 칭찬 앞에서도 일단 아니라고 판단한 사랑에는 절대 넘어가지 않는 난공불락의 열여덟 살짜리 젊은 숙녀들도 분명 있겠지만 ⋯ 나는 패니가 그런 숙녀 중 하나라고 믿을 생각은 없다"라고 말한다(『맨스필드 파크』 269-270→334-335쪽). 레이디 러셀은 앤 엘리엇이 웬트워스 대령의 청혼을 거절하도록 설득했다. 그때 앤의 나이는 열아홉 살이었다.

> 아직 어리고 온순한 성격이긴 해도 아버지의 반대에 저항하는 것은 별로 어렵지 않았다. ⋯ 하지만 레이디 러셀은 앤이 항상 사랑하고 의지하던 어른이었다. 그런 분이 그렇게 꾸준하고 자상하게 충고를 거듭하자 결국은 설득당하고 말았다(『설득』 29-30→44쪽).

공치사와 설득이 젊은이들에게만 통한다는 것은 그나마 다행이다. 그것이 득이 되는 경우는 거의 없기 때문이다.

경우에 따라서는 선호 변화처럼 보이는 것이 사실은 변화가 아닐 때가 있다. 예를 들어, 콜린스 씨는 처음에 제인 베넷에게 청혼할 마음이었지만 곧 엘리자베스로 마음을 바꾸고, 끝내는 샬럿 루카스에게 청혼해 성공한다. 이것은 선호의 변화가 아니다. 그의 선택은 제인을 가장 좋아하고, 엘리자베스를 두 번째로 좋아하고, 샬럿을 세 번째로 좋아하는 것에서 조금도 어긋나 있지 않다.

또한 어떤 것에 대한 선호는 그 자체에 대한 선호가 변하기 때문이 아니라, 그것에 새로운 특징이 추가되었기 때문에 변할 수도 있다. 예를 들어, 베넷 부인은 다아시를 미워하다가, 다아시에게 자신의 사위라는 특징이 새롭게 더해지자 그를 사랑하게 된다. 이뿐만 아니라 그

09 오스틴의 혁신

녀는 자신의 이런 비일관적 행동에 대한 갈등이 전혀 없다. "오, 귀여운 리지! 전에 내가 그 사람 그렇게 싫어한 것 제발 미안하다고 좀 전해 다오. 그런 것쯤 아무렇지도 않게 넘길 거야, 그 사람. 리지, 리지! 런던에 집까지 있고! 멋있는 것은 모조리 갖췄잖아!"(『오만과 편견』 419-420→519쪽) 웨스턴 부인이 나이틀리 씨가 제인 페어팩스를 좋아한다고 의견을 피력하자, 이 말을 들은 에마는 나이틀리 씨는 절대 결혼해서는 안 된다고 주장한다. 나이틀리 씨가 결혼하게 되면, 그의 조카이자 자신의 조카이기도 한 헨리가 재산 상속자 신분을 잃게 되기 때문이다. 그러나 에마가 나이틀리 씨의 청혼을 받아들인 후, 그녀는 "자기가 일전에 미래 상속자로서의 권리를 그렇게 완강하게 지켜 주고자 했던 조카 헨리에게 해가 갈 수도 있다는 생각을 전혀 하지 않았다. ... 이 가엾은 사내아이의 처지가 달라질 가능성에 생각이 미칠 수밖에 없었지만, 장난꾸러기 같은 겸연쩍은 미소를 스스로에게 던졌을 뿐이다"(『에마』 490→651쪽). 자신이 나이틀리 씨의 부인이고 재산 상속이 자식들 몫으로 돌아간다면, 에마는 나이틀리 씨의 결혼에 얼마든지 찬성할 수 있었던 것이다.

가장 흥미로운 종류의 조합은 어떤 대상에 새로운 사회적 의미가 부가되어 그것에 대한 선호가 변화하는 경우다. 헨리 대시우드가 사망하자, 대시우드 부인과 그녀의 세 딸은 노어랜드 파크에서 주인이 아닌 손님으로 머문다. 사망한 헨리 대시우드와 그의 전처 사이에서 낳은 존 대시우드가 재산을 상속받아 저택의 새 주인이 되었기 때문이다. 대시우드 부인과 세 딸은 언젠가는 이사를 갈 생각이지만, 이사를 가더라도 자신들이 사랑하는 노어랜드 파크 근처에 머물고 싶어 한다. 그러나 존 대시우드의 처 패니는 이들이 근처에 머물고 싶어 하는 것이 어떤 속셈 때문인 양 대시우드 부인에게 말을 한다. 그러면서 자신의 남동생 에드워드 페라스는 대시우드 모녀들이 생각하는 것보다 훨씬 높은 수준의 신붓감을 찾고 있으니, 엘리너는 언감생심 "그를 한번 **꼬드겨 볼**" 생각을 하지 말아야 한다고 한다(『이성과 감성』 26→35쪽). 이에 격분한 대시우드 부인은 노어랜드 파크에서 당장 떠나기로 결정한다. 이런 모녀들에게 바턴 코티지에 머물러도 된다는 초청장이 날아든다. 사실 "바턴은 서식스에서 아주 멀리 떨어진 데번셔에 위치해 있었다. 이 같은 입지는 몇 시간 전만 하더라도 다른 모든 이점을 물리칠 정도로 큰 하자였겠지만, 지금은 제일가는 장점이 되었다. 노어랜드 사람들을 떠나는 것은 더 이상 나쁜 일이 아니었다. 오히려 학수고대하는 일이었다. 비참하게 며느리의 식객 노릇을 계속하는 것에 비하면 축복이었다"(『이성과 감성』 27→36쪽 참조). 이와 유사하게, 마리아와 러시워스 씨는 마리아의 아버지 토머스 경이 해외에서 집에 돌아오는 대로 결혼식을 올릴 계획을 한다. 그러나 그러는 사이 마리아는 파렴치하게도 헨리 크로퍼드의 관심을 받아들인다. 토머스 경이 집에 돌아온 후, 헨리가 마리아에게 진지한 마음이었다면, 그는 재빨리 행동에 나서야 했다. 그러나 그는 아무런 말도 없이 떠나 버린다. 결혼식을 최대한 미뤄 왔던 마리아는 곧바로 러시워스 씨와 결혼식을 올리고 싶어 한다. "헨리 크로퍼드가 그녀의 행복을 산산이 깨뜨려 버렸으나 그가 이 사실을 알게 할 수는 없었다. 그녀가 맨스필드에 틀어박혀 오로지 그를 그리워하면서 오직 그를 위해 소더턴과 런던의 독립적이고 화려한 삶을 마다했다고 생각하게 만들 수는 없는 일이었다"(『맨스필드 파크』 235-236→292쪽). 러시워스 씨와의 결혼으로 마리아가 얻을 수 있는 보상은 커졌다. 이 결혼을 통해 그녀는 헨리 크로퍼드에게 앙갚음할 수 있기 때문이다.

이와 유사하게, 어떤 것에 대해 좀 더 알고 난 후 그것에 대한 가치 평가 바뀐다면, 이는 진정한 선호의 변화가 아니다. 헨리 크로퍼드는 패니의 오빠 윌리엄이 수년 동안 해상 생활을 하다가 돌아오자, 오빠를 향한 패니의 사랑이 얼마나 강한지 지켜보게 된다. 그러면서 그에게 "패니의 매력은 더욱, 아마도 갑절은 커졌으니, 그녀의 얼굴을 아름답게 물들이고 환하게 밝히는 그 섬세한 감수성만 해도 그 자체로 참

매력적이었다. 패니가 메마른 가슴의 소유자일지도 모른다는 의구심은 이제 사라졌다"(『맨스필드 파크』 274→341쪽). 헨리는 패니의 따뜻한 감성을 확인하고 그녀에게 더욱 매력을 느낀다. 윌러비가 그레이 양과 결혼하기 위해 메리앤을 거절했다는 사실이 모두에게 알려지자, 많은 사람들이 "소란스럽게 친절을 베풀고" "쓸데없는 위로"를 표하면서 엘리너는 금방 지쳐 버렸다. 그런 와중에 레이디 미들턴의 자기중심적 사고는 엘리너를 편안하게 해줬다. "호기심에 차서 세세한 부분을 알고 싶어 하지도 않고, 동생의 건강에 대해서도 전혀 걱정을 하지 않는 그런 **한** 사람이 있다는 것이 큰 위안이었다. 어떤 자질은 때로는 당시의 상황에 따라 본래의 가치 이상으로 치켜세워지기도 하는 법이다"(『이성과 감성』 245→283쪽 참조). 레이디 미들턴과 어울리는 것에 대한 엘리너의 선호는 바뀐 게 아니다(실제로 이후 다른 상황에서 엘리너는 그녀를 매우 재미없어 한다). 다만 엘리너는 예기치 못한 사건과 마주하고, 그 속에서 레이디 미들턴의 무관심이 보상을 받는 것이다.

마지막으로, 누군가가 자신의 선호나 다른 사람의 선호가 바뀌었다고 말할 때, 그것은 진정한 변화가 아니라 자신의 행동을 합리화하기 위한 것일 수도 있다. 마리아와 줄리아 버트럼 두 자매 모두에게 추파를 던지던 헨리 크로퍼드는 연극 〈연인 서약〉을 연습하면서 자신의 상대역인 애거사 역으로 마리아를 선호한다는 신호를 보낸다. 그러자 줄리아는 분노하고, 그는 처음엔 그녀의 마음을 달래기 위해 "사근사근하게 굴고 찬사를 보내" 본다. 그러나 그는 "곧 연극 연습에 바빠서 한 명 이상의 여성과 불장난을 할 틈이 없어"졌다. 그리하여 그는 "줄리아와의 불화에 무심해졌고 오히려 다행으로 여겼다. 자칫하면 얼마 안 가 ... 다른 사람들까지 [둘의 결합에 대해] 기대를 품었을 수도 있을 텐데 이렇게 조용히 종지부를 찍게 된 것이었다"(『맨스필드 파크』 188→235쪽 참조). 즉, 헨리는 처음에는 줄리아와의 관계를 어떻게 해서든 만회해 보려고 노력한다. 하지만 그는 곧 게을러지고 마음을 바꿔 그 상황을 오히려 긍정적인 상황으로 인식하기에 이른다. 헨리는 또한 (자신의 편리에 따라) 다른 사람들의 선호가 얼마든지 바뀔 수 있다고 생각한다. 예를 들어, 헨리의 누이 메리 크로퍼드는 헨리가 패니에게 청혼했다는 소식을 마리아가 들으면, 비록 그녀가 이제는 러시워스 부인이 되었지만 화를 낼 것이라고 한다. 이에 헨리가 답한다. "러시워스 부인은 불같이 화를 내겠지. 이번 일이 그 여자한테는 쓴 약 같은 걸 거야. 그러니까, 다른 쓴 약과 마찬가지로 삼킬 땐 쓰겠지만, 삼키고 나면 잊어버리겠지"(『맨스필드 파크』 344→429쪽). 어쩌면 헨리는 다른 사람들이 무엇인가를 선호하는 기간이 자신만큼이나 짧다고 생각하는 것인지도 모른다. 일례로, 어느 한순간 헨리는 "자신이 지금 모습이 아니라 윌리엄 프라이스 같은 모습이었다면, 두각을 나타내고 대단한 자긍심과 행복한 일념으로 재산과 지위를 일궈 나가는 그런 모습이었다면 얼마나 좋았을까!" 생각한다. 그러나 그는 곧바로 "지금 당장 말과 마부를 대령할 수 있는 부자라는 위치 역시 괜찮지 않느냐" 생각한다(『맨스필드 파크』 276→342쪽).

합리화가 분 단위로 바뀌면, 그것은 부조리에 다다른다. 제임스 몰런드가 이저벨라 소프에게 춤을 청하자, 그녀는 캐서린 몰런드에게 파트너가 나타나 같이 춤을 출 수 있을 때까지는 춤을 추지 않겠다고 한다. "전 말이에요. ... 동생분이 같이 추지 않으면 무슨 일이 있어도 안 출 거예요. 안 그랬다간 분명히 저녁 내내 떨어져 있어야 할 테니까요." 하지만 삼 분 후 이저벨라는 캐서린에게 다음과 같이 말한다. "얘, 난 가봐야 할 것 같아. 네 오빠가 시작하고 싶어서 정말 안달이시거든. 내가 가도 괜찮겠지"(『노생거 사원』 47→65쪽). 이튿날 소프 남매와 몰런드 남매가 야외 드라이브를 갈 때, 존 소프는 캐서린에게 자신의 마차에 대해 실컷 자랑을 하고는, 캐서린 오빠의 마차에 대해서는 이렇게 말한다. "저렇게 곧 쓰러질 것 같은 꼬락서니는 보다 보다 처음입니다. ... 5만 파운드를 주고 타라고 해도 나라면 2마일도 안 갈 겁니다." 그의 말을 진지하게 들은 캐서린은 마차가 "부서질" 거면 오빠에게 경고를 줘야 한다며 그를 조르고, 돌아가자고 한다. 이에 존 소프는 "어떻게 모는지만 알면 저 마차는 안전빵입니다. … 5파운드만 주면 저걸 몰고 요크까지 갔다가 돌아와 보지요"라고 한다.

> 캐서린은 그의 말을 듣고 경악했다. … 그녀가 받은 가정교육으로는 되든 안 되든 마구 지껄여 대는 사람들, 과도한 허영심에 실없는 확신과 경솔한 거짓말을 떠벌리는 사람들을 이해할 수 없었다. 그녀의 가족은 아주 상식적인 사람들이었고 재담 같은 건 엄두도 내지 않았다(『노생거 사원』 61-62→82-83쪽).

존 소프의 자랑은 '내가 말하는 모든 것은 거짓말이야'와 같은 단순한 논리적 모순 그 이상의 의미를 가지고 있다. 사람들은 자신의 선호를 바꾸지 않고도 앞뒤가 맞지 않는 모순된 선택을 할 수 있다. 존 소프를 우스꽝스럽게 만드는 것은, 자신이 선호하는 것을 명시적으로 발설한 후 그것을 뒤집기 때문이다. 에드먼드 버트럼의 경우에는 이를 스스로 인식한다. 그는 처음부터 연극에 반대했지만 자신의 연인 메리 크로퍼드가 낯선 사람과 파트너가 되어 친해지는 것을 막기 위해서는 자신도 연극을 해야겠다고 결정한다. 그리고 다음과 같이 말한다.

> 나도 그러고 싶지는 않아. … 일관성 없어 **보일** 게 뻔한데 그런 걸 좋아할 남자가 어디 있겠어. 내가 처음부터 이 계획에 반대한 것을 다들 잘 아는데, … 지금에 와서 끼어들다니 말이 안 되잖아(『맨스필드 파크』 180-181→226쪽).

오스틴은 사람들의 선호가 어떻게 바뀌는지 추적한다. 하지만 분명히 더 근원적인 질문은 애초에 선호는 어떻게 만들어지는가이다. 그러나 대부분의 게임이론가들은 이 질문이 게임이론의 탐구 범위 밖에 있다고 간주한다. "고전적인 경제/게임이론 모델에서 ... 선호의 문제는 외생적인 문제로 간주된다. 따라서 이는 하나의 기정사실로 받아들여지고, 고전 경제학/게임이론의 분석은 그 지점에서 시작한다"(Legro 1996, 119). 오스틴도 다르지 않다. 감사하는 마음은 헨리 틸니가 캐서린을 사랑하는 이유이고, 엘리자베스가 다아시를 사랑하는 이유이며, 어쩌면 패니가 에드먼드 버트럼을 사랑하는 이유다(에드먼드의 도움으로 열 살짜리 패니가 오빠 윌리엄에게 편지를 쓰고 난 후 그녀의 "표정과 꾸밈없는 몇 마디 말로도 얼마나 고맙고 기뻐하는지 충분히 전해졌"다. 『에마』 18→27-28쪽). 그러나 오스틴은 모든 사랑에 대해 일일이 그 이유를 설명할 필요를 느끼지 못한다. 예를 들어, 캐서린이 헨리 틸니에게 관심을 갖는 것은 기정사실로 제시되고, 엘리너와 에드워드 페라스와의 인연의 시작은 흥미롭게도 "특별한 사정" "애정이 자라고 있었다는 것" 정도로 묘사될 뿐이다(『이성과 감성』 17→24쪽). 메리 크로퍼드에 대해 에드먼드가 느끼는 매력은 당혹스러울 만큼 판에 박힌 이유로 시작한다. "젊고 예쁘고 발랄한 여인이 자기만큼 우아한 하프를 켜는 정경, 여름의 무성한 녹음을 뽐내는 관목 숲에 둘러싸인 작은 잔디밭이 내다보이는, 바닥까지 난 통창문가에 자리한 젊은 여인과 하프의 정경은 어떤 남자라도 마음을 뺏길 만했다"(『맨스필드 파크』 76→98쪽). 메리 크로퍼드의 반응 또한 마찬가지로 평범하다. "지금은 그가 마음에 들고 가까이 있는 게 좋으니, 그것으로 족했다"(『맨스필드 파크』 77→99쪽).

오스틴은 사람들이 새로운 선호를 가질 수 있다는 것을 상기시킨다. 캐서린이 엘리너 틸니로부터 히아신스를 사랑하는 것을 배웠다고 소리치자 헨리 틸니가 다음과 같이 말한다. "새로운 즐거움의 원천을 하나 더 얻은 셈인데, 행복을 가져오는 방법은 많이 알면 알수록 좋은 거니까요. ... 하여간 히아신스를 사랑하게 되셨다니 기쁩니다. 사랑하기를 배우는 습관은 그 자체로도 대단한 거죠"(『노생거 사원』 178-179→

228-229쪽). 또 에마와 나이틀리 씨는, 예를 들어 경쟁자로 인해 강압적으로라도 어떤 선택을 해야만 하기 전까지는 자신이 무엇을 선호하는지 모르는 경우를 보여 준다. 그럼에도 불구하고 오스틴은 여전히 자신의 선호를 알고 있는 사람들의 행동에 더 관심이 있다.

불변성

선호 변화의 반대는 불변성이다. 오스틴에게 불변성은 그 자체로 하나의 덕목이다. 오스틴은 불변성을 높이 평가하면서 불변성과 고집이 어떻게 다른지 면밀히 분석한다. 또한 불변성과 변덕 사이의 의외로 미묘한 차이를 명확하게 설명한다. 오스틴은 불변성을 근본적으로 하나의 전략적 과정으로 이해한다. 오스틴 소설에서 불변성의 전형은 팔 년 동안 헤어져 있었으나 사랑이 변하지 않은 앤 엘리엇과 웬트워스 대령이다. 불변성은 이 두 사람 사이에서 사랑의 토대를 구축하는 데도 중요하지만, 전술적 성공을 거두는 데도 중요하다. 하빌 대령과의 열띤 논쟁에서 앤 엘리엇은 불변성 면에서 여성이 우월하다고 강조하고, 앤의 이런 주장은 이를 엿듣는 웬트워스 대령으로 하여금 앤을 향해 다시금 마음의 문을 열게 하는 계기가 된다.

이 두 사람의 궤적을 살펴보면, 그것은 불변성에 대한 분석이자 예찬이 된다. 열아홉 살 때 앤은 레이디 러셀의 설득으로 웬트워스 대령의 청혼을 거절했다. 팔 년이 지난 후, 그는 결단력에 대한 강박관념을 가지고 다시 나타난다. "그는 아직도 앤 엘리엇을 용서하지 못하고 있었다. 그녀는 그를 부당하게 취급했다. 그를 버리고 실망시켰다. 더 나쁜 것은 그런 행동을 통해서 의지가 박약하다는 사실을 드러냈다는 것이다. … 그녀는 다른 사람들을 만족시키기 위해 그를 포기한 사람이었다. 그것은 지나친 설득의 결과였고 결점이자 소심함의 표현이었다"(『설득』 66→93쪽). 웬트워스 대령은 앤의 잠재적 경쟁자인 루이자 머스그로브와 나란히 걸으며 선포한다.

> 다른 사람의 영향을 너무 쉽게 받는 우유부단한 성격을 가진 사람의 가장 큰 단점은 누구의 말도 지속적인 영향을 끼칠 수 없다는 것입니다. … 누구든지 그 사람의 결정을 좌지우지할 수 있습니다. 행복하고자 하는 사람은 단호해야 합니다. … 저는 무엇보다 제가 관심을 갖는 모든 분들이 강한 의지력을 지녔으면 좋겠습니다(『설득』 94→132쪽).

얼마 후 루이자가 라임에서 낙상 사고로 머리를 다친다. 앤은 루이자의 사고는 웬트워스 대령이 말렸음에도 불구하고 그녀가 자신의 고집을 꺾지 않고 항구 계단에서 두 번이나 뛰어내리려다 일어난 사고였다고 생각한다. 따라서 앤은 웬트워스 대령이 "전에 가졌던 생각, 즉 단호한 성격이 항상 좋은 결과만을 낳는다고 생각했던 자신의 견해가 과연 옳은 것이었는지 이제 의문을 갖게 되었을까, 그리고 우리 정신의 모든 다른 면들이 그렇듯이 단호함에도 정도와 한계가 있다는 사실을 이제 깨달았을까" 생각해 본다(『설득』 126→175쪽). 앤과 루이자를 비교하며, 웬트워스 대령은 두 개념의 차이를 확실하게 습득한다. "그날 그는 원칙의 확고함과 방자한 고집이, 부주의한 만용과 침착한 사람의 단호함이 다르다는 것을 배웠다"(『설득』 263→349쪽). 불변성은 주의를 기울이지 않는 방자함, 아집, 결단력을 위한 결단력이 아니다. 불변성은 끈기와 결의를 의미한다.

앤과 웬트워스 대령의 경우, 불변성은 많은 노력과 인내 그리고 믿음뿐만 아니라 상대가 무슨 생각을 하는지에 대한 전략적 사고를 필요로 한다. 순간적으로 의심이 고개를 들 때 앤은 "'두 사람의 애정이 변함없다면 곧 서로를 가슴으로 이해하게 될 거야. 어린 소년, 소녀도 아닌데 순간의 부주의에 이끌려, 우리 자신의 행복을 가지고 경솔하게

하빌 대령과의 열띤 논쟁에서 앤 엘리엇은 불변성 면에서 여성이 우월하다고 강조하고, 이를 엿듣게 된 웬트워스 대령은 앤을 향해 다시금 마음의 문을 연다.

그림 22. 영화 〈설득〉에서 하빌 대령과 앤의 대화 장면

장난질을 치면서 초조해해서는 안 돼'라는 합리적인 논리"에 의존해 "마음을 추슬렀다"(『설득』 240→321쪽). 이와 반대로, 5장에서도 언급했듯이, 루이자는 항구의 계단에서 뛰어내릴 때, 웬트워스 대령이 그녀를 안전하게 받기에는 너무 일찍 뛰어내린다. "그가 손을 내밀었지만 그녀가 반 초 정도 앞서서 뛰어내렸다. 그리고 눈 깜짝할 사이에 코브 방파제 아래 포장도로 위에 정신을 잃고 널브러졌다"(『설득』 118→164-165쪽). 루이자의 실수는 단순히 고집이 센 것만이 아니었다. 전략적 사고가 없었다. 그녀는 뛰어내리기 전 웬트워스 대령의 심리 상태가 어떤지 생각하지 않았다. 무조건 그가 준비되어 있을 것이라고 생각했다. 루이자는 자신과 웬트워스 대령이 서로를 이해하기도 전에 이미 뛰어내려 버린다. 토끼의 생선 훔치는 방법을 흉내 내다 어부로부터 머리통만 두들겨 맞는 여우와 마찬가지로, 루이자는 웬트워스 대령의 마음을 사기 위해 가식적인 방법으로 단호함을 보여 주려 하다가 그야말로 여우와 마찬가지로 머리를 얻어맞는다. 그녀는 불변성에 진정 필요한 것이 무엇인지 이해하지 못한 것이다.

진정한 불변성은 전략적 사고를 필요로 한다. 앤과 웬트워스 대령이 서로에 대한 사랑을 확인하고 난 후, 웬트워스 대령은 앤에게 그녀가 예전에 사촌인 엘리엇 씨와 레이디 러셀과 함께 있는 것을 보고 자신이 얼마나 낙담했는지 말한다.

> 당신 … 그리고 당신 곁에 앉아서 대화를 나누며 미소를 짓던 당신의 사촌을 보면서 그와 당신이 결혼한다면 얼마나 격에 맞을까 생각해 보니 너무도 끔찍했소! 그것이 당신에게 영향을 미칠 수 있는 모든 사람들의 소망이라는 것도! … 당신 바로 뒤에 앉아 있던 당신 친구분의 모습, 그녀의 영향력에 대해 그렇게 잘 아는데. 그 일만 떠올리면! 그녀의 설득이 과거에 당신에게 미쳤던 영향에 대해 너무도 잘 아는데! 내게는 모두 적대적인 상황이었잖소?

이에 앤은 부드럽게 회답한다.

> 제가 한때 설득당했던 게 잘못이었다 해도, 그건 무모한 짓을 부추기는 설득이 아니라 위험한 행동을 하지 말라는 설득이었다는 걸 기억하셨어야지요. 제가 그 설득을 받아들인 건 의무라고 생각했기 때문이에요. 하지만 지금 상황에서는 의무의 문제가 개입할 여지가 없어요. 제가 좋아하지도 않는 사람과 결혼하는 건 무모한 짓이고 의무를 저버리는 일이니까요(『설득』 266→352-353쪽).

즉, 웬트워스 대령이 예전에 앤이 설득당했던 일만 떠올릴 것이 아니라, 앤이 스스로 결정을 내린다는 것을 깨닫고 앤의 선호에 영향을 미치는 요소가 무엇인지 생각해 봐야 한다는 것이다.

앤은 그날 저녁에 더 깊이 생각하며 이렇게 말한다. "그분[레이디 러셀]은 제게 부모님이나 마찬가지세요. … 그분의 충고가 옳았다고 말하는 것은 아니에요. … 하지만 제가 그분의 충고를 따른 것은 옳은 일이었다고 생각해요. 만일 제가 그 충고를 따르지 않았더라면 약혼을 포기했을 때보다 그걸 지속시켰을 때 더 마음고생을 했을 것 같아요. 양심의 가책을 느꼈을 테니까요"(『설득』 267-268→356쪽). 이에 웬트워스 대령은 좀 더 현실적이고 가슴 아픈 조건법적 서술로 대답한다. "내가 1808년에 몇 천 파운드의 재산을 가지고 라코니아 호의 선장이 되어 영국에 돌아왔을 때 만일 당신에게 편지를 했다면 당신이 답장을 했을까요? 다시 말해서 그때 다시 나와 약혼을 했을까요?" 그러자 앤은 "했겠지요!"라고 간단히 답한다. 그러자 웬트워스 대령은 다음과 같이 인정한다.

> 내 자존심 때문에 다시 청혼을 할 수가 없었소. 당신을 오해했던 거요. 아니, 당신을 제대로 평가하지 못한 거지. … 육 년 동안의 이별

과 고통을 피할 수도 있었는데. 이것도 내게는 새로운 고통이오(『설득』 268→357쪽).

앤은 설득에 취약하다는 자기 생각에 매몰되어 버린 웬트워스 대령은 그녀를 이해하려는 노력을 일부러 피했다. 그는 앤이 여전히 그와의 결혼에 대한 희망을 놓지 않고 있다는 것을 간과했다. 이 과정에서 그는 앤보다 훨씬 더 변덕스럽게 행동한 것이다.

변덕에 관해서라면, 오스틴은 이 개념이 명확히 정의된 개념은 아니라는 점을 재치 있게 다룬다. 프랭크 처칠이 하이베리를 방문하는 일정은 들쭉날쭉하다. 왜냐하면 그가 하이베리에 오려면 그의 양엄마[이자 숙모]인 처칠 부인이 그를 놓아줘야만 가능하기 때문이다. 이에 에마는 불평한다. "예. 바로 처칠 부인이 심술을 부리느냐에 달렸나 본데, 세상에 그만큼 확실한 것이 또 있나요"(『에마』 131→179쪽). 일관되게 변덕스러운 것은 가능한 것일까? 변덕스럽게 변덕스럽다는 것은 가끔은 변덕스럽지 않다는 것, 가끔은 일관적이라는 뜻일까? 빙리가 베넷 부인에게 "네더필드를 떠나야겠다고 생각하면, 아마 5분 내에 떠나 버릴 겁니다"라고 말하자, 다아시는 남의 말에 잘 휘둘리는 것을 스스로 자랑스러워하는 것 같은 친구를 질타한다(『오만과 편견』 46→62쪽). 다아시는 빙리가 말에 올라탄 후 막 출발하려다가도, 친구가 더 머물러야 한다고 하면 한 달이라도 더 있을 것이라고 한다. 이에 빙리는 "다아시는 제가 그런 상황에서 친구의 권유를 단호히 거절하고 부리나케 말을 달려 떠나"기를 원할 것이라고 농담을 하고, 이에 엘리자베스도 질세라 한마디 하는 것을 놓치지 않는다. "그렇다면 다아시 씨는 한번 경솔한 결정을 내렸으면 그걸 고집스레 밀고 나가야만 그 경솔함이 상쇄된다고 생각하신다는 건가요?"(『오만과 편견』 54→72쪽) 이에 대해 엘스터도 비슷한 언급을 한다. "즉흥적이고 싶어 하는 것은 자가당착적인 계획이다. 왜냐하면 그렇게 되려고 노력하는 그 자체가 목적에 어긋나기 때문이다"(Elster 1983, 11). 빙리는 제인의 애정이 자신의 애정만 못하다는 다아시의 의견 하나만을 듣고 실망한 바 있다. 하지만 다아시가 제인이 그를 정말 사랑하고 있는 것이 틀림없다고 말하자, 그는 다시 쉽게 설득된다. "엘리자베스는 그가 자기 친구를 너무 손쉽게 다루는 것에 미소를 짓지 않을 수 없었다"(『오만과 편견』 411→508쪽). 과연 친구의 말 한마디로 원래의 위치로 돌아온 빙리의 가치는 그 우유부단함에 방점을 찍어야 하는 건지, 아니면 그의 한결같음에 방점을 찍어야 하는 건지 명확하지 않다.

병상에서 일어나 건강을 회복한 이후 좀 더 진지해지겠다는 메리앤의 결심은, 그 어느 때보다 더 활활 타올랐다.

> 엘리너는 참 멋진 계획이라고 치켜세워 주었으나 그녀 특유의 열렬한 상상이 언제는 게으르게 축 늘어져서 이기적인 불평을 일삼게 하더니, 이번에는 이성적인 숙제와 훌륭한 자제심이 겸비된 계획을 극단적으로 밀고 나가게 한 것을 보고 웃음이 나왔다(『이성과 감성』 389→456쪽).

변신하기 위해 이렇게 급격하게 노력하는 과정에서, 메리앤은 자신의 성격과 딱 들어맞는 식으로 행동한다. 메리앤에게 자신을 천천히 신중하게 바꾸는 것, 자제력 있게 자제력을 키운다는 것은 어쩌면 진정 변덕스러운 일일지도 모른다. 불행하게도 그녀를 그토록 신속히 윌러비와 이어지도록 이끌고 간 억제되지 않은 열정은, 그녀가 브랜던 대령과 결혼한 후에는 오히려 좋은 결과를 가져온다. "메리앤은 사랑을 반쪽만 하지는 못하는 사람이었다. 때가 되자 그녀는 한때 윌러비에게 그랬던 것 같이 남편에게 온 마음을 바쳤다"(『이성과 감성』 430→504쪽).

메리앤의 열정이 그녀를 변덕스러운 사람으로 만드는지, 일관된 사람으로 만드는지는 그 질문을 언제 던지느냐에 달려 있다. 그녀가 애정의 대상을 윌러비에서 브랜던 대령으로 바꿀 때라면 그녀는 변덕스러운 사람이 되지만, 그녀가 브랜던 대령과 결혼한 후라면, 그녀의 열정은 그녀를 일관된 사람이 되게 한다. 빙리가 제인을 포기하도록 설득당할 때, 친구의 조언을 잘 받아들이는 그는 변덕스러운 사람이다. 그러나 그가 제인을 사랑하도록 다시 설득당했을 때, 친구의 조언을 잘 받아들이는 그는 일관된 사람이다. 누군가의 일관성은 그럼 언제 평가되어야 할까? 엘리자베스 베넷에 따르면, 이는 오로지 마지막 순간에 평가되어야 한다. 엘리자베스와 다아시가 서로에 대한 애정을 확인한 후, 그녀는 그에게 각자 서로에게 가지고 있던 과거의 감정은 완전히 무시해야 한다고 말한다. 그들의 감정은 "이제 판이하게 달라져 버렸으니... 불쾌한 상황은 모두 잊어야지요. 제 철학 가운데에는 이런 것이 있어요. 기억하기에 즐거운 과거만 생각하라는 것"(『오만과 편견』 409→505쪽).

전략적 사고에 대한 그 어떤 분석도 그 비용과 단점에 대한 고려 없이 완결될 수 없다. 게임이론가들 가운데 여기까지 나아간 사람은 거의 없다. 하지만 제인 오스틴은 야심차게도 이 부분까지 포괄하고 있다.

우선 그리고 당연히도 제인 오스틴은 전략적 사고에는 정신적 노력이 필요하다고 지적한다. 즉, 사람들의 전략적 사고 용량은 무한하지 않다. 또한 전략적 사고는 다른 인지적 요구들과 경쟁해야 한다. 엘리자베스는 초기에 다아시를 오해한다. 그 이유는 부분적으로 그녀가 자신의 모든 탐지 노력을 빙리에게 쏟고 있었기 때문이다. "빙리 씨가 언니에게 얼마나 관심이 있는지를 관찰하는 데 정신이 팔려서, 엘리자베스는 자기 자신이 빙리 씨 친구의 눈에 관심의 대상이 되고 있다는 것은 짐작도 하지 못했다"(『오만과 편견』 25→36쪽). 다아시가 청혼한 후, 엘리자베스는 언니에게 이 소식을 어떻게 전달할지 전략을 세우기 위해 많은 노력을 기울여야 했다. 자칫 상처를 줄 수도 있기 때문이었다.

> 그녀는 롱본에 갈 때까지 다아시 씨가 자신에게 청혼한 사실을 언니한테 말하고 싶은 걸 참느라 여간 힘이 들지 않았다. … 어디까지 이야기를 해야 할지 판단이 안 서기도 했거니와, 또 그 이야기를 하다 보면 자연히 빙리에 대한 이야기로 넘어가 언니의 마음을 아프게 할 우려가 있었다. 그렇지만 않았더라도, 그 사실을 말하고 싶은 유혹을 결코 떨칠 수 없었을 것이다(『오만과 편견』 241→305-306쪽 참조).

오랜만에 빙리가 다아시와 함께 베넷 가족을 방문하자 "제인은 자신에게서 달라진 점이 조금도 드러나지 않도록 신경을 썼다. 실제로 제인은 자신이 평소만큼 말을 했다고 믿고 있었다. 그러나 그녀의 마음은 여러 가지 생각들로 꽉 차있어서 자기가 언제 말없이 있었는지 모를 때도 있었다"(『오만과 편견』 373→462-463쪽 참조). 아무렇지 않은 척 행동하는 것은 너무나도 많은 노력을 필요로 하기 때문에 제인은 자신이

10 전략적 사고의 단점

무슨 말을 했는지 안 했는지조차 제대로 살필 수 없는 것이다.

앤은 바스의 콘서트홀에서 웬트워스 대령을 만나 나눈 대화를 되새겨 본다.

> 시작했다가 끝내지 못한 문장들, 반쯤 시선을 비낀 눈, 그리고 반쯤 의미심장했던 눈길, 이 모든 것들은 적어도 그의 마음이 그녀에게 돌아오고 있음을 선언하고 있었다. … 그는 그녀를 사랑하는 것이 틀림없었다. 그녀는 이런 생각과 그에 따른 회상에 몰두하느라 정신이 없었기 때문에 다른 것은 아무것도 관찰할 수 없었다. 따라서 방을 지날 때 그의 모습을 보지 못했고, 아니 찾아보려는 노력도 하지 않았다. 그들의 자리가 정해지고 모두 제자리에 앉은 후에야 그녀는 그가 연주회장의 같은 구역에 있는지 주변을 둘러보았다. 하지만 그는 눈에 띄지 않았다.

웬트워스 대령의 감정을 해석하는 데 몰두하고, 그 감정이 의미하는 바를 상상하기 위해 앤은 실질적인 비용을 치러야 했다. 그와 가까이 앉을 기회를 잃은 것이다. 그러나 앤은 자신의 전략적 사고 용량이 무한하지 않다는 것을 인정한다. 그렇기에 그녀는 [실망하고 자책하기보다] "연주회가 막 시작했기 때문에 … 당분간 소박한 행복에 만족해"했다 (『설득』 202→269-270쪽 참조). 여기서 또 주목할 만한 것은, 웬트워스 대령이 시작한 말을 끝내지 못할 정도로 어려워했다는 사실인데, 이는 그의 감정을 나타낸다. 우드하우스 씨는 "에마는 남에게 도움을 줄 수 있다면 자기 생각은 전혀 안 하는 애라네"라고 한다. 이 말은 에마가 친절하다는 것을 강조하는 것이지만, 달리 보면 다른 사람들을 조종하느라 너무나 많은 시간을 보내는 바람에 정작 자신이 무엇을 원하는지에 대해서는 생각하지 못한다는 것을 의미하기도 한다(『에마』 12→21쪽).

전략적 능력이 뛰어난 것으로 알려진 사람은 자칫 다른 사람들의 이런저런 요청으로 말미암아 과도한 부담을 떠안게 될 수 있다. 결혼한 동생 메리의 집에 머물 때마다 앤은 "그 집안 식구들이 모두 ... 자신의 속마음을 ... 털어놓는" 부담을 떠안아야 한다. "앤이 동생인 메리에게 어느 정도 영향력을 발휘한다는 사실을 잘 알고 있었기 때문에 다들 실제로 가능한 것 이상의 영향력을 행사해 달라고 끊임없이 요청해 왔고, 적어도 그렇게 노력이라도 해달라고 암시했다. 가령 찰스는 '메리가 항상 그렇게 자기 몸이 좋지 않다고 상상하지 않도록 처형이 설득해 주셨으면 좋겠습니다'라고 했다. 그런가 하면 메리는 너무나 불행한 기분에 빠진 어느 날 '찰스는 내가 죽어 가는데도 내게 아무 문제가 없다고 생각할 거야. 언니는 마음만 먹으면 찰스가 내 몸이 진짜로 안 좋다는 걸, 내가 생각하는 것보다도 훨씬 더 안 좋다는 걸 이해하도록 설득할 수 있을 거야'라고 말했다"(『설득』 48→67-68쪽).

전략적 사고의 또 다른 비용은 도덕적으로 좀 더 복잡한 삶을 살아야 한다는 것이다. 즉, 메리앤은 입에 발린 말을 하는 것을 싫어하기 때문에 엘리너가 대신 해야 한다. "아무리 사소한 경우라고 해도 그녀는 마음에 없는 말을 하지 못했다. 그래서 예의상 거짓말을 해야 하는 일은 늘 엘리너의 몫이었다"(『이성과 감성』 141→162쪽). 노력을 들이는 차원에서 그리고 실제로 거짓말을 해야 하는 당사자라는 차원에서, 엘리너는 메리앤이 감당할 수 없는 비용을 치러야만 했다. 제인 페어팩스가 치러야 하는 비용은 이보다 더 컸다. 그녀는 자신의 약혼을 비밀로 하는 동안 커다란 "잘못을 저질렀다고 생각하다 보니 오만가지 불안에 휩싸여 꼬투리를 잡고 짜증을 내게" 되었다(『에마』 457→607쪽 참조). 만약 제인 페어팩스가 메리앤처럼 감정이 참을 수 없이 터져 나오는 성격이었다면, 프랭크 처칠과 결혼하겠다는 그녀의 바람은 위기를 맞았을 수도 있었다. 그렇다 하더라도, 그녀가 참지 않았다면 그녀는 최소한 "속임수로 점철된 생활"을 견디지 않아도 되었을 것이다(『에마』 501→666쪽).

전략적 사고를 잘하는 사람은 후회도 많다. 이러저러한 결과가 자

10 전략적 사고의 단점

신 때문에 발생했다고 생각하기 때문이다. 나이틀리 씨가 해리엇 스미스에게 관심이 있는 것 같다는 말은 에마에게 충격을 안겨 준다. "만약 해리엇이 아내로 선택을 받는다면 … 이 모든 일이 자기가 초래한 일이라는, 도무지 그녀의 마음을 떠나지 않는 이 생각처럼 에마의 마음에 참담함을 더할 것이 어디 있겠는가?"(『에마』 460→612쪽 참조)

전략적 사고는 도덕적 타협을 의미할 수도 있다. 어떤 사람이 왜 그렇게 행동했는지에 대한 변명을 만드는 데 능숙해지기 때문이다. 에마는 ["남자가 하자고 든다면 언제든 할 수 있는 게 하나 있으니, 에마, 그건 바로 의무요. 작전이나 수를 써서가 아니라 단호한 결단을 통해서 말이오"라고 말하는] 나이틀리 씨에게 [방문 약속을 지키지 못한] 프랭크 처칠이 그의 새어머니인 웨스턴 부인을 예방禮訪하는 데 시간이 오래 걸리는 것을 이해해 달라고 말하는데, 그가 양부모 가족으로부터 빠져나오는 것이 어렵기 때문이다. "한 상냥한 젊은이가 어렸을 때부터 내내 우러러본 분들한테 정면으로 맞서야 할 때 어떤 느낌일지 좀 이해해 주셨으면 좋겠네요"(『에마』 159→216쪽). 패니가 에드먼드에게 헨리 크로퍼드가 미혼인 줄리아보다 약혼한 마리아에게 더 관심이 있는 것 같다고 경고하자 에드먼드는 대수롭지 않은 듯 다음과 같이 설명한다. "남자는 마음을 완전히 정하기 전까지는 실제로 마음이 가는 여자보다 그 자매나 친구한테 더 관심이 있는 척할 때가 많거든"(『맨스필드 파크』 136-137→173쪽).

전략적 사고는 그 유효성과는 별개로 그 자체로 고통일 때가 있다. 엘리자베스는 캐롤라인 빙리와 다아시가 빙리 씨와 제인의 결혼을 막고 있다고 제인을 설득하려 한다. 이에 제인은 다음과 같이 답한다.

> 난 세상엔 계획해서 되는 일들이 사람들이 생각하는 것처럼 그렇게 많다고는 생각하지 않아. … 그런 생각으로 나를 슬프게 하지 말아 줘(『오만과 편견』 154-155→196-197쪽).

제인이 현실을 부정하는 것일 수도 있다. 그러나 아무리 엘리자베스처럼 냉정한 사람이라도, 에드먼드와 메리 크로퍼드가 〈연인 서약〉을 연습할 때 패니가 겪은 것을 경험하고 싶어 하지는 않을 것이다. 패니는 두 주인공이 연습하는 것을 도와야 했고, 두 사람이 하는 연습의 종착점이 어디일지 생각해 봐야 했다. 대본을 보며 에드먼드와 메리에게 프롬프터가 되어 줘야 하는 패니는 "너무 많은" 감정을 느끼지만 어쩔 수가 없다. "점점 더 열기를 띠는 에드먼드의 모습에 마음이 동요했고, 하필 그를 도와줘야 하는 대목에서 대본을 덮고 돌아설 수밖에 없었다. 지치는 것도 당연하다는 말이 나왔고, 그녀는 감사와 사과를 받았다. 그러나 실은 동정을 받아 마땅했다. 얼마나 심각한 정도인지 두 사람은 짐작도 하지 못했고 패니도 그들이 모르길 바랐다"(『맨스필드 파크』 199-200→249쪽 참조).

경우에 따라서는 전략적이지 않고 다른 사람이 어떻게 행동할지에 대해 너무 많이 신경 쓰지 않는 것이 좋을 수도 있다. 콜린스 씨는 순차적으로 신붓감을 고른다. 즉, 그는 제인에게 제일 먼저 청혼할 생각이었다. 그다음으로 엘리자베스에게 청혼하고, 마지막으로 샬럿 루카스에게 청혼해 마침내 성공한다. 그의 알고리듬에는 별다른 전략이 없다. 각각의 대상이 어떻게 반응할지 사전에 별로 생각해 보지 않는 것이다. 예를 들어, 자신이 두 번째 혹은 세 번째 선택이라는 것을 알고 상대방이 어떻게 느낄지에 대해 그는 생각하지 않는다. 그러나 콜린스 씨의 방법은 감탄스러울 만큼 직접적이다. 또한 엘리자베스와 다아시 사이에 작동하는 우연성, 앤과 웬트워스 대령 사이의 망설임과 비교해 볼 때 매우 훌륭해 보인다.

전략적 사고를 잘하는 사람은 남들로부터 도움을 많이 받지 못할 수도 있다. 엘리너는 동생과 엄마가 상심할까 봐 루시의 비밀 약혼에 대해 말하지 않고, 자신은 에드워드에 대해 마치 아무 감정이 없었던 듯 행동한다. 세 모녀는 루시가 페라스 부인이 되었다는 소식을 듣고

10 전략적 사고의 단점

그녀가 당연히 에드워드와 결혼했을 것이라고 생각한다(이는 잘못된 생각이라는 것이 나중에 밝혀진다). 대시우드 부인은 "엘리너의 얼굴빛으로 그녀가 얼마나 괴로워하고 있는지를 알고 충격을 받았다." 그리고 "딸의 조심스럽고 세심한 배려에 가려서, 자신이 잘못 이해하고 있었다는 것을 알게 되었다. … 이런 생각이 드니 자기가 엘리너에게 부당하고 무관심하며, 거의 매정하게 굴지 않았는지 두려웠다"(『이성과 감성』 400, 403→469,472쪽 참조). 엘리너가 덜 전략적이었다면 엄마의 위로를 좀 더 일찍 받았을 것이다.

전략적 사고는 간교함이나 교활함과는 다르지만, 매력적인 것으로 보이지 않을 수 있다. 틸니 남매와 산책하기로 한 약속을 깬 것은 전적으로 캐서린의 잘못만은 아니다. 우천으로 산책 여부가 불투명해진 상태에서 틸니 남매 또한 약속 시간에 맞추어 나타나지 않았기 때문이다. 그러나 이튿날 캐서린은 헨리를 만나자마자 서둘러 사과한다.

> 여주인공다운 감정보다 자연스러운 감정이 그녀를 지배했다. 즉, … 그에게 아무것도 모르는 척 자기가 화가 났다는 것을 보여 주어 왜 그러는지 알려고 갖은 애를 쓰게 만들 … 겠다고 결심하는 대신, 잘못된 처신이나 혹은 적어도 그렇게 보이는 일을 모두 자신의 탓으로 돌리며 해명할 기회만을 학수고대했던 것이다(『노생거 사원』 92 →118-119쪽 참조).

캐서린은 헨리가 먼저 말을 꺼내도록 기다릴 수도 있었다. 그러나 그녀는 자신이 느끼는 자연스런 감정을 따른다. 이 같은 전략적 행동의 부재가 바로 그녀의 매력인 것이다. 엘리자베스는 언니인 제인을 답답해하며 "**언니 정도** 양식을 가졌으면서, 사람들이 어리석고 터무니없게 구는 것을 어쩌면 그렇게 까맣게 모를 수가 있냐고! 남 흠을 안 잡는 척하는 경우는 아주 흔해. … 그렇지만 아무 가식이나 속셈 없이 남의 흠을 안 잡는 건, ... 언니뿐이야"라고 놀린다(『오만과 편견』 16→24쪽). 엘리자베스는 플로시 핀리와 마찬가지로 순진해 보이는 것 자체가 하나의 전략이 될 수도 있다는 것을 안다. 그리고 진정으로 전략적이지 않은 언니를 높이 평가한다. 빙리가 "자기 생각이 이렇게 쉽게 들통나는 건 참으로 딱한 일인 것 같군요"라고 스스로를 낮추며 농담하자, 엘리자베스는 "그렇다고 깊고 복잡한 성격이 당신 같은 분의 성격보다 짐작하기가 반드시 더 어렵다거나 더 쉽다고 할 수 있는 건 아니지요"라며 안심시킨다(『오만과 편견』 46→62쪽).

꾸밈없음[순진함]은 왜 매력적일까? 오스틴은 [다수의 신통찮은] 남성들은 "백치미 있는 여성을 매력적인 여성으로" 생각한다고 말한다(『노생거 사원』 112→144쪽 참조). 또한 주체성 없는 여성은, 예를 들어 헨리 크로퍼드가 패니 프라이스와 사랑에 빠질 때처럼, 그 자체로 매력적인 것으로 보일 수 있다. 에마가 해리엇에 대해 가지고 있는 태도 역시 이와 유사하다.

> 따뜻하고 부드러운 마음씨에 다정하고 열린 태도라면 세상에서 가장 총명한 두뇌보다도 더 매력적일 거야. … 사랑하는 해리엇! 난 세상에서 가장 총명한 머리에 가장 선견지명이 있고 가장 판단력이 뛰어난 여성을 준대도 너와는 바꾸지 않을 거야(『에마』 289-290→387-388쪽).

에마는 따뜻한 가슴과 열린 태도를 명석한 사고, 선견지명, 좋은 판단과 반대되는 것으로 간주한다. 그러면서 속을 쉽게 알 수 있고 쉽게 지도할 수 있는 해리엇을 소중하게 생각한다. 헨리 크로퍼드와 에마 같은 사람들에게 꾸밈없고 순진한 사람들은 쉽고 편하다. 예를 들어, [자신의 또는 누군가의] '아내'와 같이 자신이 그들에게 원하는 사회적 역할을 맡기기 쉽기 때문이다. 그들이 무엇을 원하는지, 어떻게 행동할지 생

10 전략적 사고의 단점

각하지 않아도 된다.

 꾸밈없음은 또한 성실함으로 환영받을 받을 수 있다. 앤은 "똑같이 성실하더라도, 항상 침착하고 말실수를 전혀 하지 않는 사람보다 가끔씩 부주의하거나 성급한 듯 보이거나 그런 말을 하는 사람을 더 신뢰했다"(『설득』 175→235쪽 참조). 전략적 행동이 꼭 성실하지 못한 것은 아니다. 예를 들어, 루시의 비밀을 혼자만 알고 있을 때, 엘리너가 메리앤에게 솔직하지 않을 수는 있지만 성실하지 않은 것이 아니다. 오히려 진실을 성실하게 숨겼을 뿐이다. 하지만 명백히 비전략적인 행동은 숨겨진 동기가 전혀 없다는 점에서 성실한 것이다. 캐서린이 엘리너 틸니를 두 번째로 만났을 때 "'오빠께서 어찌나 춤을 잘 추시던지요!' 대화 말미에 던진 캐서린의 꾸밈없는 감탄에, 상대는 놀라면서도 흥미를 보였다"(『노생거 사원』 70→91쪽). 토머스 경이 집에 돌아와서 〈연인 서약〉 연습이 한창 진행 중이라는 것을 알게 되고 이를 못마땅해하자 연극은 중단될 위기에 처했다. 톰 버트럼은 친구 예이츠와 함께 아버지인 토머스 경을 찾아가 공연 허락을 받아 보려 한다. "예이츠 이 친구가 에클스퍼드에서 유행하는 [연극이라는] 전염병을 들여왔고, 아시다시피 이런 일은 금방 번지는 법이잖습니까. **아버지도** [연기나 낭독, 암송 같은 것을 언제나 좋아하셨고, 어릴 적 우리에게] 자주 권하셨던 일이라 더 빨리 번졌는지도 모르겠습니다." [토머스 경은 이들의 설득에 넘어가지 않고 인상을 찌푸리기만 한다. 하지만 예이츠는 이런 상황도 모르고 계속 수다를 늘어놓으며 토머스 경을 설득하려 한다.] 이때 갑자기 러시워스 씨가 가만히 있지 못하고 나선다. "전 연기하는 게 처음만큼 즐겁지 않습니다. 그냥 우리끼리 여기 편안히 앉아 아무 일도 안 하는 편이 오히려 시간을 훨씬 잘 쓰는 방법이라고 생각합니다"(『맨스필드 파크』 216-218→268-270쪽). 연극 공연을 이어 가려는 톰과 예이츠 씨의 번드르르한 발언 후에 나온 러시워스 씨의 솔직한 말은 이번만은 시의적절했다. 그의 말에 "여럿이 미소를 참지 못했다"(『맨스필드 파크』 218→271쪽). 프랭크 처칠을 처음 만난 날, 에마는 그의 아버지 웨스턴 씨가 두 사람이 이어지길 은근히 바라고 있다는 것을 알게 된다. "웨스턴 씨가 속으로 자주 무슨 생각을 떠올리는지에 대해서는 의문의 여지가 없었다. 그의 재빠른 눈길이 그들을 향하곤 하는 것이 거듭 포착되었던 것이다." 이와 대조적으로 우드하우스 씨는 맘 편하게도 이런 일들에 깜깜했다. "아버지가 그런 생각을 전혀 할 줄 모르신다는 것, 이런 종류의 어떤 통찰이나 추측도 할 능력이 전무하다는 게 참으로 다행이었다. … 이렇게 눈이 멀어서 오히려 큰 다행이라고 여겼다"(『에마』 207-208→277-278쪽).

사람들은 누군가가 전략적이지 않다고 생각할 때 그에게 비밀을 털어놓는다. 그가 전략적이지 않은 척하며 자신을 호도할 리 없다고 생각하기 때문이다. 메리 크로퍼드가 런던으로 떠나기 전, 그녀는 에드먼드가 자신에게 관심이 있는지 파악하기 위해 패니에게 물었다. [하지만 패니는 기대하는 답을 해주지 않았고] "그래서 크로퍼드 양은 실망했다. 속사정을 알 만한 사람 입에서 자신의 힘[매력]을 확인해 주는 기분 좋은 말을 듣고 싶었던 것이다. 그녀의 기분에 다시 먹구름이 드리워졌다" (『맨스필드 파크』 335→418쪽 참조). 그 무렵 에드먼드는 친구인 오언 씨 집에 머물고 있었는데, 오언 씨에게는 혼령기의 누이들이 있었다. [자신이 원하는 답을 듣지 못한 메리는, 십중팔구 에드먼드가 이 누이들 가운데 한 명과 결혼할 것이라고 믿으며 절망하는데, 패니는 "절대로 그렇게 되지는 않을 것"이라고 말한다. 그러자] 메리는 패니에게 "아가씨가 잘 알겠지요. … 그분이 결혼 따위는 안 할 거라고 생각하는 거지요? 적어도 지금은 말예요"라고 묻고, 패니가 "예, 맞아요"라고 답하자 어느 정도 안도한다. 메리는 패니 역시 에드먼드가 독신으로 남아 있는 것에 관심이 있다는 것을 인식하지 못한다. 게다가 자신이 [에드먼드가 필시 오언 씨의 누이와 결혼할 것이라 생각하기에] 절망 상태에 있다는 것을 패니에게 노출시키고 있으며, 패니에게 자신의 기대를 조작할 기회를 주고 있다는 것 역시 알아차리지 못한다. 패니는 에드먼드가 곧 결혼할 일이 없을 것이라고 대답했는데, 이는 자

10 전략적 사고의 단점

신이 "그렇게 믿거나 인정하는 것이 착각은 아니길 바라면서" 한 것이다. 패니는 자신이 사실을 말했지만 그게 전부가 아니라는 것을, 거기에는 자신의 전략적 포석이 깔려 있다는 것을 알고 있다. ['에드먼드는 곧 결혼할 생각이 없어요'라고 답하지 않고] 만약 패니가 '메리 양은 오언 씨네 누이들을 걱정할 필요가 전혀 없어요'라고 말한다면, 메리는 에드먼드가 자신을 사랑한다고 생각할 것이고, 이 같은 격려는 에드먼드와 메리가 결혼할 가능성을 높일 수 있다. 반대로, 에드먼드가 위험하다고, 오언 씨의 누이들 가운데 한 명과 결혼할 수도 있다고 대답한다면, 메리가 에드먼드를 향해 강력한 선제적 행동에 나설 수 있고, 이는 패니의 입장에서 더 나쁜 경우다. 결국 패니는 앞서와 같이 대답하기로 결정했고, 최선의 결과를 바랄 뿐이었다. 메리는 (어쩌면 패니의 전략을 의심했을 수도 있다) "그녀를 날카로운 눈으로 주시했다. 그리고 그런 눈길에 패니가 얼굴을 붉히는 모습을 보고는 '하긴 그분한테는 지금 그대로가 최선이겠지요'라고 말하며 힘을 냈다"(『맨스필드 파크』 336→418-419쪽 참조). 붉어진 얼굴을 보며 메리는 패니의 말이 진심이라고 확신했다.

이와 유사하게, 사람들은 누군가가 전략적이라고 생각할 때 그에게 비밀을 굳이 털어놓지 않는다. 이미 모든 것을 다 알고 있을 것이라고 생각하기 때문이다. 웨스턴 부인은 프랭크 처칠과 제인 페어팩스의 약혼에 대해 에마가 크게 실망했을 것이라고 걱정한다. 그래서 [위로를 해주려고 부른] 에마에게 직접 말을 못 하고 주저한다. [내가 왜 불렀는지] "정말 전혀 모르겠어? ... 정말, 에마, 정말 무슨 이야기를 들을지 짐작이 안 가?"(『에마』 430→573쪽) 해리엇도 물어본다. "그분이 그 아가씨와 사랑하는 사이인지 혹시 아셨어요? ... 아가씨라면 어쩌면 아셨겠지요. 아가씨는 (얼굴을 붉히며) 모든 사람의 가슴속을 들여다보실 수 있으니까"(『에마』 441→587쪽). 프랭크 처칠은 웨스턴 부인에게 쓴 편지에서 자신과 에마는 알고 지내는 지인 관계 이상이 아닌데, 이 때문에 자기가 비난을 받아서는 안 된다고 한다. 자신이 약혼 중이라는 것을 에마는 이미 알고 있었을 것이기 때문이라고 설명한다. "제가 막 진실을 고백하려 했던 기억이 나는데, 그때 제 상상이겠지만 그분도 의구심이 없지 않은 듯했습니다. 그렇지만 그 후, 적어도 어느 정도는 제 정체를 알게 된 것은 분명합니다. 전부 짐작할 수야 없었을지 몰라도 영민한 분이니 일부는 꿰뚫어 보셨겠지요"(『에마』 478→635쪽). 이 사례들은 이후 일어난 일에 비하면 사소한 것에 불과하다. 프랭크 처칠의 약혼 소식을 듣고 에마를 찾아온 나이틀리 씨는 자신이 "한 가지 점에서는" 프랭크 처칠이 부럽다고 토로한다. 이 말이 나오자 에마는 즉각 "한두 마디만 더 하면 해리엇 이야기가 나올 것 같"아서 잠시 멈칫거리며 주제를 바꾸려 하는데, 나이틀리 씨가 불쑥 이렇게 말한다.

> 뭐가 부러운지 묻지 않을 생각이군. 아무 호기심도 갖지 않기로 작정한 모양이네. 그게 현명하겠지. 그렇지만 **내 쪽에서는** 현명하게 굴 수가 없소. 에마, 당신이 묻지 않으려 하는 이야기를 나는 해야만 하겠소. 다음 순간 하지 말 것을 하는 생각이 들지도 모르지만 말이오.

나이틀리 씨는 에마가 전략적으로 능숙하다는 것을 안다. 따라서 정확히 무엇이 부러운 것이냐고 에마가 묻지 않자, 자신이 에마를 사랑한다는 것을 그녀가 잘 알고 있지만, 그녀는 그 사랑을 받아들이고 싶지 않아서 묻지 않는 것이라고 생각한다. 그는 그녀가 명석하다는 것을 알기 때문에, 그녀가 묻지 않는 것을 무관심의 표현으로 생각한 것이다. 그녀가 생각이 둔한 사람이었다면, 그는 이렇게 생각하지 않았을 것이다. 설상가상으로 에마는 다음과 같이 대꾸한다. "어머! 그렇다면, 말하지 마세요, 말하지 마요. ... 좀 더 시간을 두고 생각해 보세요"(『에마』 467→620쪽). 다행히도 에마가 그 주제에 대해 대화를 계속하기로 하고 생각을 고쳐먹음에 따라, 참사가 벌어지는 것을 막는다.

전략적으로 능숙해지면 있지도 않은 전략을 있는 것처럼 생각할 수도 있다. 5장에서 언급했듯이, 제닝스 부인은 메리앤에게 반가운 마음으로 어머니로부터 온 편지를 웃으며 전달했지만, 메리앤은 그것이 윌러비로부터 온 편지가 아님을 알고 깊이 상심한다. "제닝스 부인은 순전히 선의로 한 행동"이었지만(『이성과 감성』 229→264쪽), 메리앤은 제닝스 부인이 일부러 자신을 괴롭히려 했다며 화를 내고 그녀를 비난한다. 콜린스 씨가 샬럿과 결혼한 후, 이들의 집을 방문한 엘리자베스는 그가 자신의 부를 과시한다고 생각한다. 마치 엘리자베스가 그의 청혼을 받아들였다면, 그 모든 것이 엘리자베스의 몫이 되었을 것을 암시하는 것 같다고 말이다.

> 엘리자베스는 그가 의기양양해할 걸 각오하고 있었다. 실제로 그가 방의 균형 있는 배치, 좋은 전망, 다양한 가구 등을 보여 주면서, 마치 그의 청혼을 거절함으로써 그녀가 잃은 게 무엇인지 느끼게 해주려는 듯 특별히 그녀를 향해 이야기를 하고 있다는 느낌을 받지 않을 수가 없었다(『오만과 편견』 177→223쪽 참조).

이런 생각이 불합리하지는 않다. 그러나 이어서 엘리자베스와 샬럿이 회포를 풀기 위해 집안의 다른 방에 자리를 잡고 앉았을 때 "처음에 엘리자베스는 샬럿이 평소 사용하는 방으로 식당을 겸한 넓은 응접실을 택하지 않은 것이 좀 이상하다고 생각했다. 그 방은 크기도 더 넓고 전망도 더 좋았다. 그러나 엘리자베스는 곧 친구의 그런 결정에 충분한 이유가 있다고 생각한다. 만일 그들이 콜린스 씨의 방과 똑같이 쾌적한 방에서 지낸다면 콜린스 씨가 자기 방에서 훨씬 더 적은 시간을 보낼 게 뻔한 일이었다. 그러니까 그런 배치는 샬럿의 현명함을 말해 주는 것이었다"(『오만과 편견』 189→239쪽). 콜린스 씨를 피하기 위해 샬럿이 일부러 덜 화려하고 구석진 방을 선택했다는 것인데, 이 같은 결론은 과도한 것이다. 엘리자베스는 콜린스 씨가 쾌적함의 차이를 인식할 거라고 생각했지만, 그렇게 생각할 만한 근거는 없었다. 콜린스 씨에겐 미적 감각이 턱없이 부족했기 때문이다. 샬럿과 자신이 여전히 친하다고 믿는 엘리자베스는 [자신과 마찬가지로 샬럿이 콜린스 씨를 피하고 싶어 한다고 생각하며] 샬럿의 전략성을 지나치게 높이 평가하고 있는 것이다.

전략적 사고에 능숙하면 자만에 빠질 수도 있다. 에마가 당연히 더할 나위 없이 좋은 사례다. 나이틀리 씨가 제인 페어팩스를 좋아하는 것 같다고 웨스턴 부인이 말하자, 에마는 나이틀리 씨로 하여금 제인에게 아무런 관심이 없다는 말을 하도록 유도한다. 그런 다음 에마는 "승리를 만끽하며" 흡족해한다. "자, 웨스턴 부인 ... 나이틀리 씨가 제인 페어팩스와 결혼할지도 모른다고 하시더니 이제 뭐라고 하실래요?" 그러자 웨스턴 부인은 "글쎄, 정말이지. 에마, 사랑하는 게 아니라고 한사코 잡아떼니... 그런다고 날 너무 나무라지는 말아 줘"라고 답한다(『에마』 312→417쪽). 또 다른 예로, 패니 대시우드가 있다. 패니는 "궁지에서 탈출한 것이 기뻤고, 그런 탈출을 가능하게 해준 임기응변을 자랑스러워하면서" 남편이 두 동생 엘리너와 메리앤을 초청하지 못하도록 루시와 앤 스틸을 먼저 자기 집으로 초대하는 대형 사고를 친다(『이성과 감성』 287→333쪽). 이 정도로 심하지는 않지만, 에드먼드 버트럼은 헨리 크로퍼드가 패니 프라이스에게 청혼하기 전 자기와 먼저 상의를 했어야 한다고 패니에게 말한다. "너를 나만큼 잘 알았다면 좋았겠다 싶구나, 패니. 우리 둘이 합심하면 너도 마음이 움직였을 텐데. 나의 이론적 지식과 그 친구의 실천적 지식을 합치면 실패할 리가 없잖아. 내 계획에 따라 행동했다면 좋았겠지"(『맨스필드 파크』 402→501-502쪽). 에드먼드는 자신이 이론적으로 더 뛰어나고 패니에 대해서도 더 잘 알고 있으니 그렇게 생각한 것이지만 물론, 틀린 생각이다. 이와 유사하게, 헨리 틸니는 "여성들의 마음을 자신이 여성들보다 더 잘 알고 있다고 믿는다"(Johnson 1988, 37). 캐서린이 틸니 남매에게, 이저벨라가 오빠 제임스와의 약혼을 파기했다고 전하자, 헨리는 마치 독심술 경합에서 우승이

10 전략적 사고의 단점

라도 노리는 것 같다.

> 제 생각에는 이저벨라를 잃는 건 당신에게 마치 자신의 반쪽을 잃는 것과 같은 기분일 겁니다. 가슴에 다른 무엇으로도 채워질 수 없는 구멍이 뻥 뚫린 기분이겠죠. 사람 사귀는 것 자체가 귀찮아질 테고요. 바스에서 함께 즐겼던 오락들도 그래요. 그 여자분 없이 그런 오락을 즐긴다는 건 생각하기도 싫을 겁니다. 말하자면 세상을 다 주어도 무도회에는 가지 않을 거라는 말이죠. 이제 마음을 터놓고 얘기할 친구가 하나도 없는 느낌일 테고요. 달리 말해서, 나를 아낀다고 믿을 만한, 혹은 아무런 어려움 없이 조언을 얻을 수 있을 그런 친구가 없다고 말이지요. 이런 느낌이지요?

이에 대해 캐서린이 다음과 같이 답한다. "아니요. ... 그렇진 않아요. 그래야 하나요?"(『노생거 사원』 212-213→273-274쪽).

전략적 사고의 첫걸음은 다른 사람의 생각이 나와 다를 수 있다는 것을 깨닫는 것이다. 자신의 전략적 능력을 과신하면 다른 모든 사람의 생각이 투명하다고 생각하게 된다. 그리하여 내가 생각하는 다른 사람들의 생각과 실제 그들의 생각을 같은 것이라고 착각한다. 캐스린 슐츠에 따르면 "『오만과 편견』은 인간의 본성을 예리하게 탐구하고 있다고 믿는 사람들이 끊임없이 그리고 극적으로 서로를 오해하는 것에 관한 책이다"(Schulz 2010, 331). 엘리자베스는 샬럿이 아직도 자신과 친하다고 믿고 싶어 하고, 자신과 마찬가지로 콜린스 씨를 피하고자 한다고 생각한다. 에드먼드는 자신이 패니를 가장 잘 안다고 생각한다. 캐서린을 처음 만난 날 그날의 일기장에 그녀가 어떤 글을 남길지 예측하려 하는 헨리 틸니는 자신에게 사람의 마음을 꿰뚫어 볼 수 있는 능력이 있다고 생각한다. 물론, 엘리자베스는 얼마 안 가서 자신이 다른 사람들을 (특히 다시를) 얼마나 오해했는지 배운다. 에드먼드는 메리 크로퍼드로부터 타인에 대한 자신의 판단이 얼마나 틀렸는지 배운다. 헨리 틸니는 캐서린의 우려를 (그녀는 자신의 생각을 큰소리로 말하기 때문에, 그녀의 생각을 읽는 데 굳이 텔레파시가 필요하지 않다) 대수롭지 않게 여기다가 아버지에게 속수무책으로 당한다. "무지는 신의 권능을 자신의 권능인 양 생각한 대가이다"(Knox-Shaw 2004, 199-200). 진정한 전략적 지혜는 자만하지 않는다.

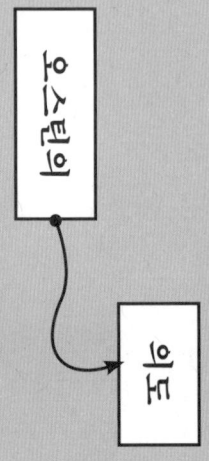

전략적 사고는 사람들 사이의 관계와 상호작용에 너무나 필수적이어서 피할 수 없는 것이라고 할 수 있다. 한 인물이 다른 인물의 행동을 예측하는 이야기라면 어떤 이야기에서나 전략적 사고를 볼 수 있다. 하지만 전략적 사고를 보여 주는 것과 그것을 중요한 이론적 관심사로 다루는 것은 전적으로 다른 문제이고, 후자는 훨씬 더 야심 찬 일이다.

전략적 사고를 이론적으로 다루는 것이 오스틴의 의도였을까? 그렇지 않다면 우리는 오스틴의 소설 속에서 굳이 없어도 될 내용들이 왜 들어 있는지 설명해야 한다. 가령 제인이 빙리 씨와의 결혼을 고민할 때 엘리자베스가 그와 결혼해서 얻는 기쁨과 빙리 씨의 누이들을 속상하게 해서 겪게 될 괴로움 사이에서 어느 것이 더 큰지를 기준으로 판단하면 된다고 충고하는 장면▪이나, 제인 페어팩스가 엘튼 부인과 시간을 보내는 것은 집에서 이모와 시간을 보내는 것보다 엘튼 부인과 시간을 보내는 게 덜 피곤하기 때문이라고 웨스턴 부인이 설명하는 장면▪▪ 등이 포함된 이유를 설명해야 할 것이다. 또 오스틴의 소설에서 "계

▪ "엘리자베스, 최선을 가정한다 하더라도 말이야, 그의 누이들과 친구들이 모두 그이가 다른 사람과 결혼하기를 바라는데, 내가 그 사람과 결혼해서 행복할 수 있을까?" 이에 엘리자베스가 답한다. "언니가 알아서 결정해야지. ... 신중하게 잘 생각해 봐서 두 누이의 뜻을 거역함으로써 겪게 될 불행이 그분의 아내가 됨으로써 얻게 될 행복을 훨씬 능가할 거라고 판단되면, 나라면 당연히 거부해야 한다고 충고하겠어"(『오만과 편견』 172-173쪽).

▪▪ 세련된 취향을 가진 제인 페어팩스가 불쾌하기 짝이 없는 엘튼 부인과 어떻게 그렇게 많은 시간을 보낼 수 있는지 에마가 궁금해하자, 웨스턴 부인은 이렇게 답한다. "페어팩스 양이 목사관에서 대단히 즐겁게 지낸다고는 볼 수 없지, 에마. 그래도 언제나 집에만 있는 것보다는 낫잖아. 이모가 착하기는 하지만, 항상 같이 지내기에는 대단히 피곤한 분이고. 그런 곳을 드나든다고 취향을 탓하기 전에 페어팩스 양이 어떤 곳을 벗어나는지 먼저 생각해 봐야 하지 않을까"(『에마』 412쪽).

획"[설계, 계책]이라는 단어가 과도할 정도로 많이 사용되는 것과 오스틴이 "통찰"을 중시하는 점(Vermeule 2010, 187에 따르면 "통찰"은 "오스틴이 집착적으로 사용하는 단어"다)을 설명해야 할 것이다. 그리고 타인의 영향은 오직 내 행동에만 미쳐야지 내 생각에 미쳐서는 안 된다는 엘리너의 신조나, 캐서린은 타인의 동기를 자기 입장에서 이해한다고 지적하는 헨리 틸니의 말과 같은 매우 직접적인 이론적 발언들도 설명해야 할 것이다.

의도의 문제는 오스틴에게 본질적이지 않다. 틸니 장군은 처음엔 캐서린 몰런드를 자신의 저택인 노생거 사원으로 초청했으나 이후 그녀를 쫓아낸다. 이 두 행동은 각각 정반대되는 의도에서 비롯됐다. 그러나 캐서린에게 그 정반대되는 의도는 동일하게 헨리 틸니의 마음을 사로잡을 수 있는 기회로 작용한다. 캐서린 영부인은 엘리자베스 베넷에게 다아시와 결혼하지 않겠다는 약속을 하라고 강요한다. 캐서린 영부인은 그렇게 함으로써 자신이 의도한 바와는 정반대로 엘리자베스가 다아시에게 메시지를 보낼 수 있는 기회를 제공한다. 엘리자베스는 자신이 캐서린 영부인의 요구를 거부했다는 사실이 다아시에게 알려질 것이라고 예측했을까? 캐서린 영부인의 요구를 거절함으로써 다아시 씨에게 희망의 메시지를 전달하려는 명확한 의도가 있었던 것일까? 우리는 알 수 없다. 하지만 엘리자베스는 잃을 게 없다. 토머스 경은 패니 프라이스가 정신을 차리고 헨리 크로퍼드와 결혼하기를 바라며 그녀를 포츠머스로 보낸다. 앨런 부인은 그 어떤 의도도 없이 캐서린 몰런드를 바스로 데리고 간다. 가드너 부인 일행이 펨벌리로 가기로 할 때, 그녀는 엘리자베스와 다아시가 어쩌면 서로 마주칠지도 모른다는 생각을 하고 간 것일까? 크로프트 부인이 그녀의 남편 크로프트 장군을 설득해 켈린치 홀을 임대하자고 설득했을 때, 그녀는 동생 웬트워스 대령을 앤 엘리엇 주변으로 다시 끌어들이고 싶은 의도가 있었던 것일까? 우리에게는 어떤 확실한 근거도 없다. 그러나 의도가 있었든 없었든 크게 상관이 없다. 중요한 것은 이런 기회가 주어졌을 때 주인공들이 어떻게 행동하느냐다. 오스틴이 의도적으로 소설을 통해 게임이론을 설파하려 했는지 여부와 상관없이, 오스틴의 게임이론을 수용하는 것은 독자들의 몫이다.

오스틴의 주요 관심사가 전략적 사고라는 것을 뒷받침하는 가장 구체적이며 결정적인 증거는 오스틴이 작품 속에서 어린아이들을 활용하는 방법에서 찾을 수 있다. 그녀의 소설에서 어린이는 거의 언제나 전략적 상황을 배경으로 등장한다. 어린이는 어른들이 전략적 행동을 취하는 무대에서 졸이 되거나 단역을 맡는다. 예를 들어, 대시우드 식구들이 레이디 미들턴을 처음 만날 때, [말수가 적은] "레이디 미들턴이 현명하게도 대책 삼아 맏이를 데리고 왔"다. 아이는 "여섯 살의 잘생긴 사내아이로, 이 아이 덕분에 … 이 집 여자들이 매번 되돌아갈 주제가 생겼으니, 아이의 이름과 나이를 묻고 예쁘다고 경탄하고 아이에게 질문을 던지고 했다. … 공식적인 방문에서는 언제나 일행에 아이를 하나 끼워서 이야깃거리를 제공하게 해야 한다"(『이성과 감성』 36-37→45-46쪽). 스틸 자매는, 자신들이 레이디 미들턴에게 잘 보이고 싶을 때, 아이들을 칭찬하면 곧바로 통한다는 것을 안다. "무릇 자식 사랑에 눈이 먼 어머니는 자식들이 칭찬받기를 바라는 욕심 탓에 … 쉽게 속아 넘어가기 마련이다. … 자기 새끼들을 스틸 자매가 과도할 정도로 좋아하고 참아주는 것을 보고도 레이디 미들턴은 손톱만큼도 놀라거나 이상하게 여기지 않았다"(『이성과 감성』 139→159-160쪽). 앤의 어린 조카 찰스는 낙상 사고로 쇄골이 탈구된다. 앤은 마침 사고를 당한 조카를 돌보며, 팔 년 동안 헤어져 있던 웬트워스 대령과의 불안한 재회를 다소나마 늦출 수 있게 된다. 이후 두 살배기 조카 월터가 그녀의 등에 올라타자, 웬트워스 대령은 아이를 떼어 내며 말없이 앤에게 애정을 표현하는 기회를 갖는다. 에마는 로버트 마틴이 해리엇 스미스와 결혼하기에 충분한 자격을 가졌는지에 대해 나이틀리 씨와 말싸움을 한 뒤, 팔 개월 된 자신의 조카를 이용해 나이틀리 씨와 화해한다. "그가 실내로 들어올 때 그녀는 아기 하나를 안고 있었는데 그녀는 이게 우정을 회복하는 데 도움이 될지도 모른다고 생각했다"(『에마』 105→147-148쪽).

어린아이들은 또한 그들 스스로 전략적 사고를 터득해 가는 존재로도 등장한다. 5장에서 이미 논의했듯이, 키티 베넷, 마거릿 대시우드, 사라 몰런드는 처음에는 웃음이 나올 정도로 단순하지만 결국에는 전략적 사고를 배운다. 예를 들어, 키티가 아버지에게 자기는 리디아처럼 달아나지 않겠다고 하자, 절망적 상황 속에서도 농담을 멈출 수 없는 베넷 씨는 "안 돼, 키티. 아빠는 이제야 조심해야 한다는 걸 배웠다. 이제 너부터 적용할 거야. 이제 다시는 장교는 한 명도 내 집에 발을 들여놓지 못한다. 마을을 지나가는 것도 안 돼. 언니들하고 춤을 춘다는 조건이 아니면, 무도회도 완전히 금지다"라고 선포하고 "키티는 이 모든 위협을 곧이곧대로 받아들여 울기 시작했다"(『오만과 편견』 330-331→411-412쪽). 그러나 이후 빙리 씨가 예상보다 일찍 저녁 약속에 나타나자, 베넷 부인은 제인과 엘리자베스의 머리와 복장 준비를 서두른다. 이때 제인이 다음과 같이 말한다. "키티가 우리들보다 빠를 거예요. 반 시간 전에 이미 이층으로 올라갔으니까"(『오만과 편견』 381→471쪽). 키티는 "주된 관심이 어떤 인물에게 집중될 때, 그 주변에 있는 인물들에 대해 우리가 생각하는" 것 같은 "잉여" 인물이 아니다(Woloch 2003, 118-119). 오히려 키티는 마거릿 대시우드, 사라 몰런드, 수전 프라이스와 더불어 제인 오스틴의 소설에서 '전략적 사고를 습득하는 여동생'의 전형이다. 같은 맥락에서, 이저벨라 소프와 제임스 몰런드가 약혼했을 때, 이저벨라의 가족은 그녀의 두 동생 앤과 마리아가 무슨 일이 벌어졌는지 스스로 파악하기를 기대한다. 나이틀리 씨는 자신의 결혼 의사를 동생에게 밝힌 후 동생이 왜 전적으로 놀라워하지 않는지 궁금해하며 다음과 같이 추론한다. "일전에 동생 집에 가있을 때 좀 달라 보였던 모양이네. 아마도 평소처럼 아이들과 많이 놀아 주지 않았나 보지. 한번은 불쌍한 조카 녀석들이 '요새 큰아버지는 언제나 피곤하신 모양이에요'라고 하던 게 생각나는군"(『에마』 507-508→674-675쪽). 여기서 약혼을 감지하는 과제는 아이들에게 맡겨진다.

대시우드 집안[세 딸들]의 역경은 네 살배기 아이를 활용한 전략으로 시작된다. 엘리너와 메리앤의 아버지 헨리 대시우드는 삼촌의 법정 상속자로, 삼촌으로부터 물려받은 재산으로 부인과 딸을 부양했다. 그러나 이 삼촌은 노어랜드 저택을 헨리 대시우드의 아들 존 대시우드의 네 살밖에 되지 않은 아들[이 아이는 자기 아버지 어머니와 함께 때때로 노어랜드를 방문하여 종증조할아버지의 사랑을 담뿍 얻었다]에게 모두 물려주기로 한다. 이 같은 상속은 "두세 살짜리 애들이라면 으레 가지고 있는 매력"을 수단으로 성사된 것이다. 그 매력이란 아이들이 "혀짤배기소리를 한다거나, 막무가내로 떼를 쓴다거나, 깜찍한 장난을 쳐댄다거나, 엄청나게 시끄럽게 군다거나" 하는 것들이다(『이성과 감성』 5→11쪽). 그러나 아이의 탄생은 또한 엘리너의 승리를 가져오는 일련의 결정을 낳는다. 제닝스 부인은 갓 태어난 손주를 돌보기 위해 메리앤과 엘리너를 런던에 남겨 두고 떠난다. 그리하여 존 대시우드는 두 누이들이 자신들의 집에 와있는 게 좋지 않겠냐고 부인에게 제안한다. 그러나 그의 부인 패니 대시우드는, 엘리너와 자신의 동생 에드워드 페라스를 떼어 놓을 생각으로, 대시우드 자매 대신 루시와 앤 스틸 자매를 자기 가족과 머물게 한다. 앤 스틸은 페라스 가족이 루시를 좋아하는 것을 보고, 루시와 에드워드 사이의 비밀 약혼 사실을 누설하고, 에드워드는 그의 가족들로부터 쫓겨나게 된다. 그렇게 되자 루시는 [상속권을 상실한] 에드워드 대신 로버트 페라스와 결혼함으로써, 에드워드는 이제 엘리너에게 청혼할 수 있는 자유의 몸이 된다.

어린이들은 이른 나이에 전략적으로 사고하는 법을 배운다. 레이디 미들턴의 아들 존은 도발하는 방법을 안다. "그는 스틸 양의 포켓용 손수건을 꺼내서 창문 밖으로 휙 던"져 버린다. 또 그녀의 세 살배기 딸 안나 마리아는, 엄마의 머리핀에 목이 살짝 긁히자 [귀청이 찢어지는 비명을 질렀고, 이에] 주위의 집중적인 관심과 온갖 사탕과 과자를 받게 된다. "한 번 울어서 이런 보상을 받게 되니 아이는 뭔가를 아는지 울기를 멈추지 않았다"(『이성과 감성』 139-140→160-161쪽).

전략적 사고에 대한 학습은 일찍부터 시작되기 때문에, 유년 시절에 학습 기회를 놓치거나 잘못 배운 사람은 커서 곤경에 처할 수도 있다. 마리아와 줄리아 버트럼이 아직 소녀였을 때 그들은 이모인 노리스 부인에게 패니 프라이스가 왜 "너무나 이상하고 바보 같"은지 물어본다. 그러면서 "글쎄, 음악도 그림도 배울 생각이 없대요"라고 한다.[•] 이에 노리스 부인은 "그러니 너희가 부족한 점을 가엾게 여"겨야 한다고 하며 "오히려 차이가 나는 편이 훨씬 나을 거야"라고 말한다(『맨스필드 파크』 21→31쪽). 버트럼 자매에게 패니의 입장이 되어 보라고 말하는 대신 ― 패니는 "의심할 여지 없이 줄리아와 마리아에게 놀림을 당할까 봐 겁에 질려 있었다"(이에 대해서는 Sutherland and Le Faye 2005, 167) ― 두 어린 조카의 신분 의식을 더욱 고조시키는 것이다.^{••} 다아시는 엘리

• 『맨스필드 파크』 1부에서 패니 프라이스는 매우 수줍고 내향적인 성격으로 묘사된다. 특히 패니는 가난으로 말미암아 이모부 집에 얹혀살면서, 낯선 환경과 사람들에 대한 두려움을 갖게 된다. 이런 모습으로 말미암아, 토머스 경과 노리스 부인은 물론 마리아와 줄리아 버트럼, 레이디 버트럼 등이 모두 패니의 능력을 낮춰 보게 된다. "패니는 수를 놓거나 읽고 쓸 줄은 알았지만, 그 이상은 배운 적이 없었다. 그래서 사촌 언니들은 자기들이 이미 오래전에 익힌 많은 것을 패니가 모르는 것을 보고는 패니를 엄청난 바보로 여겼고, 처음 두세 주 동안 그런 점이 새로 발견될 때마다 거실로 달려가 일러바치곤 했다"(『맨스필드 파크』 29쪽).

•• 이에 대해 오스틴은 화자의 입을 빌려 다음과 같이 말한다. "노리스 부인이 이런 조언들로 조카딸들의 생각을 바르게 이끌어 주었으니, 이 아이들이 뛰어난 재능과 지식은 갖추었으되, 자기 인식과 관용, 겸손함이라는 보기 드문 배움을 완전히 결여하게 된 것도 그리 놀라운 일이 아니었다"(『맨스필드 파크』 31쪽).

자베스에게 이렇게 말한다.

> 어린 시절에 **옳은** 것이 무엇이라는 가르침은 받았지만, 제 성격을 고치라는 가르침은 못 받았어요. … 부모님들이 버르장머리를 그르치셨던 것이지요. … 제가 이기적이고 거만하도록 내버려두고 부추기고 심지어는 가르치기까지 하셨습니다. … 당신은 저에게, 처음에는 정말이지 가혹했지만 다시 없이 유익한 교훈을 주셨습니다(『오만과 편견』 409-410→505-506쪽).

다아시가 엘리자베스로부터 받은 교훈은, 청혼은 전략적 상황이라는 것과 남자는 여자가 응당 청혼을 받아 줄 것이라고 단정할 수 없다는 것이다.

> 제가 당신께 청혼하러 갔을 때 전 승낙받을 것을 조금도 의심치 않았습니다. 사랑받을 자격이 있는 여자를 기쁘게 해줄 모든 조건을 갖추고 있다고 자임했지요. 그런데 당신은 그렇게 자임하기에는 제가 얼마나 모자라는 사람인지를 보여 주었습니다(『오만과 편견』 410→506쪽).

사람들은 전 생애에 걸쳐 전략적 사고에 대해 계속해서 배울 수 있다. 에마는 과잉 전략에 함정이 따른다는 것을 배우고 "지난날 저지른 우행을 교훈 삼아 앞으로는 겸손하고 조심성 있는 사람이 되"기를 소망한다(『에마』 519→688-689쪽). 중요한 소식이 있으면 편지를 쓰겠다는 에드먼드의 말을 듣고, 패니는 그가 메리 크로퍼드와의 결혼을 계획하고 있다고 생각한다. 그러면서 이렇게 혼자 생각한다. "에드먼드의 편지가 두려운 대상이 되다니! 그녀는 이 변화무쌍한 세상에서 시간의 흐름과 상황의 변화가 빚어내는 온갖 의견과 감정의 변화에 대해 내가 아직 경험이 부족하구나 하는 생각이 들기 시작했다. 끊임없이 변화하는 인간 마음의 양태를 아직은 다 겪어 보지 못한 것이다"(『맨스필드 파크』 431→539쪽). 토머스 경과 같이 나이 지긋한 사람도, 환경이 바뀜에 따라 사람의 마음도 바뀔 수 있다는 것을 시간과 더불어 새롭게 배운다. 그는 "패니를 며느리로 맞는 것은 대단한 보물을 얻는 격이라고 믿어 마지않았으니, 이런 모습은 일찍이 이 가련한 어린 소녀를 데려오자는 이야기가 처음 나왔을 때 그가 보인 입장과는 완전히 딴판이었다. 시간은 인간의 계획과 결말 사이에 언제나 이런 차이를 빚어내, 당사자에게는 깨달음을 그리고 이웃들에게는 재미를 준다"(『맨스필드 파크』 546→681쪽). 다아시 씨는 다음과 같이 말한다.

> 나는 다른 사람들이 가지고 있는 어떤 재능을 못 가지고 있는 게 확실합니다. … 내가 한 번도 본 적이 없는 사람과 자연스럽게 대화하는 재능. 나는 그런 대화에서 상대방의 말투를 따라잡을 수 없고, 혹은 상대방의 관심사에 관심을 표명하지 못하지요.

그러나 피아노 의자에 앉아 있는 엘리자베스는 그런 것은 재능에서 나오는 것이 아니라 연습에서 나온다고 대답한다.

> 제 손가락은 … 이 피아노 위에서 능란하게 움직이지 못해요, 다른 많은 여성들은 그렇게 하던데 말이에요. … 하지만 전 그게 항상 제 잘못 때문이라고 생각해 왔거든요. 제가 열심히 연습하지 않았으니까요. 제 손가락이 다른 아가씨들의 손가락처럼 탁월한 연주를 할 능력이 없다고는 생각하지 않는다고요(『오만과 편견』 197→249쪽).

배우는 것은 언제라도 가능한 것이다.

전략적 사고는 표준적인 교육 프로그램의 일부가 아니다. 앤의 친구 스미스 부인은 그녀의 간호사 루크를 높이 평가한다. "아주 영리하고 똑똑하고 현명한 여자예요. 인간의 성품을 알아보는 능력이 있는 사람이지요. 거기다 양식과 훌륭한 관찰력이라는 자산까지 소유하고 있어서 '세상에서 가장 훌륭한 교육'을 받고도 어디에다 주의와 정성을 기울여야 하는지는 전혀 모르는 많은 사람보다 훨씬 소중한 동반자예요"(『설득』 168-169→226-227쪽). 전통적인 학문 분야들도 도움이 되지 않는다. 프랭크 처칠이 어디에선가 갑자기 나타나 구걸하는 집시 아이들로부터 해리엇 스미스를 구출했다는 말을 듣고 에마는 이렇게 생각한다.

> 멋진 청년과 사랑스러운 처녀가 이런 식으로 함께 모험을 겪게 되었으니 더없이 가슴이 냉담하고 머리가 침착한 사람이라도 어떤 생각을 떠올리지 않기는 힘들 것이었다. 적어도 에마는 그렇게 생각했다. 언어학자나 문법학자나 심지어 수학자라도 자기가 본 것을 보고, 두 사람이 함께 나타나는 것을 목격하고 그들이 하는 이야기를 들었다면, 서로 각별한 관심을 가질 수밖에 없겠구나 하는 느낌을 받지 않겠는가? 자기와 같이 상상꾼인 경우에는 얼마나 더 많은 짐작과 예견에 휩싸이겠는가!(『에마』 362→485쪽)

전략적 사고는 "상상꾼"의 전공 분야다. 이 전공 분야야말로 언어학 문법 수학과 같은 전통적인 학문들과 비교해 그 중요성이 조금도 뒤떨어지지 않는다. "상상꾼"은 오스틴이 만들어 낸 용어로서 어쩌면 게임이론가를 지칭하는 최초의 전문용어일 수 있다.

상상꾼을 위한 교육 자료는 소설이다. 소설이란 "인간 본성에 대한 가장 철저한 지식, 그 다양한 면모에 대한 가장 기막힌 묘사가 ... 최상의 엄선된 언어로 세상에 전달되는 것이다"(『노생거 사원』 31→43-44쪽 참조). 논픽션은 도움이 되지 않는다. [틸니 장군에 의해 쫓겨난] 캐서린이 집으로 돌아온 후 헨리 틸니를 못 잊어 하며 울적해하자, 그녀의 모친은

11 오스틴의 의도

전략적 사고는 에마와 같은 "상상꾼"의 전공 분야다. 이 전공 분야야말로 언어학 문법 수학과 같은 전통적인 학문들과 비교해 그 중요성이 조금도 뒤떨어지지 않는다. "상상꾼"은 오스틴이 만들어 낸 용어로서 어쩌면 게임이론가를 지칭하는 최초의 전문용어일 수 있다.

그림 23. 영화 〈에마〉에서 해리엇과 주인공 에마

조금도 도움이 되지 않는 충고를 하는데,* "대단한 사람들을 접하고 나서 버르장머리가 나빠진 계집아이들"에 대한 책을 읽으라는 것이었다(『노생거 사원』 250→319쪽). 메리 베넷이 수시로 인용하기 좋아하는, 그러나 실제로 아무런 효력이 없는 격언들은 예절에 대한 "훌륭한 책"들에서 나온 것들이다(『오만과 편견』 7→15쪽).

오스틴의 소설들이 게임이론의 교과서라는 것을 보기 위해, 이들 소설이 어떻게 시작하고 끝나는지 살펴보자. 여섯 개 작품 모두 모종의 전략적 조작으로 이야기가 시작된다. 존 대시우드의 네 살배기 아들의 간계로 대시우드 집안 세 자매와 그들의 모친은 노어랜드를 비워야만 하고, 아버지가 죽기 직전 병상에서 마지막으로 그들을 돌봐 달라고 부탁한 유언을 존중하기로 한 존 대시우드의 결심은 그의 부인의 간섭으로 말미암아 "사냥철이 되면 물고기와 오리 같은 거나 선물로 보내 주"는 정도로 줄어든다(『이성과 감성』 13→21쪽). 제인 베넷은 감기가 걸려 네더필드에 머물게 되는데, 그 이유는 베넷 부인이 비가 올 것을 알았음에도 제인을 말에 태워 보냈기 때문이다. 에마는 자신의 오랜 가정교사인 테일러 양과 홀아비인 웨스턴 씨를 짝지어 주는 데 성공하고, 자신의 능력을 보여 줄 다음 대상으로 해리엇 스미스와 엘튼 씨를 찍는다. 불어나는 빚더미에 앉아 있는 월터 엘리엇 경이 켈린치 홀을 세놓는 이

---

* 이때 캐서린을 "강하게 사로잡은 걱정거리는 따로 있었다. 헨리가 내일 노생거로 돌아와서 그녀가 떠난 것을 알았을 때 어떻게 생각하고 느끼고 어떤 표정을 지을지가 가장 신경이 쓰였다"(『노생거 사원』 306-307쪽). 반면, 몰런드 부인은 캐서린이 바스에서의 화려한 생활을 그리워하고 있다고 생각했다. "캐서린, 우리 집이 노생거처럼 웅장하지 않아서 언짢은 것은 아니었으면 좋겠구나. 그렇다면 네 방문은 너한테 나쁜 영향만 끼친 셈이야. 어디 있든 늘 만족할 줄 알아야 하고, 특히 집에서는 그래. 여기서 대부분의 시간을 보내야 하니 말이다. 아침 식사를 하면서 노생거에서 먹은 프랑스 빵 이야기를 주야장천 하는 것도 듣기 싫고"(『노생거 사원』 319쪽 참조).

11 오스틴의 의도

유는 그의 대리인 셰퍼드 씨가 크로프트 장군을 찾았기 때문이다. 토머스 경은 노리스 부인의 말을 듣고 패니를 데려오는데 "자기는 아이를 맡을 능력이 전혀 없"다고 한 노리스 부인의 대답에 "적잖이 놀랐다"(『맨스필드 파크』 9→17쪽).* 그리하여 노리스 부인은 무급의 "개인 조수"를 하나 두게 되었다(Sutherland and Le Faye 2005, 162). 캐서린의 학습은 바스에서 시작되는데, 그러기 위해서는 알 수 없는 무언가가 그녀를 그곳으로 데려와야 한다. "젊은 숙녀가 여주인공이 꼭 되어야 하는 운명이라면, 마흔에 달하는 주변 집안들의 여건이 이렇게 꼬일 대로 꼬여 있다 해도 어찌 막을 것인가. 그녀 앞에 남자 주인공을 대령시킬 사건이 일어나야 하고, 또 일어나기 마련인 것을"(『노생거 사원』 9→15쪽).

오스틴 소설에는 전략적 사고를 요하는 수수께끼가 주기적으로 등장한다. 예를 들어, 로버트 페라스와 루시 스틸의 결혼을 되새겨 보며 엘리너는 다음과 같이 생각한다. 개인적으로는 "속내로야 웬 떡인가 할 정도로 반가운 사건이었고, 상상을 하자면 우스꽝스러운 사건이기도 했으나, 이성과 판단력으로 보자면 수수께끼 그 자체였다"(『이성과 감성』 412→483쪽). 헨리 틸니가 캐서린에게 왜 아버지가 그녀를 쫓아냈는지 설명할 때, 오스틴은 세부 사항을 독자의 상상력에 맡긴다.

■ "우리가 힘을 합쳐 막내네 맏딸을 데려가 키우면 어떨까? 이제 아홉 살이 되었으니 관심이 필요할 나이인데, 가엾은 제 어미가 제대로 감당할 수 있겠는가? ... 토머스 경은 선택된 아이에게 진실하고 일관된 후원자가 되기로 단단히 결심한 반면, 노리스 부인은 양육비를 한 푼도 부담할 의사가 없었...다. 찾아다니고 떠들고 일을 꾸미는 한에서 그녀는 한없이 자애로웠고, 남에게 후하게 베풀라고 명하는 데는 누구보다도 능했다. 그렇지만 이래라저래라 지시하기를 좋아하는 만큼이나 돈을 좋아했고, 친지들의 돈을 쓰는 법만큼이나 자기 돈 아끼는 법을 잘 알았다"(『맨스필드 파크』 13-16쪽).

이 가운데 얼마나 많은 부분을 당시에 헨리가 캐서린에게 전할 수 있었는지, 얼마나 많은 부분을 자기 아버지에게서 직접 들었는지, 어떤 부분에 그의 추측이 가미되었는지, 그리고 어떤 부분이 제임스의 편지가 와야 밝혀질 수 있는지는 독자 여러분의 현명한 판단에 맡기겠다(『노생거 사원』 256→327-328쪽).

재닛 토드의 주장에 따르면, 오스틴 소설에서 [등장인물들이 가진] "추측하고 문제를 푸는 성향은 ... 독자의 반응에 영향을 미칠 수 있으며, 이는 밝혀지지 않은 전략들과 ... 은밀한 계략에 대한 탐지로 이어질 수 있다"(Todd 2006, 106).

재닛 토드의 지적대로, 우리는 이렇게 물어볼 수 있다. 나이틀리 두 형제는 해리엇 스미스와 로버트 마틴을 런던에서 재회하게 하기 위해 공모했을까? 서덜랜드와 르 페이는 이런 식의 질문으로 아예 퀴즈 책 한 권을 만들었다(Sutherland and Le Faye 2005, 180). 예를 들어, 메리 크로퍼드는 에드먼드의 결혼 대상에서 패니를 제거하기 위해, 오빠인 헨리가 패니에게 청혼하도록 부추겼나?(Sutherland 1999; Mullan 2012도 참조) 헨리 틸니는 "끔찍한 이저벨라가 절대 자신의 처남댁이 되지 못하도록" 형 틸니 대위를 부추겨 제임스 몰런드와 이저벨라 소프가 헤어지도록 했을까?(Sutherland and Le Faye 2005, 153) 셰퍼드 씨가 월터 엘리엇 경으로 하여금 (바스로 이사해) 생활비를 줄이게 하는 것은, 만약의 경우 자신의 딸 클레이 부인이 월터 엘리엇 경과 재혼할 경우 좀 더 많은 재산을 남겨 놓기 위해서일까? 메리 머스그로브가 앤 엘리엇과 웬트워스 대령의 결혼에 조력하는 것은, 앤에게 청혼한 적이 있는 자신의 남편 찰스가 옆으로 새는 것을 막기 위해서일까?(Sutherland and Le Faye 2005, 221) 이런 문제를 푸는 것은 오롯이 독자들의 몫으로 남는다.

여섯 편의 소설은 모두 바람직한 결말을 위해 적절한 계책을 통해 해결해야 할 문제들을 제시한다. 캐서린과 헨리 틸니가 결혼하기로 약속한 후, 틸니 장군의 허락을 기다리는 동안 오스틴은 다음과 같은 질문을 던진다. "대체 어떤 그럴싸한 상황이 벌어져야 장군처럼 성질이 불같은 사람에게 영향을 미칠 수 있을까?" 그런데 해답은 바로 헨리의 여동생 엘리너의 결혼이다. 엘리너는 귀족 가문의 자작과 결혼했다. 이로 인해 마음이 누그러진 아버지로부터 엘리너는 "헨리를 용서하겠다는 약속과" 캐서린과의 결혼과 관련해서는 "'그렇게 바보짓이 하고 싶으면 하라고 해!'라는 허락을 받아 냈다"(『노생거 사원』 259-260→332쪽). 캐서린 영부인은 "조카의 결혼에 극도로 분개했다. 그리고 결혼 예정을 알린 편지에 대한 답신에 ... 지극히 모욕적인, 특히 엘리자베스에 대해 모욕적인 언사를 썼기에, 얼마간 일체의 교류가 끊어졌다." 엘리자베스는 다아시를 설득해 "그 무례함을 눈감아 주고 화해를 구하게" 했다. "이모 편에서는 약간 더 고집을 부렸지만 ... 그녀의 앙심도 수그러들었다"(『오만과 편견』 430→531-532쪽). 이와 유사하게, 에드워드 페라스는 자신의 어머니에게 "겸허해진다거나 뉘우친" 것이 없지만, 그리고 그런 그의 마음은 충분히 정당화될 수 있었지만 엘리너는 그를 설득한다. 에드워드는 누이 패니 대시우드에게 가서 "자신을 위해서 힘을 써달라고 부탁"하고, 그 결과 그는 다시 가족의 일원이 되었다(『이성과 감성』 421-422→494-495쪽). 이런 성과를 거둔 후, 마지막으로 남은 과제는 메리앤과 브랜던 대령을 짝짓는 일이다. 좀 더 성숙한 앤과 웬트워스 대령의 경우, 나이 든 집안 식구들을 설득할 필요가 없다. 그들의 약혼이 성사된 후 관전 포인트가 있다면, 윌리엄 엘리엇 씨에 관한 일이다. 월터 경과 클레이 부인이 결혼하는 것을 막기 위해 앤과 결혼하려 했던 윌리엄 엘리엇 씨는 어떻게 되었을까? 엘리엇 씨는 결국 클레이 부인과 함께하게 되었는데["엘리엇 씨가 바스를 떠난 뒤 곧이어 클레이 부인도 떠났는데, 곧 그의 도움으로 런던에 정착했다는 소식이 들려왔다"], "이제 그와 그녀의 교활함 중에서 어느 쪽이 승리를 거둘 것인지가 관심거리가 되었다. 그러니까 모두들 그녀가 자신이 월터 경의 아내가 되는 것을 막은 엘리엇 씨를 잘 구슬리고 달래서 결국 월리엄 경의 아내가 되는 데 성공할지를 흥미진진하게 주목했다"(『설득』 273→362쪽). 패니 프라이스의 결혼은 주변의 아무런 반대에도 부딪히지 않았다. 다만 레이디 버트럼이 그녀로부터 떨어질 수 없다는 게 문제다. "아들이나 조카딸이 아무리 행복해진다 해도 이 결혼을 바랄 수는 없었다"(『맨스필드 파크』 546→681-682쪽). 이 문제의 해결책은 수전이다. 레이디 버트럼은 "패니의 자리를 대신할 수전"을 "계속 데리고 있기로 했는데, 물론 본인도 좋아했다!" 그리고 "눈치가 빠르"고 "상대의 기질을 얼른얼른 파악해 내"는 수전은 "곧 모두에게 환영받고 모두에게 도움이 되는 존재가 되었다"(『맨스필드 파크』 547→681-682쪽).

가장 어려운 문제는, 에마의 결혼과 에마에 대한 우드하우스 씨의 높은 의존성이다. 즉, 에마가 결혼하면 우드하우스 씨를 누가 돌보느냐. 에마는 이 문제를 일찍부터 인식하고, 자신은 아버지 때문에 절대 결혼하지 않겠다고 선언한 바 있다. 에마와 나이틀리 씨가 결혼을 약속했지만, 역시 문제는 아버지였다. ["불쌍한 노인! 처음에는 상당한 충격을 받았고, 진심으로 딸을 말려 보려 했다. 언제나 절대 결혼하지 않겠다고 하지 않았느냐는 말도 한 번 이상 했고, 독신으로 남아 있는 편이 분명히 훨씬 나을 거라 … 이야기하기도 했다."] 가족과 주변 사람들이 아버지를 상대로 인내심을 가지고 "계속 반복"해서 설득했고, 아버지는 "언젠가는, 아마 한두 해쯤 후에는 정말 혼례를 올린다고 해도 아주 나쁜 일이 아니겠다는 생각이 들기 시작했다"(『에마』 509-510→676-677쪽). 그런데 이 시점에서 해결책은 동네에 나타난 양계장 도둑들이 들고 나왔다. 양계장 도둑들의 출현으로 우드하우스 씨는 신경이 과도하게 곤두섰고, 나이틀리 씨가 사위로 자신의 집에 들어와 보호막이 되어 줄 것을 간절히 원하게 되었다. 결국 우드하우스 씨의 안달증이 드디어 힘을 발휘한다. 도둑들의 "우연한" 출현은 프랭크로 하여금 해리엇을 구출하게 한 집시 아이들만큼이나 뜬금없지만, 그렇다고 해서 전적으로 비현실적인 일도 아니다. 오스틴이 여기서 보여 주는 것은, 언뜻 보기에 불가능해 보이는 일도 약간의 환경 변화로 절묘하게 상황이 바뀔 수 있다는 것이다. 또 언뜻 보기에 취약점으로 보이는 것, 혹은 어떤 문제를 문제로 만든 그 원인 자체가 경우에 따라서는 전적으로 그 당사자에게 유리하게 작용할 수도 있다는 것이다. 창의력을 발휘한다면 성공적인 조작은 언제든지 가능하다. 어쩌면 양계장 도둑 얘기는 에마나 그녀와 "한통속"인 이들이 만들어 낸 거짓 소문일 수도 있다. 제일 먼저 칠면조를 도둑맞았다고 소문이 난 집은 다름 아닌 에마의 절친인 웨스턴 부인의 집이니 말이다. 어쩌면 오스틴은 자신의 전략적 사고 능력을 뽐내고 있는 것인지도 모른다. 즉, 오스틴은 아버지 문제를 소설 맨 처음에 제기한 뒤 결말에 이르기 전까지 그대로 남겨 두는데, 이는 독자들에게 해결책을 생각할 시간을 충분히 준 것일 수 있다. 오스틴에게는 식은 죽 먹기 문제였지만 말이다.

누구라도 전략적 사고에 능할 수 있고 그렇지 않을 수도 있으며, 또 누구라도 배울 수 있다. 그러나 오스틴에 따르면, 전략적 사고에서 적어도 일정 분야는 여성들의 전유물이다. 예를 들어, 무도회에서 존을 따돌리고 헨리의 관심을 끌기 위한 캐서린의 노력은 "젊은 여성이라면 ... 한두 번은 경험했을" 상황이다. "누구나 한 번쯤은 피하고 싶은 남자가 따라다니거나 적어도 그렇다고 믿은 적이 있을 것이고, 또 마음에 드는 남자의 관심을 얻으려고 안달해 보았을 것이다"(『노생거 사원』 72→94쪽). 나이틀리 씨가 에마에게 청혼하자, 에마는 지극히 자연스럽게 여성들이 공유해 온 전략적 문화에 의지한다.

> 그녀가 갈 길은 아주 평탄하지는 않았지만 분명했다. 그래서 그녀는 그의 간청에 답했다. 무슨 말을 했느냐고? 물론, 바로 이럴 때 해야 할 말을 했다. 숙녀라면 언제나 그렇게 한다. 그녀는 절망할 필요가 없음을 보여 주고, 그의 이야기를 더 끌어낼 만큼은 충분히 말했다(『에마』 470→624쪽).

여성들 사이에는 또한 서로의 전략적 능력을 존중하고 서로에게는 그 능력을 휘두르지 않는다는 무언의 약속이 있어 보인다. 에드먼드가 패니에게 말하길, 메리 크로퍼드는 그녀가 어떻게 자신의 오빠인 헨리 크로퍼드의 청혼을 거절할 수 있는지 이해를 하지 못하며 "이 혼인이 성사되기를 간절히 바라는 마음은 네 이모부나 나 못지않"다고 한다. 그러자 패니가 다음과 같이 응답한다.

> 난 여자라면 누구나 같은 생각일 줄 알았는데요. 아무리 인기가 많은 남자라도 여자 쪽에서 마다하거나 적어도 사랑하지 않을 수 있다고요. 모든 면에서 나무랄 데 없는 남자라도 어쩌다 마음만 주면 상대편에서는 무조건 좋다고 할 거라는 생각은 곤란하다고 봐요. 그렇지만 설령 그렇다고 해도, 또 누이분들 생각대로 크로퍼드 씨가 모든 조건을 갖춘 분이라고 해도, 내 마음이 어떻게 그분의 마음과 같은 수 있겠어요?(『맨스필드 파크』 406, 408→507, 509쪽)

즉, 청혼을 거절할 수 있는 여성의 권리는 모든 여성이 존중해야 하는 것이다. 그리하여 패니는 같은 여성으로서 메리 크로퍼드가 오직 한 남성에게 잘 보이기 위해 이 점을 타협한 것이 특히 거슬린다. 에마는 프랭크 처칠에게, 제인 페어팩스가 받은 피아노가 딕슨 씨가 애정의 정표로 보낸 것 같다는 자신의 의심 어린 속마음을 토로한다. 이후 그녀는 "제인 페어팩스의 감정 상태에 대한 자신의 의혹을 프랭크 처칠한테 말한 것은 여자끼리의 신의를 깨트린" 것으로 생각했다(『에마』 249→332쪽). 캐롤라인 빙리는 다아시에게 엘리자베스가 "남자들한테 잘 보이기 위해 다른 여자들을 무시하는 부류의 아가씨"라면서 "하지만 내가 보기엔 그건 형편없는 수작에, 비열한 술책이에요"라고 한다(『오만과 편견』 43→59쪽). 그러나 물론, 다아시 씨 앞에서 엘리자베스에 대해 그렇게 험담을 함으로써, 동성으로서 연대 의식이 부족하다는 엘리자베스에 대한 비난은 엘리자베스보다 캐롤라인 자신에게 더 잘 적용된다. 캐롤라인의 행태를 파악하고 있는 다아시 씨는 이렇게 답한다. "의심할 바 없이. … 아가씨들이 신사들의 관심을 끌기 위해 더러 채택하기도 하는 술책은 **뭐가 되었든** 비열하긴 하지요. 교활한 행위라면 그 비슷한 것이라도 경멸해 마땅할 테고"(『오만과 편견』 44→59쪽).

여성들은 소설을 통해 전략적 지식을 체계적으로 정리하고 발전시킬 수도 있지만, 역사적으로 불리한 위치에 있다. "남자들은 자기들의 이야기를 하기가 훨씬 유리한 상황이에요. 남자들이 훨씬 수준 높은 교육을 받고 손에 펜을 쥐고 있었잖아요"(『설득』 255→339쪽). 실제로 어린 패니가 맨스필드 파크에 도착해서 처음 몇 주 동안 겪었던 결핍을 가장 잘 보여 주는 것은 오빠에게 편지를 쓸 수 있는 "종이가 없다"는 것이다(『맨스필드 파크』 17→26쪽). 이 같은 불리한 조건을 감안했을 때, 여성들은 마땅히 서로 연대해야만 한다.

> 한 소설의 여주인공이 다른 소설의 여주인공으로부터 지지와 후원을 받지 못한다면 대체 누구에게서 보호와 존경을 기대할 수 있겠는가? … 우리끼리는 서로를 저버리지 말자. 우리는 상처 입은 몸이다(『노생거 사원』 30→42쪽 참조).

따라서 [여성이 다른 여성을 상대로 전략을 행사할 경우] 비열하거나 교활하다는 비난을 피하기 위해 어쩌면 사람들이 자신을 다소 오해하도록 할 필요가 있을지도 모른다. 술에 취한 엘튼 씨로부터 청혼을 받은 에마는 이 일을 자신만이 알고 있는 치욕이라고 생각하고 있었으나, 베이츠 양도 알고 있었다 — 그녀는 "이 소설에서 그리스 합창단이며, 그녀의 말은 집단적 무의식이 연기처럼 피어오르는 연통"(Vermeule 2010, 183)으로 베이츠 양이 안다는 것은 동네 사람 모두가 안다는 뜻이다. 엘튼 씨가 다른 여성과 결혼했다는 소식을 들은 베이츠 양은 이렇게 말한다. "음, 난 엘튼 씨 신붓감이 이 근방 아가씨일 거라고 늘 생각했는데. 뭐 그렇다고 내가 … 콜 부인이 한번은 귓속말로 전하길 … 허나 내 즉시 말했지요. '아닐 거예요, 엘튼 씨가 아주 훌륭한 청년이긴 하지만 … 그래도.' 한마디로 난 그런 일에는 눈치가 빠른 편이 못 되나 봐. 빠르다고 주장할 생각도 없고. 눈앞에 보이는 것만 보니까. 그렇지만 그런 희망을 품었다 해도 뜻밖이라 할 사람은 없지 않나 … 내가 계속 떠드는데도 우드하우스 양은 내버려 두네요. 기분 좋게 넘기면서. 나쁜 뜻은 없다는 걸 잘 아니까"(『에마』 188-189→253-254쪽).

여기서 베이츠 양은 자신의 통찰력을 수다스러움과 자기부정으로 감춘다. 이저벨라 소프는 틸니 가문의 장자인 프레더릭 틸니와 눈이 맞아 약혼자인 제임스 몰런드를 차버린다. 캐서린은 헨리와 엘리너 틸니에게 이 사실에 대해 넌지시 암시하고, 헨리 틸니는 이를 바로 알아차린다. 틸니 자매는 캐서린의 실망에 대해 공감하고, 캐서린은 자신의 속내를 말한다. 캐서린은 "대화를 나누다 보니 기분이 훨씬 나아져서 자신도 모르게 사정을 털어놓은 것이 후회되지 않았다"(『노생거 사원』 213→274쪽). 여기서 캐서린은 오빠의 파혼 얘기를 스스로 하고 싶어서 한 게 아니라는 것[다시 말해, 이저벨라 소프의 정체를 일부러 밝히려고 말한 것이 아님]을 밝혀 둔다. 자신도 모르게 얘기를 털어놓도록 기이하게 유도를 당했다는 것이다. 소설을 통해 전략적 사고를 탐구하고 이론화하는 이 책에 대해 어쩌면 여성들은 이를 너무 명시적으로 밝히지 않는 게 좋겠다고 생각할지도 모르겠다. "넌 왜 내가 인정하는 것 이상의 감정을 내가 가지고 있다고 설득하려 야단이니?" 이렇게 항의하는 언니 제인에게 엘리자베스는 자조를 섞어 답한다. "사람들이 그렇잖아, 왜. 알 가치가 없는 것만 가르칠 수 있는 주제에 한사코 가르쳐 주려 드는 거. 좀 봐줘"(『오만과 편견』 380→470쪽 참조).

때때로 사람들은 다른 사람들이 자기만의 선호에 따라 자기만의 결정을 내린다는 것을 이해하지 못한다. 나는 이것을 "무개념"cluelessness이라 부르는데, 이는 오스틴의 소설 『에마』를 에이미 해커링이 각색한 영화 〈클루리스〉Clueless(1995)에서 영감을 얻은 것이기도 하다. 전략적 사고에 대한 오스틴의 포괄적 분석은 전략적 사고의 뚜렷한 부재에 대한 분석으로 확장된다.

오스틴은 무개념에 대한 다섯 가지 설명을 제시한다. 첫 번째는 타고난 능력의 부재다. 어떤 사람들은 "선천적으로" 전략적 사고를 하지 못한다. 이런 사람들은 수치, 시각적 디테일, 문자적 의미, 신분 차이에 집착하는 경향을 보인다. 두 번째는 사회적 거리다. 예를 들어, 미혼자는 결혼해 본 적이 없기 때문에 기혼자에 대한 이해가 떨어진다. 경험이 매우 다른 사람들은 진솔한 대화를 충분히 나누기 전까지 서로를 이해하지 못한다. 세 번째는 과도한 자기 준거다. 타인을 이해하는 데 자신을 지나치게 많이 참조하는 것이다. 네 번째는 신분 유지다. 신분이 높은 사람은 신분이 낮은 사람의 의도를 고려하지 않는다. 그럴 경우 신분 차이가 희석될 수 있기 때문이다. 다섯 번째는 어떤 가정, 즉 다른 사람의 선호를 직접 조작[조종]할 수 있다는 믿음이 작동하는 경우다. 내가 다른 사람의 선호를 변화시킬 수 있다면, 나는 그 사람의 선호를 고려할 필요가 없다. 이 장 마지막 부분에서 나는 캐서린 영부인이나 틸니 장군과 같은 상급자들이 범한 결정적 실수를 설명하면서 오스틴의 이 다섯 가지 이유를 적용해 볼 것이다.

타고난 능력의 부재

오스틴은 전략적 사고 능력을 키우기 위한 훈련의 중요성을 강조하지만, 사람에 따라 차이가 있을 수 있음을 인정한다. 예를 들어, 앤 엘리엇과 레이디 러셀의 차이는 "타고난" 재능의 차이로서 이는 경험의 차이를 뛰어넘는다. "어떤 사람들에게는 남다른 감식안, 다른 사람의 인격을 정확히 파악하는 능력, 다른 사람들은 아무리 경험해도 얻지 못하는 타고난 통찰력이 있다. 레이디 러셀은 자기보다 젊은 앤보다도 그 방면의 능력이 부족했다"(『설득』 271→360쪽).

2장에서도 언급되었듯이, 자폐스펙트럼장애는 타인의 마음을 이해하는 데 어려움을 겪는 상태와 관련된다. 자폐증과 연관된 또 다른 특징은 수치, 시각적 디테일, 문자적 의미에 대한 집착이다. 흥미롭게도 전략적 사고를 잘하지 못하는 오스틴의 소설 속 인물들에게서 이 같은 특징을 발견할 수 있다.

첫 번째, 수치에 집착하는 사람으로는 콜린스 씨와 러시워스 씨가 있다. 콜린스 씨는 엘리자베스에게 자신의 정원을 보여 주며 정확한 수치들을 제시한다. "모든 것에 대해 세세히 설명해 주었는데, 그러느라 정작 그 아름다움을 감상하는 것은 완전히 뒷전이 되었다. 그는 사방에 있는 밭을 하나하나 지적할 수 있었고, 가장 멀리 떨어져 있는 수풀의 나무가 몇 그루인지 말해 줄 수도 있었다." 또한 자신의 후원자 캐서린 영부인의 "저택 전면에 있는 창문의 숫자를 하나하나 세"면서 엘리자베스에게 자랑하고 싶어 했다(『오만과 편견』 177, 182→224, 230쪽). 러시워스는 연극 〈연인 서약〉에서 자신의 역할이 얼마나 중요한지 항변하며 [자신이 맡은] "백작도 대사가 마흔하고도 두 개나 되니, 만만치 않지요"라고 여러 번 말한다. 또한 안할트 역을 맡은 에드먼드를 돕기 위해 그의 대사가 몇 줄인가를 세어 준다(『맨스필드 파크』 169, 186→212, 232쪽). 11장에서도 언급했듯이, [산책을 하다 부랑자 무리를 만나 곤경에 빠진] 해리엇 스미스를 프랭크 처칠이 용맹스럽게 구출해 주자 에마는 다음과 같이 생각한다. "멋진 청년과 사랑스러운 처녀가 이런 식으로 함께 모험을 겪게 되었으니... 언어학자나 문법학자나 심지어 수학자라도 자기가 본 것을 보고, 두 사람이 함께 나타나는 것을 목격하고 그들이 하는 이야기를 들었다면, 서로 각별한 관심을 가질 수밖에 없겠구나 하는 느낌을 받지 않겠는가?"(『에마』362→485쪽) 즉, 언어학자와 문법학자들은 전략적 사고에 서투른 사람들이고, 수학자들은 그들보다 더 뒤떨어진다는 것이다.

두 번째로, 시각적 디테일에 대한 집중이다. 전략적인 사람은 물론 타인(특히 타인의 눈)을 세밀히 관찰하지만, 오스틴에게 시각적 디테일에 대한 집중, 주로 옷차림이나 신체적 모습에 대한 집중은 전략적 사고의 취약함과 관련이 있다. 앨런 부인의 경우, "그녀는 옷치장에 공을 들였다." 캐서린과 함께 바스에서 처음 참석하는 무도회에 입고 갈 옷을 사는 데 몇 날 며칠을 보내지만, 막상 무도회에 도착해서는 무엇을 해야 할지 몰라 하며 무도회장에 아는 사람이 있었으면 좋겠다고 한탄한다(『노생거 사원』12→19쪽). 캐서린은 헨리 틸니에게 약속을 못 지킨 것에 대해 열심히 설명하는 과정에서 앨런 부인에게 도움을 요청한다. "저를 무례하다고 생각하셨을 텐데, 사실 제 잘못은 아니었어요. 그렇죠, 앨런 부인? 그 사람들이 틸니 씨와 동생분이 쌍두 사륜마차를 타고 같이 외출하더라고 했잖아요? 그러니 제가 어떻게 하겠어요? 그렇지만 전 만 배는 더 두 분하고 같이 있고 싶었답니다. 그렇죠, 앨런 부인?" 캐서린의 구원 요청에 앨런 부인은 그렇다고만 인정하면 되었을 일이지만 이 상황을 이해하지 못하고 엉뚱하게 "얘야, 내 드레스 구겨지잖니"라고 한다(『노생거 사원』92-93→119쪽). 이와 유사하게, 러시워스 씨는 색상과 화려한 차림새에 쉽게 주의가 산만해진다. 그의 약혼녀 마리아 버트럼은 〈연인 서약〉에서 헨리 크로퍼드와 여러 장면에 함께 등장하는데[이는 서로 마음이 있는 두 사람이 전략적으로 협력해 맞상대가 되는 배역을 얻어낸 결과다], 그녀는 러시워스 씨로 하여금 이 같은 상황에 대해 아무것도 의심하지 못하게 하기 위해 "그가 등장하는 부분을 직접 살펴보며 줄일 수 있는 대사는 모두 줄여 주었다. 그리고 의상을 여러 번 갈아입어야 할 거라면서 의상 색깔을 골라 주기도 했다. 러시워스 씨는 화려한 의상을 입는 게 못마땅한 척했지만 속으로는 매우 좋았고, 무대에 등장할 자신의 모습에 정신이 팔린 나머지 다른 사람들한테는 생각이 미치지 않"았다(『맨스필드 파크』 162→205쪽). 러시워스 씨는 기분이 좋아져 "나는 카셀 백작을 맡기로 했는데, 처음에는 파란색 예복에 분홍색 공단 망토를 걸치고 등장했다가 뒤에는 사냥복풍으로 또 화려하게 차려입어야 한다네요"라고 자랑한다(『맨스필드 파크』 163→205쪽). 위컴이 드디어 리디아와 결혼하겠다고 하자, 베넷 부인은 그가 왜 그런 결정을 했는지 생각하지 않고 곧바로 리디아의 웨딩 의상을 걱정하기 시작하면서 "캘리코, 모슬린, 캠브릭 따위의 온갖 세목들을 주워섬겼다"(『오만과 편견』 338→420-421쪽).

시각적 디테일에 대한 집중이 단순한 허영심 때문만은 아닌 경우도 있다. 어떤 사람들은 겉모습을 중심으로 사회적 상호작용을 한다. 예를 들어, 캐서린은 앨런 부인에게 헨리 틸니의 부모님도 바스를 방문하느냐고 묻는다. 그러자 그녀는 곧바로 기억해 내지 못한다. "그래, 그런 것 같아. 확신은 못하겠다만. 하기는 곰곰 생각해 보니 두 분 다 돌아가신 게 아닌가 싶다. 적어도 어머니는 돌아가신 게 맞을 거야. 그래 확실해. 휴즈 부인 말로는 드러먼드 씨가 딸의 결혼식 날 딸에게 아름다운 진주 세트를 주었는데, 그걸 지금은 틸니 양이 가지고 있다니까. 그 어머니가 돌아가실 때 그녀를 위해 남겨 둔 것이지"(『노생거 사원』 65→86-87쪽). 아름다운 진주 장신구가 아니었으면 앨런 부인은 틸니 부인이 죽었는지 살았는지 기억할 수 없는 것이다. 레이디 버트럼의 경우, 아들 톰이 아프다는 소식이 크게 와닿지 않는다. "레이디 버트럼으로서는 눈으로 보지 못한 고통이 잘 상상이 되지 않았고, 그래서 불안하고 걱정된다며 가엾은 환자들 이야기를 하면서도 아주 느긋했는데, 톰이 실제로 맨스필드로 실려 오고 아들의 달라진 모습을 직접 두 눈으로 볼 때까지는 그랬다"(『맨스필드 파크』 495→614-615쪽). 러시워스 씨는 친구의 저택 콤프턴이 새로 단장한 것을 보고 나서야 자신의 저택 소더턴을 개조할 생각을 한다. "버트럼 양도 콤프턴에 가보시면 정말 좋겠습니다. ... 새 진입로는 그 지역 최고일 겁니다. 저택이 시야에 드러나는 방식이 아주 놀라워요. 정말이지 어제 소더턴으로 돌아와 보니 우리 집이 마치 감옥 같아 보이더군요. 아주 충충하고 낡은 감옥 말입니다"(『맨스필드 파크』 62→79쪽). 소더턴을 방문한 그의 손님들이 주택 단장에 아이디어들을 제시하자 러시워스 씨는 "두 사람도 자기 친구 스미스의 집을 보았더라면 좋았겠다는 바람을 피력할 뿐 독자적인 의견을 내놓는 모험은 거의 하지 않았다"(『맨스필드 파크』 113-114→145쪽). 러시워스 씨는 친구의 집이나 자신의 집이나 시각적으로밖에는 이해를 못하고 그 외 어떤 방식으로든 이야기할 줄을 모른다. 그가 바라는 것은 오로지 자신이 본 것을 다른 사람들도 보는 것이다. 바스에서 앤의 언니 엘리자베스 엘리엇은 처음엔 웬트워스 대령에 대해 아는 척도 않다가 이후 그를 파티에 초대하는데, 그 이유는 그가 잘생겨서다. [엘리자베스는] "바스에서 이미 상당 기간 생활하면서 웬트워스 대령과 같은 태도와 외모를 가진 사람의 중요성을 충분히 이해하게 되었던 것이다. 과거는 중요하지 않았다. 웬트워스 대령이 그녀의 응접실에서 오가는 모습이 보기 좋을 터였다"(『설득』 245-246→327쪽).

　빼어난 외모는 전략적으로 탁월한 사람조차 실수를 하게 만든다. 위컴은 다아시가 자신을 홀대했다고 주장하는데, 이에 대해 엘리자베스 베넷은 "위컴 씨 표정은 정말 진실해 보였"다고 말하고, 제인 베넷의 경우 "위컴처럼 그렇게 착해 보이는 사람이 하는 말이 사실인지 의심하는 것도 그녀의 성격에는 맞지 않았다"(『오만과 편견』 95-96→123-124쪽). 하지만 자신의 가문과 위컴 가족의 역사를 설명하는 다아시 씨의 편지를 읽고 엘리자베스는 위컴의 외모와 실제 증거의 무게를 저울질한다. "그의 표정, 목소리, 몸가짐만 보고 그가 너무나 괜찮은 사람이라고 성급히 단정했던 것이다. ... 그의 매력적인 몸가짐이나 말하는 태도는 즉각적으로 눈앞에 그려졌지만, 이웃들이 대개 좋게 생각했다거나, 뛰어난 사교술로 인해 많은 사람들이 호감을 가졌다는 사실 외에 더 실제적인 미덕의 예를 기억해 낼 수는 없었다"(『오만과 편견』 228→290-291쪽). 자신들의 실수를 깨달으며 엘리자베스와 제인은 겉모습의 위력을 깨닫는다. 제인은 "위컴도 가엾어. 얼굴은 그렇게도 선한 표정인데! 또 얼마나 활달하고 신사다우니 글쎄!"라고 한탄한다. 여기에 위컴과 다아시 씨를 비교하며 엘리자베스가 다음과 같이 덧붙인다. "그 두 사람 교육에 뭔가 큰 잘못이 있었던 것이 분명해. 한 사람은 선함을 모두 다 가졌고, 다른 사람은 선함의 외양만 몽땅 가졌으니 말이야"(『오만과 편견』 250→314-315쪽). 이와 유사하게, 엘리너는 밤늦게 찾아온 윌러비의 고백을 듣고 마음이 착잡해졌는데, 이는 "남다른 매력을 가진 그 사람 됨됨이, 활달하고 다정하고 생기 있는 그 매너 같은, 사실은 큰 비중을 두어서는 곤란한, 그런 요인들 때문에 그가 자신의 마음에 지금 더 영향을 미친다는 것을 느꼈"기 때문이다(『이성과 감성』 377→442쪽 참조). 베넷 씨가 어리석은 베넷 부인과 결혼한 이유는 "젊고 아름다울 뿐 아니라 마음씨도 착해 보이는 — 젊고 아름다우면 마음씨도 착해 보이게 마련이니 — 한 여인에게 반해"서였다(『오만과 편견』 262→328쪽 참조).

오스틴 소설에서 전략적 사고에 취약한 인물들의 세 번째 특징은 문자적 의미에 집착하는 것이다. 이들은 단어나 부호의 의미를 그것의 사회적 맥락에서 이해하기보다, 소리와 모양 그리고 형식적 의미에 집착한다. 예를 들어, 베넷 씨는 책에서 단어 하나하나를 그대로 베끼는 메리를 두고 학식이 높다고 농담을 한다. "소개의 절차요, 아니면 그렇게 절차를 따지는 게 말도 안 된다는 거요? ... 너라면 어떻게 말하겠니, 메리야. 넌 생각이 깊은데다가, 훌륭한 책도 많이 읽고, 또 중요한 구절은 따로 적어 두지 않니"(『오만과 편견』 7→15쪽). 메리는 음악 공부를 열심히 하지만 "아는 척하고 잘난 척"하는 태도로 공연하고, 다른 사람들 눈에 자신이 어떻게 비칠지 알지 못한다. 그리하여 그녀는 이제 노래를 그만하라는 의미에서 엘리자베스가 "의미심장한 눈빛을 보내며 갖은 애를 썼지만" 계속해서 열성적으로 노래를 한다(『오만과 편견』 27, 112

→38, 145쪽). 이에 비해 프랭크 처칠과 비밀리에 약혼 중인 제인 페어팩스는 드러내 놓고 서로 말을 못 하는 대신 "사실상 피아노를 통해 말한다"(Wiltshire 1997, 71). 메리는 "통주저음과 인간 본성에 대한 연구에 깊이 몰두해 있었다"(『오만과 편견』 67→88쪽). 통주저음이란 낮은음자리표 위에 숫자를 사용해 코드를 표기하는 음표 표기법의 한 종류다(이 책 466쪽 〈그림 28〉도 참조할 것). 메리는 음악을 공연자와 관객 사이의 소통이 아니라 악보에 적힌 음표로 이해하고, 인간관계 역시 비슷한 맥락에서 연구한다. 베넷 씨 역시 메리에게 물어보고자 하는 것은 사교의 실제에 관한 것이 아니라, 예절 책에는 무엇이라 나와 있는지, 그 규칙과 소개의 형식은 어때야 한다고 나와 있는지를 묻고 있다. 뉴전트에 따르면, 메리 베넷은 "유명 소설 작품에 등장하는 최초의 너드nerd▪ 가운데 하나다"(Nugent 2009, 91). 콜린스 씨는 베넷가에 편지를 보내 베넷가 저택의 상속자로서 화해를 하고 싶다고 전하는데, 엘리자베스와 베넷 씨는 그 의도와 의미가 무엇인지 궁금해한다. 메리는 이 와중에 "작문의 수준에서 보자면, ... 흠잡을 데는 없어 보여요. 올리브 가지라는 비유는 별로 독창적인 것이 못 되겠지요. 그렇지만 제가 보기엔 아주 적절하게 쓰였어요"라고 말한다(『오만과 편견』 71→93쪽). 메리가 관심이 있는 것은 콜린스 씨의 의도가 아니라 편지의 형식, 그중에서도 특히 편지에서 인용된 관용구 하나다. 메리는 콜린스 씨가 맘에 들었고 "다른 딸들보다 그의 능력을 훨씬 높이 평가하고 있으며, 종종 그의 생각이 건전하다는 데 주목했"는데, 콜린스 씨의 이 건전함은 엘리자베스의 "영리"함과 반대되는 것이다(『오만과 편견』 139, 16→179, 12쪽).

에마의 첫 번째 큰 실수는 문자적 의미에 너무 집착한 탓이라고 할

▪ 지능은 뛰어나지만 강박관념에 사로잡혀 있거나 사회성이 떨어지는 사람을 전형적으로 이르는 말.

메리는 음악을 공연자와 관객 사이의 소통이 아니라
악보에 적힌 음표로 이해하고, 인간관계 역시 비슷한 맥락에서 연구한다.
메리 베넷(털룰라 라일리 분)은 어쩌면 소설 속 최초의 너드 캐릭터일 수 있다.

그림 24. 영화 〈오만과 편견〉에서 베넷가의 셋째 딸 메리

수 있다. 에마는 자신이 그린 해리엇의 초상화에 대해 "얼마나 소중한 짐입니까"!라고 말하며 액자를 만들기 위해 런던으로 애지중지 가져가는 엘튼 씨를 보고 그가 해리엇을 사랑하는 것이 틀림없다고 판단한다(『에마』 51→73쪽). 하지만 엘튼 씨가 정작 소중히 여기는 것은 초상화에 담긴 사람이 아니라 초상화의 작가다.

우드하우스 씨는 딸인 에마와 마찬가지로 초상화를 문자 그대로 보는데, 그림 속 해리엇을 보고 "밖에 나와 앉았는데 어깨에 작은 솔 하나만 걸치고 있잖느냐 ... 저러다가는 감기에 걸릴 것만 같거든"이라고 한다(『에마』 51→72쪽). 이와 반대로, 엘튼 씨는 해리엇을 야외에서 그리기로 한 에마의 예술성을 칭찬한다. "고백컨대 제겐 아주 기막힌 발상으로 보입니다. 스미스 양이 바깥에 앉게 처리한 것 말입니다. ... 이렇게 닮은 그림은 처음입니다"(『에마』 50→72쪽). 유사한 사례로, 바스의 한 판화 상점 앞에서 배를 타고 있는 두 남자의 그림을 보면서 크로프트 제독은 앤에게 말한다. "'훌륭한 화가라는 귀족들이 얼마나 이상한 사람들인지, 저렇게 볼품없고 바닥이 얇은 배에 목숨을 걸 사람이 있다고 생각하다니! 하지만 여기 신사 두 사람이 아주 편안한 표정으로 주변의 바위며 산들을 둘러보고 있잖아요. ... 도대체 뭘로 만든 배인지 궁금하군요!' 그는 우스꽝스러운 웃음을 터뜨"리며 농담했다(『설득』 183-184→246쪽). 크로프트 제독은 그림을 보면서 그림 속 두 신사의 안위가 아니라 배에 대한 화가의 전문가적 식견에 의문을 제기한다.

에마는 해리엇이 메리 베넷의 명언집과 유사하게 [얇은 사절지 노트에] 자기가 주워들은 갖가지 수수께끼를 모아 베껴 넣는 일을 격려하며, 엘튼 씨에게도 알고 있는 수수께끼가 있으면 해리엇에게 알려 달라고 요청한다. 에마의 요청에 응해 엘튼 씨가 제공한 수수께끼의 마지막 두 줄은 다음과 같다. "그대의 날렵한 재기면 금방 낱말을 떠올릴 것이니/그 부드러운 눈이 수락의 빛으로 빛나기를!"(『에마』 76→109쪽) 에마는 이것이 해리엇에 대한 엘튼의 구애라고 판단한다. 해리엇이 수

12 무개념

수께끼 속에 담긴 은밀한 내용 때문에 이를 자신의 모음집에 도저히 베껴 적을 수 없을 것 같다고 말하자, 에마는 해리엇에게 그녀를 향해 2인칭으로 쓴 마지막 두 줄을 삭제하고 수수께끼를 실어도 아무 문제가 없다고 한다. "갈라낸다고 해서 써놓은 게 없어지는 것도 아니잖아"(『에마』 82→117쪽). 에마는 수수께끼의 마지막 두 행과 이를 엘튼 씨가 직접 와서 자신에게 전달한 것이 의미하는 사회적 맥락[엘튼 씨는 해리엇이 아닌 에마에게 그 수수께끼를 전달하며, 자신의 마음을 표현한 것이다]을 수수께끼로부터 완벽하게 분리하고자 한다. 그리고 이렇게 비맥락화된 수수께끼 버전을 아버지에게 큰소리로 읽어 준다.

앨런 부인은 혼자 중얼거리기를 좋아한다. "일거리를 가지고 앉아 있는 동안에 바늘을 잃어버리거나 실을 끊어 먹어도, 길에서 마차 소리를 듣거나 드레스에 얼룩이 묻은 것을 보아도, 주위에 말을 받아 줄 사람이 있건 없건 그 사실을 소리 내어 말해야 했다"(『노생거 사원』 57→76쪽). 앨런 부인의 대화는 사회적 맥락에 따라 변하지 않는다. 그녀는 소프 부인과 "소위 대화라는" 걸 하는데, "그 대화란 것이 ... 의견의 교환인 경우가 거의 없고 주제가 같은 적도 별로 없었"다(『노생거 사원』 30→41쪽 참조). 앨런 부인에게 대화라는 것은 단어를 발설하는 것 이상이 아니었기 때문이다. 이와 반대로, 베이츠 양은 무엇이든 과도하게 맥락화하고, 메시지를 수용하는 자의 지극히 개인적이고 소소한 디테일에도 의미를 부여한다. "어떤 소식을 들으면서 그녀가 특정한 자세를 취하고 있었다면, 그 자세는 즉각 그 사건의 일부가 될 뿐만 아니라 이를 말로 전달하는 것이 자신의 임무라고 생각했다"(Simpson 1870/ 1968, 259).

이미 언급한 대로, 오스틴 소설에서 전략적으로 둔감한 인물들에게서 나타나는 세 가지 특징은 수치, 시각적 디테일, 문자적 의미에 대한 집착으로서, 이는 자폐스펙트럼상에 있는 사람들에게서 흔히 찾아볼 수 있는 특징이다. 퍼거슨-보터머는 『오만과 편견』에 나오는 인물들 속에서 자폐스펙트럼상에 있는 사람들에게서 나타나는 그 밖의 다른 특징들도 발견했다(Ferguson-Bottomer 2007, 113). 예를 들어, 다아시 씨는 춤추기를 싫어하는데, 이는 자폐스펙트럼상에 있는 사람들에게서 나타나는 특징이기도 하다. 신체 움직임, 특히 타인의 움직임에 맞추어 자신의 움직임을 조절하는 게 쉽지 않기 때문이다. "자폐증"에 대한 정의는 1940년대 처음 등장한 이래로 계속해서 논란이 돼 왔다(Silverman 2012). 오스틴은 이 세 가지 특징이 합류하는 지점을 일찍이 관찰했던 것이다.

이 세 가지 특징은 넓은 차원에서 발화 맥락과 상관없이 문자적 의미에 집착하는 성향으로 이해할 수 있는데, 같은 말이라도 누가 어떤 상황에서 하는지 등과 같이 맥락을 파악하는 "발화 행위적" 의미에 집중하는 것과 대비되는 것이다(Austin 1975). 수치, 색깔, 모슬린, 진주 그리고 언어학자나 문법학자들이 연구하는 단어들은 콜린스 씨가 구사하는 말과 마찬가지로 "견고성"을 가지고 있다. 즉, 39는 그 어떤 맥락에서도 39일 확률이 크다.

이 같은 "견고성"은 바람직한 것일 수 있다. 모든 의미에는 다툼의 여지가 있지만, 상황에 의존적이지 않고 의미가 고정적인 것이 좋은 말들이 있다. 예를 들어, 식당에서 일행이 몇 명이냐고 물었을 때, 내가 "두 사람"이라고 답했다고 가정해 보자. 이때 식당에서 테이블을 준비하는 차원에서 "사람"의 의미는 모호할 수 있다. 나와 내 아내는 테이블에 좀 더 빨리 앉기 위해 "일행"의 수를 두 명이라고 하고, 일단 자리에 앉은 후 네 살배기 우리 아이를 위해 의자 하나를 더 당겨 올 수 있을지 모른다. 하지만 "두 명"이라는 숫자가 의미하는 바가 달라질 수 있는 맥락의 변화는 거의 없을 뿐만 아니라, 숫자 "두 명"에 대한 의미를 전략적으로 해석할 이유도 거의 없다. 아버지와 캐서린의 식사 방문을 준비하기 위해 헨리 틸니가 [원래 계획보다 이틀이나] 먼저 서둘러 떠나자 캐서린은 왜 그런 준비가 필요한지 이해하지 못한다. 왜냐하면 틸니 장군은 분명 "집에 있는 대로 차려도 충분할 거다"라고 했기 때문이다(『노생거 사원』 216→277쪽). 이에 캐서린은 혼자 속으로 "입으로는 분명하게 그렇게 이야기해 놓고 속뜻은 내내 다른 데 있었다니, 도무지 이해가 되지 않았던 것이다! 그런 식이라면 사람들이 어떻게 알아듣는단 말인가? 헨리 말고 누가 그분의 속뜻을 알아챈단 말인가" 생각한다(『노생거 사원』 218→280쪽). 모든 소통이 전략적이어서는 안 된다. 말 가운데에는 문자 그대로 소통되어야 할 것들이 있다.

사회생활에서 사회적 역할과 지위는 문자적 의미를 만들어 내는 한 가지 방식이다. 경찰이 되기 위해서는 수년간의 훈련과 엄격한 선발 과정을 거쳐야 하지만, 어떤 순간 사람들은 단지 경찰 유니폼을 입고 경찰 배지를 달았다는 이유만으로 그 사람을 경찰이라고 생각하기 쉽다. 전략적 사고에 능하지 않은 사람에게, 또는 익숙하지 않거나 복잡한 사회적 상황에 놓인 사람에게 사회적 역할은 그런 상황에 대처하는 데 도움이 된다. 예를 들어, 사회적 역할의 도움을 받을 경우 [다정하긴 하지만 전략적 사고에는 형편없는] 우드하우스 씨조차 다른 사람의 관점을 취할 수 있다. 즉, 제인 페어팩스가 스몰리지 부인의 집에 가정교사로 간다는 소식을 듣고 그는 에마에게 말한다. "애야, 그 새 부인에게 그 애는 우리한테 테일러 양과 같은 존재가 될 거야"(『에마』 421→561쪽). 우드하우스 씨가 제인 페어팩스의 향후 사회적 관계를 예측할 수 있는 것은 가정교사라는 그녀의 역할이 테일러 양이 우드하우스가에 머물렀던 때 했던 역할과 동일하기 때문이다. 우드하우스 씨가 에마에게 "특히 신부는 소홀히 대해서는 안 되는 거야. ... 신부는, 애야, 언제나 그 누구보다도 우선이지 않니"라고 할 때, 전략적 사고에 미숙한 그는 또다시 개인의 사회적 역할에 의거해 사고한다. 아버지의 이런 정책이 사람들의 결혼을 부추긴다고 에마가 농담을 하자* 우드하우스 씨는 딸

■ * "그래, 그렇지만 젊은 숙녀에게 신부인데... 할 수만 있다면 경의를

의 "말을 알아듣지 못"한다(『에마』 302→404쪽).

이와 유사하게, 메리앤이 자신의 집에 와있는 동안 앓게 되자 제닝스 부인은 자신을 대시우드 부인의 입장에서 생각하고 아픈 딸을 둔 엄마의 역할을 자처한다. "그리고 그들의 어머니로 말하자면, 제닝스 부인의 생각이 메리앤과 **그녀**의 관계가 샬럿*과 자기의 관계와 같다는 데 미치자, **그녀**가 겪을 고통에 대한 연민이 밀려오는 것이었다"(『이성과 감성』 354→413쪽). 녹스-쇼는 "제닝스 부인의 걱정은 자신을 대시우드 부인 입장에 놓고 생각하면서 배가된다"라고 말한다(Knox-Shaw 2004, 146). 자폐스펙트럼상에 있는 사람들은 마음 이론에 능하지 못할 뿐만 아니라 성별, 인종, 계급에 대한 고정관념에 쉽게 의존한다(Hirschfeld, Bartmess, White, and Frith 2007; White, Hill, Winston, and Frith 2006).

따라서 사회적 역할과 신분에 대한 의존성은 오스틴의 소설 속에서 전략적 사고를 잘하지 못하는 인물들이 가지고 있는 네 번째 특징이다. 콜린스 씨의 경우 앞서 언급한 수치, 시각적 디테일, 문자적 의미에 대한 집착과 더불어 네 번째 특징까지 모두 보여 준다. 그의 수리 감각에 대해서는 앞에서 이미 언급한 바 있다. 글자 그대로의 의미에 대한 그의 집착은 그가 포다이스 설교집을 토씨 하나 빼지 않고 세 쪽이나 읽는 데서 드러난다. 모리스에 따르면, 콜린스 씨는 "문자주의의 폐해"를 연구하기에 적합한 대상이다(Morris 1987, 142). 다음 장면에서 그는 사회적 신분과 옷차림에 대한 자신의 깊은 관심을 다음과 같이 표명한

표했어야지. 대단한 결례였어." "그렇지만 사랑하는 아빠, 아버지는 혼인 같은 것은 좋아하지 않잖아요. 그러니 신부에게 경의를 표하려고 애쓰실 필요가 어디 있어요? 아빠가 보시기에는 칭찬할 일도 아닌데요. 신부라고 그렇게 중하게 대접하면 사람들한테 결혼하라고 부추기는 거나 마찬가지예요."(『에마』 403-403쪽).

* 제닝스 부인의 결혼한 둘째딸 파머 부인을 가리킨다.

다. "옷차림에 대해 부담스럽게 생각하지 마세요. 엘리자베스. 캐서린 영부인께서는 결코 그분 자신이나 따님께나 어울리는 그런 우아한 옷차림을 우리가 해야 한다고는 생각하지 않으십니다. ... 캐서린 영부인께서는 옷차림이 소박하다고 안 좋게 생각하시지는 않으실 겁니다. 그분께서는 신분 차이를 지키는 것을 좋아하시지요"(『오만과 편견』 182→229쪽). 녹스-쇼는 다음과 같이 지적한다. "콜린스를 구상하는 데 있어 오스틴의 탁월한 능력은 겉보기에 양립할 수 없는 두 개의 전형적인 인물상 — 굽실거리는 하인상과 주제넘은 연인상 — 을 연결하고 그들이 일맥상통함을 드러낸 것이다"(Knox-Shaw 2004, 103). 실제로 신분에 대한 집착과 여성의 자기 선택권을 이해하지 못하는 것은 서로 연결되어 있다.

앤 엘리엇의 아버지 월터 경에게서는 위 네 가지의 특징 가운데 수리 감각을 제외한 세 가지 특징이 나타난다. 월터 경은 미남이었는데 "쉰넷에 이른 지금까지도 여전히 보기 좋은 인물을 유지하고 있었다. 여자라도 그만큼 외모에 신경을 쓰는 사람은 드물 정도였다. ... 이 세상에서 미남이라는 행운보다 중요한 게 있다면 그것은 남작이라는 지위의 축복일 터였다"(『설득』 4→9쪽). 그가 해군에 반대하는 이유 역시 곧 사회적 신분과 용모에 대한 집착 때문인데, 그 이유는 다음과 같다. "첫째, 그 직업으로 인해서 미천한 집안에서 태어난 사람들이 부당하게 출세할 수 있다는 점, 그러니까 아버지나 할아버지 대에는 꿈도 못 꿨을 지위로 상승할 수 있기 때문이야. 그리고 둘째, 그 직업은 젊음과 활력을 아주 끔찍하게 단축해. 해군은 다른 사람들보다 빨리 늙어"(『설득』 21→32쪽). 크로프트 제독을 만나기 전, 월터 경은 "안색은 틀림없이 내 제복의 소매나 망토 같은 주황색이겠군"이라고 말한다(『설득』 24→36쪽). 월터 경은 크로프트 제독을 시각적으로, 색상으로, 특히 가문의 신분을 나타내는 주황색으로 비교해 이해한다(하인들이 입는 옷의 색상은 가문 문장의 색상을 따른다. Todd and Blank 2006, 346). 월터 경은 준남작 명부에

오스틴의 소설에서 전략적 사고를 잘하지 못하는 인물들은 신분에 집착한다.
콜린스 씨(톰 홀랜더 분)의 신분에 대한 집착과
여성의 자기 선택권을 이해하지 못하는 특징은 서로 연결돼 있다.

그림 25. 영화 〈오만과 편견〉 중에서 콜린스 씨의 청혼 장면

서 자신의 가문에 해당하는 부분을 지칠 줄 모르고 읽는데, 명부야말로 신분에 대한 문자적 상징이다. "자신의 약력을 읽으면서 흥미를 잃은 적은 한 번도 없으니... 거기엔 이렇게 적혀 있었다. 켈린치 홀의 엘리엇. 월터 엘리엇은 1760년 3월 1일에 태어나 1784년 7월 15일 ... 와 결혼했"다(『설득』 3→7-8쪽). 월터 경은 딸 메리의 결혼처럼 새로운 정보가 생길 때마다 명부를 갱신하는데, 새로운 정보를 손으로라도 활자화해서 인쇄된 단어들과 같은 견고함을 부여하려는 것이었다. 그가 앤과 웬트워스 대령의 결혼을 승인하는 것은, 그의 "우월한 외모가 앤의 우월한 지위와 그럭저럭 균형을 이룬다고 생각"했고 "이 모든 것에다 웬트워스라는 이름도 괜찮게 들렸기 때문"이다(『설득』 271→359쪽).

엘리자베스 엘리엇은 아버지와 비슷하게 사고한다. 클레이 부인이 아버지에 대해 흑심을 품고 있을 수 있다는 앤의 경고에 대해 엘리자베스는 사회적 신분과 용모를 언급한다. "클레이 부인이 자신의 저위를 망각한 일은 한 번도 없어. ... 그녀는 ... 결혼에 대해 ... 대부분의 사람들보다 조건과 지위의 불균형에 대해 비판적이거든. 그녀의 치아! 그리고 그 주근깨! 내 눈엔 그 주근깨가 그렇게까지 보기 싫지 않은데, 아버지는 완전히 다르시더라고"(『설득』 37→54-55쪽). 앤은 전략이 용모를 이길 수 있다고 주장하며 "태도가 상냥하다 보면 ... 외모의 약점 정도는 점차 참을 만해지는 게 보통이잖아"라고 대꾸하지만, 엘리자베스는 외모가 전략을 무너뜨린다고 생각한다. "상냥한 태도가 잘생긴 얼굴을 돋보이게 할 수는 있지만, 못생긴 얼굴을 잘생겨 보이게 하는 일은 절대 없어"(『설득』 38→55쪽).

메리 크로퍼드, 레이디 버트럼, 러시워스 씨 또한 이 세 가지 특징을 가지고 있다. 메리 크로퍼드는 패니를 처음 만나고 그녀의 신분을 확인하고자 한다. 그리하여 에드먼드에게 이렇게 묻는다. "정식으로 사교계 데뷔를 했나요 안 했나요? 헷갈리던데요. 저번 목사관 정찬 모임에 함께 온 걸 보면 데뷔를 한 것 같지만, 거의 말이 없는 걸 보면 아닌가 싶기도 하고요." 메리처럼 이 문제에 집착하지 않는 에드먼드가 답한다. "무슨 말씀인지 알 것 같습니다만, 뭐라고 답을 드릴 수가 없군요. 패니는 이제 성인이지요. 나이도 그렇고 분별력 면에서도 그렇고요. 그렇지만 사교계 데뷔 여부는 저도 잘 모르는 일이라서요"(『맨스필드 파크』 56→72쪽). 메리는 에드먼드 이름의 의미뿐만 아니라 이름이 직위와 함께 불렸을 때의 소리에도 신경이 쓰인다. 그녀는 "언니하고 버트럼 씨네요. 형님이 출타한 덕분에 다시 버트럼 씨라고 불러도 되니 정말 기뻐요. '**에드먼드** 버트럼 씨'라는 호칭은 뭔가 너무 형식적이고 너무 안쓰럽고, 맏이가 아닌 지차之次라는 느낌이 너무 강해서 영 싫어요"라면서 "에드먼드 **공**이나 에드먼드 **경**도 근사하게 들릴" 것 같다고 한다(『맨스필드 파크』 246→305-306쪽). 패니에게 보낸 편지에 메리 크로퍼드는 에드먼드의 용모에 대해 자랑을 하고 — "알려드릴게요. ... 이곳 친구들이 그분의 신사다운 모습에 얼마나 감탄하는지 모른다는 것을요" — 패니는 이를 유감으로 생각하고 혼자 생각한다. "오빠에 대해 하는 이야기가 고작 외모뿐이라니! 얼마나 하찮은 애정인가! ... 반년씩이나 오빠와 가까이 지낸 사람이!"(『맨스필드 파크』 482, 484→598, 600쪽) 레이디 버트럼이 패니에 대한 헨리 크로퍼드의 청혼을 이해하는 방식은 외모와 신분이다. 그녀는 "패니한테 부잣집 남자가 청혼했다는 사실을 안 뒤로는 패니를 전보다 높이 평가하게 되었다. 전에는 긴가민가했지만 패니가 실제로 매우 예쁘다는 ... 사실을 확인하자, 그녀는 패니가 조카딸이라는 게 자랑스러웠다." 그녀는 "흐뭇한 눈으로 패니를 바라보며" 이렇게 말했다. "음 ... 확실히 우리 집안사람들이 잘생기긴 잘생겼어"(『맨스필드 파크』 383-384→479쪽). 레이디 버트럼은 헨리 크로퍼드가 패니에게 청혼하기까지 일어난 사회적 교류 과정 일체를 패니의 외모 하나로 환원하는데, 이는 "잘생긴 집안" 출신인 자신의 위상을 상승시킨다. 러시워스 씨는 신분과 외모를 동일시하는데, 여기서 외모는 키의 정확한 수치로 환원된다. 즉, 톰 버트럼이 아버지에게 헨리 크로

12 무개념

퍼드는 "신사다운 친구"라고 말하자 러시워스 씨가 한마디 거든다. "신사답지 않다고는 할 수 없겠지요. 그렇지만 키가 고작해야 5피트8인치[약 173센티미터]밖에 안 된다는 사실도 알려 드려야지, 아니면 부친께서 잘생긴 청년을 기대하시게 될 겁니다"(『맨스필드 파크』 217→270쪽).

빙리가 다아시에게, 무도회에 왔으니 춤을 추라면서 엘리자베스를 소개시켜 주겠다고 제안하자, 다아시는 몸을 돌려 엘리자베스를 바라보며 다음과 같이 말한다.

> 그럭저럭 봐줄 만은 하군. 그렇지만 내 **구미**가 동할 만큼 예쁘지는 않아. 그리고 난 지금 다른 남자들이 거들떠보지 않는 여자들을 우쭐하게 해줄 기분이 아니네(『오만과 편견』 12→20쪽).

엘리자베스는 다아시가 이렇게 말하는 것을 듣게 되고, 그에 대해서 좋지 않은 감정을 갖게 된다. 다아시는 평소 전략적 사고에 능숙하지만, 지금은 잘 알지 못하는 낯선 동네에 와있는 상황이다. 아무런 사전 접촉도 없었던 새로운 사교 환경에서 다아시가 엘리자베스를 판단할 수 있는 근거란 그녀의 외모와 그녀가 [남자들이 거들떠보지 않는] 기피 대상이라는 것이다. "첫 번째 메리턴 무도회에서 그가 보인 극심한 오만이 이후의 행동과 일치하지 않는" 이유는 바로 이 같은 점 때문일 수 있다(Kennedy 1950, 53; Morris 1987, 159에서 재인용).

남자라는 것은 어쩌면 전략적 취약성과 관련된 다섯 번째 특징일 수도 있겠다. 2장에서도 언급되었듯이, 일부 학자들은 자폐를 "극단적으로 남성적인 뇌"로 해석한다. 사실, 오스틴은 성인 여성보다 성인 남성의 무개념에 대해 좀 더 관대한 경향이 있다. 예를 들어, 빙리 씨는 "그렇게 쉽사리 친구의 말을 듣기 때문에 [아주 좋은 친구로서] 그의 가치는 이루 헤아릴 수 없다"(『오만과 편견』 412→509쪽). 메리 머스그로브는 그에 못지않게 전략적으로 취약한데, 그녀에 비하면 빙리 씨는 [오스틴으로부터] 놀림을 훨씬 덜 당한다. 우드하우스 씨는 개념 없는 사람이라 짜증스럽지만 가끔은 그래서 사랑스러운 면도 있는데, 오스틴 작품에서 그와 견줄 만한 여성 주인공은 없다. 예를 들어, 레이디 러셀에게서 전략적 사고의 부재는 그 어떤 경우에도 장점이나 매력이 되지 못하는, 말 그대로 무능력이다. 또 대시우드 부인이 사랑스럽다면, 그것은 그녀가 개념이 없어서가 아니라 오히려 과도할 정도로 전략적이기 때문이다(그녀의 과도한 전략은 때론 한 단계 높은 수준의 무개념으로 간주될 수도 있다). 전략적 사고에 대한 이론적 발언을 가장 명시적으로 하는 헨리 틸니는 모슬린에 대해 잘 알고 있다. "제 여동생도 드레스를 선택할 때 제 안목을 대단히 신뢰하고요. 전날 여동생한테 하나 사주었는데 그걸 본 여성들이 모두 기가 막히게 잘 샀다고 입을 모았답니다. 야드당 5실링을 주고 샀는데, 진짜 인도 모슬린이었지요." 이에 이런 일은 여성 소관이라는 것을 행여 누가 의심할세라 앨런 부인은 "남자들은 대개 그런 데는 문외한인데. ... 여동생은 참 좋겠어요"(『노생거 사원』 20→30쪽)라고 답변하고, 캐서린은 웃으면서 그를 향해 이상하다고 말할 뻔했다. 그레고리 우즈에 따르면 "제인 오스틴은 부지불식간에 여장을 한 헨리 틸니의 모습을 떠올리고 있었다"(Woods 1999, 138).

그러나 이와는 별개로, 오스틴 작품에서 무개념을 성별화하는 것은 결코 쉬운 일이 아니다. 전략적으로 능숙하다고 해서 덜 남성적이지 않다. 나이틀리 씨는 제인 페어팩스와 베이츠 양의 사정을 알아차리고 파티가 끝난 후 두 사람이 자신의 마차를 타고 집에 갈 수 있도록 배려한다. 이에 웨스턴 부인이 외친다. "대단히 극진하고 대단히 사려 깊은 배려잖아! 남자들은 대개 이런 생각을 잘 못하는데"(『에마』 241→321쪽). 나이틀리 씨와 같이 사려 깊은 남자가 드물지는 모르지만, 여성들이 필요로 하는 것들을 예측하고 제공하는 그의 능력은 남성으로서의 그의 매력을 더 늘렸으면 늘렸지 줄어들게 하지 않는다. 차이가 있다면, 헨리 틸니는 여성의 의복에 대한 필요를 예측하고, 나이틀리의 경우

교통수단에 대한 필요를 예측한다는 것이다.

아마도 전략적 사고는 그것이 사용되는 무대에 따라 성별화되는 것으로 보인다. 바다에서는 크로프트 제독이 지휘를 했지만 "육지에서는 소피아[크로프트 부인]의 전문성을 따른다"(Mellor 2000, 130-131). 유사하게, 웬트워스 대령은 프랑스 군함을 나포하는 등 해군 장교로서 눈부신 활약을 했지만, 구혼 무대에서는 그렇지 못하다. "그는 가정의 행복을 이루고 싶었지만 그의 과도한 오만이 이를 가로 막았다"(Mellor 2000, 125). 루이자 머스그로브가 얘기치 않게 낙상을 당해 의식을 잃자 그는 앤에게 도움을 요청한다. "그가 훈련 받은 것은 이런 종류의 조치를 위한 것이 아니"었기 때문이다(Sutherland and Le Faye 2005, 224). 다행히도 육지에서는 전략적으로 능숙한 앤이 그들을 위험에서 구한다.

일반적으로 어느 성별이 전략적 사고에 더 능할까? 캐서린 몰런드와 엘리너 틸니가 서로 오해를 하자 ― 캐서린은 엘리너 틸니에게 "곧 런던에서 아주 충격적인 것이 터져 나올 거라는 말을 들었어요"라고 하는데, 이는 새로 나올 소설을 말하는 것이지만, 엘리너 틸니는 그 말을 런던에서 폭동이 일어날 것이라는 말로 오해했다 ― [헨리 틸니는 동생인 엘리너에게 "폭동은 네 머릿속에만 있는 거야"라고 말하며, 충격적인 일이 실은 곧 출간될 소설임을 알려 준다. 그러나 엘리너는 오빠에게 다음과 같이 말한다. "오빤, 우리 둘을 이해할 수 있게 해주었으니까 이번에는 몰런드 양이 오빠를 이해하게 해주는 게 좋을 걸요. 동생한테 참을 수 없을 정도로 무례하게 굴고 여성을 싸잡아서 비난하는 인간으로 보이지 않으려면 말이에요." 그러자] 헨리 틸니는 여성에게는 천부적인 장점이 있다고 농담조로 말한다.

> 몰런드 양, 저만큼 여성들의 이해력을 높이 사는 사람도 없을 겁니다. 제 소견으로는, 자연이 여성에게 어찌나 많은 이해력을 주었는지 여성은 그것을 반 이상 사용할 필요를 못 느끼죠(『노생거 사원』 113, 115→145, 148쪽).

만약 여성이 남성에 비해 전략적 능력이 더 뛰어나다면, 남성은 여성에 비해 더 많이 노력해야 이를 상쇄할 수 있을 것이다.

사회적 거리

성별 차이는 무개념의 원인이 될 수 있는데, 이는 서로 소통이 쉽지 않기 때문이지, 꼭 어느 한 성별이 다른 성별에 비해 전략적 사고가 더 뛰어나기 때문은 아니다. 캐서린은 시간만 촉박하지 않았다면 헨리 틸니에게 좀 더 잘 보이기 위해 새 모슬린 드레스를 샀을 것이다. "그랬다면 흔하지 않은 것은 아니나 대단한 판단 착오였을 것이고 … 여자들 대다수가 남자의 마음이 의상이 비싸거나 새것이라는 점에 거의 영향을 받지 않는다는 … 것을 알게 되면 기분이 상할 것이다." 여성은 남자를 통해서 이 실망스런 사실을 배운다. "그것을 지적해 줄 만한 쪽은 여자보다는 남자, 대고모보다는 오빠였을 것이다. 남자만이 남자가 새 드레스에 대해서 얼마나 무딘지 알기 때문이다"(『노생거 사원』 71→93쪽). 헨리 틸니가 모슬린에 대해 아는 것도 결국은 누이동생이 있기 때문이다. 그런데 사실 헨리의 패션 감각을 고려한다면 캐서린이 새로운 가운을 샀더라도 그것은 실수가 아니었을 수 있다.

오스틴은 성별 간 소통을 위해서는 많은 노력이 필요하다는 것을 보여 준다. 앤과 하빌 대령이 여자와 남자 중에서 누가 더 변함없는 사랑을 하는가를 두고 논쟁을 벌일 때, 하빌 대령은 먼저 비유를 들어 주장하고 — "남자는 육체가 강한 만큼 감정도 강하지요. 험한 취급도 감당할 수 있고 아주 험악한 날씨도 견딜 수 있단 말입니다" — 문학의 힘을 빌리기도 한다 — "노래와 속담도 모두 여자의 변덕을 이야기하죠." 그러나 그는 결국 마치 오빠나 남동생이 자신의 누이에게 남자의 감정에 대해 말하듯, 앤에게 자신의 감정을 직접 호소함으로써 소통에 성공한다.

아내와 아이들에게 작별 인사를 한 뒤, 그들을 싣고 떠나는 배가 수평선 너머로 사라질 때까지 지켜보다가 돌아서서 '우리가 다시 만날 수 있을지 없을지는 신만이 아시겠지!'라고 말할 때 남자들이 어떤 고통을 느끼는지 앤 양이 이해할 수 있을까요! 그리고 그가 가족을 다시 만날 때 느끼는 영혼의 흥분을 당신께 전달할 수 있을까요! … 내가 이 모든 것을, 그리고 한 남자가 자신의 온 존재를 건 그 같은 보물들을 위해 견딜 수 있고 해낼 수 있으며 오히려 영광으로 생각하는 모든 일들을 당신께 설명할 수만 있다면!(『설득』 253-255→337-340쪽)

하빌 대령과 남자들 일반의 따스함을 느낀 앤은 패배를 인정한다. "같은 인간 중 누구의 감정이든 그 따뜻하고 충실한 심정을 과소평가해서는 절대 안 되지요." 앤은 얼마든지 남자의 시각을 수용할 의향이 있고, 다음과 같이 인정한다. "남자들은 … 항상 열심히 일도 하고 모든 위험과 곤경에 노출되죠. … 정말 너무 힘들 거예요. … 여자와 같은 섬세한 감정이 그 모든 것에 더해진다면 말예요"(『설득』 256, 254→340, 337쪽). 진지한 노력이 있다면, 여자와 남자는 서로를 이해할 수 있다. 앤 역시 그럴 의지가 충만한데, 이 모든 대화를 엿듣고 있던 웬트워스 대령의 사랑이 앤의 의지를 보상해 준다.

일반적으로 사회적 거리는 소통을 감소시키고 무개념을 늘린다. 오스틴은 사회적 거리를 낳는 것들로 성별 차이와 더불어 물리적 장소, 결혼 여부, 나이 등의 차이 역시 고려한다. 가족이 켈린치 홀을 떠나자, 앤은 어퍼크로스에 사는 결혼한 동생 메리의 집에 머문다. 물리적으로 거처가 바뀐 것이다. 이전에도 동생 집을 방문한 적이 있는 앤은 "어퍼크로스를 방문하기 전에도 … 한 집단에서 다른 집단으로 이동하면, 설령 두 집단 간의 물리적인 거리가 3마일밖에 안 되더라도 대화와 견해와 생각 전체의 변화가 따라오는 것이 보통이라는 것"과 "켈린치 홀의 사람들이 당연히 모든 사람들의 관심사라고 여기는 것들을 어퍼크로스의 사람들은 알지도 못하거나 전혀 고려하지 않는다는 사실"을 알고 있다(『설득』 45→64쪽). 어퍼크로스에서 동생 메리는 바스로 이사한 엘리엇 가족에 대한 연민이 별로 없다는 것을 관찰하면서 앤은 "누구든 일단 가족 밖으로 나가면 별 존재가 아니라는 사실을 더욱 철저히 인식해야 했다. ... 앤은 자신만은 장차 그런 자기기만을 피하도록 노력해야겠다고 다짐했다"(『설득』 45-46→64-65쪽).

서로를 경청하지 않고서는 같은 집에 사는 사람들조차도 상대방이 나를 어떻게 생각하는지 모른다. 맨스필드 파크에서 연극 〈연인 서약〉을 연습하는 동안 "언제나 대단히 예의 바르게 경청하는 사람인 데다 달리 들어 줄 사람이 없을 때가 많았던 탓에 패니는 참가자 대부분의 불평불만을 들어 주어야 했다. 그래서 다들 예이츠 씨가 웅변적인 대사를 지독히 못한다고 생각하고, 예이츠 씨는 헨리 크로퍼드한테 실망했고, 톰 버트럼은 너무 대사를 빨리 해서 아무도 알아듣지 못할 것이고, 그랜트 부인이 웃음을 터뜨리는 바람에 전부 망쳐 버리기 일쑤며, 에드먼드가 자기 역을 아직도 못 외웠고, 대사마다 일일이 프롬프터*를 붙여 달라고 하는 러시워스 씨와는 가급적 엮이지 않는 게 상수라는 것을 알게 되었다. ... 불평하는 사람을 빼고는 지시대로 하는 사람이 하나도 없었다"(『맨스필드 파크』 193→241-242쪽).

웬트워스 대령이 그의 누나 크로프트 부인에게, 자신은 군함에 여성과 아이들이 함께 승선하는 것을 좋아하지 않는데 그 이유는 배에서는 이들에게 충분한 편의 시설을 제공할 수 없기 때문이라고 말한다. 그러자 크로프트 부인은 "우리 중 누구도 매일같이 순조로운 삶이 이

---

* 무대 뒤 보이지 않는 곳에서 배우에게 대사나 동작 따위를 알려 주는 사람. 지금은 대부분 기계식 프롬프터로 대체되었다.

어질 거라고 기대하지는 않는단다"라고 답변한다. 이에 대해 크로프트 제독이 공감한다. "아! 여보, 프레더릭한테 아내가 생기면 완전히 다른 소리를 할 거요. 결혼을 하면 ... 당신이나 나, 그리고 수많은 다른 사람들이 한 것과 똑같이 행동할 거요. 그에게 아내를 데려다주는 사람이라면 누구에게나 고맙다고 할 거요."(『설득』 75→106-107쪽). 크로프트 부부의 주장은 미혼인 웬트워스 대령이 기혼자들을 전혀 이해하지 못할 뿐만 아니라 결혼을 하게 되면 그 자신도 변할 것을 알지 못한다는 것이다. 웬트워스 대령은 이 같은 인식의 격차에 대해 답답함을 나타낸다.

> 모두들 결혼만 하고 나면 '자네도 결혼을 하고 나면 완전히 달라질 걸세'라며 저를 공격하더라고요. 제가 유일하게 할 수 있는 대답은 '아니요 그렇지 않습니다'이고, 그러면 그 사람들은 다시 '아니, 그럴 거네'라고 할 거고, 그러면 그걸로 끝이지요(『설득』 76→107쪽).

마지막으로, 우드하우스 씨는 나이틀리 씨의 동생 존 나이틀리 씨가 자신의 아이들과 놀 때 애들을 너무 거칠게 다룬다고 생각한다. 그러자 에마가 이렇게 말한다. "아빠 성격이 매우 부드러우니까 ... 형부가 아빠한테는 거칠게 보이지요. ... 그렇지만 형부는 자애로운 아버지예요. ... 아이들도 모두 자기 아버지를 좋아하고요." 그러나 우드하우스 씨는 나이틀리 씨가 "위험천만하게도 아이들을 천장까지 던져 올리"는 것을 이해할 수 없다(『에마』 86→123쪽). 그러자 에마는 "원래 우리 모두 그런 걸요 뭘. 세상사람 절반은 다른 절반의 즐거움을 이해할 수가 없으니까요"(『에마』 87→124쪽)라고 대꾸한다. 우드하우스 씨의 이해력은 어린 아이들과의 나이(그리고 성향) 차이를 극복하지 못한다. 그러나 에마의 말대로, 타인의 취향을 이해하기 어려운 것은 아이와 노인 사이만의 문제가 아닌 보편적인 현상이다.

하지만 우드하우스 씨에게는 "그가 좋아하는 방식대로 천천히 그리고 또박또박 각 대목에 설명을 곁들여 가며 두세 번 되풀이해서" 말해 주는 대화상대로 에마가 있다. 이는 웬트워스 대령에게 하빌 대령이 있는 것과 마찬가지다(『에마』 83→119쪽). 이와 유사하게, 토머스 경은 패니로 하여금 헨리 크로퍼드의 청혼을 받아들이도록 설득하고자 하는데 "도무지 그녀의 감정을 헤아릴 수가 없었다. 그는 조카딸을 이해하지 못했고 그것은 스스로도 잘 알았다. 그래서 패니가 지금 어떤 심정이며 전보다 더 행복해졌는지 아닌지 에드먼드에게 알아보고 알려 달라고 했다"(『맨스필드 파크』 422→527-528쪽). 북아메리카 원주민 부족사회에서는 전통적으로 "두 영혼"을 가진 사람들이 부족사회 내 갈등 중재자 역할을 맡는다고 한다. 이들은 남성과 여성 사이에서 갈등을 중재하는데 중재자는 "남자가 된다는 것, 여자가 된다는 것 둘 다를 알기 때문이다"(Gilley 2006, 169; 또한 Evans-Campbell, Fredriksen-Goldsen, Walters, and Stately 2007; Roth 2012 역시 참조).

과도한 자기 준거

에마는 우드하우스 씨가 개념이 없는 이유가 타인의 선호를 자신의 관점에서만 생각하기 때문이라고 지적한다. 그는 거칠게 노는 것을 이해하지 못하는데, 이는 그가 온화하기 때문이다. 우드하우스 씨는 "다른 사람들의 느낌이 자기와 다를 수도 있다는 생각을 절대 하지 못하는 습성이 있"다. 따라서 그는 예를 들어, 에마의 가정교사 테일러 양이 결혼해 웨스턴 부인으로서 새로운 삶을 시작하기보다는 에마의 가족과 계속 함께 있고 싶어 한다고 생각한다(『에마』 6→13쪽). 결혼식장에서는 "그로서는 남들이 자기와 다르다는 생각은 꿈에도 할 수 없었다. 자기 건강에 좋지 않은 것은 남들에게도 나쁘다고 여겼다. 따라서 그는 다른 사람들에게 웨딩케이크는 일체 입에 대지 말라고 열심히 설득하려

12 무개념

들"었다(『에마』 17→29쪽). 오스틴은 우드하우스가 틀린 믿음 테스트(이 책의 2장 참조)에 실패하도록 설정했다. 유사하게 "앨런 부인은 시선으로 의견을 표현하는 습관이 전혀 없었던지라, 누가 그런 뜻으로 바라본다는 것 자체를 알지 못했다"(『노생거 사원』 57→77쪽). 또 "레이디 버트럼은 본인이 운동을 싫어하는 만큼 남들에게도 운동이 필요 없다고 생각했고, 온종일 분주히 돌아다니는 노리스 부인은 누구나 그만큼은 걸어야 한다고 생각했다"(『맨스필드 파크』 41→54쪽).

지나친 자기 위주의 사고는 전략적 사고 능력을 해친다. 바트와 캐머러는 다른 사람과 게임을 하는 사람의 두뇌 활동을 측정한 바 있는데, 게임을 잘하는 사람은 "상대의 움직임에 대한 상상을 잘하고, 이렇게 상상하는 과정은 ... 일반적으로 공감을 불러일으키거나 타인의 감정을 예측하는 데 동원되는 다목적 회로를 사용"하며, 반대로 "좀 더 자기중심적인 실험 대상자들은 상대의 움직임에 대해 충분히 생각하지 않고, 상대적으로 나쁜 선택과 덜 정확한 예측을 한다"(Bhatt and Camerer 2005, 446). 또 다른 예로, 랜드연구소의 선임 연구원이자 핵 전략가인 앨버트 월스테터는 "상대편 사람들도 랜드연구소 연구원들과 같은 사고방식을 가지고 있다고 생각했다. 이는 바로 정보기관이 가지고 있는 미러 이미징mirror imaging* 문제였다. 즉, 상대측이 위험과 잠정 편익을 저울질할 때, 아군 측과 동일하게 합리적 결론에 도달할 것이라는 추정이다"(Abella 2008, 121). 유사한 예로, 에드거 앨런 포의 작품 속 경찰들은 "**자신만의** 기발한 방식을 생각해 냈다. 그리하여 무언가를 찾을 때는, **자신이**라면 어디에 숨겼을지에 주의를 기울였다"(Poe 1845/1998, 258→255쪽). 이는 어느 정도까지는 자연스러운 현상이다. 에임스 등의 실험 결과에 따르면, 역지사지해 보라는 요청을 받을 때 활

- 첩보 대상이 분석가인 자신과 똑같이 생각한다고 가정하는 오류.

발해지는 뇌 부위는, 자기 성찰을 요구하는 질문을 받았을 때 활발해지는 뇌 부위와 유사하다(Ames, Jenkins, Banaji, and Mitchell 2008). 하지만 레이먼드 니커슨에 따르면 "사람들은 자신들의 지식 신념 태도 행동이 실제보다 더 다른 사람들과 일치한다고 생각하는데, 이는 유용한 휴리스틱*이 최적이 아닌 방식으로 적용되는 사례들"이다(Nickerson 1999, 749).

오스틴은 누군가가 한 사람, 곧 자기 자신을 기준으로 인간 다양성의 전체 범위를 추정할 때 무개념이 어떻게 나타날 수 있는지 보여 준다. 우드하우스 씨나 앨런 부인 같은 노년층 인물일 경우 이런 현상은 성격적 특성이거나 능력 부족 때문일 수 있다. 패니 프라이스나 캐서린 몰런드처럼 아직 나이가 어린 경우에는 미숙함에서 그 원인을 찾을 수 있다. 헨리 크로퍼드의 청혼을 거절할 때 "패니는 자신의 뜻은 잘 알고 있었으나, 자신의 태도에 관한 한 제대로 판단할 능력이 없었다. 그녀의 태도는 손볼 수 없을 정도로 온순했고, 그러다 보니 그런 태도로 인해 단호한 취지가 얼마나 가려지는지 그녀는 알지 못했다"(『맨스필드 파크』 377-378→471-472쪽 참조). 한 번도 다른 사람의 요청을 거절해 본 적이 없는 패니는 다른 사람들 입장에서 자신이 얼마나 나약해 보이는지 모른다. 5장에서 언급했듯이, 캐서린은 헨리 틸니에게 그의 형 틸니 대위가 약혼자가 있는 이저벨라와 춤을 추고자 했던 것은 친절하고 선량한 성향 때문일 거라고 말하자, 헨리는 그건 캐서린이 자신의 관점에서 생각하는 것이지, 다른 사람이 왜 그렇게 행동했을까를 생각한 것이 아니라고 말한다. 헨리에게 캐서린의 이런 행동은 그녀의 좋은 성

---

* 신속하면서도 효율적인 방식으로 의사 결정을 하거나 문제를 해결하는 데 도움이 되는 정신적 지름길. 대체로 상대적으로 중요하지 않은 판단을 할 때, 논리적 분석이나 사실에 의거한 판단보다는 '경험적 지식'에 의존하는 것을 말한다.

품을 보여 준다. "제 말은 이런 뜻입니다. 당신은 제 형이 소프 양과 춤을 추고 싶다고 하자 그 이유를 성격이 좋은 탓으로만 돌리는데, 그거야말로 당신 자신이 세상 누구보다도 성격이 좋다는 증거라는 겁니다"(『노생거 사원』 135→172-172쪽).

과도한 자기 준거가 늘 이렇게 매력적이지는 않다. 과도한 자기 준거는 타인의 선호를 간과하게 할 수 있다. 예를 들어, 콜 씨의 파티에 초대 받은 우드하우스 씨는 자신이 원하는 것이 에마가 원하는 것과 같을 것이라고 생각한다. "난 밖에서 정찬 드는 것을 좋아하지 않거든. … 그래 본 적도 없고. 에마도 마찬가지지. 늦게까지 나가 있는 것은 우리한테 안 좋거든"(『에마』 225→300쪽). 엘리너는 에드워드 페라스가 루시 스틸과 비밀리에 약혼한 상태에서 자신의 집을 방문해 자신과 가족들 앞에서 마치 자신에게 구애하는 것처럼 비친 것을 질타한다. 그러나 에드워드는 타인의 인식보다 오직 자신의 확고한 신념만을 생각한다.

> 제가 너무 단순하게 생각했던 거지요. 제 **언약**은 다른 사람한테 주어져 있으니, 당신하고 같이 있는 것이 전혀 위험할 리 없다고 말입니다. … 이런 논리를 내세워서 … 위험이야 내가 당하는 것이고, 나 자신 말고는 누구한테도 해를 끼치는 것이 아니야, 라고 말이지요 (『이성과 감성』 417→488-489쪽).

자신의 행동이 자신에게만 상처를 준다고 생각한 에드워드는 엘리너에게 커다란 고통을 준 것이다. 토머스 경은 패니가 자기 방에 겨울철을 포함해 한 번도 불을 땐 적이 없다는 것을 알고 놀란다. 그럼에도 노리스 부인의 결정을 옹호한다. "나도 알아. 노리스 이모님은 아이들을 지나치게 호사롭게 키우면 안 된다고 늘 주장하시지. 대단히 사려 깊은 말씀이야. … 매우 강인한 분이다 보니, 남들도 자연히 자신을 기준으로 생각하시게 되나 보다"(『맨스필드 파크』 361→451-452쪽). 토머스 경에 따르면, 노리스 부인은 패니가 방에서 불을 때는 호사를 누려서는 안 된다고 생각했거나, 아니면 과도한 자기 준거로 말미암아 패니가 자신의 방에 불을 피우고 싶어 할 수도 있다는 생각조차 하지 못한 것이다. 어떤 경우에도 패니는 추위에 떨 수밖에 없다.

**신분이 높은 사람이 신분이 낮은 사람의 마음을
헤아려서는 안 된다는 생각**

토머스 경은 패니가 그동안 벽난로에 불을 때지 못한 이유를 두 가지로 설명하는데, 실제로 이 둘이 꼭 뚜렷이 구분되는 것은 아니다. 즉, 경우에 따라서 상대방의 생각을 이해하기 어려운 이유는 자신의 사고방식이 더 낫다고 믿기 때문이다. 오스틴은 여러 사례를 통해 이런 주장을 펼친다. 벤윅 대령이 루이자에게 청혼했다는 사실을 알게 된 메리는 앤에게 보내는 편지에서 다음과 같이 말한다. "세상에. 놀랍지 않아? 언니가 짐작이라도 했다면 그게 더 놀라운 일이겠지. 난 전혀 눈치도 못 챘거든"(『설득』 179→240쪽). 메리는 자신이 언니 앤보다 눈치가 빠르다고 생각하기 때문에, 앤이 이 사실을 먼저 눈치챌 수 없다고 생각한다. 엘튼 부인은 불쾌하게도 하이베리 마을의 모든 것을 일일이 자신의 언니와 형부가 사는 메이플그로브와 비교하는데 — "'이 방만 하더라도 언니가 즐겨 거처하는 방인 메이플그로브의 모닝룸[주방에 딸린 조식용 방]과 모양과 크기가 똑같다' 하는 것이었다" — 그녀의 거의 모든 이야기는 메이플그로브와 연관된 것이어서 하이베리 주민들조차도 이 같은 비교에 참여해 말씨름을 하지 않을 수 없게 만든다. 처음에는 베이츠 양이, 조금 있다가는 에마까지 그럴 수밖에 없었다(『에마』 294→393쪽). 물론, 엘튼 부인은 메이플그로브를 언급하지 않고서 그 어떤 것도 생각할 수 없을 수 있지만, 그보다 그녀는 하이베리 주민들로 하여금 메이플그로브가 더 좋다는 것을 당연한 것으로 받아들이게 하고 싶은 것이다. 자신이 콜린스 씨의 청혼을 받아들였다는 것을 못 미더워하는 엘리자베스를 보고 샬럿 루카스가 답한다. "뭣 때문에 그렇게 놀라니, 엘리자베스? 콜린스 씨가 네게 구애해 성공하지 못했다고 해서 다른 여자의 호감도 못 살 거라고 생각하니?"(『오만과 편견』 140→180쪽) 엘리자베스는 샬럿이 커다란 실수를 했다는 생각을 지울 수가 없다.

> 콜린스 씨의 아내 샬럿, 정말로 창피스러운 그림이었다! 그리고 친구가 창피스러운 일을 함으로써 자신을 실망시켰다는 것도 가슴이 아팠지만, 마음을 더 무겁게 한 건 샬럿이 자기 스스로 선택한 운명 속에서 웬만큼이라도 행복하게 살 수 없을 거라는 확신이었다(『오만과 편견』 141→181쪽).

해리엇이 마침내 로버트 마틴의 청혼을 받아들이자 "이제 에마도 인정하게 된바 실상인즉, 해리엇이 언제나 로버트 마틴을 좋아했다는 것, 또한 그의 변함없는 사랑이 불가항력적이었다는 것이었다. 그 이상은 에마에게는 영원히 불가해한 것으로 남아야만 했다"(『에마』 525→698쪽). 해리엇의 사랑을 판독 불가라고 생각하는 에마는 해리엇이 여전히 최상의 선택을 하지 않는다는 생각을 가지고 있다. 이와는 대조적으로, 누이동생 루이자와 결혼하는 제임스 벤윅을 두고 앤은 찰스 머스그로브에게 다음과 같이 말한다. "제부와는 잘 안 맞겠군요. ... 하지만 아주 훌륭한 분이라고 생각해요." 그러자 찰스 머스그로브는 관대하게도 다음과 같이 이야기한다. "그건 틀림없어요. ... 처형도 제가 모든 사람이 저와 똑같은 목표를 추구하고 똑같은 취미를 가져야 된다고 생각할 정도로 속이 좁은 사람이라고는 생각하지 않으시겠죠"(『설득』 237→316-317쪽).

오스틴은 누군가가 다른 사람의 사고 과정을 이해할 필요가 없다고 생각하는 것은 그 사람이 다른 사람보다 우월한 지위에 있(으며, 그렇게 생각하고 있)다는 증거가 될 수 있음을 보여 준다. 콜린스 씨와 결혼하기로 한 샬럿의 결정을 이해할 수 없다고 단언하는 엘리자베스는 샬럿의 결정이 단순히 잘못되었다고 생각하는 것만은 아니다. 엘리자베스는 샬럿이 "창피스러운 일을 함으로써 자신을 실망"시켰다고 생각한다〔『오만과 편견』 181쪽〕. 이와 유사하게 해리엇이 원하는 것을 이해할 수 없다고 생각하는 에마는 해리엇의 사회적 신분을 상승시켜 주기 위해 자신이 즐겁게 추진했던 계획을 포기하고 해리엇의 신분이 현 위치에 머무는 것에 만족한다. 달림플 자작의 미망인이 바스에 도착하자 앤은 아버지 월터 경과 언니 엘리자베스가 자신들을 소개하지 못해 안달하는 모습을 보고 실망한다. "그 사람들과 친척이라는 사실을 인정받기 위해서 그렇게 노력을 해야 한다는 게, 더욱이 그 사람들은 전혀 신경도 쓰지 않는데 말이죠, 정말 화가 나는 건 사실이에요"(『설득』 163→220쪽). 이와 유사하게, 크로프트 제독이 바스에 도착하자 월터 경은 "제독이 그에 대해 생각하고 말하는 것보다 제독에 대해 훨씬 많이 생각하고 말했다"(『설득』 182→244쪽). 엘튼 씨가 에마에게 청혼했을 때 에마가 이를 모욕으로 느꼈던 한 이유는 그녀가 자신에게 좋은 감정을 가지고 있다는 그의 주제넘은 추정 때문이다. "고무적인 반응 운운하면서 그녀가 자기 속마음을 안다고, 그의 관심을 받아들이고 (한마디로) 결혼할 뜻이 있다고 생각했다니! … 정말 언짢았다." 에마는 자신의 신분이 엘튼 씨보다 높다고 생각하고, 당연히 자신은 엘튼 씨가 무엇을 생각하는지 고려할 필요가 없는 사람이라고 생각한다. 엘튼 씨는 등급을 위반한 것이다.

> 가문에서나 정신에서나 그녀와 대등하다고 생각했다니! 그녀의 친구를 얕잡아 보고, 자기보다 신분이 낮은 경우에는 소소한 차이에도 그렇게 훤하면서 자기보다 높은 신분의 경우에는 분수도 모르고 그녀를 넘봐 놓고 주제넘은 짓이라 생각도 안 드는 지경이라니!(『에

12 무개념

마』 147→200쪽)

에마는 엘튼 씨가 자신의 생각을 감히 넘보는 것이 몹시 거슬리지만, 반대로 그녀는 엘튼이 무엇을 알아야만 하는지 자유롭게 지적한다.

월터 경이 생활비를 줄이기 위해 켈린치 홀을 떠나야만 할 때 "자신의 저택을 세놓기로 한 계획이 알려지는 것은 월터 경에게 감당하기 힘들 만큼 수치스러운 일이었다. ... 자기한테 그럴 의사가 있다는 식의 암시는 하지도 말라고 명령했다. 예외적으로 탁월한 인물이 어쩌다 나서서 청을 넣으면 월터 경이 조건을 정한 뒤 호의를 베푸는 형식으로라야 세를 줄 수 있다는 것이었다"(『설득』 16-17→26쪽). 부동산 시장에 켈린치 홀 임대 광고를 낸다면 그것은 월터 경이 다른 사람들의 결정에 관심이 있다는 것을 온 세상에 보여 주게 될 것이고, 월터 경에게 그것은 큰 수모였다. 하지만 누군가 어쩌다 임차를 간청한다면, 거꾸로 예비 임차인이 월터 경의 결정을 궁금해해야 하는 것이다.

상급자는 하급자의 생각을 고려해서는 안 되기에 궂은일을 대신 해 줄 사람이 필요하다. 변호사인 셰퍼드 씨가 바로 그런 사람으로 그는 월터 경에게 임차를 간청할 예비 임차인을 찾는다. 러시워스 부인이 레이디 버트럼을 소더턴에 초청할 때마다 "레이디 버트럼은 한사코 사양했으나, 말투가 하도 차분한 탓에 러시워스 부인은 실은 오고 싶은가 보다 오해를 했고, 노리스 부인이 더 큰 목소리로 길게 설명을 하고 나서야 납득을 했다"(『맨스필드 파크』 89→114쪽). 패니와 마찬가지로 레이디 버트럼은 자신이 타인의 제안을 거절할 때 그 거절이 얼마나 뜨뜻미지근해 보이는지 인식하지 못한다. 하지만 패니와 달리, 그녀는 타인이 자신을 어떻게 이해할지 생각해 보며 자신을 낮출 필요가 없다. 왜냐하면 그녀에게는 자신을 대변해 목소리를 높여 줄 노리스 부인이 있기 때문이다.

이런 대리인은 상상이 대신할 수 있다. 토머스 경은 젊은이들의 사랑 같은 것에 초연한 상태지만 패니에 대한 헨리 크로퍼드의 관심을 알아차리지 않을 수 없다. 토머스 경은 "최고로 유리한 혼사를 도모하거나 획책하는 저급한 행동은 꿈에도 생각하지 못"한다. 그런데 "그런 그도 조카딸을 대하는 크로퍼드 씨의 태도가 좀 각별하다는 사실이 눈에 들어오는 것은 어쩔 수가 없었다. 비록 대범하고 무심하게 넘기긴 했지만, 어쩌면 바로 이런 이유 때문에 목사관의 초대에(무의식적으로나마) 더 기꺼이 응하지 않을 수 없었는지도 모른다"(『맨스필드 파크』 277-278→344-345쪽). 여기서 토머스 경은 "무심하게", 심지어 "무의식적으로" 행동함으로써 그의 높은 지위가 유지된다. 그는 헨리 크로퍼드의 행동을 파악하기 위해 그 어떤 노력도 하지 않는다. 왜냐하면 상상력이 있는 사람이라면 누구나 크로퍼드가 패니를 좋아한다는 것을 쉽게 알아차릴 수 있기 때문이다.

오스틴은 상급자는 하급자가 무슨 생각을 하는지 생각하지 않는다는 개념을 남성과 여성, 동물, 심지어 무생물에게도 적용한다. "남자 쪽에서 여자 꿈을 꾸었다는 것이 먼저 알려지기도 전에 젊은 여자가 남자 꿈을 꾼다는 것은 매우 부적절한 일"이다(『노생거 사원』 22→32쪽). 마찬가지로 "어떤 여자든 남자가 청혼을 하는 순간까진 모든 남자를 거부할 작정을 하고 있"다(『설득』 212→283쪽). 즉, 여자는 남자가 무슨 결정을 어떻게 내리는지 생각해 보지 않아도 된다는 것이다. 존 소프는 캐서린에게, 마차를 모는 말을 겁내지 말라고 말하며 "곧 주인을 알아볼" 것이라고 한다(『노생거 사원』 58→78쪽). 메리앤은 노어랜드 저택을 떠나며 저택에 안녕을 고한다. "우리가 가버린다고 잎이 시들지도 않을 거고, 우리가 너희들을 더 이상 안 본다고 해서 가지가 살랑대지 않을 리도 없겠지! 그래, 너희들은 꼭 같을 거야. 너희들로 인해 생긴 기쁨도 슬픔도 모른 채, 너희들의 그늘 아래 걷는 사람들에게 생긴 변화도 모른 채!"(『이성과 감성』 32→41쪽)

12 무개념

추측은 맞을 때도 있다

무개념에 대한 오스틴의 다섯 번째 설명은 간단하다. 나의 의지대로 타인의 선호를 바꿀 수 있다면, 그 사람에 대해 신경을 쓰지 않아도 된다는 것이다. 『오만과 편견』은 잘 알려진 대로 하나의 강력한 추측으로 시작된다. 즉, "재산깨나 있는 독신 남자에게 아내가 꼭 필요하다는 것은 누구나 인정하는 진리다. 이런 남자가 이웃이 되면 그 사람의 감정이나 생각을 거의 모른다고 해도, 이 진리가 동네 사람들의 마음속에 너무나 확고하게 자리 잡고 있어서, 그를 자기네 딸들 가운데 하나가 차지해야 할 재산으로 여기게 마련"이라는 것이다(『오만과 편견』 3→9쪽). 그렇다고 마을 구성원들이 개념이 없다는 뜻인가? 마을을 방문한 미혼 남성의 개인적 느낌과 견해는 아무래도 상관없다고 생각하는 것은 잘못된 것인가? 젊은 여성의 생각이 틀릴 때도 있다. 예를 들어, 자신이 위컴의 "관심을 불러일으키고 또 받아 마땅한 첫 여인"(『오만과 편견』 172→217쪽)이라고 생각하는 엘리자베스가 그렇다. 하지만 젊은 여성의 추측이 맞는 경우도 있다. "그녀가 알고 싶은 것은 단지 ... 그가 다시 청혼하게 할 만한 힘이 아직도 자기에게 있는 것으로 보이는 만큼 그 힘을 행사하는 것이 얼마나 둘의 행복을 위한 일이 될 것인가 하는 점이었다"(『오만과 편견』 293→366-367쪽). 아무것도 가진 게 없는 위컴과 얽히지 말라는 가드너 부인의 경고에 엘리자베스가 동의한다. "저야말로 그 사람이 가장 사랑하는 여자라고 성급하게 생각하지 않을게요. 그 사람하고 함께 있을 때에도 그걸 바라지도 않을 거고요"(『오만과 편견』 164→207-208쪽). 여기서 위컴 자신의 생각이나 선호는 중요하지 않다. 왜냐하면 추측컨대 그의 선택은 전적으로 엘리자베스가 무엇을 원하느냐에 따라 좌지우지될 수 있기 때문이다. 실제로 캐서린은 헨리 틸니를 만나자마자 그의 마음을 사로잡았는데, 그로서는 "그녀가 자기를 좋아한다고 생각하게 된 것이 상대를 진지하게 생각하게 된 유일한 이유였다"(『노생거 사원』 252→322-323쪽). 때로는 추측이 효과가 있다.

결정적 실수들

오스틴은 현상 그 자체로서뿐만 아니라 삶을 변화시키는 결정적인 실수의 원인으로서 무개념에 관심이 있는데, 특히 상급자들의 이런 실수에 관심을 가진다. 캐서린 영부인은 롱본에 내려와 엘리자베스와 만나는 첫 순간부터 상대방을 어리둥절하게 만든다. "베넷 양, 내가 이곳으로 오게 된 연유를 잘 알고 있겠지요. 베넷 양 자신의 마음, 자신의 양심이 내가 왜 왔는지 말해 줄 테니"(『오만과 편견』 391→483쪽). 캐서린 영부인은 엘리자베스가 자신의 생각을 알고 있다고 주장하면서, 그녀가 자신의 아랫사람임을 확실히 하고자 한다. 캐서린 영부인은 조카인 다아시와 엘리자베스가 결혼할지도 모른다는 소문을 들었고, 소문이 사실이 아니라는 것을 엘리자베스가 확인해 주길 바란다. 엘리자베스는 전략적 추론하에 답한다. "저와 제 가족을 만나시러 롱본에 오신 것으로 ... 오히려 소문이 사실로 확인될 텐데요. 만약에 정말로 그런 소문이 존재한다면 말씀입니다"(『오만과 편견』 392→484쪽). 이에 캐서린 영부인은 신분을 중요시하는 주장을 한다. 다아시의 모친과 그녀는 다아시와 자신의 딸이자 그의 이종 사촌인 미스 드 부르그의 결혼을 계획했고, 그럼으로써 이 둘은 (실제 서로를 선호하는지와 무관하게) 오래전부터 약혼한 것이나 매한가지였다는 것이다. 캐서린 영부인은 문자 그대로의 의미에 집착한다. 캐서린 영부인은 엘리자베스와 다아시가 약혼 관계가 아니라는 것을 엘리자베스로부터 직접 듣고 싶어 할 뿐만 아니라, 다아시와는 절대 약혼 관계 같은 것을 맺지 않겠다고 분명하게 약속해 주기를 원한다. 엘리자베스는 결국 자신은 다아시와 약혼 관계가 아니라고 답하지만, 앞으로도 그런 관계를 맺지 않겠다고 약속하지는 않는다. 이때도 역시 엘리자베스는 전략적으로 주장한다. "영부인께서는 다아시 씨가 따님과 결혼하기를 원하지만 ... 그분이 절 사랑한다면 **제가** 그분의 청혼을 거절한다고 해서 그분이 사촌한테 청혼하고 싶어지겠어요?"(『오만과 편견』 395→489쪽 참조) 캐서린 영부인은 "돈을 써서 적당히 수습해 버린" 리디아와 위컴의 결혼을 언급하면서 "그런데 그런 여자가 내 조카의 처제가 된다고? 그 여자의 남편, 작고한 부친의 집사 아들과 동서가 된다고? 원 세상에! 그래, 무슨 생각을 하고 있는 거지? 펨벌리의 영령들께서 그렇게 더럽혀져야겠느냐고?" 하며 급기야 계급 차별적 언사까지 한다(『오만과 편견』 396→489-490쪽).

캐서린 영부인은 엘리자베스의 뻔뻔함과 사회적 신분을 무시하는 무례함을 조카에게 각인시키기 위해 그녀가 자신의 요청을 오만하게 거절한 얘기를 해주면서 "엘리자베스의 고집과 뻔뻔스러움이 특히 두드러지게 나타난다고 생각하는 표현 하나하나를 들먹여 가며 말했"다(『오만과 편견』 407→502쪽). 다아시는 그리하여 엘리자베스가 자신을 완전히 지워 버리지는 않았다는 것을 알게 되었고, 다시 청혼할 용기를 얻는다. "제 이모의 정보가 희망을 주었"습니다(『오만과 편견』 423→523쪽). 캐서린 영부인은 조카에게 그와 결혼하지 않겠다는 약속을 하라는 요구에 엘리자베스가 뻔뻔하게 거절한 것을 문자 그대로 전달했다고 생각한다. 그러나 그 거절의 진정한 의미는 그동안 두 사람 사이에 일어난 많은 일들의 맥락 속에서만 이해될 수 있고 다아시는 이를 이해한다. "희망을 가져도 되겠다는 걸 알게 되었습니다. ... 제가 당신의 성품을 알기로는, 나를 거부하기로 확실하게, 최종적인 결정을 내렸다면 솔직하게 터놓고 캐서린 영부인에게 시인했을 테니까요." 엘리자베스는 다아시가 알고 있다는 것을 안다. "그래요, 제가 **그렇게** 할 수 있다고 생각하실 정도로 제가 **솔직한** 것을 아시지요. 면전에 대고 그렇게 볼썽사납게 욕을 해댔으니, 친척분들 모두에게 당신을 욕하는 것이야 무슨 거리낌이 있었겠어요"(『오만과 편견』 407→502쪽).

엘리자베스는 자신을 향한 다아시의 감정이 결혼을 가능하게 할 수도 있을 정도라는 것을 알고 있었고, 이런 상황에서 만약 캐서린 영부인이 엘리자베스를 조금이라도 전략적인 사람이라고 생각했다면, 조카에게 엘리자베스가 자기가 요구한 약속을 거부한 얘기를 하지 않았을 것이다. 하지만 캐서린 영부인은 자신의 신분을 내세우기 바쁘고, 조카 다아시가 자기와 생각이 똑같을 것이라고 가정하면서 결정적 실수를 저지른다.

틸니 장군은 캐서린 몰런드가 재력가의 상속녀가 아니라는 것을 알게 되자, 이 신분 위반에 대해 극단적으로 대처한다. 아무런 예고도, 딸려 보내는 사람도 없이 노생거 사원에서 캐서린을 쫓아낸 것이다. 그는 캐서린을 좀 덜 소란스럽고 덜 갑작스럽게 돌려보낼 수도 있었다. 하지만 그는 자신이 수행적 선언을 직접 하고 싶었다. "그는 자기 외의 세상 거의 모든 사람에게 화가 났고, 그다음 날로 노생거로 출발했다. 거기서 무슨 짓을 했는지는 앞에서 본 바와 같다"(『노생거 사원』 256→327쪽 참조). 하지만 오스틴 작품에서 이는 또 다른 결정적 실수의 한 사례다. "캐서린이 어떤 취급을 당했는지 듣자마자" 장군의 아들 헨리는 "대놓고 화를 내며 대들었다. ... 그는 몰런드 양과 애정으로 묶여 있는 것만큼이나 신의로 묶여 있다고 느껴 왔다. 그리고 부친이 반드시 차지하라던 그 마음이 이미 자기에게 왔다고 믿고 있었으니, 아무리 암묵적인 동의를 야비하게 철회해도, 아무리 입장을 뒤집어 정당화될 수 없는 분노를 터뜨려도 그의 신의를 흔들거나 결심에 영향을 줄 수는 없었다"(『노생거 사원』 257→328-329쪽).

틸니 장군은 캐서린에 대한 헨리의 애틋한 마음을 알고 있을 뿐만 아니라, 자신도 그걸 부추긴 바 있다. 따라서 자신의 그토록 인정머리 없는 홀대는 아버지가 부당하다는 감정과 함께 캐서린에 대한 헨리의 마음을 더욱 살뜰하게 할 수도 있다는 것을 예측할 수도 있었을 것이다. 그러나 틸니 장군은 "통상의 경우에는 자신의 말이 가족 사이의 법으로 통하는 터여서, 아들이 기분이야 좀 언짢을지언정 거부감이나 반대 의사를 입 밖으로 내어 표명할 줄은 미처 예상치 못했고" 또한 헨리가 자기만의 욕구가 있고, 스스로 판단하는 인격체라고 생각하지도 않았다. 실제로 그는 헨리가 어떤 행동을 취할 수도 있다는 생각을 하지

12 무개념

못하고, 헨리의 반발을 전혀 예상하지 못한다(『노생거 사원』 257→328쪽). 틸니 장군은 헨리의 생각을 자기 마음대로 조종할 수 있다고 생각했다. 그는 아들에게 캐서린을 "더 이상 생각도 말라고 명했다"(『노생거 사원』 253→323쪽). 그뿐만이 아니라 처음부터 캐서린이 상속녀라고 생각한 틸니 장군의 실수도 존 소프의 말을 이해하지 못했기 때문에 일어난 일이다. "소프는 틸니 장군 같은 중요한 인사와 말을 주고받게 된 것이 너무 기뻐, 우쭐한 기분"이 되었다. 또 "그 당시에는 ... 캐서린과 결혼할 마음을 먹고 있던 차라, 그 가족이 아주 부유하다고 선전하고 싶은 허영기가 발동한 것이다. ... 어느 정도는 실제 이상으로 부유하다고 믿고 있었지만, 그보다도 훨씬 과장해 버린 것이다"(『노생거 사원』 254→324쪽). 캐서린이 앨런 부부의 상속녀라는 존 소프의 말을 문자 그대로 받아들여 귀가 솔깃해진 틸니 장군은 이런 말을 하는 존 소프의 의도를 파악하려 하지 않는다. 마지막으로, 틸니 장군이 캐서린을 쫓아낼 때 하인을 붙여 보내지 않은 것(따라서 이후 소식을 확인할 수 없다는 사실)은 그녀가 무사히 도착했음을 확인하기 위해서라도 헨리가 캐서린을 만나러 가야 할 완벽한 구실을 제공한다.

에드워드의 모친 페라스 부인은 그가 루시 스틸과 비밀리에 약혼했다는 소식을 듣고는 의절한 뒤 대신 그의 동생 로버트에게 아끼는 장남의 자리를 넘겨주는데, 결국 루시는 에드워드와의 약혼을 깨고 로버트와 결혼한다. 이에 대해 엘리너는 에드워드에게 이렇게 말한다.

> 당신 어머니는 제대로 제 발등을 찍으신 셈이네요. 당신께 화가 난 나머지 로버트한테 독립을 부여했는데, 결국 제 마음대로 할 선택권을 준 꼴이 되었으니. 그분은 아들 하나가 그런 행위를 하려 한다고 해서 유산권을 박탈하더니, 이번에는 다른 아들한테 매년 천 파운드를 찔러 넣어 주면서 하라고 시킨 꼴이네요(『이성과 감성』 414→485-486쪽).

이는 특권층에 있으면서 신분에 집착하는 사람이 하급자의 전략을 고려하지 않고 취한 행동이 역효과를 낸 또 다른 사례로, 여기서 하급자는 루시다. 물론 엘리너와 메리앤을 포함해 루시가 로버트를 잡을 것이라고는 아무도 예상하지 못했으므로 페라스 부인의 실수는 캐서린 영부인이나 틸니 장군의 실수만큼 결정적이지는 않다.

이상에서 살펴본 어리석은 세 상급자들은 무개념의 다른 특징들도 공유한다. 음악에 대한 캐서린 영부인의 지식은 전혀 없다시피 하다. 따라서 그녀가 음악에 대해 논할 수 있는 것은 사회적 신분과 관련된 것이다. "우리 피아노는 굉장히 훌륭한 거야. 어디 내놔도 이보다 나은 건 아마 …" "잉글랜드에서 나보다 더 제대로 음악을 즐기거나 더 뛰어난 음악적 감수성을 타고난 사람은 몇 안 될 걸. 배울 기회만 있었더라면 나도 굉장한 대가가 되었을 텐데"(『오만과 편견』 185,194→234, 245쪽). 캐서린 영부인은 엘리자베스의 정확한 나이를 알고자 하는데 — "스물이 넘었을 리는 없어, 분명히" — 이는 그녀가 수치에 집착한다는 것을 나타낸다(『오만과 편견』 187→237쪽). 노생거 사원에 도착해 캐서린은 집 안을 구경하고 싶어 하지만, 틸니 장군은 그녀에게 집 안을 먼저 보고 싶은지 집 밖을 먼저 보고 싶은지 묻자마자 이내 "모, 말 안 해도 알겠군, 알겠어. 그래, 몰랜드 양의 눈빛을 보니 현재의 화사한 날씨를 잘 활용하고 싶은 게 확실하군" 하며 방을 나간다(『노생거 사원』 181→231-232쪽). 이후 캐서린에게 집 구경을 시켜 줄 때 그는 응접실에서 "유명한 장식품을 일일이 자세히 살펴보면서 다른 사람보다는 본인의 호기심을 충족시키고 나서, … 식당 길이를 보폭으로 재보는 즐거움을 포기하지 못했"다(『노생거 사원』 187-188→240-241쪽 참고). 틸니 장군은 사람의 눈을 읽는 능력이 부족한 대신 시각적 디테일과 수치에 집착한다. 페라스 부인의 경우, 화열가리개 한 쌍이 엘리너의 작품이라는 것을 알기 전에 그것을 "유난히 꼭 봐야겠다고" 하는데(『이성과 감성』 268→309-310쪽) — 우리는 그녀에 대해 아는 게 별로 없지만 페라스 부인이 관심을 나타내는 것이 거의 없으므로 — 화열가리개에 관심을 기울인 것은 어쩌면 그녀가 시각적 디테일에 집중한다는 것을 보여 주는 것일 수도 있다.

다음 두 실수는 자신들이 상급자라고 생각하는 두 젊은 주인공들이 저지른 것이다. 헨리 크로퍼드는 많은 노력을 하고도 결정적 실수를 한다. 자신이 패니의 마음을 안다고 선언한 것이다. "저는 지금도 앞으로도 당신을 맞이할 자격이 있는 것입니다. 그리고 제 연모의 정이 명실상부하다는 점만 믿어 주신다면, 당신이 어떤 분인지 너무나 잘 아는 저로서는 더없이 벅찬 희망을 품지 않을 수 없지요"(『맨스필드 파크』 398→495쪽). 헨리는 심지어 패니가 할 말을 패니에게 알려 주기조차 한다. "딴생각을 하지 말고 더 경청하는 게 **옳다**는 말씀을 하시려나 보다 했지요. 그런 것 아니었나요?"(『맨스필드 파크』 394→490-491쪽) 하지만 패니가 그를 얼마나 싫어하는지 그는 전혀 모른다. 패니를 설득하기 위해 노력한 다음 헨리는 헤어지기 싫다고 한다. 그러나 "헤어지는 그의 얼굴에 절망하는 기색은 전혀 보이지 않았다." 그리고 패니는 그가 자신을 넘겨짚는 것에 대해 이제 "화가 났다. 그렇게 이기적이고 인정머리 없이 밀어붙이다니, 얼마간 분개스럽기까지 했다"(『맨스필드 파크』 379→473쪽). 이후 헨리는 자신의 건물에 세 들어 살고 있는 가난한 세입자들의 복지에 관심이 있다고 말한다.

> 패니를 겨냥한 의도가 적중했다. 패니는 그에게서 이렇게 건전한 이야기를 들으니 기분이 좋았다. … 그래서 잘하셨다는 눈빛을 보내려 했지만, 그가 너무 노골적인 말을 덧붙이는 바람에 깜짝 놀라 그럴 마음이 싹 사라졌다. … 자선을 베풀려는 모든 계획을 함께할 조력자이자 친구이자 안내자인 … 사람이 곧 생기기를 기대한다는 것이었다(『맨스필드 파크』 469-470→583쪽).

자신의 구애가 성공할 것을 확신하며 헨리는 언제 입을 다물어야 할지 모른다. 마지막으로 그리고 결정적으로 헨리는 마리아의 감정의 깊이를 모른 채 결혼한 마리아를 방문하고, 결국 그 둘은 그의 "허영심에 발목을 잡히고 만 것이다"(『맨스필드 파크』 541→676쪽).

    에마는 해리엇 스미스가 투명하다고, 점토처럼 주무를 수 있는 말랑말랑한 사람이라고 생각했는데, 해리엇은 뜻밖에도 나이틀리 씨가 자신에게 관심이 있는 것 같다고 한다. 에마는 그제야 해리엇도 독립적으로 사고할 수 있다는 것을 깨달으며 자신이 계획한 것의 역효과를 깨닫는다. "아! 자기가 해리엇을 앞으로 끌어내지만 않았더라면! ... 그녀한테 어울리는 자리에서 행복하고 존경받는 인생을 누리게 해주었을 흠잡을 데 없는 청년과 결혼하지 못하게 자기가 나서서 막지만 않았더라면! 모두 안전했을 것이고, 이런 끔찍한 결과는 전혀 벌어지지 않았을 텐데. 이루 말할 수 없이 어리석은 짓이었다"(『에마』 450→599-600쪽). 에마는 스스로 해리엇에게 신분보다 높게 결혼하라고 부추겼지만, 해리엇이 자신의 신분을 모른다는 사실에 경악한다. "해리엇이 언감생심 나이틀리 씨를 넘보다니, 어떻게 그렇게 주제넘을 수가 있을까? 그런 남성에게서 확실한 언질도 없었는데 자기가 선택된 사람이라는 생각을 어떻게 감히 할 수가 있지!"(『에마』 450-451→600쪽)

    엘튼 씨의 수수께끼 문장을 쪼개서 맥락을 없애 버리고, 엘튼 씨가 해리엇의 초상화를 칭찬하는 것을 맥락에서 벗어나 이해하는 에마로부터 우리는 그녀에게 문자 그대로 해석하는 경향이 있다는 것을 보았다. 에드먼드 버트럼은 목회자가 되어 손턴 레이시에서 살게 될 텐데, 헨리 크로퍼드는 에드먼드에게 주택 개조와 관련된 조언을 한다. 좀 더 구체적으로는, 밭을 없애고 대장장이 작업장에 가림막을 치라고 한다. 녹스-쇼가 관찰한 대로, 이런 개조는 "목사관에 딸려 있는 사회적 맥락의 모든 흔적들에 '가림막을 치는' 것이다"(Knox-Shaw 2004, 94).

    『설득』에서 결정적 실수에 가장 근접한 사례는 레이디 러셀에게서

12 무개념

찾아볼 수 있다. 레이디 러셀은 앤에게 엘리엇 씨와 결혼해서 모친과 마찬가지로 레이디 엘리엇이 되라고 설득하려 했지만, 엘리엇 씨는 좋은 신랑감이 아니고 앤은 엘리엇 씨와 결혼하지 않는다. 레이디 러셀은 이렇게 말한다.

> 너는 모습과 성격이 네 어머니를 꼭 빼닮았어. 네가 네 어머니와 같은 지위와 이름과 가정을 누리는 걸, 네 어머니와 똑같은 자리에 앉아서 살림을 주관하고 기도를 드리는 걸, 네 어머니보다 소중하게 대접받는 걸 상상만 해도! … 난 내 한창때보다도 더 행복할 거야!
> (『설득』173→233쪽)

레이디 러셀의 시나리오는 시각적으로 세밀하고 신분 위주다. 레이디 러셀은 "가문의 중요성에 대한 편견이 있었으니 신분과 지위에 가치를 부여했기 때문에 그것을 소유한 사람들의 잘못을 어느 정도 눈감아 주는 편이었다"(『설득』12→20쪽). 앤이 웬트워스 대령과 결혼한 후, 레이디 러셀은 자신이 "그 두 사람을 판단할 때 지나치게 겉모습만 보았다는 사실을 받아들여야 했다. 웬트워스 대령의 매너가 자신의 개념과 맞지 않는다는 이유로, 그것을 위험하기 짝이 없는 충동적 성격의 표현으로 성급하게 추론했음을 인정해야 했다"(『설득』271→359-360쪽). 레이디 러셀의 실수는 시각적인 것에 대한 집착과 과도한 자기 준거로 인한 것이다.

그러나 앤과 웬트워스 대령의 결혼이 팔 년이나 미루어진 것에 대한 책임을 모두 레이디 러셀에게 돌릴 수는 없다. 9장에서도 언급했듯이 웬트워스 대령은 앤에게 파혼 후 이 년이 지나 해군에서 그가 어느 정도 성공을 거두었던 당시 다시 청혼을 했더라면 받아 주었을 것 같냐고 묻는다. 이에 앤은 당연히 그랬을 것이라고 한다. 이에 웬트워스 대령이 한탄한다.

내가 그 생각을 안 한 것도 그것을 원하지 않은 것도 아니었소. 그랬다면 내 모든 다른 성공에 왕관을 씌우는 격이라고 생각했소. 하지만 자존심 때문이었소. 내 자존심 때문에 다시 청혼을 할 수가 없었소. 당신을 오해했던 거요. 아니, 당신을 제대로 평가하지 못한 거지(『설득』 268→357쪽).

웬트워스 대령은 앤에게 다시 청혼할 생각을 심각하게 해본 적이 있지만, 자존심이 그로 하여금 앤의 반응을 생각해 보지 못하게 한다. 앤을 자신의 다른 성공들을 빛낼 왕관으로 생각하는 모습에서도 그가 어느 정도 지위에 관심이 있음을 알 수 있다. 그러나 앤에 대한 웬트워스 대령의 무개념은 무엇보다 사회적 거리, 즉 바다와 육지, 남성과 여성 사이의 거리에서 비롯된 것으로 이는 친구들의 도움으로 점차 해소된다.

이 장에서 나는 오스틴의 분석을 바탕으로 현실 세계에서 나타난 무개념의 실제 사례들을 찾아보고, 무개념에 대한 나의 다섯 가지 설명을 제시한다. 첫 번째, 무개념은 일종의 정신적 게으름이다. 여기에는 구체적인 특징이 있기에 좀 더 설명이 필요하다. 두 번째, 상대방의 마음을 헤아리기 위해서는 상대방의 생각뿐만 아니라 상대방의 몸속에 들어가 보는 상상을 할 수 있어야 한다. 그러나 지위가 높은 사람은 지위가 낮은 사람의 몸이 되는 것을 혐오한다. 세 번째, 개념 없는 사람들은 사회적 지위에 의존하고, 그것을 유지하는 데 더 많은 투자를 한다. 그 이유는 사회적 위계는 복잡한 상황 속에서 명확한 문자적 의미를 제공하기 때문이다. 선천적으로 전략적 사고에 취약한 사람들은 위계질서가 분명한 조직에서와 같이 신분에 의존한 교류가 편하다. 그들은 지위가 제공하는 명확한 구조를 필요로 한다. 네 번째, 무개념은 협상의 지위를 향상시킬 수 있다. 누가 보아도 개념 없는 사람처럼 보임으로써, 나는 상대방의 행동에 반응을 보이지 않겠다는 입장을 고수할 수 있다. 다섯 번째, 전략적 사고는 공감과 동일한 것이 아니지만, 타인의 마음이 되어 보는 것은 불가피하게 감정이입으로 이어지고, 이는 노예제도와 같은 불공평한 사회제도의 기반을 위협할 수 있다. 뒤이어 이 장 후반부에서는, 무개념을 이해하는 것이 현실에서 어떤 의미를 갖는 것인지 예시하기 위해, 나는 위 다섯 가지 설명을 2004년에 있었던 미군의 팔루자 공습에 적용해 본다.

개념이 없으면 속이 편하다

전략적 사고는 일상적인 기술이지만, 누구라도 게을러질 수 있다. 무개념에 대한 가장 간단한 설명은 전략적 사고가 노력을 필요로 한다는 것이다. 전략적 사고는 때때로 외부로부터의 자극을 필요로 한다. 한 실험에서 "몇몇 실험 대상자들은 처음 게임을 할 때는 [상대방의 행동에

13 무개념의 실제 사례

대한] 어떤 특정한 일관된 신념을 가지고 있지 않다가, 자신들의 신념을 진술하라는 요청을 받은 후에야 상대방에 대한 마음 이론을 형성한다"(Costa-Gomes and Weizsäcker 2008, 752). 어쩌면 우리는 전략적 사고가 아니라 무개념을 기본값으로 보아야 할 것이다. 전형적으로 대학생들은 자신들의 행동은 의도와 열망에 기인한 것이라고 믿는 반면, 룸메이트 같은 친구들의 행동은 성격이나 개인사에 더 기인한 것이라고 믿는다(Pronin and Kugler 2010). 성인은 어린이에 비해 마음 이론 능력이 발달해 있지만, 타인의 요청을 들었을 때 성인과 어린이 모두 똑같이 처음에는 자기중심적으로 생각한다. 차이는 성인의 경우 상대방의 지식을 감안해 추후에 자신의 생각을 훨씬 잘 교정한다는 것이다. 다른 말로 "자기중심주의는 성장 과정에서 사라지는 것이 아니라, 다른 사람들의 관점을 채택하려고 시도할 때마다 극복되는 것이다"(Epley, Morewedge, and Keysar 2004, 765).

노력이 필요하다는 사실을 감안하면, 사람들은 꼭 그래야 할 때만 전략적 사고를 하는 것인지도 모른다. 또 다른 실험에서 실험 대상자들은 다른 사람에게 권력을 행사했던 사건을 회상해 보라는 요청을 받았는데, 그것만으로도 다른 사람의 관점을 받아들이고 감정을 감지하는 데 서툴어졌다. 이에 대한 해석은 권력을 가진 사람들은 "타인에게 덜 의존적"이라는 것이다. "그렇기 때문에 권력자들은 자신들이 추구하는 목적을 달성하기 위해 타인을 정확히 그리고 포괄적으로 이해할 필요가 없다." 권력자들은 "신경을 써야 할 것들이 많기 때문에 아랫사람들의 시각으로 보기가 어렵다"(Galinsky, Magee, Inesi, and Gruenfeld 2006, 1068). 대졸자거나 자신이 높은 사회계층에 속한다고 생각하는 사람들은 고졸자나 자신이 낮은 사회계층에 속한다고 생각하는 사람들에 비해 일반적으로 타인의 감정을 감지하는 능력이 떨어진다. 이에 대한 해석은 다음과 같다. "낮은 계층에 속한 사람들의 삶은 … 외적이고 사회적인 힘에 의존적이다. … 이 같은 높은 의존성 때문에 낮은 계층에 속한 사람들은 사회적 맥락에 그리고 특히 다른 사람들에게 훨씬 더 많은 주의를 기울인다"(Kraus, Côte, and Keltner 2010, 1717). 달리 말해, 다른 사람들의 행동에 영향을 받는 사람들만이 전략적으로 사고하는 데 에너지를 쏟을 필요가 있는 것이다.

그러나 이와 별개로 전략적으로 개념 없는 사람이지만 결과에 크게 연연하는 경우도 종종 있다. 캐서린 영부인은 엘리자베스와 자신의 조카인 다아시의 결혼을 필사적으로 막고자 하며, 이를 막을 수 있는 방법을 강구하는 데 필요한 시간과 에너지가 충분하다. 그리하여 그녀가 엘리자베스를 깜짝 방문한 것은 일종의 적극적인 "세력 과시"였던 셈이다. 정신적 게으름에는 여러 가지 종류 — 예컨대, 만약 어떤 일에 몰두해 있다면, 다이어트를 위해 건강한 음식을 챙겨 먹을 정신적 여력이 없을 수 있다 — 가 있다. 다만, 무개념에는 독특한 특징, 예를 들어 수치와 문자적 의미에 집착하는 것과 같은 특징이 있는 것으로 보인다. 어쩌면 부유한 사람은 타인에 대한 개념이 없어도 별 문제가 없을 수 있다. 그러나 이는 같은 재산가라도 자신의 지위를 유지하는 데 더 많이 투자하는 사람이 그렇지 않은 사람에 비해 왜 훨씬 더 개념이 없는지(전자는 월터 엘리엇 경, 후자는 나이틀리 씨와 같은 경우다) 설명하지 못한다. 따라서 이와 다른, 좀 더 구체적인 설명이 필요하다.

낮은 지위의 타인이 되어 보는 것의 어려움

로버트 맥나마라Robert McNamara는 국방장관으로 임명되자, 시스템분석과 비용편익분석 등 랜드연구소에서 개발한 정량적 기법들을 도입한다(Amadae 2003). 1940년대 말과 1950년대 초반 사이에 랜드연구소의 주요 활동은 게임이론을 개발하는 것이었다. 레너드에 따르면, 랜드연구소의 경제학자들은 비용편익분석을 개발했고 랜드연구소의 수학자들은 이와 별도로 게임이론을 개발했다(Leonard 2010, 297, 주 6).

13 무개념의 실제 사례

어쨌든 게임이론은 맥나마라에게 큰 영향을 미치진 못했던 것으로 보인다. 그가 말년에 이르러서야 언급한 인생 교훈 가운데 하나가 게임이론의 핵심 공리이기 때문이다. 그는 미국이 적을 생각할 때 다음과 같은 관점을 취해야 한다고 말한다.

> 우리는 그들의 피부 속으로 들어가 그들의 눈으로 우리를 바라보도록 노력해야 합니다. 그들의 열망과 행동 뒤에 있는 그들의 생각을 이해하기 위해서 말입니다. … 쿠바위기 때, 나는 우리가 결국 소련 사람들의 입장에서 역지사지했다고 생각합니다. 베트남에서 우리는 그들을 충분히 알지 못했고 그래서 그들의 입장에서 생각하지 못했습니다. 결과는 총체적 오해였지요(Morris 2003).

예를 들어, 1964년 8월 2일 미군 구축함 매덕스호가 북베트남군으로부터 공격을 받았는데* 미국은 이것이 북베트남 중앙 사령부의 명령이었을 것이라 짐작하고 확전 의도로 받아들였다. 하지만 이 공격은 한 야전 지휘관의 명령에 따라 이루어진 것이었다. 1997년 맥나마라는 응웬 딘 우옥Nguyen Dinh Uoc에게 이렇게 말했다. "북베트남 군대의 권위와 지휘 체계는 당시 우리가 이해하고 있었던 것보다 훨씬 분권화되어 있었습니다. … 우리는 아무래도 당신네 지휘 통제 시스템에 대한 오해를 바탕으로 부적절한 결론들을 내렸던 것 같습니다"(이란 인질 사

---

* 통킹만 사건으로 알려진 사건이다. 매덕스호에 대한 공격은 8월 2일 있었는데, 미국은 이틀 후인 8월 4일에도 북베트남군의 공격이 있었다고 발표했고, 이후 8월 7일 미국 의회에서는 통킹만 결의가 통과되어, 본격적으로 대규모 병력이 베트남에 파병되며 베트남 전쟁이 본격화되었다. 이후 1971년 『뉴욕타임스』는 1964년 8월 4일 있었던 두 번째 교전은 미국이 베트남 개입을 위해 조작한 것이라는 기사를 실었다.

건 당시 지미 카터가 이와 유사하게 아야톨라 호메이니의 생각을 오해하고 있었다는 주장도 있다. Blight and Lang 2005, 108; Brams 2011). 맥나마라는 말년에 쿠바 소련 베트남의 옛 지도자들과 여러 차례 컨퍼런스를 열고 회고적 차원에서나마 그때 이루지 못했던 상호 이해를 시도했다(Blight and Lang 2005).

왜 미국의 군 지도자들은 소련에 대해서는 전략적으로 적절히 대응할 수 있었던 반면(따라서 파국을 초래할 핵전쟁을 방지했다), 베트남에서는 그러지 못했을까? 사회적 거리가 하나의 설명이 될 수 있다. 당시 미국의 군 지도부에는 루엘린 "토미" 톰슨Llewellyn Tommy Thompson — 그는 흐루쇼프와 한동안 가깝게 지내며 교류했다 — 과 같은 사람이 여럿 있었다. 반면, 베트남전쟁 당시 베트남 지도층과 미국 지도층 사이에는 그런 사람이 전혀 없었다. 미국이 매덕스호에 대한 공격을 확전 신호로 잘못 해석한 것은 북베트남의 군사 프로토콜에 익숙하지 않았기 때문이다. 오스틴식으로 보자면, 오빠를 정보원으로 두지 않은 이상 여자들은 남자들이 여자들이 입는 새 가운에 얼마나 관심 없는지 모른다는 것이다.

베트남전쟁 당시 베트남 지도부의 입장에서 역지사지하지 못했던 (이와 달리, 쿠바위기 당시에는 소련과 쿠바 지도층의 입장에서 역지사지했다) 맥나마라의 상대적 무능력은 그로부터 수십 년이 지나고 [베트남 지도부와의] 사회적 교류가 상당히 이루어졌음에도 불구하고 지속되었다. 1989년 쿠바위기를 주제로 한 콘퍼런스에서 맥나마라는 피그스만 공격을 비롯해 미국이 진행한 다양한 비밀공작들에 대해 이렇게 회상했다.

> 솔직히, 지나간 일이지만, 내가 쿠바 지도자였어도 미국이 침공할 것이라 예측했을 것 같습니다. … 하지만 우리는 그럴 생각이 전혀 없었습니다. … 따라서 미사일을 설치하기로 한 소련의 조치 … 는 내 생각에 잘못된 인식에 근거한 것이었어요 — 물론 충분히 이해가 가는 조치였을 뿐만 아니라 일정 부분 우리에게도 책임이 있었죠.

이에 대해 당시 쿠바의 당 정치국 위원이었던 호르헤 리스케트Jorge Risquet는 "당시 쿠바의 입장에서 보면 미국이 직접 쿠바를 침공할 것이란 생각을 충분히 할 수 있었다고 하셨는데, 그렇게 솔직히 인정해 주시니 깜짝 놀랐습니다"(Blight and Lang 2005, 41-42)라고 말했다.

반면, 훗날 베트남전 당시 베트남군을 지휘했던 지도자들과의 대화에서, 맥나마라의 발언은 앞서와 비슷한 평가를 받지 못한다. 1995년 맥나마라는 베트남전쟁 당시 북베트남의 고위 군사 전략가였던 보 응웬 지압Vo Nguyen Giap과 만났다. 맥나마라가 "장군님, 당시 우리가 서로 무슨 생각을 하고 있었는지 돌이켜보고 싶습니다. 하노이와 워싱턴이 각각 잘못한, 곧 오해에서 비롯된 사건들을 구체적으로 들여다보고 싶습니다"라고 말하자, 지압은 다음과 같이 대꾸했다.

> 나는 우리 측에서 오해한 것은 없었다고 봅니다. 당신들은 적이었습니다. 당신들은 우리를 몰아내고, 우리를 말살시키고자 했지요. 우리는 당신들과 싸울 수밖에 없었습니다(Blight and Lang 2005, 105).

1997년 또 다른 대담에서 맥나마라는 상대방에게 이렇게 물었다.

> 저 개인적으로는 1965년 말과 1968년 사이에 협상을 진행할 수 있었다고 봅니다. 나중에 [1973년 1월 27일, 파리평화협정에서] 합의된 내용과 별반 다를 게 없는 합의를 그때도 성사시킬 수 있었다고 보고 있습니다. 그랬다면 그렇게 많은 사람이 목숨을 잃지 않아도 됐겠죠. 왜 협상이 없었을까요? 당시 인명 피해로부터 영향을 받지 않으셨습니까? 인명 피해가 그렇게 컸는데 왜 협상에 나서지 않으셨나요?

그러자 트란 꽝 코Tran Quang Co는 "맥나마라 씨가 북베트남 지도자들이 죽음과 곤궁을 비롯해 베트남 인민이 겪는 고난에 대해 관심이 없

맥나마라는 1995년, 베트남 지도부를 만난 자리에서도
여전히 그들의 입장에서 사고하지 못한다.
맥나마라가 트란 꽝 코에게 던진 질문은 명백히
베트남 지도부가 베트남 인민의 죽음과 고통에
아랑곳하지 않았다는 비난으로 보였다.
그는 이렇게 말한 격이었다.
"당신이 지갑을 빨리 내줬으면 내가 때리지 않았어도 됐잖아!"

그림 26. 1995년 맥나마라와 보 응웬 지압의 만남

13 무개념의 실제 사례

었다고 생각한다면, 당신은 베트남에 대해 크게 잘못 알고 있는 것입니다"(Blight and Lang 2005, 52-53)라고 답했다.

베트남 지도부의 입장에서 사고하지 못하는 맥나마라는 사교적 능력이 부족하다. 맥나마라가 트란 꽝 코에게 던진 질문은 명백히 베트남 지도부에 대한 비난, 즉 그들이 베트남 인민의 죽음과 고통에 아랑곳하지 않았다는 비난으로 해석될 수 있다. 그의 질문은 "당신이 지갑을 빨리 내줬으면 내가 때리지 않았어도 됐잖아!"라고 말한 격이었다. 호르헤 리스케트에게 던진 맥나마라의 질문은 상대로부터 호평을 받는다. 맥나마라가 스스로 미국의 실수를 먼저 인정했기 때문이다. 이와 반대로, 맥나마라는 베트남 지도자들이 스스로 실수를 인정하지 않는다면, 자신이 그들로 하여금 실수를 인정하도록 만들어야 한다고 생각했던 것 같다.

이와 유사하게, 블라이트와 랑은 보 응웬 지압을 "극도로 자신감 넘치고, 하노이의 결정이 미국에 대한 잘못된 가정하에 이루어졌을 수 있다는 그 어떤 암시에 대해서도 묵살로 일관하는" 사람으로 묘사하고 있다(Blight and Lang 2005, 104). 두 저자는 지압을 "반反-맥나마라"라고 부르며 "맥나마라의 설득에도 지압은 전혀 마음을 열지 않았다"라고 썼다. 블라이트와 랑은 이 문제가 지압의 문제, 좀 더 일반적으로는 베트남의 문제라고 생각한다. 오늘날 베트남 내에 많은 사람들이 전쟁에 대해 비판적 의견을 가지고 있지만 정부의 탄압으로 말미암아 이를 드러내 놓고 표현하지 못하고 있다는 것이다. 예들 들어, 1993년에 출판된 바오 닌Bao Ninh의 소설이 "지압의 의기양양한 승리주의를 거부"한다는 이유로 작가가 가택 연금되었다. 블라이트와 랑은, 보 응웬 지압이 맥나마라와 마찬가지로 좀 더 자기비판적인 입장을 취하지 않는 것을 두고 고집불통이고 잘난 체하는 것이라 지적한다. 하지만 이는 이상한 결론이 아닐 수 없다. 왜냐하면 두 저자는 '공감에 입각한 이해'(누군가가 상대방을 오해했다면 그것은 상대방의 문제가 아니라 그렇게 오해한 사람의 문제다)를 강조하고 있기 때문이다. 두 저자는 누구라도 타인의 마음을 안다고 추정해서는 안 된다고 주장하지만, 동조하지 않는 사람을 만나자 곧바로 상대방 탓을 한다.

블라이트와 랑이 맥나마라의 질문에 뻬딱하게 나오는 보 응웬 지압을 이해하는 방식은 상대방의 입장이 되어 보는 것이 아니라 상대방을 특정한 성격을 가진 인물로 분류하는 것이다. 그들은 보 응웬 지압을 두고 다른 사람의 의견을 묵살하며 고집불통인 사람이라고 치부한다. 지압을 "반-맥나마라"라고 부르는 것도 과도한 자기 준거의 일례다.

블라이트와 랑뿐만 아니라 맥나마라에게도 지위를 구분하는 의식이 계속 남아 있다. 린든 존슨 대통령은 북베트남 정부가 남베트남 정부에 항거하는 반군에 대한 지원을 중단하면 폭격을 중단하겠다고 제안했다. 그러나 호치민은 이를 거절하며 협상에 앞서 미국이 먼저 폭격을 중단하고 군대를 철수해야 한다고 주장했다. 이 같은 사실을 해석하며 블라이트와 랑은 미국과 베트남의 상대적 지위를 논한다. "세계적으로 가장 가난하고 후진적인 한 나라가 세계에서 가장 막강한 초강대국에게 항복을 요구한다. 존슨이 어리둥절할 만하다"(Blight and Lang 2005, 45). 무개념인 상급자는 상대방의 입장을 이해하려 노력하기보다 하급자가 마땅히 보여야 할 반응을 왜 보이지 않는지 궁금해한다. 이는 캐서린 영부인이 엘리자베스에게 자신의 신분을 과시했음에도 불구하고 왜 다아시와 결혼하지 않겠다고 약속하지 않는지 이해하지 못하는 것과 비슷하다. 또한 플로시가 자신을 여우로 알아보지 못하는 이유를 여우가 이해하지 못하는 것, 또 공중폭격에서 "가공"할 만한 우세를 보이고 있음에도 이라크군이 왜 항복하지 않는지 미국이 이해하지 못하는 것(Sepp 2007)과도 유사하다.

맥나마라가 계속해서 베트남 지도부의 입장을 이해하지 못하는 이유는 무엇 때문일까? 맥나마라는 상대를 이해하기 위해서는 상대의 "피부" 속으로 들어가야 한다고 말한 바 있다. 양자 사이에는 부국과

13 무개념의 실제 사례

빈국, 선진국과 후진국의 차이 외에도, 인종적 차이가 존재한다. 맥나마라에게 소련인의 피부는 역지사지하기에 충분히 유사한 피부인 반면, 베트남인의 피부는 그렇지 못한 것이다.

타인의 마음이 되어 보는 것은 그 사람의 몸이 되어 보는 것을 의미하기도 한다. 2장에서 언급했듯이, 닛산 자동차의 젊은 디자이너들은 노년층의 입장을 좀 더 잘 이해하기 위해 "노화 복장"을 착용해 본다. 아담 스미스는 인간이 타인과 공감할 때를 다음과 같이 묘사한다.

> 상상을 통해 우리는 자신을 타인이 처한 상황에 놓고 같은 고통을 겪는다고 상상한다. 우리가 타인의 고통을 인식하는 방식은 타인의 몸 속에 들어가 그와 어느 정도 동일인이 됨으로써 그 사람이 느끼는 감각이 무엇인지 생각해 보는 것이다(Smith 1759/2009, 13-14→4쪽).

에드거 앨런 포는 이렇게 말한다.

> 어떤 사람이 얼마나 현명한지, 아둔한지, 얼마나 선하거나 사악한지, 이 순간 그가 무슨 생각을 하고 있는지 알고 싶으면, 먼저 그 사람의 얼굴 표정을 내 얼굴로 최대한 따라 지어 본 다음, 내 마음이나 가슴에 어떤 생각이나 감정이 떠오르는지 기다려 본다. 그 표정과 짝을 이루거나 일치하는 것을 찾고자 함이다"(Poe 1845/1998, 258 ··· 254쪽)

물론 포가 도박으로 상당한 빚이 있었음을 감안할 때, 포의 이런 기법은 그다지 성공적이지 못했을 것이라고 스워스키는 지적한다(Swirski 1996, 79). 마리아 에지워스*는 1818년에 『설득』을 읽으며 이렇게 썼다. "웬트워스 대령은 앤의 입장에서 보았을 때, 그녀가 등에 딱 달라붙어 있는 어린아이를 떼어 내주길 원한다는 것을 알았다"(Southa 1968, 17에서 재인용).

그리하여 무개념을 설명할 수 있는 원인 가운데 하나는 내가 타인의 몸이 되어 보는 것에 대한 혐오감, 반발, 상상 불가능이다. "말리티스" 이야기에서 노예 주인은 병에 걸린 동물의 고기는 노예들에게나 어울린다고 생각하는데, 노예들이 노예 주인을 속일 수도 있다는 생각을 하지 못한다. 그는 노예의 입장이 되어 볼 수 없고, 그들의 눈을 통해 볼 수 없으며, 그들의 피부 속으로 들어가 보는 것이 너무 불편하다. 심지어 이는 혐오스러운 것이다. 이 같은 맥락에서 캐서린 영부인이 개념 없는 이유를 다시 생각해 볼 수 있다. 캐서린 영부인에게는 엘리자베스의 심정을 헤아려 보는 것이 신분의 유사성을 인정하고 마는 꼴이 되는 것이기도 하지만, 그보다 신분이 낮은 엘리자베스를 자신이 직접 육체적으로 경험해 보는 것은 더 불쾌하기 때문이다. 15세기에 아프리카 대륙을 처음 탐사한 포르투갈 탐험가들은 아프리카인의 언어를 배우며 그들의 생각이나 마음을 이해하려 노력하지 않았다. 대신 아프리카인들을 노예로 만들어 포르투갈로 데려온 다음 포르투갈어를 배우게 해서 이후 탐험에서 통역을 하게 했다(Hein 1993).

좀 더 최근 사례로, 조지 W. 부시 대통령 고문이었던 칼 로브Karl Rove는 다음과 같이 말했다.

> 보수는 9·11이라는 야만적 행위와 공격을 보고 전쟁을 준비했다. 그러나 진보는 9·11이라는 야만적 행위와 공격을 보고 소송을 준비하며 테러범들을 치료해 주고, 그들을 이해하려 했다. … 보수는 9·11 사건이 벌어졌을 때 우리에게 무슨 일이 일어났는지를 보고 '우

■ 아일랜드의 소설가이자 교육자로 소설을 통해 사회문제를 고발하고 개혁을 촉구했다.

13 무개념의 실제 사례

리는 적을 무찌르겠다'고 했다. … 진보는 우리에게 무슨 일이 일어났는지를 보고 '우리는 적을 이해해야만 한다'라고 했다(Hernandez 2005).

물론, 적을 무너뜨리려면 먼저 적을 이해해야 한다고 할 것이다. 예를 들어, 손자는 "적을 알지 못하고 나만 알면 한 번은 이기고 한 번은 진다"라고 했다(Sun-tsu 2009, 147). 칼 로브가 "야만적 행위"라는 말을 선택한 것에는 9·11 테러를 저지른 사람들이 문명화된 인간에 비해 수준이 낮은 인간이라는 뜻과, 그들을 이해하려고 하는 것은 미국이 스스로의 품격을 떨어트리는 꼴이라는 의미가 내포되어 있다. 로브의 시각에서 보면 9·11 테러범들의 입장을 이해하는 것이 그들을 물리치는 데 도움이 될지라도, 그들을 이해하려 노력해서는 안 되는 것이다.

또 다른 사례로, 우리는 흑인 노동자들의 저항을 들 수 있다. 노동자들의 대표적 저항 방식은 파업이지만, 흑인 노동자들의 경우 물건 빼돌리기, 조퇴하기, 장비 망가뜨리기 등 좀 더 다양하고 비공식적인 저항 방식을 택하기도 했다.

> 가사 노동자들이 음식물을 태우고 음식물에 침을 뱉었다는 증거와, 부엌 용품을 훼손하고 가재도구를 망가뜨렸다는 증거가 있으나 고용주와 당대 백인들은 일반적으로 이런 행위들을 흑인들의 부도덕성으로, 그들의 열등한 지성으로 … '하인 문제'로 치부해 버렸다(Kelley 1993, 91, 93).

이들은 "하인 문제"를 저항의 전략이 아닌 인종적 특징으로 이해했다. 백인 고용자들은 자신이 하인이었다면 어떻게 반응했을지 생각하지 않았는데, 자신들이 하인이 되는 건 꿈에도 생각해 본 적이 없기 때문이다. W. E. B. 두보이스가 지적했듯이, "모두가 노예는 굼뜨고 무례하며, 작업장에서 자재를 낭비하고 꾀병을 부린다고 했다. 물론 그랬다. 이것은 인종적 문제가 아니라 경제적 문제였다. 이것은 마지막 한 푼까지 쥐어 짜인 노동자 집단이라면 어디서나 나올 수밖에 없는 반응이었다. 그들을 계속 일하게 만들 수는 있어도, 세상의 그 어떤 권력도 일을 잘하게 만들 수는 없었을 것이다"(DuBois 1935/1998, 40; Kelley 1993에서 재인용). 존 스튜어트 밀도 비슷한 말을 한다. "설명 중에 가장 천박한 것은 행동과 기질의 다양성을 두고 타고난 본성의 차이라고 하는 것이다. 계획을 짜고 노력을 경주함으로써 얻을 수 있는 이득이 없는 상황에서 어떤 인종이 게으르지 않고 무관심하지 않겠는가?"(Mill 1848, 375; Levy 2001, 95에서 재인용)

사회적 지위에 대한 투자

자폐스펙트럼상에 있는 아동의 성장기를 생생하게 그린 만화 『사랑하는 나의 아들아』(Tobe 2008, 363)에서 아즈마 사치코는 선생님에게 자폐스펙트럼상에 있는 아들 히카루가 술래잡기 놀이를 할 줄 모른다고 말한다. 히카루는 술래 역할이 어떻게 해서 계속 바뀌는지, 즉 술래가 누군가를 "잡"으면, 잡힌 사람이 새로운 술래가 되는 것을 이해하지 못한다는 것이다. 이에 히카루를 위해 아오키 선생님은 술래가 되면 가면을 쓰게 하는 생각을 해낸다. 술래가 바뀔 때마다 새로운 술래가 가면을 쓰는 것이다. 이런 작은 변화로 히카루는 다른 어린이들과 함께 술래잡기 놀이를 할 수 있게 된다.

모든 사회적 역할과 마찬가지로 "술래" 역할을 맡은 사람은 사회적 절차를 거쳐 술래가 된다. "경찰" 역할을 맡은 사람 또한 특정한 훈련 과정을 밟고 특정한 시험을 통과해 특정 기관에 고용되어야 경찰이 된다. 이것이 사회적 절차다. 그 누구도 태어날 때부터 경찰이거나 술래이지는 않다. 내가 만약 작은 마을의 주민이라면, 그리하여 마을에 살

13 무개념의 실제 사례

고 있는 모든 사람의 배경과 경력을 속속들이 알고 있다면, 그중 누군가 경찰이 되었을 때, 나는 술래잡기 놀이에서 술래를 알아차리는 것과 똑같은 방식으로, 그가 경찰이라는 것을 알아차린다.

그러나 좀 더 큰 사회 속에서는, 거의 모든 사람이 히카루와 비슷한 어려움을 겪는다. 경찰이 되기 위해서는 꽤 오랜 기간에 걸친 사회적 절차를 밟아야 한다는 것을 우리 모두 알고는 있지만, 12장에서도 언급했듯이, 사람들은 특정한 상황에 놓이게 되면 단순히 경찰복을 입고 있다는 이유만으로 누군가를 경찰이라고 편리하게 생각하는 것이다. 경찰 유니폼은 경찰 신분을 문자화한다.

12장에서 논의했듯, 사회적 역할과 지위는 사회생활에서 문자적 의미를 생산한다. 역할과 지위는, 어느 방향으로 튈지 모르는 상황에서 정해진 의미와 틀을 제공한다. 예를 들어, 각기 주어진 사회적 역할이 뚜렷한 상황에서, 나는 나를 공격한 강도를 제압한 경찰이 나를 그가 다니는 교회로 초대하는 것은 아닌가 걱정할 필요가 없고, 나를 치료해 준 의사가 내게 남자 친구를 찾아 달라고 부탁하지 않을까 걱정할 필요가 없으며, 술래잡기 놀이에서 술래가 갑자기 줄넘기를 하지 않을까 걱정하지 않아도 된다. 정해진 사회적 역할과 지위는 타인의 행동에 대해 안정적이고 명확한 기대를 할 수 있게 한다.

따라서 히카루나 콜린스 씨처럼 전략적 사고에 능하지 않고, 타인의 행동을 그때그때 판단하는 것이 어려운 사람들은 일반 사람들보다 더 사회적 신분에 의존한다. 그들은 신분에 따라 정해지고 제도화된 사회적 환경을 선호하며, 이런 환경에서 자신의 시간, 에너지, 정체성을 투자하는 것을 선호한다. 이런 맥락에서 보면, 콜린스 씨 같은 사람이 개념 없는 이유는 그가 신분을 의식해서가 아니다. 오히려 개념이 없어서 사회적 신분에 더욱 의존할 수밖에 없고, 신분을 매개로 만들어진 사회 환경에 자신을 투자하는 것이다. 그는 규칙이 명확히 "명시"된 관계에 투자하는 것을 선호하는데, 후원자 캐서린 영부인과의 형식주의적인 관계가 그렇고 "국교회에서 제정한 의례와 의식을 수행"(『오만과 편견』 70→91쪽)하는 목사로서의 직업이 그렇다.

달리 말해서, 전형적으로 "남성" 조직인 군대와 같은 곳에서는 서열과 지위 지향이 강하다. 조직의 모든 구성원에게는 각자의 지위가 매우 엄격히 부여된다. 이는 남성이 특별히 더 위계질서를 사랑해서라기보다 남성은 상대적으로 개념이 없고 그렇기 때문에 그들은 모든 상황에서 엄격히 정해진 역할과 규칙을 필요로 하기 때문이다. 콜린스 씨와 같은 경우, 백개먼 게임*에서와 같이 규칙, 목적, 선수가 정확히 정해진 상황에서라면 자신의 전략적 사고 능력을 십분 발휘할 수도 있을 테지만, 일반 사회생활에서와 같이 좀 더 전형적으로 열린 상황에서는 어려움을 겪는다. 따라서 일반적인 사회생활에서 사회적 신분이 제공하는 좀 더 확실한 테두리를 추구하는 것이다.

1960년대 민권운동 단체였던 남부기독교지도자회의나 비폭력학생협력위원회 Student Nonviolent Coordinating Committee, SNCC에서 흑인 여성들은 조직 내 만연한 성차별로 말미암아 회장이나 부회장 같은 공식적인 지도자 자리에 오르지 못했다. 여성이 공식적으로 가질 수 있는 지위는 사무 보조와 관련된 직위가 전부였다. 따라서 좀 더 자율적이고 싶은 여성은 공식적인 직위를 피했으며, 직위 없이 "가교 지도자" bridge leaders(Robnett 1996)의 길을 택해 공식 지도층과 일반 참여자 사이의 간극을 메우는 가교 역할을 했다.

예를 들어, 1961년 5월 앨라배마에 도착한 프리덤 라이더들이 쿠 클럭스 클랜(일명, KKK)단으로부터 무차별 폭행을 당하는 사태가 일어나자** 다이앤 내쉬 Diane Nash는 버밍햄에서 목회를 하던 남부기독교지

- * 주사위와 체커를 이용해 하는 전략 보드 게임.
- ** 1960년 미국 연방 대법원은 한 흑인 승객이 버지니아주를 상대로

13 무개념의 실제 사례

도자회의 지도자 프레드 셔틀스워스Fred Shuttlesworth에게 전화를 걸어 이렇게 전했다. "학생들은 폭력이 이 세상을 지배하게 해서는 안 된다고 결정했습니다. 저희는 버밍햄에 갈 것이고 프리덤 라이드를 계속할 것입니다." 그러자 셔틀스워스는 "그런데 여기서 프리덤 라이더들이 거의 죽을 뻔한 거 알아요?"라고 답한다. 이에 내쉬는 다시 이렇게 말한다.

> 네, 알아요. 바로 그렇기 때문이에요. 그래서 프리덤 라이드가 중단되어서는 안 돼요. 그들이 우리를 폭력으로 중단시킨다면 이 운동은 사망 선고를 해야 합니다. 우리는 갑니다. 전화 드린 이유는 목사님이 거기서 우리를 맞이해 주실 수 있는지 알아보기 위해서입니다(Branch 1988, 430; Robnett 1996, 1685-1686에서 재인용).

이 사례는 내쉬의 뛰어난 전략적 감각을 보여 줄 뿐만 아니라 그녀가

낸 소송에서, 숙박 시설과 식당 등과 같이 장거리 고속버스 승객들이 사용하는 시설들에 대한 흑백 분리 조치는 위헌이라는 최종 판결을 내리며 흑인 승객의 손을 들어 주었다. 그럼에도 불구하고 흑백 분리는 좀처럼 사라질 기미를 보이지 않았다. 특히 남부 지방에서는 노골적인 인종차별이 공공연히 공권력의 방치 또는 적극적인 지원 아래에서 이루어졌다. 이에 1961년 민권운동 단체 인종평등회의가 주축이 되어, 13명의 활동가와 시민이 흑백 짝을 이루어 그레이하운드 같은 장거리 버스 회사의 버스에 탑승한다. 이들의 목적은 5월 4일 워싱턴 D.C.를 출발해 남부 여러 도시를 거쳐 2주 후 뉴올리언스에 도착하는 것이었다. "프리덤 라이드"는 이 버스 여행을 지칭하는 것에서 시작되었고, 버스 여행에 동참한 활동가와 시민은 자신들을 "프리덤 라이더"라 불렀다. 이들을 태운 버스가 점점 더 남부의 도시들로 깊숙이 들어설 때마다 인종 분리주의 조직 KKK단의 폭력 역시 점점 더 극렬해진다. 이에 더 많은 시민이 프리덤 라이드에 동참하게 되고, 사전에 철저하게 비폭력 대응 교육을 받은 프리덤 라이더들은 목숨을 건 버스 여행에서 끝까지 비폭력으로 대응한다.

그림 27. 프리덤 라이드 운동가 다이앤 내쉬

가교 지도자로서 프리덤 라이드 운동에 참여한 학생들의 의중을 지도층에 대변하는 모습을 보여 준다. 내쉬는 또한 "보석으로 풀려나는 것보다 구치소에 갇혀 있는 것을 원칙으로 하는 방침을 정착시"켰는데, 이는 당시 매우 효과적인 전술이었다(Robnett 1996, 1686).

여성은 공식 지도부에서 배제되었기 때문에 가교 지도자들이 되었다. 그러나 배제가 없는 상황에서라도 전술에 뛰어나고, 전략적 기회를 포착하는 데 능하며, 뚜렷하게 정해진 역할이나 규칙이 없는 각종 상황에서 다양한 사람들과 교류하는 데 능한 사람이라면, 공식적인 체계나 직위를 매개로 한 교류와 그 한계에 얽매일 필요가 없다는 것을 누구라도 생각해 볼 수 있을 것이다. 이런 사람들이라면 위계질서가 공고한 조직에서 공식적 지도자로서 고정적으로 기대되는 역할을 수행하는 것보다 직위 없이 가교 지도자로 활동하는 자유를 선호할지도 모른다.

무개념으로 협상 지위 강화하기

미군이 이라크에 주둔하는 동안 군 검문소에서는 오해로 인한 충돌이 많이 일어났고, 이는 시민들의 사망으로 이어졌다. 애니아 시에자들로는 자신의 경험을 다음과 같이 이야기한다.

> 미국 언론사 주재원으로서 나는 많은 검문소를 통과해 보았고, 그러나 나 역시 몇 차례 총에 맞을 뻔했다. 나는 언뜻 중동 사람 같아 보일 수도 있는데, 어쩌면 그래서 나는 일반 이라크인들이 겪는 상황을 조금 더 비슷하게 경험했을 수도 있다. 다음과 같은 상황들이다.
> 차를 운전하고 가는데 도로변에 두어 명의 군인들이 서있다. 바그다드 어디서나 볼 수 있는 흔한 풍경이기에 나는 대수롭지 않게 생각하고 그냥 지나간다. 그러다 갑자기 일이 벌어진다. 군인

들이 나를 향해 소리를 지르며 총부리를 겨누고, 전차포가 방향을 돌려 내 차를 겨눈다. 나는 이게 검문소인지 전혀 몰랐다.

이와 유사한 상황에서 나는 종종 이라크인 운전자들이 자동차 페달을 더욱 세게 밟는 경우를 보았다. 본능적으로 그렇게 한다. 잔뜩 화가 난 군인들이 내가 알지도 못하는 언어로 소리를 질러 대는 걸, 그들은 군인들이 "여기서 빨리 꺼져"라고 말하고 있다고 생각하고, 혼비백산하여 되도록 빨리 거기서 벗어나고자 하는 것이다.

미국인인 나도 혼란스러운데, 영어를 모르는 이라크 사람이라면 어떻겠는가?

또 다른 문제는, 미군의 검문소가 주로 2단계로 되어 있다는 것이다. 첫 단계에서는 "멈추지 않으면 발포한다"라는 문구가 영어와 아랍어로 적힌 표시판 앞에 일군의 이라크인 군인들이 서있다. 이들은 대부분 대수롭지 않게 손을 흔들어 차를 통과시킨다.

이 시점에서 내가 타고 있는 자동차의 운전자는, 낮췄던 속도를 다시 정상 속도로 올리기 위해 가속 페달을 밟는다. 이 운전자가 모르는 것은, 이라크군 검문소를 지나 몇백 미터만 지나면 미군 검문소가 또 있다는 것이고, 자신이 지금 검문소를 향해 속도를 내며 돌진하고 있다는 것이다. 경우에 따라, 운전자들은 첫 검문소를 통과했으므로, 두 번째 검문소에서는 다시 검문을 하지 않을 것이라 생각하기도 한다. …

두어 번, 검문소의 군인들은 내게 자신들이 방금 전 누군가를 쏘았다고 말한 적도 있다. 그들은 그런 말을 해서는 안 되지만 그래도 한다. 나는 그들이 말을 하지 않고는 못 배겨서 그럴 거라고 생각한다. 그들은 트라우마를 경험한 것이다.

이런 상황은 그들이 원했던 것이 아니다. 정말이지 그들이 원했던 것이 아니다. 검문소에서의 경험은 그들에게나 이라크인들에게나 혼란스럽고 두렵기 짝이 없는 상황이다. …

13 무개념의 실제 사례

검문소와 관련해 본질적인 문제는, 미군의 입장에서는 검문소를 통과하는 이라크인이 "우호적"인지 아닌지 알 수 없고, 그 이라크인은 미군이 무엇을 원하는지 알지 못한다는 것이다.

나는 이런 검문소 설치를 지시한 미군 지휘관이, 민간인 자동차를 타고 스스로 검문소들을 통과해 보았으면 좋겠다고 늘 생각했다. 민간인들의 경험을 그들이 직접 체험해 보면 좋겠다고 말이다. 그래도 똑같지는 않을 것이다. 그들은 미군 검문소가 무엇인지, 또 검문소에서는 어떻게 행동해야 하는지 이미 알고 있을 테니까. 그러나 대다수 이라크인들은 모르고 있다(Ciezadlo 2005).

이라크인들은 죽어 나가고 미군 병사들이 트라우마에 시달리는 이 같은 상황에서, 누군가는 미군 지휘관들이 검문소에 다가오는 이라크인들에게 자신들이 요구하는 게 무엇인지 소통하기 위해 열심히 노력해야 한다고 생각할 수 있다. 하지만 라이트가 지적하듯이 "문제는 이라크인들이 지금 자신의 앞에서 어떤 일이 벌어지고 있는지 이해할 수 있는지 여부다. ... [미군 지휘부가 선택한 방식인] 경고사격은 일련의 큰 총소리와 번쩍거리는 불빛에 지나지 않는다. 이것은 '차량을 멈추고 돌아가라'라는 만국 통용어가 아니다"(Wright 2004, 215). 미군은 소통을 강화하기 위해서가 아니라 상대방을 무력화하기 위해 일시적으로 운전자의 눈을 "멀게 하는" 레이저를 개발했다(MSNBC.com 2006). 검문소를 지키는 병사들은 이 같은 방법이 오해를 불러일으킬 수 있다고 생각하지만(McFate 2005도 참조), 지휘관들은 이 같은 문제를 해결하기 위해 노력하지 않는다.

시에자들로는 미군 지휘관들이 이라크 민간인의 시각에서 검문소를 보지 못하는 것이 문제라고 지적하며, 이들이 가지고 있는 무개념에 대한 이유를 다음과 같이 설명한다. 지휘관들은 미군 검문소가 어떤 곳인지 잘 알고 있기 때문에, 그렇지 못한 사람들의 시각으로 바라보지 못한다. 반면 검문소를 지키는 미군 병사들은 검문소가 어떤 곳인지 잘 알고 있지만, 그럼에도 그들은 문제점을 인식하고 있다. 이 점에서 미군 지휘관들에게서 나타나는 무개념은 혐오감 때문이거나, 상급자로서 자신의 지위를 유지하기 위해서일 수 있다. 즉, 미군 병사는 검문소로 다가오는 운전자의 입장에서 생각해 볼 수 있지만, 미군 지휘관은 신분의 경계를 넘어 이라크 민간인 운전자가 되어 보거나 심지어 말단 병사가 되어 보는 것이 어려울 수 있다.

하지만 또 다른 설명도 가능하다. 미군 지휘관들 역시 이라크인 운전자의 관점을 취할 수 있지만, 위험과 비용이 따른다는 인식 때문에 그렇게 하지 않는다는 것이다. 검문소에서 어떻게 행동해야 하는지 이라크 민간인들에게 충분히 이해시키려면 병사들이 그들과 밀착해서 대화를 해야 하고, 그렇게 되면 병사들이 위험에 노출될 수 있다. 대화가 시작되면 이라크인 운전자는 흥정을 시도하거나, 친해지려고 하거나, 특별한 사정을 이유로 애원할 수도 있다. 그럴 경우 가뜩이나 현지 언어 구사 능력이 모자란 미군 병사는 어떤 운전자의 요청이 정말로 타당한지 판단하기 어려울 수 있다. 일단 대화의 기회를 열어 놓으면, 협상의 문이 열리게 된다. 점령국으로서 미국은 일관된 정책을 확고히 유지하는 것이 누군가의 목숨을 대가로 한다 할지라도 자신의 이익을 지키는 최선의 방법이라 생각할 수 있다. 이라크 민간인들의 목소리에 귀를 기울이는 것은 이라크 민간인이 정당한 이해관계를 가지고 있음을 인정하는 것이고, 그들의 말을 들어 주기 시작하면 기존의 정책은 불가피하게 수정될 것이며, 그렇게 되면 미군 병사들을 더 큰 위험에 노출시킬 수 있다는 점을 미국은 우려할 수 있다.

다시 말해, 내가 상대방의 입장이 되어 보면 나의 협상력은 약해진다는 것이 무개념에 대한 또 다른 설명이다. 무개념은 일종의 "족쇄"로 기능할 수 있다. 무개념은 오직 자기 자신의 입장에만 충실하고 그 외 다른 어떤 것도 일절 고려하지 않게 하는데, 실제로 이런 태도는 협상

13 무개념의 실제 사례

에서 유리할 수 있다. 예를 들어, "치킨 게임"에서 두 사람의 운전자가 각각 자동차를 몰고 서로를 향해 돌진하는데, 두 사람에게는 직진을 하거나 옆으로 차를 돌릴 선택지가 있다. 두 사람 모두 직진하면 끔찍한 사고가 날 것이고, 두 사람 모두 차를 꺾으면 둘 다 멀쩡하겠지만 승자는 없다. 그러나 한 사람이 돌진하고, 다른 한 사람이 차를 꺾을 경우, 돌진한 자는 승자가 되고 꺾은 자는 패자가 된다. 이 게임은 현실에서 많은 사례들에 적용될 수 있다. 군비경쟁의 경우, 경쟁자들은 각각 상대방보다 선진적인 무기 체계를 구축하고자 하지만 실제로 양측이 모두 그렇게 할 경우 참사가 일어난다. 치킨 게임을 할 때, 내가 핸들을 꺾지 못하도록 하는 잠금장치를 상대방이 볼 수 있게 핸들에 설치해 놓았다고 가정해 보자. 잠금장치를 본 나의 경쟁자는 내가 핸들을 꺾을 수 없다는 것을 알기 때문에 본인이 핸들을 꺾고 패자가 된다. 이렇듯, 고의로 선택의 여지를 제거해 오직 하나의 선택에만 '헌신'함으로써 나는 승자가 된다. 영화 〈풋루즈〉Footloose에서 주인공 렌 맥코맥은 신발 끈이 페달에 걸려 트랙터를 멈추지도 못하고 차량에서 뛰어내리지도 못한다(Ross 1984).■

누가 보더라도 무개념한 상태를 고집하는 것은 자신의 입장에만 충실하기 위한 한 가지 방법이다. 나는 직진하고 상대는 꺾는다. 내가 핸들을 꺾는 가능성을 고려해야 한다면, 나는 상대가 나와 반대로 결정할 가능성, 즉 상대가 직진할 가능성을 생각해 봐야 한다. 그러나 나는 상대에게 상대가 어떤 결정을 내릴지 일절 고려하지 않겠다고 선언한

■ 영화에서 주인공 맥코맥(케빈 베이컨 분)은 트랙터 운전에 익숙하지 않고, 경기 도중 당황해 먼저 트랙터에서 뛰어내리려 하지만, 신발 끈이 페달에 걸려 뛰어내리지 못하게 된다. 이에 다른 선택지가 없이 트랙터를 몰고 직진하게 된 반면, 이 모습을 본 상대방이 오히려 겁에 질려 트랙터에서 뛰어내린다.

다. 상대는 핸들을 꺾을 수밖에 없고, 나는 그날의 승자가 된다.

이와 관련된 사례를 하나 더 들어 보기 위해, 필자가 운전을 하고 있다고 가정해 보자(필자가 사는 로스앤젤레스에서 자동차는 우측통행을 한다). 나는 사거리에서 좌회전을 하기 위해 앞에서 오는 차들이 주행을 멈추길 기다리고 있다. 신호등이 파랑에서 노랑으로 변하는 동안 상대 차가 사거리에 접근한다. 이 시점에서 내가 좌회전을 하면 상대는 사고를 피하기 위해 멈춰야만 한다. 반대로 상대가 교차로 안으로 직진하도록 내가 내버려둔다면, 나는 좌회전을 할 수 없고 신호가 파랑색으로 바뀔 때까지 2분을 더 기다려야 한다. 따라서 나는 상대와 눈 맞춤을 피하며 좌회전을 함으로써 상대가 멈춰 설 것을 가정하고 있다는 것을 명확히 한다. 만약 내가 상대를 쳐다본다면, 상대는 자신이 어떻게 하느냐에 따라 내 행동이 달라질 수도 있다는 것을 안다.

이 설명에서 누군가가 무개념인 것은 상대방의 생각을 읽는 것이 협상에서 불리하게 작용하기 때문이지 신분의 경계선을 넘는 것이 어렵기 때문은 아니다. 눈 맞춤을 피하며 좌회전을 하는 나는 상대의 입장이 되어 보는 것에 대한 혐오감이 없다. 다만 나는 상대의 입장이 되어 보고 싶지 않을 뿐이다. 그 이유는 상대방이 어떻게 할지 생각하기 시작하면, 좌회전을 망설이게 될까 봐서다.

협상 우위에 대한 이런 설명과 지위[신분] 사이에는 연관이 있다. 내 행동이 상대에게 영향을 미친다면, 상대는 내가 어떤 행동을 취할지 생각해 봐야 하고 그러기 위해 내 입장이 되어 봐야 할 것이다. 그러나 상대가 어떻게 행동하든 그것이 내게 영향을 미치지 못한다면, 나는 상대에 대해 생각해 볼 필요가 전혀 없다. 내가 상대에 대해 무개념인 이유는 내가 상대를 생각할 필요가 없기 때문이다. 나는 상대가 내게 해를 끼치거나, 도움을 줄 수 있는 행동을 취할 수 있는지조차 생각해 보지 않는다. 그런 의미에서 나의 무개념은 내가 상대방보다 우위에 있다는 선언이다. 예를 들어, 1963년 5월 민권운동 시기, 버밍햄 경찰

13 무개념의 실제 사례

이 시위 중인 어린아이들을 상대로 소방 호스와 경찰견을 사용했고, 이 모습이 사진을 통해 전 세계로 퍼져 나갔다. 상황이 이렇게 되자 연방 정부는 미국의 대외 이미지를 우려하기 시작했다. 그러나 조지 월리스George Wallace 앨라배마주 주지사는 다음과 같이 발표한다.

> 세계 다른 국가들은 그들이 미국을 어떻게 생각하는가보다 미국이 그들을 어떻게 생각하는가에 대해 신경을 써야 할 것이라고 나는 생각한다. … 어차피 미국이 그들 대부분을 먹여 살리고 있다. … 남부 지역 사람들이 그런 나라들에 나가는 대외 원조에 돈을 내는 한, 나는 그들의 태도에 절대 아랑곳하지 않을 것이다. … 아프리카나 아시아 국가의 보통 국민은 자기 나라가 어디에 있는지도 모르는데, 앨라배마주가 어디에 있는지 어떻게 알겠는가(Williams 1987, 191-193에서 재인용).

즉, 월리스는 미국의 남부 지역 사람들은 다른 나라 사람들이 무슨 생각을 하는지 알 필요가 없다는 것이다. 미국은 그들에 대해 아무 개념이 없어도 되지만, 미국의 원조를 받는 나라의 국민들은 미국이 그들을 어떻게 생각하는지 잘 생각해 봐야 한다는 것이다. 월리스의 경우 지위의 차이는 자연스럽게 인종과 국적의 차이로 이어진다.

조지 W. 부시 행정부의 한 수석 보좌관은 론 서스킨드에게 당신들과 같은 기자들은 "우리가 현실에 기반을 둔 공동체라 부르는 세계, 즉 눈에 보이는 현실을 신중하게 살피면 해결책이 나온다고 믿는 세계에 살고 있는 사람들"이라고 말했다. 그리고 이어 다음과 같이 말한다.

> 세상은 더 이상 그런 식으로 움직이지 않습니다. 우리는 이제 제국입니다. 우리가 행동하는 순간 새로운 현실이 만들어집니다. 당신들이 그 현실을 신중하게 살피는 동안 우리는 또다시 행동할 것이

고, 또 다른 새로운 현실들을 만들어 낼 것입니다. 당신들은 또 연구를 하겠죠. 일은 그렇게 돌아가는 겁니다. 우리는 역사의 주인공입니다. … 여러분들은 그저 우리가 하는 일을 연구만 하면 됩니다.

서스킨드에 따르면, 부시는 "흔들리지 않는 자신감이 신비에 가까운 힘을 가지고 있다고 생각하는 것이 확실해 보였다"(Suskind 2004, 51). 하지만 우리는 신비주의에 의지할 필요까지 없다. 부시 정부가 개념 없이 그들만의 세계를 만들어 내면서 다른 사람들의 입장을 고려하지 않은 것은, 상황에 따라서는 그렇게 하는 것이 협상에 유리하기 때문이다.

조지 W. 부시는 한 언론인에게 다음과 같이 말했다.

> 대통령직이란 … 큰 목적을 달성하기 위해 전략적으로 사고하는 자리입니다. … 이란은 불안정을 야기하는 세력이에요. 그 지역에서 불안정은 심각한 결과를 초래할 수 있습니다. 석유가 극단주의자들의 수중에 들어갈 수 있고, 그렇게 되면 에너지를 가지고 그들이 서구를 협박할 수도 있습니다. … 내가 말하는 전략적 사고는 바로 그런 것입니다. 그런 걸 어떻게 배워서 터득하겠습니까. … 결정을 어떻게 할까요, 아니 결정하는 것을 어떻게 배웁니까? 마음을 정하면 끝까지 밀고 나가는 겁니다. … 어떻게 하는지 이미 알거나, 모르거나 둘 중 하나입니다(Draper 2007).

정치학자 대니얼 드레즈너는 다음과 같이 지적한다. "부시가 하지 않은 것은 심사숙고다. … 미국이 추진하는 정책에 이란은 어떤 반응을 보일지에 대해 말이다. … 전략적 사고의 일부는 내 행동에 타인이 어떻게 반응할지에 대한 심사숙고다. 조지 W. 부시의 전략적 사고에는 그것이 전무하다"(Drezner 2007). 실제로 부시에게 전략적 사고란 마음을 정하고 그대로 밀어붙이는 것을 의미하며, 그렇게 하는 것은 자신

13 무개념의 실제 사례

이 특정한 능력 — 이것은 타고 났거나 그렇지 않거나 둘 중 하나이고, 후천적으로 배울 수 있는 것이 아니다 — 을 가지고 있다고 간주하는 것과 같다. 하지만 앞서 언급했듯이 타인의 반응을 고려하지 않는 부시 버전의 전략적 사고는 그 나름대로 유리한 측면이 있다.

마지막으로, 어린아이들의 사례를 들어 보자. 필자는 5학년 아들의 졸업 공연을 위해 현악기 섹션을 꾸린 바 있다. 이를 위해 학생들을 제1 바이올린과 제2 바이올린 부로 나누어 배정해야 했다. 연주하기가 어렵기는 1부나 2부 매한가지지만, 사람들은 종종 제1 바이올린에 높은 지위를 부여한다. 나는 조지아를 제2 바이올린에 배정했는데, 조지아는 자신이 1부에 있는 매튜보다 연주를 잘하기 때문에 자신을 1부에 넣어 달라고 요청했다. 그러더니 곧 마음을 바꾸어, 자신이 매튜와 자리를 바꾸면, 매튜가 속상해할 테니 자신이 그냥 2부에 남겠다고 했다. 매튜였다면 이런 식의 전략적 추론을 하지 않았을 것이라고 나는 확신한다. 전형적인 5학년 남학생들이라면, 이런 식의 추론은 설명을 듣고도 이해하지 못할 수 있다. 제1 바이올린과 제2 바이올린 자리를 다투는 것은 치킨 게임의 한 예다. 두 사람은 모두 가능한 1부에 속하고 싶어 한다. 하지만 둘 다 들어가겠다고 하면 갈등이 발생한다. 이런 상황에서 매튜와 같이 조지아에 대해 전혀 생각을 하지 않는 사람은, 매튜가 어떤 반응을 보일까 고민하는 조지아 같은 사람에 비해 유리하다. 에이미 해커링의 영화 〈클루리스〉는 『에마』를 각색한 것인데, 영화에서 늘 발랄하면서 끊임없이 계책을 세우는 베벌리힐스 고등학교 학생 셰어는 소설 속 주인공 에마에 해당한다. 게일 월드에 따르면 "셰어가 무개념이라는 것은 자기표현의 자유를 마음대로 누리지 못하는 ... 사람들에게 나타나는 비판적 자기의식에 얽매이지 않는다는 것을 의미한다. ... 그것은 또한 그녀에게 성별화된 순진무구함의 아우라를 부여하는데, 그녀는 이 점을 협상에서 십분 활용한다"(Wald 2000, 229-230). 5학년 매튜가 가지고 있는 자기 인식의 부재는, 협상에서 그에게 유리한 것과 별개로, 유년기 남자아이에게서 [통상적으로 나타나는 성향] 가운데 일부다.

무개념은 공감을 방지한다

무개념에 대한 또 다른 설명은 공감 방지다. 타인의 목표와 생각이 무엇인지 내가 생각하기 시작하면, 나는 그 사람에 대해 마음을 쓰게 될 수 있다. 맥나마라는 국제 관계에서 공감의 중요성을 강조하는데, 이는 랠프 화이트로부터 가져온 것이다. 화이트에 따르면 "공감은 전쟁을 부추기는 모든 형태의 오해를 바로잡을 수 있는 훌륭한 처방약이다. ... 공감이란 간단히 말해 타인의 생각과 감정을 이해하는 것이다. 이는 동정과 구분된다. ... 따라서 상대와 갈등이 너무 심해 동정이 불가능한 상황에서도 공감은 심리적으로 가능하다"(White 1984, 160; Blight and Lang 2005, 28에서 재인용). 내가 "전략적 사고"라고 부른 것을 화이트와 맥나마라는 "공감"이라는 의미로 사용하고 있고, 이를 "동정"과 구별하는 데 주의를 기울이는데, 이 두 마음 상태는 하나가 다른 하나로 이어질 수 있을 만큼 유사하기 때문이다.

예를 들어, 나는 상대의 입장을 충분히 이해할 수는 있지만, 굳이 그가 무슨 생각을 하는지 속속들이 알고 싶지 않을 수 있다. 2010 슈퍼볼 경기 후반부에서 인디애나폴리스 콜츠 팀의 쿼터백 페이튼 매닝이 던진 공이, 뉴올리언스 세인츠의 후열 수비 트레이시 포터에게 가로채기를 당해 세인츠 팀에 승리를 안겨 주었다. 이 경기를 두고 많은 사람들은 매닝이 무의식적으로 세인츠의 승리를 기원하고 있었다고 한다(예를 들어, Moore 2010 참조). 매닝의 부친은 세인츠 팀에서 열 시즌을 선수로 뛰었고, 매닝 그 자신도 뉴올리언스에서 태어나고 자랐다. 2010년 당시 뉴올리언스는 [2005년 해당 지역을 강타한] 허리케인 카트리나의 여파로부터 회복 중이었고, 좋은 소식에 목말라 있었다. 세인츠 팀에 대해 잘 알고 있던 매닝은 그 지식을 세인츠 팀을 패배시키는 데 유용하게 사용했을 수도 있는 것이다. 하지만 매닝은 세인츠 팀과 뉴올리언스 주민들이 애타게 승리를 갈망하고 있다는 사실도 알고 있었다. 또 다른 예로, 테니스 경기를 가정해 보자. 경기를 하는 나는 6개월 전에 어머니가 사망했다. 상대 선수의 어머니는 지난주에 사망했고, 그는 이 경기를 죽은 어머니에게 헌정하고 싶어 한다. 나는 어쩌면 이런 사실을 알고 싶지 않을 수 있다. 왜냐하면 상대에 대한 이런 지식은 전술적으로 유리할 수 있으나, 동정심은 경쟁심을 떨어트릴 것이기 때문이다. 이 경우, 내가 상대방이 되어 보는 것이 혐오스러운 것은 아니다. 다만 내가 상대방 입장이 되어 보는 것을 꺼리는 이유는, 그렇게 할 경우 상대방에 대한 동정심이 내게 생길 것이고, 그것은 내게 득이 될 게 없기 때문이다.

이 같은 설명의 맥락에서 노예 주인들은 전략적으로 노예들에 대해 사고하지 않는 것일 수 있다. 왜냐하면 그것은 필연적으로 노예들에 대한 좀 더 세심한 관심으로 이어질 테고, 노예제라는 경제 시스템 일체를 떠받치고 있는 [주인과 노예의] 사회적 구분을 약화시킬 것이기 때문이다. 체제 유지의 중요성은 무개념으로 말미암아 치러야 할 비용을 충분히 감당하게 하고도 남는다. 즉, 가끔씩 노예들에게 속아 넘어가 고기를 퍼주어도 괜찮은 것이다. 왜냐하면 내가 언제나 노예들을 한 수 앞지를 만큼 그들을 속속들이 잘 알게 된다면, 나는 더 이상 노예제도를 신봉하지 않을 수 있기 때문이다. 내가 검문소에 접근하는 이라크 민간인의 입장이 되어 보는 것은 내가 왜 여기서 이러고 있는가와 같은, 미군 주둔 그 자체에 대한 의구심으로 이어질 수 있다. 이런 의구심은 사병에게보다 지휘관에게 훨씬 더 위험한 것이다.

타니아 싱어와 에른스트 페르는 트레이드오프[맞교환]를 지적한다. "공감하는 능력, 즉 사회적 교환에서 부당한 일을 당한 사람의 심리 상태를 그대로 되새겨 볼 수 있는 능력은 상대방의 행동을 예측하는 데 도움이 될 것이다. 따라서 공감 능력은 자기 이익을 추구하는 차원에서 유용하다. 그러나 또한 이런 능력 자체가 온전하게 자기 이익을 추구하는 선택을 약화시키고 이타적인 행동을 촉진할 수도 있다"(Singer and Fehr 2005, 343).

사람을 짐승이라 부를 수 있는 이유

2004년 3월 31일, 민간 군사 기업 블랙워터Blackwater Security Consulting 소속 직원 네 명이 팔루자에서 이라크 반군의 매복 공격으로 사망했다. 그들 가운데 일부 시신은 군중에 의해 훼손된 후 유프라테스강 교각에 매달렸다. 『뉴욕타임스』는 "팔루자의 성난 군중, 네 명의 미군 도급업자 살해"라고 제목을 뽑았다(Gettleman 2004). 이튿날인 4월 1일, 이라크 임시 연립정부의 최고 행정관 루이스 폴 브레머는 바그다드 경찰학교 졸업식에서 다음과 같이 말했다.

> 어제 팔루자에서 일어난 일련의 사건은 인간의 존엄성과 야만성 사이에서 계속해서 벌어지고 있는 투쟁의 한 극적인 사례입니다. 다섯 명의 용감한 병사들이 자신들의 구역에서 공격을 받아 살해됐습니다. 그런 다음, 네 명의 미국인을 태운 두 대의 차량이 공격을 받았고, 그들의 시신이 야만적으로 훼손됐습니다. … 이라크 시민은 대부분 명예롭습니다. 그중에서도 으뜸인 졸업생 여러분은 악을 행하는 이들과 대결하고 문명의 기수가 되는 것을 선택했습니다. 여러분은 팔루자의 거리를 더럽히는 인간 짐승들을 부끄럽게 하고 있습니다(Bremer 2004).

2004년 4월 4일 밤 미군은 팔루자를 포위했고, 4월 5일에는 반군 진지에 무차별 공격을 시작했다. 이 과정에서 수백 명의 민간인 인명

13 무개념의 실제 사례

피해가 있었다. 9월 13일 이라크 서부 지역 미군 최고 지휘관인 제임스 T. 콘웨이 중장은 기자들에게 자신은 팔루자 침공을 반대했다고 말했다. "우리는 ... 보복전처럼 비칠 수 있기에 상황이 어느 정도 안정될 때까지 기다리는 것이 옳다고 생각했다"(Chandrasekaran 2004). UPI 통신사의 한 기사에 따르면,

> 상급 지휘관들은 인터뷰에서 … 자신이라면 그때, 그 상황에서 팔루자에 들어가지 않았을 것이라고 한목소리로 말했다. … 그들은 3월 31일 사망 사건이 발생한 직후는 전투를 벌일 때가 아니라고 했다. 첫째, 기습의 의미가 실종되었다. … 둘째, 그것은 반군에게 도발 행위를 통해 자신들이 원할 때 미국을 시가전으로 끌어들일 수 있다는 것을 '학습'시켰다. 오히려 그 반대가 되어야 한다. 셋째, 민간 업체 직원을 살인한 비디오테이프에 얼굴이 비친 살인범들을 찾는 일은 본질적으로 경찰의 임무다. … 평시 조건이라면 현지 경찰이 용의자들의 신분을 파악하고 검거하는 것이 용이하다(Hess 2004).

그러나 [팔루자에서 벌어진 사태를] 미국의 우월한 지위에 도전하는 것으로 인식한 조지 W. 부시는 "우리는 겁먹지 않습니다. ... 우리의 임무를 완수할 것입니다"라고 선언했다(Rubin and McManus 2004).

미국의 팔루자 공격은 홍보전에서 커다란 참사를 초래했다. "수천 명의 팔루자 시민이 도시를 벗어나 이라크 전역으로 탈출했다. 이들이 전하는 참담함과 무고한 민간인들의 죽음에 대한 이야기는 그 어떤 대대적 선전으로도 막아 낼 수 없는 것이었다"(Scahill 2008, 205). 바로 이 경우야말로 지위에 대한 미국의 집착이 빚은 무개념을 명백하게 보여 준다. 이라크 반군들은 인간 이하의 존재로 간주되었다. 브레머가 [바그다드 거리를] "더럽히는"과 같은 카스트적 용어를 사용한 것에서 이를 엿볼 수 있다. 이라크 경찰학교 졸업식의 목적은 졸업생들의 사회적

신분을 짐승에서 인간으로 새롭게 탈바꿈하는 것이었다. 졸업식에 참석한 졸업생들은 팔루자에서 있었던 미국인 살인 사건과 아무 연관이 없었으나, 브레머는 임의적으로 학생들과 졸업식을 빗대어 졸업생들과 반군, 선한 이라크인과 악한 이라크인의 차이를 강조했다. 이와는 대조적으로 미군 지휘관들은 팔루자 작전에 근본적인 전술적 오류가 있다는 것을 알았다. 이 지휘관들은 문제를 개별 범죄자들을 체포하는 문제로 이해하고자 했다. 즉, 문제를 두 종류의 서로 다른 사람들 사이의 대결(문명 수호자들 대 격분한 군중)로 확대 해석하지 않으려 한 것이다. 라크다르 브라히미Lakhdar Brahimi 이라크 담당 유엔 특사는 미국의 공격을 두고 [무고한 이라크 시민들에 대한] "집단 처벌"이라 불렀다(Rubin and McManus 2004).

 브레머가 사용하는 용어는 짐승에게나 하는 표현들이다. 즉, 살인자들은 단순히 미개인이거나 야만인이 아니라 자칼이다. 미개인의 마음과 육체가 되어 보는 것이 어렵다면, 자칼의 마음과 육체가 되어 보는 것은 더더욱 어렵다. 적군을 짐승의 이름으로 부르는 것은 적군에 대한 나의 공감을 줄이고, 그들을 좀 더 쉽게 죽일 수 있게 한다. 브레머는 다른 곳에서 이라크 반군들을 '악귀들'ghouls로 불렀다. 악귀는 이미 죽은 생명체다. 이뿐만 아니라 적군을 짐승으로 부르는 것은 적들의 동기를 생각해 볼 필요가 없다고 선언하는 것이다. 이는 또한 협상이나 타협은 상상도 할 수 없음을 의미하는데, 협상이나 타협을 위해서는 최소한 상대방의 목적을 인지하고 인정해야 하기 때문이다. 버뮬에 따르면 "상황적 마음 시각 장애 … [즉] 타인을 동물, 기계, 혹은 사고 기능이 없는 어떤 것으로 만들어 버림으로써 타인이 합리적 행위 주체성을 가지고 있다는 시각을 부정하는 것"은 "증오하는 반대 집단을 인간이라고 볼 수 없기 때문에 이들에게는 도덕규범이 적용되지 않는다"라고 하는 것보다 훨씬 더 심각한 인간성 말살 행위다(Vermeule 2010, 195).

 적군을 짐승이라고 부르는 것이 협상에서 아군의 지위를 향상시키

13 무개념의 실제 사례

거나 도덕적인 가책을 감소시킬 수 있다. 그러나 그렇게 함으로써 치러야 할 비용은 적을 전략적으로 판단할 수 없게 된다는 것이다. 2004년 4월 9일, 미국의 팔루자 공격에 대한 국제사회의 원성이 높아지고, 군부에서도 팔루자 공격이 반군에게 신병 모집을 용이하게 해줬다는 우려가 일자, 미국은 일방적으로 휴전을 선언했다(Rubin and McManus 2004). 협상을 거쳐 미국은 [이라크 국민들로 이루어진] 팔루자 여단을 창설하고 이들이 스스로 치안을 담당할 수 있도록 800정 이상의 자동소총과 25대 이상의 트럭을 제공했다. 그러나 팔루자 주민들에게 새로운 사회적 지위를 부여하고, 그들을 새로운 종류의 선한 이라크인으로 만들어 준 것으로는 충분하지 않았다. 팔루자 여단은 곧 와해되었고, 이들이 사용하던 무기와 차량은 곧 반군 수중으로 들어가 미국을 공격하는 데 사용되었기 때문이다.

오스틴이 캐서린 영부인과 틸니 장군의 실수를 통해 무개념을 분석했을 때, 자신의 설명이 200년 후 이라크에서 미국이 저지른 실수를 설명하는 데 적용될 것이라고 예측하지 못했을 것이다. 그러나 오스틴은 아마도 무개념은 실제적이고 반복적인 현상으로서 계속해서 더 연구할 가치가 있다는 데 동의할 것이다.

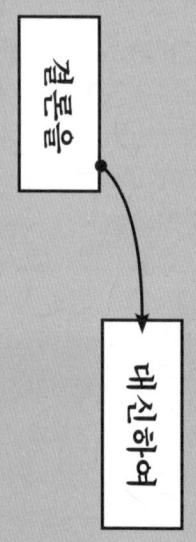

우리는 오랫동안 인간을 이해하기 위해 노력해 왔다. 엘스터가 말했듯이, 인간의 "마음, 행동, 교류에 대한 고찰과 관련해 지난 2500년 동안의 성찰을 무시한 채 최근 100년 혹은 10년[에 걸쳐 이룩한 성취]만을 중시한다면, 많은 것을 잃어버리게 될 것이다"(Elster 2007, x, 5-6; Elster 1999 역시 참조). 그러면서도 엘스터는 최근의 진전을 인정한다. "그럼에도 불구하고 합리적 선택이론은 [인간을 이해하기 위한] 도구 상자의 소중한 일부다. ... 특히 게임이론은 사회적 상호 관계의 구조를 이해하는 데 있어 이전 세기에 달성한 것보다 훨씬 더 많은 통찰을 제공한다." 로버트 레너드 역시 "20세기에 이루어진 과학적 기여 가운데 게임이론이 가장 의미 있었다는 데는 의심의 여지가 없다"라고 말한다(Leonard 2010, 1).

하지만 게임이론은 이들이 말하는 것보다 훨씬 오랜 역사를 가지고 있다. 로힛 파리크는 16세기 [무굴제국을 배경으로 한] 『아크바르와 비르발』∎의 이야기와 인도의 대서사시 『마하바라타』에서 게임이론적인 통찰을 본다(Parikh 2008; Sihag 2007; Wiese 2012도 참조). 오닐(O'Neill 1982; 2009)과 아우만·매슐러(Aumann and Maschler 1985)는 유산 분쟁을 조정하는 문제를 다루며, 게임이론을 사용해 1500여 년 전 바빌로니아 탈무드에 제시된 파산과 관련된 해법들을 "역설계"[재구성]한다. 조사이아 오버에 따르면, 헤로도토스와 투키디데스를 비롯한 고대 그리스의 저자들은 "개인과 집단이 ... 전략적으로 기획하고 행동할 수 있는 능력을 갖추고 있다고 생각"했으며(Ober 2011), 수천 년 전에 이미 사회가 개인들 사이의 협력을 유도하는 메커니즘을 통찰력 있게 분석했다. 피터 밴더슈라프는 데이비드 흄이 평형 결과equilibrium outcome와 같은 게임이론의 핵심 개념을 1740년에 이미 설명했다고 본다(Vanderschraaf 1998).

∎ 무굴제국의 황제 아크바르와 재상 비르발이 지혜를 겨루는 이야기로 『비르발의 지혜문답』(정신세계사, 2009) 등으로 번역돼 있다.

14 결론을 대신하여

이 책은 제인 오스틴과 아프리카계 미국인들의 설화에 주목하고 있지만 민간 게임이론은 다른 곳에서도 얼마든지 찾아볼 수 있다. 리처드 로저스와 오스카 해머스타인의 첫 뮤지컬이자, 미국 뮤지컬 역사에 큰 영향을 미친 〈오클라호마!〉는 그중에서도 더할 나위 없이 뛰어난 사례다. 〈오클라호마!〉에서 가장 뛰어난 전략가들은 여성(아도 애니와 엘러 아주머니)이나 소수민족 출신(페르시아 출신 장사꾼 알리 하킴)이다. 아도 애니는 "거절을 못 하는 아가씨"로서 플로시 핀리나 캐서린 몰런드와 마찬가지로 순진함을 나타냄으로써 얻을 수 있는 전략적 우위를 잘 보여 준다. 알리 하킴은 토끼 형제나 에마 우드하우스와 마찬가지로 과잉 전략의 위험을 보여 준다. 윌 파커[아도 애니의 연인]는 플로시의 여우나 월터 엘리엇 경과 마찬가지로 사회적 지위와 문자적 의미에 과도할 정도로 집착하는데, 이는 전략적 무능을 나타낸다. 주인공 로리는 패니 프라이스와 마찬가지로 전략적 사고를 배우며 성숙한 여성으로 성장해 가는 과정을 보여 준다. 마지막으로 컬리[남자 주인공]와 로리는 오스틴의 커플들과 마찬가지로, 전략적 동반자 관계가 결혼의 기반이 됨을 보여 준다.

뮤지컬의 〈그건 체면 구기는 일이야! 도저히 받아들일 수 없어!〉It's a Scandal! It's an Outrage!라는 노래에서 알리 하킴은 "갈수록 재미가 없어. 딸들에게는 모두 총을 든 아버지가 있잖아!"■(Hammerstein 1942, 18)라고 노래하며 기존 구애 제도에 대한 혁명을 촉구한다. 그러나 그를 따르

■ 잡상인 알리 하킴은 연애의 고수다. 그는 아도 애니와 연애를 하다 애니의 아버지에게 들킨다. 그녀의 아버지는 하킴에게 총을 들이대며 결혼을 종용한다. 하킴은 그럴 생각이 조금도 없고, 돈까지 써가며 간신히 그 상황에서 벗어난다. 그 후 하킴은 또 다른 동네 처녀 거티와 연애하다 들키는데, 거티 아버지 역시 총으로 위협하며 결혼을 종용하고, 둘은 결국 결혼한다. 〈그건 체면 구기는 일이야!...〉는 결혼에 대한 불만과 두려움을 남성의 입장에서 노래한다.

는 미혼 남성들이 누가 [결혼을 거부해] 가장 먼저 총을 맞을 것이냐고 묻자 하킴은 그것이 그들의 지도자인 자신일 수밖에 없음을 깨닫는다. 남자들은 무대를 빙글빙글 돌며 혁명*을 시작하고, 지시문에는 이때 아가씨들이 "그들을 대열에서 한 명씩 골라 짝을 지어 무대 밖으로 사라진다"라고 되어 있다(Hammerstein 1942, 19).** 무임승차 문제에 대한 사회과학 연구(Olson 1965)가 나오기 훨씬 전에 〈오클라호마!〉는 혁명을 계획하는 데 있어 핵심적인 전략적 문제를 명시한다. 즉, 그 누구도 제일 먼저 총을 맞고 싶어 하지 않으며, 모든 집단행동은 개인의 이탈로 대오가 무너질 위험이 있다. 아도 애니가 알리 하킴에게, 거티와 결혼한 걸 보니 그녀와는 결혼하고 싶었던 거군, 하고 말하자 알리는 합리적 선택 이론가가 했을 법한 답을 이야기한다. "아무렴, 그랬지. 달빛에 그녀의 아버지 엽총이 빛나는 걸 보니 결혼하고 싶더라고!"(Hammerstein 1942, 46) 알리 하킴은 [두 남자 사이에서 고민하는] 로리에게 합리적 선택이론의 정수를 깨닫게 해주는 "이집트 묘약"을 팔며 이렇게 설명한다. "파라오의 딸이 ... 어려운 문제를 결정해야 할 때 ... 이 향을 맡아 본다 했어"(Hammerstein 1942, 12). 로리는 이 말을 따르며 "나 대신 내 마음을 결정해 줄 거야"라고 노래하고, 주변의 소녀들은 "마음을 결정해, 마음을 결정해, 로리" 하며 부추긴다(Hammerstein 1942, 28).***

뉴욕 브로드웨이 공연에서 처음 알리 하킴을 연기한 배우는 이디시어를 하는 유대계 조셉 벌로프였으며, 〈오클라호마!〉 공연 1주년을 기

---

* "혁명"revolution이 '돌다'to revolve의 명사형이기도 한 점을 이용한 말장난이다.

** 결국 총을 맞은 사람은 없고 혁명은 이루어지지 않는다는 뜻이다.

*** 이집트 묘약의 향을 맡은 로리는 꿈을 꾸게 되는데, 꿈에서 로리는 두 남자 컬리와 저드 가운데 자신이 진정으로 사랑하는 사람이 누구인지 깨닫게 된다.

14 결론을 대신하여

념하는 파티에서 작곡가 해머스타인은 "미스터 알리 하킴스타인"이라 불렸다. 앤드리아 모스트의 추정에 따르면, '알리 하킴'이라는 이름은 '영리한 사람'이라는 뜻의 이디시어와 히브리어 'hacham'(하캄)에서 온 것이다(Most 1998). 따라서 해머스타인은 유대인 민속 게임이론 전통을 미국 서부 개척 신화에 도입했다고 할 수 있다. 이와 마찬가지로 그래픽노블 작가 스티브 셰인킨은 서부 개척 시대 콜로라도의 랍비 하비가 펼치는 모험을 그려 냈으며(Sheinkin 2010), 뉴베리 상을 수상한 아동 문학가 시드 플라이슈만은 캘리포니아 골드러시 이야기에 엘리야 벤 솔로몬Elijah ben Solomon■이나 그보다 앞선 『아크바르와 비르발』에 나오는 거짓말 탐지 전략을 가져온다(Fleischman 1963/1988, 22-26; Sheinkin 2010, 134; Sarin 2005, 32).■■

이 밖에도 우리는 오스틴으로부터 배울 것들이 더 있다. 예를 들어, 경제 이론은 오스틴의 주요 관심사가 아님에도 불구하고, 경제 이론이 합리적 선택이론에 기초하고 있는 만큼 오스틴은 이 방면에서도 진전을 보여 준다. 경제학에서 가장 오래된 질문 가운데 하나는 물건의 가치를 무엇으로 결정하는가이다. 흔히 물건의 가치는 그것의 물성이나 생산과정에 내제되어 있다고 믿는 유혹에 빠지기 쉽다. 예를 들어, 노동가치설에 따르면 물건의 가치는 생산에 투여된 노동량에 달려 있다. 따라서 의자는 그 의자를 만드는 데 쓰인 원목보다 가치가 높다.

■ 18세기 리투아니아 유대 사회의 영적 지도자로 가장 영향력 있는 랍비 권위자 중 한 명이다. 흔히 '빌나 가온'Vilna Gaon이라 불린다. 유대 경전에 대한 주석과 해설로 유명하다.

■■ 시드 플라이슈만의 『세상에나!』By the Great Horn Spoon!의 두 주인공 잭과 프레이즈워시는 골드러시 시기 캘리포니아로 가는 여정에서 거짓말 탐지 전략을 이용해 진실을 밝혀내야 하는 상황에 여러 번 직면한다. 이때 주로 사용되는 전략은 상대방의 표정, 말투, 행동의 변화 등을 관찰해 분석하는 방법이다.

나이틀리 씨는 해리엇 스미스를 별로라고 평가하고 그녀가 로버트 마틴 씨에게 진정으로 어울리는 짝은 아니라고 생각하는데, 그가 그렇게 생각하는 이유는 그녀의 속성 때문이다.

> 태생이나 천성, 교육에서 해리엇 스미스가 로버트 마틴보다 나은 점이 도대체 뭐가 있소? 누구 딸인지도 모르는 사생아에다, 아마도 제몫의 재산은 한 푼도 없을 것이고 점잖은 친지가 없는 것이 분명하지 않소. … 쓸모 있는 교육을 받지도 못했고 너무 어리고 단순해서 자력으로 무엇을 배우지도 못했고. … 예쁘고 성격이 좋기는 하지만 그게 전부지(『에마』 64→92쪽).

해리엇을 옹호하며 에마는 다음과 같이 말한다.

> 실제로 그 애는 아름다운 처녀고 백에 아흔아홉은 분명히 그렇게 생각할 거예요. 그리고 지금 대개들 생각하는 것보다 남자들이 미모 문제에 훨씬 더 달관하고 있다는 점이 밝혀진다면 몰라도, 그 전까지는 해리엇만큼 사랑스러운 여성이라면 틀림없이 찬탄과 인기를 누릴 것이고 여러 사람을 놓고 선택할, 따라서 까다롭게 고를 권한을 누릴 거예요. 좋은 성품 역시 그렇게 사소한 자격은 아니라고 봐요. 실제 그 애가 그렇듯 더없이 상냥한 기질과 매너에다 자신에 대해서는 대단히 겸손한 마음, 남에 대해서는 언제든 좋게 보려는 자세를 포함한다면 말이에요(『에마』 67→95-96쪽).

에마의 설명에 따르면, 해리엇의 가치는 그녀 개인의 속성에 의해 직접적으로 결정되지 않는다. 오히려 그것은 남들이 그녀를 얼마나 원하느냐에 의해 결정되며 또한 — 그녀에게 잠재적 구혼자들이 많다는 점을 감안할 때 — 그녀가 결혼 시장에서 무엇을 얻어 낼 수 있는가에

14 결론을 대신하여

달려 있다. 오스틴의 가치설에 따르면, 상품의 가치는 시장 거래에서 사람들이 그것을 무엇과 교환할 것인지에 달려 있다. 상품의 가치는 그것의 속성이나 그것을 생산하는 데 투입된 노동으로 환원될 수 없으며, 그 상품이 교환되는 전체적인 맥락에 달려 있다는 것인데, 여기서 전체적인 맥락이란 시장에서 그 상품을 원하는 사람들의 숫자, 원하는 강도, 그리고 그것을 이미 가지고 있는 사람들의 숫자 등을 포함한다. 제번스가 지적하듯이 "반복해서 검토해 보고 연구해 본 결과 나는 좀 새로운 의견에 도달했는데, **가치는 전적으로 효용에 달려 있다**. … 빵은 삶을 유지하는 데 그 효용이 거의 무한정하고, 생사의 기로에 놓였을 때 소량의 음식이라도 그 가치는 세상 모든 것의 가치를 뛰어넘는다. 그러나 일상적으로 식량이 보급될 때 빵 한 덩어리의 가치는 작다"(Jevons 1871, 2, 156). 이 같은 관점이 현대 경제 이론의 표준적인 관점으로 자리 잡은 것은 오스틴이 죽고 수십 년이 지난 후였다.

이야기와 사회 이론의 접목 또는 병행 현상은 오늘날에도 계속되고 있다. 심지어 경제학에서 사용하는 추상적인 수학모델에서조차 그러하다. 경제학 모델과 이야기들 사이의 유사성을 지적하는 학자들도 있다(Cowen 2005; Morgan 2010). 예를 들어, 아리엘 루빈스타인은 이렇게 지적한다.

> '모델'이라는 단어는 '우화'나 '동화'라는 말에 비해 훨씬 과학적으로 들리지만, 사실 이 둘 사이에는 큰 차이가 없다. … 상상과 현실 사이에 있는 무언가로서의 우화는 본질적이지 않은 디테일들이나 성가신 우회 화법들로부터 자유롭다. … [그리하여] 우리는 현실 세계에서 볼 수 없는 것들을 [우화를 통해] 또렷하게 파악할 수 있다. [이를 통해, 우화의 세계에서] 현실로 돌아올 때 우리는 현실 세계에서 사용할 수 있는 꽤 괜찮은 조언이나 유의미한 논거를 확보하게 된다. 경제 이론에서 우리가 하는 것도 이와 정확하게 똑같은 것이다(Rubinstein

2012b, x; Rubinstein 2012a도 참조).

이와 유사하게, 에드워드 리머는 "소설을 평가하는 똑같은 기준으로 경제 이론을 평가한다면 우리는 더 나은 이론을 만들 수 있을 것"이라고 한다(Leamer 2012, 10). 갤러거에 따르면 "문학평론가들은 이제 20세기 그 어느 때보다 경제 논리에 대해 호기심이 많고 훨씬 더 포용적이다."(Gallagher 2006, 192).

이야기를 통해 게임이론을 발전시킬 수 있다면 수학모델은 왜 만드는가? 최근에 이루어진 전문적이고 기술적인 혁신은 필요한 것일까? 사회적[사교적] 기술이 잘 발달된 사람이라면 수학적 게임이론을 볼 때, 엘리자베스 베넷이 휘스트나 백개먼 게임을 보듯, 지나칠 정도로 전문화되어 있어 무의미하다고 볼 수 있다. 최근 현대 사회과학(특히 경제학)의 형식주의는 "자폐적"이라고까지 불린다. 마치 형식주의가 나쁜 것이나 되는 것처럼 말이다(Mohn 2010; Devine 2006). 사실 수학에 대한 집착은 현실 세계에 대한 이해를 방해할 수도 있다. 또 패니가 어떻게 벳시로 하여금 수전의 은제 나이프를 포기하게 했는가를 보여 주기 위해 게임 나무를 그리는 것은, 이와 같은 단순한 상황에서는 기술적 과잉일 수도 있다. 그러나 게임 나무는 [이야기와는] 다른 종류의 재현이며, 시각적이고 구체적이다. 자폐스펙트럼상에 있는 학생들을 지도하는 선생들은 만화나 말풍선 같은 시각적 재현을 개발해 왔는데, 이는 사람들의 생각이나 동기를 학생들에게 명시적으로 나타내기 위해서다(Gray 1994; Baker 2001; Cohen and Sloan 2007). 게임이론도 이와 유사하게 표나 숫자 등을 사용한다. 타일러 카우언에 따르면, 아담 스미스는 [『도덕감정론』에서] 공감에 대해 설명할 때 자폐스펙트럼상에 있는 외부자의 시각으로 — 그 자신이 잘 "이해"하지 못하기 때문에 다른 사람을 세심히 관찰하고 분석한다 — 쓴다(Smith 1759/2009; Cowen 2009, 170). 따라서 수학적 관점은 그 확장 가능성뿐만 아니라 이야기와 다르다는 점에

14 결론을 대신하여

바로 그 유용함이 있다. 왜냐하면 몇몇 사람들에게만 자명해 보이는 것을 [또 다른 사람들에게도] 명료하게 나타내 주기 때문이다. 이 같은 명료성은 그 누구에게도 자명하지 않은 복잡한 상황에 접근하는 유일한 방법일 수도 있다.

수학을 염두에 두고, 엘리자베스와 [감기에 걸렸던] 제인 베넷이 네더필드에서 집으로 돌아왔을 때, 메리는 집에서 무엇을 하고 있었는지 상기해 보자. "메리는 평소처럼 통주저음법과 인간 본성에 대한 연구에 깊이 몰두해 있었다. 그리고 몇 가지 새로운 인용문에 감탄하고, 진부한 교훈의 새로운 표현에 귀를 기울이고 있었다"(『오만과 편견』 67→88쪽). (12장에서도 언급했지만) 통주저음법은 〈그림 28〉(C. P. E. Bach, Arnold 1931/1965, 662에서 재인용)에서 볼 수 있듯이 베이스 라인 위의 숫자를 이용해 코드를 나타낸다. 과연 이 같은 통주저음법은 인간 본성에 맞을까? 로저스에 따르면, 오스틴은 통주저음법을 "매우 포괄적인 '인간 본성'과 대조되는, 우스꽝스러울 정도로 난해한 연구"로 제시한다(Rogers 2006, 483). 이와 유사하게 로버트 윌리스는 다음과 같이 말한다. "하나는 음악을 다른 하나는 삶을, 즉 하나는 기술을 다른 하나는 정신을 가리킨

그림 28. 통주저음법
하단 악보는 수치로 표시된 베이스 화음을, 상단 악보는 실제 화음을 나타낸다.

다. ... 메리는 이를 구분하지 못하며, 음악에 접근할 때나 삶에 접근할 때나 지나치게 열성적이고 상상력이 부족하다"(Wallace 1983, 10).

통주저음법처럼 인간 본성에 접근한다는 것은 어떤 의미일까? 숫자를 이용해 베이스 라인을 나타내는 통주저음법은 일종의 전문적 표기법으로 현재도 사용되고 있다. 통주저음법이 수학적인 이유는 축약을 위해 숫자를 사용하기 때문이기도 하지만, 기보법記譜法이 그 자체로 수학적이기 때문이다. 그리고 이는 수백 년에 걸쳐 축적된 전문 기술적 성취다. 크로스비에 따르면 "오선보는 유럽에서 사용된 최초의 도표"(Crosby 1997, 144)이고 이는 물리적 현상을 나타내기 위해 도표가 사용되기 훨씬 전이었다. 또한 통주저음법은 단순히 여러 가지 기보법 가운데 하나인 것만은 아니다. 그것은 음악 전체에 대한 하나의 사고방식이기도 하다. 즉, 통주저음법을 읽는 건반 연주자는 단순히 코드를 읽는 것만이 아니라 즉석에서 이를 연주해야 하며, 이때 앙상블의 필요에 맞게 음표와 장식음 등을 선택해야 한다. 크리스텐센은 "대부분의 음악가들이 통주저음법을 저급한 실용 예술이라고 평가했지만, 통주저음법에서 그보다 훨씬 훌륭한 점을 발견한 연주자들도 분명 많았다. 이들은 제대로 연주할 경우 작곡가에 버금가는 실력과 상상력을 필요로 하는 게 통주저음법의 예술이라고 생각했다"라고 지적한다 (Christensen 2010, 40). 통주저음법은 유용할 뿐만 아니라 생산적이기도 했다. 새로운 음악과 음악 이론의 전개를 가능케 했던 것이다. 예를 들어, 크리스텐센에 따르면 "어린 연주자들에게 통주저음법을 가르칠 때 교수법으로 사용된 암기법은 조성 음악 이론 분야에 눈부신 발전을 가져온 뜻밖의 강력한 자극이 되었다"(Christensen 2010, 9). 실제로 "17세기 그리고 18세기의 대부분은, 역사학자와 비평가들에게 통주저음법의 시대로 알려져 있었으며, '바로크'라는 용어가 받아들여지기 시작한 것은 최근의 일이다"(Stevens 1965, vii). 물론, 음악은 악보나 시각적 재현 없이도 발전할 수 있다. 그러나 서양음악의 발전은 기보법에서

14 결론을 대신하여

나타난 기술혁신이 없었다면 지금과는 상상할 수 없을 정도로 다르게 전개되었을 것이다.

오스틴은 메리를 인간 본성을 통주저음법과 같은 방식으로 이해하는 인물로 설정함으로써 기술적이고 수학적인 접근을 통해 인간 행동을 이해할 수 있는 가능성, 특히 기술적 표현과 현실 세계의 행동 사이를 오가며 이를 우아하게 번역하는 능력을 중시하는 접근을 통해 인간 행동을 이해할 수 있는 가능성을 잠시나마 제시한다. 게다가 오스틴이 인간 행동을 음악이나 수학과 연결하는 경우는 한 번만이 아니다. 11장에서 언급했듯이, 다아시가 처음 만난 사람들에게 자신을 소개하는 게 서투르다고 하자, 피아노 의자에 앉아 있던 엘리자베스가 "연습하는 수고"를 감당하기만 하면 된다고 답한다. 그러자 다아시는 "당신은 모르는 사람들 앞에서 연주하지 않고, 나도 모르는 사람들과 어울리지 않는 거죠"라고 한다(『오만과 편견』 197→249-250쪽). 엘리자베스가 아픈 제인을 방문하기 위해 진흙탕 속의 먼 거리를 걷겠다고 하자 메리는 말한다. "... 노력은 항상 요구되는 것과 비례해야 해"(『오만과 편견』 25→48쪽 참조).

통주저음법을 옹호하는 이들은 오스틴에게 이의를 제기했다. "제인 오스틴(여기서 화자는 작가 그녀 자신이므로)이 음악 이론의 한 분야를 공부하는 평범한 소녀를 비웃는 것은 당혹스러운 일이다. 그토록 가치 있는 일을 하고 있는 메리가 왜 조롱당해야 하는가?"(Piggott 1979, 54) 하지만 오스틴이 사용하는 부정적 단어는 "진부한"이 유일하고 이는 "새로운"과 대비된다. "진부한" 것은 아둔하거나 어리석은 것을 의미하기보다는 낡고, 상투적이고, 남용되는 것을 의미한다. 즉, 오스틴이 조롱하는 것은 통주저음법이나 그것을 인간 본성에 적용하는 것이 아니라 따분한 결과, 이미 잘 알려져 있는 결과, 도덕주의적 결과를 생산하는 것이다. 오스틴은 새로운 결과에 관심이 있다. 메리 베넷은 아직 아무것도 찾지 못했지만 적어도 방향성은 제시하고 있는 것이다.

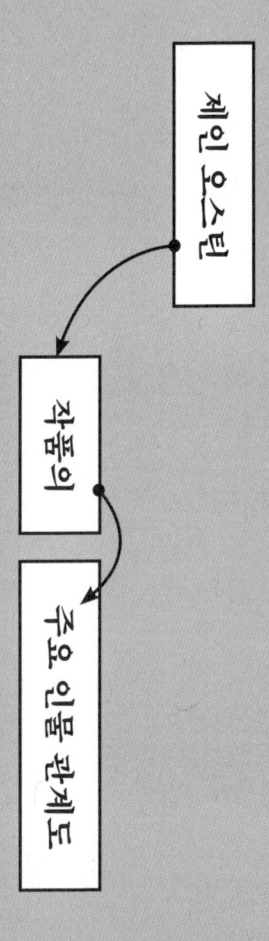

부록

제인 오스틴의 소설을 각색한 영상물의 출처는 다음과 같다.
(순서는 이 책 5장에 소개된 순서를 따랐다)

영화 〈오만과 편견〉(조 라이트 감독, 2006)
영화 〈이성과 감성〉(이안 감독, 1996)
영화 〈설득〉(캐리 크랙넬 감독, 2022)
영화 〈노생거 사원〉(존 존스 감독, 2007)
영화 〈맨스필드 파크〉(퍼트리셔 로제마 감독, 1999)
영화 〈에마〉(어텀 드 와일드 감독, 2020)

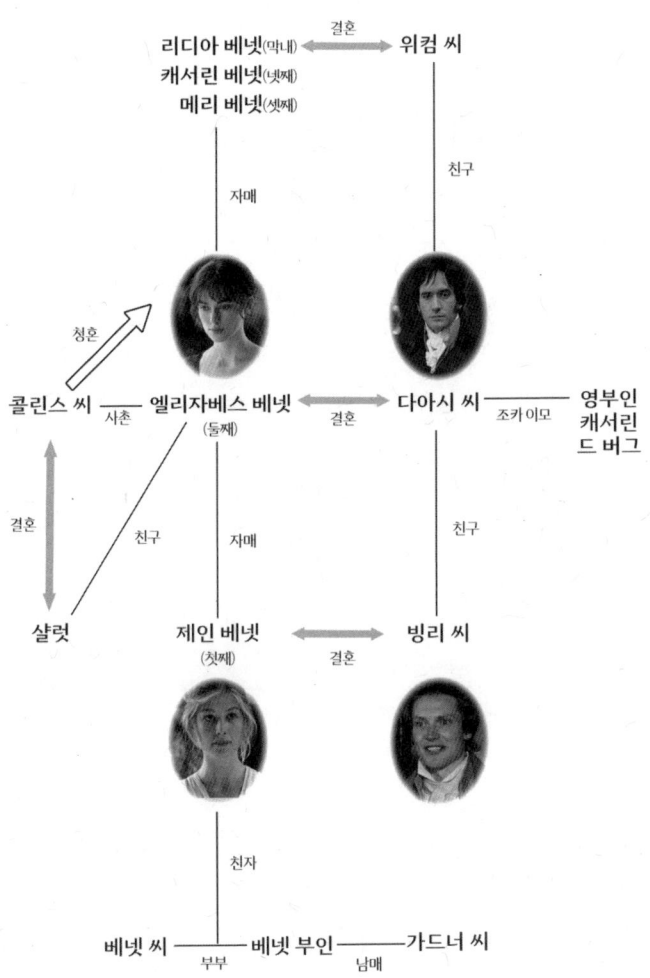

오만과 편견
Pride and Prejudice

부록 제인 오스틴 작품의 주요 인물 관계도 472

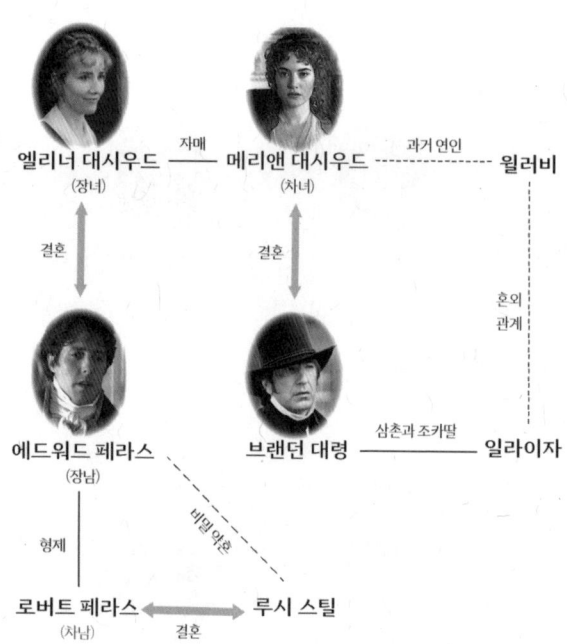

이성과 감성

Sense and Sensibility

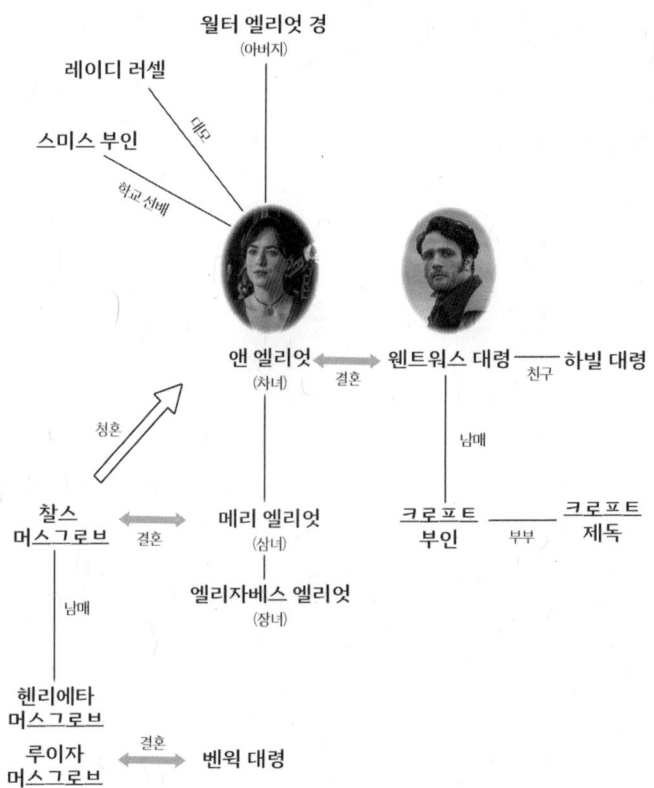

설득
Persuasion

부록 제인 오스틴 작품의 주요 인물 관계도 | 474

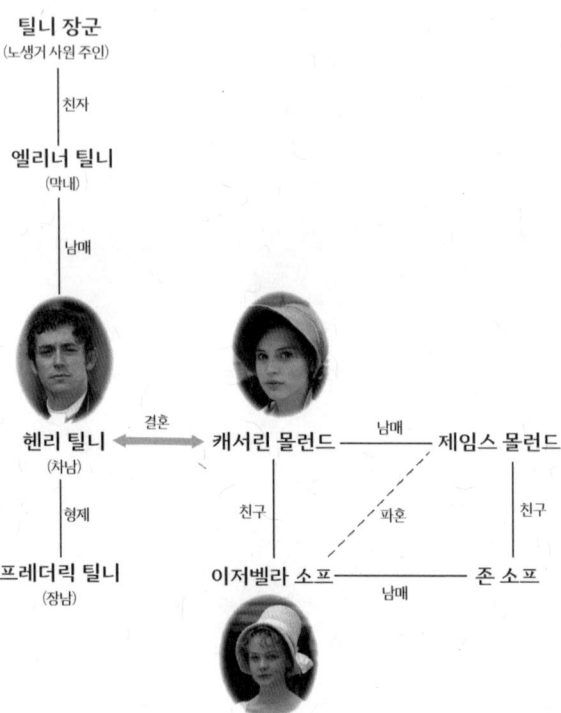

노생거 사원
Northanger Abbey

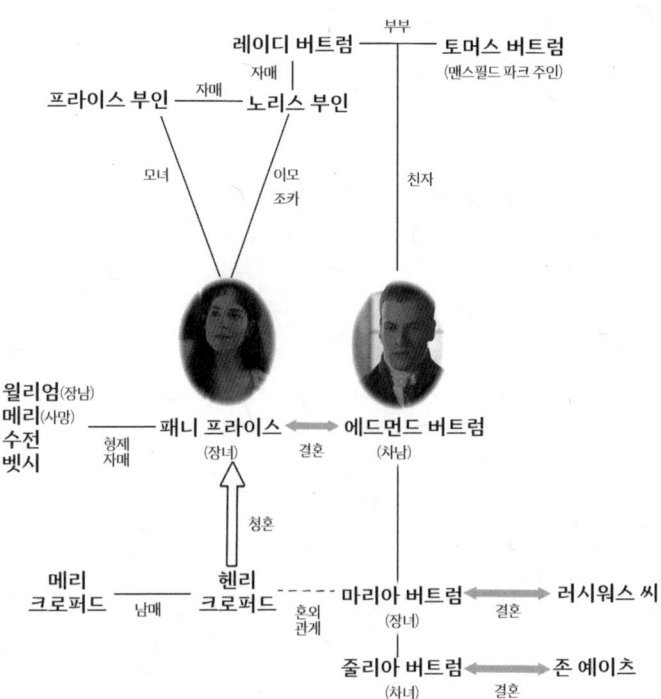

맨스필드 파크
Mansfield Park

부록 제인 오스틴 작품의 주요 인물 관계도 | 476

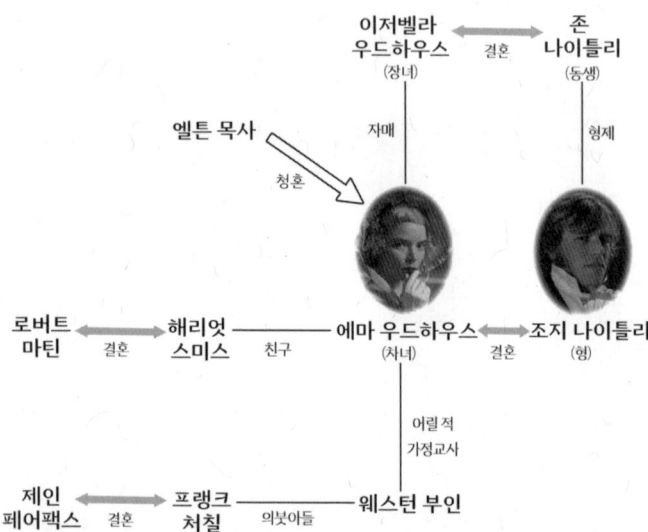

```
                    이저벨라 ←결혼→ 존
                    우드하우스        나이틀리
                      (장녀)           (동생)
                        │               │
  엘튼 목사             자매             형제
       ╲청혼            │               │
        ↘              │               │
로버트 ←결혼→ 해리엇 ─친구─ 에마 우드하우스 ←결혼→ 조지 나이틀리
마틴           스미스              (차녀)              (형)
                                    │
                                  어릴적
                                  가정교사
                                    │
제인  ←결혼→ 프랭크 ─의붓아들─ 웨스턴 부인
페어팩스       처칠
```

에마
Emma

참고문헌

Abbott, Andrew. 2004. *Methods of Discovery: Heuristics for the Social Sciences.* New York: W.W. Norton.

Abella, Alex. 2008. *Soldiers of Reason: The RAND Corporation and the Rise of the American Empire.* Boston and New York: Houghton Mifflin Harcourt.

Abelson, Robert P. 1996. "The Secret Existence of Expressive Behavior." In *The Rational Choice Controversy: Economic Models of Politics Reconsidered,* Jeffrey Friedman, editor. New Haven: Yale University Press.

Ainslie, George. 1992. *Picoeconomics: The Strategic Interaction of Successive Motivational States within the Person.* Cambridge: Cambridge University Press.

Amadae, S. M. 2003. *Rationalizing Capitalist Democracy: The Cold War Origins of Rational Choice Liberalism.* Chicago: University of Chicago Press.

Ames, Daniel L., Adrianna C. Jenkins, Mahzarin R. Banaji, and Jason P. Mitchell. 2008. "Taking Another Person's Perspective Increases Self-Referential Neural Processing." *Psychological Science* 19: 642-644.

Anderson, Elizabeth. 1997. "Practical Reason and Incommensurable Goods." In *Incommensurability, Incomparability, and Practical Reason,* Ruth Chang, editor. Cambridge: Harvard University Press.

Archer, Margaret S. 2000. "*Homo economicus, Homo sociologicus,* and *Homo sentiens.*" In *Rational Choice Theory: Resisting Colonization,* Margaret S. Archer and Jonathan Q. Tritter, editors. London: Routledge.

Archer, Margaret S., and Jonathan Q. Tritter, editors. 2000. *Rational Choice Theory: Resisting Colonization.* London: Routledge.

Arnold, F. T. 1931/1965. *The Art of Accompaniment from a Thorough-Bass as Practiced in the XVIIth and XVIIIth Centuries.* Mineola, N. Y.: Dover.

Aumann, Robert J., and Michael Maschler. 1985. "Game Theoretic Analysis of a Bankruptcy Problem from the Talmud." *Journal of Economic Theory* 36: 195-213.

Austen, Jane. 2011. *Sense & Sensibility.* Adapted by Nancy Butler and Sonny Liew. New York: Marvel Worldwide[『이성과 감성』, 윤지관 옮김, 민음사, 2006/2015].

_____. 1811/2006. *Sense and Sensibility.* Edward Copeland, editor. Cambridge:

Cambridge University Press.

_____. 1813/2006. *Pride and Prejudice*. Pat Rogers, editor. Cambridge: Cambridge University Press[『오만과 편견』, 윤지관·전승희 옮김, 민음사, 2003/2015].

_____. 1814/2005. *Mansfield Park*. John Wiltshire, editor. Cambridge: Cambridge University Press[『맨스필드 파크』, 김영희 옮김, 민음사, 2020].

_____. 1816/2005. *Emma*. Richard Cronin and Dorothy McMillan, editors. Cambridge: Cambridge University Press[『에마』, 윤지관·김영희 옮김, 민음사, 2012/2015].

_____. 1817/2006. *Northanger Abbey*. Barbara M. Benedict and Deirdre Le Faye, editors. Cambridge: Cambridge University Press[『노생거 사원』, 윤지관 옮김, 민음사, 2019].

_____. 1817/2006. *Persuasion*. Janet Todd and Antje Blank, editors. Cambridge: Cambridge University Press[『설득』, 전승희 옮김, 민음사, 2017/2018].

Austin, J. L. 1975. *How to Do Things with Words*. Second edition. J. O. Urmson and Marina Sbisà, editors. Cambridge: Harvard University Press.

Bailey, Mel. 1985. "Interview with Sheriff Mel Bailey." Conducted by Blackside, Inc., on November 2, 1985, for *Eyes on the Prize: America's Civil Rights Years(1954~1965)*. Washington University Libraries, Film and Media Archive, Henry Hampton Collection. digital.wustl.edu/e/eop/browse.html.

Baker, Jed. 2001. *The Autism Social Skills Picture Book: Teaching Communication, Play and Emotion*. Arlington, Texas: Future Horizons[『자폐아동을 위한 사회성 이야기 그림책』, 이정미 옮김, 시그마프레스, 2008].

Bancroft, Lundy. 2002. *Why Does He Do That? Inside the Minds of Angry and Controlling Men*. New York: Berkley Books[『그 남자는 도대체 왜 그럴까』, 정미우 옮김, 소울메이트, 2013].

Baron, Jonathan. 2008. *Thinking and Deciding*. Fourth edition. Cambridge: Cambridge University Press.

Baron-Cohen, Simon. 1997. *Mindblindness: An Essay on Autism and Theory of Mind*. Cambridge: MIT Press.

Baron-Cohen, Simon. 2002. "The Extreme Male Brain Theory of Autism." *Trends in Cognitive Sciences* 6: 248-254.

Baron-Cohen, Simon, Therese Jolliffe, Catherine Mortimore, and Mary Robertson. 1997. "Another Advanced Test of Theory of Mind: Evidence From Very High Functioning Adults with Autism or Asperger Syndrome." *Journal of Child Psychology and Psychiatry* 38: 813-822.

Baron-Cohen, Simon, Alan M. Leslie, and Uta Frith. 1985. "Does the Autistic Child Have a 'Theory of Mind'?" *Cognition* 21: 37-46.

Beeger, Sander, Bertram F. Malle, Mante S. Nieuwland, and Boaz Keysar. 2010. "Using Theory of Mind to Represent and Take Part in Social Interactions: Comparing Individuals with High-functioning Autism and Typically

Developing Controls." *European Journal of Developmental Psychology* 7: 104-122.

Belenky, Mary Field, Blythe McVicker Clinchy, Nancy Rule Goldberger, and Jill Mattuck Tarule. 1986. *Women's Ways of Knowing: The Development of Self, Voice, and Mind*. New York: Basic Books.

Bender, John. 1987. *Imagining the Penitentiary: Fiction and the Architecture of Mind in Eighteenth-Century England*. Chicago: University of Chicago Press.

_____. 2012. "Rational Choice in Love: *Les Liaisons dangereuses*." In *Ends of Enlightenment*, by John Bender. Stanford: Stanford University Press.

Benhabib, Jess, and Alberto Bisin. 2005. "Modeling Internal Commitment Mechanisms and Self-Control: A Neuroeconomics Approach to Consumption-Saving Decisions." *Games and Economic Behavior* 52: 460-492.

Bevel, James. 1985. "Interview with James Bevel." Conducted by Blackside, Inc., on November 13, 1985, for *Eyes on the Prize: America's Civil Rights Years(1954-1965)*. Washington University Libraries, Film and Media Archive, Henry Hampton Collection. digital.wustl.edu/e/eop/browse.html.

Bhatt, Meghana, and Colin F. Camerer. 2005. "Self-Referential Thinking and Equilibrium as States of Mind in Games: fMRI Evidence." *Games and Economic Behavior* 52: 424-459.

Binmore, Ken. 2007. *Playing for Real: A Text on Game Theory*. Oxford: Oxford University Press.

Blight, James G., and Janet M. Lang. 2005. *The Fog of War: Lessons from the Life of Robert S. McNamara*. Lanham, Md.: Rowman & Littlefield.

Bloom, Paul, and Tim P. German. 2000. "Two Reasons to Abandon the False Belief Task as a Test of Theory of Mind." *Cognition* 77: B25-B31.

Bohman-Kalaja, Kimberly. 2007. *Reading Games: An Aesthetics of Play in Flann O'Brien, Samuel Beckett, and Georges Perec*.

Botkin, B. A., editor. 1945. *Lay My Burden Down: A Folk History of Slavery*. Chicago: University of Chicago Press.

Bourdieu, Pierre, and Loïc J. D. Wacquant. 1992. *An Invitation to Reflexive Sociology*. Chicago: University of Chicago Press[『성찰적 사회학으로의 초대: 부르디외 사유의 지평』, 이상길 옮김, 그린비, 2015].

Boyd, Brian. 1998. "Jane, Meet Charles: Literature, Evolution, and Human Nature." *Philosophy and Literature* 22: 1-30.

Boyd, Brian. 2009. *On the Origin of Stories: Evolution, Cognition, and Fiction*. Cambridge: Belknap Press.

Brams, Steven J. 1994. "Game Theory and Literature." *Games and Economic Behavior* 6: 32-54.

_____. 2002. *Biblical Games: Game Theory and the Hebrew Bible*. Cambridge: MIT Press.

_____. 2011. *Game Theory and the Humanities: Bridging Two Worlds.* Cambridge: MIT Press.
Branch, Taylor. 1988. *Parting the Waters: America in the King Years, 1954~1963.* New York: Simon & Schuster.
Bray, Joe. 2007. "The 'Dual Voice' of Free Indirect Discourse: A Reading Experiment." *Language and Literature* 16: 37-52.
Bremer, L. Paul. 2004. Police Academy Commencement Speech. Baghdad, April 1. http://govinfo.library.unt.edu/cpairaq/transcripts/20040401_bremer_police.html.
Brownstein, Rachel M. 1997. *"Northanger Abbey, Sense and Sensibility, Pride and Prejudice."* In *The Cambridge Companion to Jane Austen,* Edward Copeland and Juliet McMaster, editors. Cambridge: Cambridge University Press.
Butte, George. 2004. *I Know That You Know That I Know: Narrating Subjects from Moll Flanders to Marnie.* Columbus, Ohio: Ohio State University Press.
Calhoun, Craig. 2001. "Putting Emotions in Their Place" In *Passionate Politics: Emotions and Social Movements,* Jeff Goodwin, James M. Jasper, and Francesca Polletta, editors. Chicago: University of Chicago Press["감정을 제자리에 위치시키기", 『열정적 정치: 감정과 사회운동』, 박형신·이진희 옮김, 한울아카데미, 2012].
Camic, Charles. 1986. "The Matter of Habit." *American Journal of Sociology* 91: 1039-1087.
Cassidy, Kimberly Wright, Deborah Shaw Fineberg, Kimberly Brown, and Alexis Perkins. 2005. "Theory of Mind May Be Contagious, but You Don't Catch It From Your Twin." *Child Development* 76: 97-106.
Chandrasekaran, Rajiv. 2004. "Key General Criticizes April Attack in Fallujah: Abrupt Withdrawal Called Vacillation." *Washington Post,* September 13.
Chrissochoidis, Ilias, Heike Harmgart, Steffen Huck, and Wieland Müller. 2010. "'Though this be madness, yet there is method in't.' A Counterfactual Analysis of Richard Wagner's *Tannhäuser.*" Working paper, University College London.
Chrissochoidis, Ilias, and Steffen Huck. 2011. "Elsa's Reason: On Beliefs and Motives in Richard Wagner's *Lohengrin.*" *Cambridge Opera Journal* 22: 65-91.
Christensen, Thomas. 2010. "Thoroughbass as Music Theory." In *Partimento and Continuo Playing in Theory and Practice,* Dirk Moelants, editor. Leuven: Leuven University Press.
Chwe, Michael Suk-Young. 1990. "Why Were Workers Whipped? Pain in a Principal-Agent Model." *Economic Journal* 100: 1109-1121.
_____. 2001. *Rational Ritual: Culture, Coordination, and Common Knowledge.* Princeton: Princeton University Press. New paperback edition, 2013[『사람들은 어떻게 광장에 모이는 것일까?: 게임이론으로 본 조정 문제와 공유 지식』, 허석재 옮김, 후마니타스, 2014].

———. 2009. "Rational Choice and the Humanities: Excerpts and Folktales." *Occasion: Interdisciplinary Studies in the Humanities* 1(October 15).
Ciezadlo, Annia. 2005. "What Iraq's Checkpoints Are Like." *Christian Science Monitor*, March 7.
Cloud, John. 2009. "Why Exercise Won't Make You Thin." *Time*, August 9.
Cohen, Marlene J., and Donna L. Sloan. 2007. *Visual Supports for People with Autism: A Guide for Parents and Professionals*. Bethesda, Md.: Woodbine House.
Conan Doyle, Arthur. 1893/2005. "The Final Problem." In *The New Annotated Sherlock Holmes*, volume 1. Leslie S. Klinger, editor. New York: W. W. Norton.
Cosmides, Leda, and John Tooby. 1994. "Beyond Intuition and Instinct Blindness: Toward an Evolutionarily Rigorous Cognitive Science." *Cognition* 50: 41-77.
Costa-Gomes, Miguel A., and Georg Weizsäcker. 2008. "Stated Beliefs and Play in Normal-Form Games." *Review of Economic Studies* 75: 729-762.
Cowen, Tyler. 2005. "Is a Novel a Model?" Working paper, Department of Economics, George Mason University.
———. 2009. *Create Your Own Economy: The Path to Prosperity in a Disordered World*. New York: Dutton.
Cramer, Christopher. 2002. "*Homo Economicus* Goes to War: Methodological Individualism, Rational Choice and the Political Economy of War." *World Development* 30: 1845-1864.
Crawford, Vincent P., Miguel A. Costa-Gomes, and Nagore Iriberri. 2010. "Strategic Thinking." Working paper, Department of Economics, University of Oxford.
Criado-Perez, Caroline. 2013. "Diary: Internet Trolls, Twitter Rape Threats and Putting Jane Austen on Our Banknotes." *New Statesman*, August 7.
Crick, Nicki R., and Jennifer K. Grotpeter. 1995. "Relational Aggression, Gender, and Social-Psychological Adjustment." *Child Development* 66: 710-722.
Crosby, Alfred W. 1997. *The Measure of Reality: Quantification and Western Society, 1250-1600*. Cambridge: Cambridge University Press.
Crowley, Evelyn. 2013. "Keri Russell Stars in *Austenland*—Plus, a Look at Eight Other Jane Austen-Inspired Hits." Vogue.com, August 9.
Cziko, Gary A. 1989. "Unpredictability and Indeterminism in Human Behavior: Arguments and Implications for Educational Research." *Educational Researcher* 18: 17-25.
Damstra, K. St. John. 2000. "The Case Against Charlotte Lucas." *Women's Writing* 7: 165-174.
Daston, Lorraine. 2004. "Whither *Critical Inquiry?*" *Critical Inquiry* 30: 361-364.
Deloche, Régis, and Fabienne Oguer. 2006. "Game Theory and Poe's Detective Stories and Life." *Eastern Economic Journal* 32: 97-110.
De Ley, Herbert. 1988. "The Name of the Game: Applying Game Theory in

Literature." *SubStance* 17: 33-46.

Devine, James G. 2006. "Psychological Autism, Institutional Autism, and Economics." In *Real World Economics: A Post-Autistic Economics Reader.* Edward Fullbrook, editor. London: Anthem Press.

Dijk, Corine, Peter J. de Jong, and Madelon L. Peters. 2009. "The Remedial Value of Blushing in the Context of Transgressions and Mishaps." *Emotion* 9: 287-291.

Dimand, Mary Ann, and Robert W. Dimand. 1996. *A History of Game Theory, Volume 1: From the Beginnings to 1945.* London and New York: Routledge.

Dixit, Avinash K. 2005. "Restoring Fun to Game Theory." *Journal of Economic Education* 36: 205-219.

Dixit, Avinash K., and Barry Nalebuff. 2008. *The Art of Strategy: A Game Theorist's Guide To Success in Business and Life.* New York: W. W. Norton[『전략의 탄생』, 이건식 옮김, 샘앤파커스, 2009].

Doody, Margaret Anne. 1988. *Frances Burney: The Life in the Works.* New Brunswick, New Jersey: Rutgers University Press.

Draper, Robert. 2007. *Dead Certain: The Presidency of George W. Bush.* New York: Free Press.

Dreiser, Theodore. 1900/1981. *Sister Carrie.* New York: Penguin Books[『시스터 캐리』, 송은주 옮김, 문학동네, 2016].

Drezner, Daniel. 2007. "The Strategic Thought of George W. Bush." www.danieldrezner.com/archives/003479.html.

DuBois, W.E.B. 1935/1998. *Black Reconstruction in America.* New York: Free Press.

Duckworth, Alastair M. 1975. " 'Spillikins, paper ships, riddles, conundrums, and cards': Games in Jane Austen's Life and Fiction." In *Jane Austen: Bicentenary Essays,* John Halperin, editor. Cambridge: Cambridge University Press.

Duesenberry, James S. 1960. "Comment." In *Demographic and Economic Change in Developed Countries,* National Bureau of Economic Research. Princeton: Princeton University Press.

Edwards, Jr., Thomas R. 1965. "The Difficult Beauty of Mansfield Park." *Nineteenth-Century Fiction* 20: 51-67.

Eliaz, Kfir, and Ariel Rubinstein. 2011. "Edgar Allan Poe's Riddle: Framing Effects in Repeated Matching Pennies Games." *Games and Economic Behavior* 71: 88-99.

Elster, Jon. 1983. *Sour Grapes: Studies in the Subversion of Rationality.* Cambridge: Cambridge University Press.

_____. 1999. *Alchemies of the Mind: Rationality and the Emotions.* Cambridge: Cambridge University Press.

_____. 2007. *Explaining Social Behavior: More Nuts and Bolts for the Social Sciences.* Cambridge: Cambridge University Press.

England, Paula, and Barbara Stanek Kilbourne. 1990. "Feminist Critiques of the Separative Model of Self: Implications for Rational Choice Theory." *Rationality and Society* 2: 156-171.

Epley, Nicholas, Carey K. Morewedge, and Boaz Keysar. 2004. "Perspective Taking in Children and Adults: Equivalent Egocentrism but Differential Correction." *Journal of Experimental Social Psychology* 40: 760-768.

Evans-Campbell, Teresa, Karen I. Fredriksen-Goldsen, Karina L. Walters, and Antony Stately. 2007. "Caregiving Experiences among American Indian Two-Spirit Men and Women: Contemporary and Historical Roles." *Journal of Gay and Lesbian Social Services* 18: 75-92.

Ferguson-Bottomer, Phyllis. 2007. *So Odd a Mixture: Along the Autistic Spectrum in 'Pride and Prejudice.'* London: Jessica Kingsley.

Finch, Casey, and Peter Bowen. 1990. " 'The Tittle-Tattle of Highbury': Gossip and the Free Indirect Style in *Emma*." *Representations* 31: 1-18.

Fleischman, Sid. 1963/1988. *By the Great Horn Spoon!* New York: Little, Brown.

Fourcade, Marion. 2009. *Economists and Societies: Discipline and Profession in the United States, Britain, and France, 1890s to 1990s.* Princeton: Princeton University Press.

Frank, Robert H. 1988. *Passions within Reason: The Strategic Role of the Emotions.* New York: Norton.

———. 2004. *What Price the Moral High Ground? Ethical Dilemmas in Competitive Environments.* Princeton: Princeton University Press.

Friedman, Daniel, Kai Pommerenke, Rajan Lukose, Garrett Milam, and Bernardo A. Huberman. 2007. "Searching for the Sunk Cost Fallacy." *Experimental Economics* 10: 79-104.

Friedman, Jeffrey, editor. 1996. *The Rational Choice Controversy: Economic Models of Politics Reconsidered.* New Haven: Yale University Press.

Fudenberg, Drew, and David K. Levine. 2006. "A Dual-Self Model of Impulse Control." *American Economic Review* 96: 1449-1476.

Gaches, Sheri. 2012. "Whist, Quadrilles, and Social Hierarchy: *Pride and Prejudice* as a Game." Master's thesis, University of Central Oklahoma.

Galinsky, Adam D., Joe C. Magee, M. Ena Inesi, and Deborah H. Gruenfeld 2006. "Power and Perspectives Not Taken." *Psychological Science* 17: 1068-1074.

Gallagher, Catherine. 2006. *The Body Economic: Life, Death, and Sensation in Political Economy and the Victorian Novel.* Princeton: Princeton University Press.

Gernsbacher, Morton Ann, and Jennifer L. Frymiare. 2005. "Does the Autistic Brain Lack Core Modules?" *Journal of Developmental and Learning Disorders* 9: 3-16.

Gettleman, Jefferey. 2004. "Enraged Mob in Falluja Kills 4 American Contractors." *New York Times,* March 31.

Gilley, Brian Joseph. 2006. *Becoming Two-Spirit: Gay Identity and Social Acceptance in Indian Country*. Lincoln: University of Nebraska Press.

Goffman, Erving. 1961. *Encounters: Two Studies in the Sociology of Interaction*. Indianapolis: Bobbs-Merrill.

_____. 1969. *Strategic Interaction*. Philadelphia: University of Pennsylvania Press.

Goodwin, Jeff, James M. Jasper, and Francesca Polletta, editors. 2001. *Passionate Politics: Emotions and Social Movements*. Chicago: University of Chicago Press.

Gordon, Linda. 1988. *Heroes of Their Own Lives: The Politics and History of Family Violence: Boston, 1880-1960*. New York: Viking.

Grandin, Temple. 2008. *The Way I See It: A Personal Look at Autism and Asperger's*. Arlington, Texas: Future Horizons.

Grandin, Temple, and Catherine Johnson. 2005. *Animals in Translation: Using the Mysteries of Autism to Decode Animal Behavior*. New York: Scribner[『동물과의 대화』, 권도승 옮김, 샘터, 2006].

Granovetter, Mark. 1990. "The Old and the New Economic Sociology: A History and an Agenda." In *Beyond the Marketplace: Rethinking Economy and Society*, Roger Friedland and A. F. Robertson, editors. New York: Aldine de Gruyter.

Gray, Carol. 1994. *Comic Strip Conversations*. Arlington, Texas: Future Horizons.

Gray, Kurt, Adrianna C. Jenkins, Andrea S. Heberlein, and Daniel M. Wegner. 2011. "Distortions of Mind Perception in Psychopathology." *Proceedings of the National Academy of Sciences* 108: 477-479.

Halsey, Katie. 2006. "The Blush of Modesty or the Blush of Shame? Reading Jane Austen's Blushes." *Forum for Modern Language Studies* 42: 226-238.

Hamilton, Virginia. 1985. *The People Could Fly: American Black Folktales*. Leo and Diane Dillon, illustrators. New York: Alfred A. Knopf.

Hammerstein II, Oscar. 1942. *Oklahoma!*. New York: Williamson Music.

Harmgart, Heike, Steffen Huck, and Wieland Müller. 2009. "The Miracle as a Randomization Device: A Lesson from Richard Wagner's Romantic Opera *Tannhäuser und der Sängerkrieg auf Wartberg*." *Economics Letters* 102: 33-35.

Hargreaves Heap, Shaun P., and Yanis Varoufakis. 2004. *Game Theory, Second Edition: A Critical Text*. London: Routledge.

Hart, William, Dolores Albarracín, Alice H. Eagly, Inge Brechan, Matthew J. Lindberg, and Lisa Merrill. 2009. "Feeling Validated Versus Being Correct: A Meta-Analysis of Selective Exposure to Information." *Psychological Bulletin* 135: 555-588.

Heckerling, Amy, director. 1995. *Clueless*. Paramount Pictures.

Heckerling, Amy. 2009. "The Girls Who Don't Say 'Whoo!'." In *A Truth Universally Acknowledged: 33 Great Writers on Why We Read Jane Austen*, Susannah Carson, editor. New York: Random House.

Hein, Jeanne. 1993. "Portuguese Communication with Africans on the Searoute to India." *Terrae Incognitae* 25: 41-52.

Heldman, James. 1993. "The Crofts and the Art of Suggestion in *Persuasion*: A Speculation." *Persuasions* 15: 46-52.
Hernandez, Raymond. 2005. "Democrats Demand Rove Apologize for 9/11 Remarks." *New York Times,* June 23.
Hess, Pamela. 2004. "Fallujah Battle Not Military's Choice." United Press International, September 13.
Hirschfeld, Lawrence, Elizabeth Bartmess, Sarah White, and Uta Frith. 2007. "Can Autistic Children Predict Behavior by Social Stereotypes?" *Current Biology* 17: R451-R452.
Hodgson, Geoffrey M. 2010. "Choice, Habit and Evolution." *Journal of Evolutionary Economics* 20: 1-18.
Hubbard, Howard. 1968. "Five Long Hot Summers and How They Grew." *Public Interest* 12: 3-24.
Hynes, William J., and William G. Doty, editors. 1993. *Mythical Trickster Figures: Contours, Contexts, and Criticisms.* Tuscaloosa: University of Alabama Press.
Ingrao, Bruna. 2001. "Economic Life in Nineteenth-Century Novels: What Economists Might Learn From Literature." In *Economics and Interdisciplinary Exchange,* Guido Erreygers, editor. London: Routledge.
Jevons, W. Stanley. 1871. *The Theory of Political Economy.* London and New York: Macmillan.
Johnson, Claudia L. 1988. *Jane Austen: Women, Politics, and the Novel.* Chicago: University of Chicago Press.
Jones, Charles C., Jr. 1888/1969. *Negro Myths from the Georgia Coast, Told in the Vernacular.* Boston and New York: Houghton, Mifflin.
Kaminski, Marek M. 2004. *Games Prisoners Play: The Tragicomic Worlds of Polish Prison.* Princeton: Princeton University Press.
Kelley, Robin D. G. 1993. " 'We Are Not What We Seem': Rethinking Black Working-Class Opposition in the Jim Crow South." *Journal of American History* 80: 75-112.
Kennedy, Margaret. 1950. *Jane Austen.* Denver: Alan Swallow.
Keysar, Boaz, Shuhong Lin, and Dale J. Barr. 2003. "Limits on Theory of Mind Use in Adults." *Cognition* 89: 25-41.
Khawam, René R., translator. 1980. *The Subtle Ruse: The Book of Arabic Wisdom and Guile.* London: East-West Publications.
Kiesling, L. Lynne. 2012. "Mirror Neuron Research and Adam Smith's Concept of Sympathy: Three Points of Correspondence." *Review of Austrian Economics* 25: 299-313.
Kimball, Jeffrey. 1998. *Nixon's Vietnam War.* Lawrence: University of Kansas Press.
Knox-Shaw, Peter. 2002. "Jane Austen's Nocturnal and Anne Finch." *English Language Notes* 39: 41-54.

_____. 2004. *Jane Austen and the Enlightenment*. Cambridge: Cambridge University Press.

Kobayashi, Hiromi, and Shiro Kohshima. 2001. "Unique Morphology of the Human Eye and Its Adaptive Meaning: Comparative Studies on External Morphology of the Primate Eye." *Journal of Human Evolution* 40: 419-435.

Kraus, Michael W., Stéphane Côte, and Dacher Keltner. 2010. "Social Class, Contextualism, and Empathic Accuracy." *Psychological Science* 21: 1716-1723.

Landay, Lori. 1998. *Madcaps, Screwballs, and Con Women: The Female Trickster in American Culture*. Philadelphia: University of Pennsylvania Press.

Lasker, Emanuel. 1907. *Struggle*. New York: Lasker's Publishing Company.

Leamer, Edward E. 2012. *The Craft of Economics: Lessons from the Heckscher-Ohlin Framework*. Cambridge: MIT Press.

Lebowitz, Michael A. 1988. "Is 'Analytical Marxism' Marxism?" *Science and Society* 52: 191-214.

Leeson, Robert, editor. 2000. *A.W.H. Phillips: Collected Works in Contemporary Perspective*. Cambridge: Cambridge University Press.

Legro, Jeffrey W. 1996. "Culture and Preferences in the International Cooperation Two-Step." *American Political Science Review* 90: 118-137.

Leonard, Robert J. 1995. "From Parlor Games to Social Science: von Neumann, Morgenstern, and the Creation of Game Theory 1928~1944." *Journal of Economic Literature* 33: 730-761.

_____. 1997. "Value, Sign, and Social Structure: The 'Game' Metaphor and Modern Social Science." *European Journal of the History of Economic Thought* 4: 299-326.

_____. 2010. *Von Neumann, Morgenstern, and the Creation of Game Theory*. Cambridge: Cambridge University Press.

Lévi-Strauss, Claude. 1963. *Structural Anthropology*. New York: Basic Books.

Levine, Lawrence W. 1977. *Black Culture and Black Consciousness*. Oxford: Oxford University Press.

Levy, David M. 2001. *How the Dismal Science Got Its Name: Classical Economics and the Ur-Text of Racial Politics*. Ann Arbor: University of Michigan Press.

Lillard, Angeline. 1998. "Ethnopsychologies: Cultural Variations in Theory of Mind." *Psychological Bulletin* 123: 3-32.

Liu, Alan. 2004. "The Humanities: A Technical Profession." American Council of Learned Societies Occasional Paper no. 63.

Livingston, Paisley. 1991. *Literature and Rationality: Ideas of Agency in Theory and Fiction*. Cambridge: Cambridge University Press.

Loewenstein, George. 2000. "Emotions in Economic Theory and Economic Behavior." *American Economic Review,* Papers and Proceedings of the One Hundred Twelfth Annual Meeting of the American Economic Association,

90: 426-432.

MacKenzie, Donald. 2006. *An Engine, Not a Camera: How Financial Models Shape Markets.* Cambridge: MIT Press.

Marshall, George, director. 1939. *You Can't Cheat an Honest Man.* Universal Pictures.

McAdam, Doug. 1983. "Tactical Innovation and the Pace of Insurgency." *American Sociological Review* 48: 735-754.

McFate, Montgomery. 2005. "The Military Utility of Understanding Adversary Culture." *Joint Force Quarterly,* Number 38, 42-48.

McKissack, Patricia C. 1986. *Flossie and the Fox.* Rachel Isadora, illustrator. New York: Dial Books for Young Readers.

Mellor, Anne K. 1993. *Romanticism and Gender.* New York: Routledge.

_____. 2000. *Mothers of the Nation: Women's Political Writing in England, 1780-1830.* Bloomington: Indiana University Press.

Mill, John Stuart. 1848. *Principles of Political Economy: With Some of Their Applications to Social Philosophy.* Volume 1. London: John W. Parker[『정치경제학 원리』 1~4, 박동천 옮김, 나남, 2010].

Mohn, Klaus. 2010. "Autism in Economics? A Second Opinion." *Forum for Social Economics* 39: 191-208.

Moler, Kenneth L. 1967. "The Bennet Girls and Adam Smith on Vanity and Pride." *Philological Quarterly* 46: 567-569.

Moore, Terence. 2010. "Peyton a Double Agent? Some Think So." *Fanhouse,* February 22.

Morgan, Mary S. 2010. "Models, Stories and the Economic World." *Journal of Economic Methodology* 8: 361-384.

Morgenstern, Oskar. 1928. *Wirtschaftsprognose, Eine Untersuchung ihrer Voraussetzungen und Möglichkeiten.* Vienna: J. Springer.

Morgenstern, Oskar. 1935/1976. "Perfect Foresight and Economic Equilibrium." Originally published as "Vollkommene Voraussicht und wirtschaftliches Gleichgewicht," *Zeitschrift für Nationalökonomie* 6: 337-357. English translation by Frank Knight, in *Selected Economic Writings of Oskar Morgenstern,* Andrew Schotter, editor. New York: New York University Press.

Morris, Errol, director. 2003. *The Fog of War: Eleven Lessons from the Life of Robert S. McNamara.* Sony Pictures Classics.

Morris, Ivor. 1987. *Mr Collins Considered: Approaches to Jane Austen.* London: Routledge and Kegan Paul.

Morrison, Toni. 1981. *Tar Baby.* New York: Alfred A. Knopf[『타르 베이비』, 신진범 옮김, 들녘, 2007].

_____. 1987. *Beloved.* New York: Alfred A. Knopf[『빌러비드』, 최인자 옮김,

문학동네].

Most, Andrea. 1998. " 'We Know We Belong to the Land': The Theatricality of Assimilation in Rodgers and Hammerstein's *Oklahoma!*" PMLA 113: 77-89.

MSNBC.com. 2006. "Lasers Used on Iraqi Drivers Who Won't Stop." May 18.

Mullan, John. 2012. *What Matters in Jane Austen? Twenty Crucial Puzzles Solved.* London: Bloomsbury.

Murphy, George E. 1998. "Why Women Are Less Likely Than Men to Commit Suicide." *Comprehensive Psychiatry* 39: 165-175.

Nash, John F., Jr. 1950. "Equilibrium Points in N-Person Games." *Proceedings of the National Academy of Sciences of the United States of America* 36: 48-49.

Neil, Dan. 2008. "The(Temporarily) Old Man and the Lambo." *Los Angeles Times*, October 20.

Nelles, William. 2006. "Omniscience for Atheists: Or, Jane Austen's Infallible Narrator." *Narrative* 14: 118-131.

Nelson, Julie A. 2009. "Rationality and Humanity: A View from Feminist Economics." *Occasion: Interdisciplinary Studies in the Humanities* 1(October 15).

Nettle, Daniel, and Helen Clegg. 2006. "Schizotypy, Creativity and Mating Success in Humans." *Proceedings of the Royal Society B* 273: 611-615.

Nickerson, Raymond S. 1999. "How We Know—and Sometimes Misjudge—What Others Know: Imputing One's Own Knowledge to Others." *Psychological Bulletin* 125: 737-759.

Nugent, Benjamin. 2009. "The Nerds of *Pride and Prejudice*." In *A Truth Universally Acknowledged: 33 Great Writers on Why We Read Jane Austen*, Susannah Carson, editor. New York: Random House.

Oatley, Keith. 2011. "In the Minds of Others." *Scientific American Mind* 22, issue 5(November / December).

Ober, Josiah. 2011. *Rational Cooperation in Greek Political Thought.* Manuscript, Department of Political Science, Stanford University.

O'Donoghue, Ted, and Matthew Rabin. 2001. "Choice and Procrastination." *Quarterly Journal of Economics* 116: 121-160.

Olson, Mancur. 1965. *The Logic of Collective Action: Public Goods and the Theory of Groups.* Cambridge: Harvard University Press[『집단행동의 논리: 공공재와 집단 이론』, 최광·이성규 옮김, 한국문화사, 2013].

O'Neill, Barry. 1982. "A Problem of Rights Arbitration from the Talmud." *Mathematical Social Sciences* 2: 345-371.

_____. 1990. "The Strategy of Challenges: Two Beheading Games in Medieval Literature." Working paper, Centre for International Studies and Strategic Studies, York University.

_____. 2001. "Love Tokens in the *Lai de l'Ombre*." Presented at the UCLA

Conference on Political Games in the Middle Ages, March.

_____. 2009. "Bargaining with a Claims Structure: Possible Solutions to a Talmudic Division Problem." Working paper, Department of Political Science, UCLA.

Palmer, Alan. 2010. *Social Minds in the Novel*. Columbus, Ohio: Ohio State University Press.

Palumbo-Liu, David. 2009. "Introduction." *Occasion: Interdisciplinary Studies in the Humanities* 1(October 15).

_____. 2012. *The Deliverance of Others: Reading Literature in a Global Age*. Durham, N. C.: Duke University Press.

Parikh, Rohit. 2008. "Knowledge, Games and Tales from the East." Paper presented at the Indian Conference in Logic and Applications, Chennai.

Pelton, Robert D. 1980. *The Trickster in West Africa: A Study of Mythic Irony and Sacred Delight*. Berkeley and Los Angeles: University of California Press.

Pessoa, Luiz. 2008. "On the Relationship Between Emotion and Cognition." *Nature Reviews Neuroscience* 9: 148-158.

Peterson, Candida C. 2002. "Drawing Insight from Pictures: The Development of Concepts of False Drawing and False Belief in Children with Deafness, Normal Hearing, and Autism." *Child Development* 73: 1442-1459.

Piggott, Patrick. 1979. *The Innocent Diversion: A Study of Music in the Life and Writings of Jane Austen*. London: Douglas Cleverdon.

Poe, Edgar Allan. 1845/1998. *Selected Tales*. David Van Leer, editor. Oxford: Oxford University Press[『에드거 앨런 포 단편선』, 전승희 옮김, 민음사, 2013].

Polletta, Francesca. 1998. " 'It Was Like A Fever...' Narrative and Identity in Social Protest." *Social Problems* 45: 137-159.

Povinelli, Daniel J., and Jennifer Vonk. 2003. "Chimpanzee Minds: Suspiciously Human?" *Trends in Cognitive Sciences* 4: 157-160.

Pritchett, Laurie. 1985. "Interview with Laurie Pritchett." Conducted by Blackside, Inc., on November 7, 1985, for *Eyes on the Prize: America's Civil Rights Years(1954-1965)*. Washington University Libraries, Film and Media Archive, Henry Hampton Collection.
http://digital.wustl.edu/e/eop/browse.html.

Pronin, Emily, and Matthew B. Kugler. 2010. "People Believe They Have More Free Will than Others." *Proceedings of the National Academy of Sciences* 107: 22469-74.

Regan, Donald. 1997. "Value, Comparability, and Choice." In *Incommensurability, Incomparability, and Practical Reason*, Ruth Chang, editor. Cambridge: Harvard University Press.

Renfroe, Anita. 2009. *Don't Say I Didn't Warn You: Kids, Carbs, and the Coming Hormonal Apocalypse*. New York: Hyperion.

Richardson, Alan. 2002. "Of Heartache and Head Injury: Reading Minds in *Persuasion*." *Poetics Today* 23: 141-160.

Robnett, Belinda. 1996. "African-American Women in the Civil Rights Movement, 1954~1965: Gender, Leadership, and Micromobilization." *American Journal of Sociology* 101: 1661-1693.

Rogers, Pat, editor. 2006. Introduction and explanatory notes to *Pride and Prejudice*, by Jane Austen. Cambridge: Cambridge University Press.

Rosen, Sherwin. 1986. "The Theory of Equalizing Differences." In *Handbook of Labor Economics*, Orley Ashenfelter and Richard Layard, editors. Volume 1. Amsterdam: Elsevier Science Publishers.

Ross, Herbert, director. 1984. *Footloose*. Paramount Pictures.

Roth, Jon. 2012. "A Tribe Called Queer." *Out Magazine*, January 11.

Rubin, Alissa J., and Doyle McManus. 2004. "Why America Has Waged a Losing Battle on Fallouja." *Los Angeles Times*, October 24, 2004.

Rubinstein, Ariel. 2012a. *Economic Fables*. Cambridge: Open Book Publishers.

_____. 2012b. *Lecture Notes in Microeconomic Theory: The Economic Agent*. Second edition. Princeton: Princeton University Press.

Sally, David, and Elisabeth Hill. 2006. "The Development of Interpersonal Strategy: Autism, Theory-of-Mind, Cooperation and Fairness." *Journal of Economic Psychology* 27: 73-97.

Sarin, Amita. 2005. *Akbar and Birbal*. New Delhi: Penguin.

Scahill, Jeremy. 2008. *Blackwater: The Rise of the World's Most Powerful Mercenary Army*. Revised edition. New York: Nation Books.

Schelling, Thomas C. 1960/1980. *The Strategy of Conflict*. Second edition. Cambridge: Harvard University Press[『갈등의 전략』, 이경남·남영숙 옮김, 한국경제신문, 2013].

Schulz, Kathryn. 2010. *Being Wrong: Adventures in the Margin of Error*. New York: HarperCollins.

Scott, James C. 1985. *Weapons of the Weak: Everyday Forms of Peasant Resistance*. New Haven: Yale University Press.

_____. 1990. *Domination and the Arts of Resistance: Hidden Transcripts*. New Haven: Yale University Press[『지배 그리고 저항의 예술』, 전상인 옮김, 후마니타스, 2020].

Sedgwick, Eve Kosofsky. 1991. "Jane Austen and the Masturbating Girl." *Critical Inquiry* 17: 818-837.

Sen, Amartya K. 1967. "Isolation, Assurance, and the Social Rate of Discount." *Quarterly Journal of Economics* 81: 112-124.

Sepp, Kalev I. 2007. "From 'Shock and Awe' to 'Hearts and Minds': The Fall and Rise of US Counterinsurgency Capability in Iraq." *Third World Quarterly* 28: 217-230.

Shah, Anuj K., and Daniel M. Oppenheimer. 2008. "Heuristics Made Easy: An Effort-Reduction Framework." *Psychological Bulletin* 134: 207-222.

Shany-Ur, Tal, Pardis Poorzand, Scott N. Grossman, Matthew E. Growdon, Jung Y. Jang, Robin S. Ketelle, Bruce L. Miller, and Katherine P. Rankin. 2012. "Comprehension of Insincere Communication in Neurodegenerative Disease: Lies, Sarcasm, and Theory of Mind." *Cortex* 48: 1329-1341.

Shakespeare, William. 1600/2004. *Much Ado About Nothing.* In *The Complete Works of Shakespeare,* David Bevington, editor. Fifth edition. New York: Pearson Longman.

Shatz, Marilyn, Gil Diesendruck, Ivelisse Martinez-Beck, and Didar Akar. 2003. "The Influence of Language and Socioeconomic Status on Children's Understanding of False Belief." *Developmental Psychology* 39: 717-729.

Shearn, Don, Erik Bergman, Katherine Hill, Andy Abel, and Lael Hinds. 1992. "Blushing as a Function of Audience Size." *Psychophysiology* 29: 431-436.

Sheinkin, Steve. 2008. *Rabbi Harvey Rides Again: A Graphic Novel of Dueling Jewish Folktales in the Wild West.* Woodstock, Vt.: Jewish Lights Publishing.

_____. 2010. *Rabbi Harvey vs. The Wisdom Kid: A Graphic Novel of Dueling Jewish Folktales in the Wild West.* Woodstock, Vt.: Jewish Lights Publishing.

Sherrod, Charles. 1985. "Interview with Charles Sherrod." Conducted by Blackside, Inc., on December 20, 1985, for *Eyes on the Prize: America's Civil Rights Years(1954-1965).* Washington University Libraries, Film and Media Archive, Henry Hampton Collection. http://digital.wustl.edu/e/eop/browse.html.

Shim, T. Youn-ja, Min-Sun Kim, and Judith N. Martin. 2008. *Changing Korea: Understanding Culture and Communication.* New York: Peter Lang.

Sidwell, Marc. 2013. "Pie Charts and Prejudice: Jane Austen the Economist Should Grace Our Banknotes." *City A.M.,* June 28.

Sihag, Balbir S. 2007. "Kautilya on Time Inconsistency Problem and Asymmetric Information." *Indian Economic Review* 42: 41-55.

Silver, Sean R. 2009/2010. "*The Rape of the Lock* and the Origins of Game Theory." *Connotations* 19: 203-228.

Silverman, Chloe. 2012. *Understanding Autism: Parents, Doctors, and the History of a Disorder.* Princeton: Princeton University Press.

Simpson, Richard. 1870/1968. Unsigned review of the *Memoir. North British Review,* April. Reprinted in *Jane Austen: The Critical Heritage,* B. C. Southam, editor. London: Routledge and Kegan Paul.

Singer, Tania, and Ernst Fehr. 2005. "The Neuroeconomics of Mind Reading and Empathy." *American Economic Review,* Papers and Proceedings of the One Hundred Seventeenth Annual Meeting of the American Economic Association, 95: 340-345.

Smith, Adam. 1759/2009. *The Theory of Moral Sentiments.* New York: Penguin[『도덕감정론』, 박세일 옮김, 비봉출판사, 2009].

Smith, Jeanne Rosier. 1997. *Writing Tricksters: Mythic Gambols in American Ethnic Literature.* Berkeley and Los Angeles: University of California Press.

Solomon, Robert C. 2003. *Not Passion's Slave: Emotions and Choice.* Oxford: Oxford University Press[『감정은 어떻게 내 삶을 의미 있게 바꾸는가』, 오봉희 옮김, 오도스, 2023].

Sondheim, Stephen, James Lapine, Donna Murphy, Jere Shea, Marin Mazzie, and Ira Weitzman. 2003. *Passion,* DVD audio commentary. Image Entertainment.

Southam, B. C. 1968. "Introduction." In *Jane Austen: The Critical Heritage,* B. C. Southam, editor. London: Routledge and Kegan Paul.

Stein, Joel. 2013. "Stein and Sensibility." *Time,* August 19.

Stevens, Denis. 1965. Introduction to *The Art of Accompaniment from a Thorough-Bass as Practiced in the XVIIth and XVIIIth Centuries,* by F. T. Arnold. Mineola, N.Y.: Dover.

Stiglitz, Joseph E. 2010. *Freefall: America, Free Markets, and the Sinking of the World Economy.* New York: W. W. Norton[『끝나지 않은 추락』, 장경덕 옮김, 21세기북스, 2010].

Sun-tzu(Sunzi). 2009. *The Art of War.* Edited and translated by John Minford. New York: Penguin[『손자병법』, 김원중 옮김, 휴머니스트, 2020].

Suskind, Ron. 2004. "Without a Doubt." *New York Times Magazine,* October 17.

Sutherland, John. 1999. *Who Betrays Elizabeth Bennet? Further Puzzles in Classic Fiction.* Oxford: Oxford University Press.

Sutherland, John, and Deirdre Le Faye. 2005. *So You Think You Know Jane Austen? A Literary Quizbook.* Oxford: Oxford University Press.

Swirski, Peter. 1996. "Literary Studies and Literary Pragmatics: The Case of the 'Purloined Letter.' " *SubStance* 81: 69-89.

_____. 2007. *Literature and Knowledge.* London: Routledge.

Taylor, Michael. 2006. *Rationality and the Ideology of Disconnection.* Cambridge: Cambridge University Press.

Thomas, James Ellis. 2000. "The Saturday Morning Car Wash Club." *The New Yorker,* July 10, 66-71.

Tobe, Keiko. 2008. *With the Light: Raising an Autistic Child[Hikari To Tomoni].* Volume 2. Satsuki Yamashita, translator. New York: Yen Press.

Todd, Janet. 2006. *The Cambridge Introduction to Jane Austen.* Cambridge: Cambridge University Press.

Todd, Janet, and Antje Blank, editors. 2006. Explanatory notes for *Persuasion,* by Jane Austen. Cambridge: Cambridge University Press.

Tomasello, Michael, Brian Hare, Hagen Lehmann, and Josep Call. 2007. "Reliance on Head Versus Eyes in the Gaze Following of Great Apes and Human

Infants: The Cooperative Eye Hypothesis." *Journal of Human Evolution* 52: 314-320.

Treitel, Guenter Heinz. 1984. "Jane Austen and the Law." *Law Quarterly Review* 100: 549-586.

Tversky, Amos, and Daniel Kahneman. 1991. "Loss Aversion in Riskless Choice: A Reference-Dependent Model." *Quarterly Journal of Economics* 106: 1039-1061.

Vanderschraaf, Peter. 1998. "The Informal Game Theory in Hume's Account of Convention." *Economics and Philosophy* 14: 215-247.

Vann, David J. 1985. "Interview with David J. Vann." Conducted by Blackside, Inc., on November 1, 1985, for *Eyes on the Prize: America's Civil Rights Years(1954-1965)*. Washington University Libraries, Film and Media Archive, Henry Hampton Collection. http://digital.wustl.edu/e/eop/browse.html.

Varian, Hal R. 2006. "Revealed Preference." In *Samuelsonian Economics and the Twenty-First Century,* Michael Szenberg, Lall Ramrattan, and Aron A. Gottesman, editors. Oxford: Oxford University Press.

Vermeule, Blakey. 2010. *Why Do We Care about Literary Characters?* Baltimore: Johns Hopkins University Press.

von Neumann, John, and Oskar Morgenstern. 1944. *Theory of Games and Economic Behavior.* Princeton: Princeton University Press.

Wald, Gayle. 2000. "*Clueless* in the Neo-Colonial World Order." In *The Postcolonial Jane Austen,* You-me Park and Rajeswari Sunder Rajan, editors. London: Routledge.

Waldron, Mary. 1999. *Jane Austen and the Fiction of Her Time.* Cambridge: Cambridge University Press.

Walker, Wyatt Tee. 1985. "Interview with Wyatt Tee Walker." Conducted by Blackside, Inc., on October 11, 1985, for *Eyes on the Prize: America's Civil Rights Years(1954-1965)*. Washington University Libraries, Film and Media Archive, Henry Hampton Collection. http://digital.wustl.edu/e/eop/browse.html.

Walkowitz, Judith R. 1980. *Prostitution and Victorian Society: Women, Class, and the State.* Cambridge: Cambridge University Press.

Wallace, Robert K. 1983. *Jane Austen and Mozart: Classical Equilibrium in Fiction and Music.* Athens: University of Georgia Press.

Watts, Michael. 2002. "How Economists Use Literature and Drama." *Journal of Economic Education* 33: 377-386.

Watts, Michael, and Robert F. Smith. 1989. "Economics in Literature and Drama." *Journal of Economic Education* 20: 291-307.

White, Ralph K. 1984. *Fearful Warriors: A Psychological Profile of U.S.-Soviet Relations.* New York: Free Press.

White, Sarah, Elisabeth Hill, Joel Winston, and Uta Frith. 2006. "An Islet of Social Ability in Asperger Syndrome: Judging Social Attributes from Faces." *Brain and Cognition* 61: 69-77.

Wiese, Harald. 2012. "Backward Induction in Indian Animal Tales." *International Journal of Hindu Studies* 16: 93-103.

Williams, Juan. 1987. *Eyes on the Prize: America's Civil Rights Years, 1954~1965*. New York: Penguin.

Wiltshire, John. 1997. *"Mansfield Park, Emma, Persuasion."* In *The Cambridge Companion to Jane Austen*, Edward Copeland and Juliet McMaster, editors. Cambridge: Cambridge University Press.

Wimmer, Heinz, and Josef Perner. 1983. "Beliefs about Beliefs: Representation and Constraining Function of Wrong Beliefs in Young Children's Understanding of Deception." *Cognition* 13: 103-128.

Woloch, Alex. 2003. *The One vs. the Many: Minor Characters and the Space of the Protagonist in the Novel*. Princeton: Princeton University Press.

Woods, Gregory. 1999. *A History of Gay Literature: The Male Tradition*. New Haven: Yale University Press.

Wright, Evan. 2004. *Generation Kill: Devil Dogs, Iceman, Captain America and The New Face of American War*. New York: G. P. Putnam's.

Wright, Richard. 1945/1993. *Black Boy*. New York: HarperPerennial[『깜둥이 소년』, 이충렬 옮김, 푸른미디어, 1998].

Wu, Shali, and Boaz Keysar. 2007. "The Effect of Culture on Perspective Taking." *Psychological Science* 18: 600-606.

Zelazo, Philip David, and William A. Cunningham. 2007. "Executive Function: Mechanisms Underlying Emotion Regulation." In *Handbook of Emotion Regulation*, edited by James J. Gross. New York: Guilford.

Zinn, Howard. 2003. *A People's History of the United States: 1492~Present*. New York: HarperCollins[『미국 민중사』 1·2, 유강은 옮김, 이후, 2008].

Zunshine, Lisa. 2006. *Why We Read Fiction: Theory of Mind and the Novel*. Columbus, Ohio: Ohio State University Press.

_____. 2007. "Why Jane Austen Was Different, and Why We May Need Cognitive Science to See It." *Style* 41: 275-298.

게임이론가, 제인 오스틴
전략적 여주인공의 탄생

1판 1쇄. 2025년 7월 7일

지은이. 마이클 S. 최 ― 옮긴이. 이경희

펴낸이. 정민용, 안중철	편집. 윤상훈, 이진실

펴낸 곳. 후마니타스(주)	전화. 02-739-9929, 9930
등록. 2002년 2월 19일 제2002-000481호	메일. humanitasbooks@gmail.com
주소. 서울시 마포구 신촌로14안길 17, 2층(04057)	인쇄. 천일 031-955-8083
	제본. 일진제책 031-908-1407

블로그. blog.naver.com/humabook	값 28,000원
소셜미디어. f ⓘ /humanitasbook	ISBN 978-89-6437-481-8 93300